遼寧省第二批珍貴古籍名録圖録

第三册

《遼寧省第二批珍貴古籍名録圖録》編委會 編

國家圖書館出版社

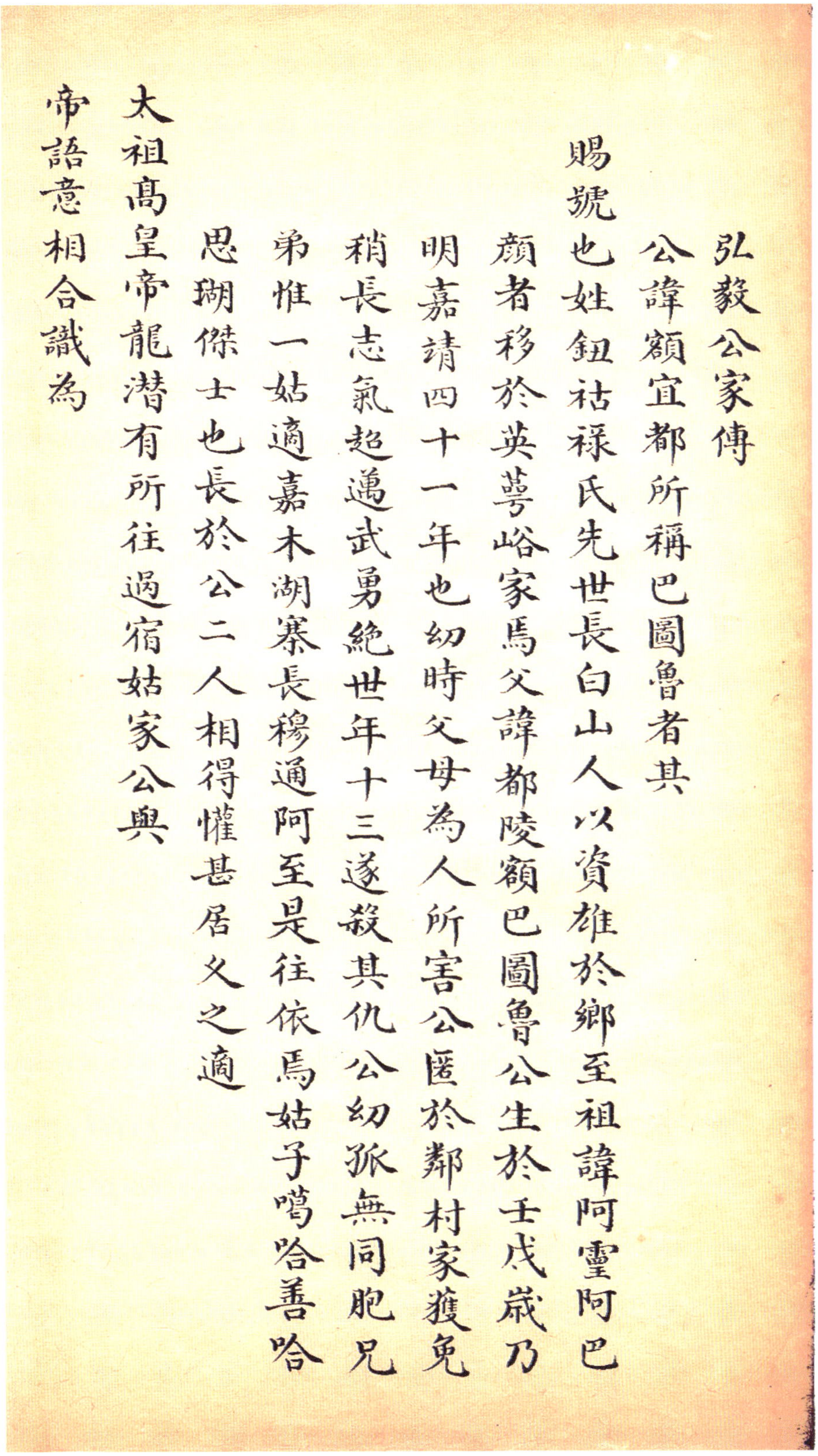
弘毅公家傳
公諱額宜都所稱巴圖魯者其
賜號也姓鈕祜祿氏先世長白山人以資雄於鄉至祖諱阿靈阿巴
顏者移於英萼峪家焉父諱都陵額巴圖魯公生於壬戌歲乃
明嘉靖四十一年也幼時父母為人所害公匿於鄰村家獲免
稍長志氣超邁武勇絶世年十三遂殺其仇公幼孤無同胞兄
弟惟一姑適嘉木湖寨長穆通阿至是往依焉姑子噶哈善哈
思瑚傑士也長於公二人相得懽甚居久之適
太祖高皇帝龍潜有所往過宿姑家公與
帝語意相合識為

20527　開國佐運功臣弘毅公家譜不分卷　清抄本　大連圖書館

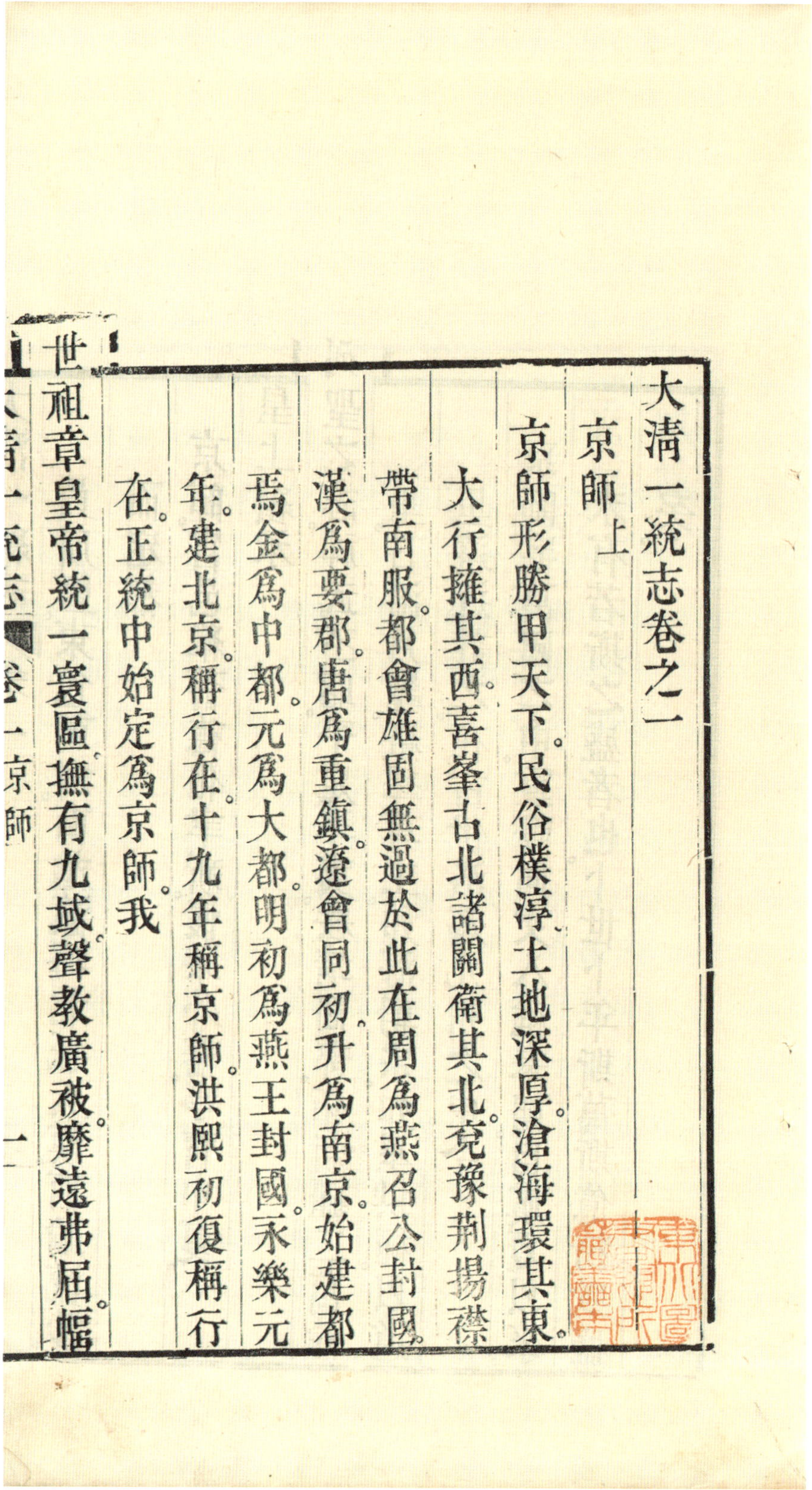
大清一統志卷之一
京師上
京師形勝甲天下民俗樸淳土地深厚滄海環其東
大行擁其西喜峯古北諸關衛其北兗豫荆揚襟
帶南服都會雄固無過於此在周爲燕召公封國
漢爲要郡唐爲重鎮遼會同初升爲南京始建都
焉金爲中都元爲大都明初爲燕王封國永樂元
年建北京稱行在十九年稱京師洪熙初復稱行
在正統中始定爲京師我
世祖章皇帝統一寰區撫有九域聲教廣被靡遠弗屆幅
大清一統志　卷一　京師　一

20528　大清一統志四百二十四卷目録二卷　（清）和珅等纂修　清乾隆五十五年（1790）武英殿刻本　遼寧省圖書館

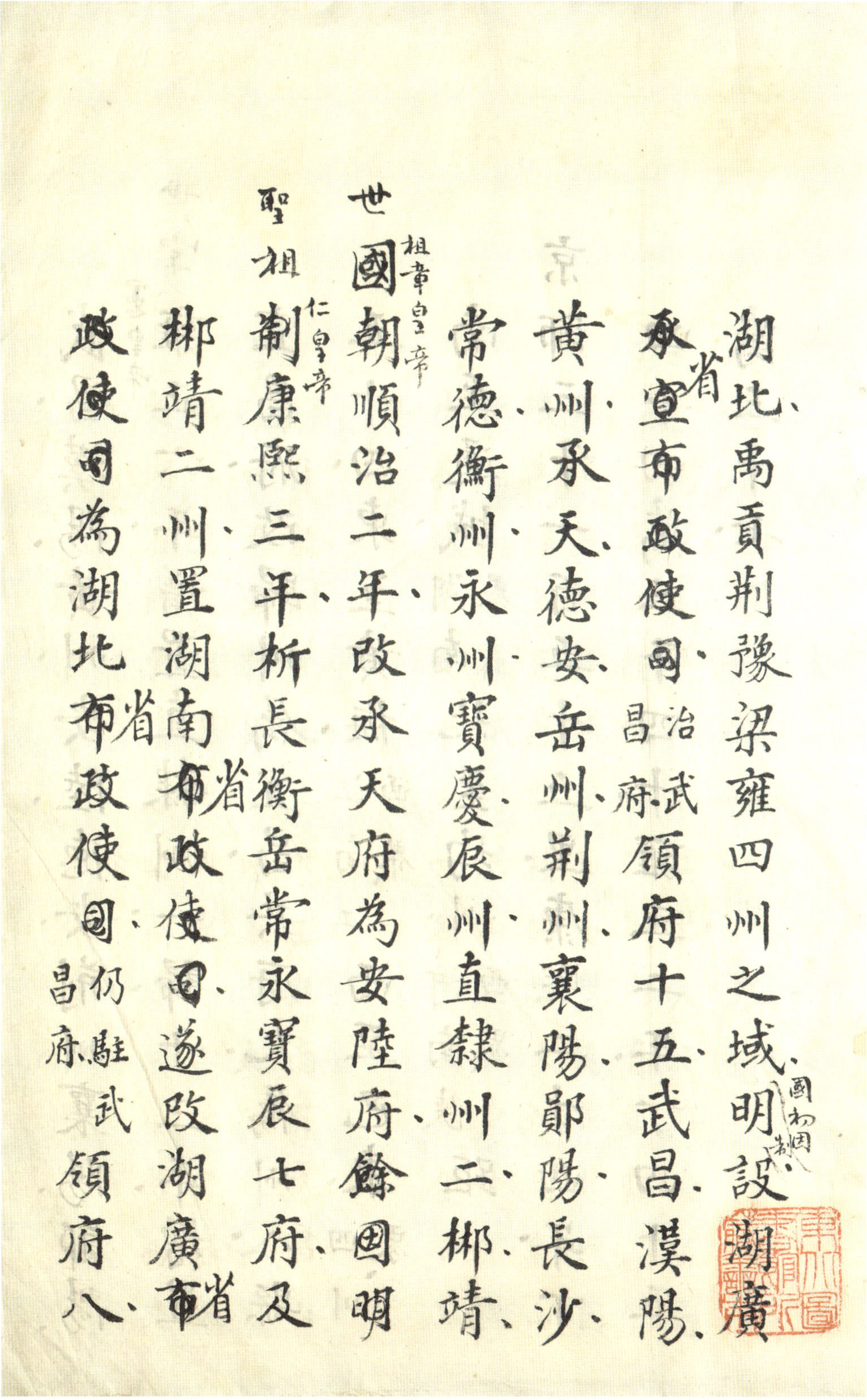
湖北、禹貢荊豫梁雍四州之域、明設湖廣、國初因之、
承宣布政使司、治武昌府、領府十五、武昌、漢陽、
黃州、承天、德安、岳州、荊州、襄陽、鄖陽、長沙、
常德、衡州、永州、寶慶、辰州、直隸州二、郴、靖、
世祖章皇帝
國朝順治二年、改承天府為安陸府、餘因明
聖祖仁皇帝
制、康熙三年、析長衡岳常永寶辰七府、及
郴靖二州、置湖南布政使司、遂改湖廣布
政使司為湖北布政使司、仍駐武昌府、領府八、

20529　地理志□□卷　（清）周焘撰　稿本　遼寧省圖書館

存二卷（湖北、湖南）

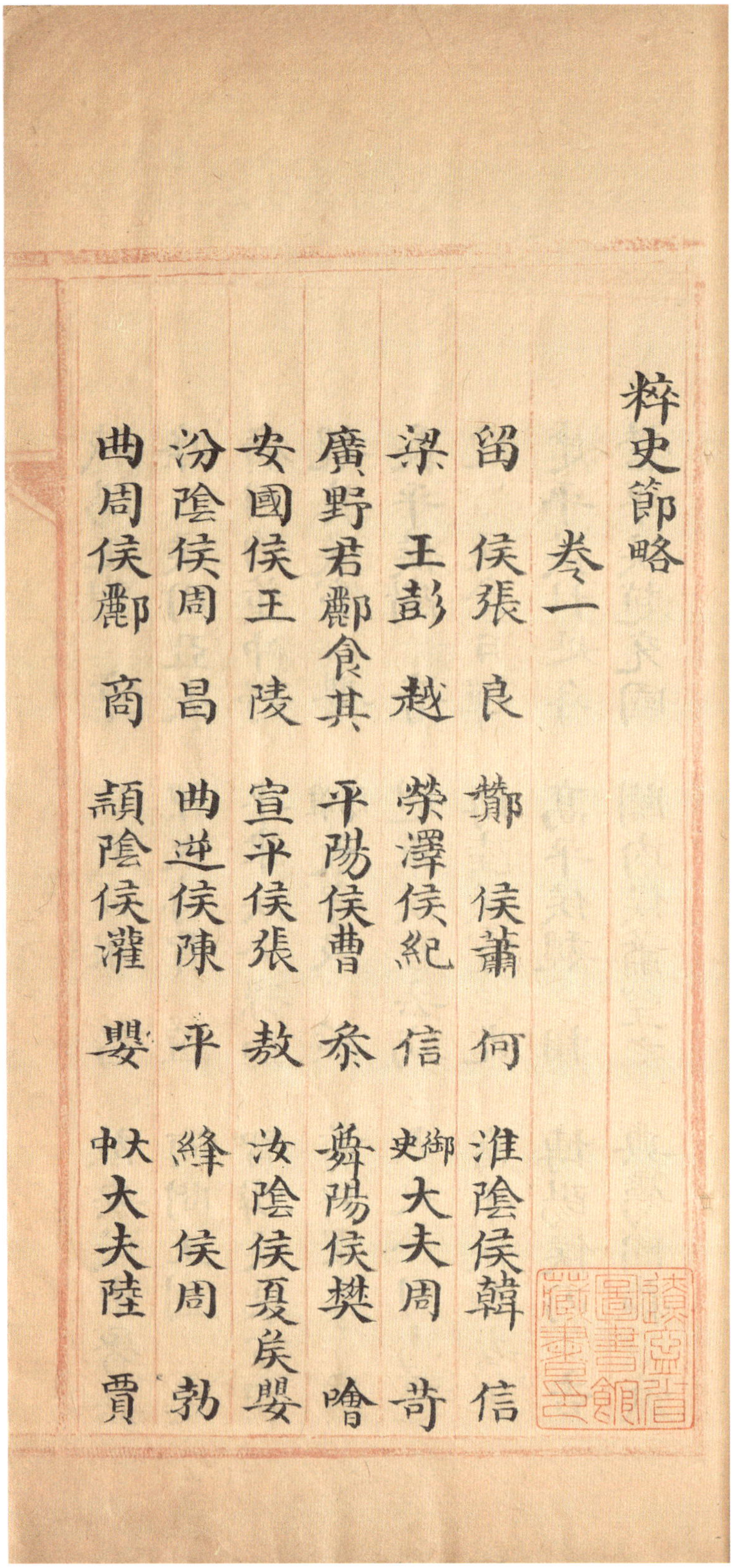
粹史節略
卷一
留侯張良 酇侯蕭何 淮陰侯韓信
梁王彭越 滎澤侯紀信 御史大夫周苛
廣野君酈食其 平陽侯曹參 舞陽侯樊噲
安國侯王陵 宣平侯張敖 汝陰侯夏侯嬰
汾陰侯周昌 曲逆侯陳平 絳侯周勃
曲周侯酈商 潁陰侯灌嬰 太中大夫陸賈

20530 粹史節略十八卷 清抄本 遼寧省圖書館

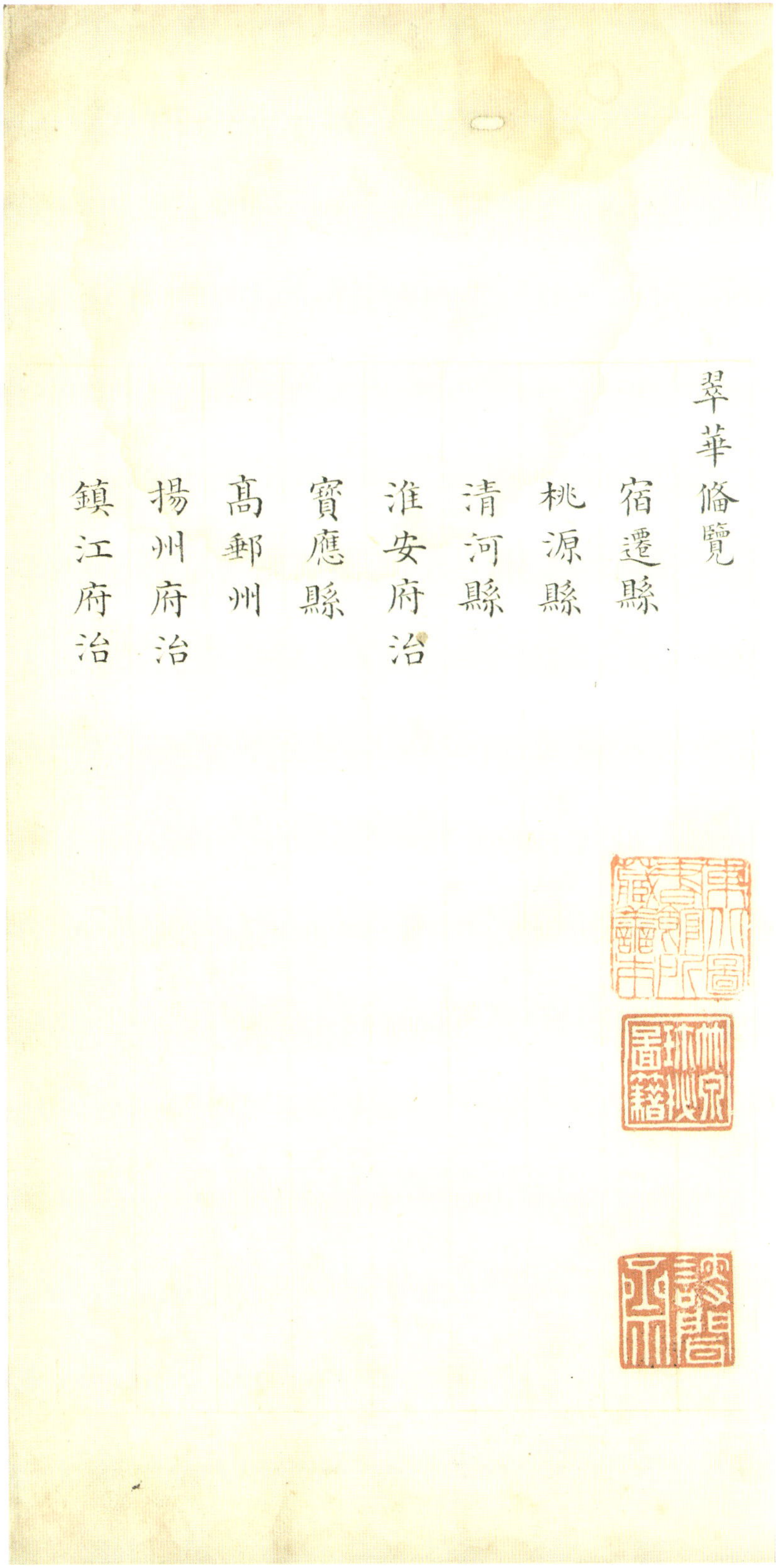
翠華偹覽
宿遷縣
桃源縣
清河縣
淮安府治
寶應縣
高郵州
揚州府治
鎮江府治

20531 **翠華偹覽不分卷** 清乾隆寫本 莫棠題識 遼寧省圖書館

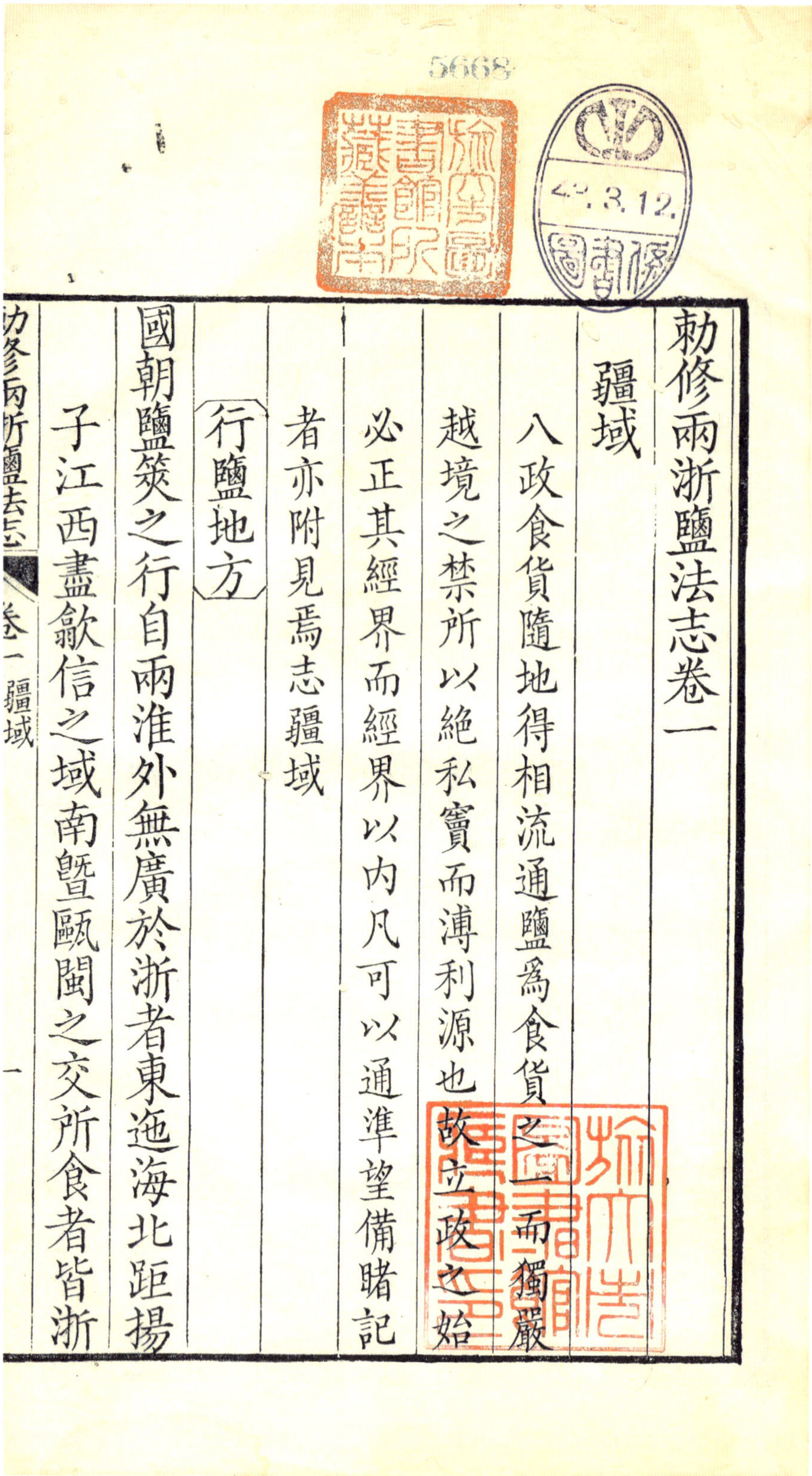
勅修兩浙鹽法志卷一

疆域

八政食貨隨地得相流通鹽爲食貨之一而獨嚴越境之禁所以絶私竇而溥利源也故立政之始必正其經界而經界以内凡可以通準望備睹記者亦附見焉志疆域

行鹽地方

國朝鹽筴之行自兩淮外無廣於浙者東迤海北距揚子江西盡歙信之域南暨甌閩之交所食者皆浙

勅修兩浙鹽法志　卷一　疆域　一

20532　敕修兩浙鹽法志十六卷首一卷　（清）李衛等纂修　清雍正六年（1728）鹽驛道庫刻本　大連圖書館

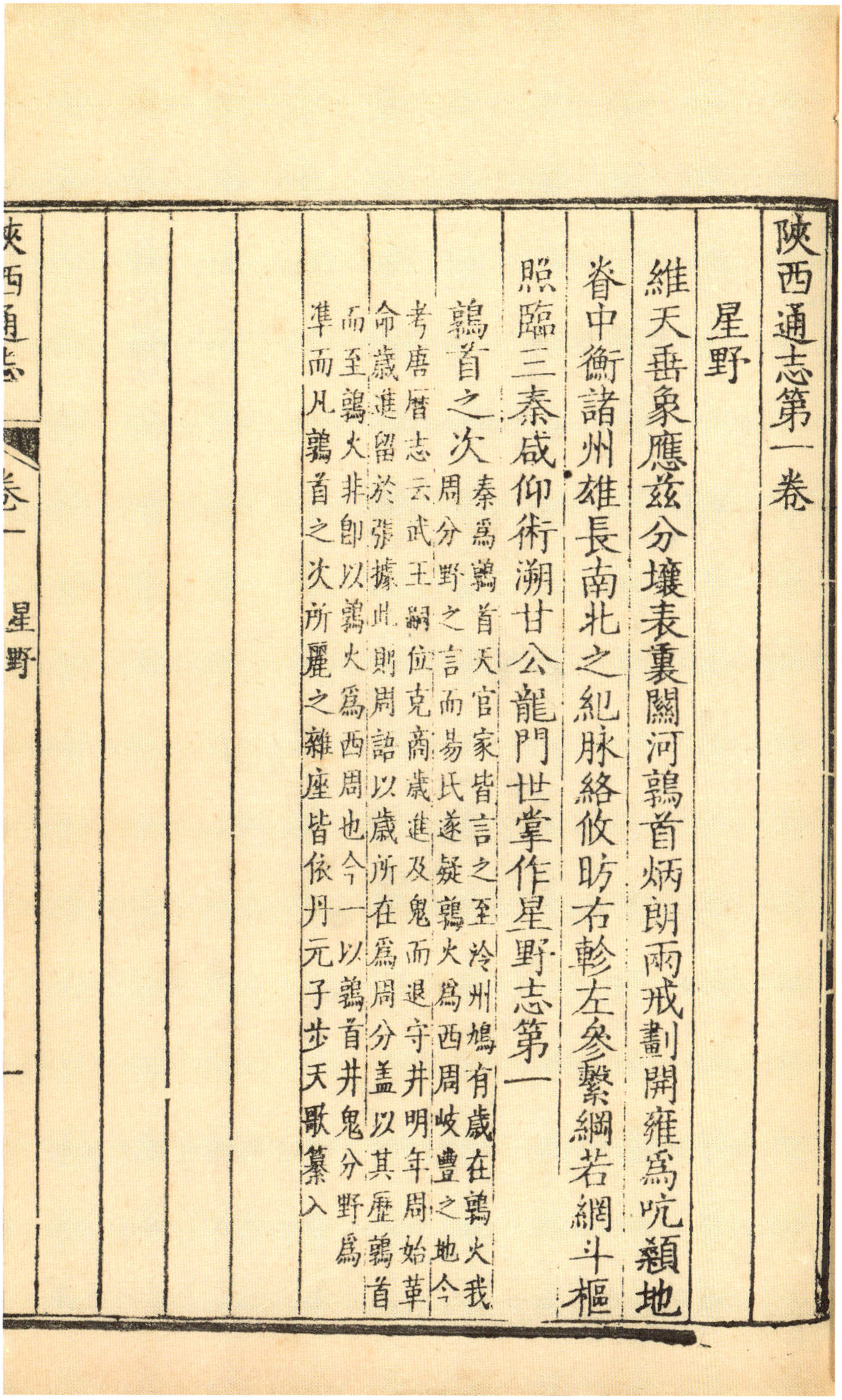

陝西通志第一卷

星野

維天垂象應茲分壤表裏關河鶉首炳朗兩戒劃開雍為吭頟地脊中衡諸州雄長南北之紀脉絡攸昉右軫左參繫綱若網斗樞照臨三秦咸仰術溯甘公龍門世掌作星野志第一

鶉首之次秦為鶉首天官家皆言之至泠州鳩有歲在鶉火我周分野之言而易氏遂疑鶉火為西周岐豐之地今考唐曆志云武王嗣位克商歲進及鬼而退守井明年周始革命歲進留於張據此則周語以歲所在為周分蓋以其歷鶉首而至鶉火非即以鶉火為西周也今一以鶉首井鬼分野為準而凡鶉首之次所麗之雜座皆依丹元子步天歌纂入

陝西通志　卷一　星野　一

20533　[雍正]陝西通志一百卷首一卷　（清）劉于義等纂修　清雍正十三年（1735）刻本　遼寧省圖書館

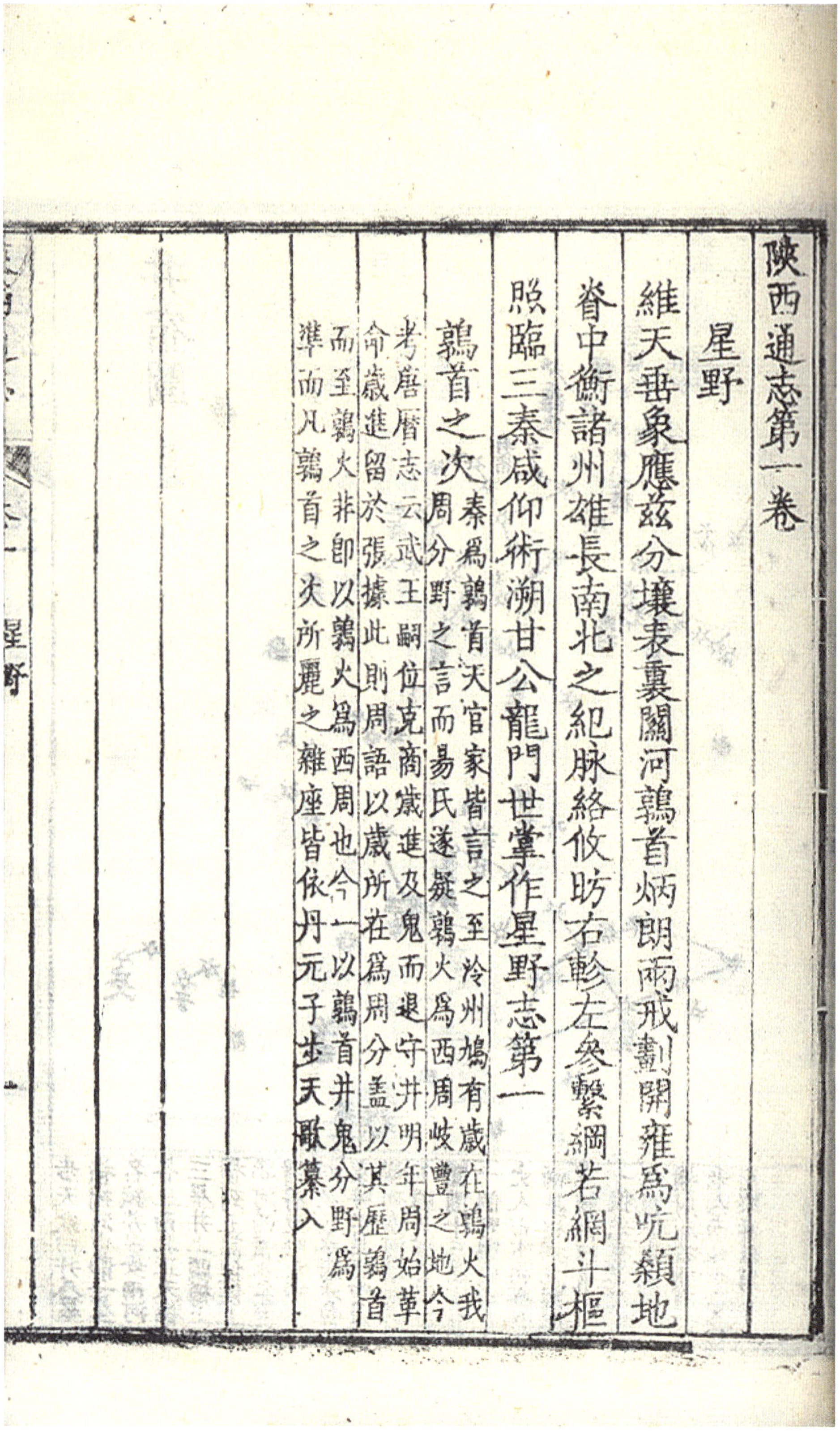
陝西通志第一卷

星野

維天垂象應茲分壤表裏關河鶉首炳朗兩戒劃開雍爲亢顙地脊中衡諸州雄長南北之紀脉絡攸昉右軫左參繫綱若網斗樞照臨三秦咸仰術溯甘公龍門世掌作星野志第一

鶉首之次秦爲鶉首天官家皆言之至泠州鳩有歲在鶉火我周分野之言而易氏遂疑鶉火爲西周岐豐之地今考唐曆志云武王嗣位克商歲進及鬼而退守井明年周始革命歲進留於張據此則周語以歲所在爲周分蓋以其歷鶉首而至鶉火非即以鶉火爲西周也今一以鶉首井鬼分野爲準而凡鶉首之次所麗之雜座皆依丹元子步天歌纂入

20534 ［雍正］陝西通志一百卷首一卷 （清）劉于義等纂修　清雍正十三年（1735）刻本　瀋陽市圖書館

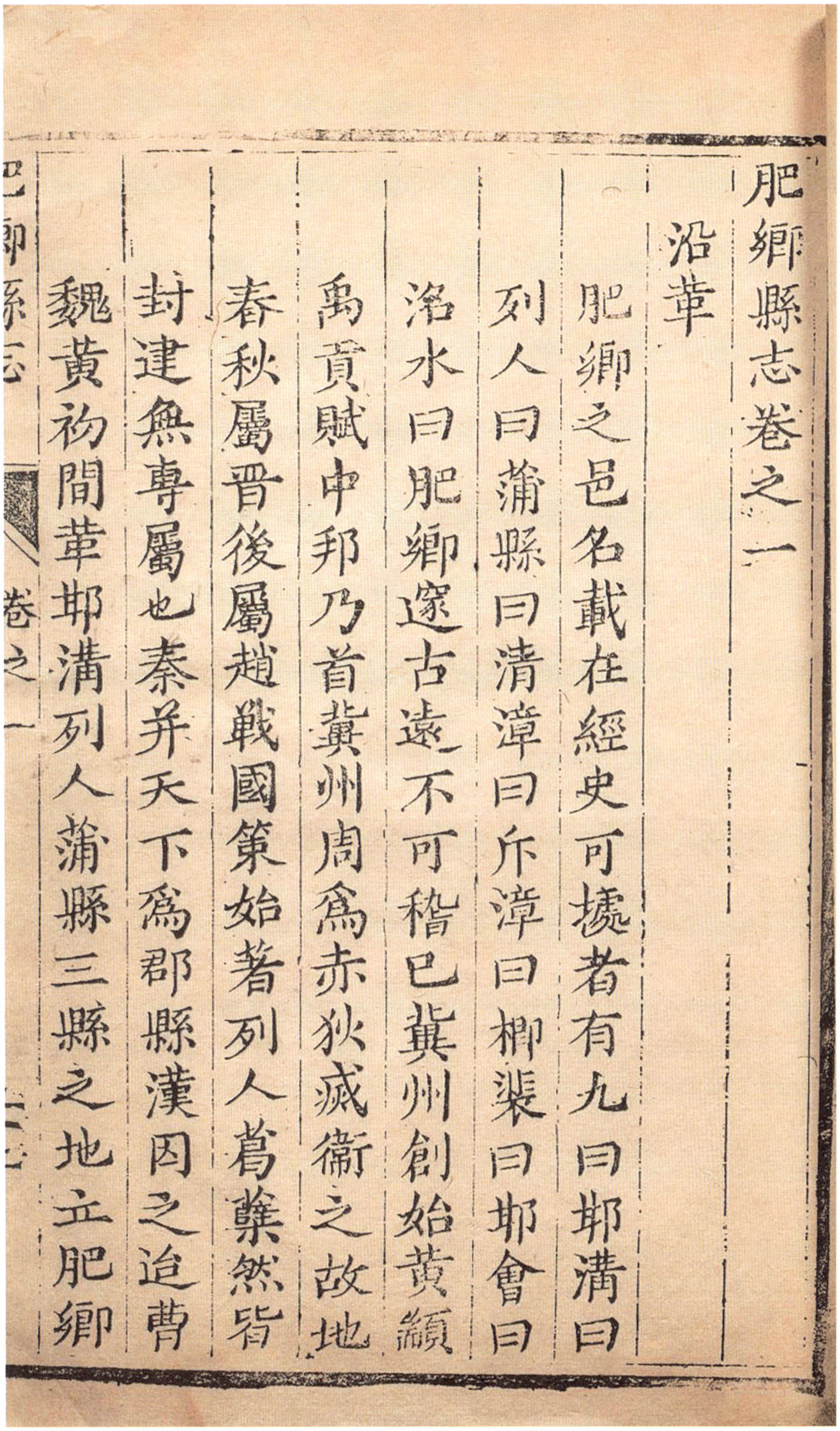
肥鄉縣志卷之一
沿革
肥鄉之邑名載在經史可攷者有九曰邯溝曰
列人曰蒲縣曰清漳曰斥漳曰柳裴曰邯會曰
洺水曰肥鄉邃古遠不可稽已冀州創始黃顓
禹貢賦中邦乃首冀州周爲赤狄臧衛之故地
春秋屬晉後屬趙戰國策始著列人葛蘗然皆
封建無專屬也秦并天下爲郡縣漢因之迨曹
魏黃初間革邯溝列人蒲縣三縣之地立肥鄉
肥鄉縣志　卷之一　一

20535　[雍正]肥鄉縣志六卷首一卷　（清）王建中修　（清）宋錦纂
清雍正十年（1732）刻本　大連圖書館

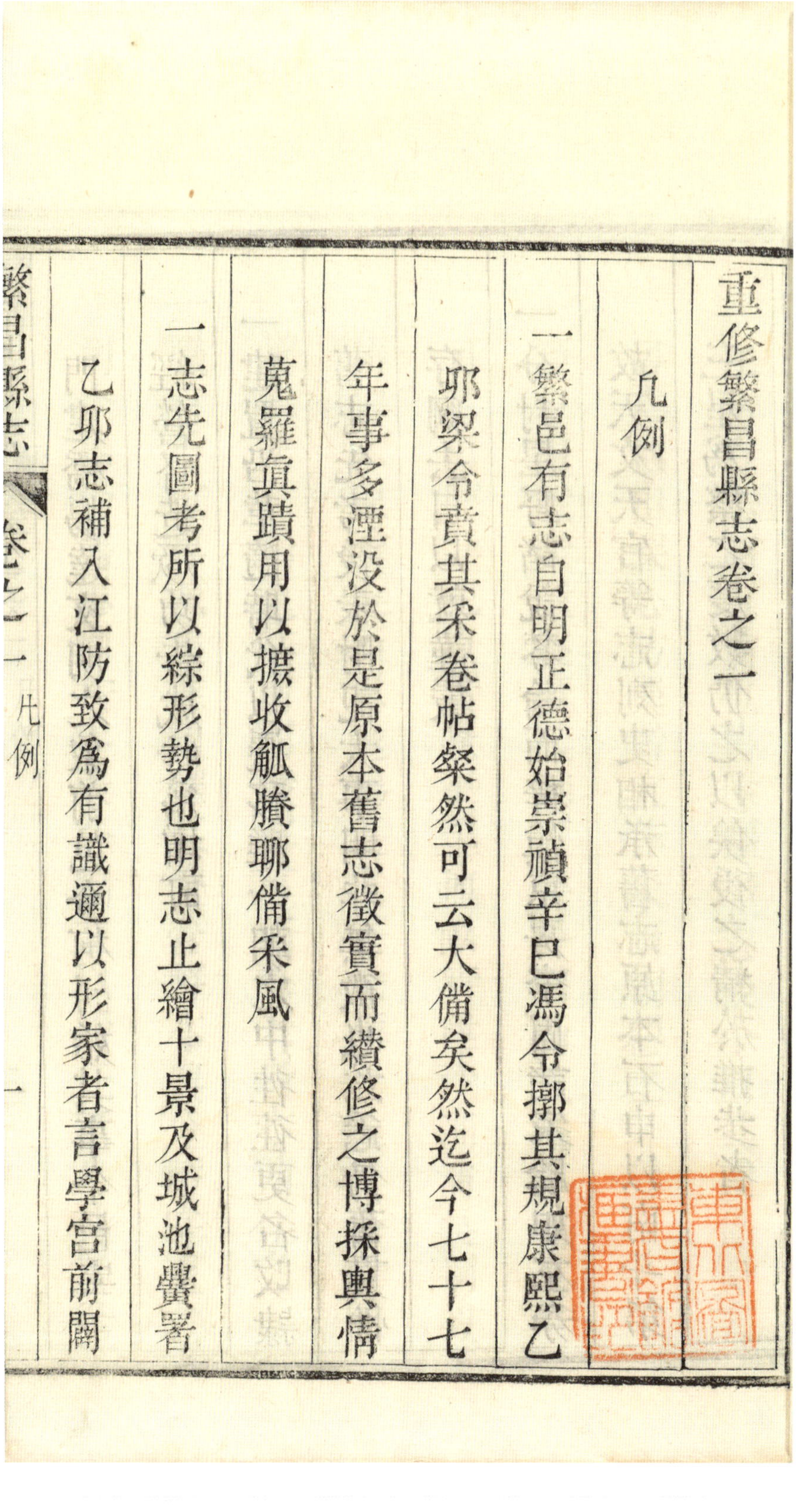

重修繁昌縣志卷之一

凡例

一繁邑有志自明正德始崇禎辛巳馮令擲其規康熙乙卯粲令賁其采卷帙粲然可云大備矣然迄今七十七年事多湮沒於是原本舊志徵實而續修之博採輿情蒐羅眞蹟用以攟收觚牘聊備采風

一志先圖考所以綜形勢也明志止繪十景及城池黌署乙卯志補入江防致爲有識遡以形家者言學宮前闢

繁昌縣志　卷之一　凡例　一

20536　[乾隆]繁昌縣志三十卷　（清）王熊飛纂修　清乾隆刻本　遼寧省圖書館

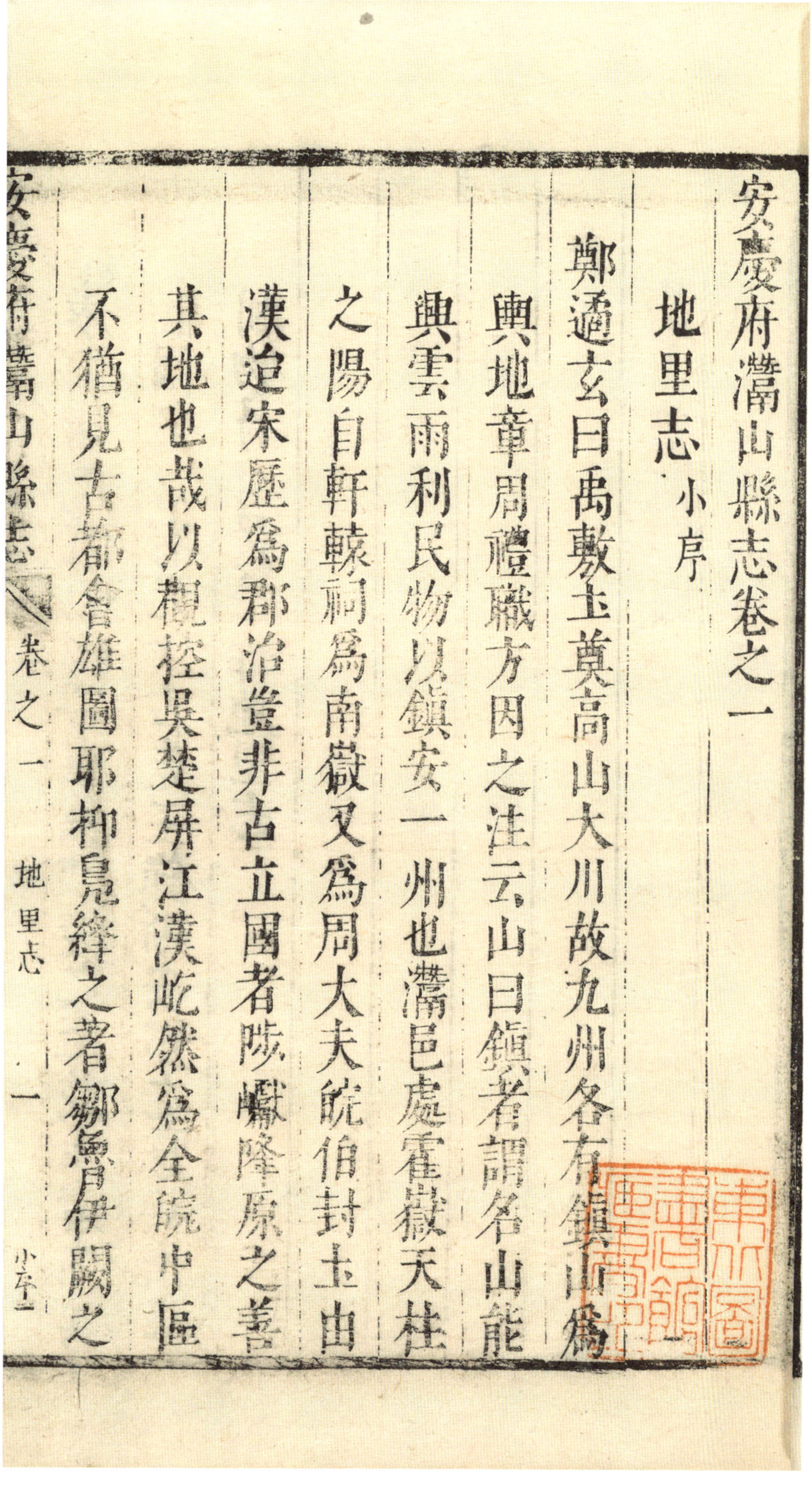

安慶府灊山縣志卷之一
地里志 小序
鄭遹玄曰禹敷土奠高山大川故九州各有鎮山爲輿地章周禮職方因之注云山曰鎮者謂名山能興雲雨利民物以鎮安一州也灊邑處霍嶽天柱之陽自軒轅祠爲南嶽又爲周大夫皖伯封土由漢迨宋歷爲郡治豈非古立國者陟巘降原之善其地也哉以視控吳楚屏江漢屹然爲全皖中區不猶見古都會雄圖耶抑皃繹之著鄒魯伊闕之

安慶府灊山縣志 卷之一 地里志 一 小序

20537 ［順治］安慶府潛山縣志十卷首一卷 （清）鄭遹玄等修 （清）陳衷赤等纂 清順治十一年（1654）刻本 遼寧省圖書館

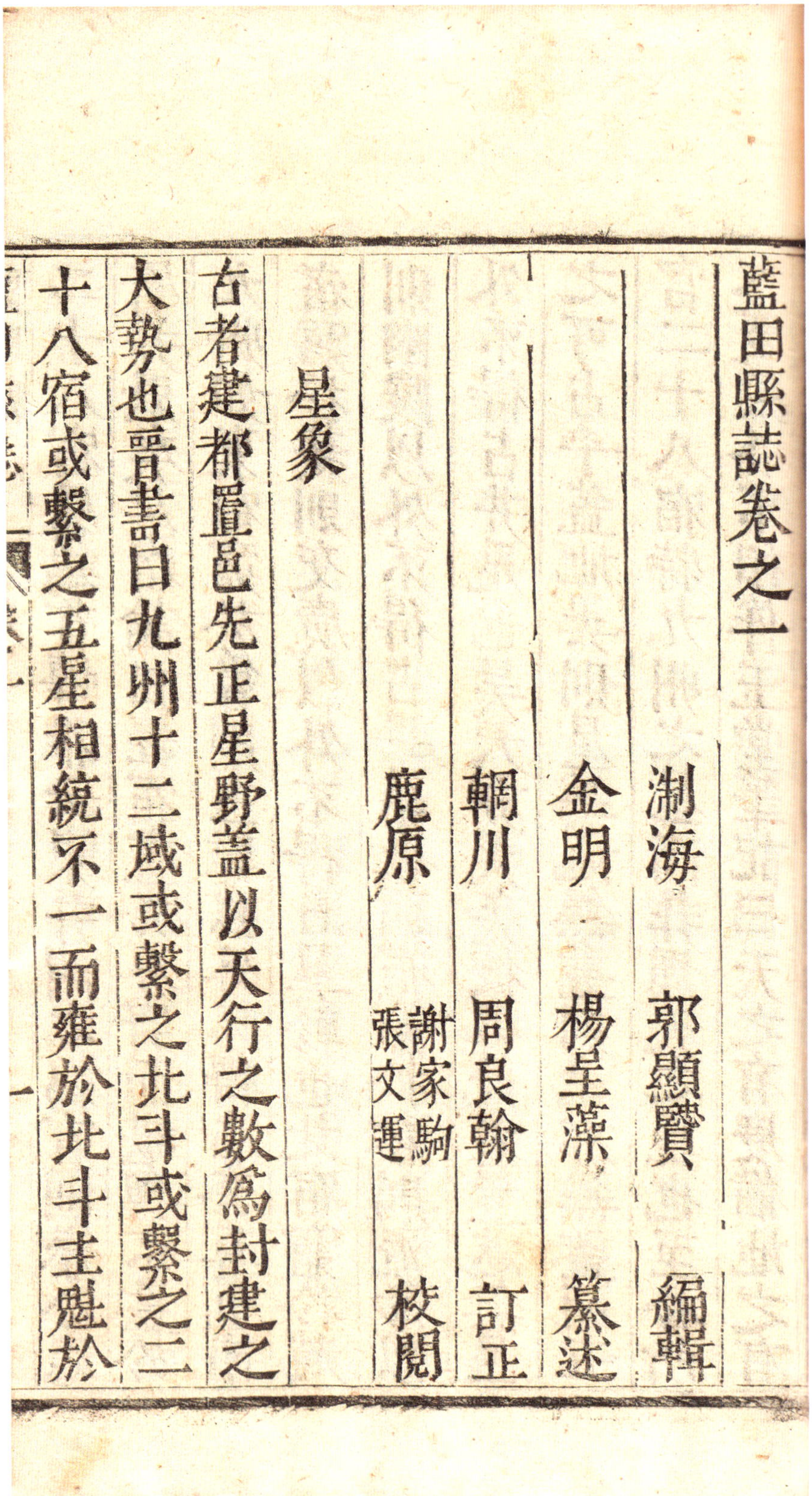

藍田縣誌卷之一

淛海　郭顯賢　編輯

金明　楊呈藻　纂述

輞川　周良翰　訂正

鹿原　謝家駒　張文運　校閱

星象

古者建都置邑先正星野蓋以天行之數爲封建之大勢也晉書曰九州十二域或繫之北斗或繫之二十八宿或繫之五星相統不一而雍於北斗圭魁於

20538　[順治]藍田縣誌四卷　（清）郭顯賢　楊呈藻纂修　清順治刻本
大連圖書館

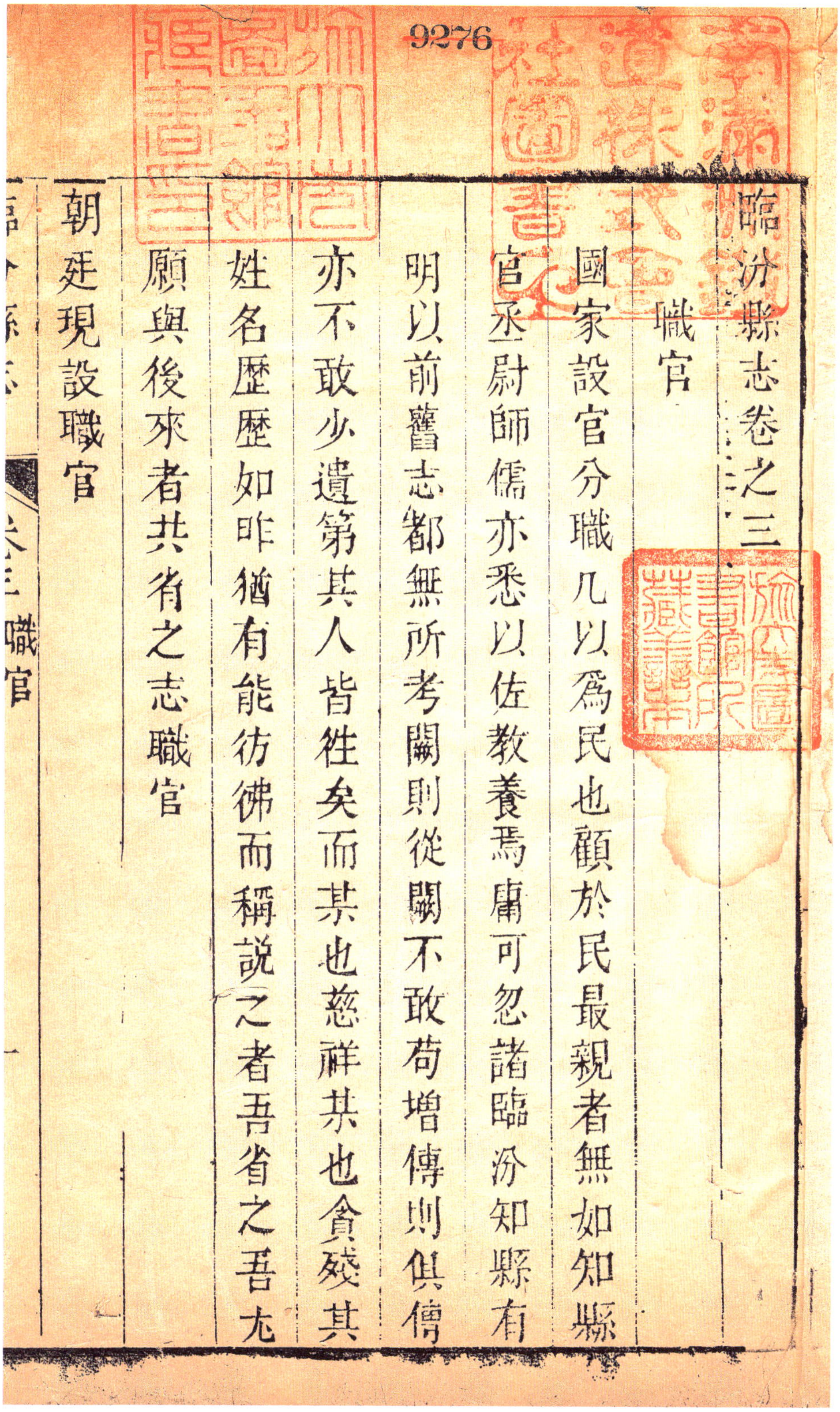
9276

臨汾縣志卷之三

職官

國家設官分職凡以爲民也顧於民最親者無如知縣官丞尉師儒亦悉以佐教養焉庸可忽諸臨汾知縣有明以前舊志都無所考闕則從闕不敢苟增傳則俱傳亦不敢少遺第其人皆往矣而其也慈祥其也貪殘其姓名歷歷如昨猶有能彷彿而稱說之者吾省之吾尤願與後來者共省之志職官

朝廷現設職官

20539　[雍正]臨汾縣志八卷　（清）徐三俊等纂修　清雍正刻本　大連圖書館

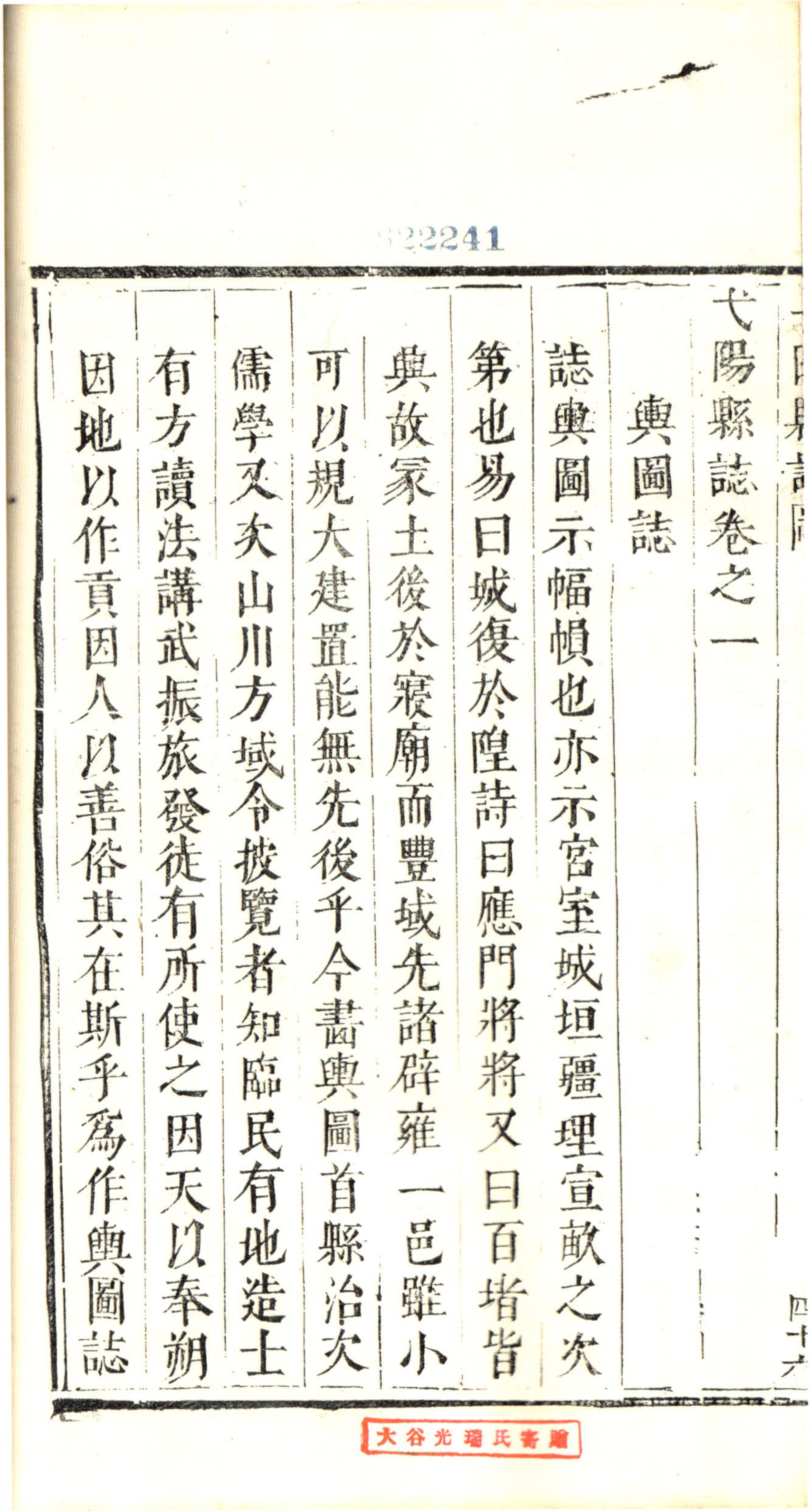

弋陽縣誌卷之一
輿圖誌
誌輿圖示幅幀也亦示宮室城垣疆理宣畝之次
第也易曰城復於隍詩曰應門將將又曰百堵皆
興故家土後於寢廟而豐域先諸辟雍一邑雖小
可以規大建置能無先後乎今畫輿圖首縣治次
儒學又次山川方域令披覽者知臨民有地造士
有方讀法講武振旅發徒有所使之因天以奉朔
因地以作貢因人以善俗其在斯乎為作輿圖誌

20540　[康熙]弋陽縣誌十卷　（清）陶燿纂修　清康熙十二年（1673）刻本　大連圖書館

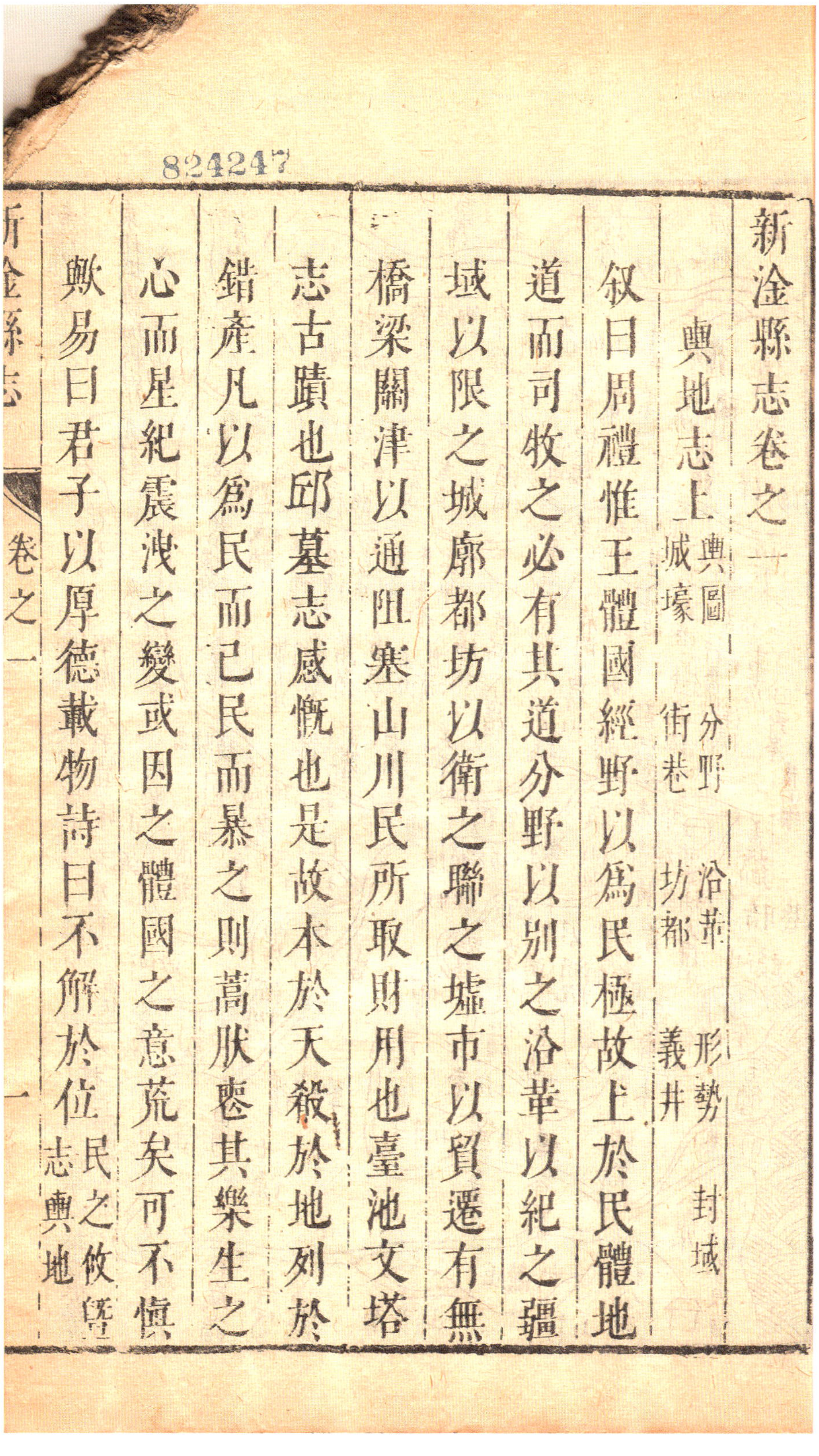
824247
新淦縣志卷之一
輿地志上 輿圖 分野 沿革 形勢 封域 城壕 街巷 坊都 義井
叙曰周禮惟王體國經野以爲民極故上於民體地
道而司牧之必有其道分野以别之沿革以紀之疆
域以限之城廓都坊以衛之聯之墟市以貿遷有無
橋梁關津以通阻塞山川民所取財用也臺池文塔
志古蹟也邱墓志感慨也是故本於天殺於地列於
錯産凡以爲民而已民而暴之則蒿肰憂其樂生之
心而星紀震洩之變或因之體國之意荒矣可不慎
歟易曰君子以厚德載物詩曰不解於位民之攸塈 志輿地
新淦縣志 卷之一 一

20541 ［康熙］新淦縣志十五卷 （清）董謙吉修 （清）李焕斗纂 （清）王毓德續修 （清）周卿續纂 清康熙十二年（1673）刻五十四年（1715）增刻本 大連圖書館

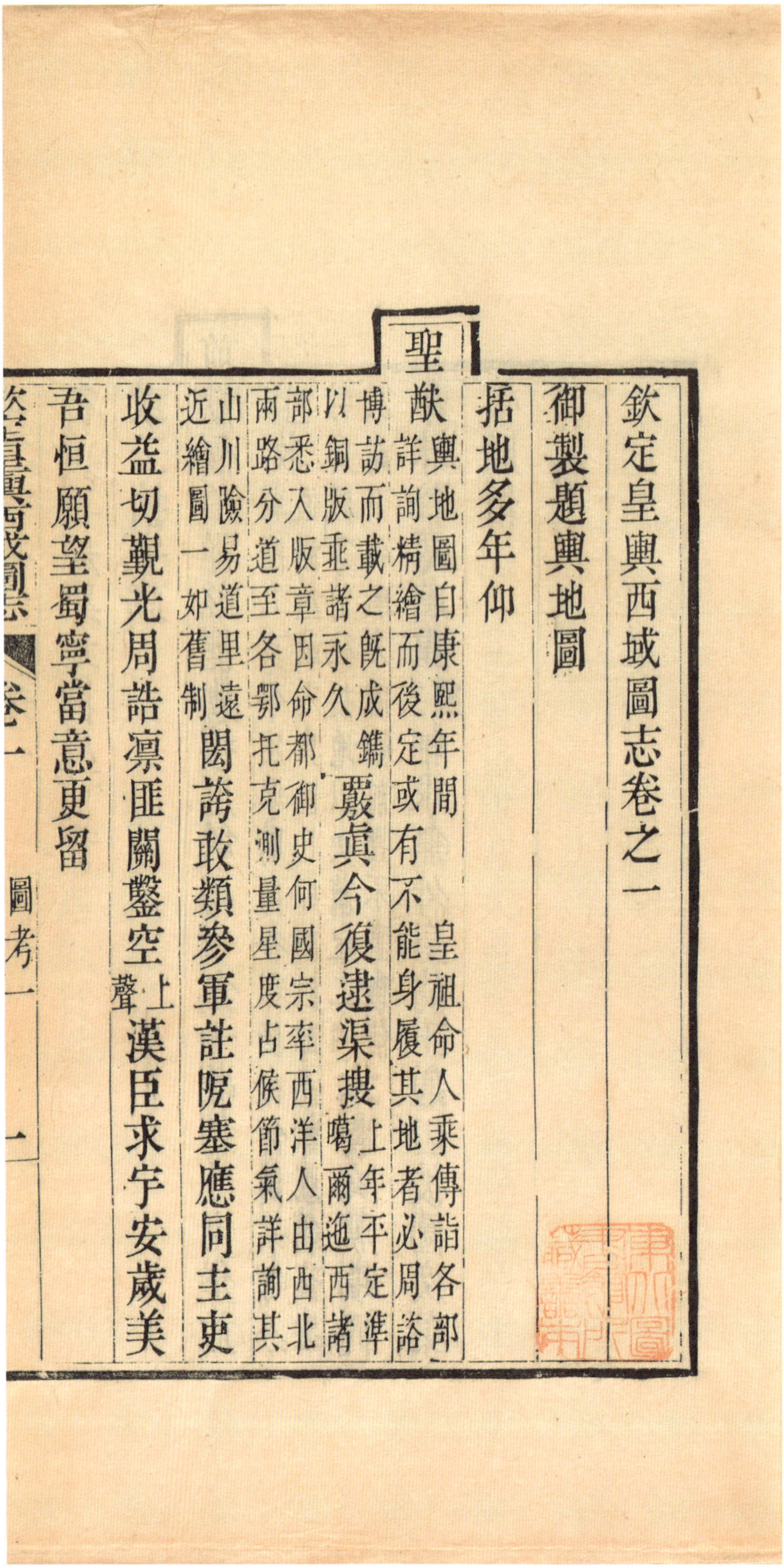
欽定皇輿西域圖志卷之一
御製題輿地圖
括地多年仰
聖猷輿地圖自康熙年間 皇祖命人乘傳詣各部詳詢精繪而後定或有不能身履其地者必周諮博訪而載之既成鐫以銅版垂諸永久覈眞今復逮渠搜上年平定準噶爾遊西諸部悉入版章因命都御史何國宗率西洋人由西北兩路分道至各鄂托克測量星度占候節氣詳詢其山川險易道里遠近繪圖一如舊制閎誇敢類參軍註既塞應同主吏收益切覲光周誥凛匪闕鑿空上聲漢臣求宇安歲美吾恆願望蜀寧當意更留
欽定皇輿西域圖志　卷一　圖考一　一

20542　欽定皇輿西域圖志四十八卷首四卷　（清）傅恒等纂　清乾隆四十七年（1782）武英殿刻本　遼寧省圖書館

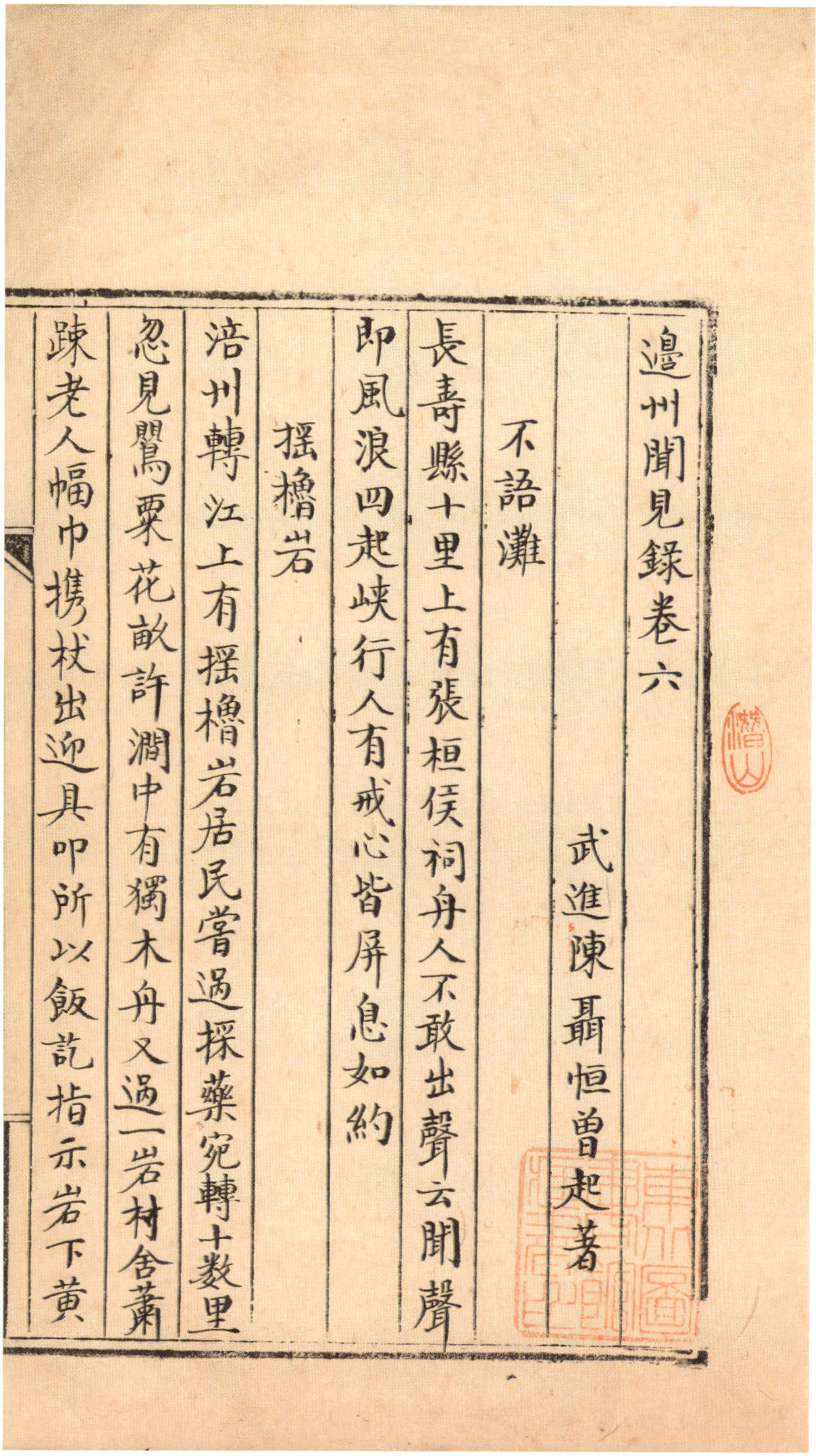
邊州聞見錄卷六
武進陳聶恒曾起著
不語灘
長壽縣十里上有張桓侯祠舟人不敢出聲云聞聲
即風浪四起峽行人有戒心皆屏息如約
摇櫓岩
涪州轉江上有摇櫓岩居民嘗過採藥宛轉十數里
忽見鸎粟花畝許澗中有獨木舟又過一岩村舍蕭
疎老人幅巾携杖出迎具叩所以飯訖指示岩下黄

20543 邊州聞見錄十一卷 （清）陳聶恒撰 清抄本 遼寧省圖書館

存六卷（六至十一）

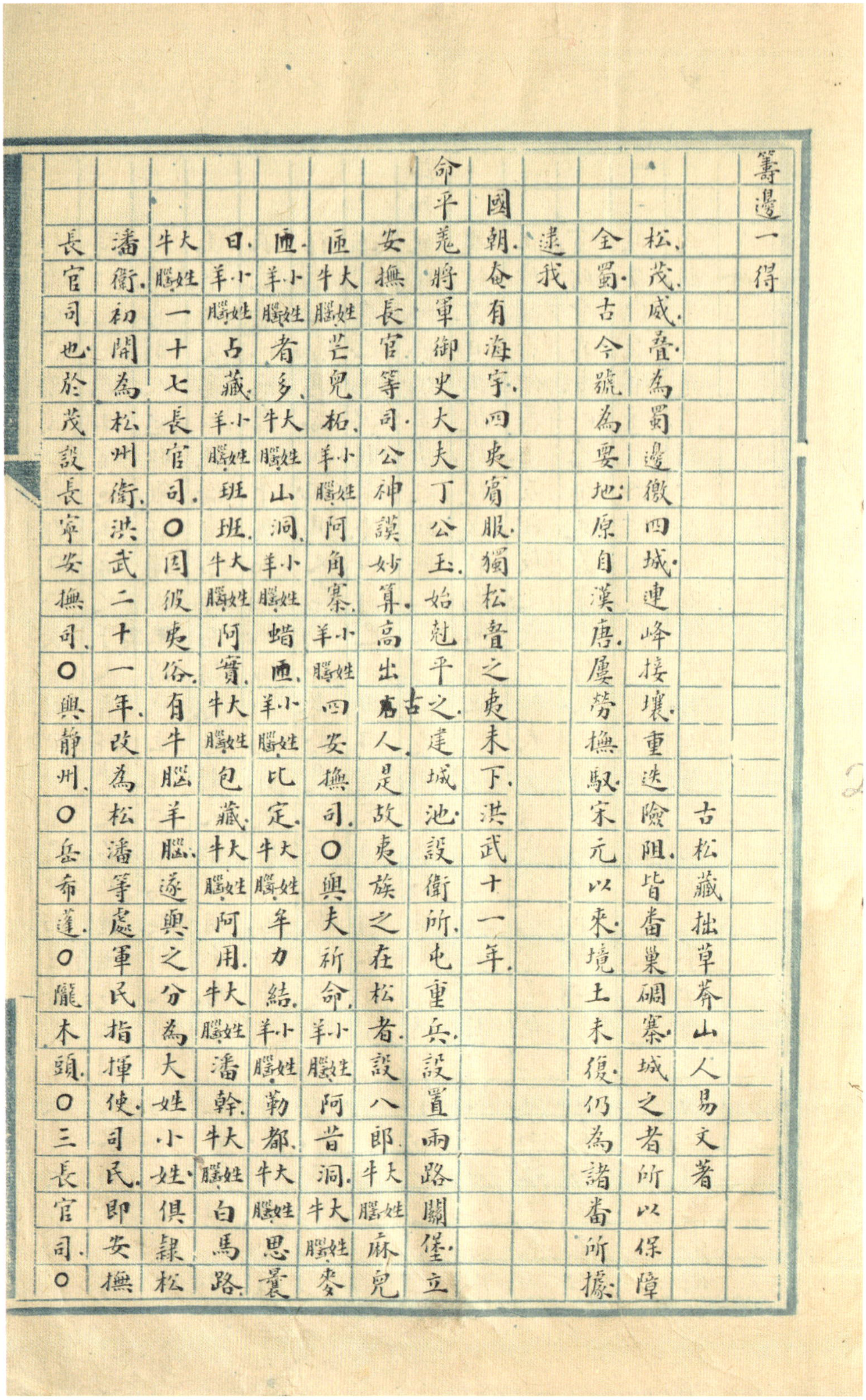
籌邊一得
古松藏拙草莽山人易文著
松、茂、威、疊、為蜀邊徼四城、連峰接壤、重迭險阻、皆番巢碉寨城之者所以保障
全蜀、古今號為要地、原自漢唐、屢勞撫馭、宋元以來、境土未復、仍為諸番所據
遠我
國朝、奄有海宇、四夷賓服、獨松疊之夷未下、洪武十一年、
命平羌將軍御史大夫丁公玉、始剋平之、建城池、設衛所、屯重兵、設置兩路關堡、立
安撫長官等司、公神謨妙算、高出古人、是故夷族之在松者、設八郎、大姓牛腦麻兒
匝大姓牛腦芒兒柘、小姓羊腦阿角寨、小姓羊腦四安撫司、○興夫祈命、小姓羊腦阿昔洞、大姓牛腦麥
匝、小姓羊腦者多、大姓牛腦山洞、小姓羊腦蜡匝、小姓羊腦比定、大姓牛腦牟力結、小姓羊腦勒都、大姓牛腦思曩
日、小姓羊腦占藏、小姓羊腦班班、大姓牛腦阿寶、大姓牛腦包藏、大姓牛腦阿用、大姓牛腦潘幹、大姓牛腦白馬路、
大姓牛腦一十七長官司、○因彼夷俗、有牛腦羊腦、遂與之分為大姓小姓、俱隸松
潘衛、初開為松州衛、洪武二十一年、改為松潘等處軍民指揮使司、民即安撫
長官司也、於茂設長寧安撫司、○與靜州、○岳希蓬、○隴木頭、○三長官司、○

20544　籌邊一得不分卷　（明）易文撰　清抄本　遼寧省圖書館

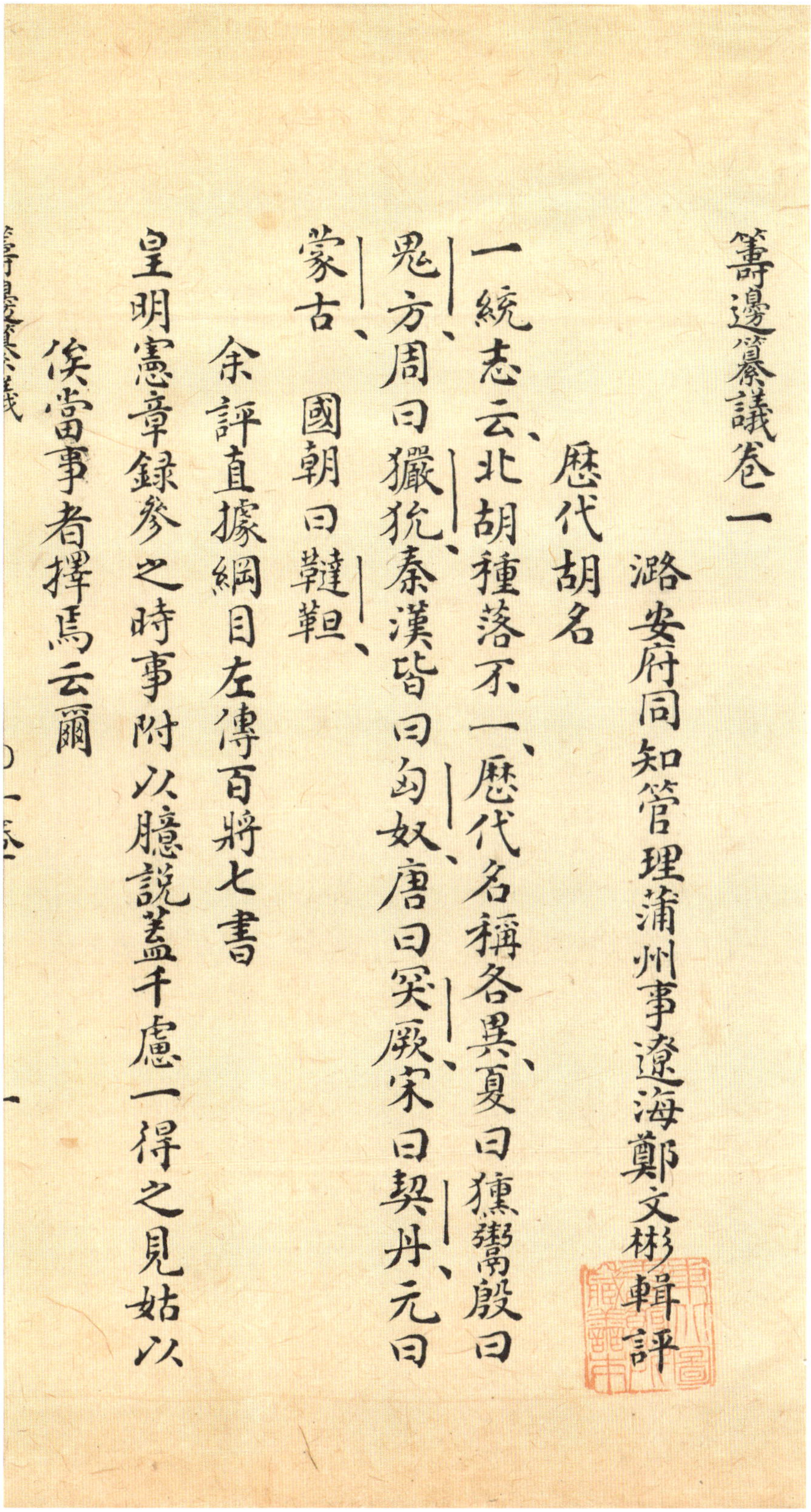
籌邊纂議卷一
潞安府同知管理蒲州事遼海鄭文彬輯評
歷代胡名
一統志云北胡種落不一歷代名稱各異夏曰獯鬻殷曰
鬼方周曰玁狁秦漢皆曰匈奴唐曰突厥宋曰契丹元曰
蒙古　國朝曰韃靼
余評直據綱目左傳百將七書
皇明憲章録參之時事附以臆說蓋千慮一得之見姑以
俟當事者擇焉云爾

20545　籌邊纂議八卷　（明）鄭文彬撰　清抄本　遼寧省圖書館

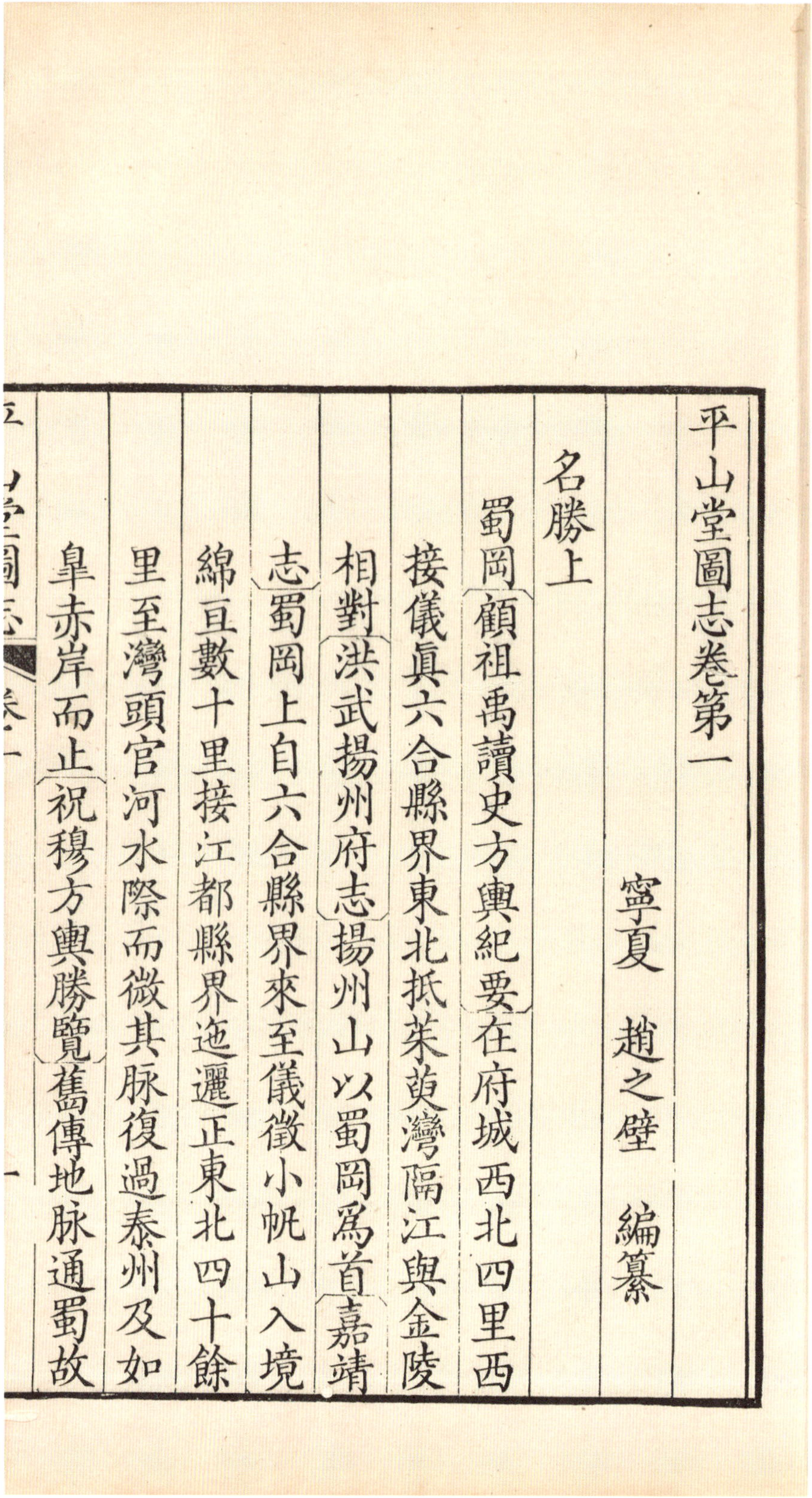
平山堂圖志卷第一
寧夏　趙之壁　編纂
名勝上
蜀岡顧祖禹讀史方輿紀要在府城西北四里西
接儀真六合縣界東北抵茱萸灣隔江與金陵
相對洪武揚州府志揚州山以蜀岡爲首嘉靖
志蜀岡上自六合縣界來至儀徵小帆山入境
綿亘數十里接江都縣界迤邐正東北四十餘
里至灣頭官河水際而微其脉復過泰州及如
皋赤岸而止祝穆方輿勝覽舊傳地脉通蜀故

20546　平山堂圖志十卷清世祖聖祖世宗宸翰一卷名勝全圖一卷

（清）趙之壁纂　清乾隆刻本　遼寧省圖書館

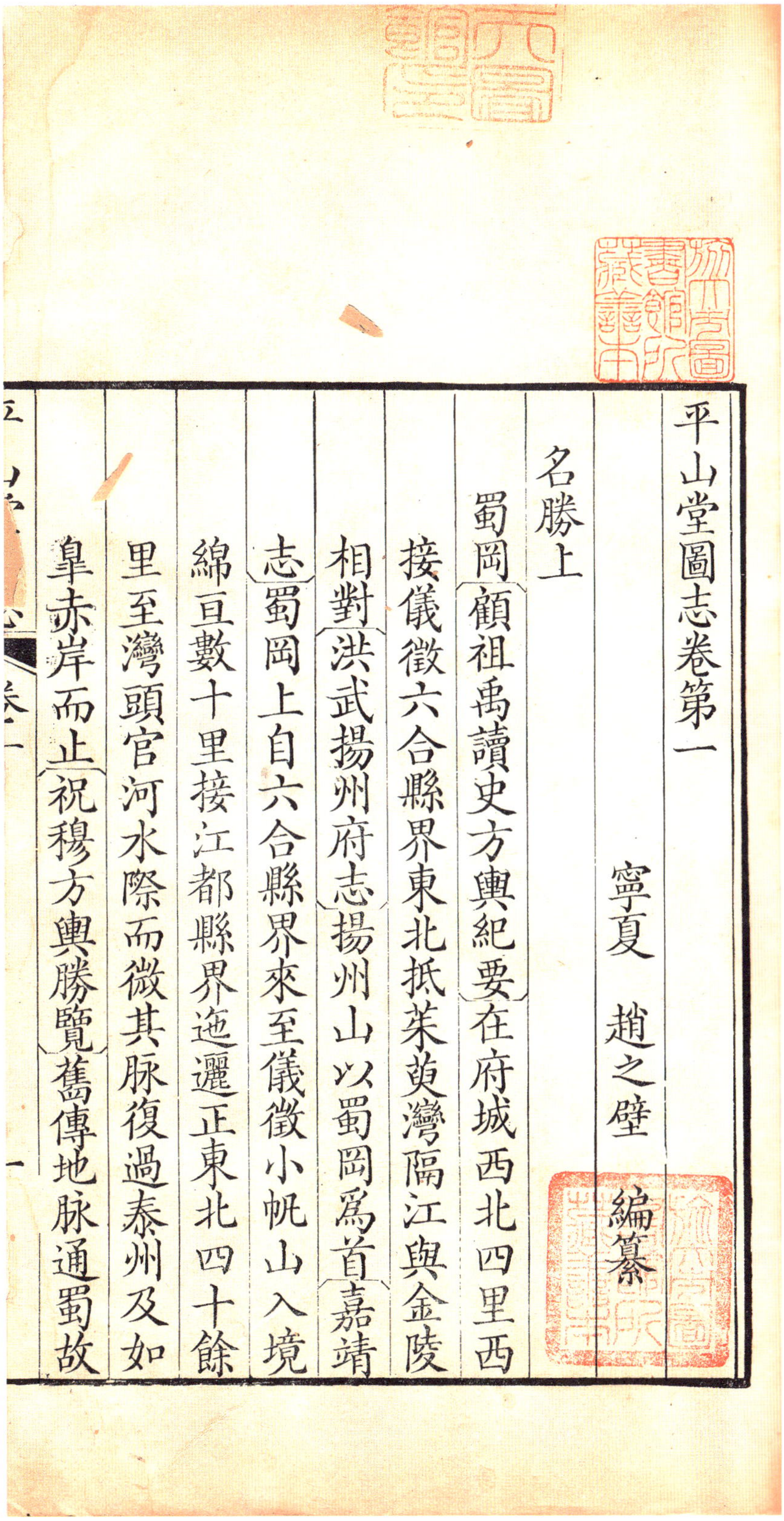
平山堂圖志卷第一

寧夏　趙之壁　編纂

名勝上

蜀岡（顧祖禹讀史方輿紀要）在府城西北四里西
接儀徵六合縣界東北抵茱萸灣隔江與金陵
相對（洪武揚州府志）揚州山以蜀岡爲首嘉靖
志蜀岡上自六合縣界來至儀徵小帆山入境
綿亘數十里接江都縣界迤邐正東北四十餘
里至灣頭官河水際而微其脉復過泰州及如
皐赤岸而止（祝穆方輿勝覽）舊傳地脉通蜀故

20547　平山堂圖志十卷清世祖聖祖世宗宸翰一卷名勝全圖一卷

（清）趙之壁纂　清乾隆刻本　大連圖書館

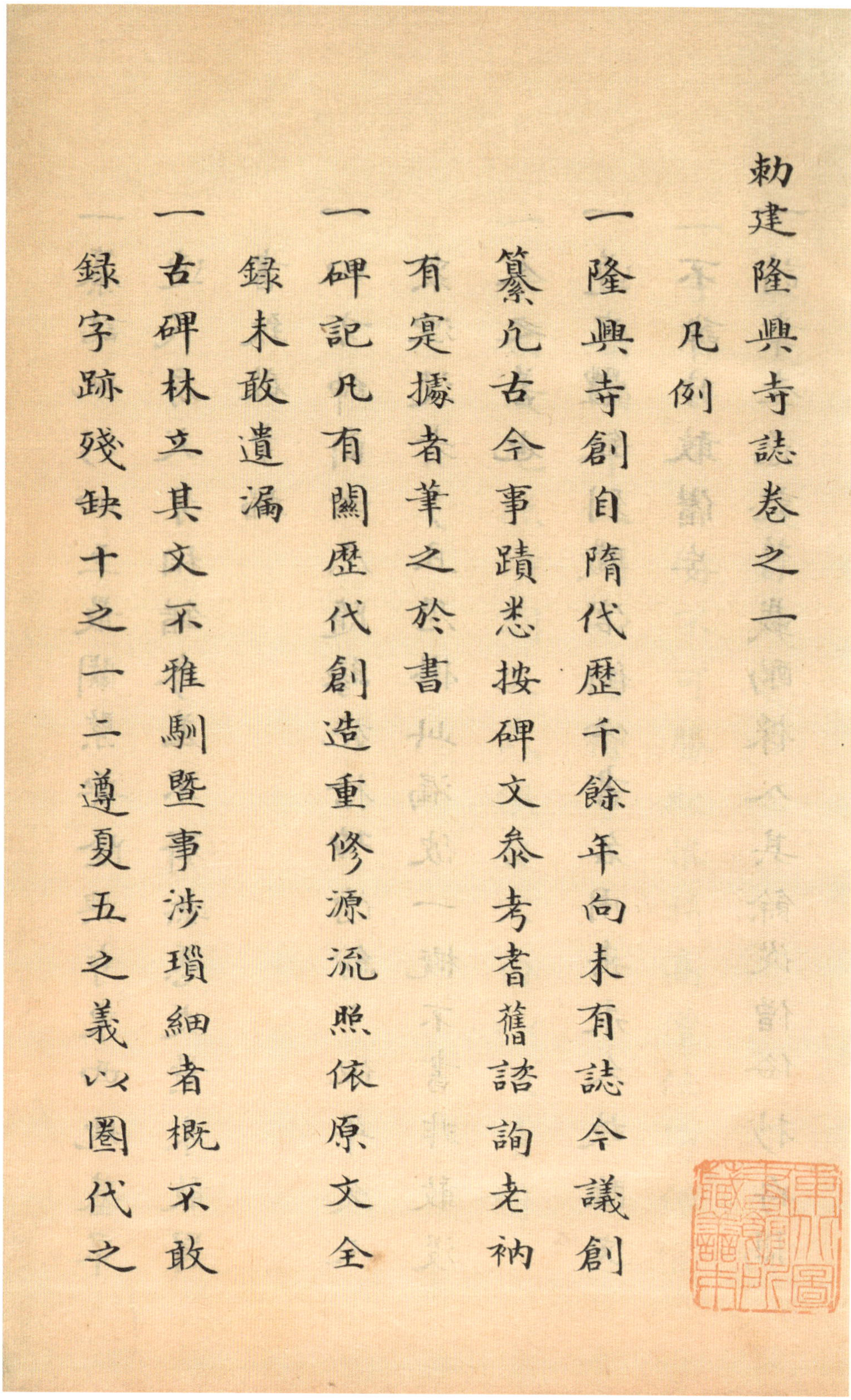
勅建隆興寺誌卷之一

凡例

一隆興寺創自隋代歷千餘年向未有誌今議創纂凡古今事蹟悉按碑文參考耆舊諮詢老衲有寔據者筆之於書

一碑記凡有關歷代創造重修源流照依原文全録未敢遺漏

一古碑林立其文不雅馴暨事涉瑣細者概不敢録字跡殘缺十之一二遵夏五之義以圈代之

20548　敕建隆興寺誌二卷　（清）王發枝撰　清抄本　遼寧省圖書館

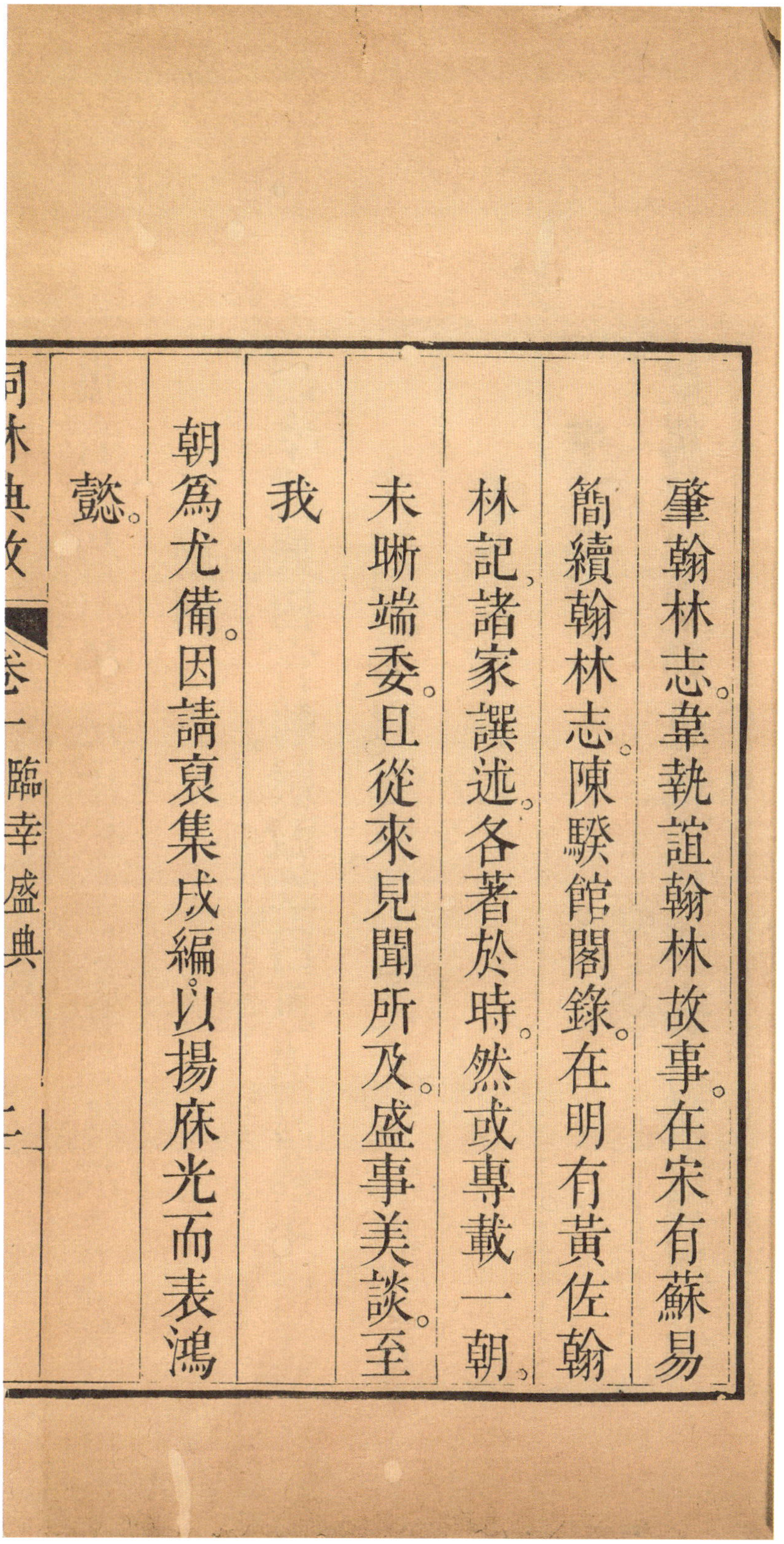
肇翰林志。韋執誼翰林故事。在宋有蘇易
簡續翰林志。陳騤館閣錄。在明有黃佐翰
林記、諸家譔述。各著於時。然或專載一朝。
未晰端委。且從來見聞所及。盛事美談。至
我
朝爲尤備。因請裒集成編。以揚庥光而表鴻
懿。

詞林典故　卷一　臨幸盛典　二

20549　詞林典故八卷　（清）張廷玉等撰　清乾隆十三年（1748）武英殿刻本　遼寧省圖書館

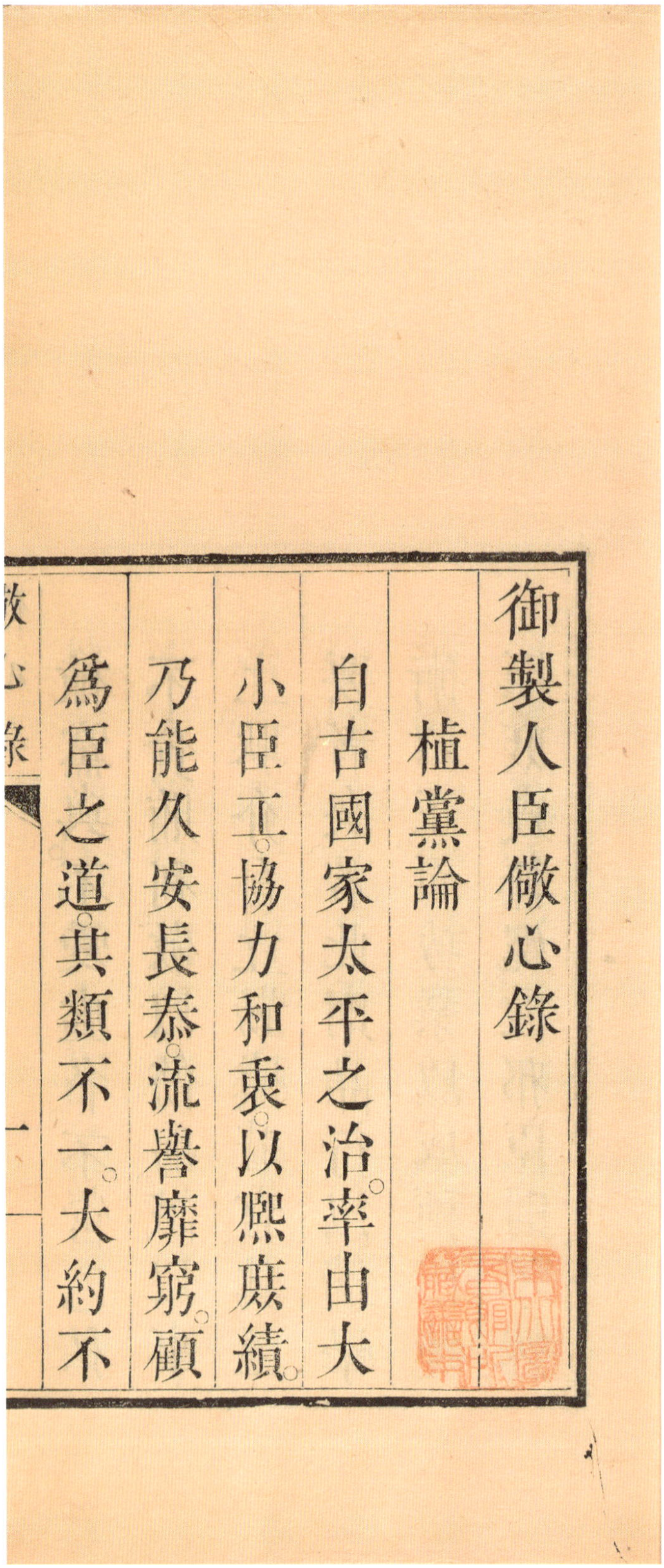
御製人臣儆心錄
植黨論
自古國家太平之治。率由大
小臣工。協力和衷。以熙庶績。
乃能久安長泰。流譽靡窮。顧
爲臣之道。其類不一。大約不
儆心錄　一

20550　御製人臣儆心錄一卷　（清）世祖福臨纂　清順治十二年（1655）內府刻本　遼寧省圖書館

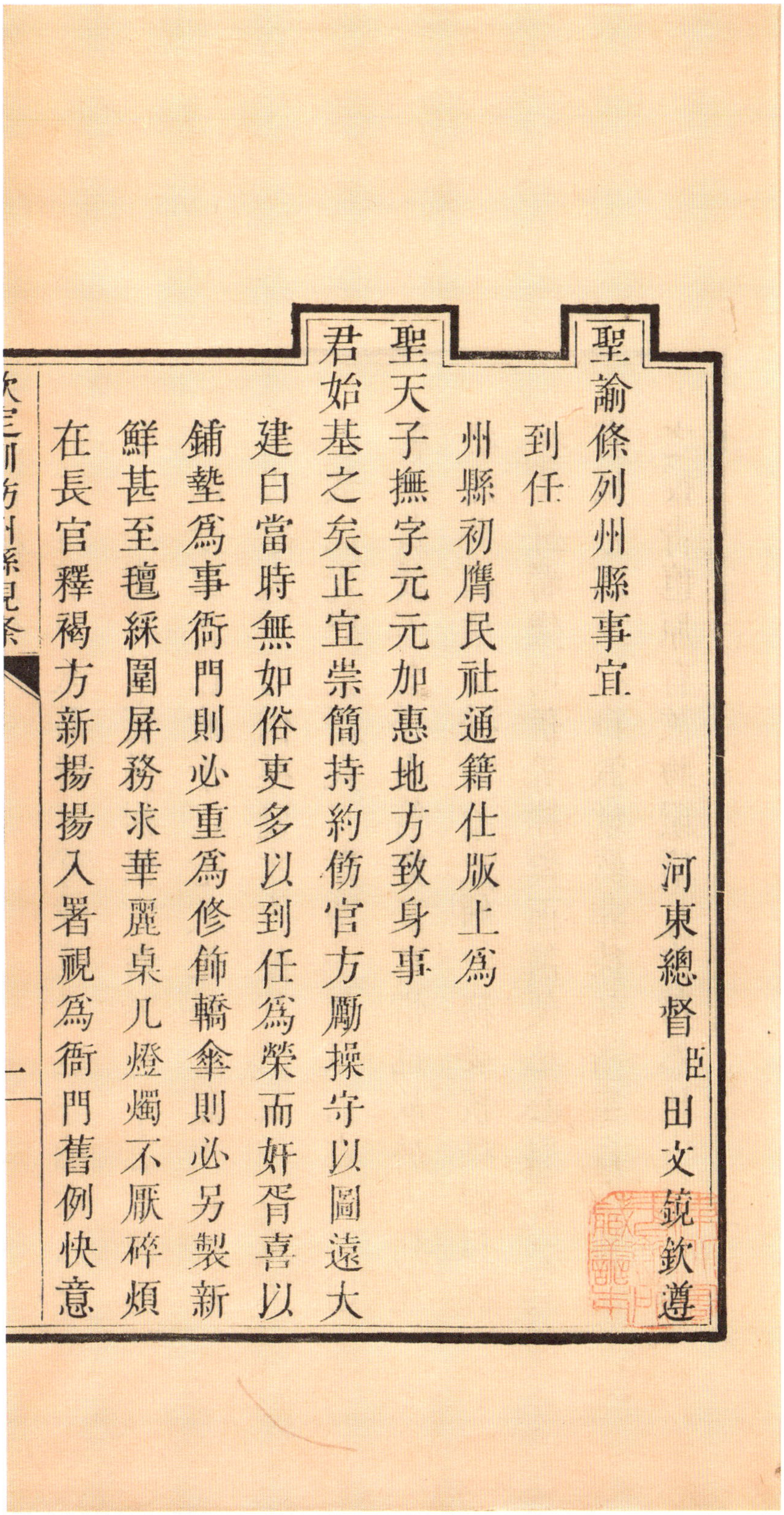
聖諭條列州縣事宜
河東總督臣田文鏡欽遵
到任
州縣初膺民社通籍仕版上爲
聖天子撫字元元加惠地方致身事
君始基之矣正宜崇簡持約飭官方勵操守以圖遠大
建白當時無如俗吏多以到任爲榮而奸胥喜以
鋪墊爲事衙門則必重爲修飾轎傘則必另製新
鮮甚至氈絲圍屏務求華麗桌几燈燭不厭碎煩
在長官釋褐方新揚揚入署覩爲衙門舊例快意
欽定訓飭州縣規條
一

20551 欽定訓飭州縣規條一卷 （清）田文鏡 李衛撰 清雍正八年（1730）内府刻本 遼寧省圖書館

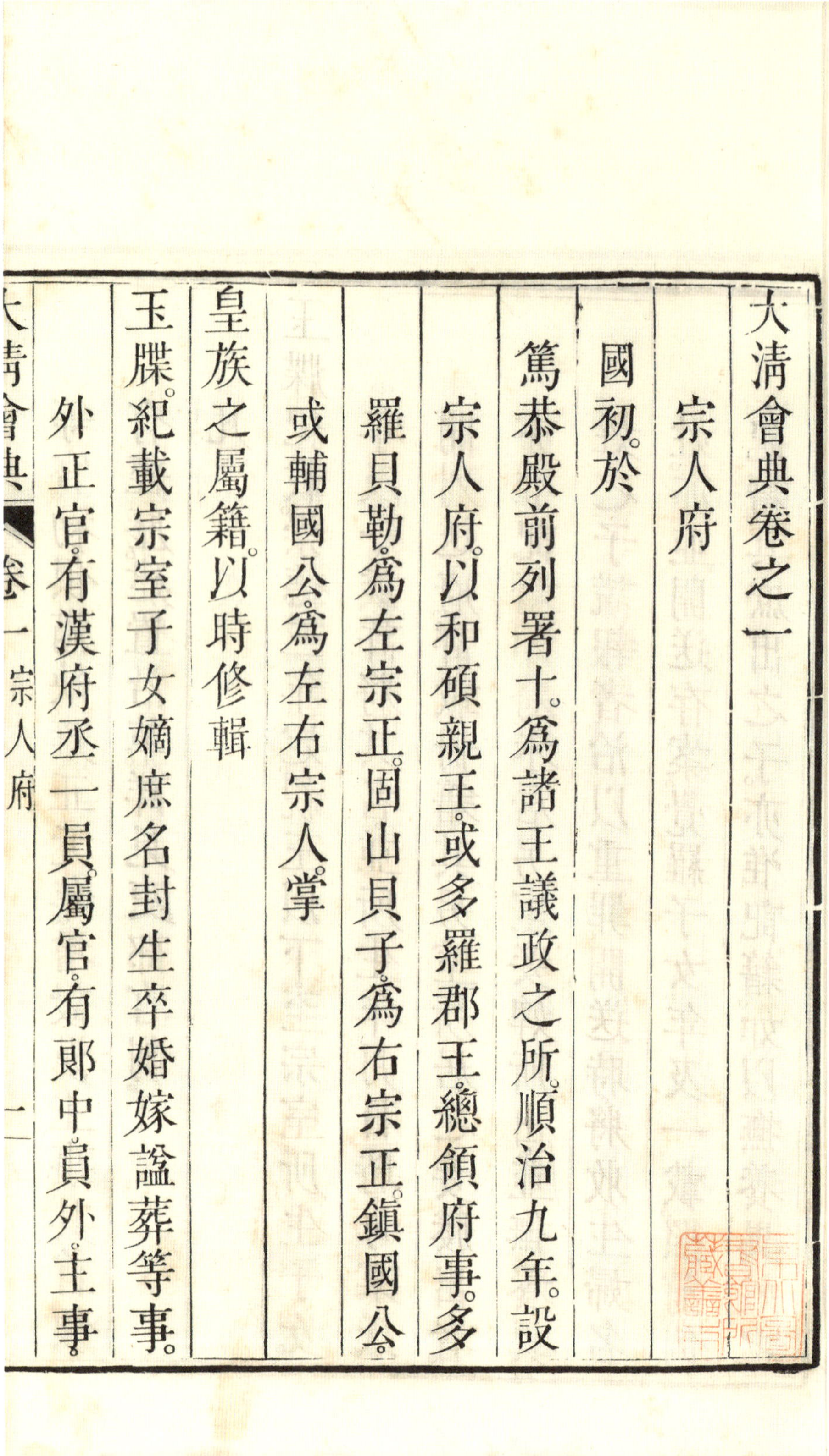

大清會典卷之一
宗人府
國初於
篤恭殿前列署十。爲諸王議政之所。順治九年。設
宗人府。以和碩親王。或多羅郡王。總領府事。多
羅貝勒爲左宗正。固山貝子爲右宗正。鎮國公
或輔國公爲左右宗人。掌
皇族之屬籍。以時修輯
玉牒。紀載宗室子女嫡庶名封生卒婚嫁謚葬等事。
外正官。有漢府丞一員。屬官。有郎中員外主事
大清會典 卷一 宗人府 一

20552 大清會典二百五十卷 （清）允祿 尹泰纂 清雍正十年（1732）
武英殿刻本 遼寧省圖書館

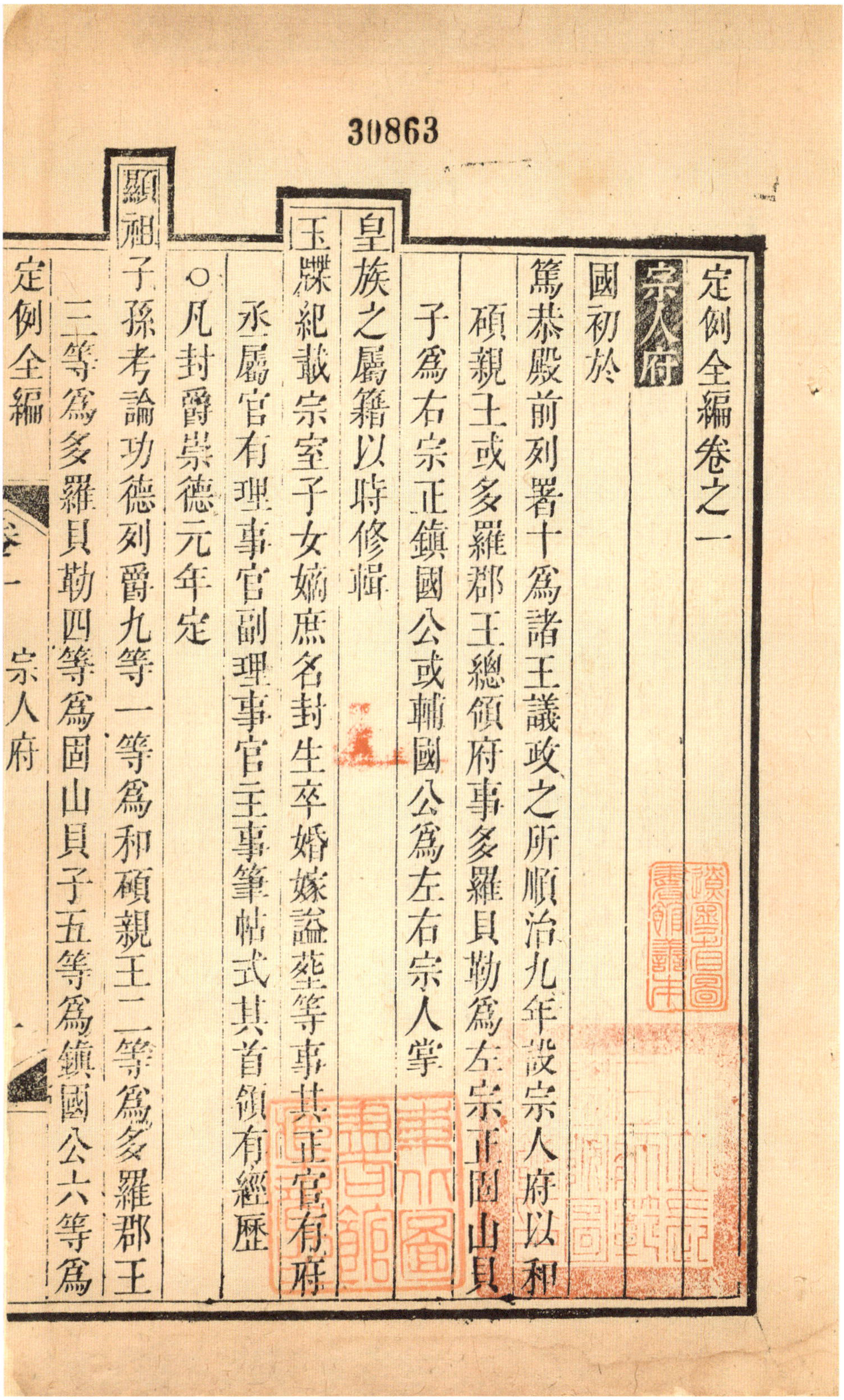

定例全編卷之一

宗人府

國初於

篤恭殿前列署十爲諸王議政之所順治九年設宗人府以和碩親王或多羅郡王總領府事多羅貝勒爲左宗正固山貝子爲右宗正鎮國公或輔國公爲左右宗人掌

皇族之屬籍以時修輯

玉牒紀載宗室子女嫡庶名封生卒婚嫁謚葬等事其正官有府丞屬官有理事官副理事官主事筆帖式其首領有經歷

○凡封爵崇德元年定

顯祖子孫考論功德列爵九等一等爲和碩親王二等爲多羅郡王三等爲多羅貝勒四等爲固山貝子五等爲鎮國公六等爲

定例全編　卷一　宗人府

20553　定例全編五十卷續刊六卷（清）李珍編　清康熙五十四年（1715）榮錦堂刻本　遼寧省圖書館

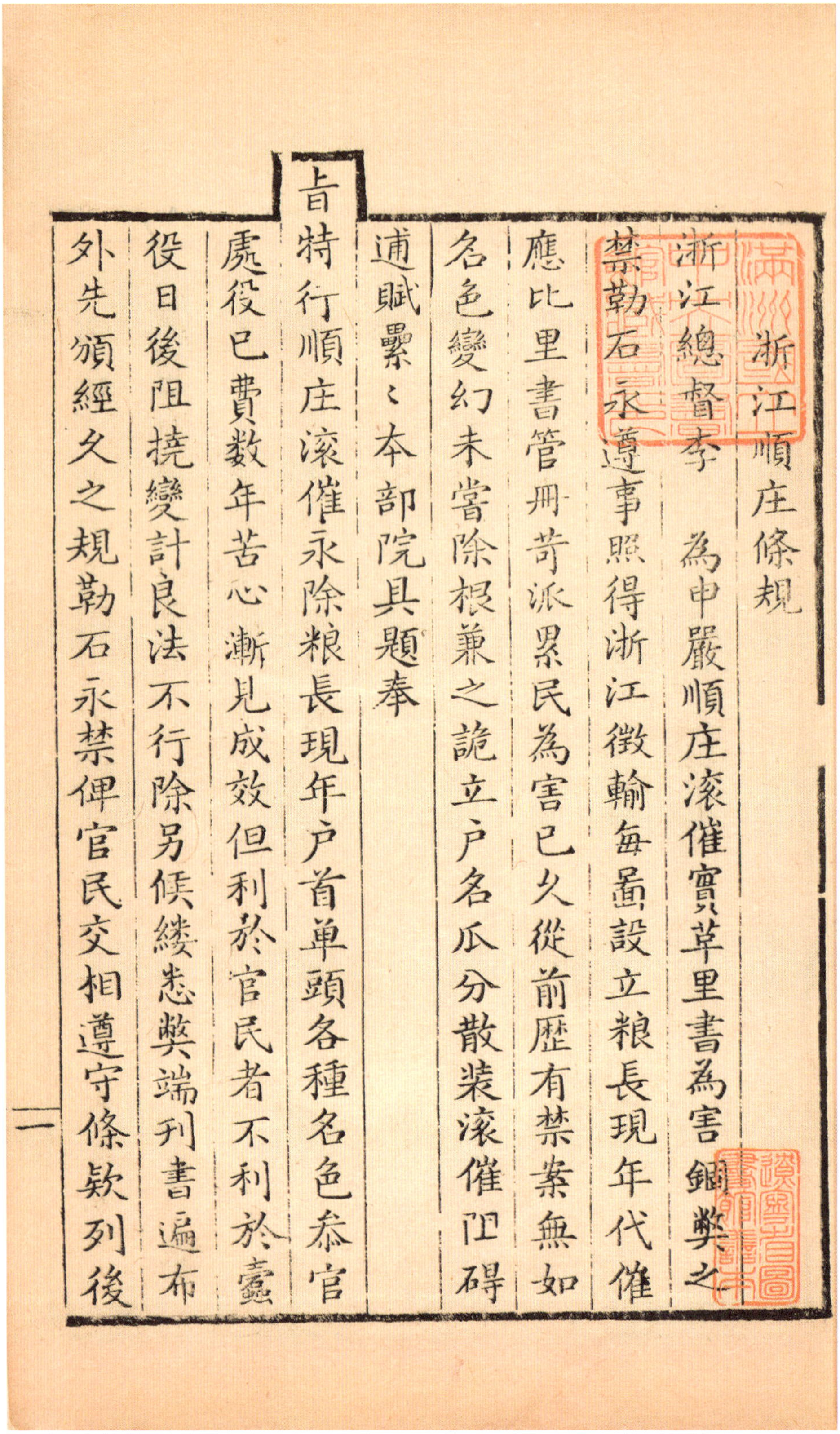
浙江順庄條規
浙江總督李　為申嚴順庄滾催實革里書為害錮弊之
禁勒石永遵事照得浙江徵輸每啚設立粮長現年代催
應比里書管册苛派累民為害已久從前歷有禁案無如
名色變幻未嘗除根兼之詭立户名瓜分散裝滾催阻碍
逋賦纍〻本部院具題奉
旨特行順庄滾催永除粮長現年户首單頭各種名色忝官
處役已費數年苦心漸見成效但利於官民者不利於蠹
役日後阻撓變計良法不行除另候縷悉獘端刊書遍布
外先須經久之規勒石永禁俾官民交相遵守條欵列後

20554　成規拾遺不分卷　（清）萬維翰輯　清乾隆三十九年（1774）刻本

遼寧省圖書館

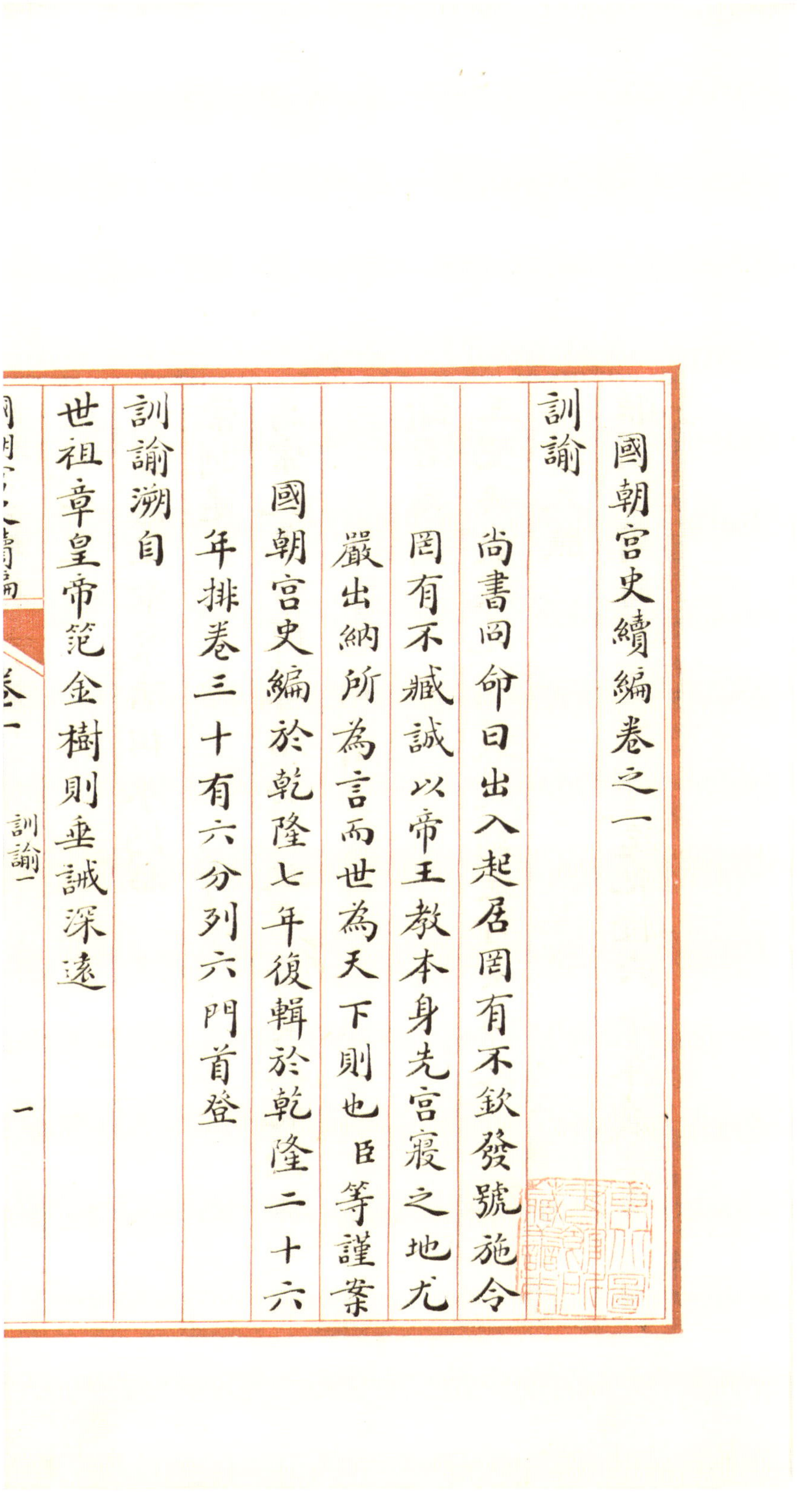
國朝宮史續編卷之一
訓諭
尚書冏命曰出入起居罔有不欽發號施令
罔有不臧誠以帝王教本身先宮寢之地尤
嚴出納所為言而世為天下則也臣等謹案
國朝宮史編於乾隆七年復輯於乾隆二十六
年排卷三十有六分列六門首登
訓諭溯自
世祖章皇帝范金樹則垂誡深遠
國朝宮史續編　卷一　訓諭一　一

20555　國朝宮史續編一百卷　（清）慶桂修　清嘉慶十一年（1806）內府抄本　遼寧省圖書館

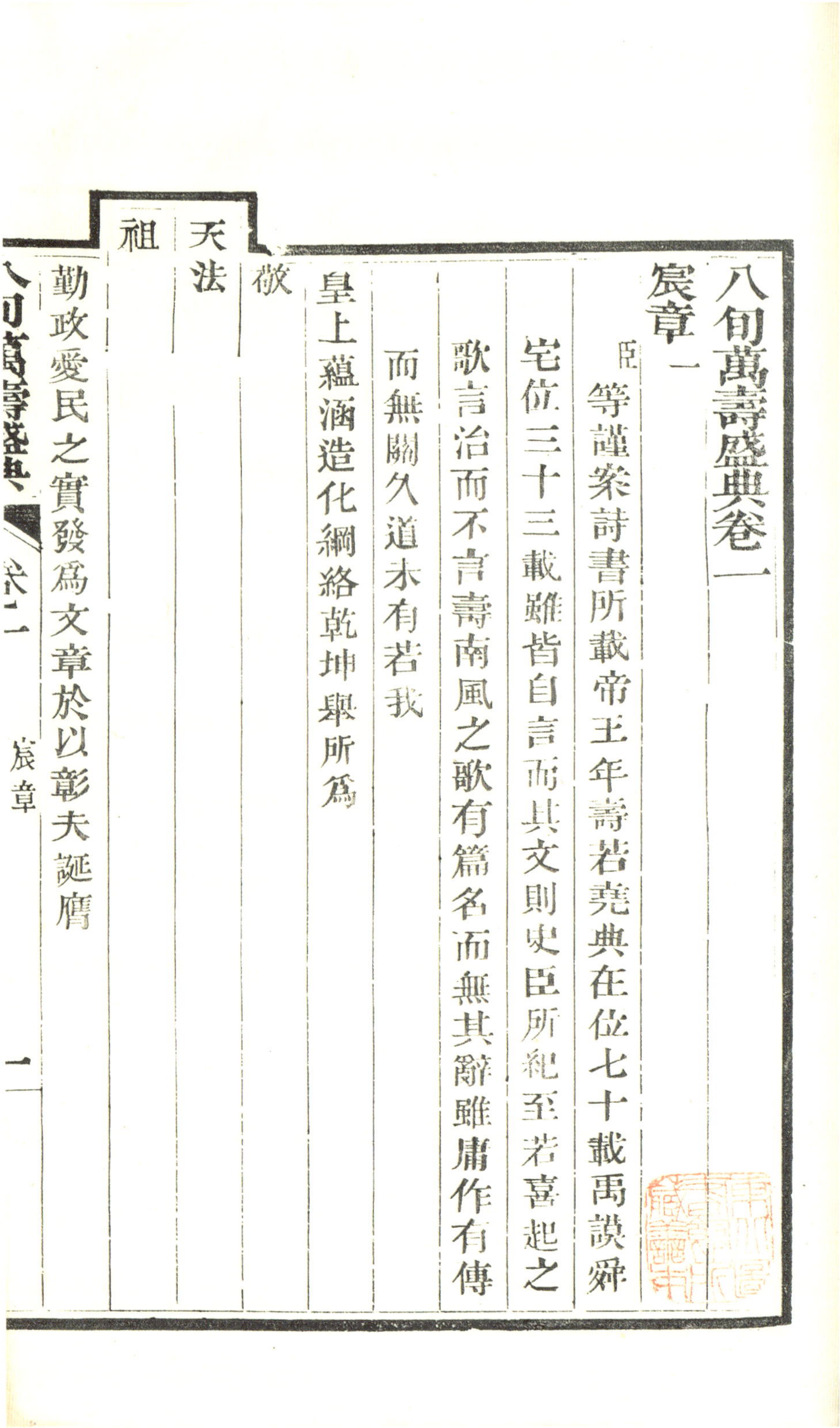
八旬萬壽盛典卷一

宸章一

臣等謹案詩書所載帝王年壽若堯典在位七十載禹謨舜宅位三十三載雖皆自言而其文則史臣所紀至若喜起之歌言治而不言壽南風之歌有篇名而無其辭雖庸作有傳而無關久道未有若我

皇上蘊涵造化綱絡乾坤舉所爲

敬

天法

祖

勤政愛民之實發爲文章於以彰夫誕膺

八旬萬壽盛典　卷一　宸章　一

20556　八旬萬壽盛典一百二十卷首一卷　（清）阿桂等纂　清乾隆五十七年（1792）武英殿木活字印本　遼寧省圖書館

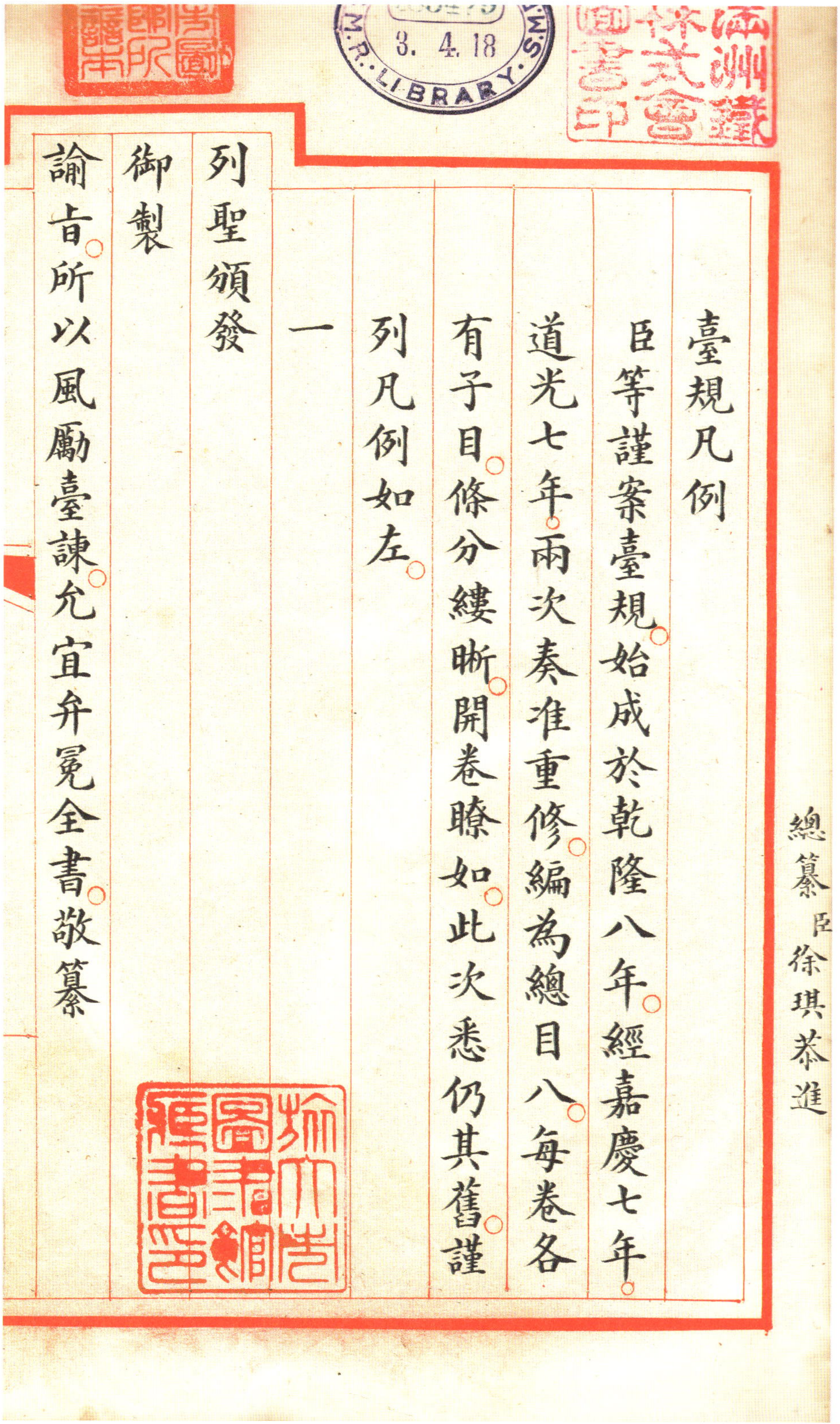
總纂臣徐琪恭進

臺規凡例

臣等謹案臺規始成於乾隆八年經嘉慶七年道光七年兩次奏准重修編為總目八每卷各有子目條分縷晰開卷瞭如此次悉仍其舊謹列凡例如左

一

列聖頒發

御製

諭旨所以風勵臺諫允宜弁冕全書敬纂

20557　臺規不分卷　（清）徐琪等撰　清内府抄本　大連圖書館

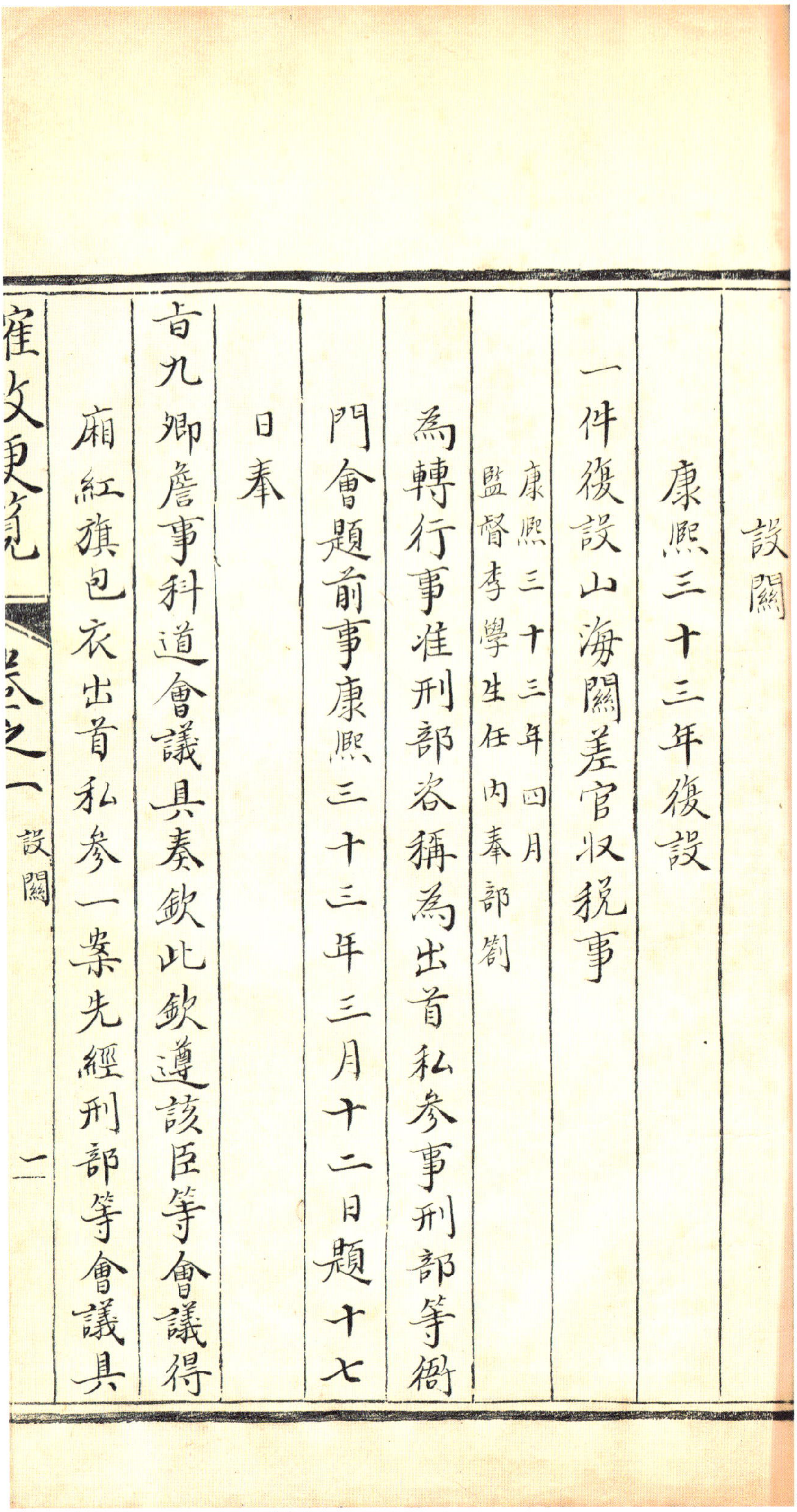

設關

康熙三十三年復設

一件復設山海關差官收稅事

康熙三十三年四月
監督李學生任內奉部劄

為轉行事准刑部咨稱為出首私參事刑部等衙
門會題前事康熙三十三年三月十二日題十七
日奉
旨九卿詹事科道會議具奏欽此欽遵該臣等會議得
廂紅旗包衣出首私參一案先經刑部等會議具

榷政便覽 卷之一 設關 一

20558 山海關榷政便覽四卷 （清）萼軒主人撰 清乾隆五十九年（1794）

抄本 大連圖書館

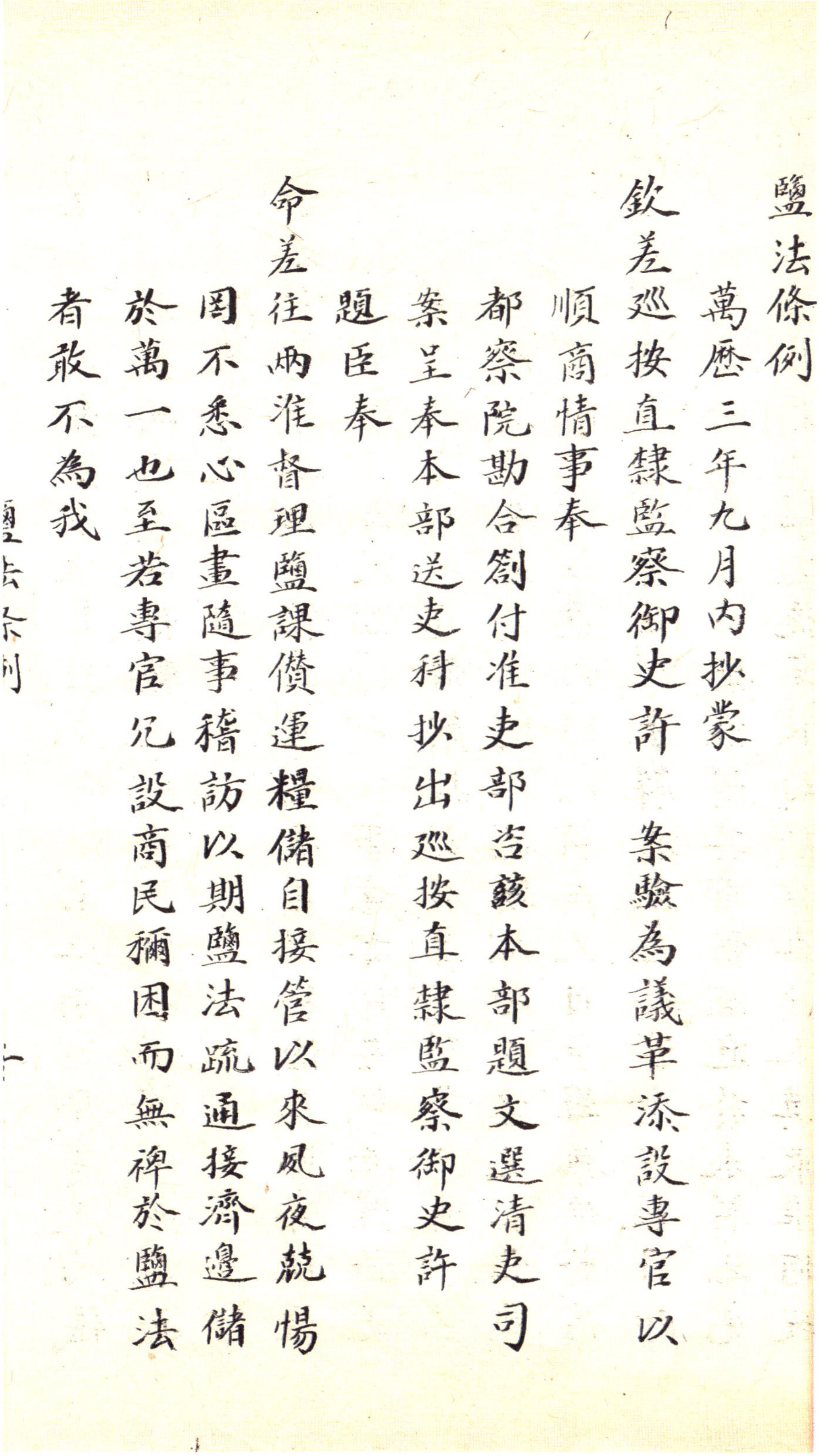
鹽法條例
萬曆三年九月内抄蒙
欽差巡按直隸監察御史許　案驗為議革添設專官以
順商情事奉
都察院勘合劄付准吏部咨該本部題文選清吏司
案呈奉本部送吏科抄出巡按直隸監察御史許
題臣奉
命差往兩淮督理鹽課儹運糧儲自接管以來夙夜兢惕
罔不悉心區畫隨事稽訪以期鹽法疏通接濟邊儲
於萬一也至若專官冗設商民稱困而無裨於鹽法
者敢不為我

20559　鹽法條例不分卷　清抄本　大連圖書館

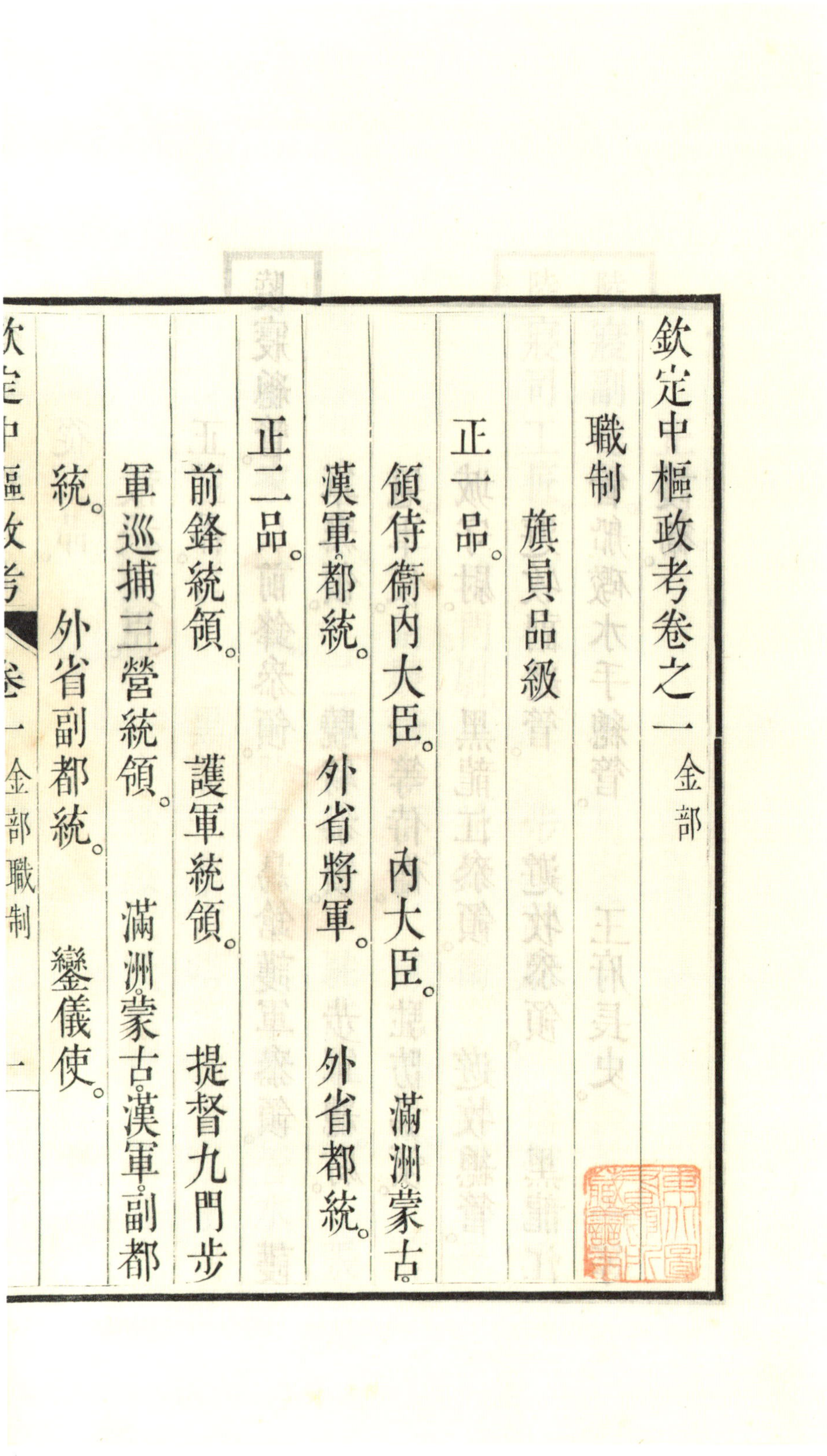

欽定中樞政考卷之一　金部

職制

旗員品級

正一品。

領侍衛內大臣。　內大臣。　滿洲。蒙古。

漢軍都統。　外省將軍。　外省都統。

正二品。

前鋒統領。　護軍統領。　提督九門步

軍巡捕三營統領。　滿洲。蒙古。漢軍。副都

統。　外省副都統。　鑾儀使。

欽定中樞政考　卷一　金部職制　一

20560　欽定中樞政考三十一卷　（清）鄂爾泰等纂修　清乾隆八年（1743）

武英殿刻本　遼寧省圖書館

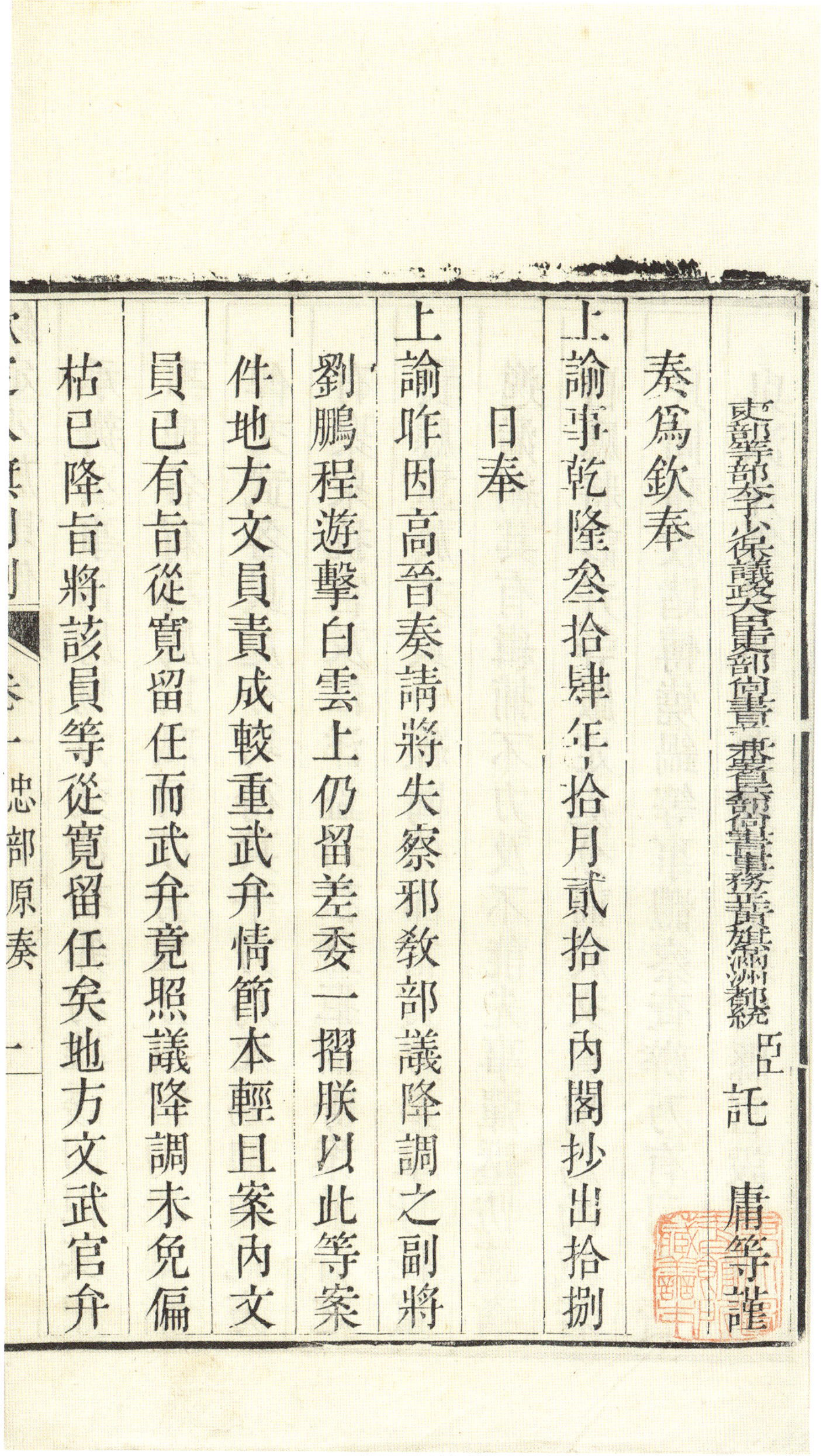
太子少保議政大臣吏部尚書兼管戶部尚書事務正黃旗滿洲都統臣託庸等謹
奏爲欽奉
上諭事乾隆叁拾肆年拾月貳拾日內閣抄出拾捌
日奉
上諭昨因高晉奏請將失察邪教部議降調之副將
劉鵬程遊擊白雲上仍留差委一摺朕以此等案
件地方文員責成較重武弁情節本輕且案內文
員已有旨從寬留任而武弁竟照議降調未免偏
枯已降旨將該員等從寬留任矣地方文武官弁
欽定八旗則例 卷一 忠部原奏 一

20561 欽定八旗則例十二卷 （清）尹繼善等纂修 清乾隆二十九年（1764）武英殿刻三十九年（1774）續修本 遼寧省圖書館

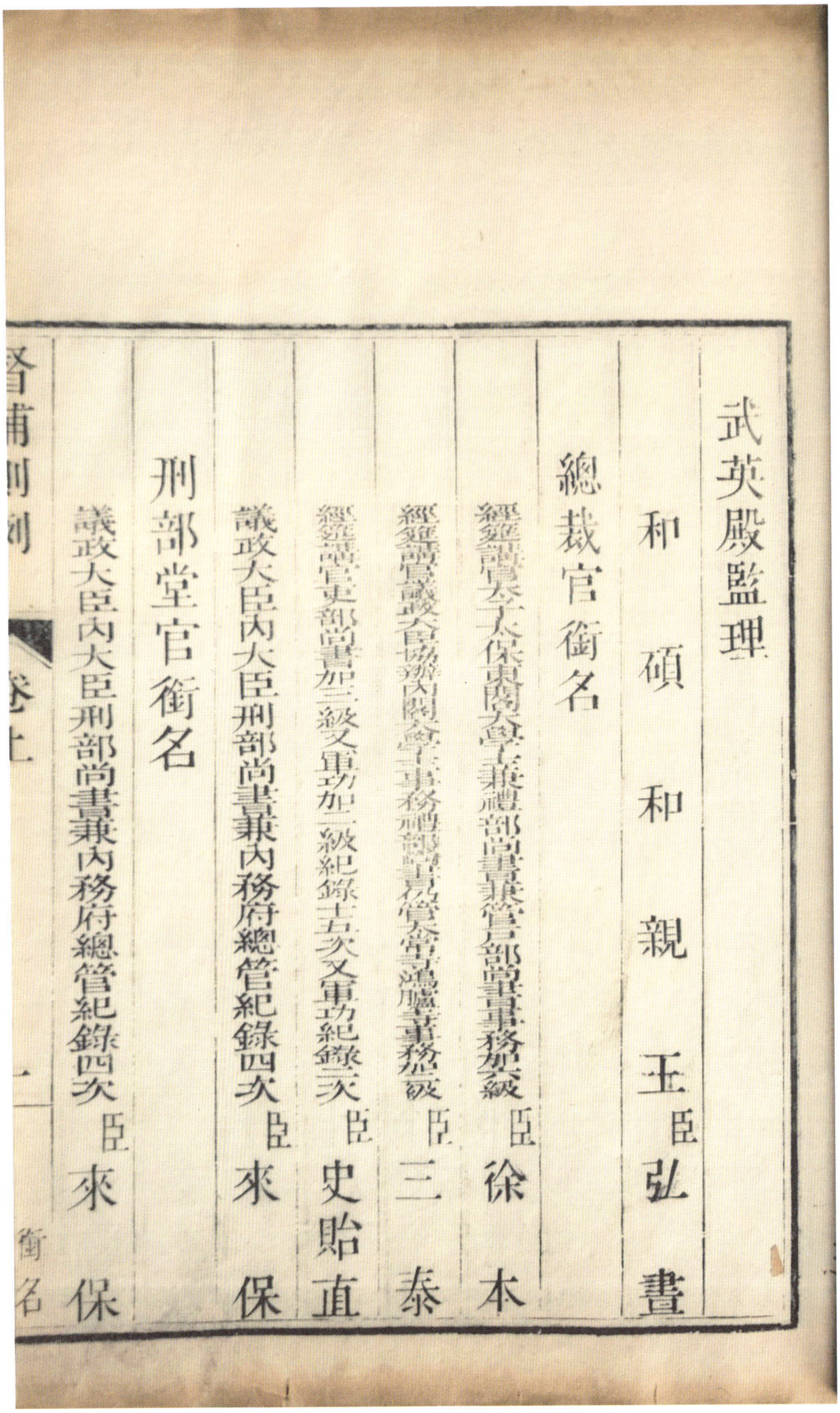

20562　督捕則例二卷　（清）徐本　唐紹祖等纂修　清乾隆八年（1743）武英殿刻本　遼陽市圖書館

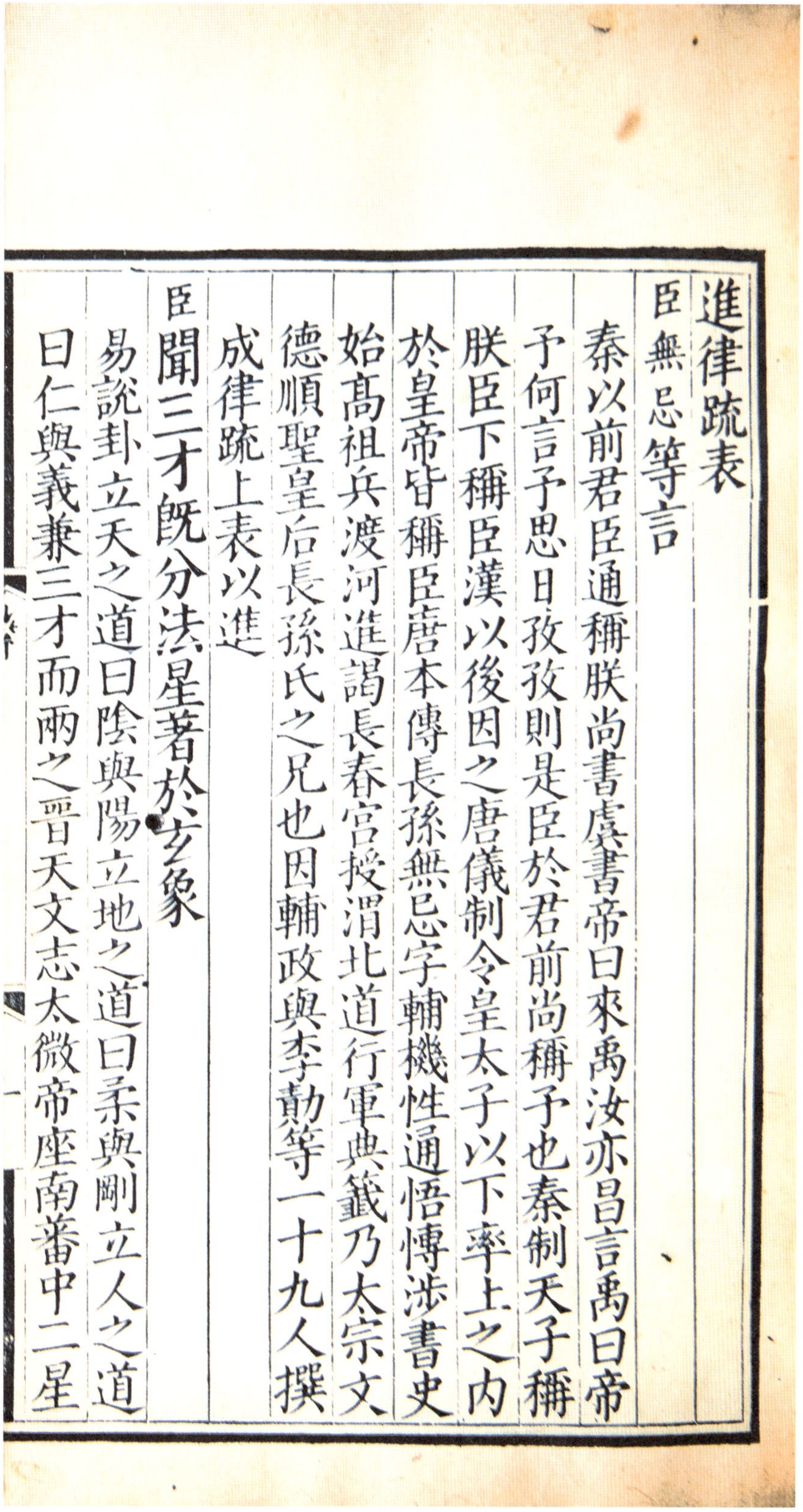

進律疏表
臣無忌等言
秦以前君臣通稱朕尚書虞書帝曰來禹汝亦昌言禹曰帝
予何言予思日孜孜則是臣於君前尚稱予也秦制天子稱
朕臣下稱臣漢以後因之唐儀制令皇太子以下率土之內
於皇帝皆稱臣唐本傳長孫無忌字輔機性通悟博涉書史
始高祖兵渡河進謁長春宮授渭北道行軍典籤乃太宗文
德順聖皇后長孫氏之兄也因輔政與李勣等一十九人撰
成律疏上表以進
臣聞三才既分法星著於玄象
易說卦立天之道曰陰與陽立地之道曰柔與剛立人之道
曰仁與義兼三才而兩之晉天文志太微帝座南蕃中二星

20563　故唐律疏議三十卷　（唐）長孫無忌等撰　清嘉慶十三年（1808）蘭陵孫氏影元刻本　中國刑事警察學院圖書館

存二十六卷（一至二十六）

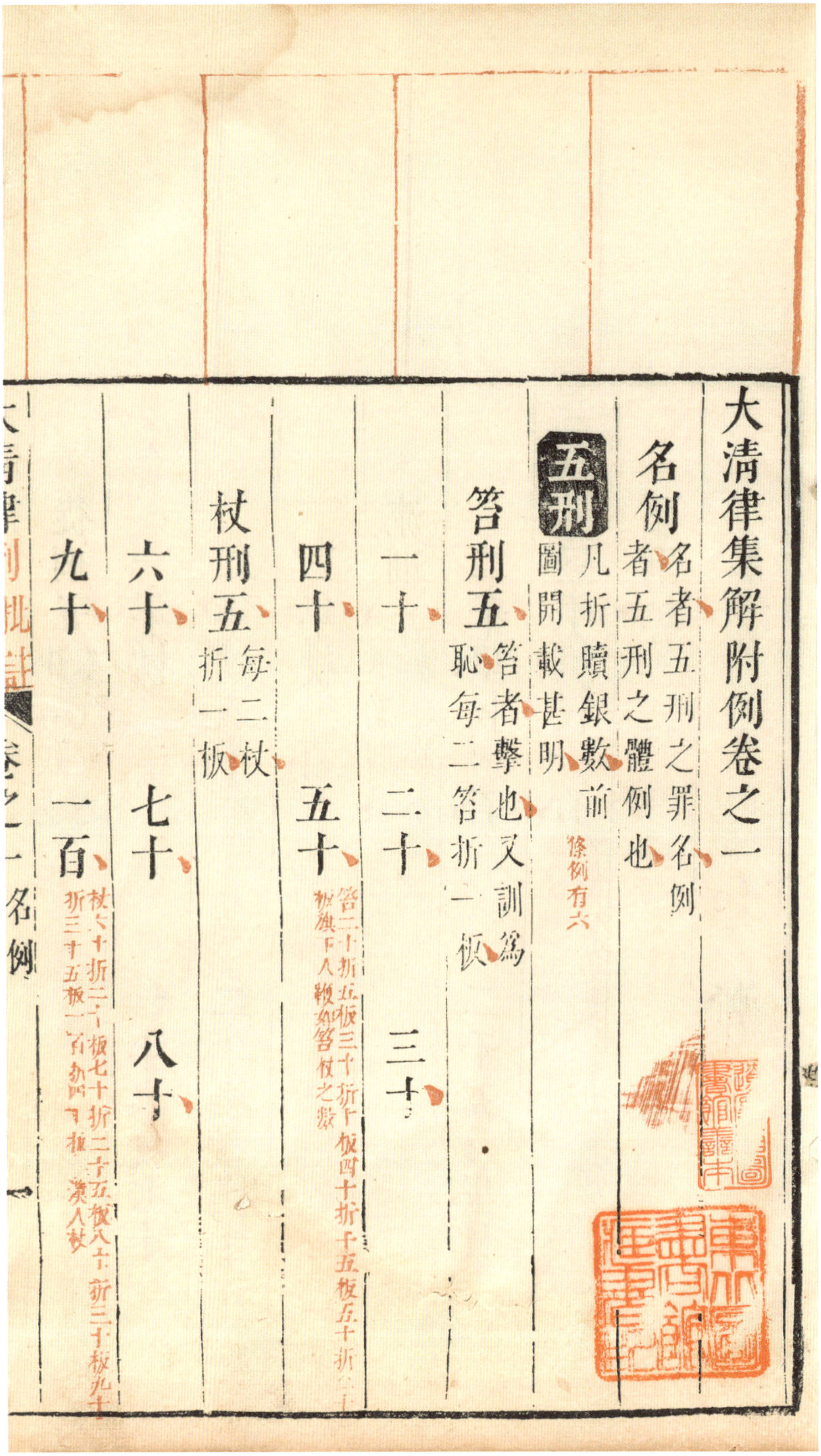
大清律集解附例卷之一

名例 名者五刑之罪名例者五刑之體例也

五刑 凡折贖銀數前圖開載甚明條例有六

笞刑五 笞者擊也又訓爲恥每二笞折一板

一十　二十　三十

四十　五十 笞二十折五板三十折十板四十折十五板五十折二十板旗下人鞭如笞杖之數

杖刑五 每二杖折一板

六十　七十　八十

九十　一百 杖六十折二十板七十折二十五板八十折三十板九十折三十五板一百折四十板漢人杖

20564　大清律集解附例三十卷附一卷　（清）剛林等修　清康熙四十五年（1706）刻朱墨套印本　遼寧省圖書館

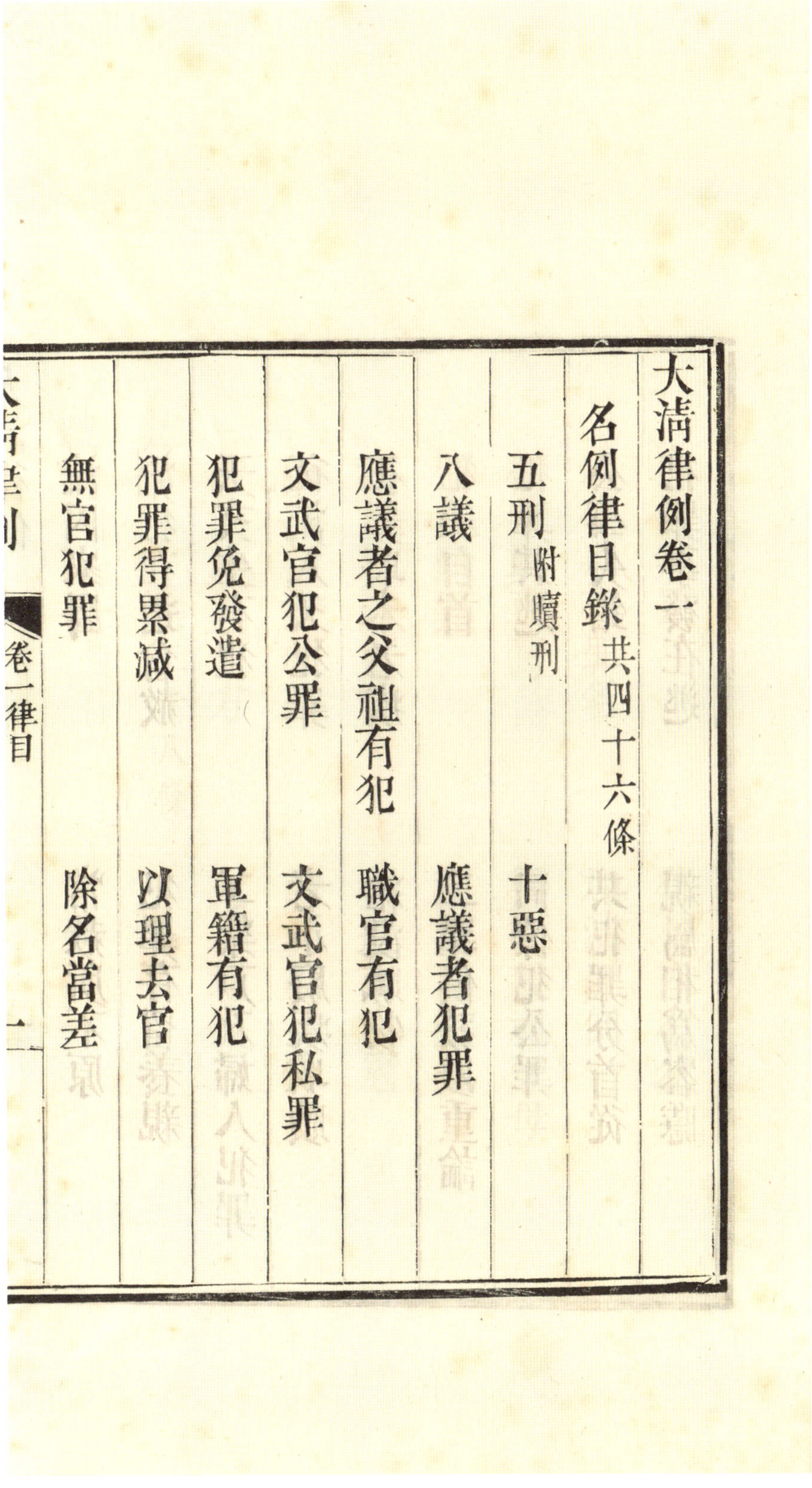
大清律例卷一

名例律目錄 共四十六條

五刑 附贖刑　十惡

八議　應議者犯罪

應議者之父祖有犯　職官有犯

文武官犯公罪　文武官犯私罪

犯罪免發遣　軍籍有犯

犯罪得累減　以理去官

無官犯罪　除名當差

大清律例　卷一律目　一

20565　大清律例四十七卷　（清）阿桂等纂修　清乾隆五十五年（1790）武英殿刻本　遼寧省圖書館

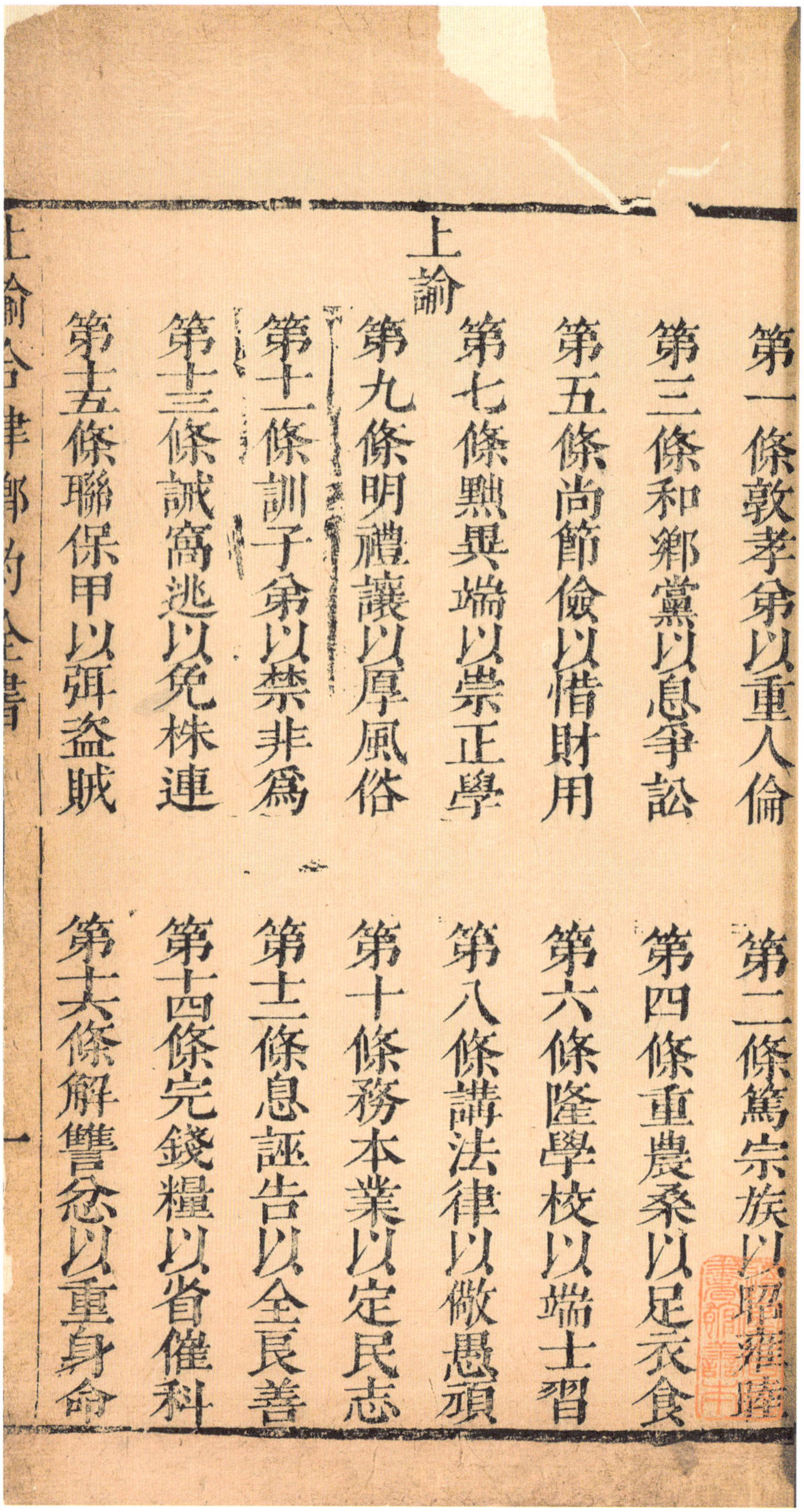
第一條敦孝弟以重人倫　第二條篤宗族以昭雍睦
第三條和鄉黨以息爭訟　第四條重農桑以足衣食
第五條尚節儉以惜財用　第六條隆學校以端士習
上諭
第七條黜異端以崇正學　第八條講法律以儆愚頑
第九條明禮讓以厚風俗　第十條務本業以定民志
第十一條訓子弟以禁非爲　第十二條息誣告以全良善
第十三條誡窩逃以免株連　第十四條完錢糧以省催科
第十五條聯保甲以弭盜賊　第十六條解讐忿以重身命
上諭合律鄉約全書　一

20566　上諭合律鄉約全書不分卷（清）陳秉直撰　清康熙十八年（1679）刻本　遼寧省圖書館

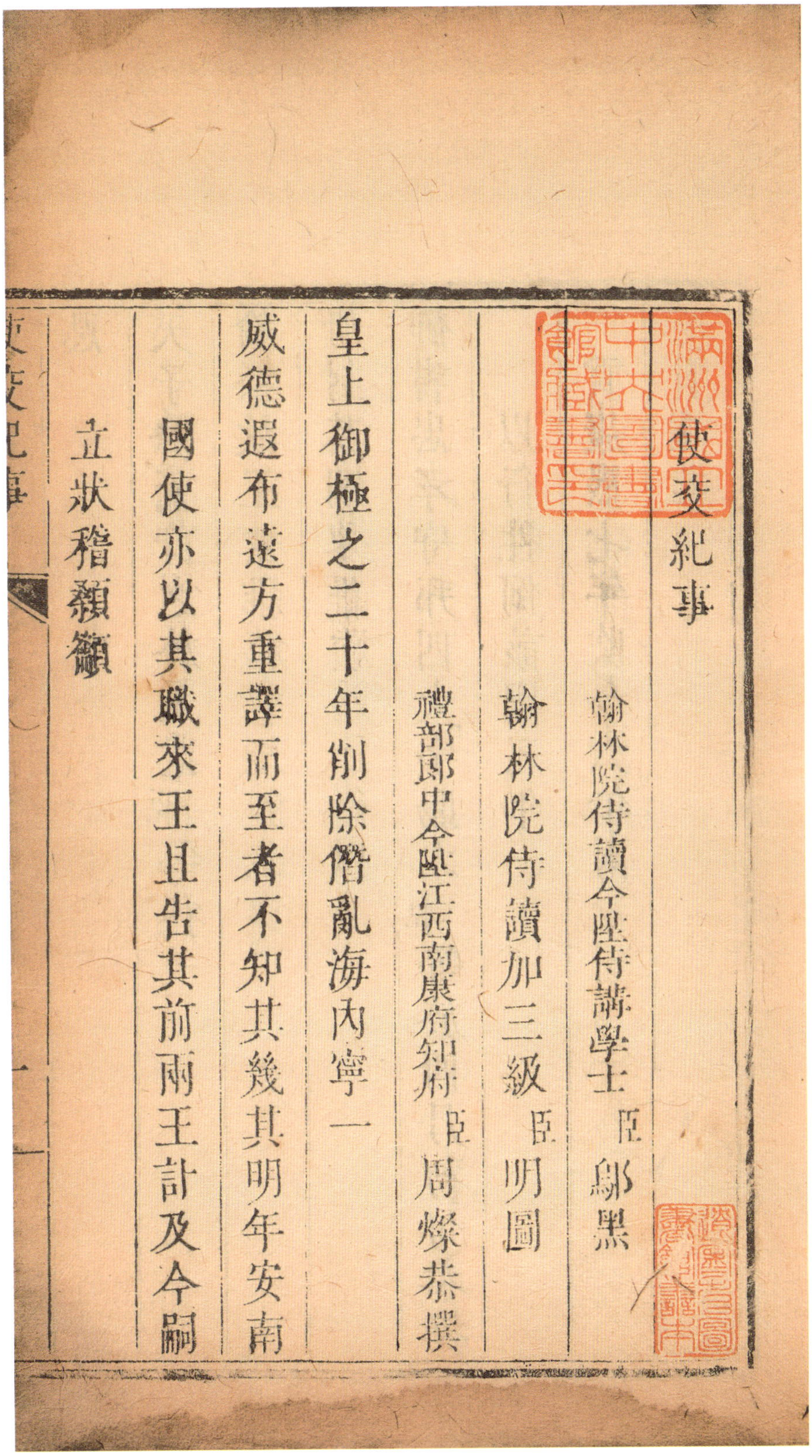

使交紀事

翰林院侍讀今陞侍講學士　臣　鄔黑

翰林院侍讀加三級　臣　明圖

禮部郎中今陞江西南康府知府　臣　周燦恭撰

皇上御極之二十年削除僭亂海內寧一

威德遐布遠方重譯而至者不知其幾其明年安南

國使亦以其職來王且告其前兩王訃及今嗣

立狀稽顙籲

使交紀事　一

20567　使交紀事一卷　（清）鄔黑等撰　**南交好音一卷**　（清）周燦輯
使交吟一卷安南世系略一卷　（清）周燦撰　清康熙刻本　遼寧省圖書館

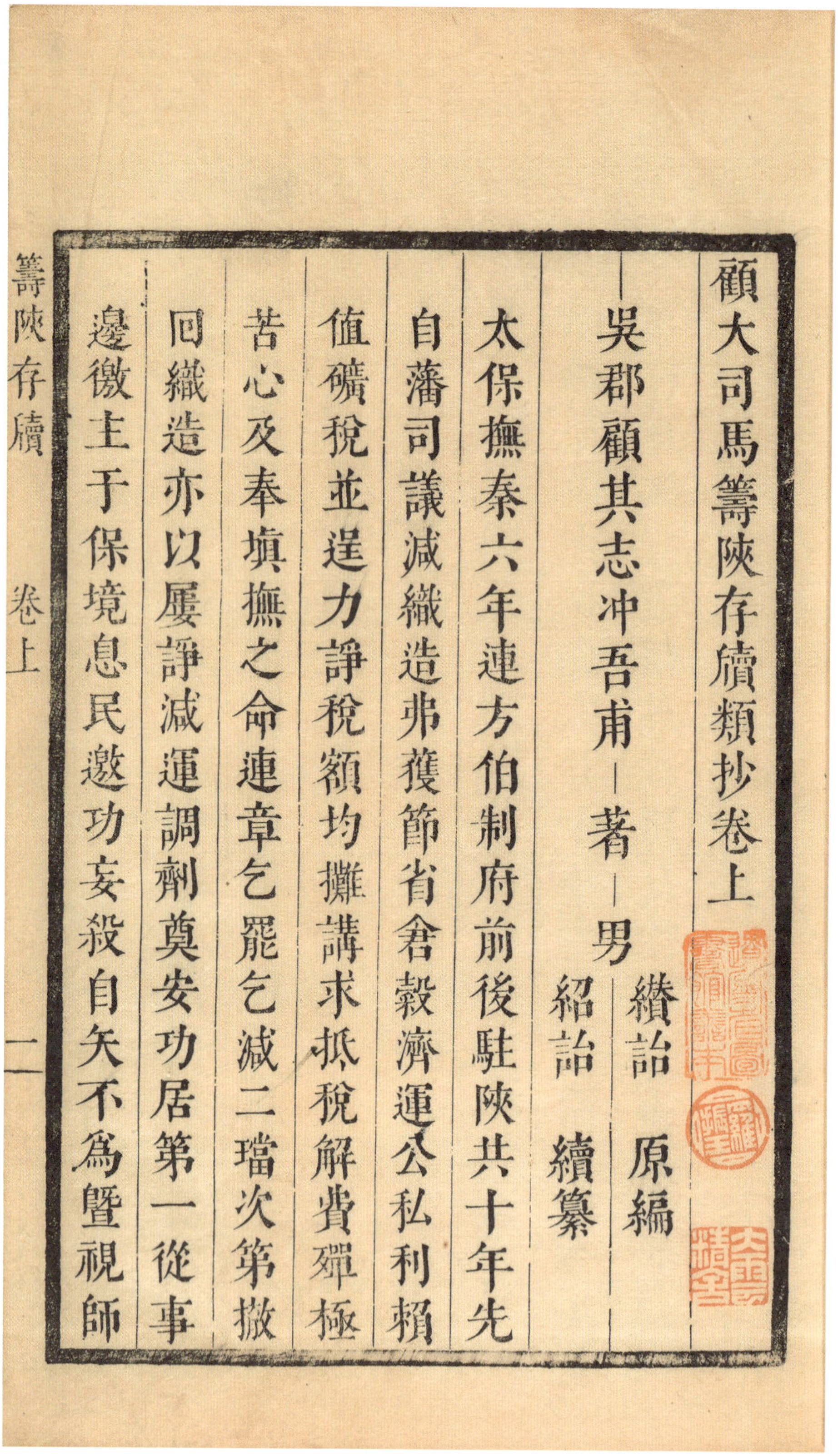
顧大司馬籌陝存牘類抄卷上
吳郡顧其志冲吾甫著 男 纘詒 原編 紹詒 續纂
太保撫秦六年連方伯制府前後駐陝共十年先
自藩司議減織造弗獲節省倉穀濟運公私利賴
値礦稅並逞力諍稅額均攤講求抵稅解費殫極
苦心及奉塡撫之命連章乞罷乞減二璫次第撤
回織造亦以屢諍減運調劑奠安功居第一從事
邊徼主于保境息民邀功妄殺自矢不爲暨視師
籌陝存牘 卷上 一

20568 顧大司馬籌陝存牘類抄二卷 （明）顧其志撰 清康熙十年（1671）顧紹詒刻本 遼寧省圖書館

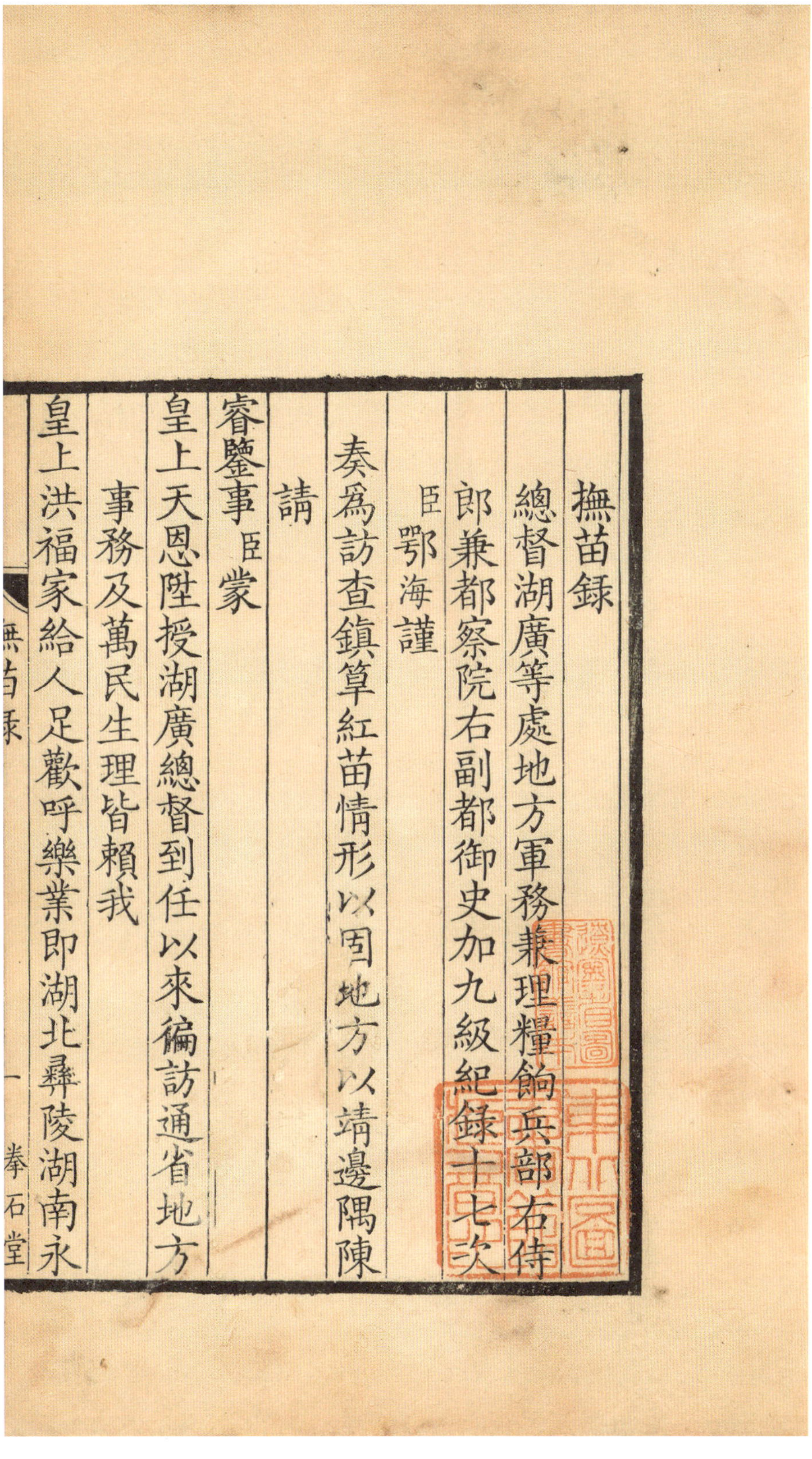
撫苗録
總督湖廣等處地方軍務兼理糧餉兵部右侍
郎兼都察院右副都御史加九級紀録十七次
臣鄂海謹
奏爲訪查鎮筸紅苗情形以固地方以靖邊隅陳
請
睿鑒事臣蒙
皇上天恩陞授湖廣總督到任以來徧訪通省地方
事務及萬民生理皆賴我
皇上洪福家給人足歡呼樂業即湖北彝陵湖南永
撫苗録　一　拳石堂

20569　撫苗録不分卷沿邊營汛路程一卷新撫苗寨路一卷　（清）鄂海撰　清康熙拳石堂刻本　遼寧省圖書館

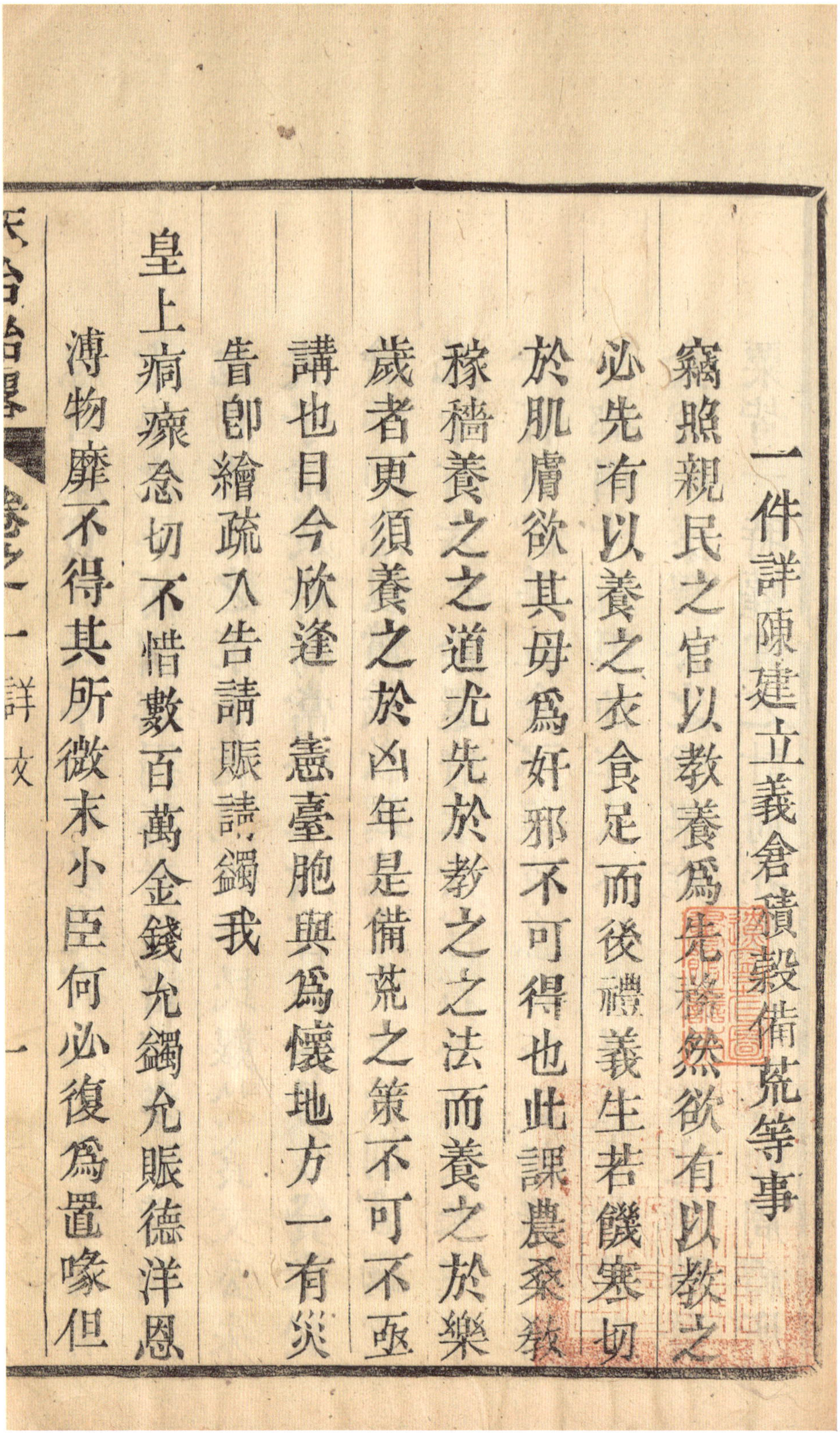
一件詳陳建立義倉積穀備荒等事
竊照親民之官以教養爲先然欲有以教之
必先有以養之衣食足而後禮義生若饑寒切
於肌膚欲其毋爲奸邪不可得也此課農桑教
稼穡養之之道尤先於教之之法而養之於樂
歲者更須養之於凶年是備荒之策不可不亟
講也目今欣逢 憲臺胞與爲懷地方一有災
眚卽繪疏入告請賑請蠲我
皇上痌瘝念切不惜數百萬金錢允蠲允賑德洋恩
溥物靡不得其所微末小臣何必復爲置喙但
天台治畧 卷之一 詳文 一

20570 天台治畧十卷 （清）戴兆佳撰 清康熙六十年（1721）木活字印本 遼寧省圖書館

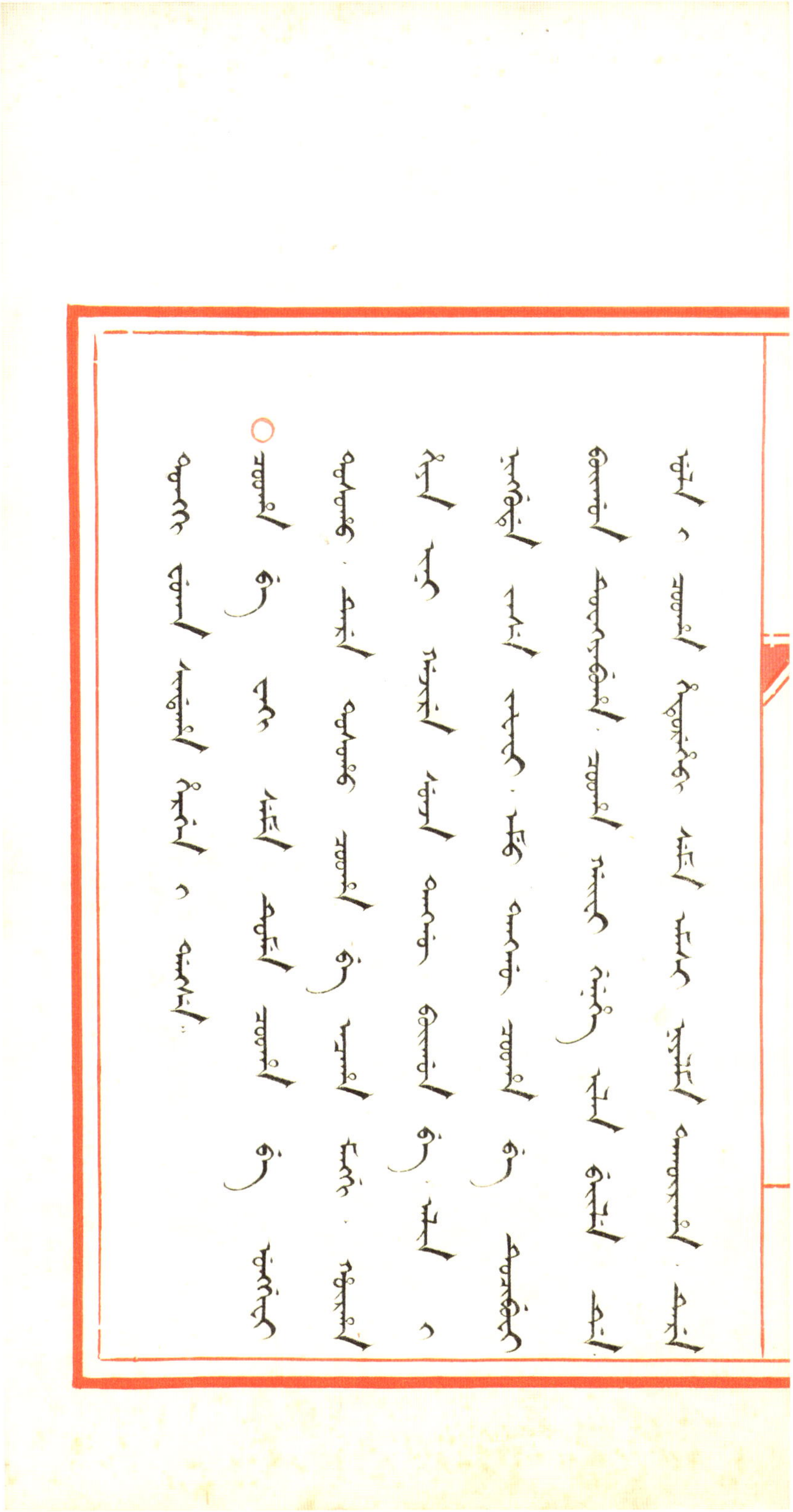

20571　加圈點字檔一百八十卷　清乾隆四十三年（1778）實録館寫本

遼寧省檔案館

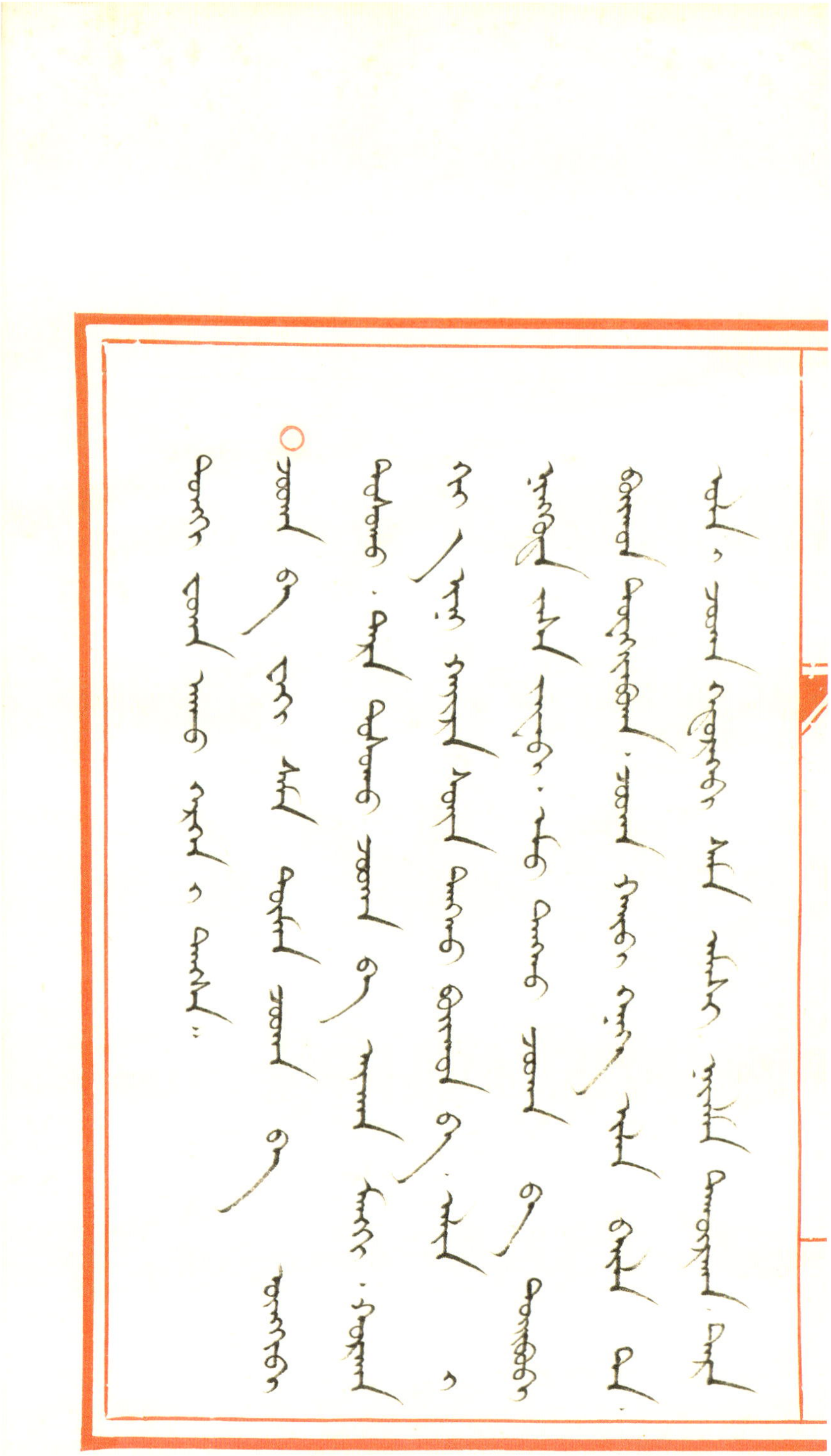

20572　無圈點字檔一百八十卷　清乾隆四十三年（1778）實録館寫本

遼寧省檔案館

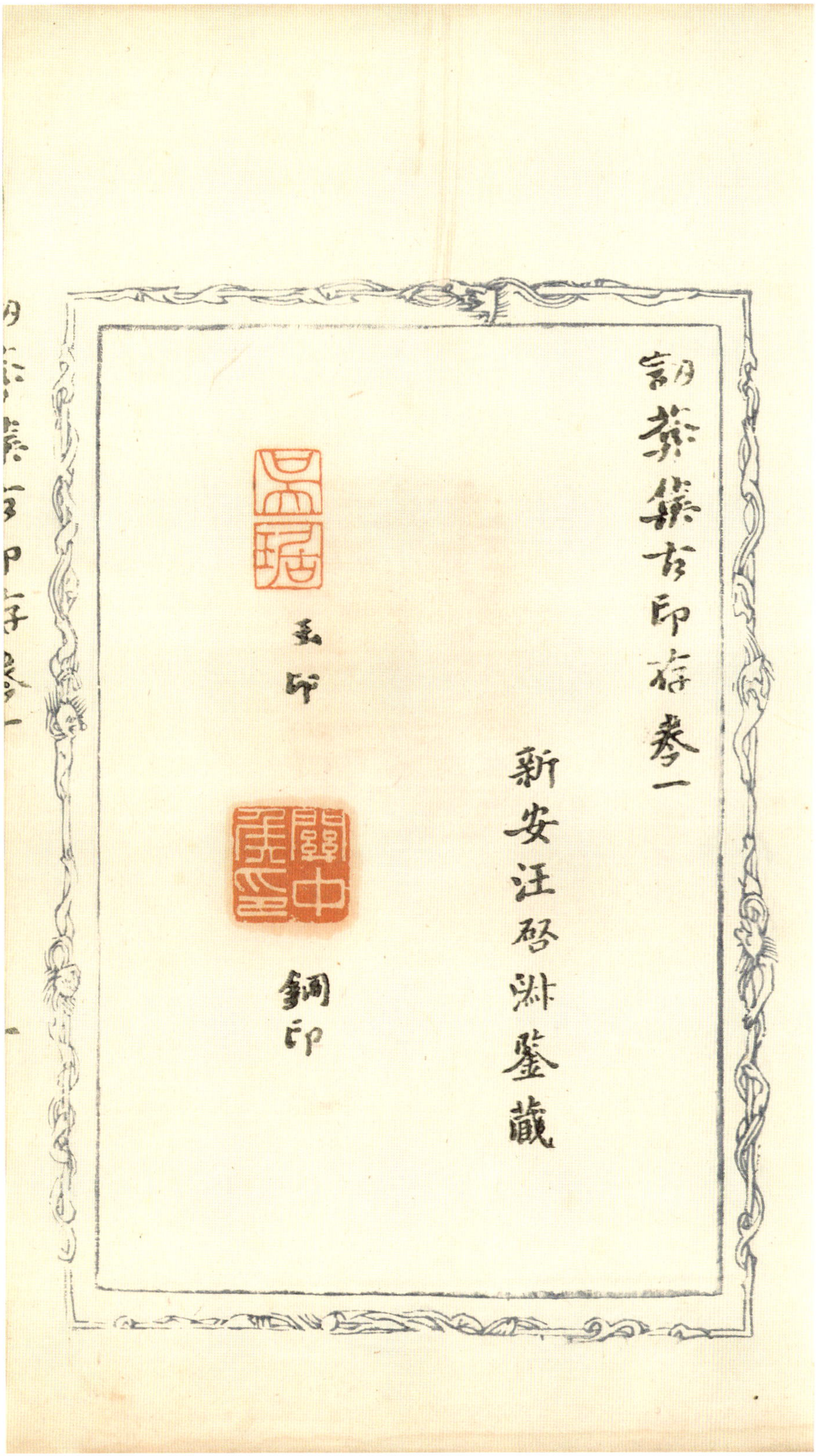
訒葊集古印存卷一
新安汪啓淑鑒藏
玉印
銅印

20573　訒葊集古印存三十二卷（清）汪啓淑輯　清乾隆二十五年（1760）汪氏開萬樓刻鈐印本　遼寧省圖書館

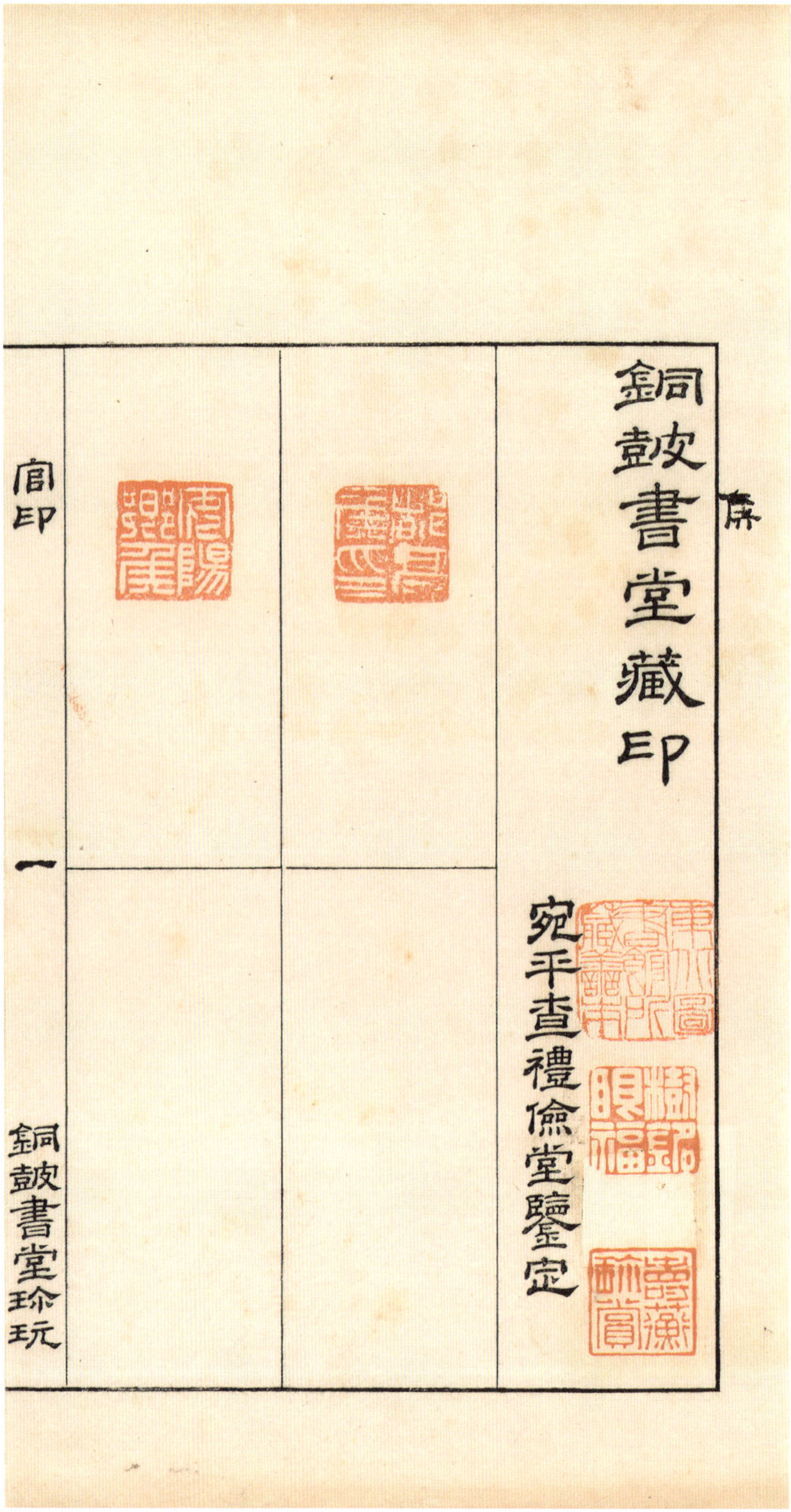
銅鼓書堂藏印　序
宛平查禮儉堂鑒定
官印
一
銅鼓書堂珍玩

20574　銅鼓書堂藏印不分卷　（清）查禮輯　清嘉慶四年（1799）查氏銅鼓書堂刻鈐印本　遼寧省圖書館

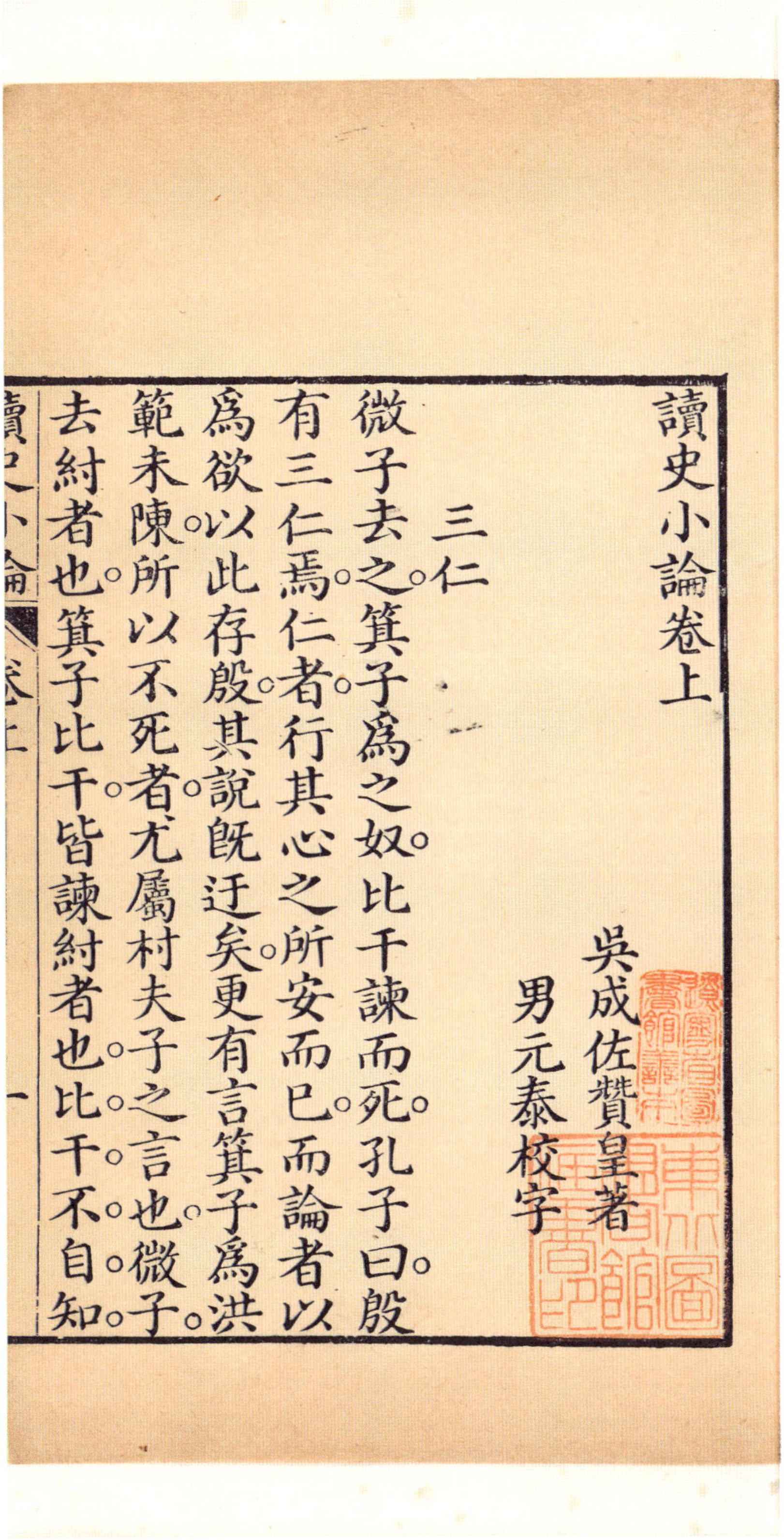
讀史小論卷上
吳成佐贊皇著
男元泰校字
三仁
微子去之。箕子爲之奴。比干諫而死。孔子曰殷有三仁焉。仁者行其心之所安而已。而論者以爲欲以此存殷。其說既迂矣。更有言箕子爲洪範未陳。所以不死者。尤屬村夫子之言也。微子去紂者也。箕子比干皆諫紂者也。比干不自知
讀史小論 卷上 一

20575　讀史小論二卷　（清）吴成佐撰　清乾隆三十九年（1774）刻本

遼寧省圖書館

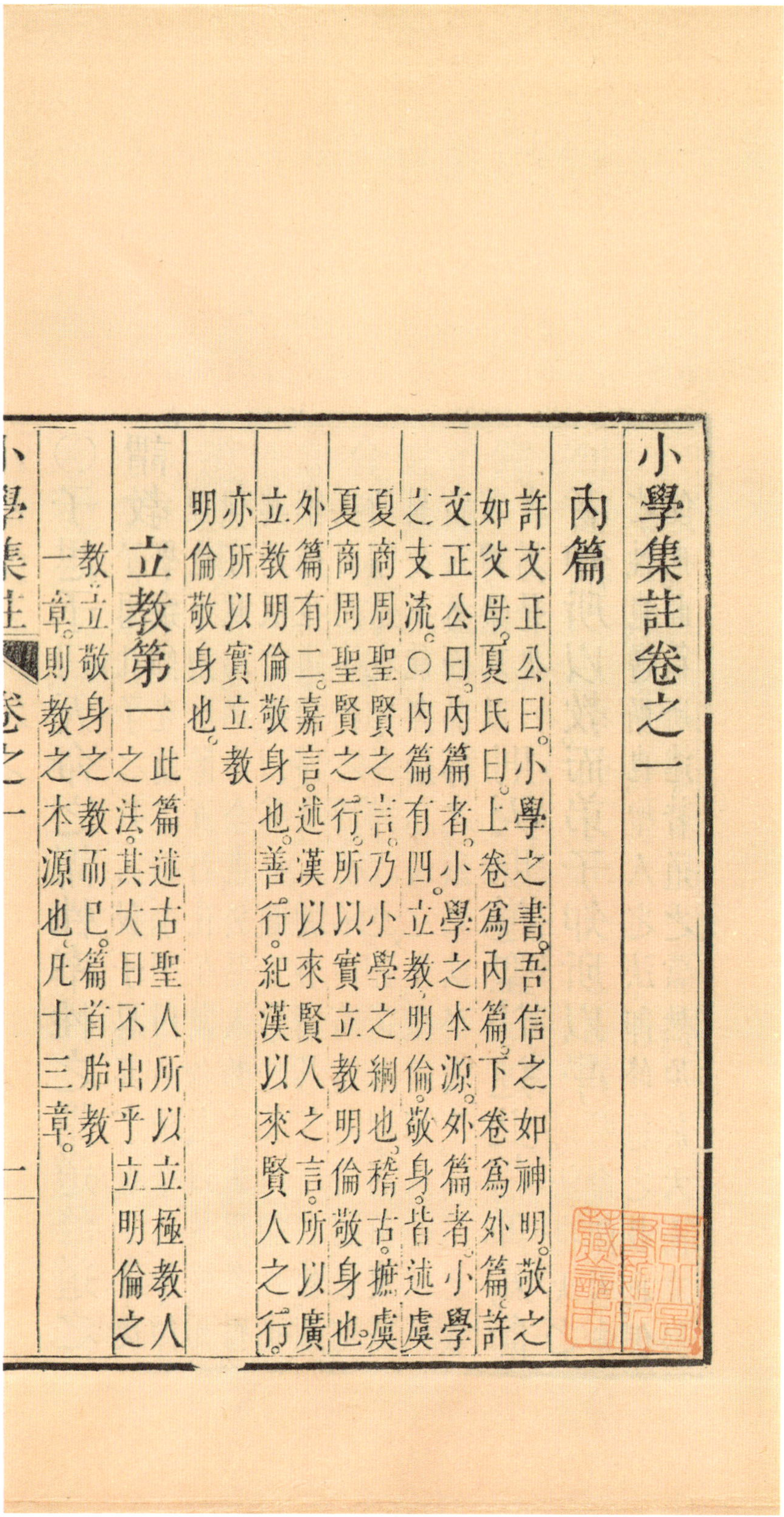
小學集註卷之一

內篇

許文正公曰。小學之書。吾信之如神明。敬之如父母。○夏氏曰。上卷爲內篇。下卷爲外篇。許文正公曰。內篇者。小學之本源。外篇者。小學之支流。○內篇有四。立教。明倫。敬身。皆述虞夏商周聖賢之言。乃小學之綱也。稽古。摭虞夏商周聖賢之行。所以實立教明倫敬身也。外篇有二。嘉言。述漢以來賢人之言。所以廣立教明倫敬身也。善行。紀漢以來賢人之行。亦所以實立教明倫敬身也。

立教第一 此篇述古聖人所以立極教人之法。其大目不出乎立明倫之教立敬身之教而已。篇首胎教一章。則教之本源也。凡十三章。

小學集註 卷之一 二

20576 小學集註六卷 （宋）朱熹撰 （明）陳選注 清雍正五年（1727）武英殿刻本 遼寧省圖書館

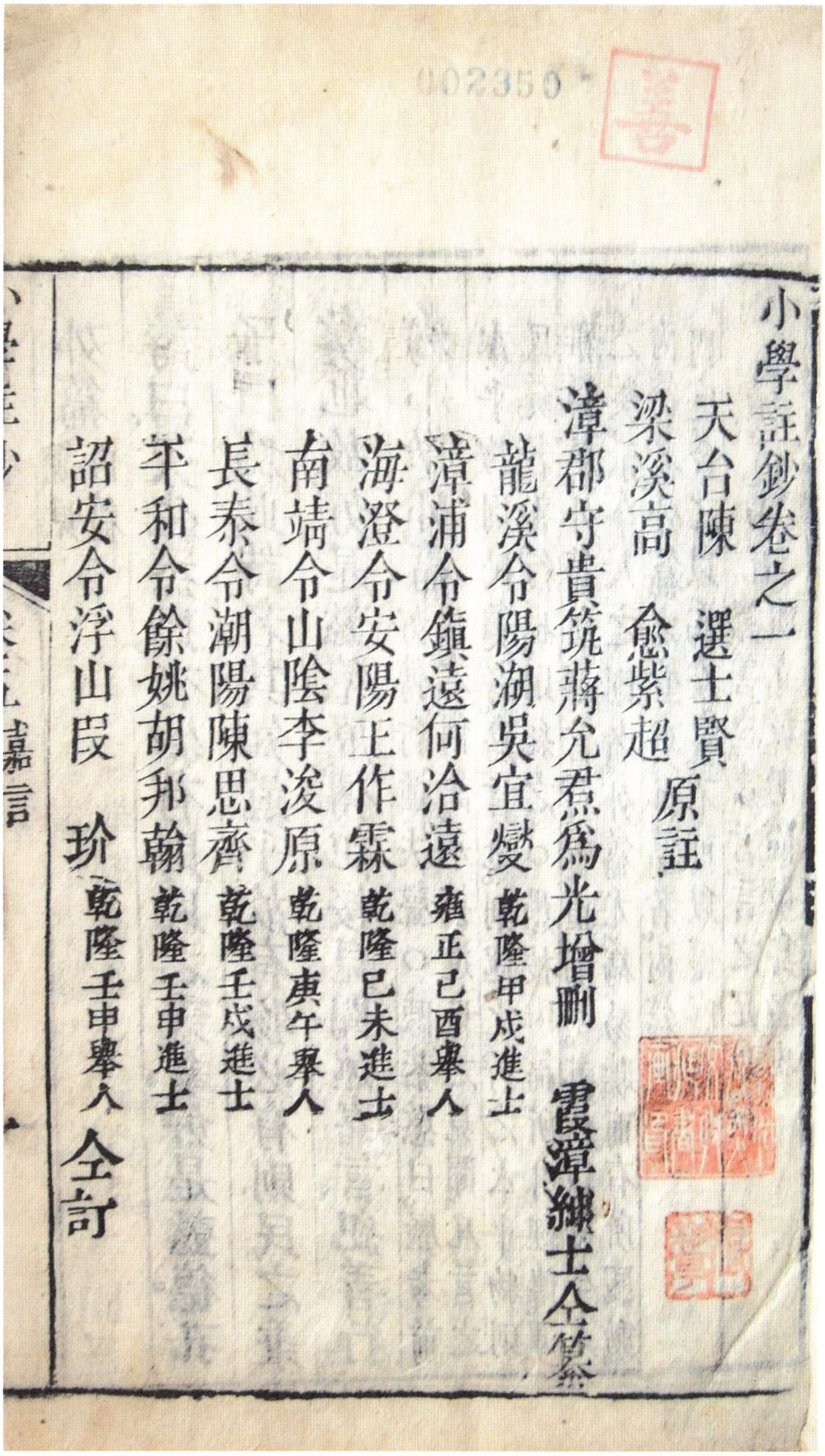
小學註鈔卷之一
天台陳　選士賢　原註
梁溪高　愈紫超
漳郡守貴筑蔣允焄爲光增刪　霞漳紳士仝纂
龍溪令陽湖吳宜燮　乾隆甲戌進士
漳浦令鎮遠何治遠　雍正己酉舉人
海澄令安陽王作霖　乾隆己未進士
南靖令山陰李浚原　乾隆庚午舉人
長泰令潮陽陳思齊　乾隆壬戌進士
平和令餘姚胡邦翰　乾隆壬申進士
詔安令浮山段　玠　乾隆壬申舉人　仝訂

20577　小學註鈔六卷　（明）陳選　高愈注　（清）蔣允焄輯　清乾隆二十六年（1761）崇文堂刻本　瀋陽師範大學圖書館

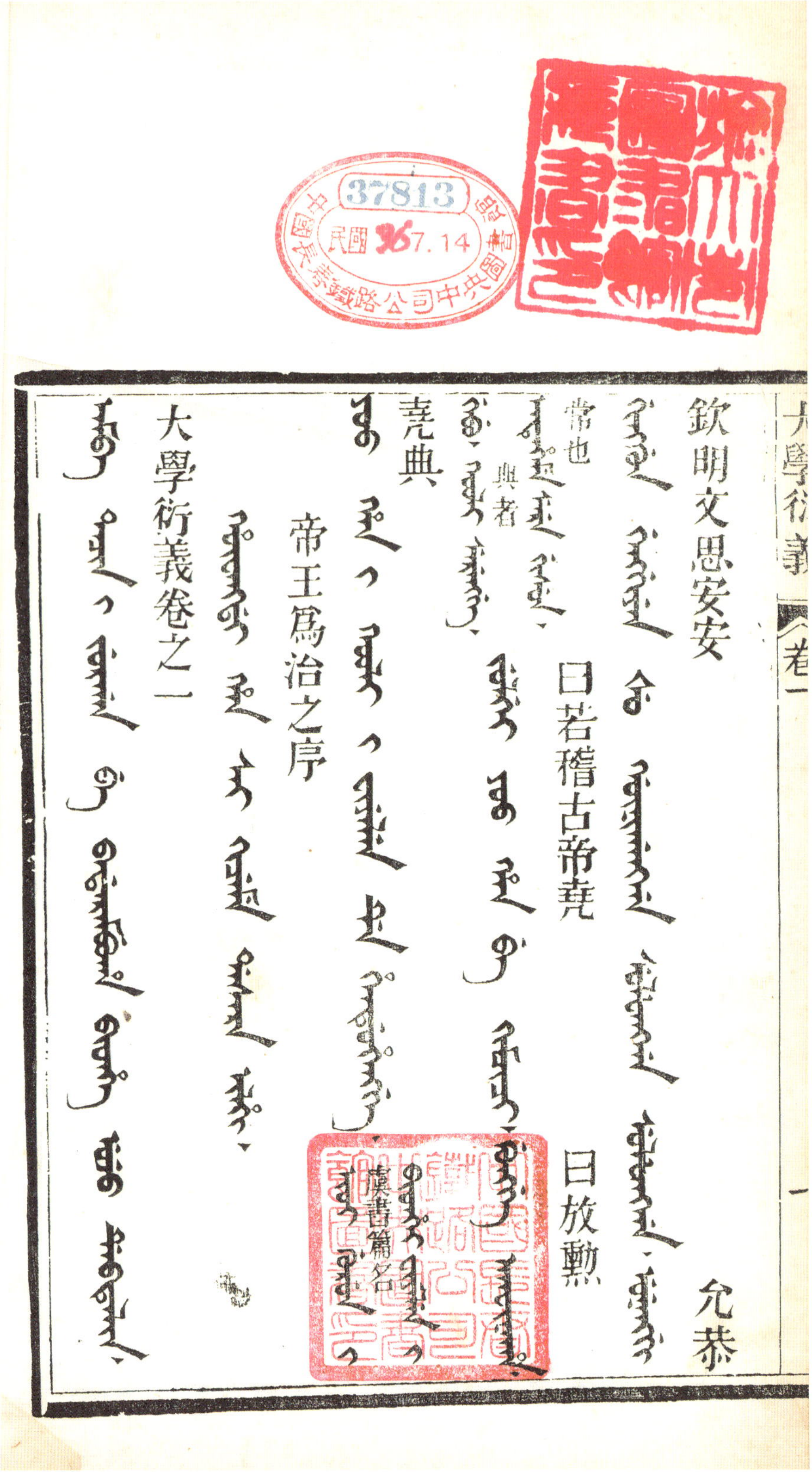
大學衍義 卷一 一

欽明文思安安 允恭

常也 曰若稽古帝堯 曰放勳

典者

堯典

虞書篇名

帝王爲治之序

大學衍義卷之一

20578　大學衍義四十三卷　（宋）真德秀撰　（清）孟保譯　清咸豐六年（1856）武英殿刻本　大連圖書館

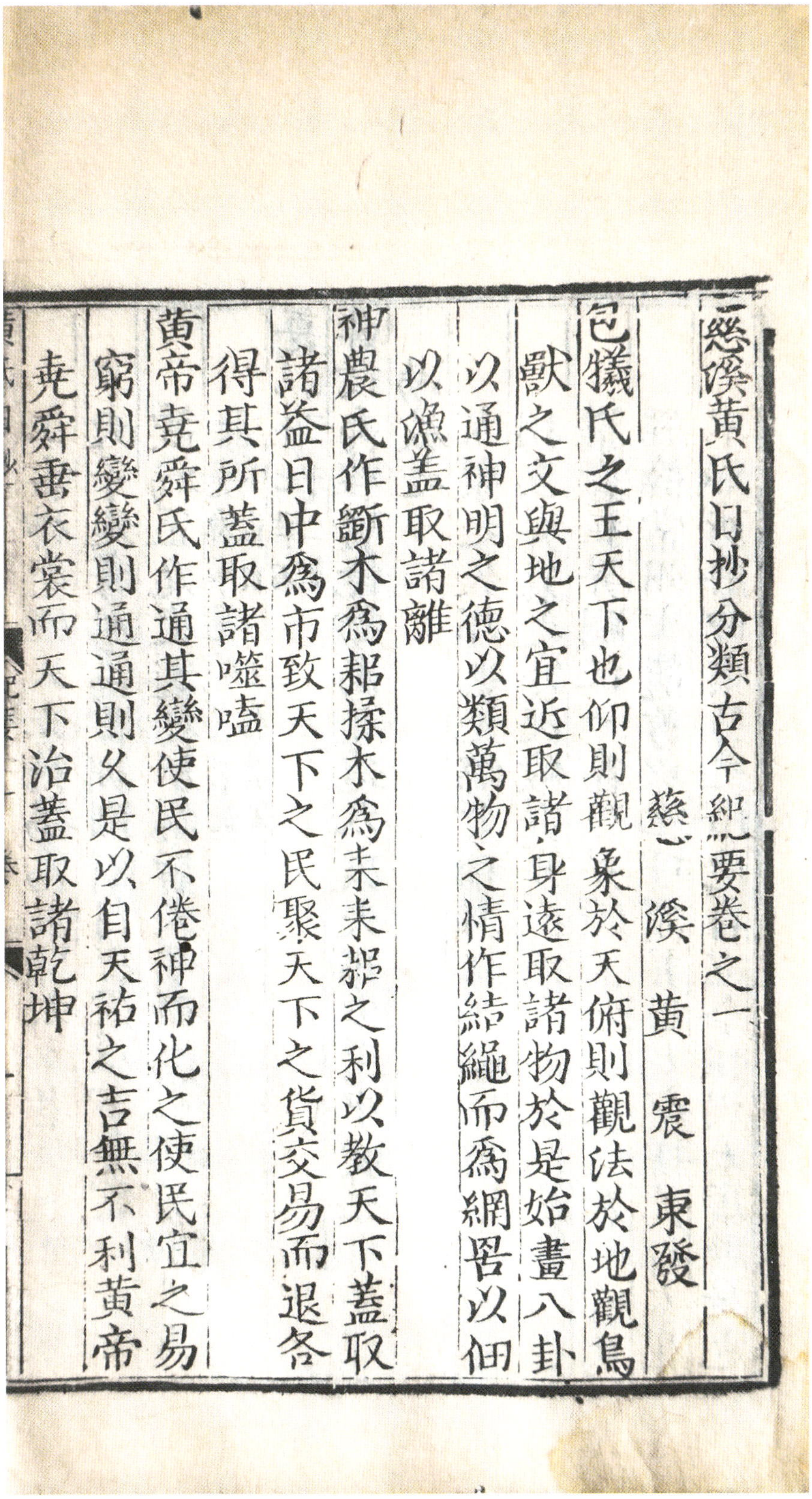

慈溪黃氏日抄分類古今紀要卷之一

慈溪 黃 震 東發

包犧氏之王天下也仰則觀象於天俯則觀法於地觀鳥獸之文與地之宜近取諸身遠取諸物於是始畫八卦以通神明之德以類萬物之情作結繩而爲網罟以佃以漁蓋取諸離

神農氏作斲木爲耜揉木爲耒耒耜之利以教天下蓋取諸益日中爲市致天下之民聚天下之貨交易而退各得其所蓋取諸噬嗑

黃帝堯舜氏作通其變使民不倦神而化之使民宜之易窮則變變則通通則久是以自天祐之吉無不利黃帝堯舜垂衣裳而天下治蓋取諸乾坤

20579 慈溪黃氏日抄分類九十七卷古今紀要十九卷 （宋）黃震撰（清）汪佩鍔輯 清乾隆三十二年（1767）新安汪佩鍔仿刻明正德十四年（1519）書林龔氏本 撫順市圖書館

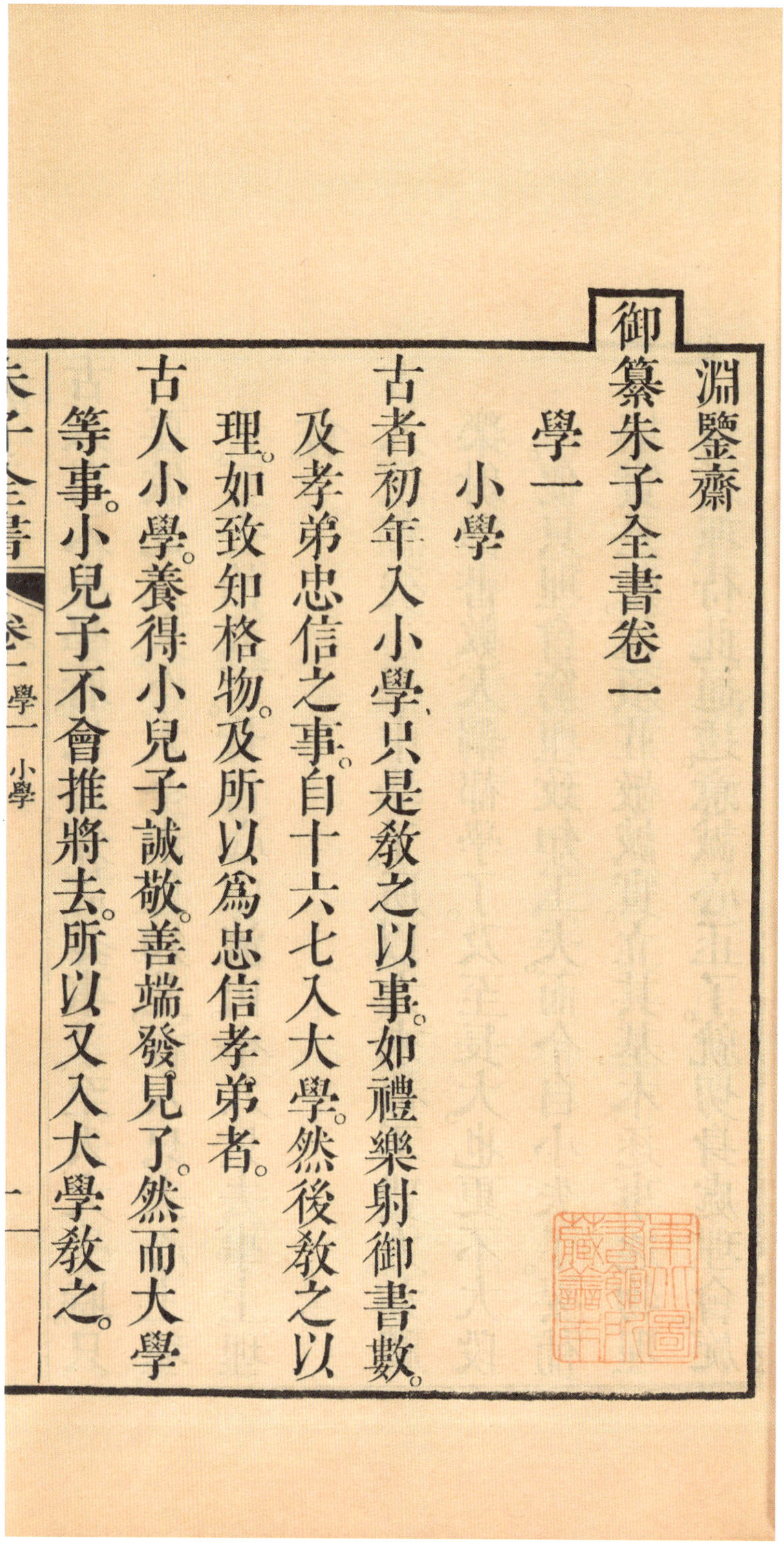
淵鑑齋
御纂朱子全書卷一
學一
小學
古者初年入小學、只是教之以事。如禮樂射御書數。及孝弟忠信之事。自十六七入大學。然後教之以理。如致知格物。及所以爲忠信孝弟者。
古人小學。養得小兒子誠敬善端發見了。然而大學等事。小兒子不會推將去。所以又入大學教之。

朱子全書　卷一　學一　小學　一

20580　淵鑑齋御纂朱子全書六十六卷　（清）熊賜履　李光地等纂修
清康熙五十三年（1714）武英殿刻本　遼寧省圖書館

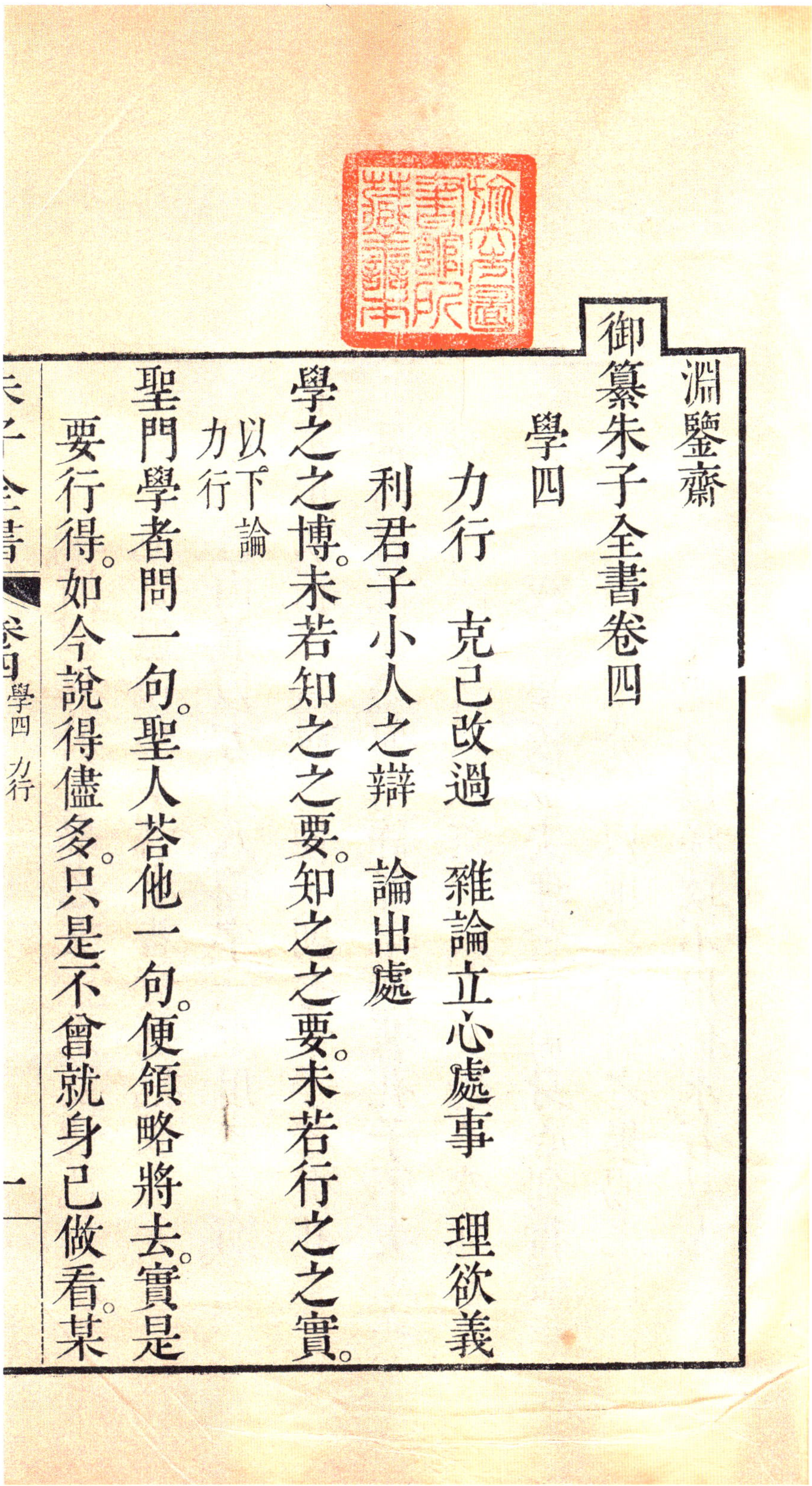
淵鑒齋
御纂朱子全書卷四
學四
力行　克己改過　雜論立心處事　理欲義
利君子小人之辯　論出處
學之之博。未若知之之要。知之之要。未若行之之實。
以下論力行
聖門學者問一句。聖人荅他一句。便領略將去。實是
要行得。如今説得儘多。只是不曾就身己做看。某
朱子全書　卷四　學四　力行　一

20581　淵鑒齋御纂朱子全書六十六卷　（清）熊賜履　李光地等纂修
清康熙五十三年（1714）武英殿刻本（卷四十九至五十一補抄）　大連圖書館

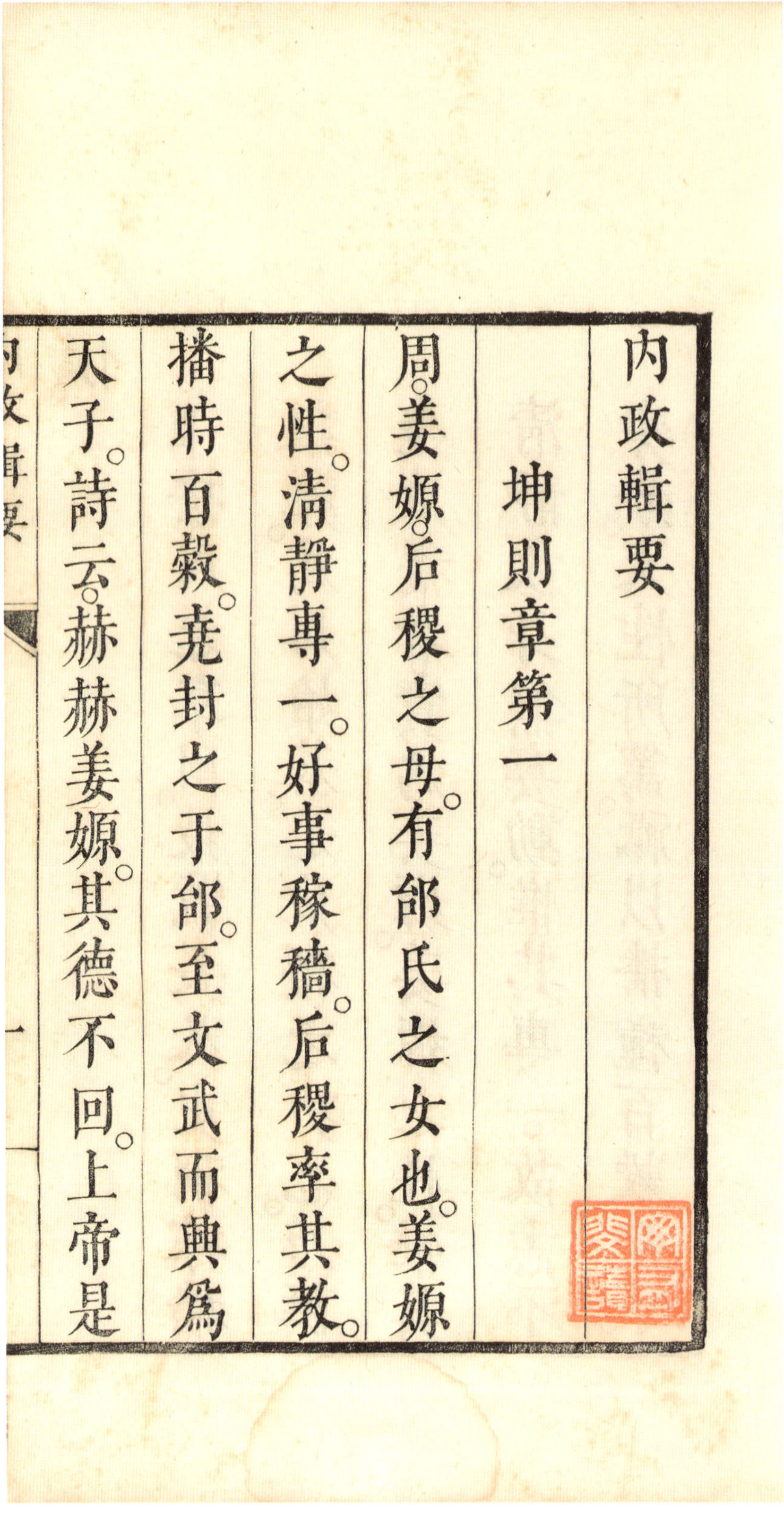

内政輯要

坤則章第一

周姜嫄后稷之母有邰氏之女也姜嫄之性清靜專一好事稼穡后稷率其教播時百穀堯封之于邰至文武而興爲天子詩云赫赫姜嫄其德不回上帝是

内政輯要 一

20582 内政輯要不分卷 （清）世祖福臨輯注 清順治十二年（1655）内府刻本 遼寧省圖書館

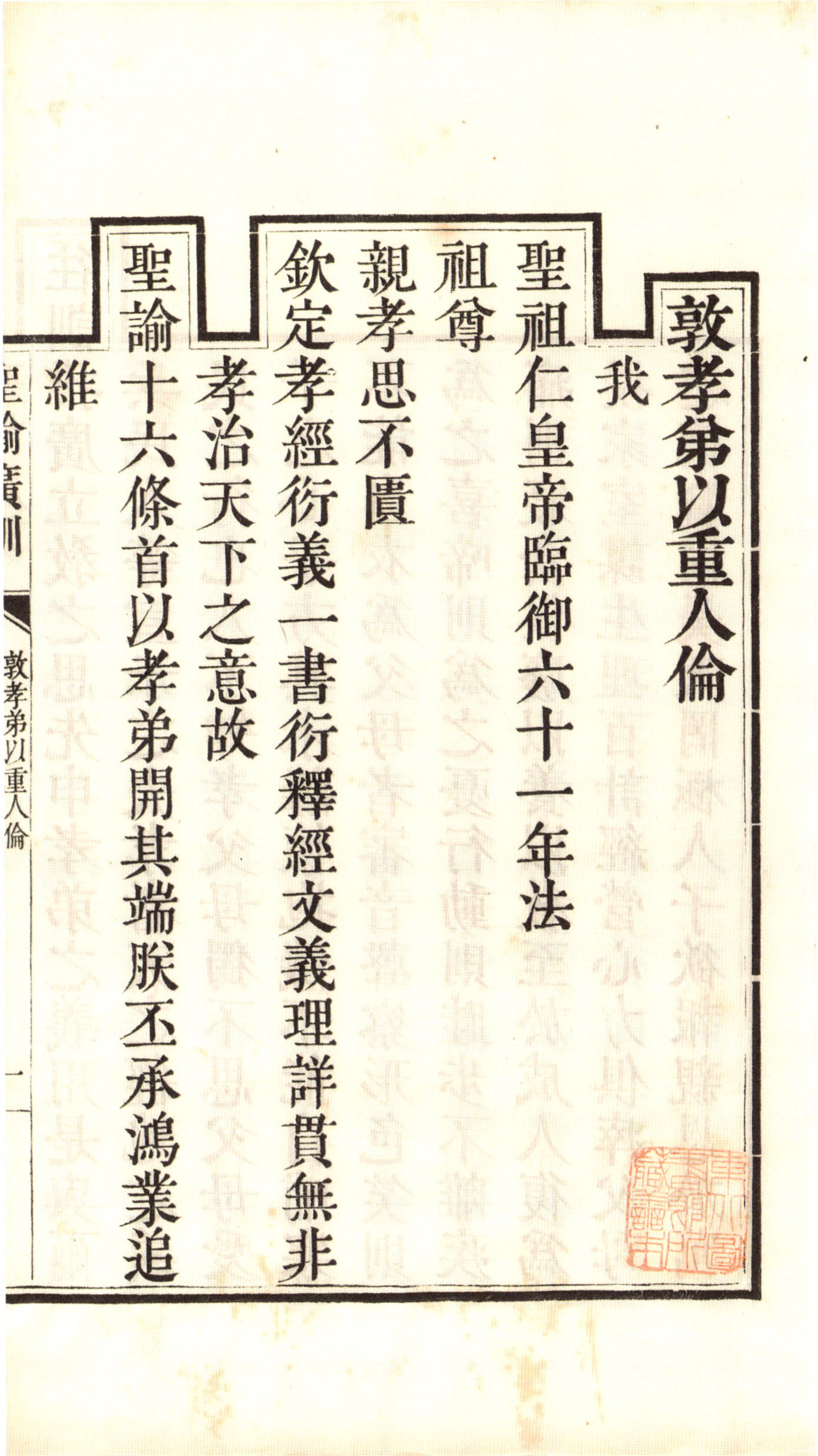

敦孝弟以重人倫

我

聖祖仁皇帝臨御六十一年法

祖尊

親孝思不匱

欽定孝經衍義一書衍釋經文義理詳貫無非

孝治天下之意故

聖諭十六條首以孝弟開其端朕丕承鴻業追

維

聖諭廣訓　敦孝弟以重人倫　一

20583　聖諭廣訓一卷　（清）聖祖玄燁撰　（清）世宗胤禛廣訓　清雍正二年（1724）内府刻本　遼寧省圖書館

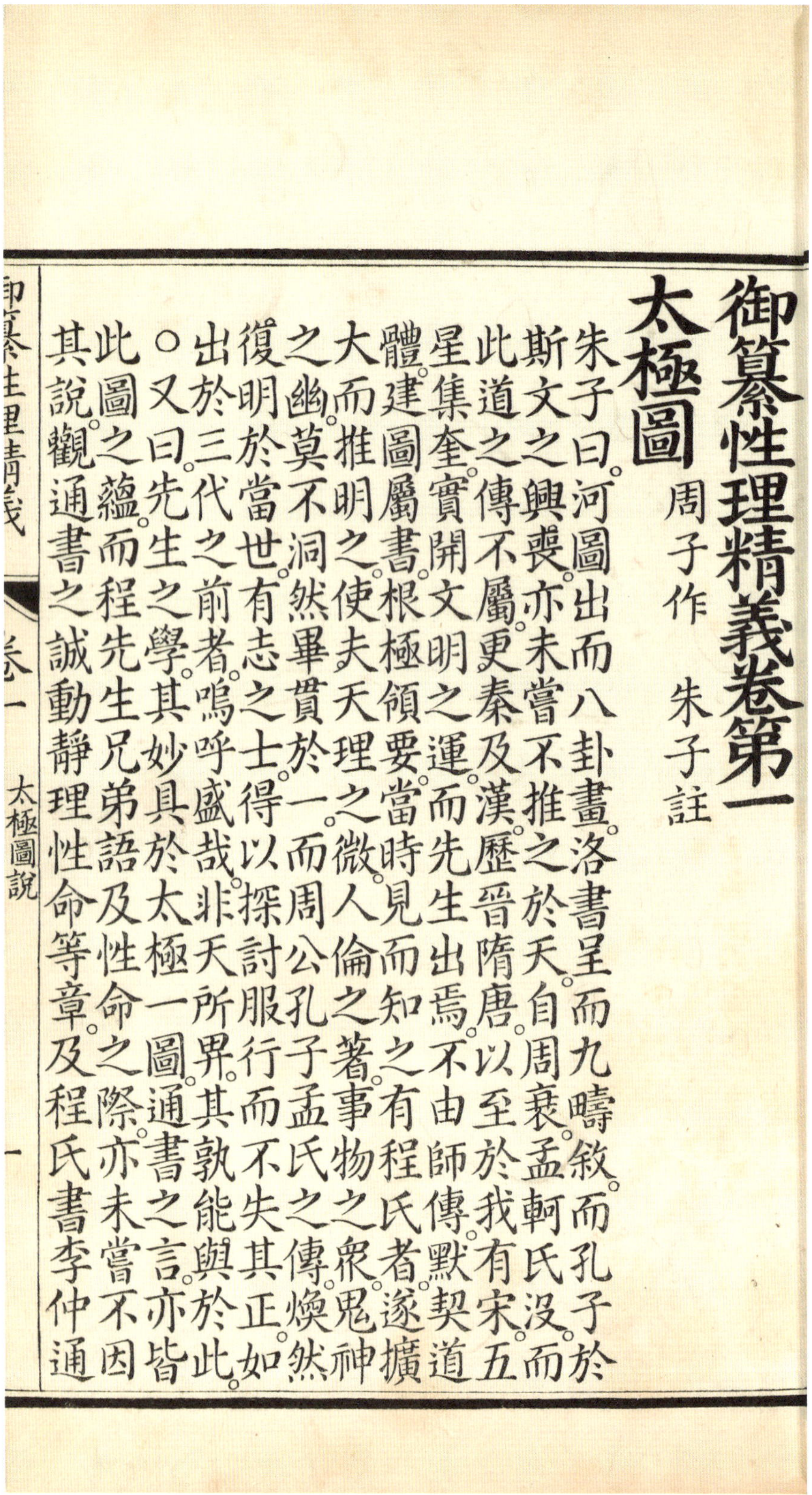

御纂性理精義卷第一

太極圖　周子作　朱子註

朱子曰河圖出而八卦畫洛書呈而九疇敘而孔子於斯文之興喪亦未嘗不推之於天自周衰孟軻氏没而此道之傳不屬更秦及漢歷晉隋唐以至於我有宋五星集奎實開文明之運而先生出焉不由師傳默契道體建圖屬書根極領要當時見而知之有程氏者遂擴大而推明之使夫天理之微人倫之著事物之衆鬼神之幽莫不洞然畢貫於一而周公孔子孟氏之傳煥然復明於當世有志之士得以探討服行而不失其正如出於三代之前者嗚呼盛哉非天所畀其孰能與於此

○又曰先生之學其妙具於太極一圖通書之言亦皆此圖之蘊而程先生兄弟語及性命之際亦未嘗不因其說觀通書之誠動靜理性命等章及程氏書李仲通

御纂性理精義　卷一　太極圖說　一

20584　御纂性理精義十二卷　（清）李光地等纂修　清康熙五十六年（1717）内府刻本　遼寧省圖書館

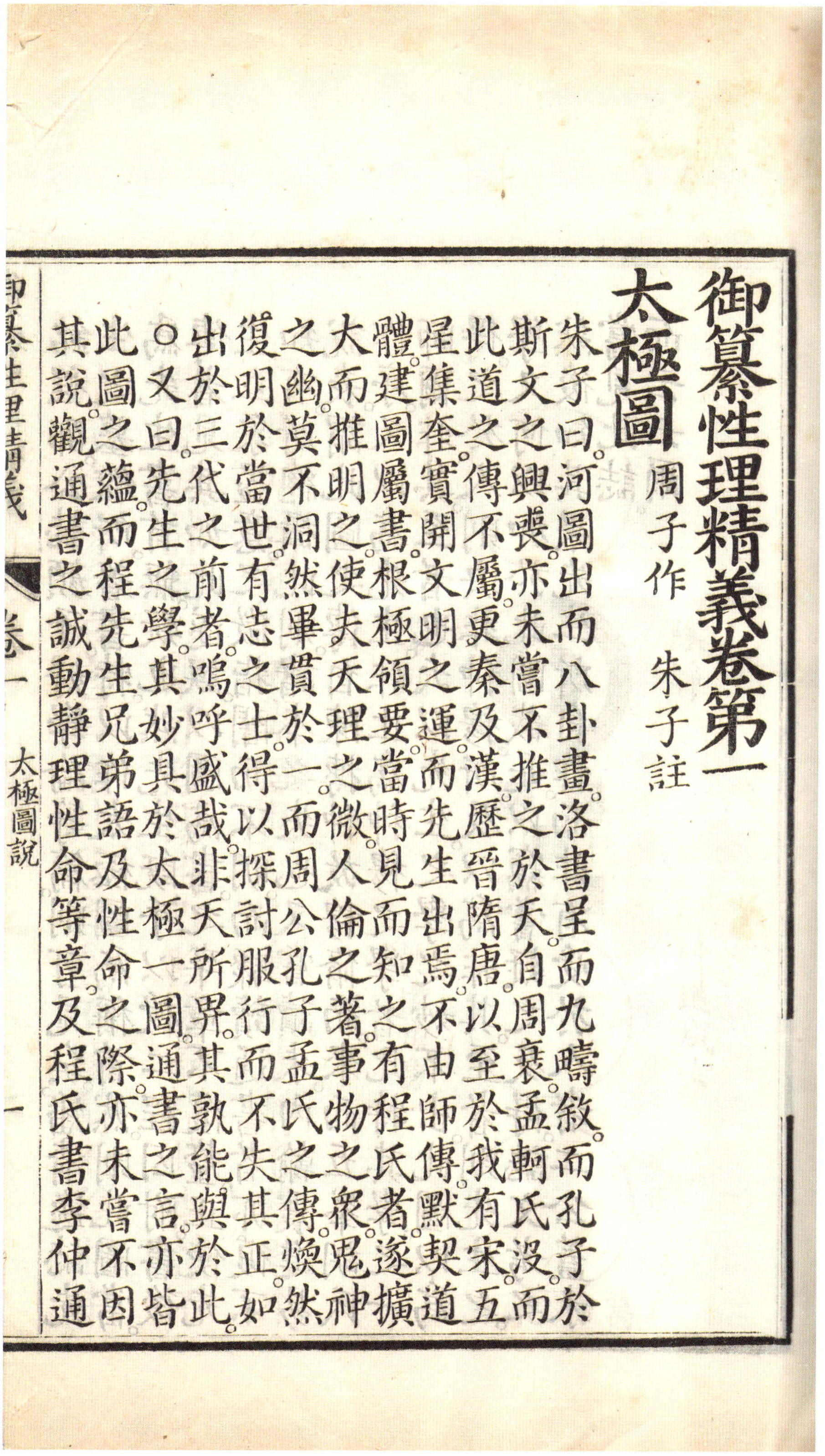

御纂性理精義卷第一

太極圖　周子作　朱子註

朱子曰河圖出而八卦畫洛書呈而九疇敘而孔子於斯文之興喪亦未嘗不推之於天自周衰孟軻氏沒而此道之傳不屬更秦及漢歷晉隋唐以至於我有宋五星集奎實開文明之運而先生出焉不由師傳默契道體建圖屬書根極領要當時見而知之有程氏者遂擴大而推明之使夫天理之微人倫之著事物之衆鬼神之幽莫不洞然畢貫於一而周公孔子孟氏之傳煥然復明於當世有志之士得以探討服行而不失其正如出於三代之前者嗚呼盛哉非天所畀其孰能與於此○又曰先生之學其妙具於太極一圖通書之言亦皆此圖之蘊而程先生兄弟語及性命之際亦未嘗不因其說觀通書之誠動靜理性命等章及程氏書李仲通

御纂性理精義　卷一　太極圖說　一

20585　御纂性理精義十二卷　（清）李光地等纂修　清康熙五十六年（1717）武英殿刻本　大連圖書館

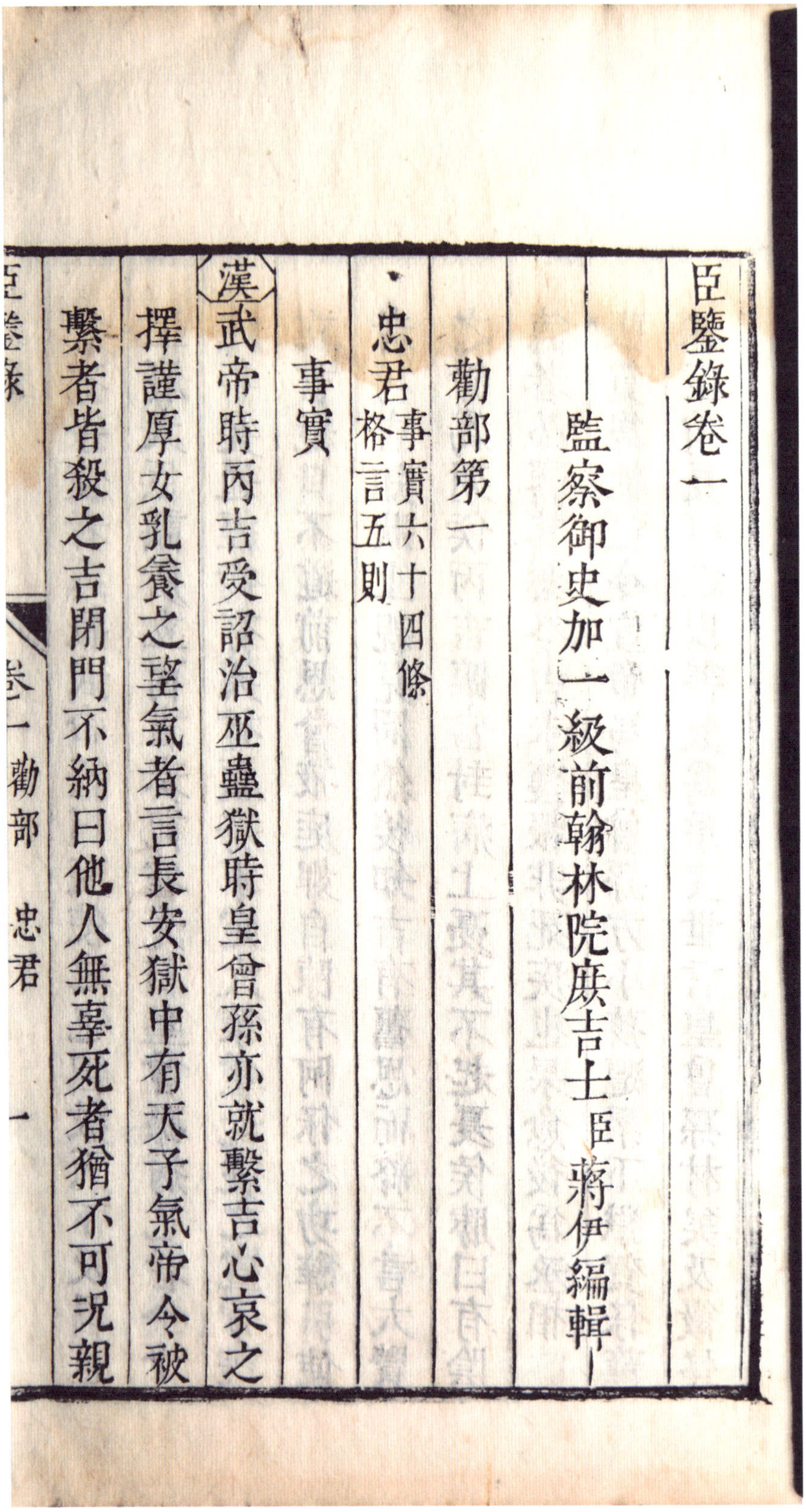
臣鑒錄卷一
監察御史加一級前翰林院庶吉士臣蔣伊編輯
勸部第一
忠君事實六十四條 格言五則
事實
漢武帝時丙吉受詔治巫蠱獄時皇曾孫亦就繫吉心哀之
擇謹厚女乳養之望氣者言長安獄中有天子氣帝令被
繫者皆殺之吉閉門不納曰他人無辜死者猶不可況親
臣鑒錄 卷一 勸部 忠君 一

20586 臣鑒錄二十卷 （清）蔣伊編 清康熙蔣陳錫刻本 中國刑事警察學院圖書館

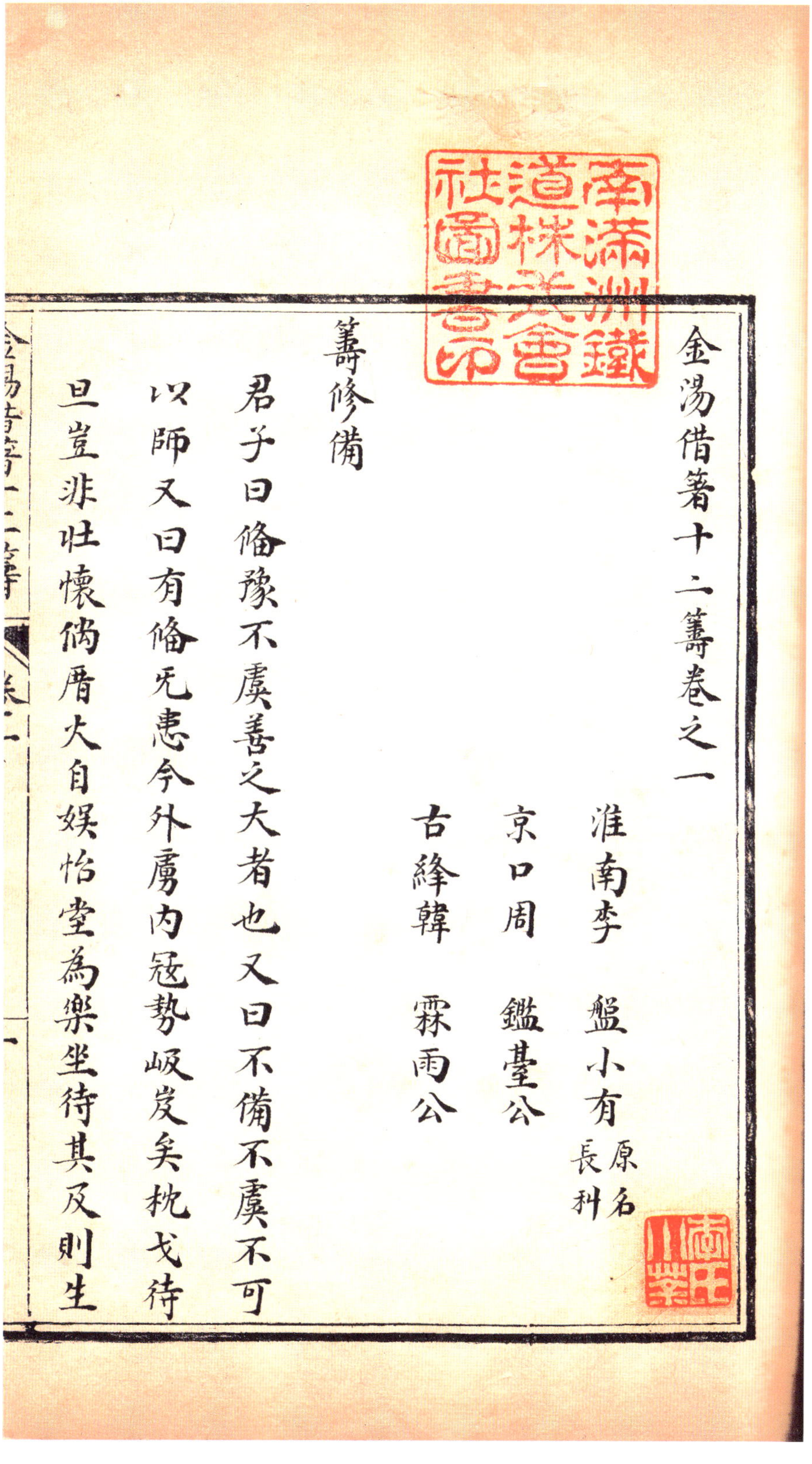
金湯借箸十二籌卷之一
淮南李　盤小有原名長科
京口周　鑑臺公
古絳韓　霖雨公
籌修備
君子曰備豫不虞善之大者也又曰不備不虞不可
以師又曰有備无患今外虜內寇勢岌岌矣枕戈待
旦豈非壯懷倘厝火自娛怡堂為樂坐待其及則生

20587　金湯借箸十二籌十二卷　（明）李盤等撰　清抄本　大連圖書館

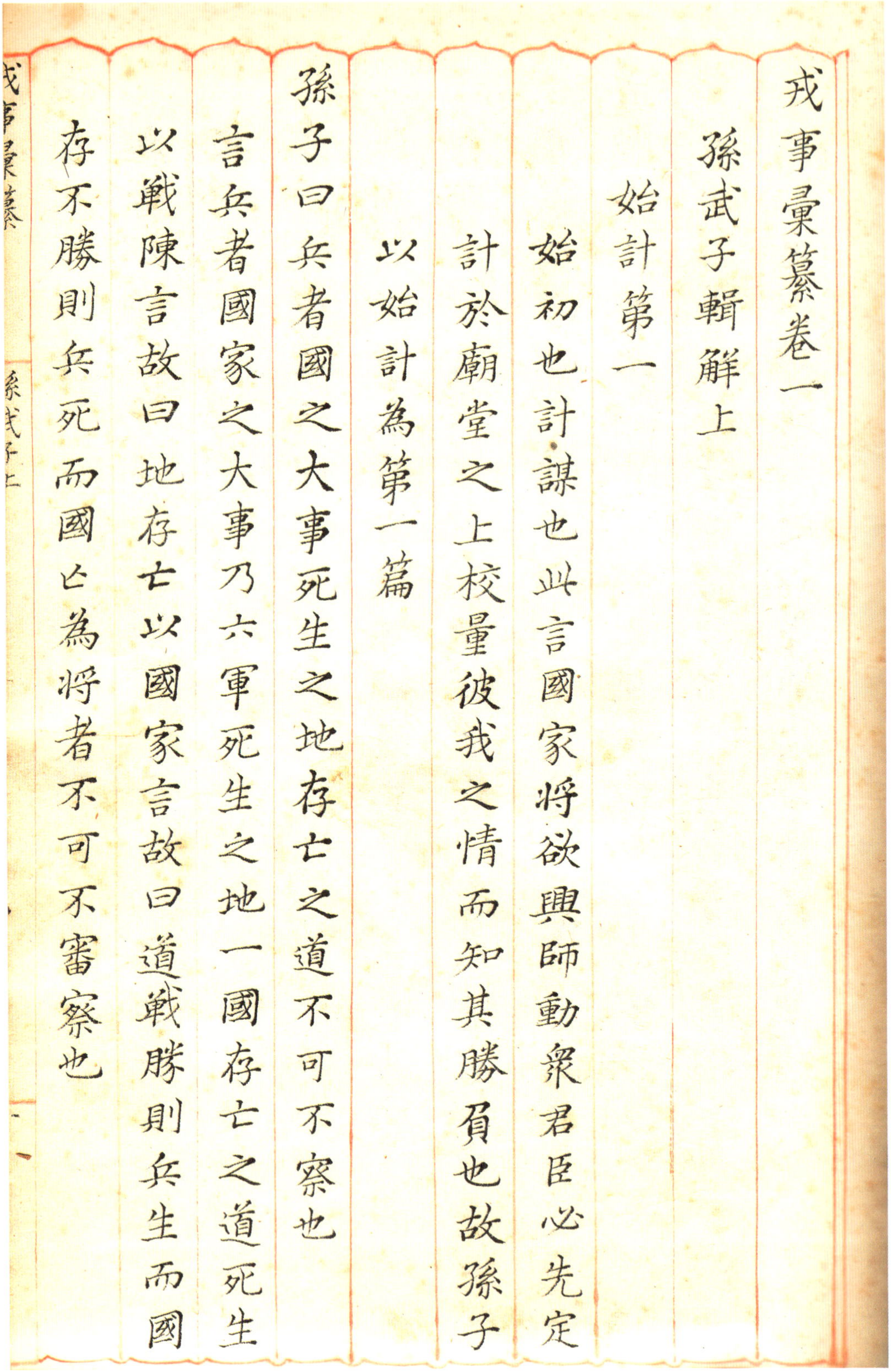
戎事彙纂卷一
孫武子輯解上
始計第一
始初也計謀也此言國家将欲興師動衆君臣必先定
計於廟堂之上校量彼我之情而知其勝負也故孫子
以始計為第一篇
孫子曰兵者國之大事死生之地存亡之道不可不察也
言兵者國家之大事乃六軍死生之地一國存亡之道死生
以戰陳言故曰地存亡以國家言故曰道戰勝則兵生而國
存不勝則兵死而國亡為将者不可不審察也
戎事彙纂 孫武子上 一

20588　戎事彙纂五十三卷　清抄本　大連圖書館

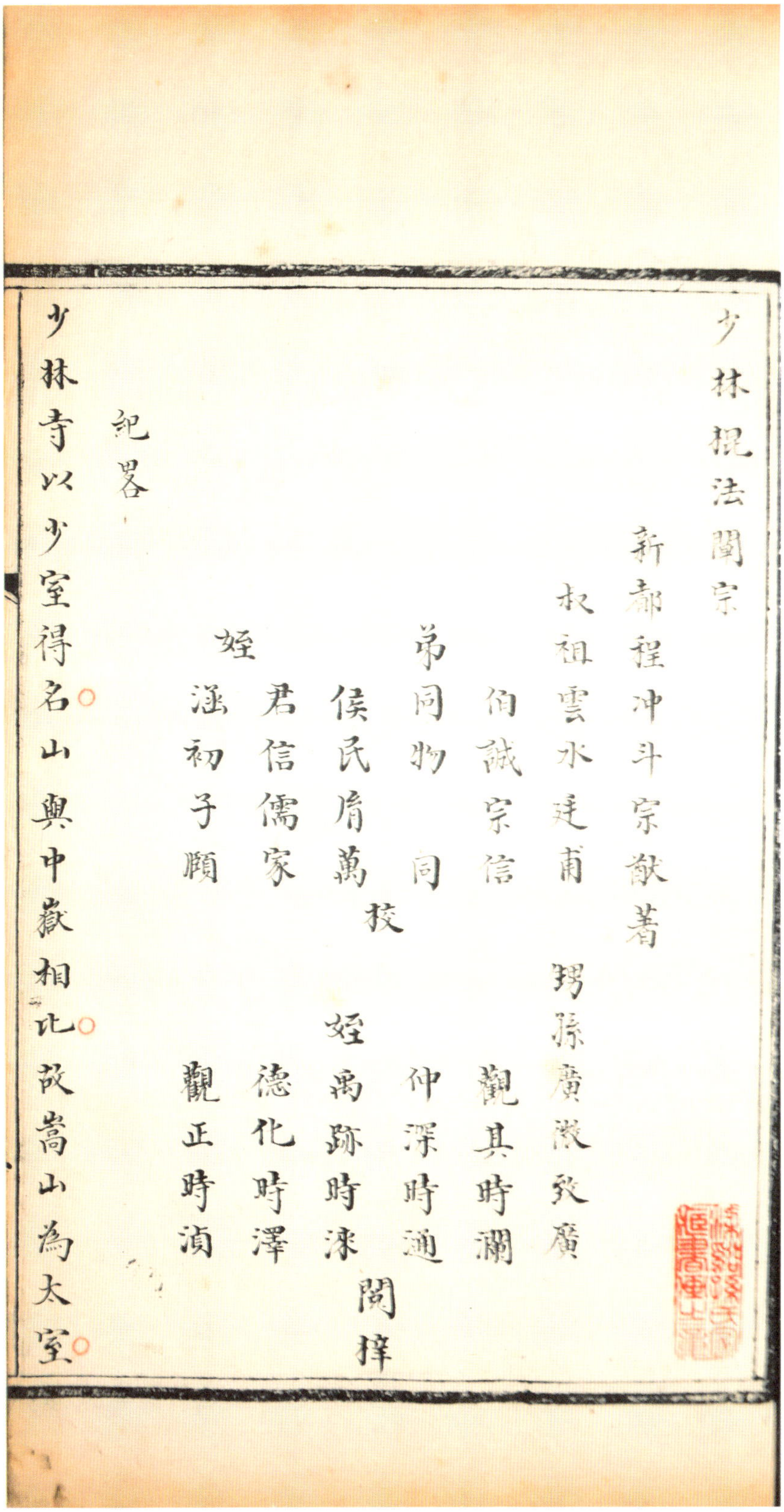

少林棍法闡宗

新都程冲斗宗猷著

叔祖雲水廷甫

伯誠宗信

弟同物　同

侯氏肩萬　校

君信儒家

姪涵初子顒

甥孫廣徵致廣

觀其時瀾

仲深時通

姪禹跡時涞　閱擇

德化時澤

觀正時滇

紀畧

少林寺以少室得名。山與中嶽相比。故嵩山為太室。

20589　耕餘剩技六卷　（明）程宗猷撰　清抄本　錦州市圖書館

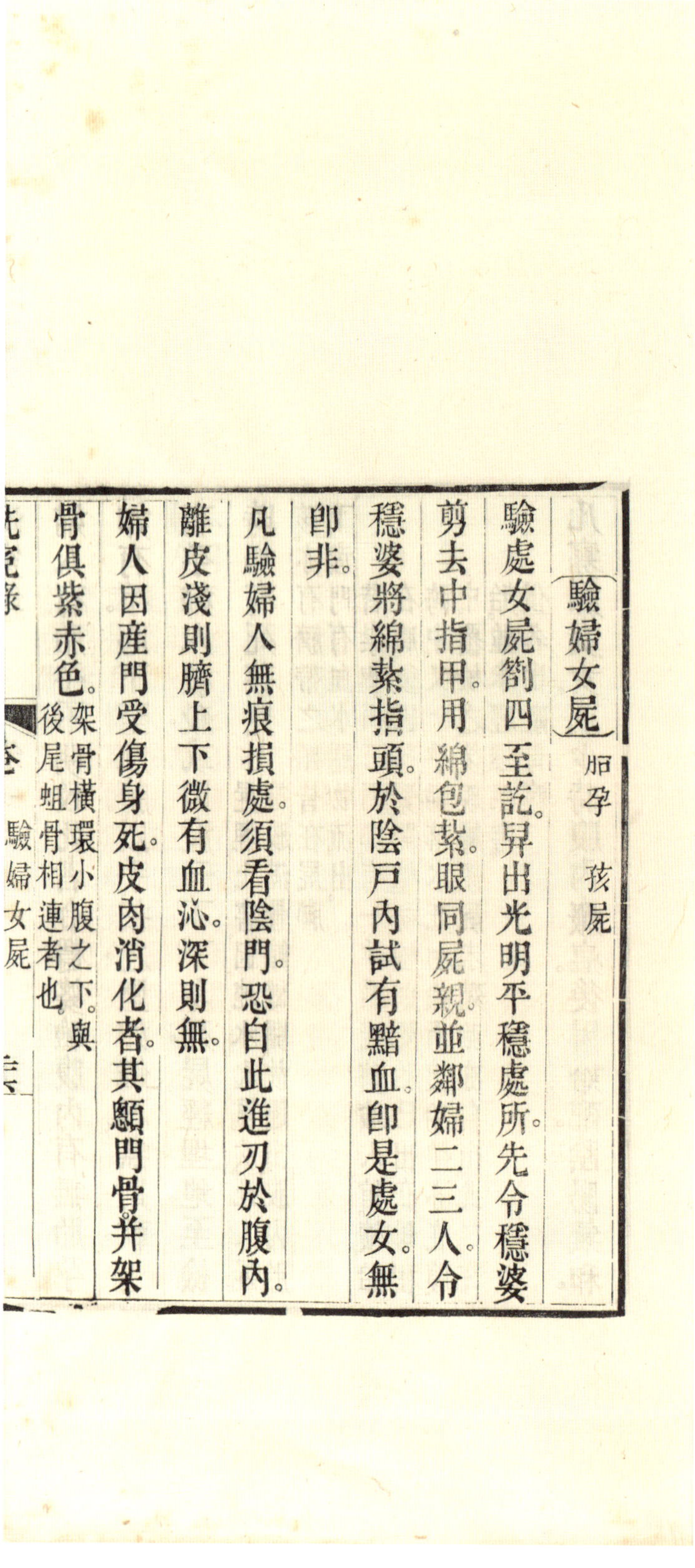

驗婦女屍 附孕 孩屍

驗處女屍剳四至訖。舁出光明平穩處所。先令穩婆剪去中指甲。用綿包裹。眼同屍親並鄰婦二三人。令穩婆將綿裹指頭。於陰戶內試有黯血。即是處女。無即非。

凡驗婦人無痕損處。須看陰門。恐自此進刃於腹內。離皮淺則臍上下微有血沁。深則無。

婦人因產門受傷身死。皮肉消化者。其顖門骨并架骨俱紫赤色。架骨橫環小腹之下。與後尾蛆骨相連者也。

洗冤錄 卷一 驗婦女屍

20590　律例館校正洗冤錄四卷　（宋）宋慈撰　清乾隆五年（1740）武英殿刻本　遼寧省圖書館

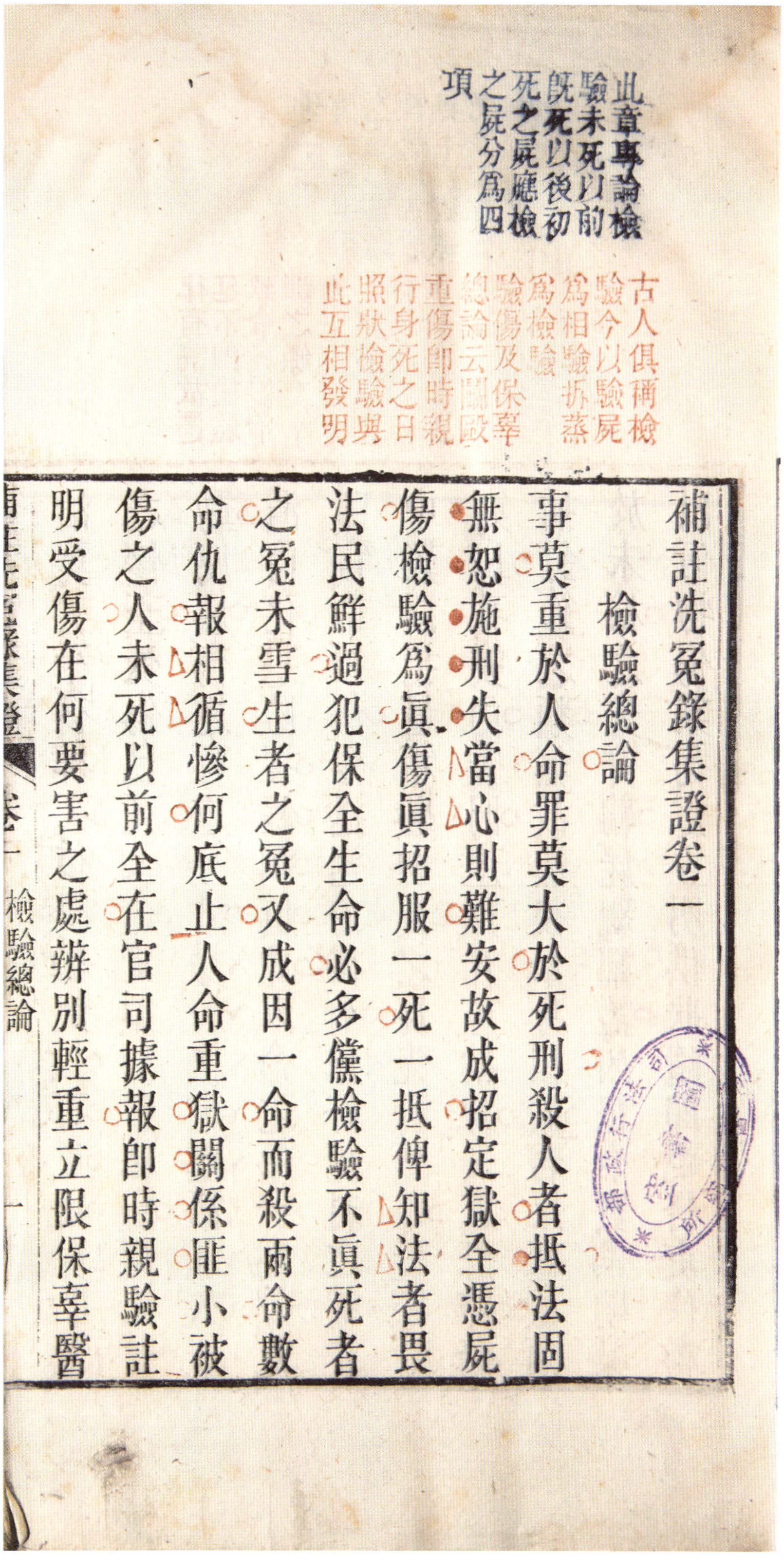
此章專論檢驗未死以前既死以後初死之屍應檢之屍分爲四項

古人俱稱檢驗今以驗屍爲相驗拆蒸爲檢驗驗傷及保辜總論云鬬毆重傷即時親行身死之日照狀檢驗與此互相發明

補註洗冤録集證卷一

檢驗總論

事莫重於人命罪莫大於死刑殺人者抵法固無恕施刑失當心則難安故成招定獄全憑屍傷檢驗爲眞傷眞招服一死一抵俾知法者畏法民鮮過犯保全生命必多儻檢驗不眞死者之冤未雪生者之冤又成因一命而殺兩命數命仇報相循慘何底止人命重獄關係匪小被傷之人未死以前全在官司據報即時親驗註明受傷在何要害之處辨別輕重立限保辜醫

補註洗冤録集證 卷一 檢驗總論 一

20591　補註洗冤録集證四卷作吏要言一卷　（宋）宋慈輯　（清）阮其新補注　清道光二十三年（1843）江都鍾淮三色套印本　中國刑事警察學院圖書館

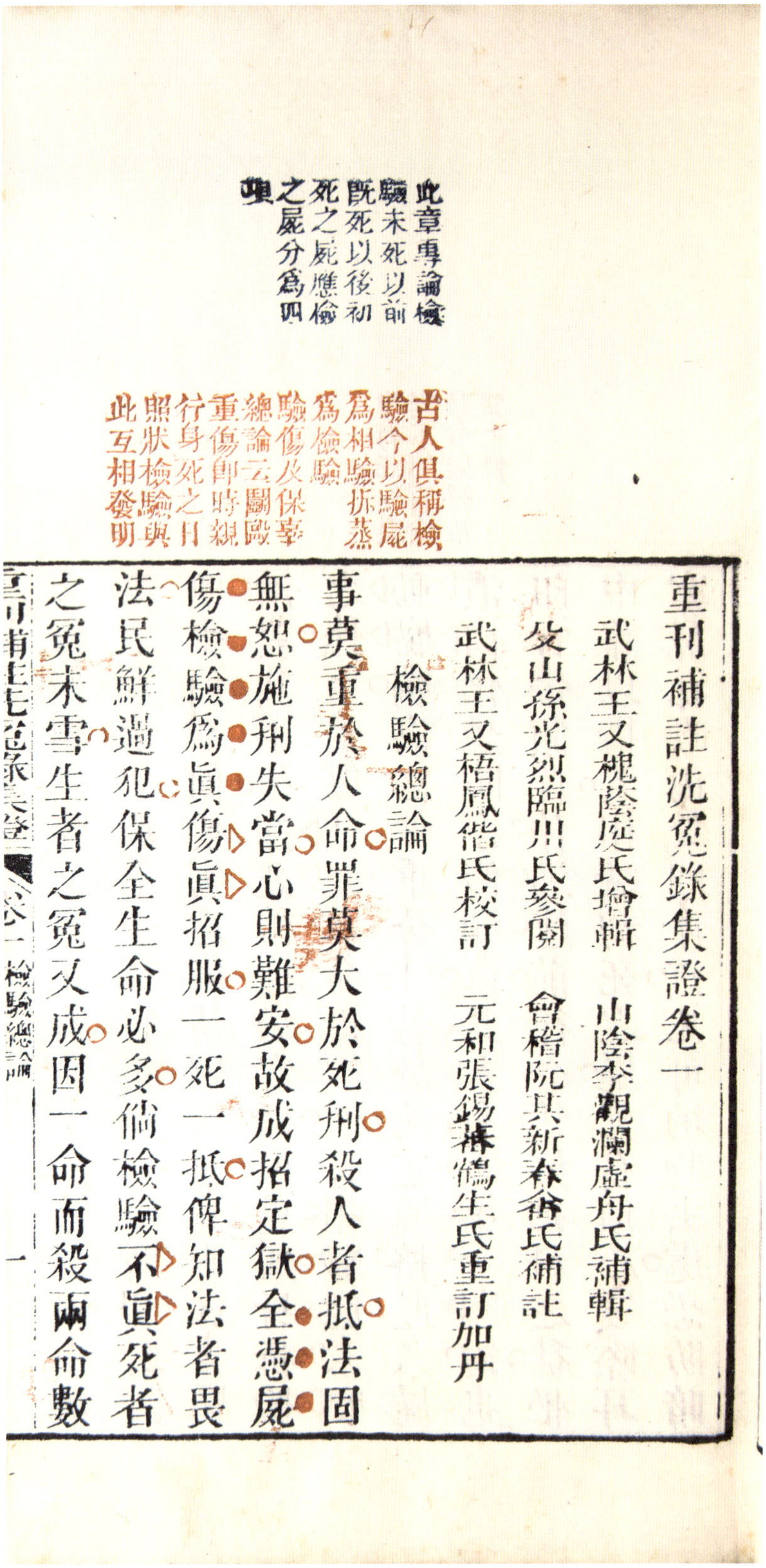
此章專論檢驗未死以前既死以後初死之屍應檢之屍分為四項

古人俱稱檢驗今以驗屍為相驗拆蒸為檢驗
驗傷及保辜總論云鬪毆重傷即時親行身死之日照狀檢驗與此互相發明

重刊補註洗冤錄集證卷一
武林王又槐蔭庭氏增輯　山陰李觀瀾虛舟氏補輯
吳山孫光烈臨川氏參閱　會稽阮其新春舫氏補註
武林王又梧鳳喈氏校訂　元和張錫蕃鶴生氏重訂加丹
檢驗總論
事莫重於人命罪莫大於死刑殺人者抵法固無恕施刑失當心則難安故成招定獄全憑屍傷檢驗為真傷真招服一死一抵俾知法者畏法民鮮過犯保全生命必多倘檢驗不真死者之冤未雪生者之冤又成因一命而殺兩命數

重刊補註洗冤錄集證　卷一　檢驗總論　一

20592　重刊補註洗冤錄集證六卷　（宋）宋慈輯　（清）王又槐增輯　（清）李觀瀾補輯　（清）文晟續輯　（清）阮其新補注　清道光二十四年（1844）刻四色套印本　中國刑事警察學院圖書館

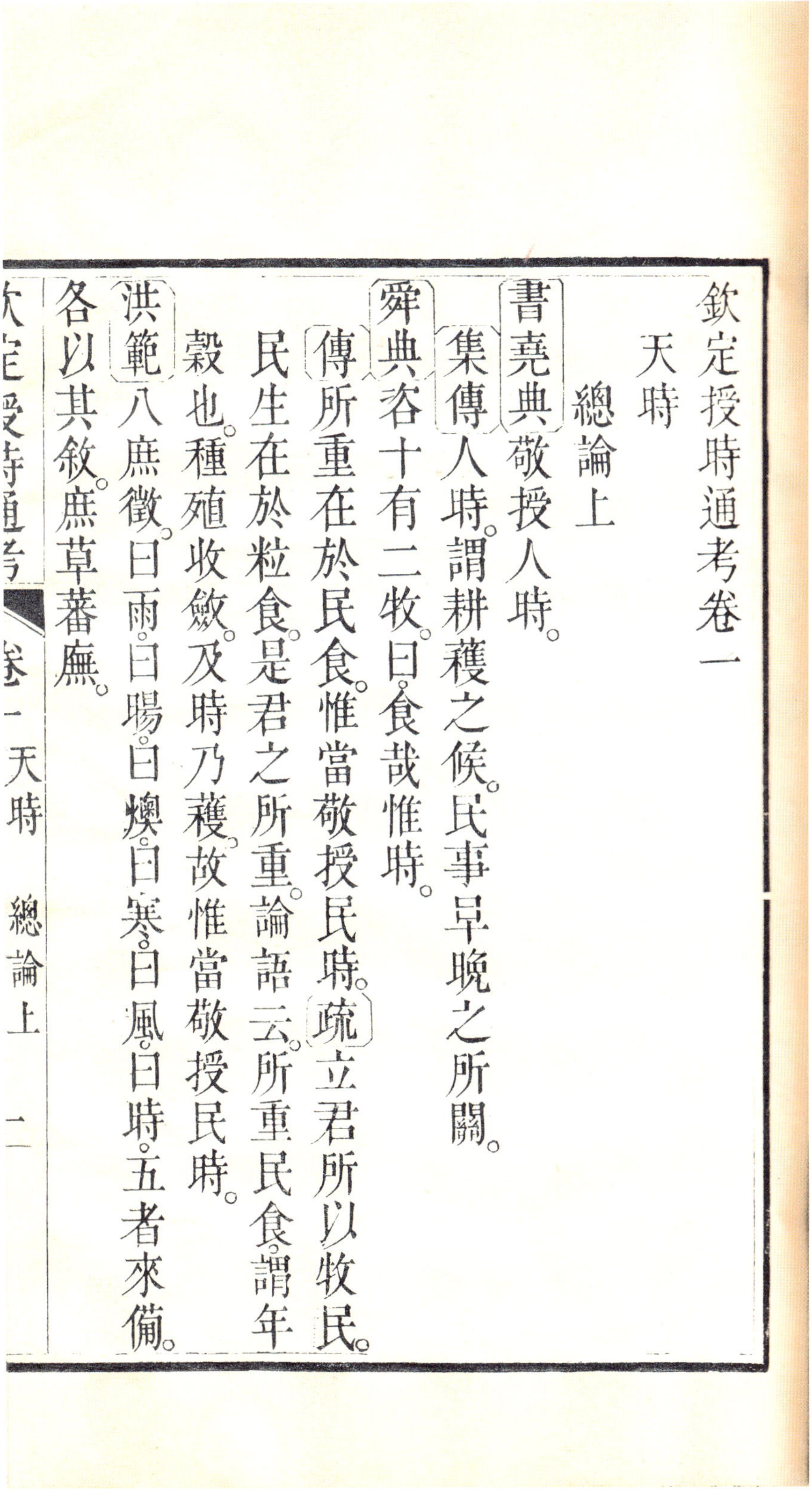

欽定授時通考卷一

天時

總論上

書堯典敬授人時。

集傳人時。謂耕穫之候。民事早晚之所關。

舜典咨十有二牧。曰食哉惟時。

傳所重在於民食。惟當敬授民時。疏立君所以牧民。民生在於粒食。是君之所重。論語云。所重民食。謂年穀也。種殖收斂。及時乃穫。故惟當敬授民時。

洪範八庶徵。曰雨。曰暘。曰燠。曰寒。曰風。曰時。五者來備。各以其敘。庶草蕃廡。

欽定授時通考　卷一　天時　總論上　二

20593　欽定授時通考七十八卷　（清）蔣溥等撰　清乾隆七年（1742）內府刻本　大連圖書館

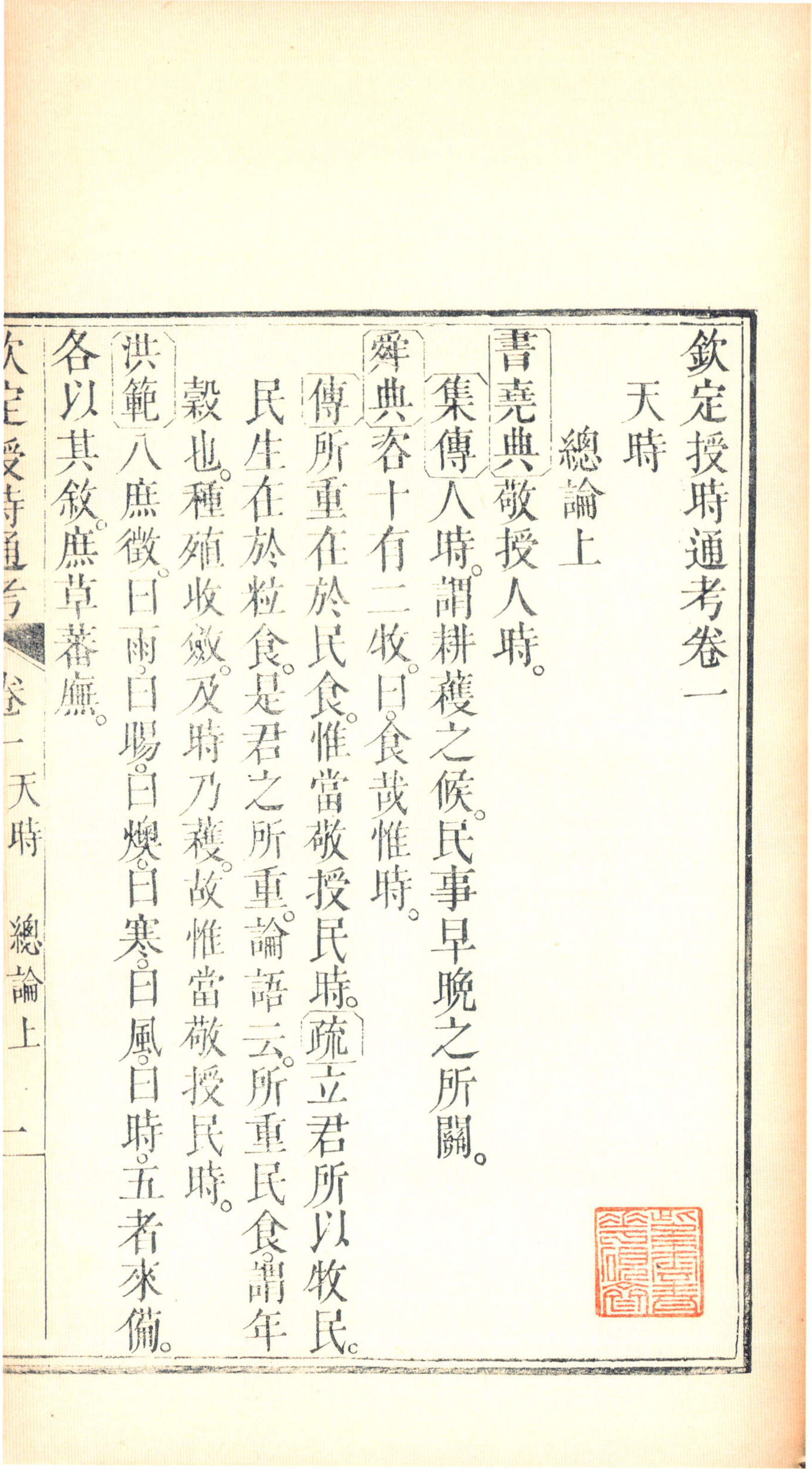

欽定授時通考卷一

天時

總論上

書堯典敬授人時。

集傳人時謂耕穫之候民事早晚之所關。

舜典咨十有二牧曰食哉惟時。

傳所重在於民食惟當敬授民時。疏立君所以牧民民生在於粒食是君之所重論語云所重民食謂年穀也種殖收斂及時乃穫故惟當敬授民時。

洪範八庶徵曰雨曰暘曰燠曰寒曰風曰時五者來備各以其敘庶草蕃廡。

欽定授時通考　卷一　天時　總論上　一

20594　欽定授時通考七十八卷　（清）蔣溥等撰　清乾隆七年（1742）江西仿刻本　瀋陽市圖書館

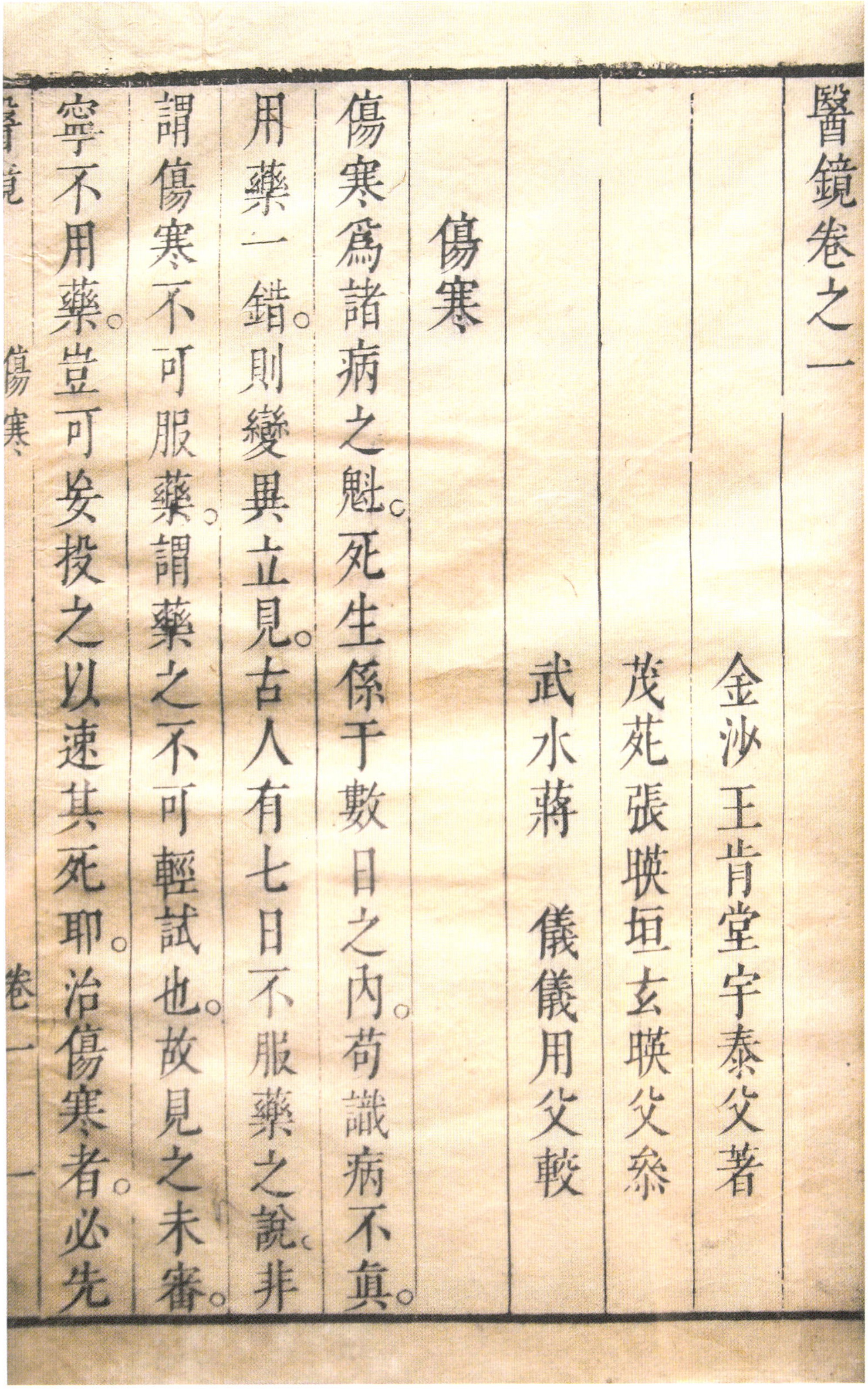
醫鏡卷之一

金沙王肯堂宇泰父著

茂苑張瑛垣玄瑛父叅

武水蔣　儀儀用父較

傷寒

傷寒爲諸病之魁。死生係于數日之内。苟識病不眞。用藥一錯。則變異立見。古人有七日不服藥之説。非謂傷寒不可服藥。謂藥之不可輕試也。故見之未審。寧不用藥。豈可妄投之以速其死耶。治傷寒者。必先

醫鏡　傷寒　卷一　一

20595　醫鏡四卷　（明）王肯堂撰　**藥鏡四卷**　（清）蔣儀撰　清康熙三年（1664）刻本　中國醫科大學圖書館

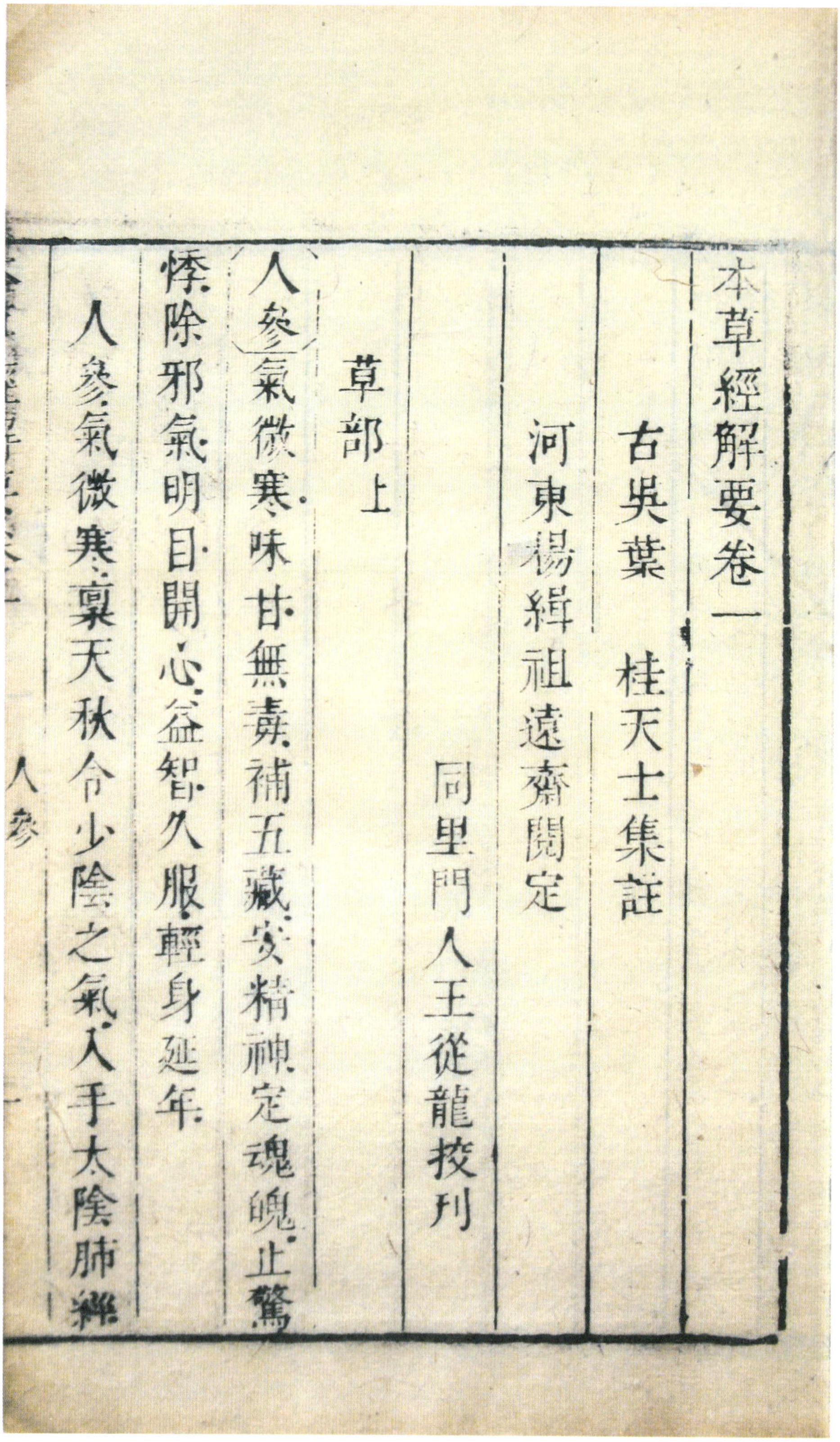

本草經解要卷一

古吳葉　桂天士集註

河東楊緝祖遠齋閲定

同里門人王從龍校刊

草部上

人參 氣微寒味甘無毒補五藏安精神定魂魄止驚悸除邪氣明目開心益智久服輕身延年

人參氣微寒稟天秋令少陰之氣入手太陰肺經

人參

20596　本草經解要四卷　（清）葉桂集注　清雍正二年（1724）刻本

中國醫科大學圖書館

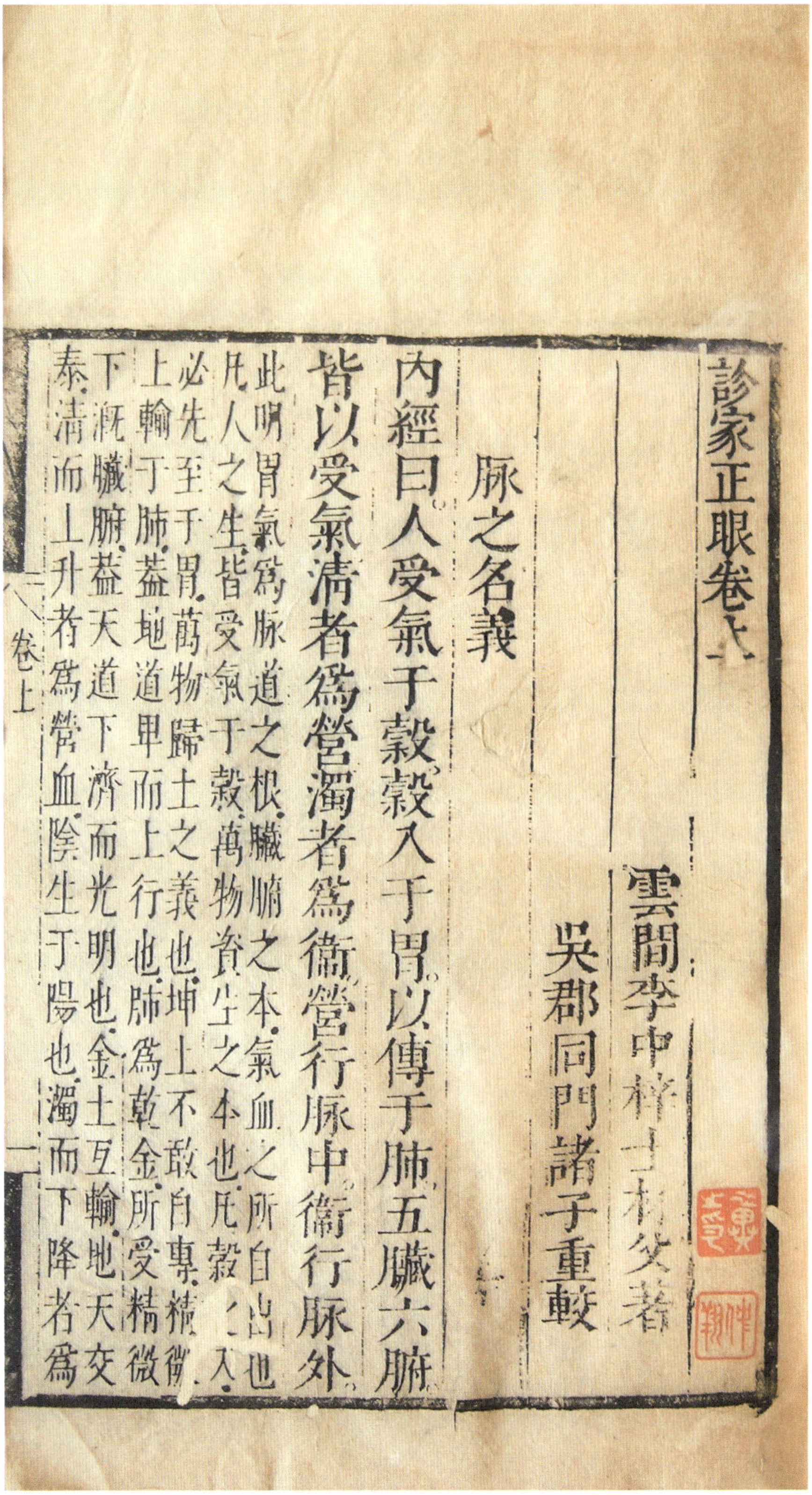

診家正眼卷之上
雲間李中梓士材父著
吳郡同門諸子重較
脉之名義
內經曰人受氣于穀穀入于胃以傳于肺五臟六腑皆以受氣清者爲營濁者爲衛營行脉中衛行脉外
此明胃氣爲脉道之根臟腑之本氣血之所自出也凡人之生皆受氣于穀萬物資生之本也凡穀之入必先至于胃萬物歸土之義也坤土不敢自專積微上輸于肺蓋地道卑而上行也肺爲乾金所受精微下漑臟腑蓋天道下濟而光明也金土互輸地天交泰清而上升者爲營血陰生于陽也濁而下降者爲

20597　診家正眼二卷　（明）李中梓撰　（清）秦卿胤校　清順治十七年（1660）刻後印本　中國醫科大學圖書館

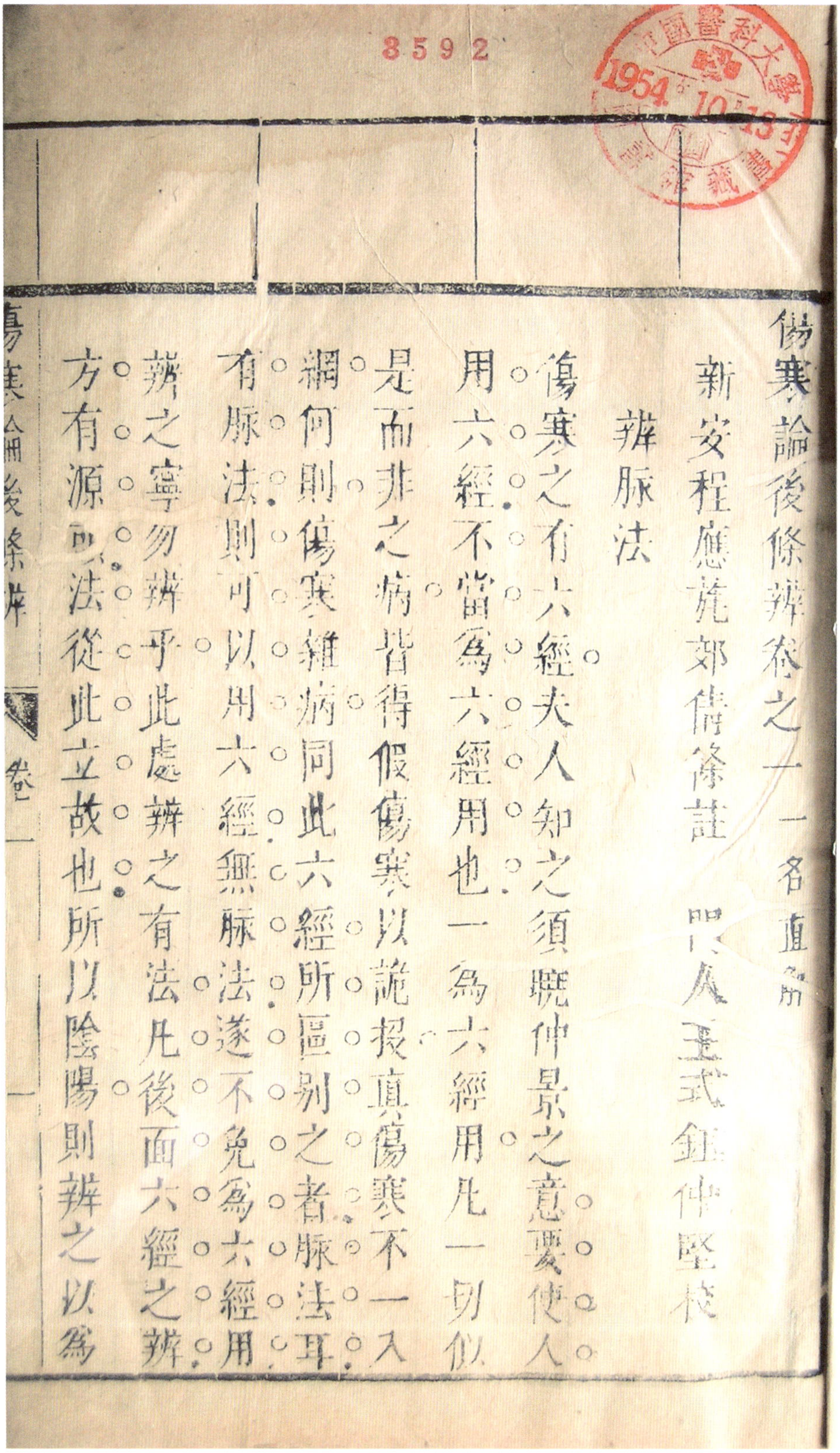
8592

傷寒論後條辨卷之一 一名直解
新安程應旄郊倩條註　門人王式鈺仲堅校
辨脉法
傷寒之有六經夫人知之須既仲景之意要使人
用六經不當為六經用也一為六經用凡一切似
是而非之病皆得假傷寒以詭託真傷寒不一入
網何則傷寒雜病同此六經所區別之者脉法耳
有脉法則可以用六經無脉法遂不免為六經用
辨之寧勿辨乎此處辨之有法凡後面六經之辨
方有源可以法從此立故也所以陰陽則辨之以為

傷寒論後條辨 卷一

20598　傷寒論後條辨十五卷　（清）程應旄撰　清康熙十年（1671）刻本　中國醫科大學圖書館

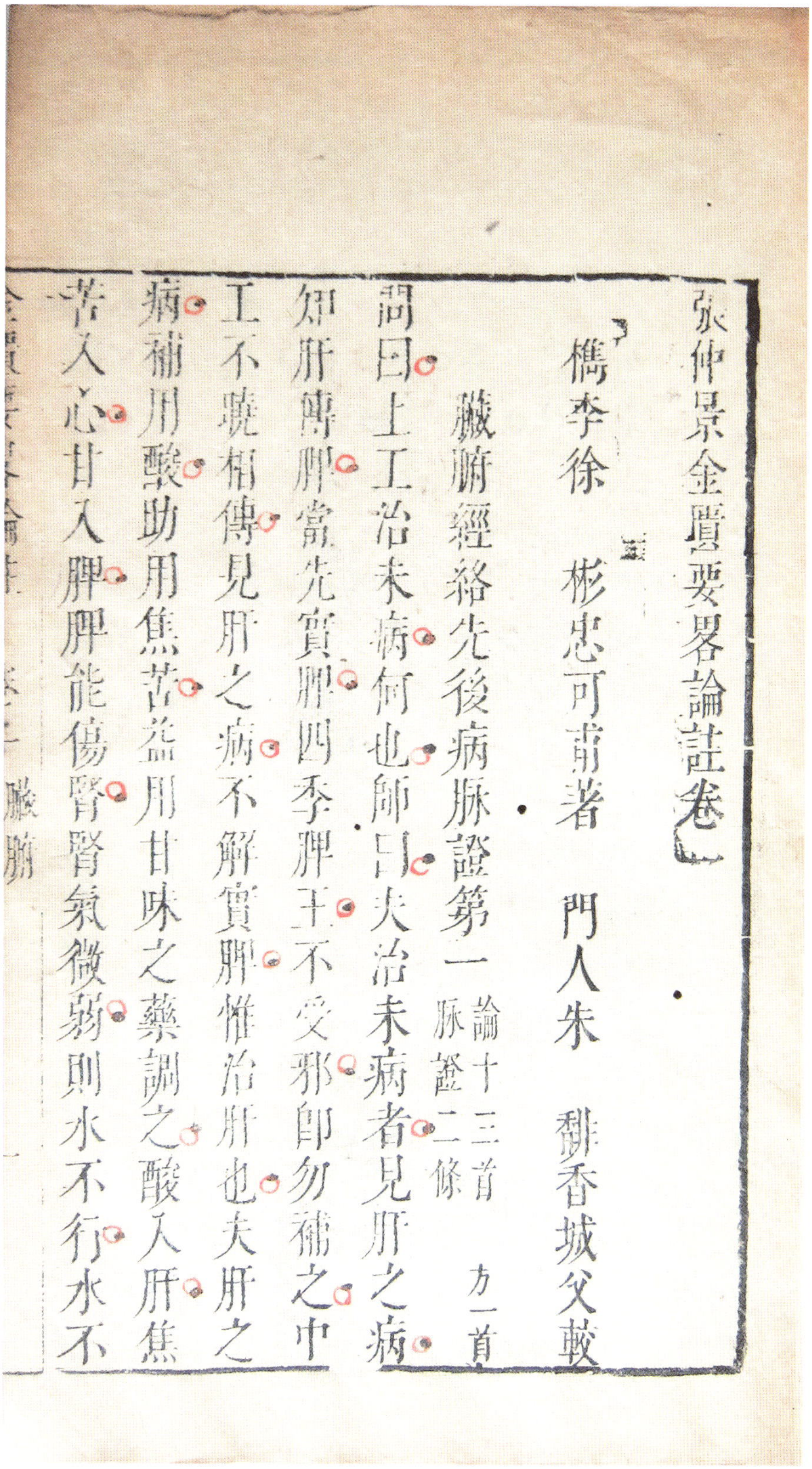

張仲景金匱要畧論註卷一

檇李徐　彬忠可甫著　門人朱　翀香城父較

臟腑經絡先後病脈證第一　論十三首　脈證二條　方一首

問曰上工治未病何也師曰夫治未病者見肝之病知肝傳脾當先實脾四季脾王不受邪即勿補之中工不曉相傳見肝之病不解實脾惟治肝也夫肝之病補用酸助用焦苦益用甘味之藥調之酸入肝焦苦入心甘入脾脾能傷腎腎氣微弱則水不行水不

金匱要畧論註　卷一　臟腑　一

20599　張仲景金匱要畧論註二十四卷　（清）徐彬著　清康熙十年（1671）刻本　遼寧中醫藥大學圖書館

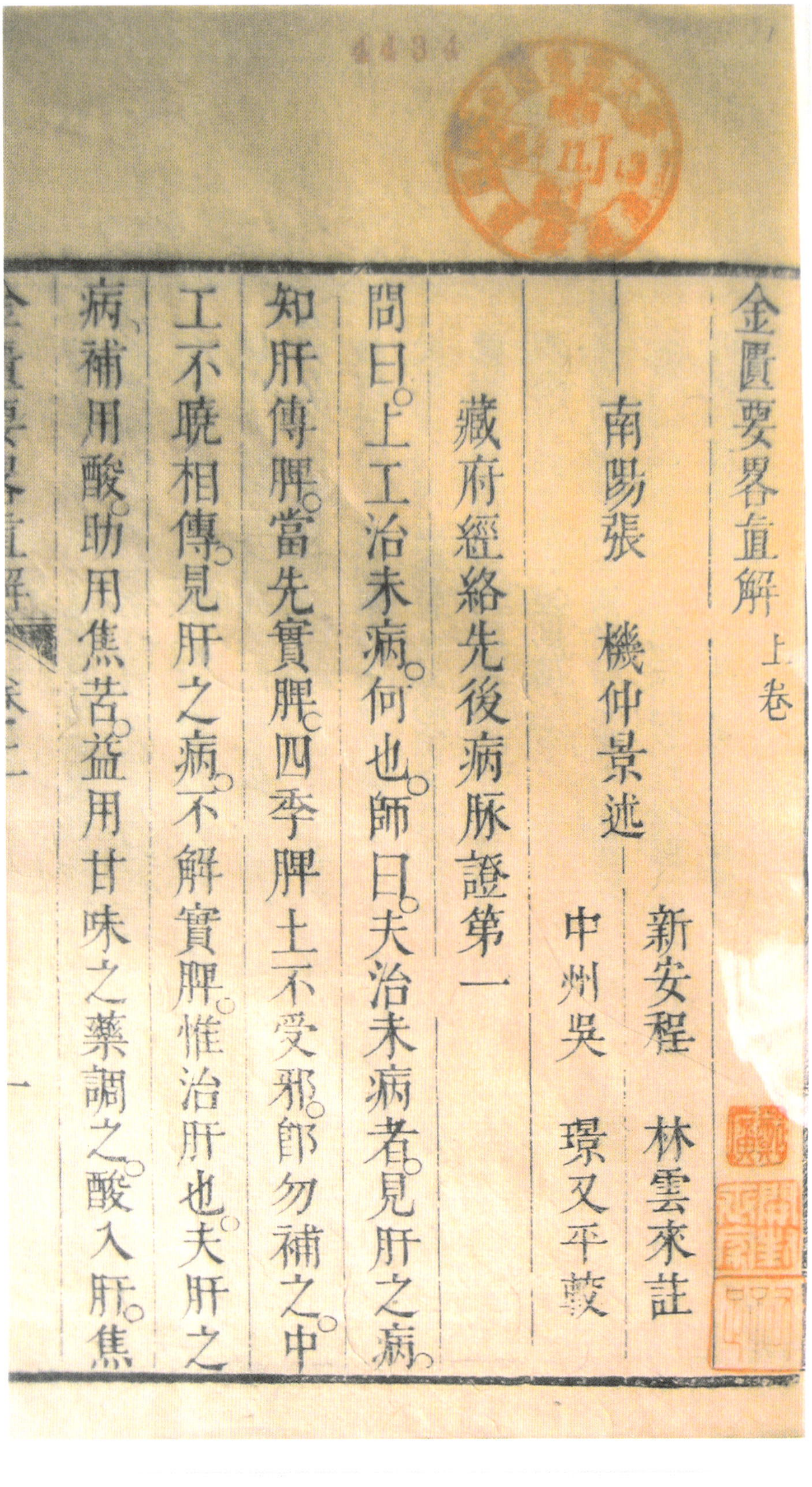
金匱要畧直解 上卷
南陽張機仲景述
新安程林雲來註
中州吳璟又平較
藏府經絡先後病脉證第一
問曰上工治未病何也師曰夫治未病者見肝之病
知肝傳脾當先實脾四季脾王不受邪即勿補之中
工不曉相傳見肝之病不解實脾惟治肝也夫肝之
病補用酸助用焦苦益用甘味之藥調之酸入肝焦
金匱要畧直解 卷之一 一

20600　金匱要畧直解三卷　（清）程林注　清康熙十二年（1673）黄綺堂刻本　中國醫科大學圖書館

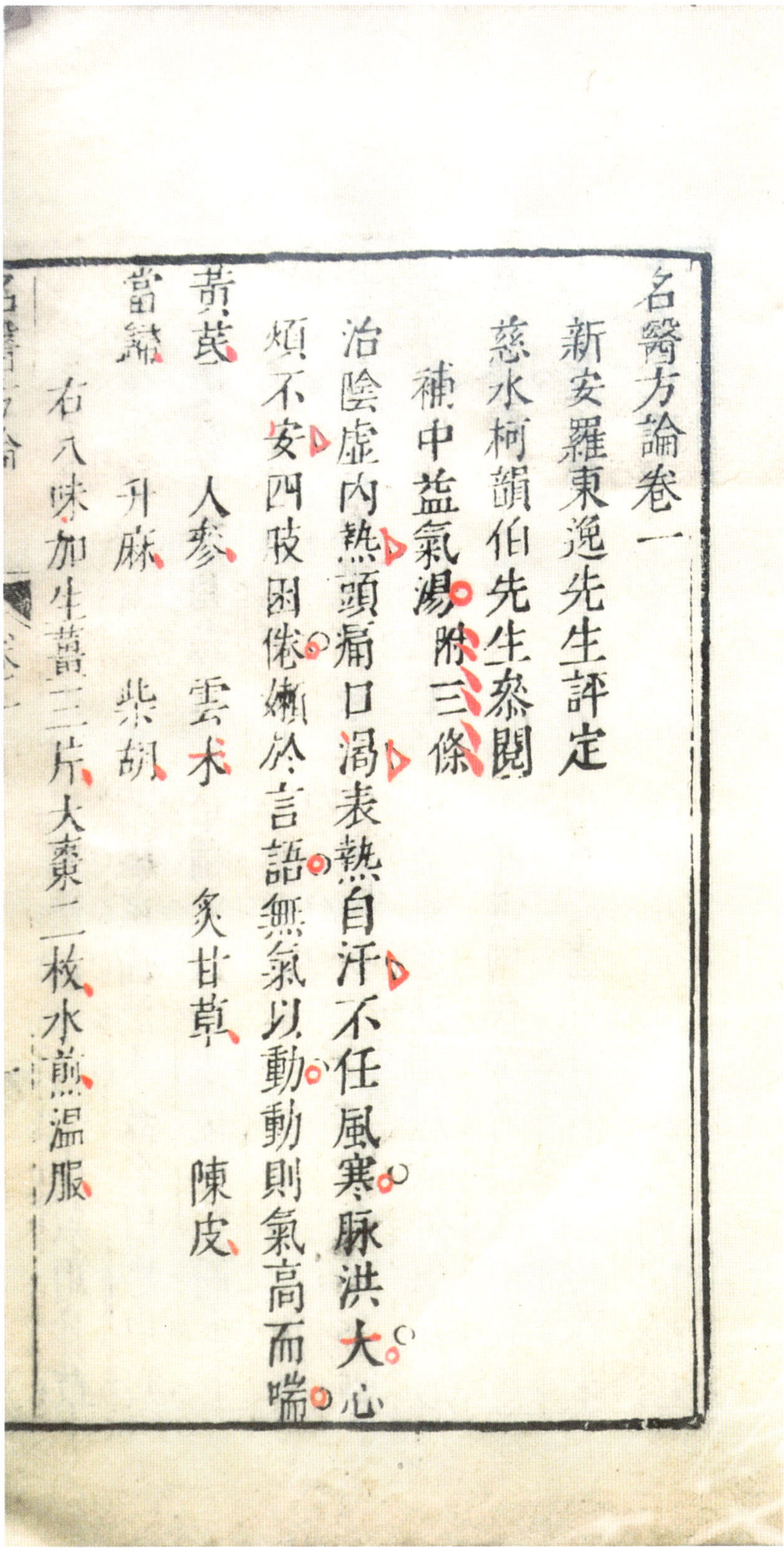
名醫方論卷一
新安羅東逸先生評定
慈水柯韻伯先生參閱
補中益氣湯附三條
治陰虛內熱頭痛口渴表熱自汗不任風寒脉洪大心
煩不安四肢困倦懶於言語無氣以動動則氣高而喘
黄芪　人參　雲朮　炙甘草　陳皮
當歸　升麻　柴胡
右八味加生薑三片大棗二枚水煎溫服
名醫方論　卷一

20601　名醫方論四卷　（清）羅美輯　清康熙十四年（1675）古懷堂刻本
中國醫科大學圖書館

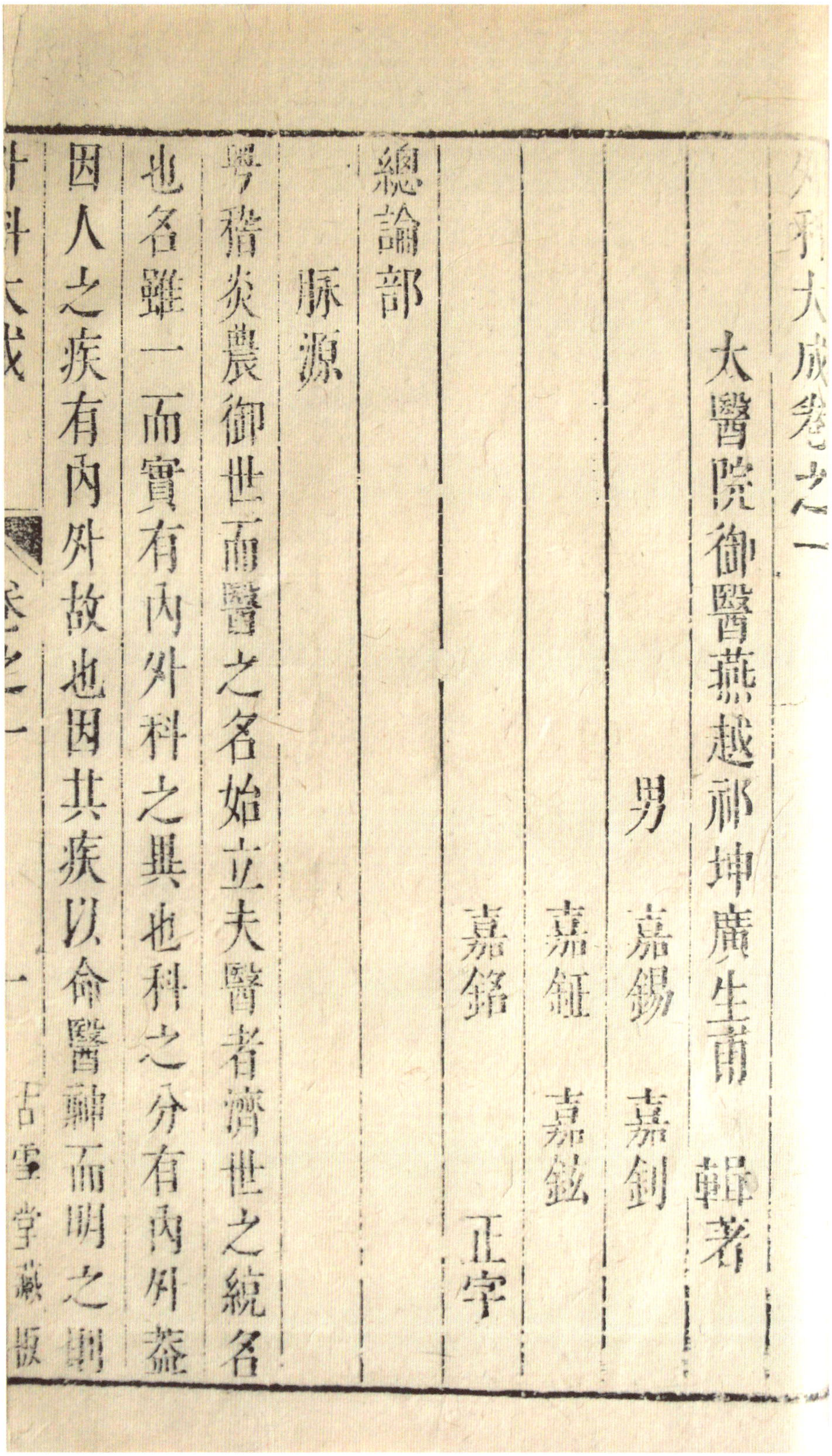

外科大成卷之一

太醫院御醫燕越祁坤廣生甫　輯著

男　嘉錫　嘉釗

嘉鉦　嘉鉉

嘉銘　正字

總論部

脉源

粵稽炎農御世而醫之名始立夫醫者濟世之統名也名雖一而實有內外科之異也科之分有內外蓋因人之疾有內外故也因其疾以命醫轆而明之訓

外科大成　卷之一　一　古雪堂藏版

20602　外科大成四卷　（清）祁坤撰　清康熙四年（1665）聚錦堂刻本

中國醫科大學圖書館

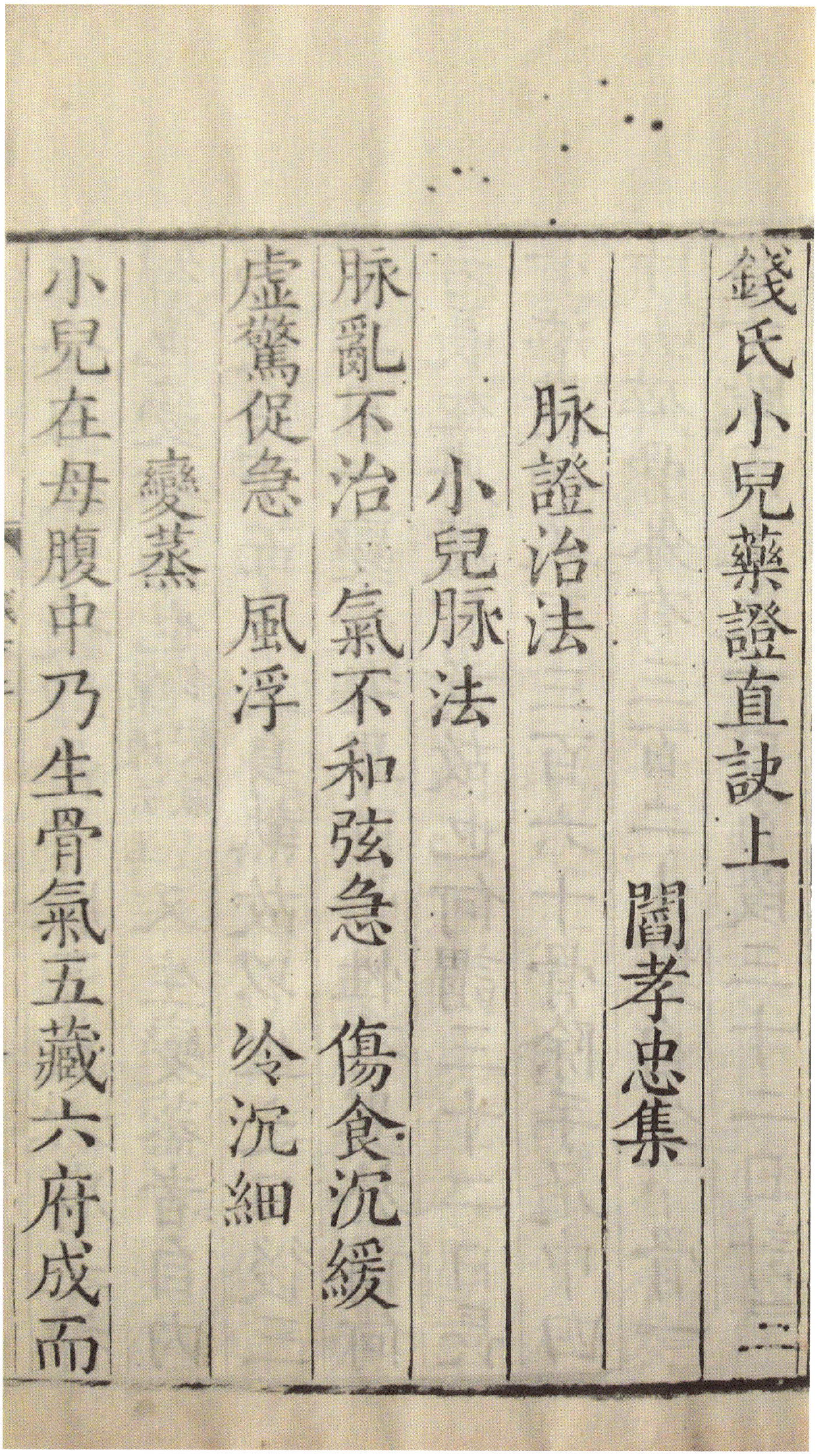
錢氏小兒藥證直訣上　二
閻孝忠集
脉證治法
小兒脉法
脉亂不治　氣不和弦急　傷食沉緩
虚驚促急　風浮　冷沉細
變蒸
小兒在母腹中乃生骨氣五藏六府成而

20603　錢氏小兒藥證直訣三卷　（宋）錢乙撰　**附方一卷錢仲陽傳一卷**　（宋）閻孝忠輯　**董氏小兒斑疹備急方論**　（宋）董汲撰　清康熙起秀堂刻本　中國醫科大學圖書館

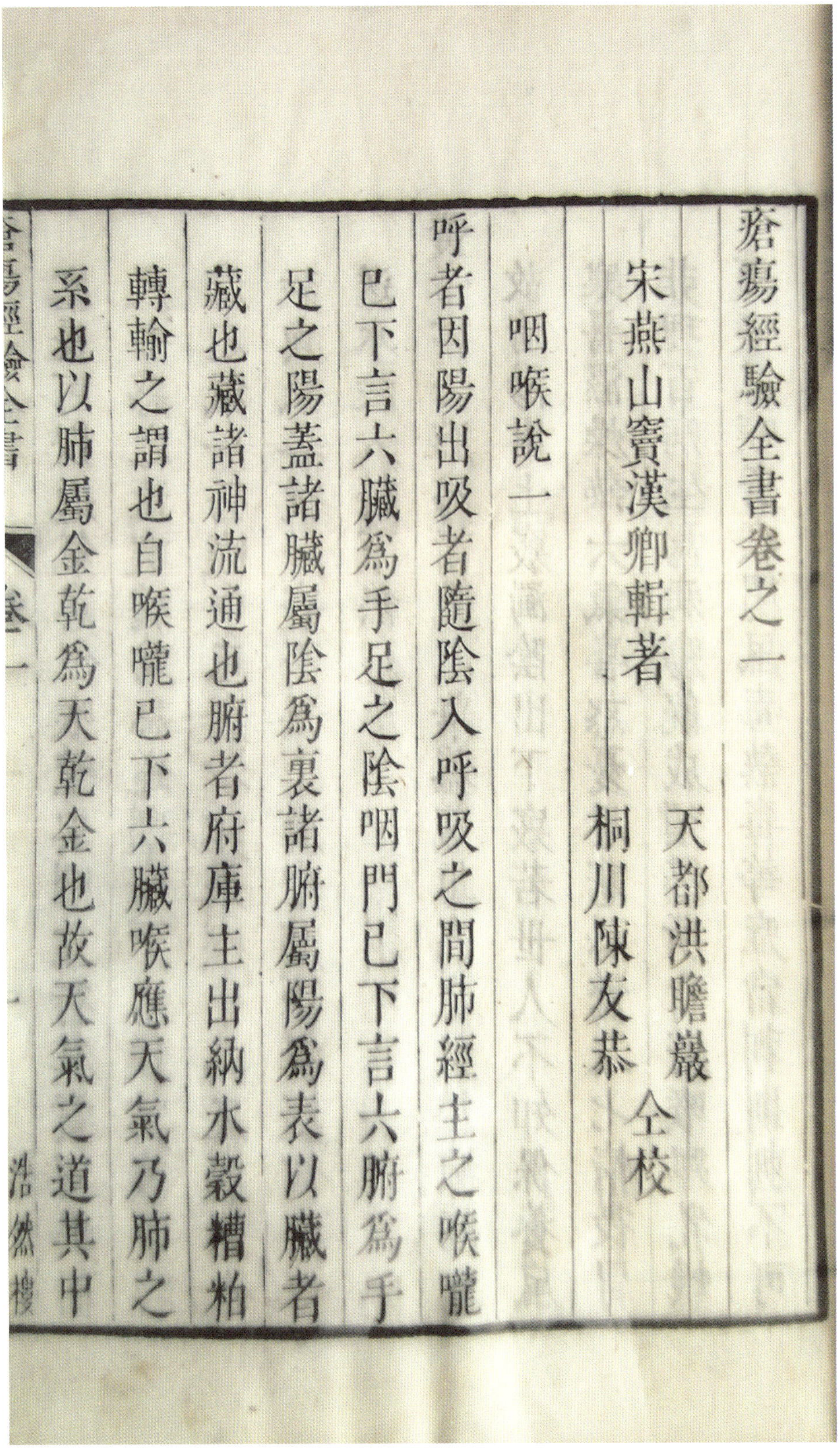
瘡瘍經驗全書卷之一
宋燕山竇漢卿輯著　天都洪瞻巖
桐川陳友恭　仝校
咽喉說一
呼者因陽出吸者隨陰入呼吸之間肺經主之喉嚨
已下言六臟爲手足之陰咽門已下言六腑爲手
足之陽蓋諸臟屬陰爲裏諸腑屬陽爲表以臟者
藏也藏諸神流通也腑者府庫主出納水穀糟粕
轉輸之謂也自喉嚨已下六臟喉應天氣乃肺之
系也以肺屬金乾爲天乾金也故天氣之道其中
瘡瘍經驗全書　卷一　一　浩然樓

20604　瘡瘍經驗全書十三卷（宋）竇漢卿撰　清康熙五十六年（1717）浩然樓刻本　中國醫科大學圖書館

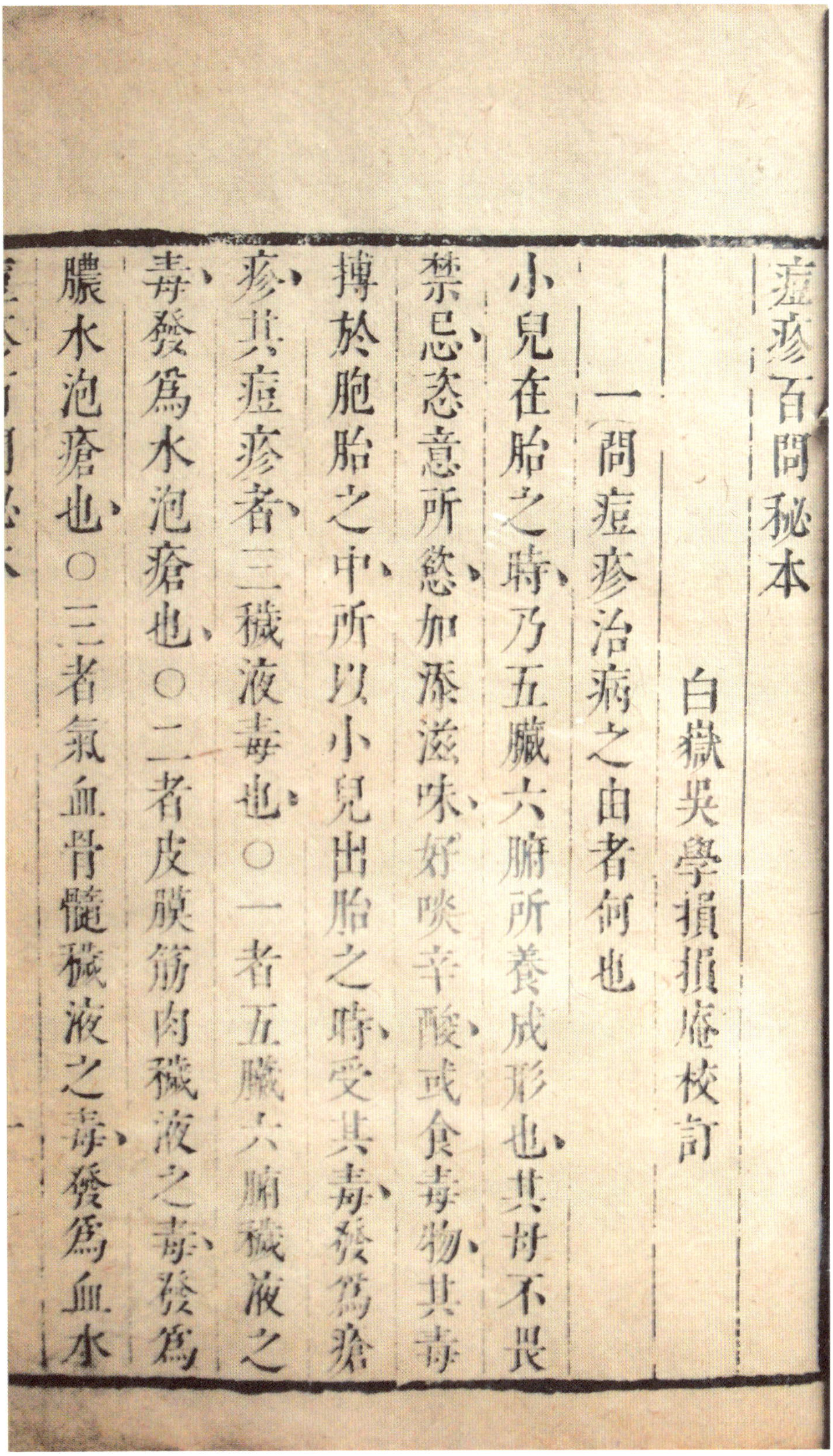

痘疹百問秘本

白嶽吳學損損庵校訂

一問痘疹治病之由者何也

小兒在胎之時乃五臟六腑所養成形也其母不畏禁忌恣意所慾加添滋味好啖辛酸或食毒物其毒摶於胞胎之中所以小兒出胎之時受其毒發爲瘡疹其痘疹者三穢液毒也○一者五臟六腑穢液之毒發爲水泡瘡也○二者皮膜筋肉穢液之毒發爲膿水泡瘡也○三者氣血骨髓穢液之毒發爲血本

20605　痘疹四合全書　（清）吴學損彙集校訂　清康熙十五年（1676）三多齋刻本　中國醫科大學圖書館

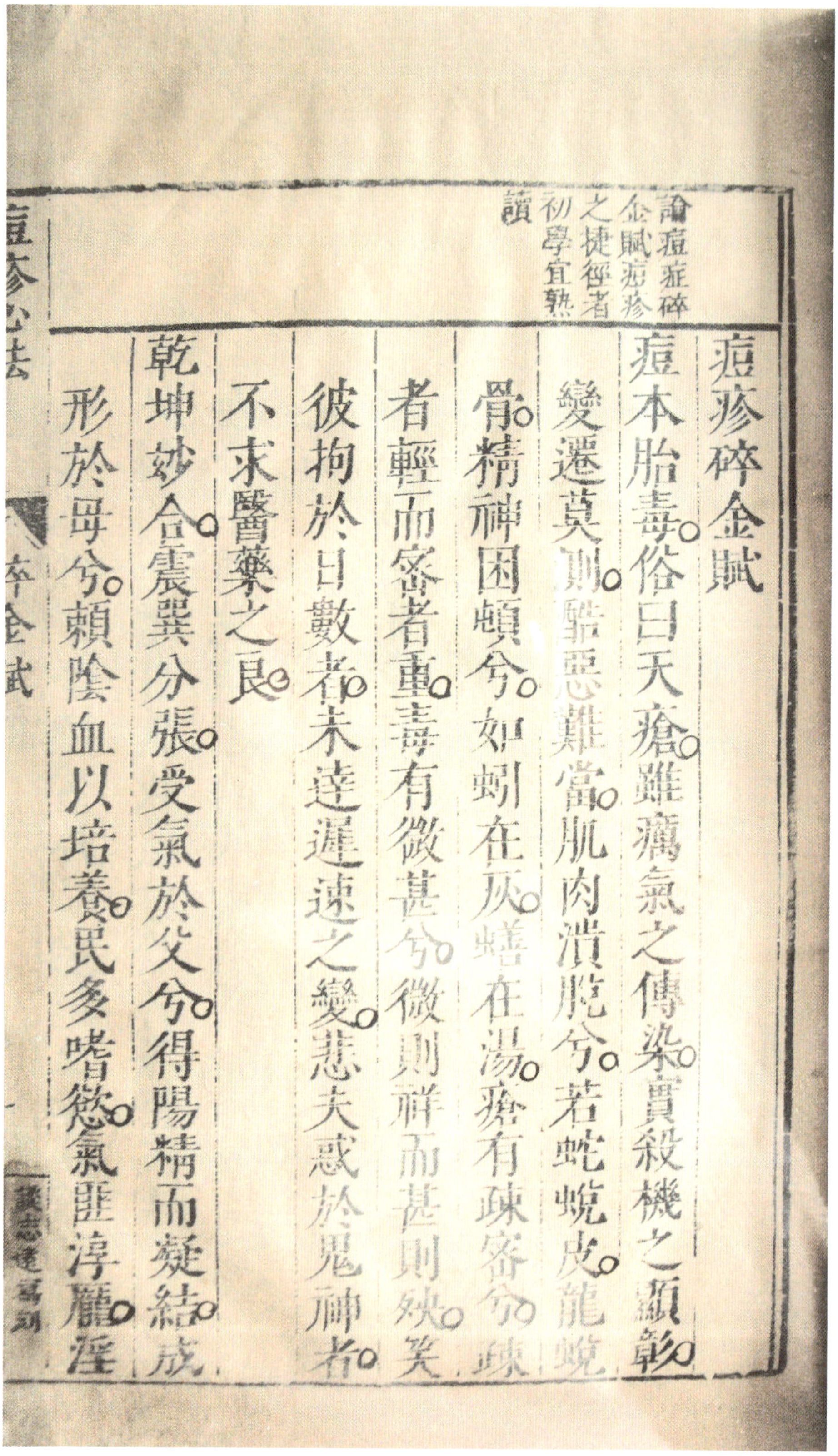
論痘疹碎金賦痘疹之捷徑者初學宜熟讀

痘疹碎金賦

痘本胎毒。俗曰天瘡。雖癘氣之傳染。實殺機之顯彰。變遷莫測。駘惡難當。肌肉潰脫兮。若蛇蛻皮。龍蛻骨。精神困頓兮。如蚓在灰。蟮在湯。疹有疎密兮。疎者輕而密者重。毒有微甚兮。微則祥而甚則殃。笑彼拘於日數者。未達遲速之變。悲夫惑於鬼神者。不求醫藥之良。乾坤妙合。震巽分張。受氣於父兮。得陽精而凝結。成形於母兮。賴陰血以培養。民多嗜慾。氣匪淳醨。淫

痘疹心法　碎金賦　一

20606　痘疹全書十六卷　（明）萬全撰　清康熙五十六年（1717）兩淮運庫重修本　中國醫科大學圖書館

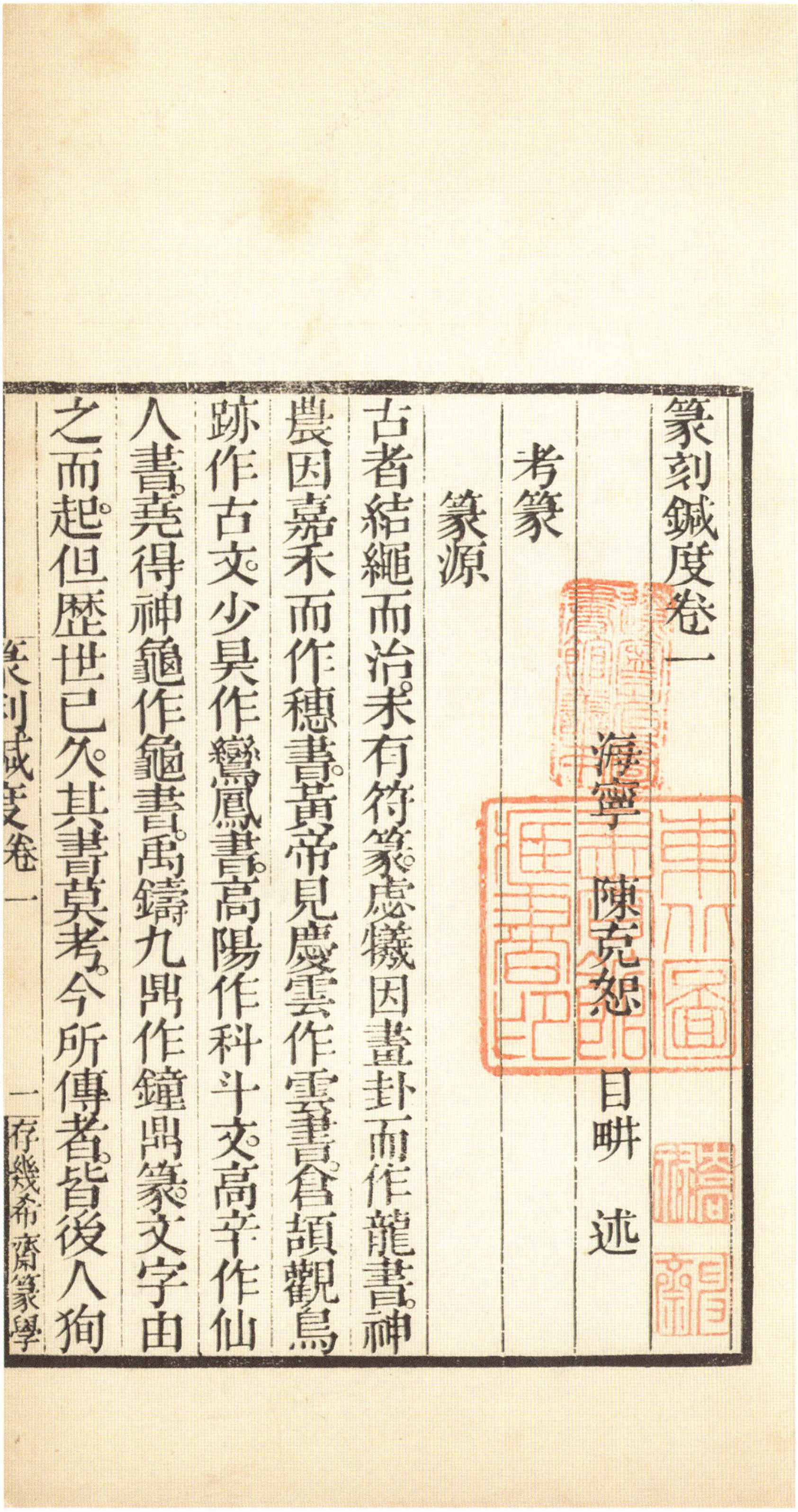
篆刻鍼度卷一
海寧 陳克恕 目畊 述
考篆
篆源
古者結繩而治未有符篆虙犧因畫卦而作龍書神
農因嘉禾而作穗書黃帝見慶雲作雲書倉頡觀鳥
跡作古文少昊作鸞鳳書高陽作科斗文高辛作仙
人書堯得神龜作龜書禹鑄九鼎作鐘鼎篆文字由
之而起但歷世已久其書莫考今所傳者皆後人狥
篆刻鍼度卷一　一　存幾希齋篆學

20607　篆刻鍼度八卷　（清）陳克恕撰　清乾隆五十一年（1786）存幾希齋刻本　遼寧省圖書館

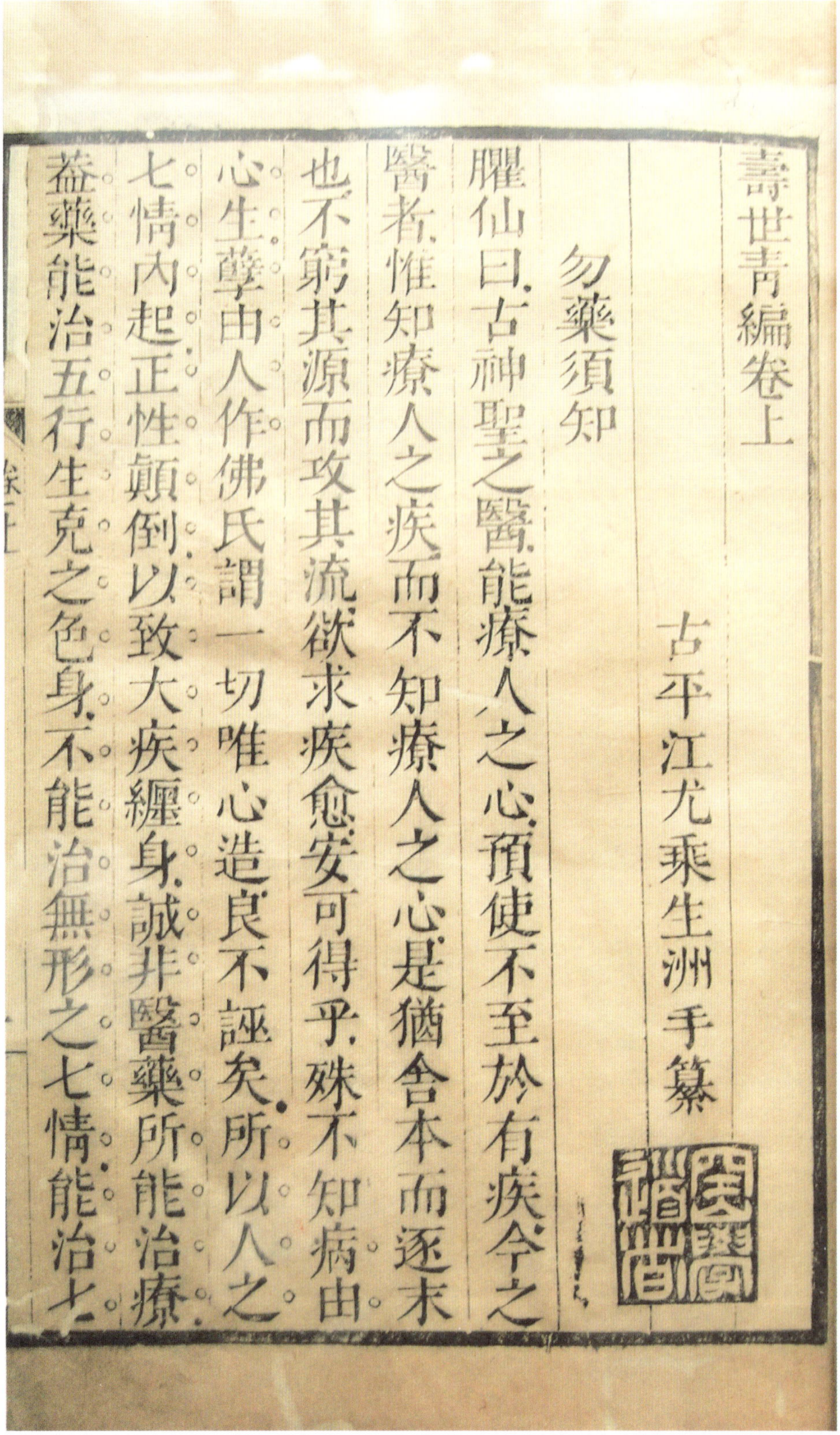
壽世青編卷上

古平江尤乘生洲手纂

勿藥須知

臞仙曰古神聖之醫能療人之心預使不至於有疾今之醫者惟知療人之疾而不知療人之心是猶舍本而逐末也不窮其源而攻其流欲求疾愈安可得乎殊不知病由心生孽由人作佛氏謂一切唯心造良不誣矣所以人之七情內起正性顛倒以致大疾纏身誠非醫藥所能治療蓋藥能治五行生克之色身不能治無形之七情能治七

20608　壽世青編二卷（明）李中梓撰（清）尤乘輯　清康熙三十八年（1699）刻本　中國醫科大學圖書館

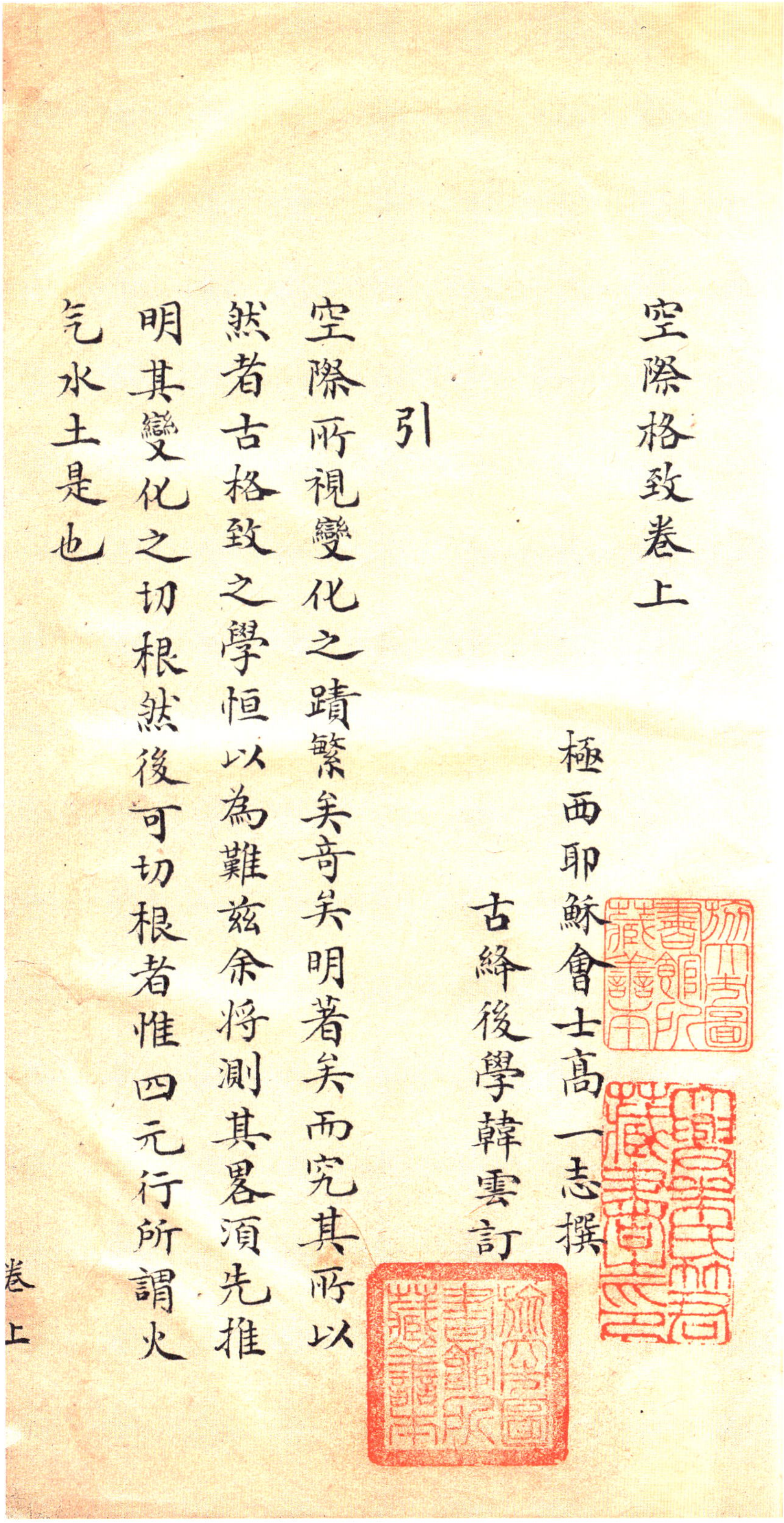
空際格致卷上

極西耶穌會士高一志撰

古絳後學韓雲訂

引

空際所視變化之蹟繁矣奇矣明著矣而究其所以然者古格致之學恒以為難茲余將測其畧須先推明其變化之切根然後可切根者惟四元行所謂火气水土是也

卷上

20609　空際格致二卷地震解一卷　（意）高一志撰　清抄本　大連圖書館

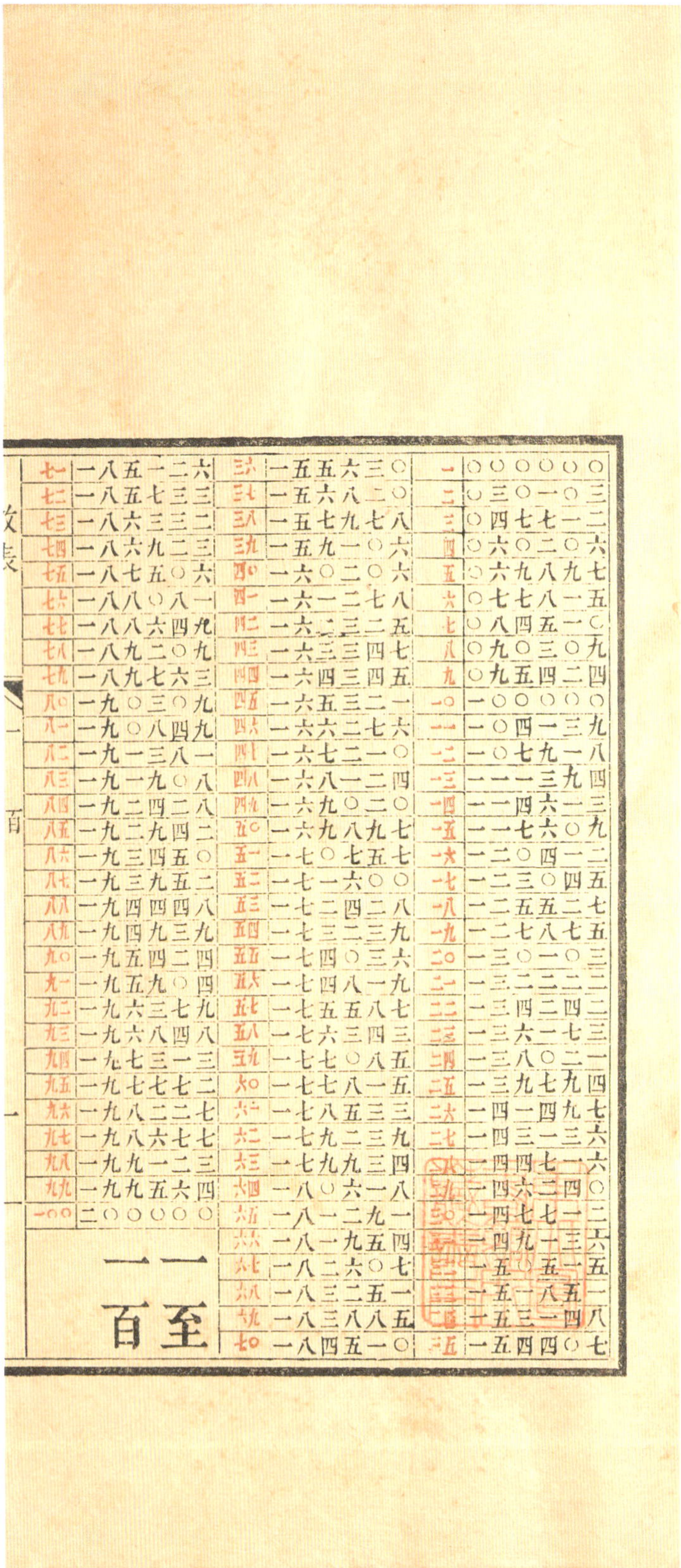

數表 一 一百

一	○○○○○○	三六	一五五六三○	七一	一八五一二六
二	○三○一○三	三七	一五六八二○	七二	一八五七三三
三	○四七七一二	三八	一五七九七八	七三	一八六三三二
四	○六○二○六	三九	一五九一○六	七四	一八六九二三
五	○六九八九七	四○	一六○二○六	七五	一八七五○六
六	○七七八一五	四一	一六一二七八	七六	一八八○八一
七	○八四五一○	四二	一六二三二五	七七	一八八六四九
八	○九○三○九	四三	一六三三四七	七八	一八九二○九
九	○九五四二四	四四	一六四三四五	七九	一八九七六三
一○	一○○○○○	四五	一六五三二一	八○	一九○三○九
一一	一○四一三九	四六	一六六二七六	八一	一九○八四九
一二	一○七九一八	四七	一六七二一○	八二	一九一三八一
一三	一一一三九四	四八	一六八一二四	八三	一九一九○八
一四	一一四六一三	四九	一六九○二○	八四	一九二四二八
一五	一一七六○九	五○	一六九八九七	八五	一九二九四二
一六	一二○四一二	五一	一七○七五七	八六	一九三四五○
一七	一二三○四五	五二	一七一六○○	八七	一九三九五二
一八	一二五五二七	五三	一七二四二八	八八	一九四四四八
一九	一二七八七五	五四	一七三二三九	八九	一九四九三九
二○	一三○一○三	五五	一七四○三六	九○	一九五四二四
二一	一三二二二二	五六	一七四八一九	九一	一九五九○四
二二	一三四二四二	五七	一七五五八七	九二	一九六三七九
二三	一三六一七三	五八	一七六三四三	九三	一九六八四八
二四	一三八○二一	五九	一七七○八五	九四	一九七三一三
二五	一三九七九四	六○	一七七八一五	九五	一九七七七二
二六	一四一四九七	六一	一七八五三三	九六	一九八二二七
二七	一四三一三六	六二	一七九二三九	九七	一九八六七七
二八	一四四七一六	六三	一七九九三四	九八	一九九一二三
二九	一四六二四○	六四	一八○六一八	九九	一九九五六四
三○	一四七七一二	六五	一八一二九一	一○○	二○○○○○
三一	一四九一三六	六六	一八一九五四	一至一百	
三二	一五○五一五	六七	一八二六○七		
三三	一五一八五一	六八	一八三二五一		
三四	一五三一四八	六九	一八三八八五		
三五	一五四四○七	七○	一八四五一○		

20610　數表一卷　清康熙内府刻朱墨套印本　遼寧省圖書館

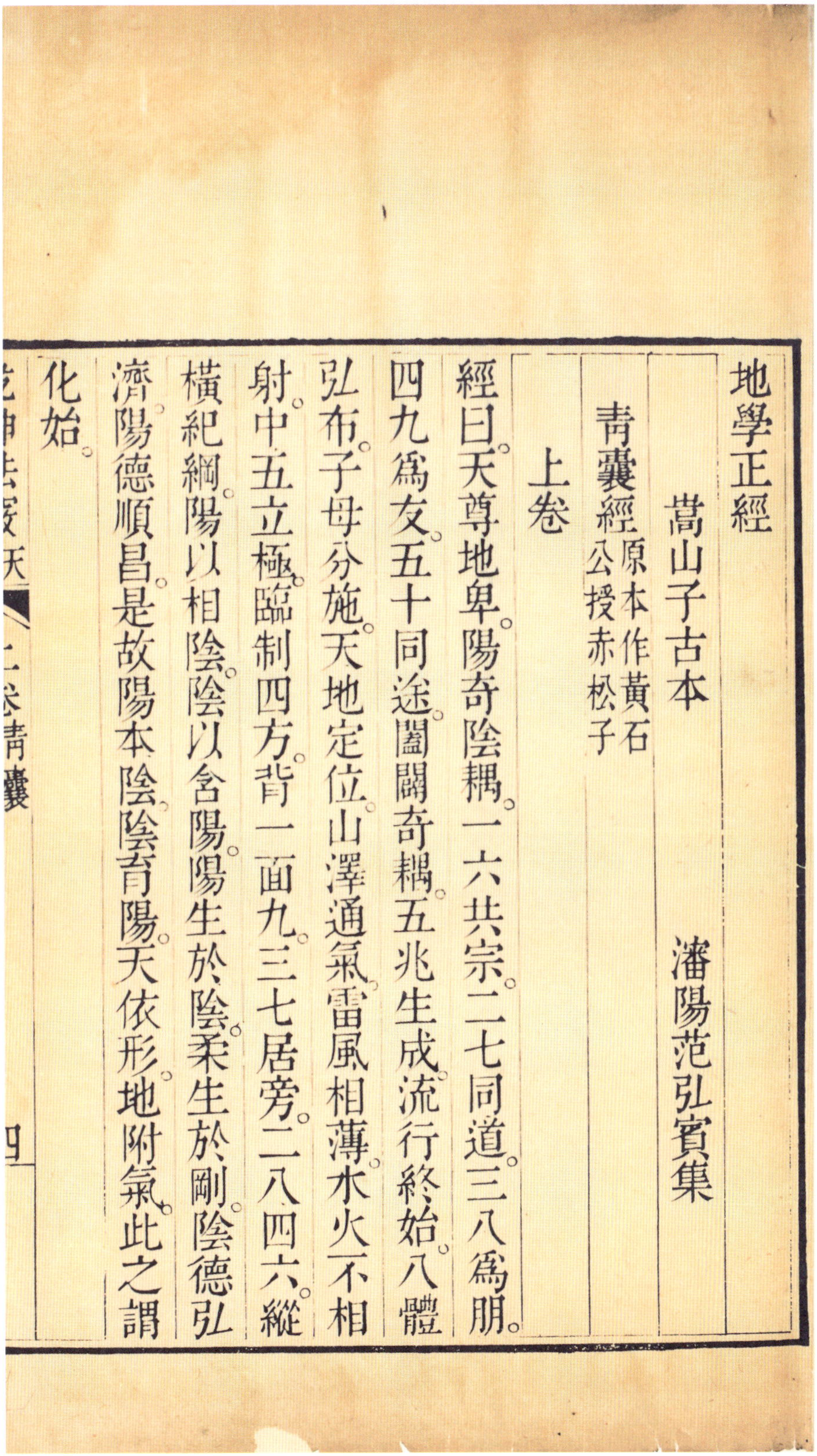

地學正經

嵩山子古本　　潘陽范弘賓集

青囊經 原本作黃石公授赤松子

上卷

經曰天尊地卑陽奇陰耦一六共宗二七同道三八爲朋四九爲友五十同途闔闢奇耦五兆生成流行終始八體弘布子母分施天地定位山澤通氣雷風相薄水火不相射中五立極臨制四方背一面九三七居旁二八四六縱橫紀綱陽以相陰陰以含陽陽生於陰柔生於剛陰德弘濟陽德順昌是故陽本陰陰育陽天依形地附氣此之謂化始

乾坤法竅 天 上卷 青囊 四

20611　**乾坤法竅三卷**　（清）范宜賓撰　清乾隆刻本　遼陽市圖書館

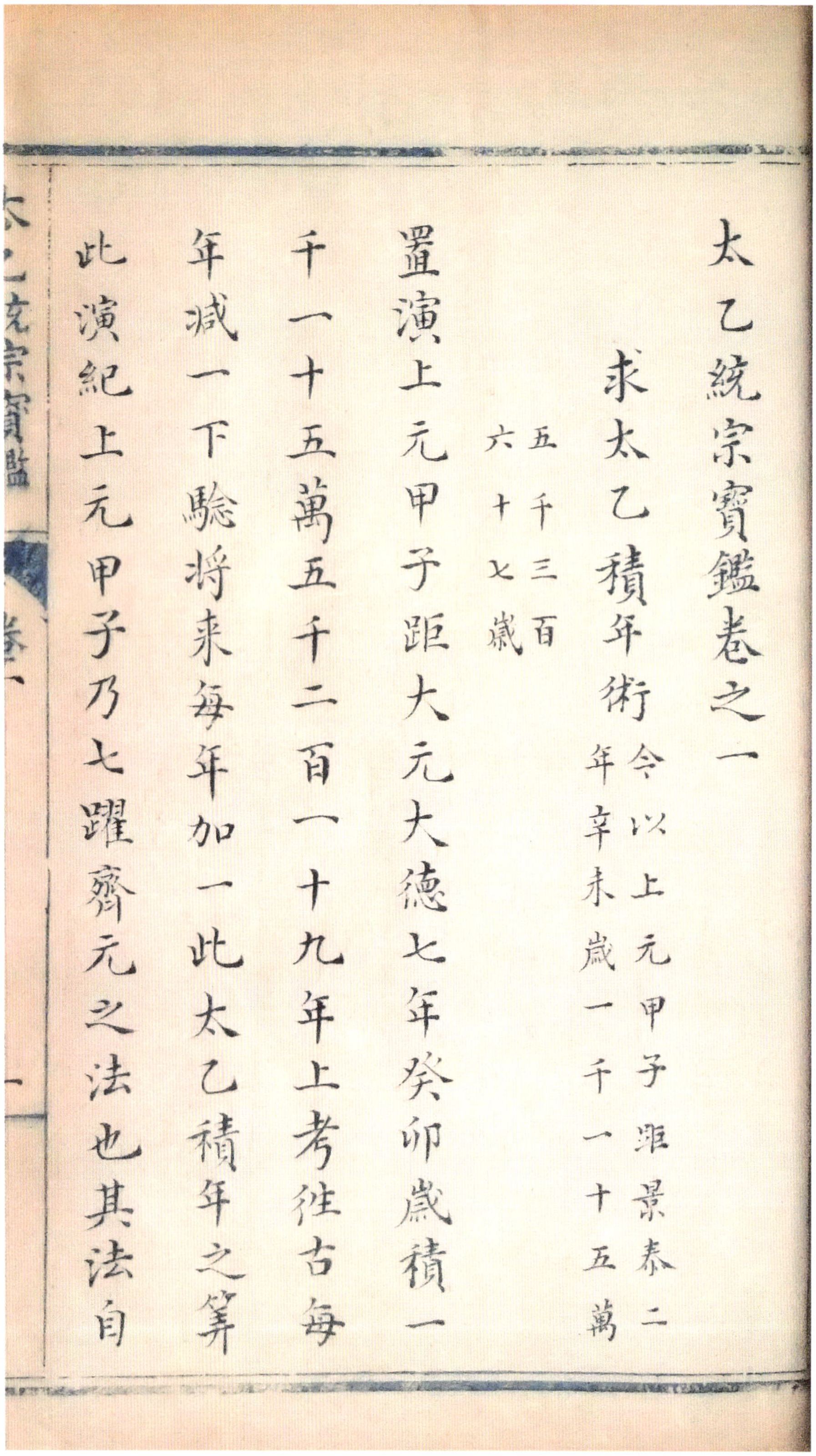

太乙統宗寶鑑卷之一

求太乙積年術令以上元甲子距景泰二年辛未歲一千一十五萬五千三百六十七歲

置演上元甲子距大元大德七年癸卯歲積一千一十五萬五千二百一十九年上考往古每年減一下驗將來每年加一此太乙積年之筭此演紀上元甲子乃七曜齊元之法也其法自

20612　太乙統宗寶鑑二十四卷　（元）曉山老人撰　清抄本　錦州市圖書館

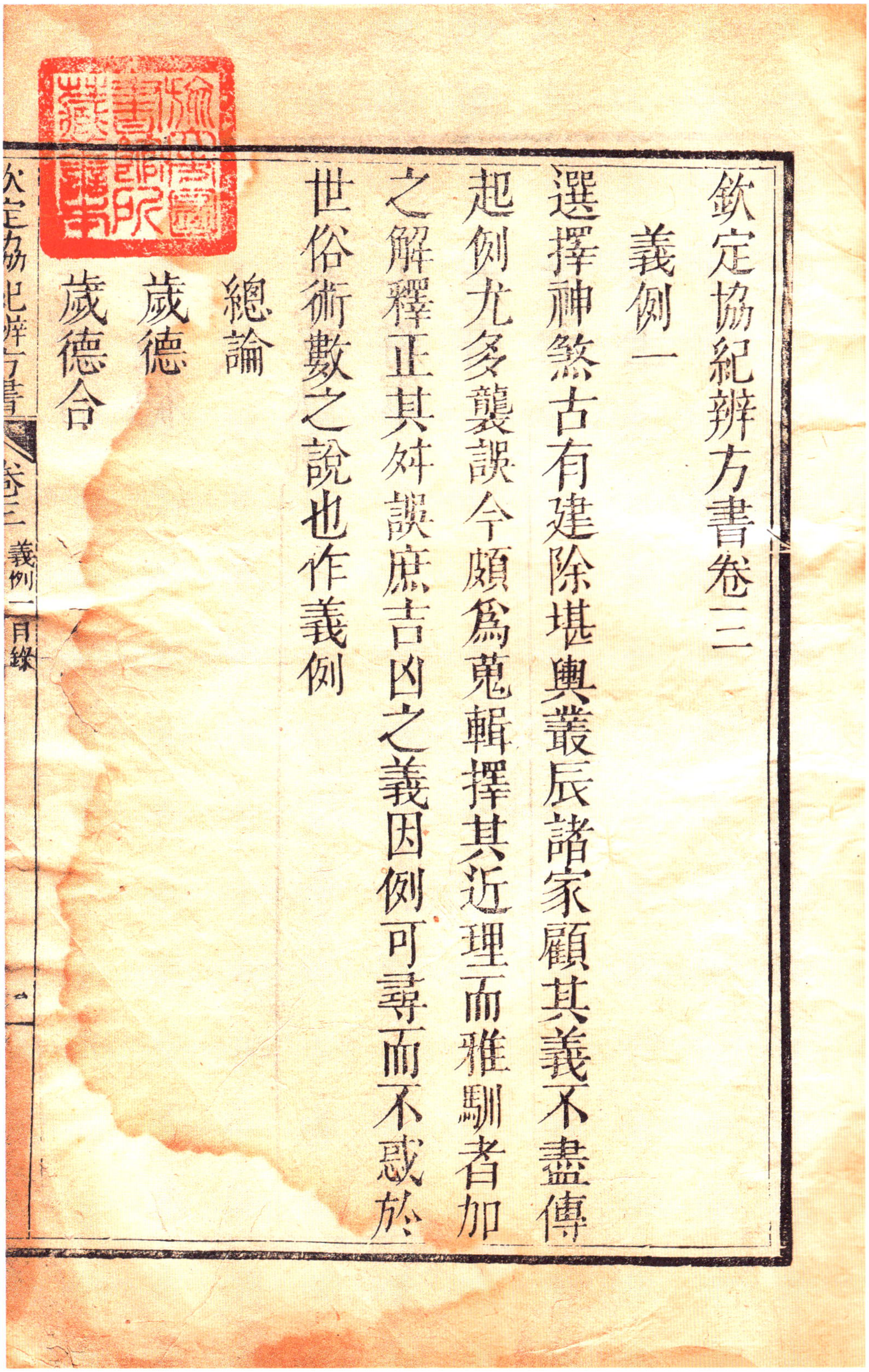

欽定協紀辨方書卷三

義例一

選擇神煞古有建除堪輿叢辰諸家顧其義不盡傳起例尤多襲誤今頗爲蒐輯擇其近理而雅馴者加之解釋正其舛誤庶吉凶之義因例可尋而不惑於世俗術數之説也作義例

總論

歲德

歲德合

欽定協紀辨方書　卷三　義例一　目録　一

20613　欽定協紀辨方書三十六卷　（清）李廷耀等纂修　（清）允祿增修

清乾隆六年（1741）内府刻朱墨套印本　大連圖書館

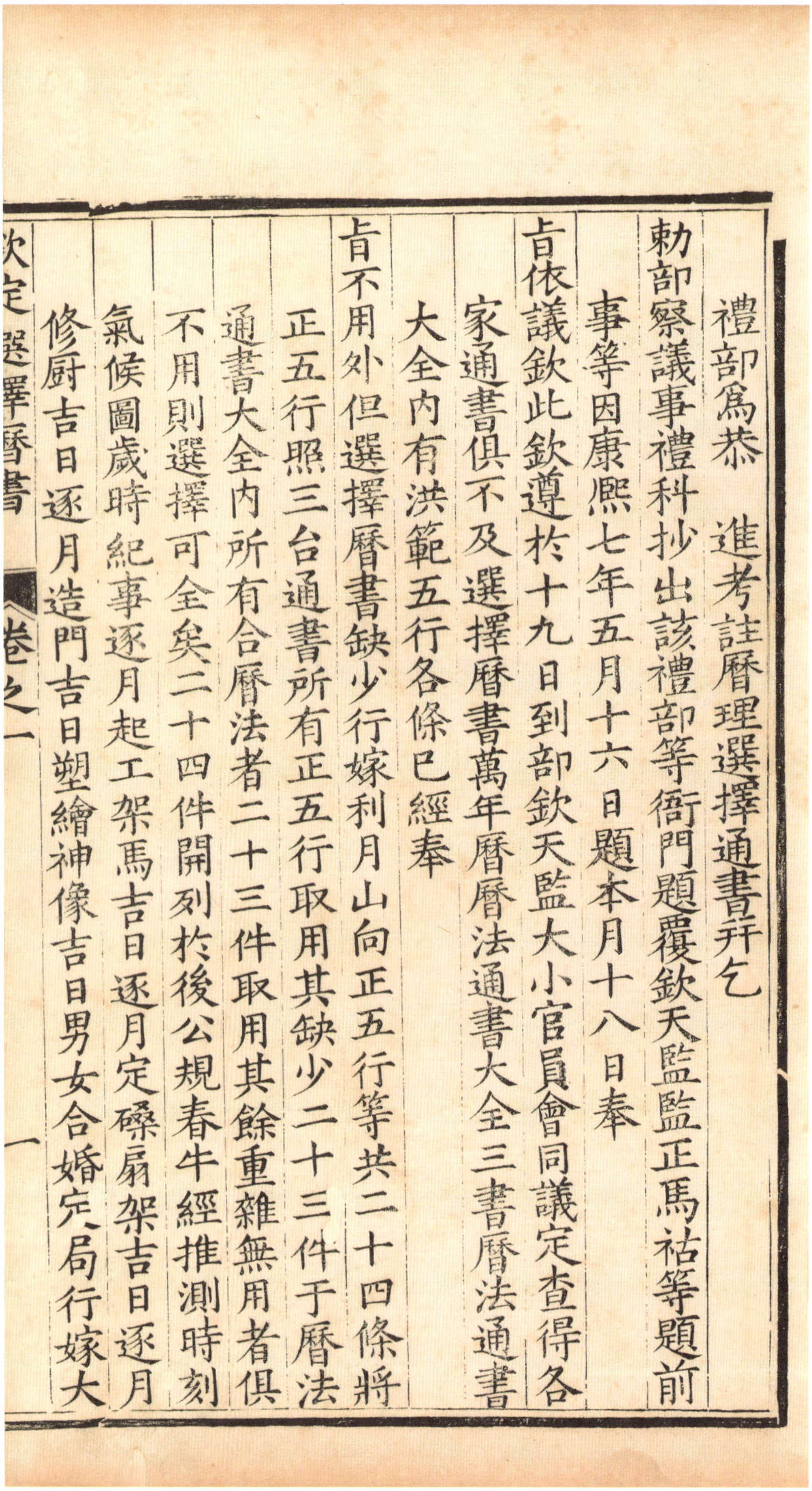
禮部爲恭　進考註曆理選擇通書幷乞
勅部察議事禮科抄出該禮部等衙門題覆欽天監監正馬祜等題前
事等因康熙七年五月十六日題本月十八日奉
旨依議欽此欽遵於十九日到部欽天監大小官員會同議定查得各
家通書俱不及選擇曆書萬年曆曆法通書大全三書曆法通書
大全內有洪範五行各條已經奉
旨不用外但選擇曆書缺少行嫁利月山向正五行等共二十四條將
正五行照三台通書所有正五行取用其缺少二十三件于曆法
通書大全內所有合曆法者二十三件取用其餘重雜無用者俱
不用則選擇可全矣二十四件開列於後公規春牛經推測時刻
氣候圖歲時紀事逐月起工架馬吉日逐月定磉扇架吉日逐月
修厨吉日逐月造門吉日塑繪神像吉日男女合婚定局行嫁大
欽定選擇曆書　卷之一　一

20614　欽定選擇曆書十卷　（清）安泰等纂　清康熙二十四年（1685）

欽天監刻本　遼寧省圖書館

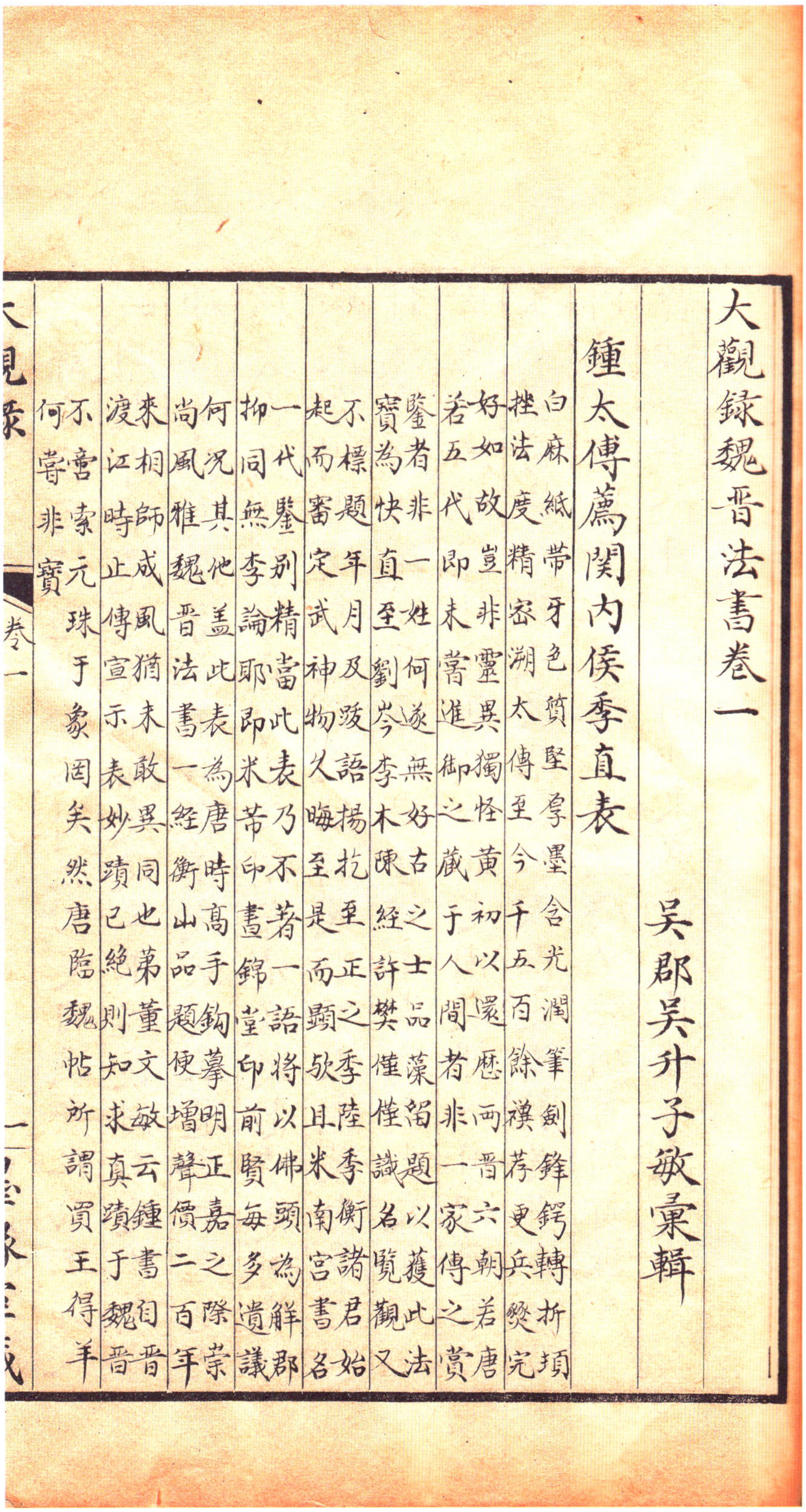

大觀録魏晉法書卷一

吴郡吴升子敬彙輯

鍾太傅薦関内侯季直表

白麻紙带牙色質堅厚墨含光潤筆劍鋒鍔轉折頓挫法度精密湖太傅至今千五百餘禩荐更兵燹完好如故豈非靈異獨怪黄初以還歷両晉六朝若唐若五代即未嘗進御之蔵于人間者非一家傳之賞鑒者非一姓何遂無好古之士品藻留題以獲此法寶為快直至劉岑李木陳經許樊僅僅識名覧觀又不標題年月及跋語揚扢至正之季陸季衡諸君始起而審定武神物久晦至是而顯歟且米南宫書名一代鑒別精當此表乃不著一語將以佛頭為鮮郡抑同無李論耶即米芾印書錦堂印前賢每多遺議何况其他盖此表為唐時高手鈎摹明正嘉之際崇尚風雅魏晉法書一經衡山品題便增聲價二百年来相師成風猶未敢異同也弟董文敏云鍾書自晉渡江時止傳宣示表妙蹟已絶則知求真蹟于魏晉不啻索元珠于象罔矣然唐臨魏帖所謂買王得羊何嘗非寶

20615 **大觀録二十卷** （清）吴升輯 清墨緣室抄本 大連圖書館

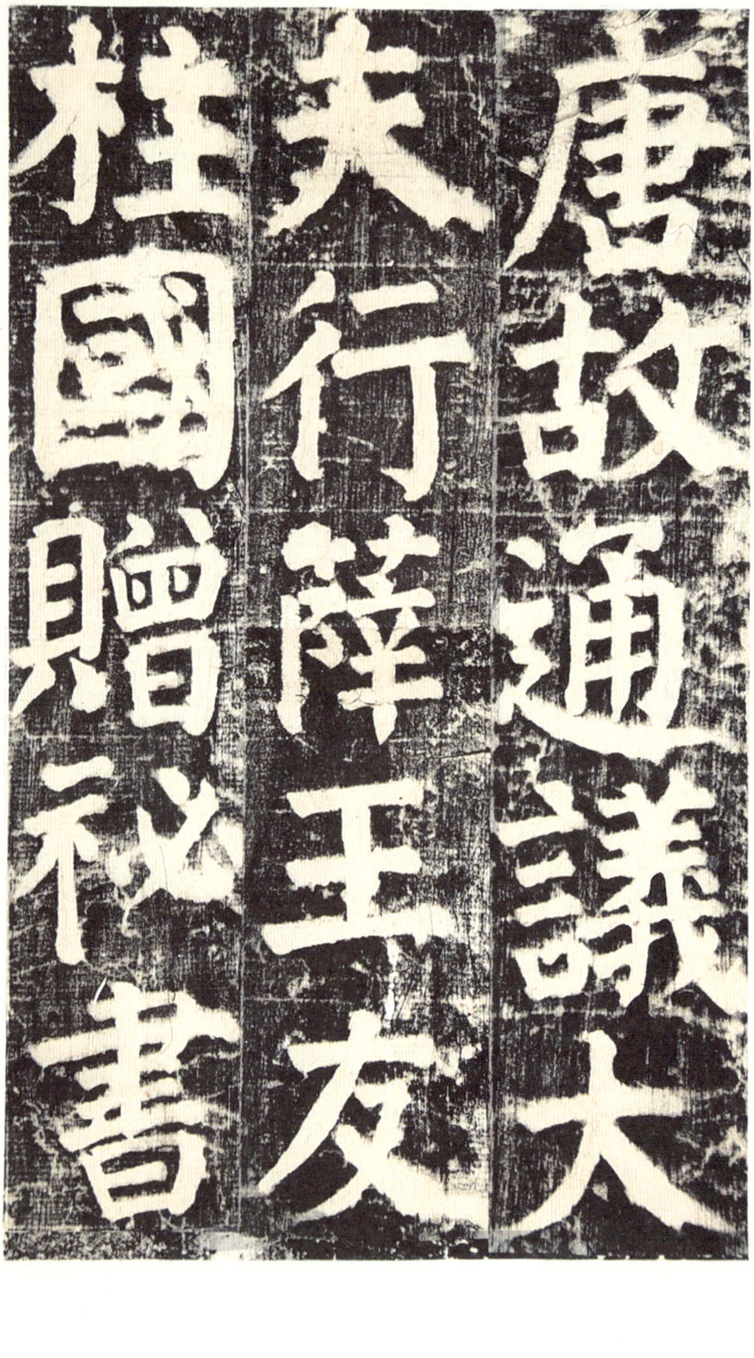

20616　顔氏家廟碑　（唐）顔真卿撰并書　（唐）李陽冰篆額　唐建中元年（780）刻石　清初拓本　瀋陽師範大學圖書館

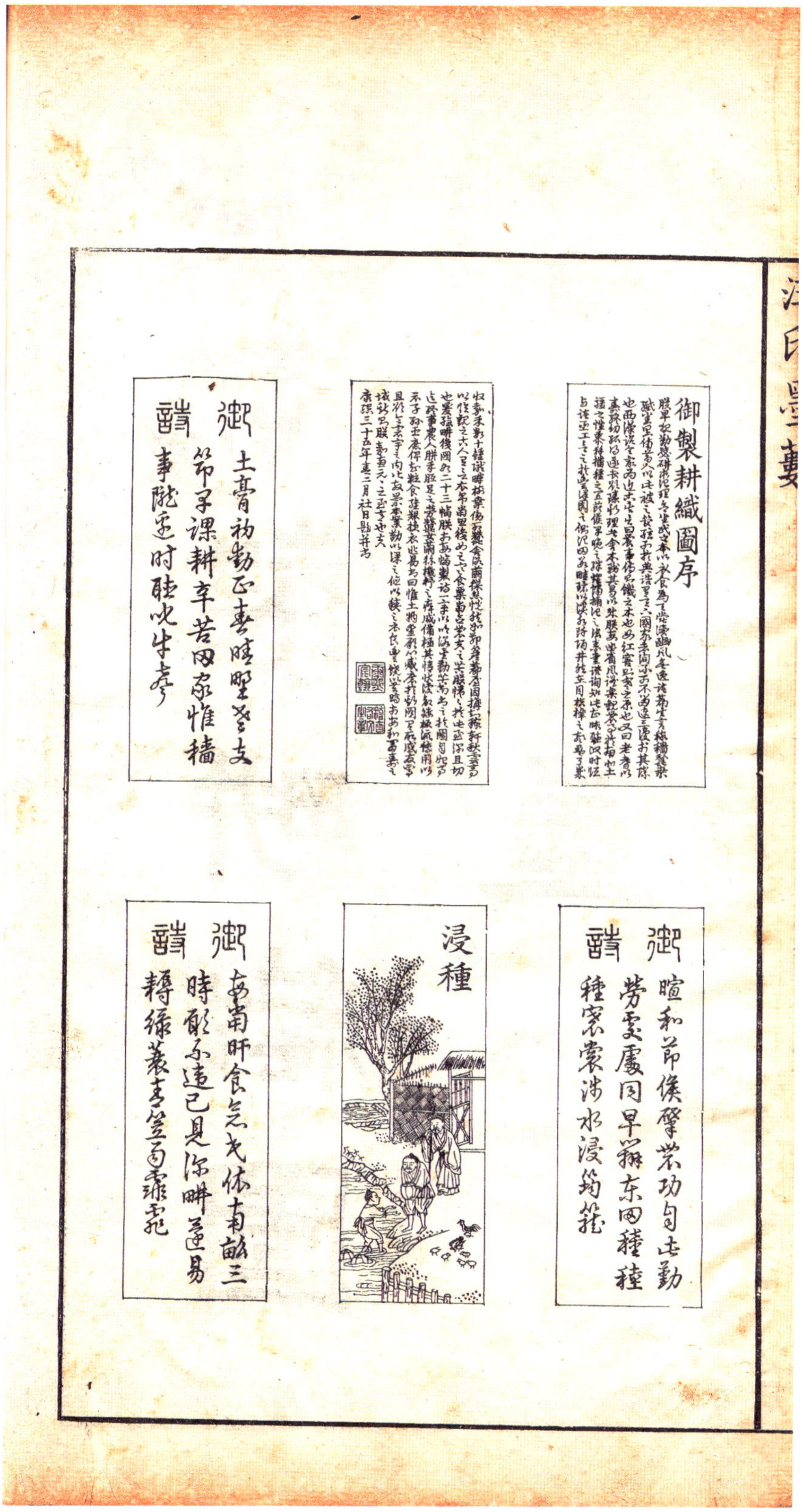

20617　汪氏鑒古齋墨藪不分卷　（清）汪近聖輯　清嘉慶刻本　大連圖書館

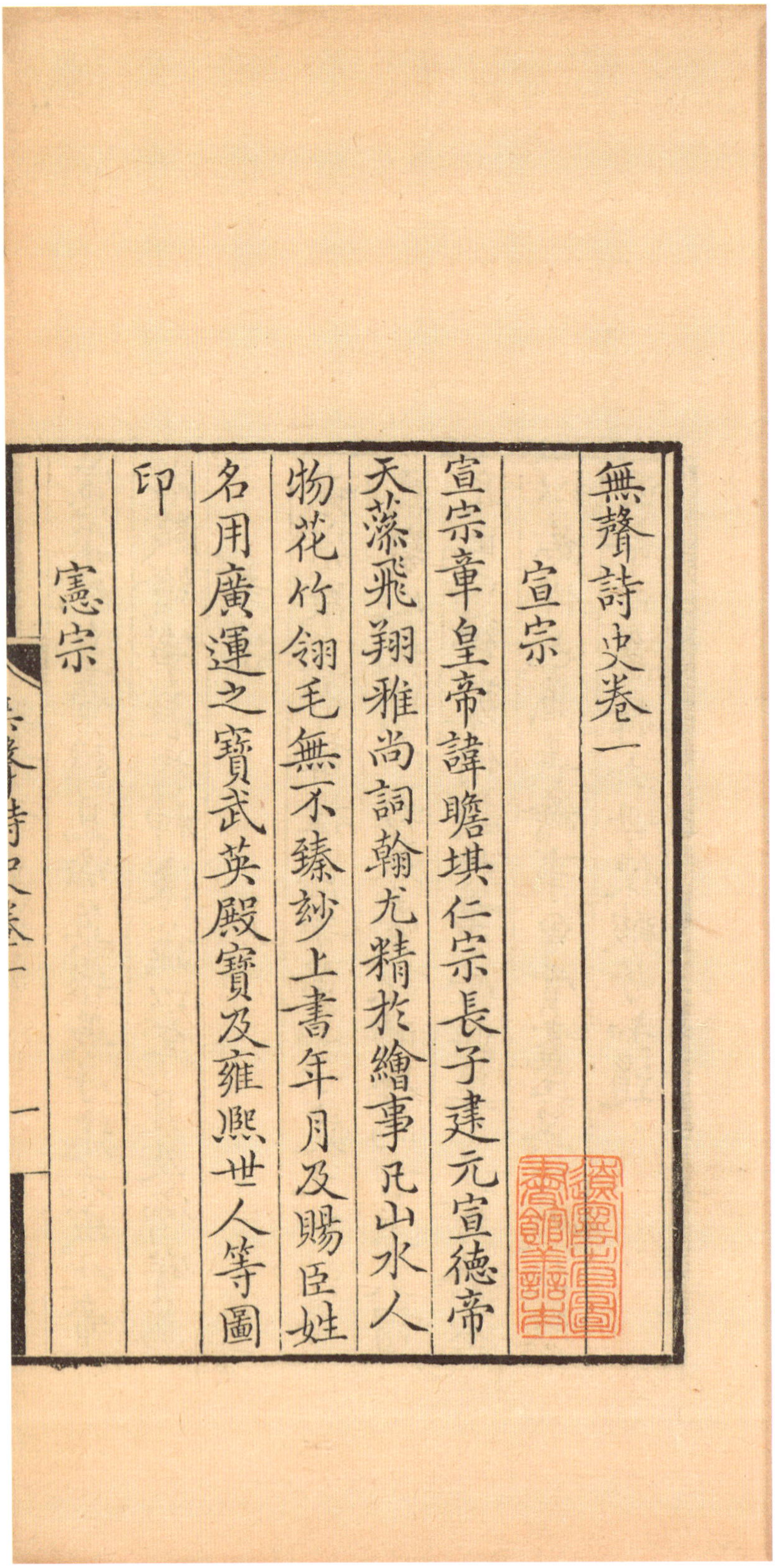

無聲詩史卷一

宣宗

宣宗章皇帝諱瞻基仁宗長子建元宣德帝天藻飛翔雅尚詞翰尤精於繪事凡山水人物花竹翎毛無不臻紗上書年月及賜臣姓名用廣運之寶武英殿寶及雍熙世人等圖印

憲宗

20618　無聲詩史七卷　（清）姜紹書撰　清康熙五十九年（1720）李光暎刻本　遼寧省圖書館

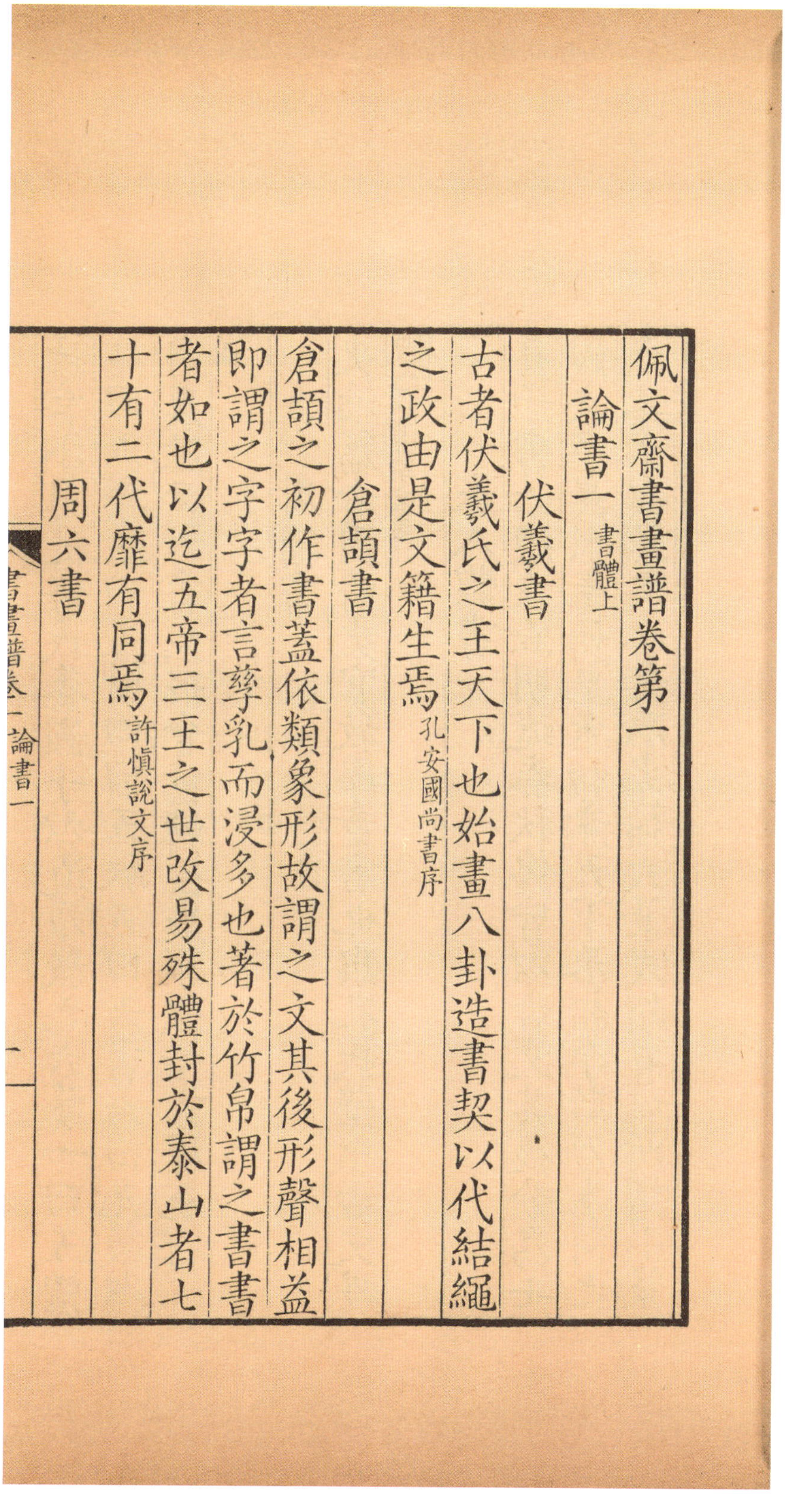
佩文齋書畫譜卷第一

論書一 書體上

伏羲書

古者伏羲氏之王天下也始畫八卦造書契以代結繩之政由是文籍生焉 孔安國尚書序

倉頡書

倉頡之初作書蓋依類象形故謂之文其後形聲相益即謂之字字者言孳乳而浸多也著於竹帛謂之書書者如也以迄五帝三王之世改易殊體封於泰山者七十有二代靡有同焉 許慎說文序

周六書

書畫譜卷一 論書一 一

20619 佩文齋書畫譜一百卷首一卷 （清）孫岳頒等纂輯 清康熙四十七年（1708）内府刻本 遼寧省圖書館

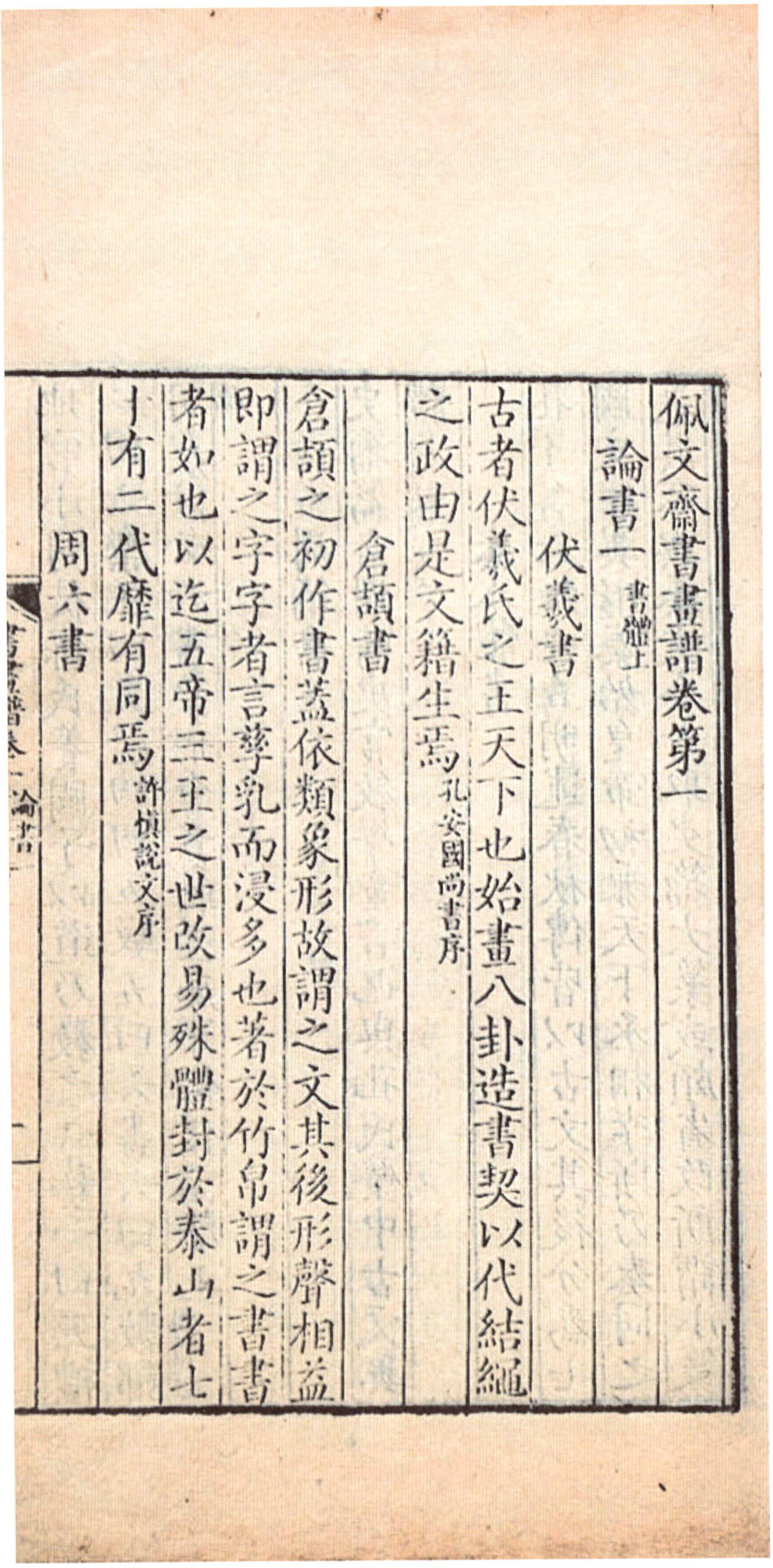

佩文齋書畫譜卷第一

論書一 書體上

伏羲書

古者伏羲氏之王天下也始畫八卦造書契以代結繩之政由是文籍生焉 孔安國尚書序

倉頡書

倉頡之初作書蓋依類象形故謂之文其後形聲相益即謂之字字者言孳乳而浸多也著於竹帛謂之書書者如也以迄五帝三王之世改易殊體封於泰山者七十有二代靡有同焉 許慎說文序

周六書

20620 佩文齋書畫譜一百卷 （清）孫岳頒等纂輯 清康熙四十七年（1708）内府刻靜永堂印本 魯迅美術學院圖書館

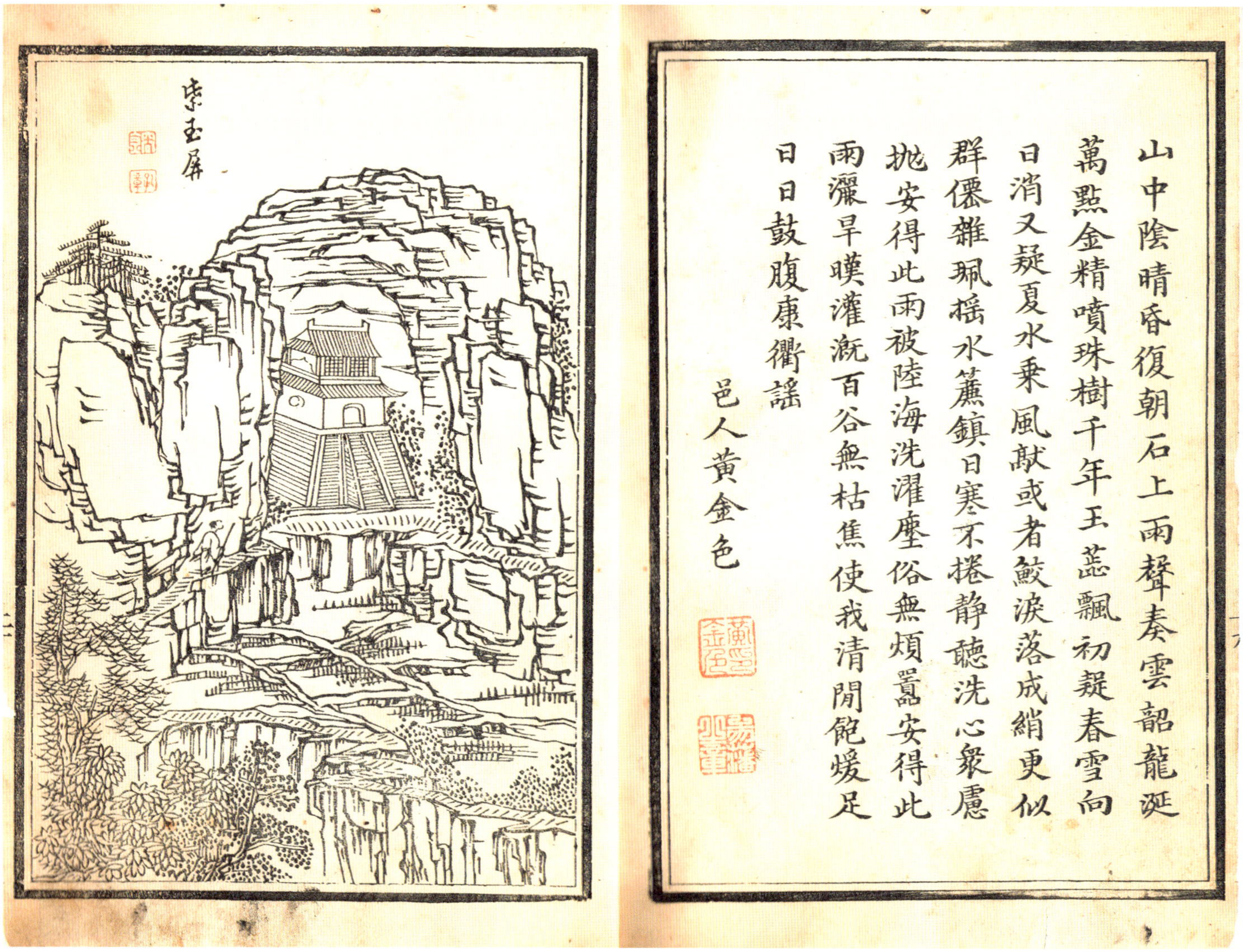

山中陰晴昏復朝石上雨聲奏雲韶龍涎
萬點金精噴珠樹千年玉蕊飄初疑春雪向
日消又疑夏水乘風猷或者鮫淚落成綃更似
群僊雜珮摇水簾鎮日寒不捲静聽洗心衆慮
抛安得此雨被陸海洗濯塵俗無煩囂安得此
雨灑旱暵灌漑百谷無枯焦使我清閒飽煖足
日日鼓腹康衢謡
邑人黄金色

20621　白岳凝烟一卷　（清）吴熔繪　清康熙五十三年（1714）刻本
（序首三葉、跋末三葉爲抄補）　大連圖書館

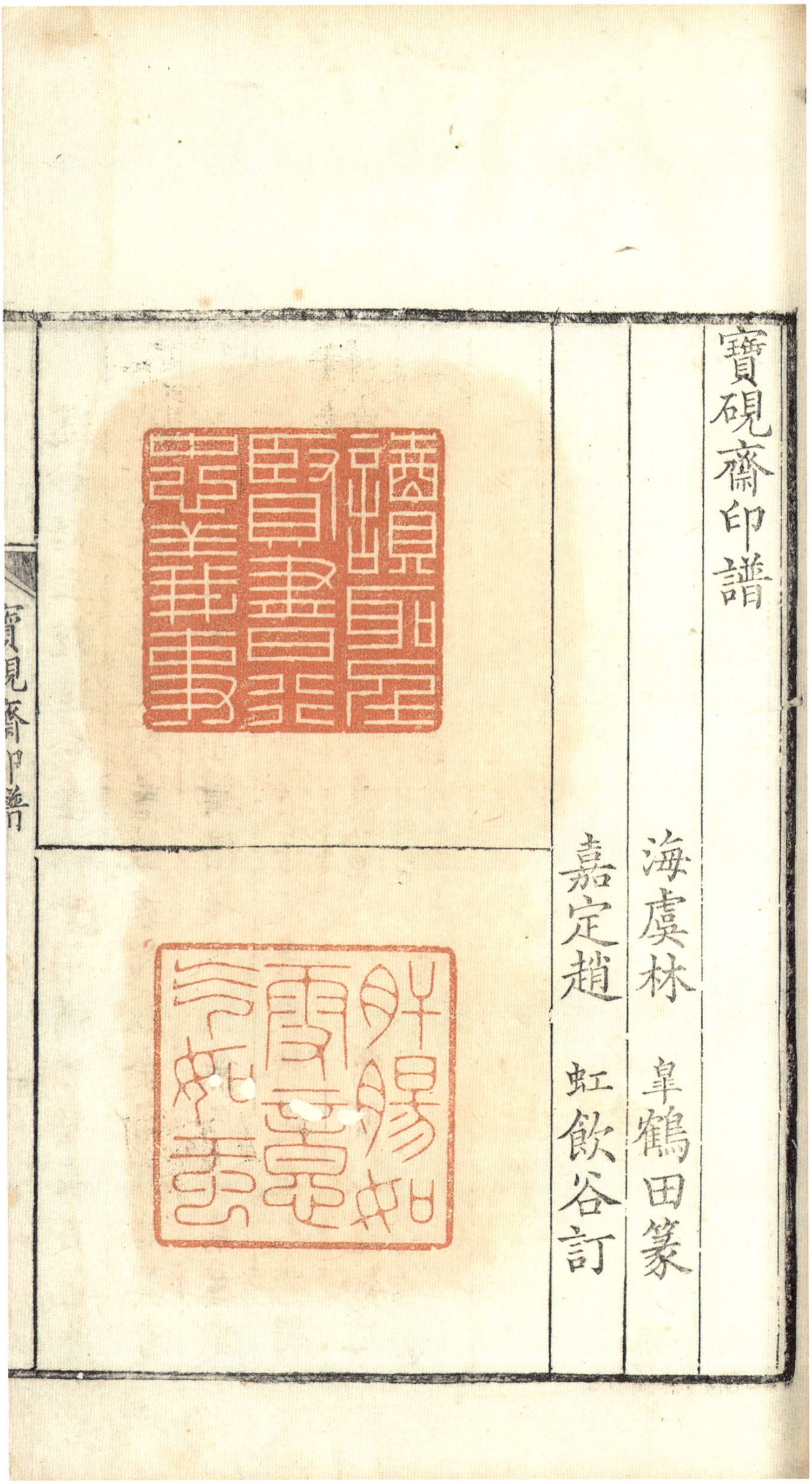

20622 寶硯齋印譜四卷 （清）林皋篆刻 清康熙刻鈐印本 遼寧省圖書館

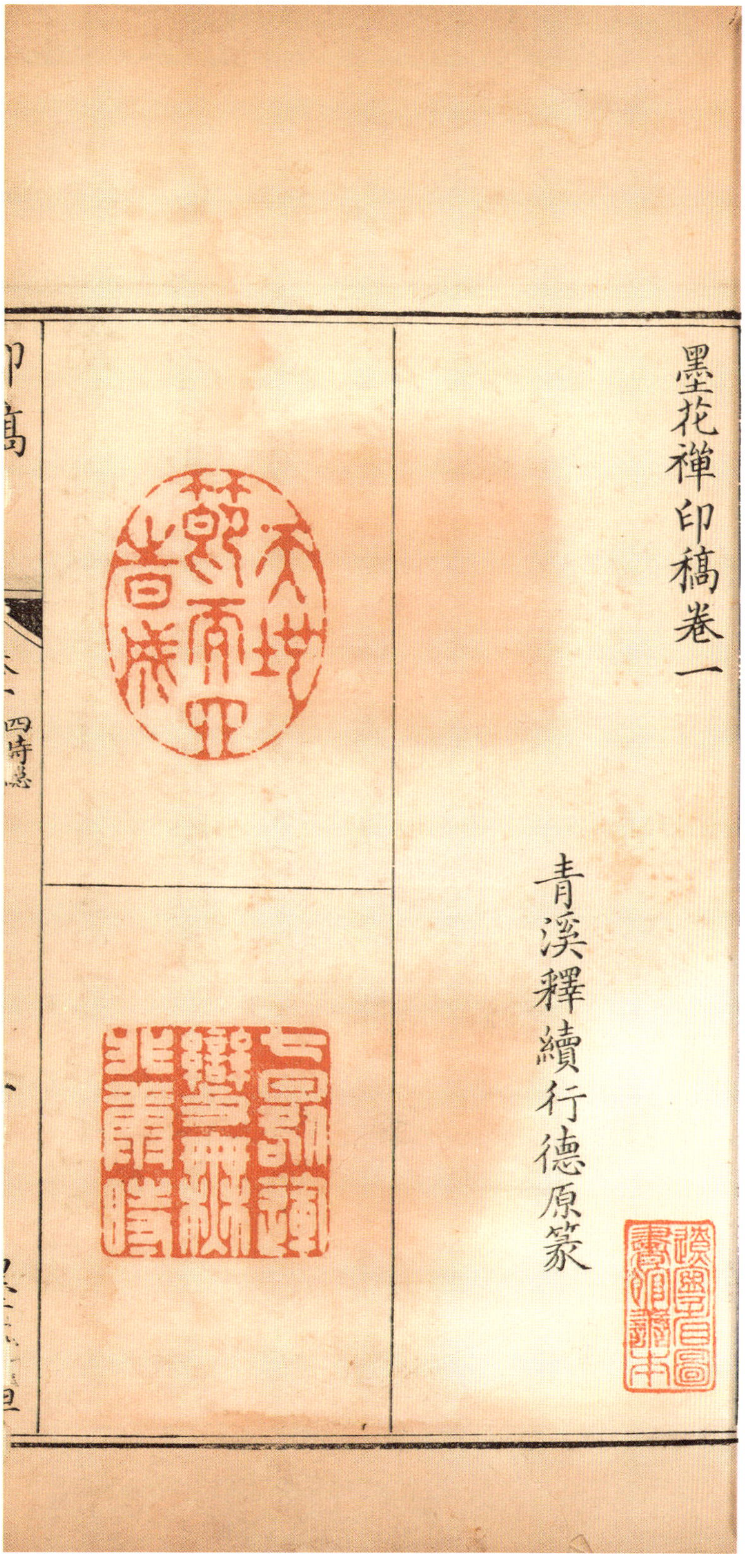

20623　墨花禪印稿二卷　（清）釋續行治印　清乾隆墨花禪鈐印本　遼寧省圖書館

20624　紺雪齋集印譜四卷　（清）陳棶淦輯　清嘉慶二十三年（1818）鈐印本　遼寧省圖書館

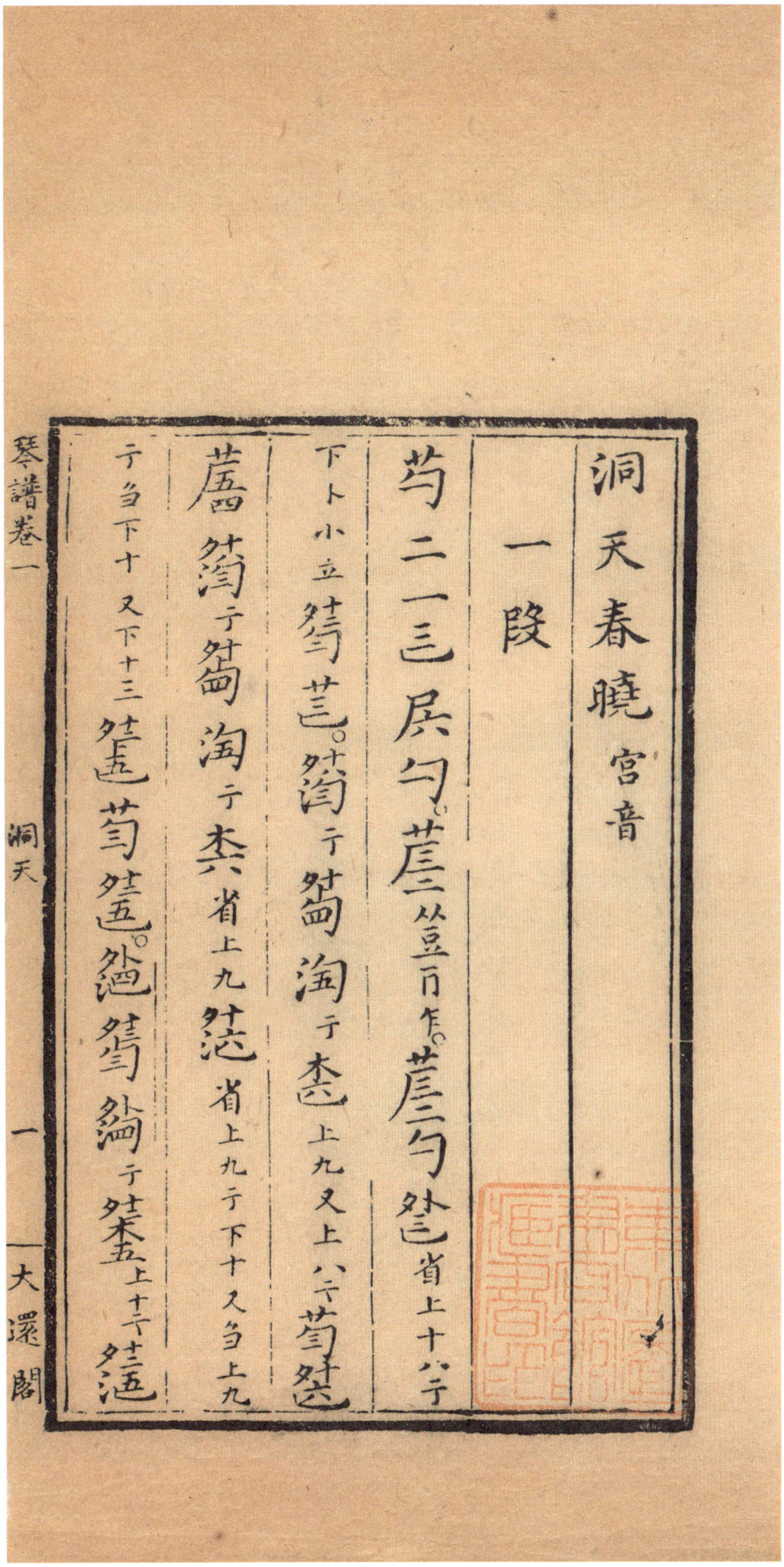
洞天春曉 宮音
一段
琴譜卷一 洞天 一 大還閣

20625　大還閣琴譜六卷溪山琴況一卷萬峰閣指法閟箋一卷

（清）徐谼撰　清康熙十二年（1673）蔡毓榮刻本　遼寧省圖書館

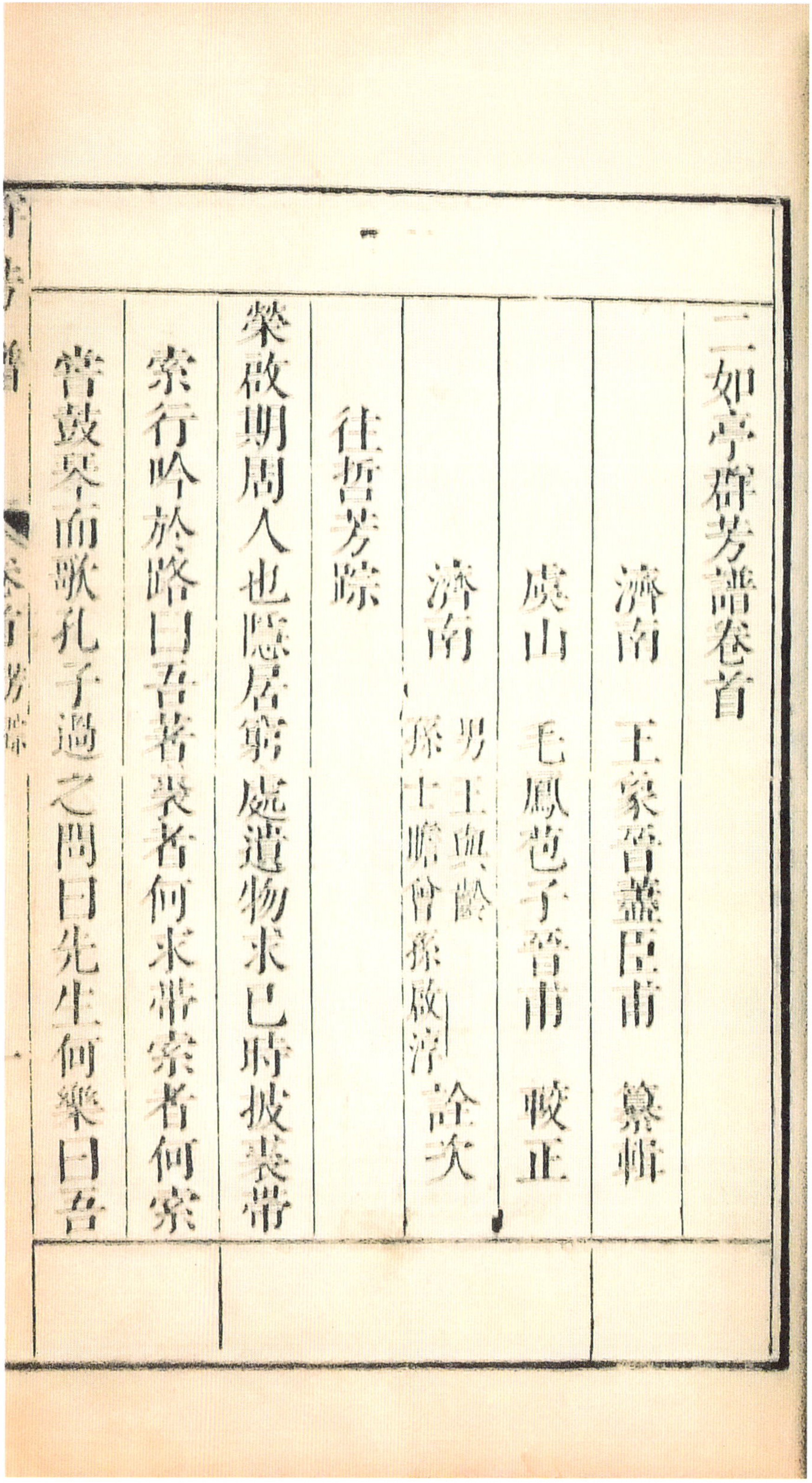
二如亭群芳譜卷首
濟南　王象晉藎臣甫　纂輯
虞山　毛鳳苞子晉甫　較正
濟南　男王與齡　孫士禎曾孫啟汧　詮次
往哲芳蹤
榮啟期周人也隱居窮處遺物求已時披裘帶
索行吟於路曰吾著裘者何求帶索者何索
嘗鼓琴而歌孔子過之問曰先生何樂曰吾
群芳譜　卷首　芳蹤　一

20626　二如亭群芳譜三十卷　（明）王象晉纂輯　清康熙刻本　錦州市圖書館

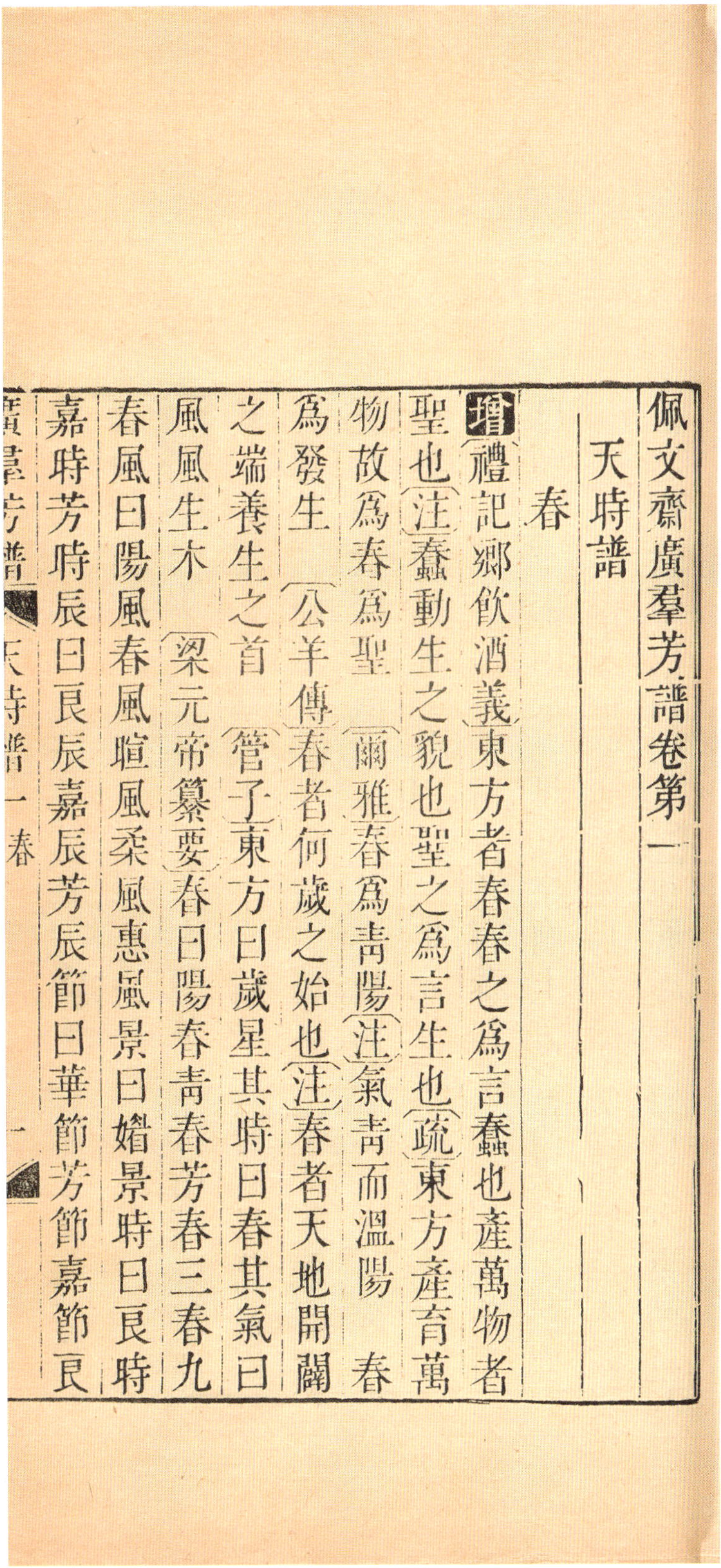
佩文齋廣羣芳譜卷第一
天時譜
春
〔增〕〔禮記鄉飲酒義〕東方者春春之爲言蠢也產萬物者聖也〔注〕蠢動生之貌也聖之爲言生也〔疏〕東方產育萬物故爲春爲聖〔爾雅〕春爲青陽〔注〕氣青而溫陽春爲發生〔公羊傳〕春者何歲之始也〔注〕春者天地開闢之端養生之首〔管子〕東方曰歲星其時曰春其氣曰風風生木〔梁元帝纂要〕春曰陽春青春芳春三春九春風曰陽風春風暄風柔風惠風景曰媚景時曰良時嘉時芳時辰曰良辰嘉辰芳辰節曰華節芳節嘉節良
廣羣芳譜 天時譜一 春 一

20627　佩文齋廣羣芳譜一百卷　（清）汪灝等編校　清康熙四十七年（1708）內府刻本　遼寧省圖書館

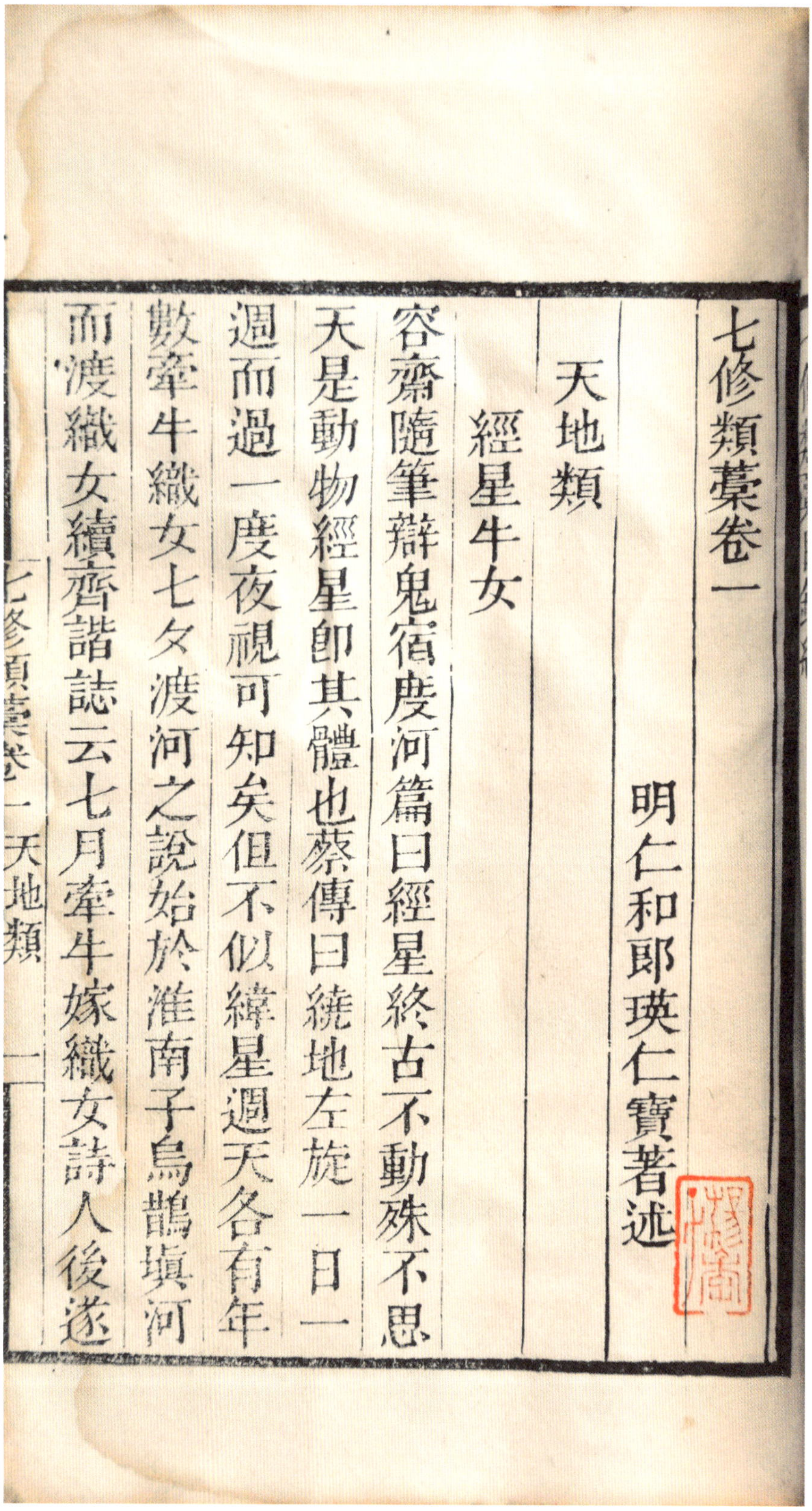
七修類藁卷一
明仁和郎瑛仁寶著述
天地類
經星牛女
容齋隨筆辯鬼宿度河篇曰經星終古不動殊不思
天是動物經星即其體也蔡傳曰繞地左旋一日一
週而過一度夜視可知矣但不似緯星週天各有年
數牽牛織女七夕渡河之說始於淮南子烏鵲塡河
而渡織女續齊諧誌云七月牽牛嫁織女詩人後遂
七修類藁卷一　天地類　一

20628　七修類藁五十一卷續藁七卷　（明）郎瑛撰　清乾隆四十年（1775）耕烟草堂刻本　撫順市圖書館

存五十五卷（一至三十二、三十六至五十一，續藁七卷）

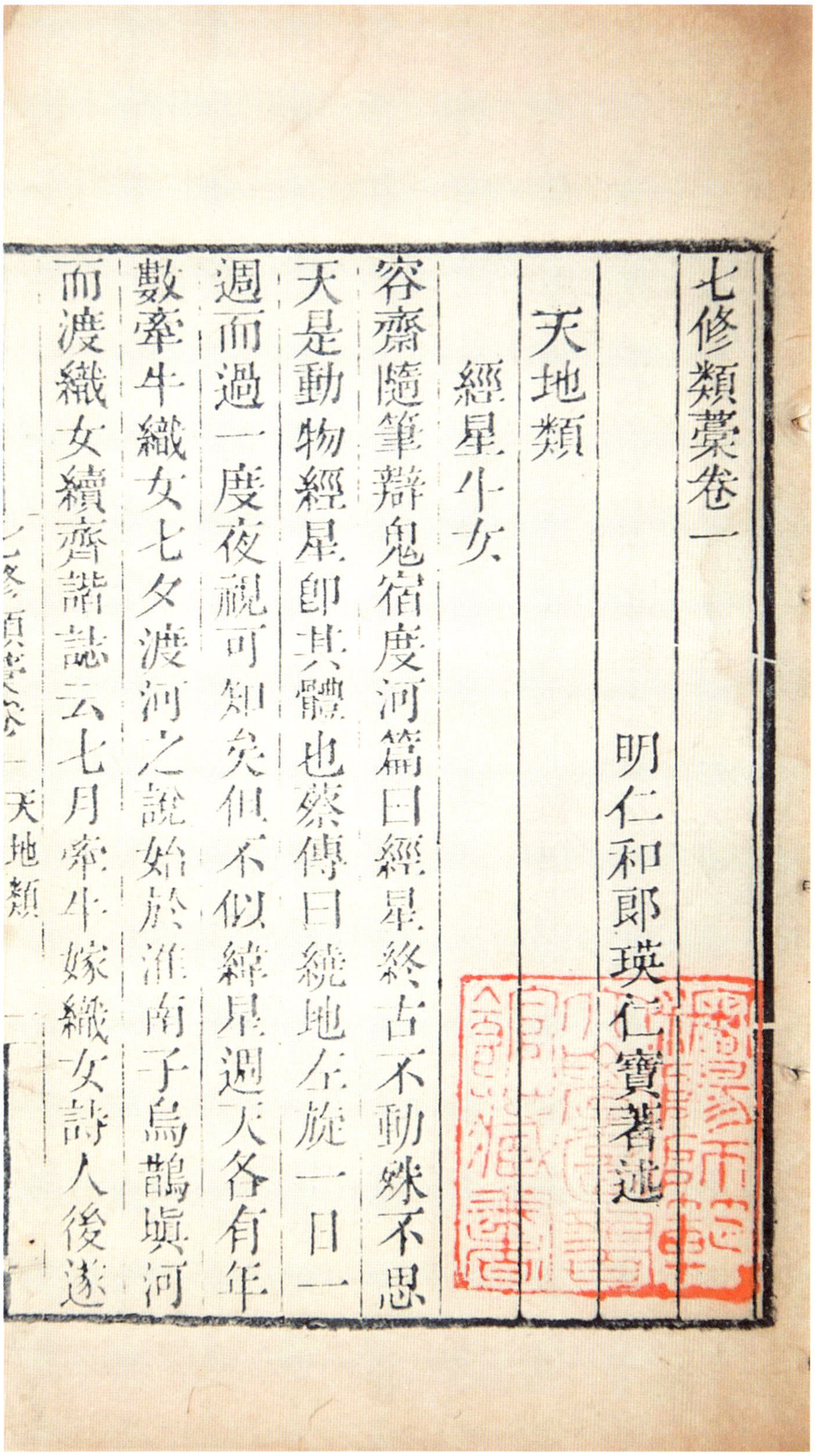
七修類藁卷一

明仁和郎瑛仁寶著述

天地類

經星牛女

容齋隨筆辯鬼宿度河篇曰經星終古不動殊不思天是動物經星即其體也蔡傳曰繞地左旋一日一週而過一度夜視可知矣但不似緯星週天各有年數牽牛織女七夕渡河之說始於淮南子烏鵲填河而渡織女續齊諧誌云七月牽牛嫁織女詩人後遂

七修類藁卷一　天地類　一

20629　七修類藁五十一卷續藁七卷（明）郎瑛撰　清乾隆四十年（1775）耕烟草堂刻本　瀋陽師範大學圖書館

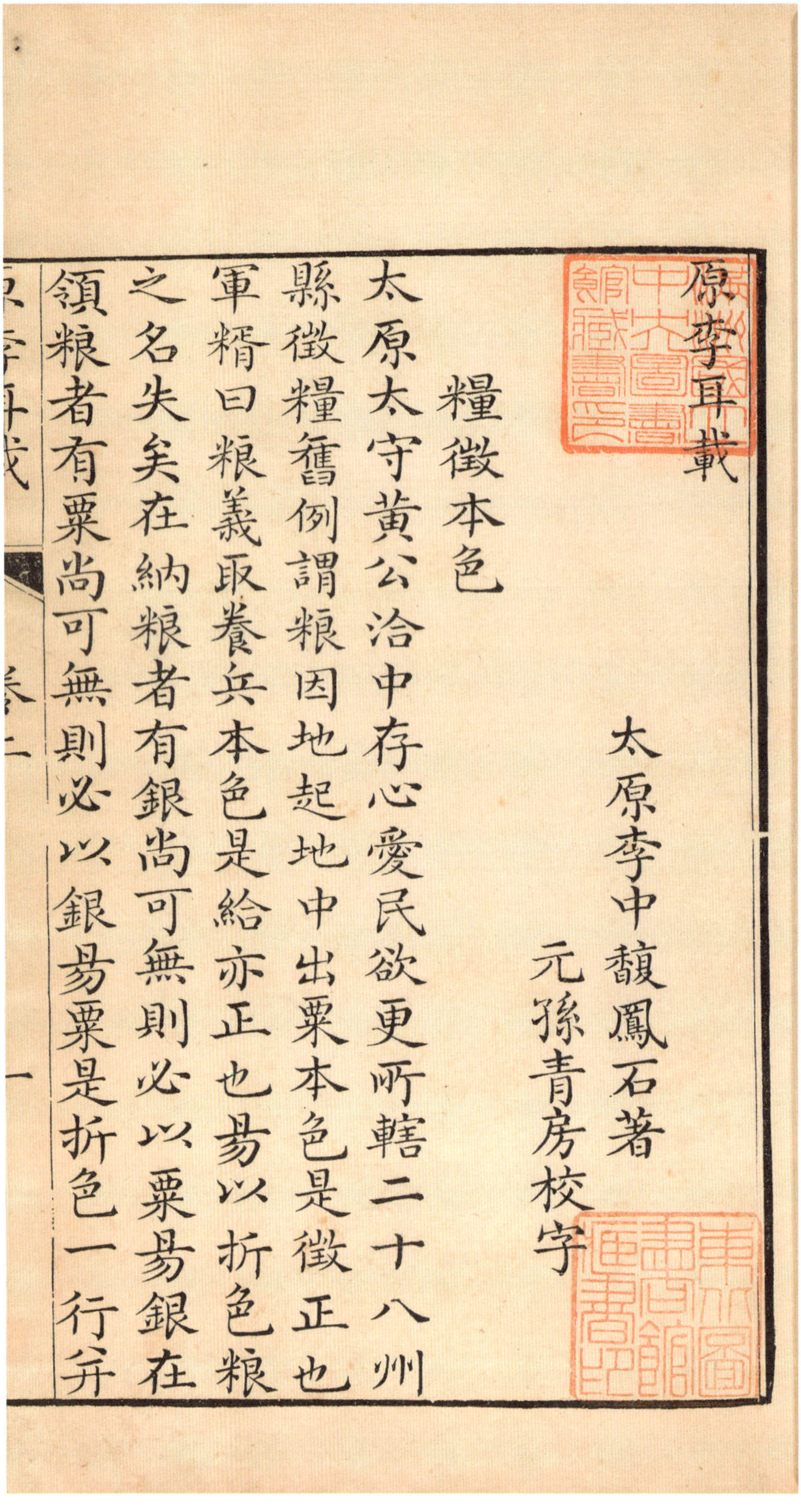
原李耳載
太原李中馥鳳石著
元孫青房校字
糧徵本色
太原太守黄公治中存心愛民欲更所轄二十八州
縣徵糧舊例謂粮因地起地中出粟本色是徵正也
軍糈曰粮義取養兵本色是給亦正也易以折色粮
之名失矣在納粮者有銀尚可無則必以粟易銀在
領粮者有粟尚可無則必以銀易粟是折色一行弁

20630　原李耳載二卷　（明）李中馥撰　清乾隆三十二年（1767）李青房刻本　遼寧省圖書館

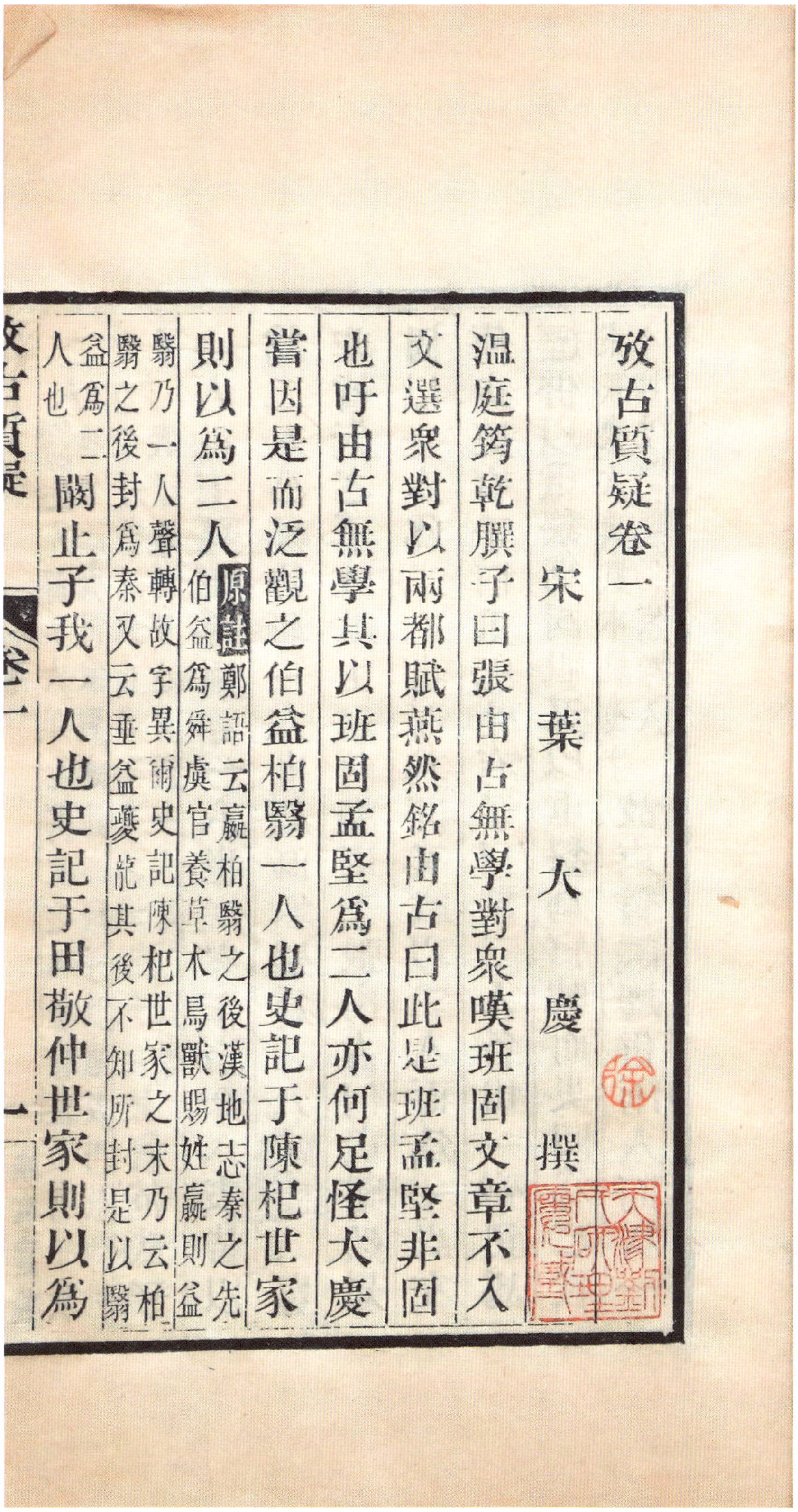

攷古質疑卷一

宋　葉大慶　撰

温庭筠乾䐣子曰張由古無學對衆嘆班固文章不入文選衆對以兩都賦燕然銘由古曰此是班孟堅非固也吁由古無學其以班固孟堅爲二人亦何足怪大慶嘗因是而泛觀之伯益柏翳一人也史記于陳杞世家則以爲二人【原註】鄭語云嬴柏翳之後漢地志秦之先伯益爲舜虞官養草木鳥獸賜姓嬴則益翳乃一人聲轉故字異爾史記陳杞世家之末乃云柏翳之後封爲秦又云垂益夔龍其後不知所封是以翳益爲二人也闕止子我一人也史記于田敬仲世家則以爲

20631　攷古質疑六卷　（宋）葉大慶撰　清乾隆武英殿活字印聚珍版書本

遼寧師範大學圖書館

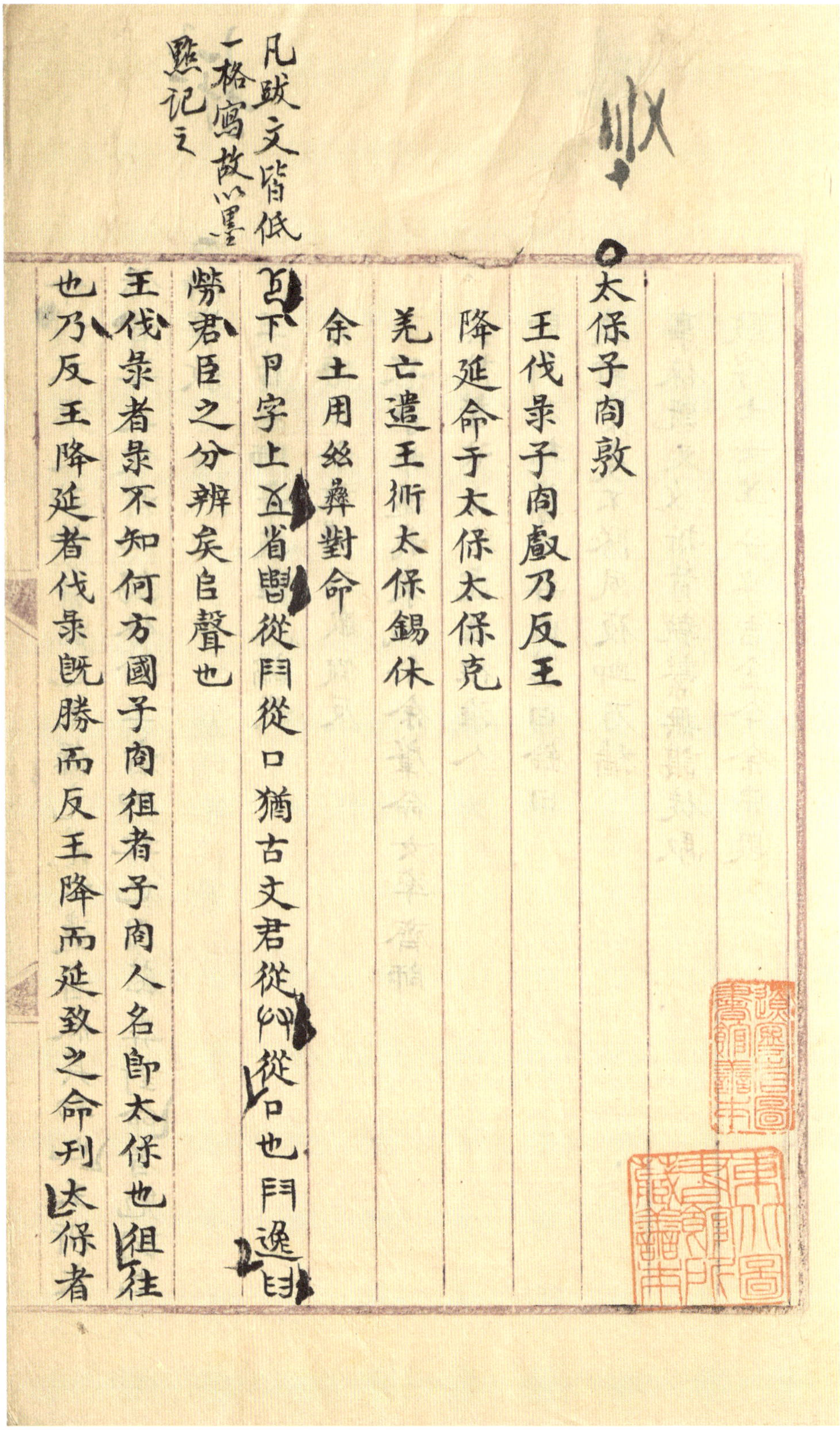
收

○太保子肉敦
王伐彔子肉戲乃反王
降延命于太保太保克
羌亡遣王衍太保錫休
余土用兹彝對命
𠬝下曰字上𠬝省𦥑從曰從口猶古文君從屮從口也曰逸曰
勞君臣之分辨矣𠂤聲也
王伐彔者彔不知何方國子肉祖者子肉人名卽太保也祖往
也乃反王降延者伐彔既勝而反王降而延致之命刋太保者

凡跋文皆低一格寫故以墨題記之

20632　攀古小廬雜著□□卷　（清）許瀚撰　清稿本　遼寧省圖書館

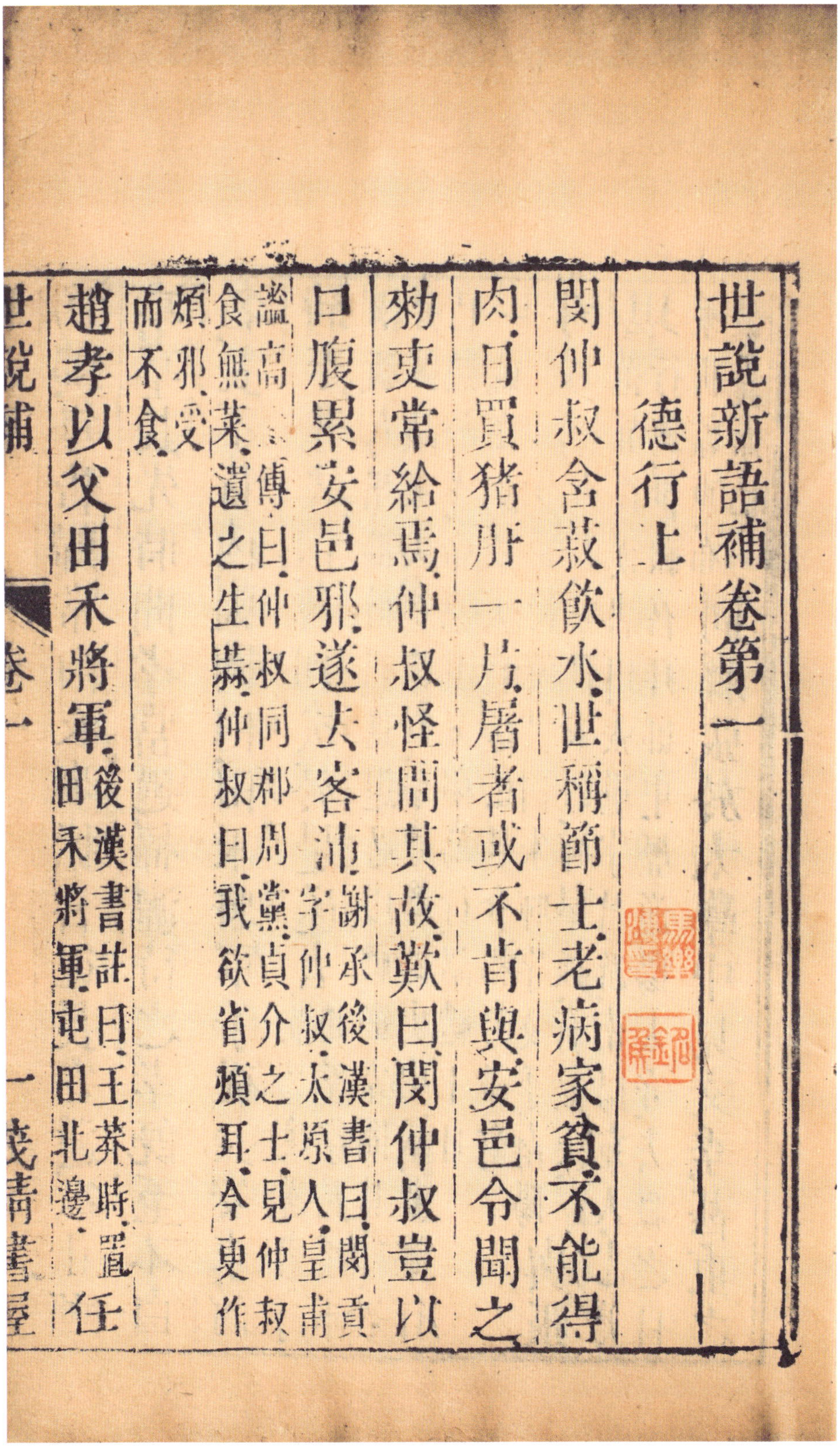
世說新語補卷第一

德行上

閔仲叔含菽飲水，世稱節士。老病家貧不能得肉，日買豬肝一片，屠者或不肯與。安邑令聞之，勑吏常給焉。仲叔怪問其故，歎曰：閔仲叔豈以口腹累安邑邪。遂去客沛。謝承後漢書曰：閔貢字仲叔，太原人。皇甫謐高士傳曰：仲叔同郡周黨，貞介之士，見仲叔食無菜，遺之生蒜。仲叔曰：我欲省煩耳，今更作煩邪。受而不食。

趙孝以父田禾將軍，後漢書註曰：王莽時置田禾將軍，屯田北邊。任

世說補　卷一　一　茂清書屋

20633　世說新語補二十卷　（南朝宋）劉義慶撰　（南朝梁）劉孝標注　（明）何良俊增補　（明）王世貞删定　（明）王世懋批釋　（明）張文柱校注　（清）黄汝琳補注　清乾隆二十七年（1762）刻本　遼陽市圖書館

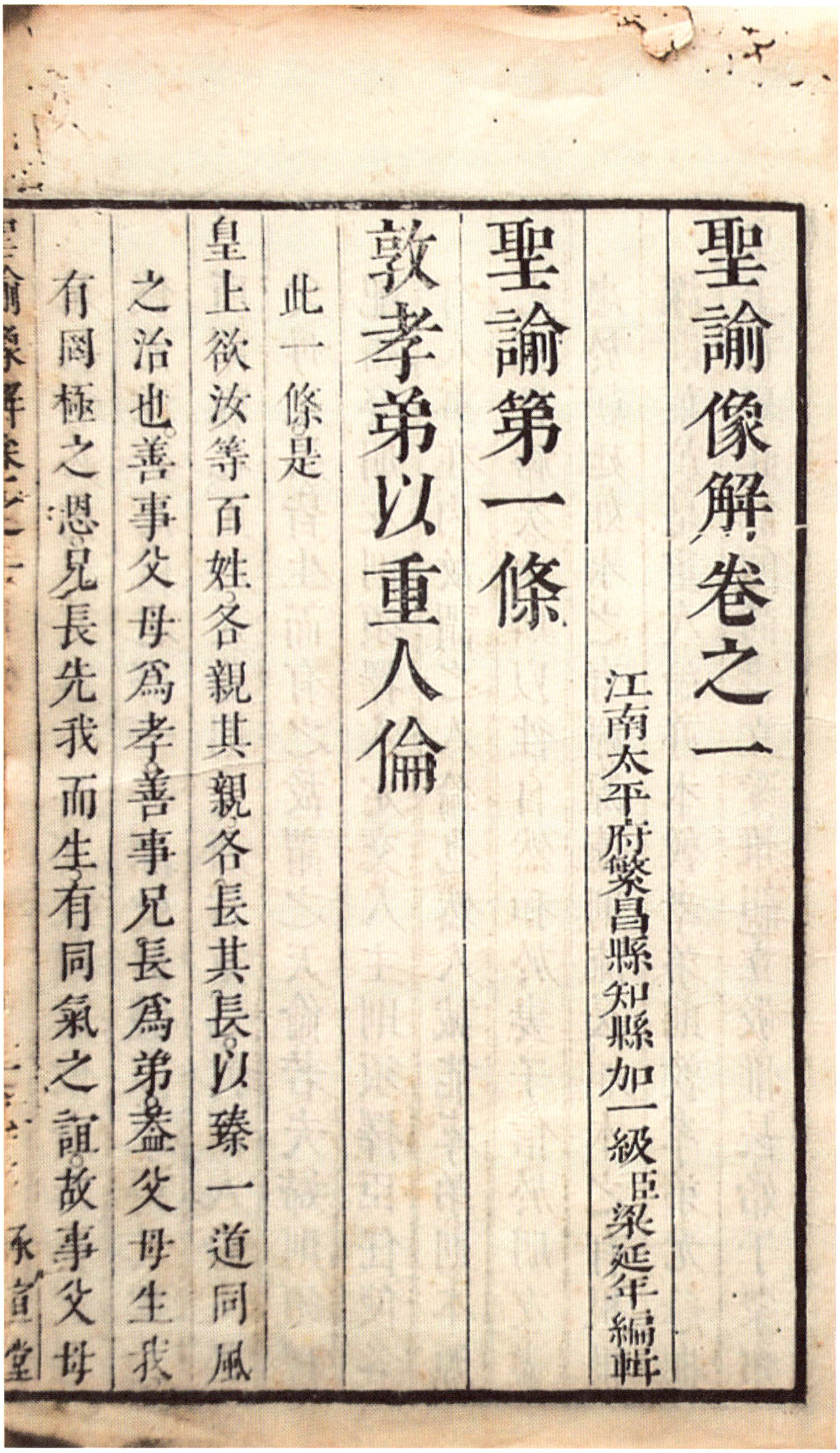
聖諭像解卷之一
江南太平府繁昌縣知縣加一級臣梁延年編輯
聖諭第一條
敦孝弟以重人倫
此一條是
皇上欲汝等百姓各親其親各長其長以臻一道同風
之治也善事父母爲孝善事兄長爲弟蓋父母生我
有罔極之恩兄長先我而生有同氣之誼故事父母
聖諭像解卷之一
承宣堂

20634　聖諭像解二十卷　（清）梁延年編輯　清康熙二十年（1681）承宣堂刻本　魯迅美術學院圖書館

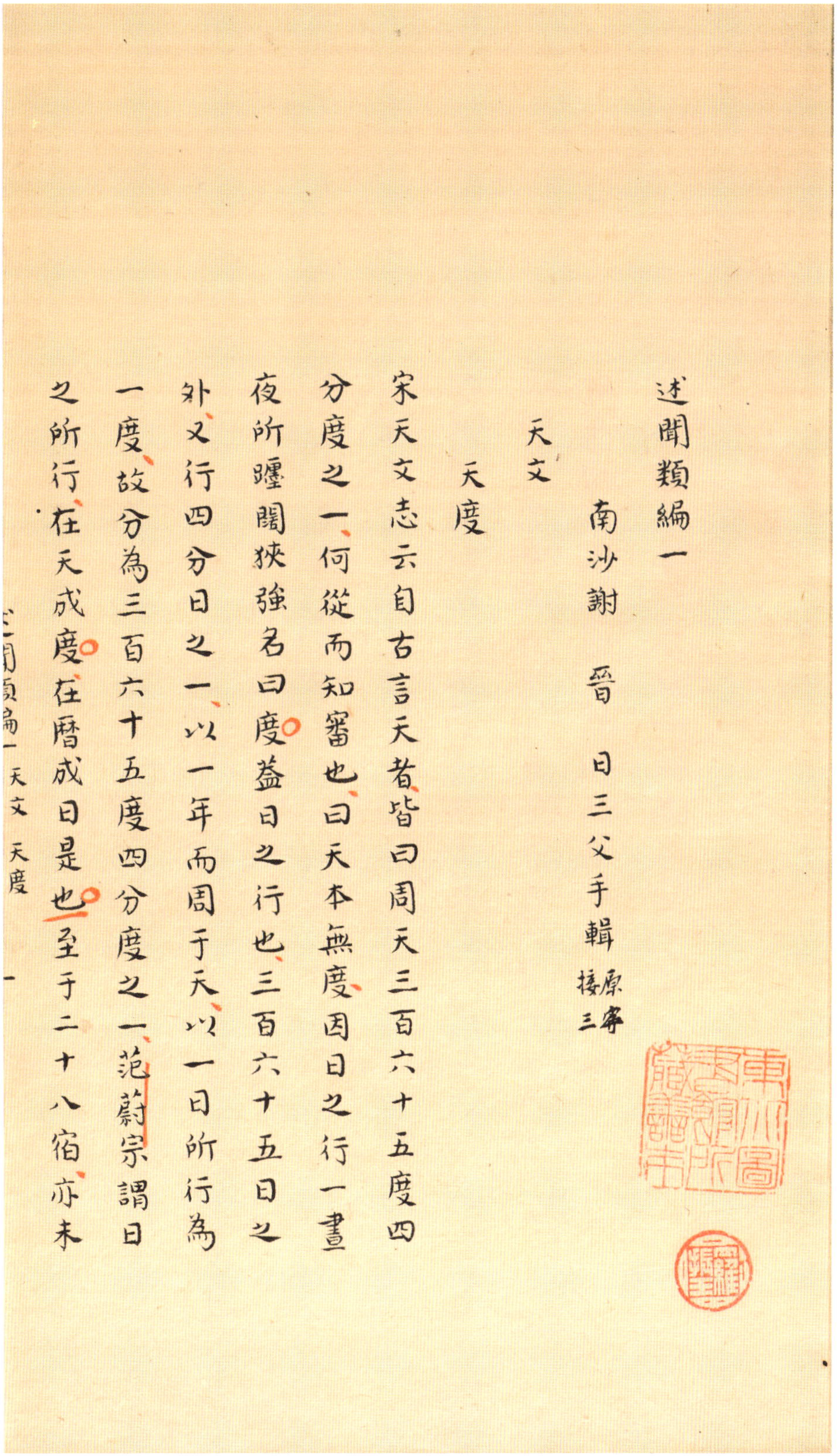
述聞類編一
南沙謝　晉　日三父手輯　原寧接三
天文
天度
宋天文志云自古言天者皆曰周天三百六十五度四
分度之一何從而知審也曰天本無度因日之行一晝
夜所躔闊狹強名曰度蓋日之行也三百六十五日之
外又行四分日之一以一年而周于天以一日所行為
一度故分為三百六十五度四分度之一范蔚宗謂日
之所行在天成度在曆成日是也至于二十八宿亦未
述聞類編一　天文　天度　一

20635　述聞類編十二卷　（明）謝晉輯　清抄本　遼寧省圖書館

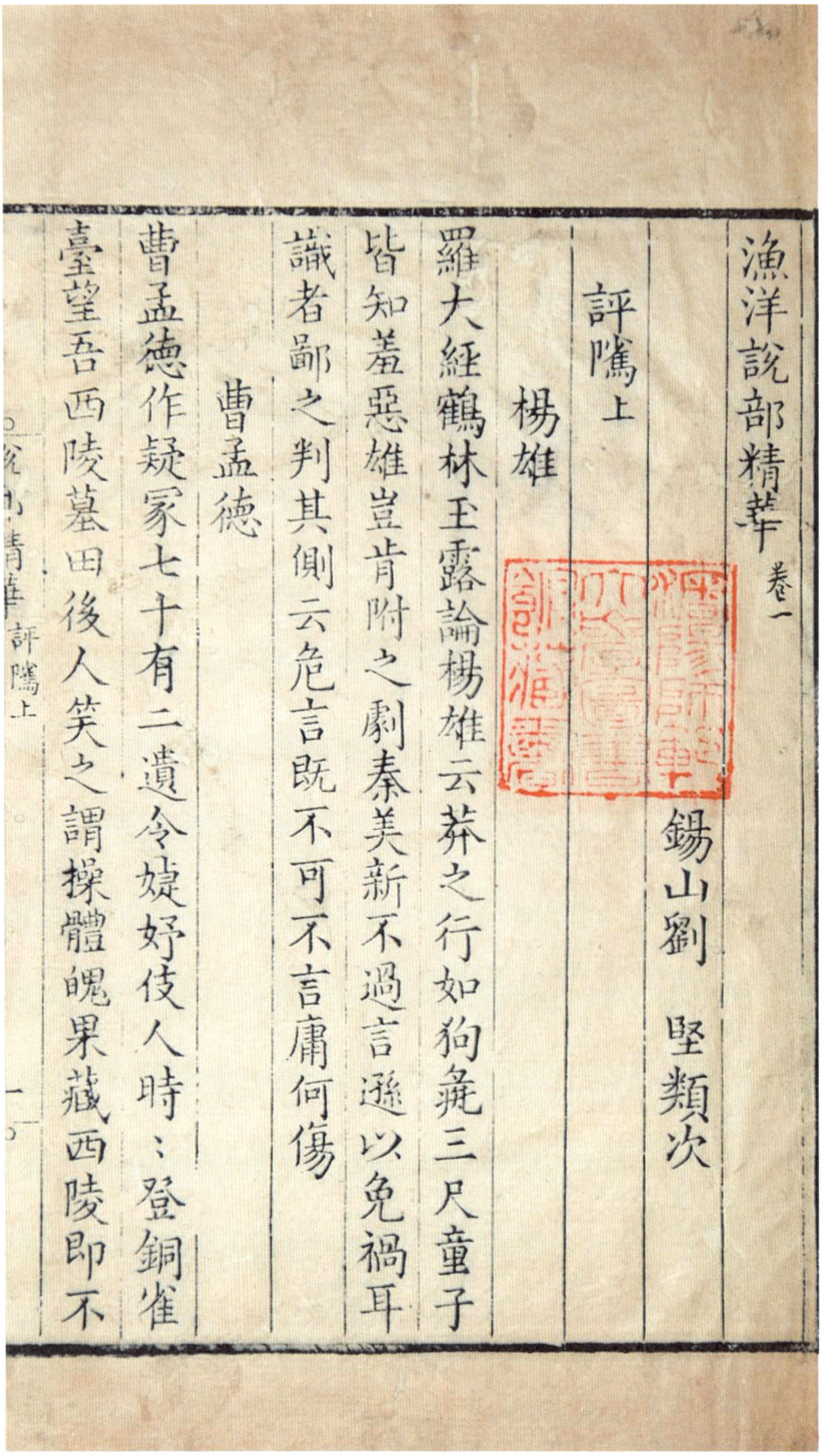
漁洋說部精華　卷一
錫山劉　堅類次
評隲上
楊雄
羅大經鶴林玉露論楊雄云莽之行如狗彘三尺童子
皆知羞惡雄豈肯附之劇秦美新不過言遜以免禍耳
識者鄙之判其側云危言既不可不言庸何傷
曹孟德
曹孟德作疑冢七十有二遺令婕妤伎人時時登銅雀
臺望吾西陵墓田後人笑之謂操體魄果藏西陵即不
漁洋說部精華　評隲上　一

20636　漁洋說部精華十二卷　（清）王士禛撰　（清）劉堅類次　清乾隆刻本　瀋陽師範大學圖書館

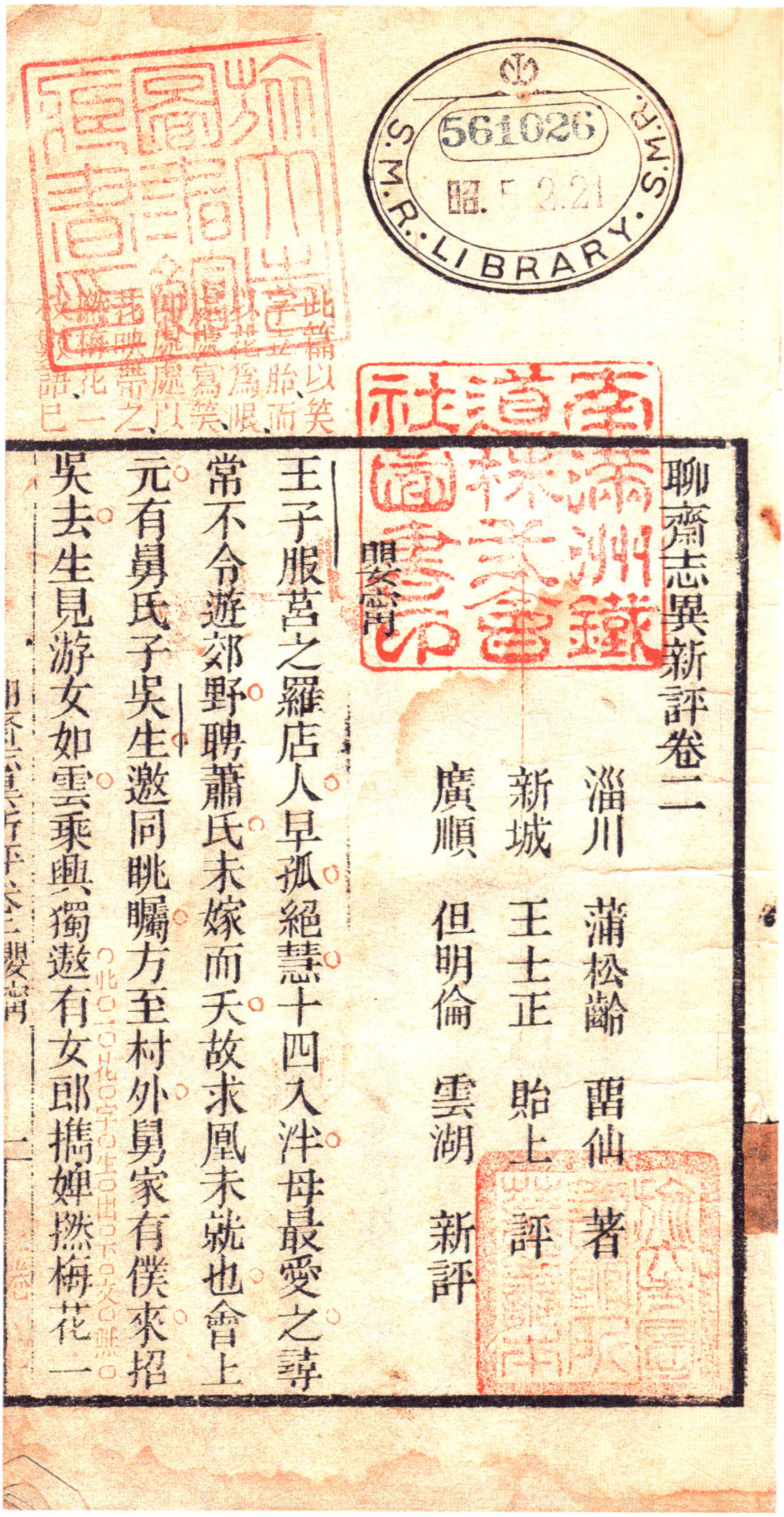
聊齋志異新評卷二
淄川 蒲松齡 留仙 著
新城 王士正 貽上 評
廣順 但明倫 雲湖 新評
嬰寧
王子服莒之羅店人早孤絕慧十四入泮母最愛之尋常不令遊郊野聘蕭氏未嫁而夭故求凰未就也會上元有舅氏子吳生邀同眺矚方至村外舅家有僕來招吳去生見游女如雲乘輿獨遨有女郎攜婢撚梅花一

20637　聊齋志異新評十六卷　（清）蒲松齡撰　（清）王士禛　但明倫評

清咸豐九年（1859）廣盛堂朱墨套印本　大連圖書館

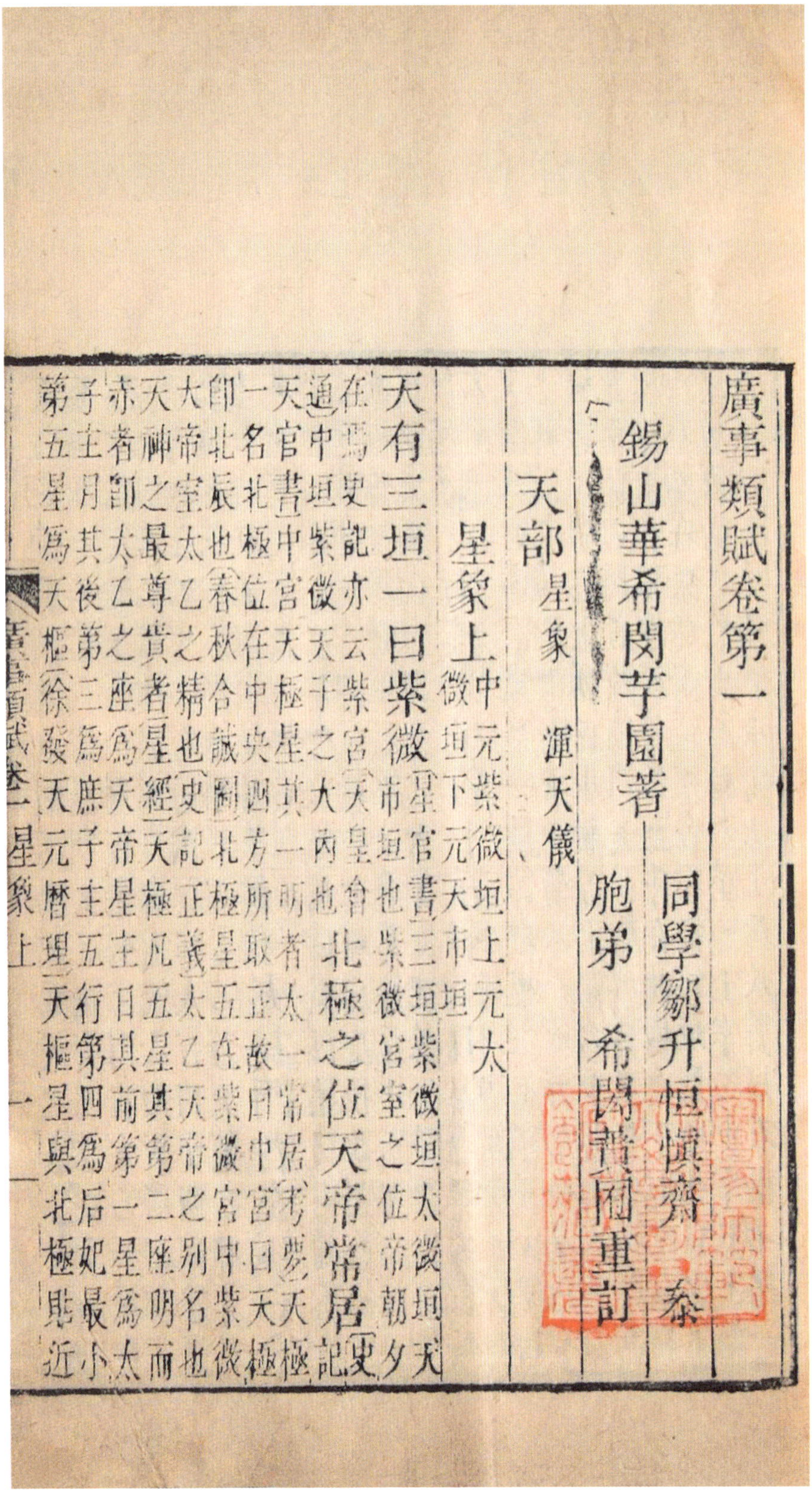
廣事類賦卷第一
錫山華希閔芋園著　同學鄒升恒愼齋　參
胞弟　希閎[illegible]重訂
天部　星象　渾天儀
星象上　中元紫微垣上元太微垣下元天市垣
天有三垣一曰紫微〔星官書〕三垣紫微垣太微垣天市垣也紫微宮室之位帝朝夕在焉〔史記〕亦云紫宮〔天皇會通〕中垣紫微天子之大內也北極之位天帝常居〔史記天官書〕中宮天極星其一明者太一常居〔考要〕天極一名北極位在中央四方所取正故曰中宮曰天極即北辰也〔春秋合誠圖〕北極星五在紫微宮中紫微太帝室太乙之精也〔史記正義〕太乙天帝之別名也天神之最尊貴者〔星經〕天極凡五星其第二座明而赤者帝太乙之座爲天帝星主日其前第一星爲太子主月其後第三爲庶子主五行第四爲后妃最小弟五星爲天樞〔徐發天元曆理〕天樞星與北極貼近
廣事類賦卷一　星象上　一

20638　廣事類賦四十卷　（清）華希閔輯　（清）華希閎重訂　清乾隆二十九年（1764）劍光閣刻本　瀋陽師範大學圖書館

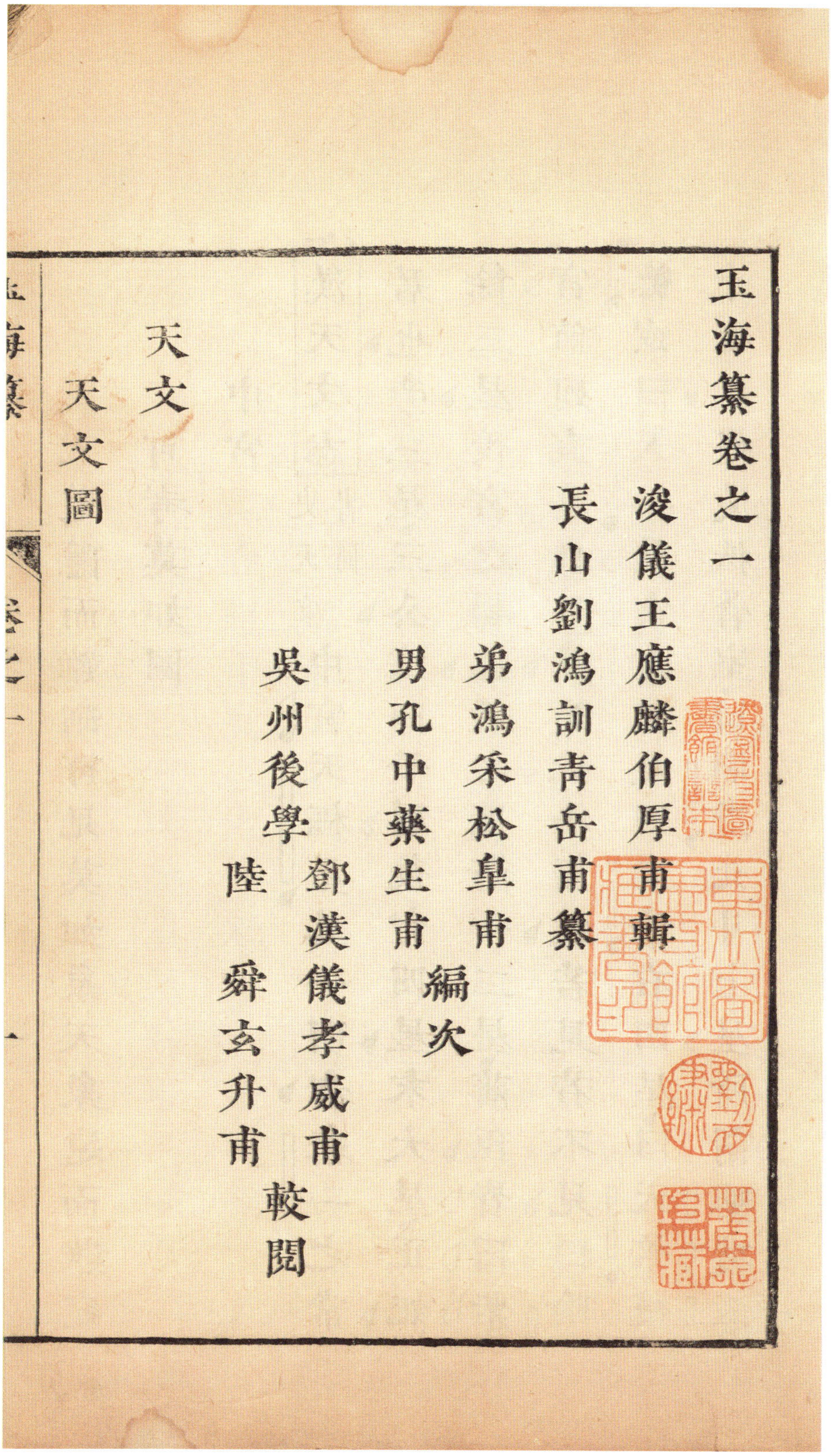

玉海纂卷之一

浚儀王應麟伯厚甫輯

長山劉鴻訓青岳甫纂

弟鴻采松臯甫

男孔中藥生甫 編次

吳州後學 鄧漢儀孝威甫

陸舜玄升甫 較閱

天文

天文圖

20639 玉海纂二十二卷 （明）劉鴻訓撰 清順治四年（1647）劉孔中刻本 遼寧省圖書館

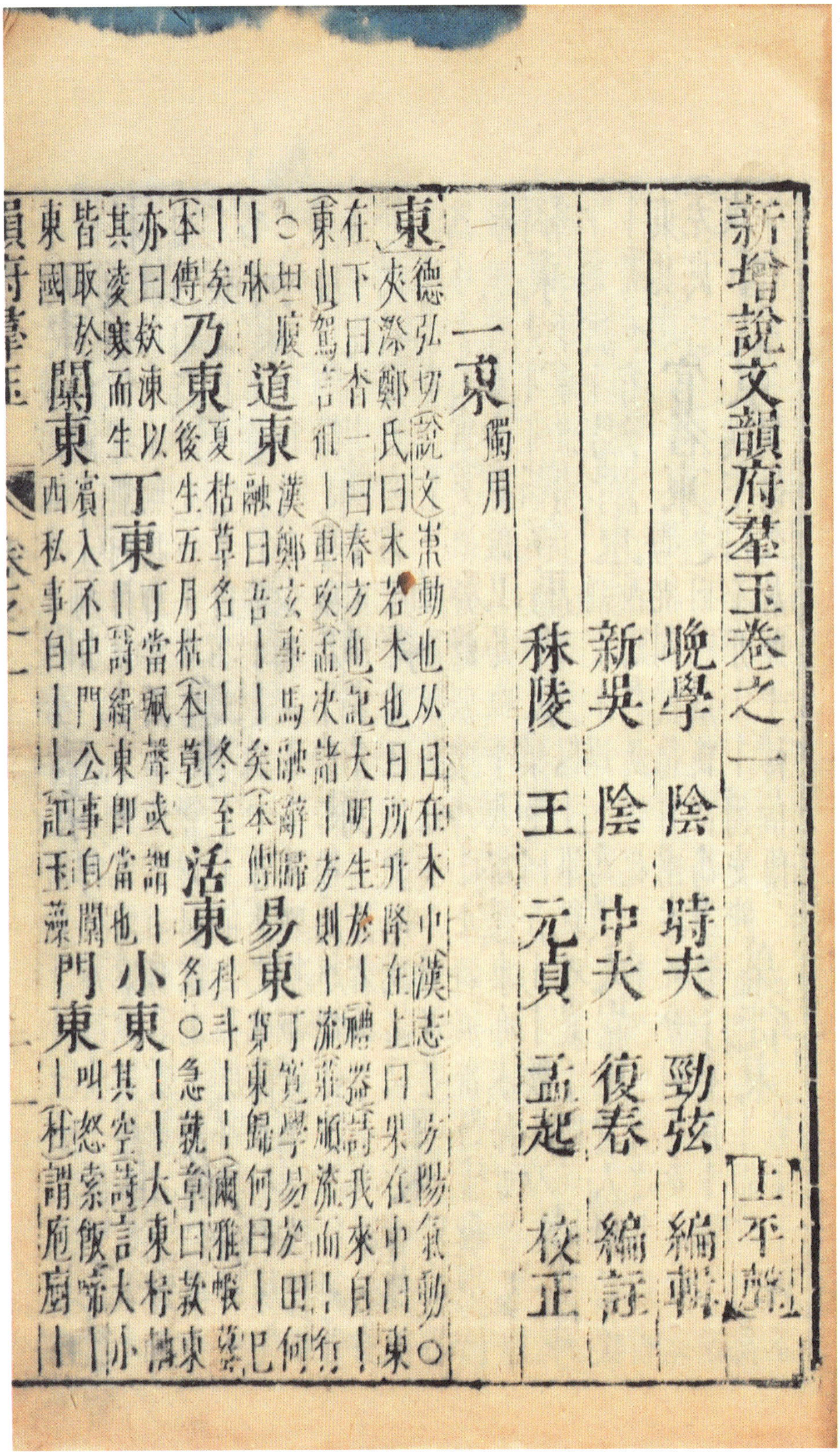
新增說文韻府羣玉卷之一 上平聲
晚學　陰　時夫　勁弦　編輯
新吳　陰　中夫　復春　編註
秣陵　王　元貞　孟起　校正
一東　獨用
東 德弘切（說文）東動也从日在木中（漢志）丨方陽氣動○
夾漈鄭氏曰木若木也日所升降在上曰杲在中曰東
在下曰杳丨一曰春方也（記）大明生於丨（禮器）（詩）我來自丨
（東山）駕言徂丨（車攻）（孟）決諸丨方則丨丨流（莊）順流而丨行
○坦腹丨丨沐 道東 漢鄭玄事馬融辭歸融曰吾丨丨矣（本傳） 易東 丁寬學易於田何寬東歸何曰丨已
丨丨矣（本傳） 乃東 夏枯草名丨丨冬至後生五月枯（本草） 活東 科斗丨丨（爾雅）蝦蟇名○急就章曰款東
亦曰款凍以其麥寒而生 丁東 丁當珮聲或謂丨丨（詩）緇東即當也 小東 丨丨大東杼柚其空（詩）言大小
皆取於東國 闗東 賓入不中門公事自闗西私事自丨丨（記）玉藻 門東 叫怒索飯啼丨丨（杜）謂庖廚丨丨
韻府羣玉　卷之一　一

20640　新增說文韻府羣玉二十卷　（元）陰時夫撰　（元）陰中夫注　清康熙五十五年（1716）文盛堂天德堂刻本　丹東市圖書館

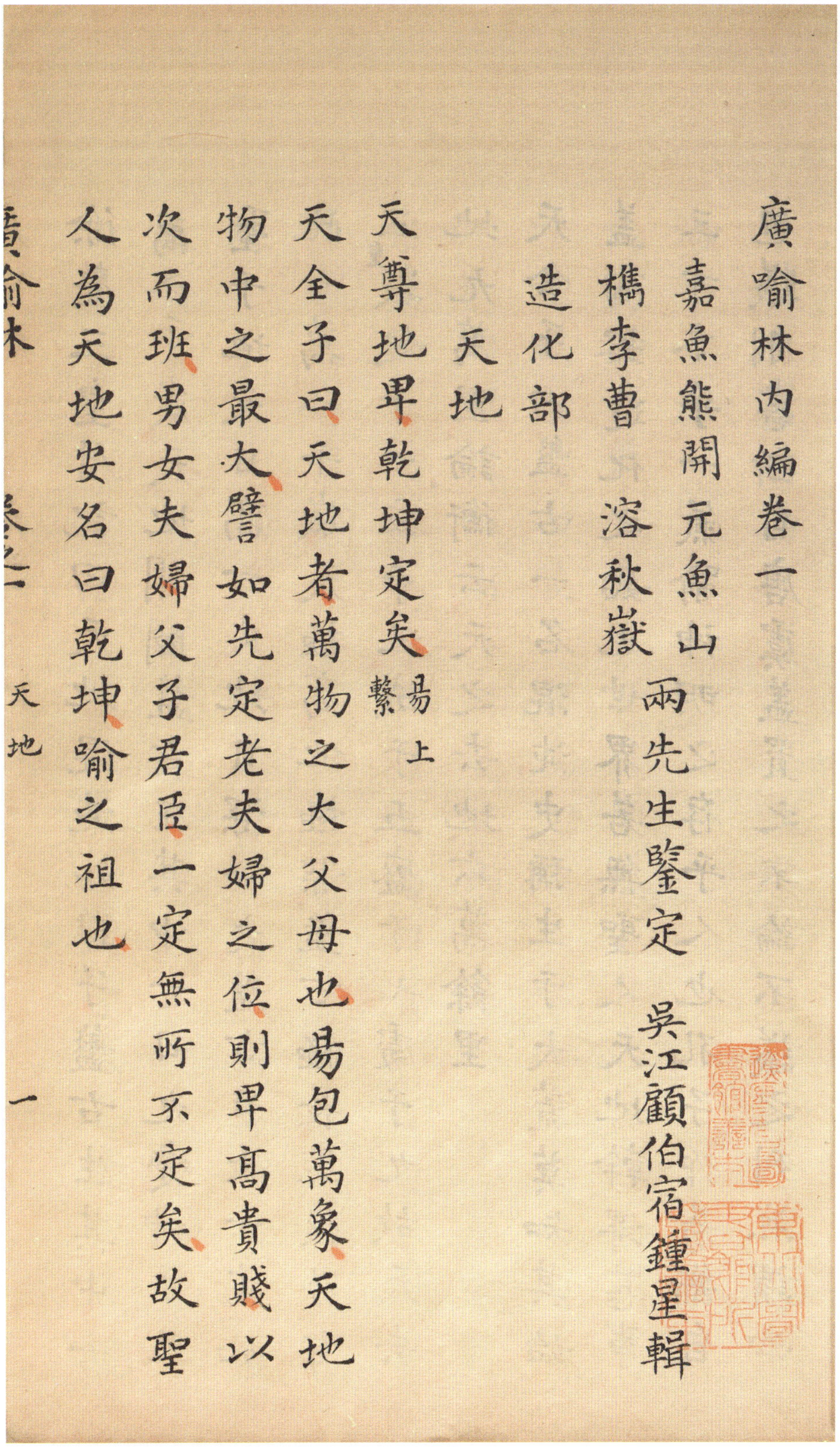
廣喻林內編卷一
嘉魚熊開元魚山　兩先生鑒定
檇李曹溶秋嶽
吳江顧伯宿鍾星輯
造化部
天地
天尊地卑乾坤定矣易繫上
天全子曰天地者萬物之大父母也易包萬象天地
物中之最大譬如先定老夫婦之位則卑高貴賤以
次而班男女夫婦父子君臣一定無所不定矣故聖
人為天地安名曰乾坤喻之祖也
廣喻林　卷之一　天地　一

20641　廣喻林三十卷　（清）顧伯宿輯　清抄本　遼寧省圖書館

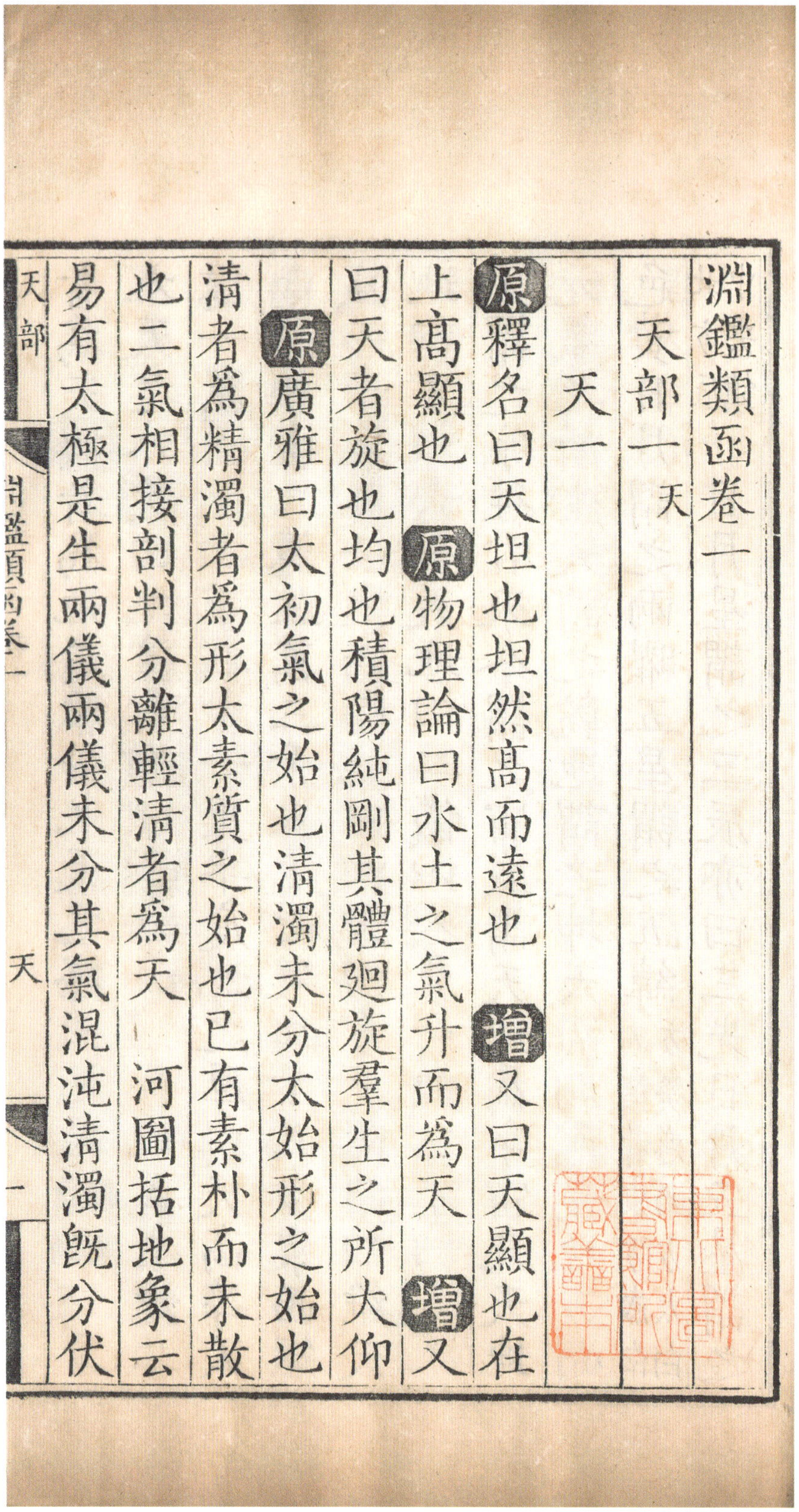
淵鑑類函卷一
天部一　天
天一
原釋名曰天坦也坦然高而遠也　增又曰天顯也在
上高顯也　原物理論曰水土之氣升而爲天　增又
曰天者旋也均也積陽純剛其體迴旋羣生之所大仰
原廣雅曰太初氣之始也清濁未分太始形之始也
清者爲精濁者爲形太素質之始也已有素朴而未散
也二氣相接剖判分離輕清者爲天　河圖括地象云
易有太極是生兩儀兩儀未分其氣混沌清濁既分伏
天部
天
一

20642　淵鑑類函四百五十卷目録四卷　（清）張英等撰　清康熙四十九年（1710）揚州詩局刻本　遼寧省圖書館

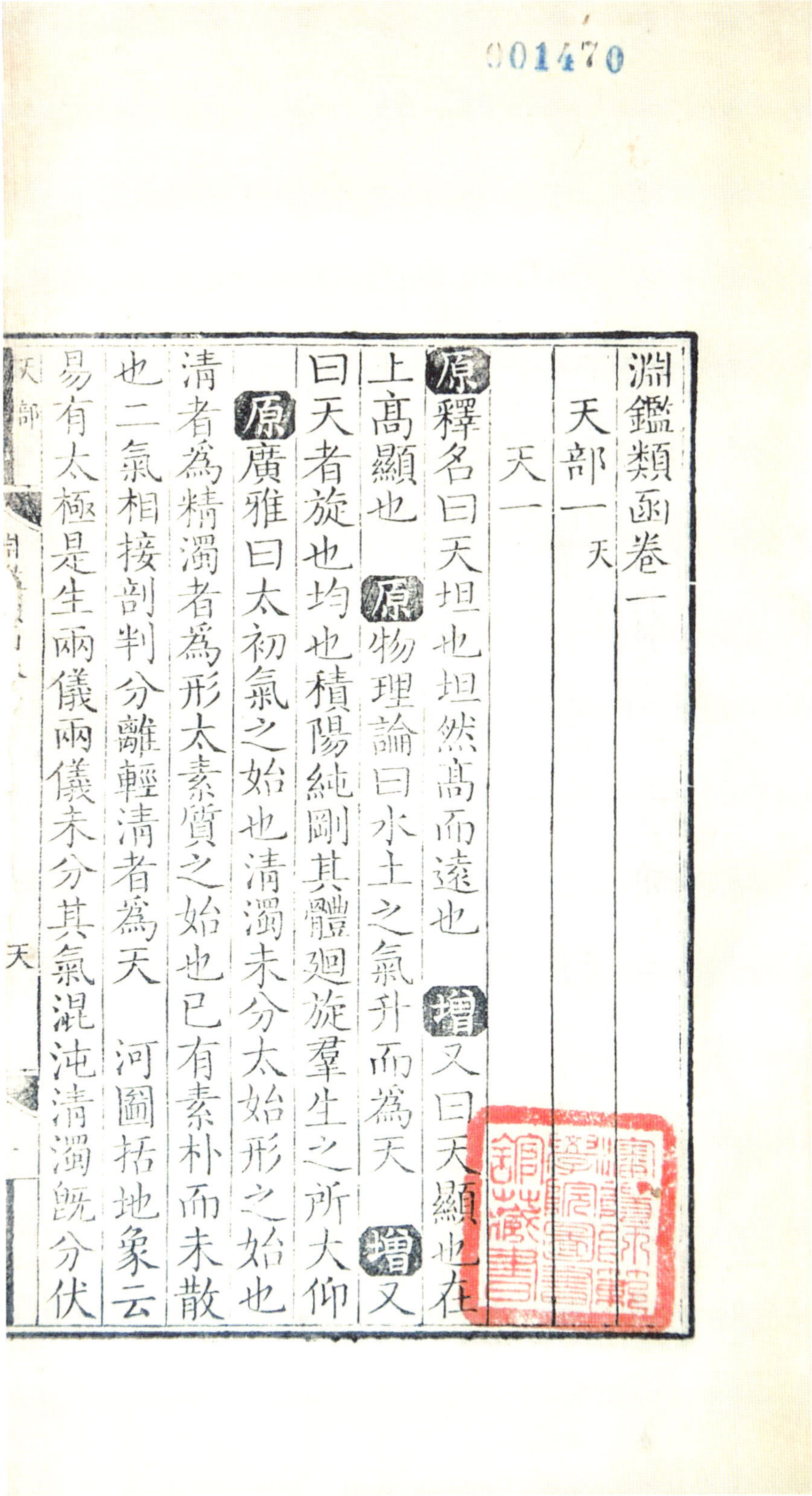
淵鑑類函卷一
天部一 天
天一
原釋名曰天坦也坦然高而遠也 增又曰天顯也在
上高顯也 原物理論曰水土之氣升而爲天 增又
曰天者旋也均也積陽純剛其體廻旋羣生之所大仰
原廣雅曰太初氣之始也清濁未分太始形之始也
清者爲精濁者爲形太素質之始也已有素朴而未散
也二氣相接剖判分離輕清者爲天 河圖括地象云
易有太極是生兩儀兩儀未分其氣混沌清濁既分伏

20643 淵鑑類函四百五十卷目録四卷 （清）張英等撰 清康熙清吟堂刻本 瀋陽師範大學圖書館

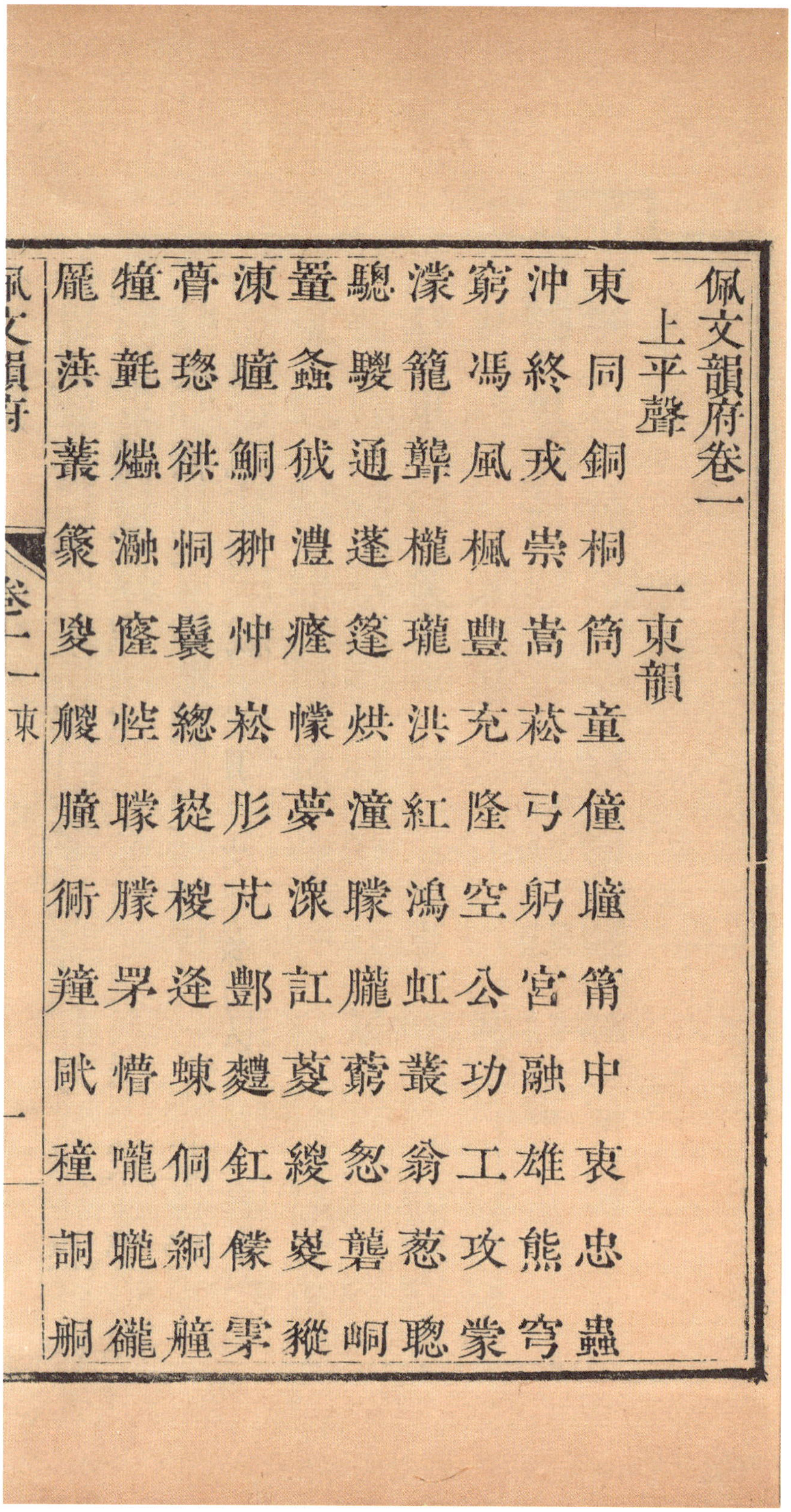

佩文韻府卷一

上平聲　一東韻

東同銅桐筒童僮曈筩中衷忠蟲
沖終戎崇嵩菘弓躬宮融雄熊穹
窮馮風楓豐充隆空公功工攻蒙
濛籠聾櫳瓏洪紅鴻虹叢翁葱聰
驄騣通蓬篷烘潼曚朧藭怱蘴峒
罿鍐狨灃癃幪夢潨訌葼緵嵏縱
涷曨鮦狆忡菘彤芃酆麷釭㒓雺
蓇璁[illegible]恫鬆總樅椶逄蝀侗絧艟
橦氃爞𤃵籠悾矇朦罞懵嚨矓襱
龎葓䕨篆[illegible]艐艟衕𩦻戙穜詷舸

佩文韻府　卷一　一東　一

20644　佩文韻府一百六卷　（清）張玉書　蔡升元等輯　清康熙五十年（1711）揚州詩局刻本　遼寧省圖書館

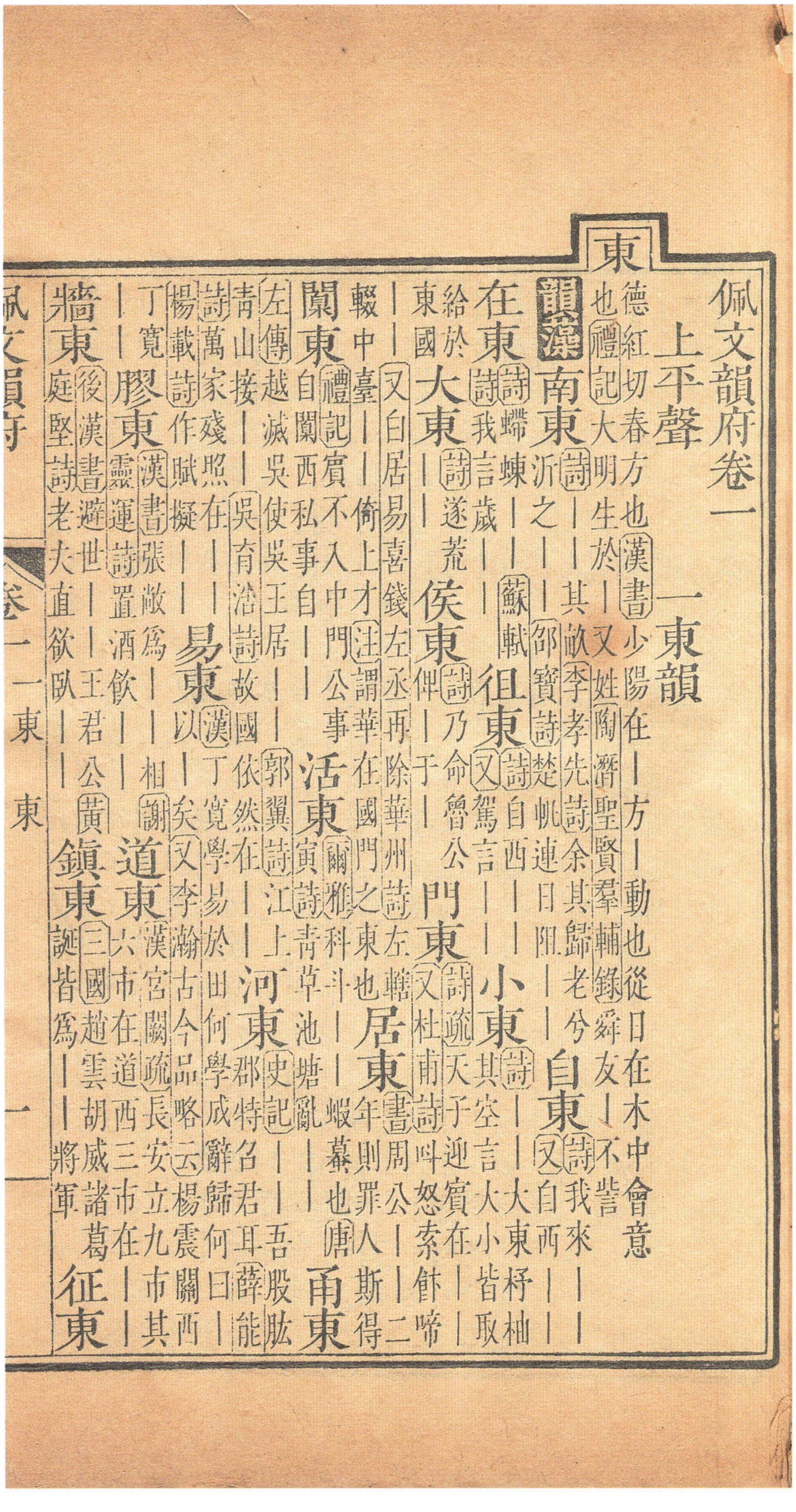

佩文韻府卷一
上平聲　一東韻
東 德紅切春方也漢書少陽在｜方｜動也從日在木中會意也禮記大明生於｜又姓陶潛聖賢羣輔錄舜友｜不訾
韻藻 南東 詩｜｜其畝李孝先詩余其歸老兮沂之｜｜部寶詩楚帆連日阻｜｜ 自東 詩我來｜｜又自西｜｜
在東 詩蝃蝀｜｜蘇軾詩我言歲｜｜ 徂東 詩自西｜｜又駕言｜｜ 小東 詩｜｜大東杼柚其空言大小皆取
給於東國 大東 詩遂荒｜｜ 侯東 詩乃命魯公俾｜于｜ 門東 詩疏天子迎賓在｜｜又杜甫詩叫怒索餅啼
｜｜又白居易喜錢左丞再除華州詩左轄輟中臺｜｜倚上才注謂華在國門之東也 居東 書周公｜｜二年則罪人斯得
闐東 禮記賓不入中門公事自闐西私事自｜｜ 活東 爾雅科斗｜｜蝦蟇也唐寅詩青草池塘亂｜｜ 甬東
左傳越滅吳使吳王居｜｜郭翼詩江上青山接｜｜吳育浩詩故國依然在｜｜ 河東 史記｜｜吾股肱郡特名君耳薛能
詩萬家殘照在｜｜楊載詩作賦擬｜｜ 易東 漢丁寬學易於田何學成辭歸何曰｜以｜矣又李瀚古今品略云楊震關西
丁寬｜｜ 膠東 漢書張敞爲｜｜相謝靈運詩置酒飲｜｜ 道東 漢宮闕疏長安立九市其六市在道西三市在｜｜
牆東 後漢書避世｜｜王君公黃庭堅詩老大直欲臥｜｜ 鎮東 三國趙雲胡威諸葛誕皆爲｜｜將軍 征東

佩文韻府　卷一　一東　東　一

20645　佩文韻府一百六卷　（清）張玉書　汪灝等輯　清康熙五十九年（1720）内府刻本　瀋陽師範大學圖書館

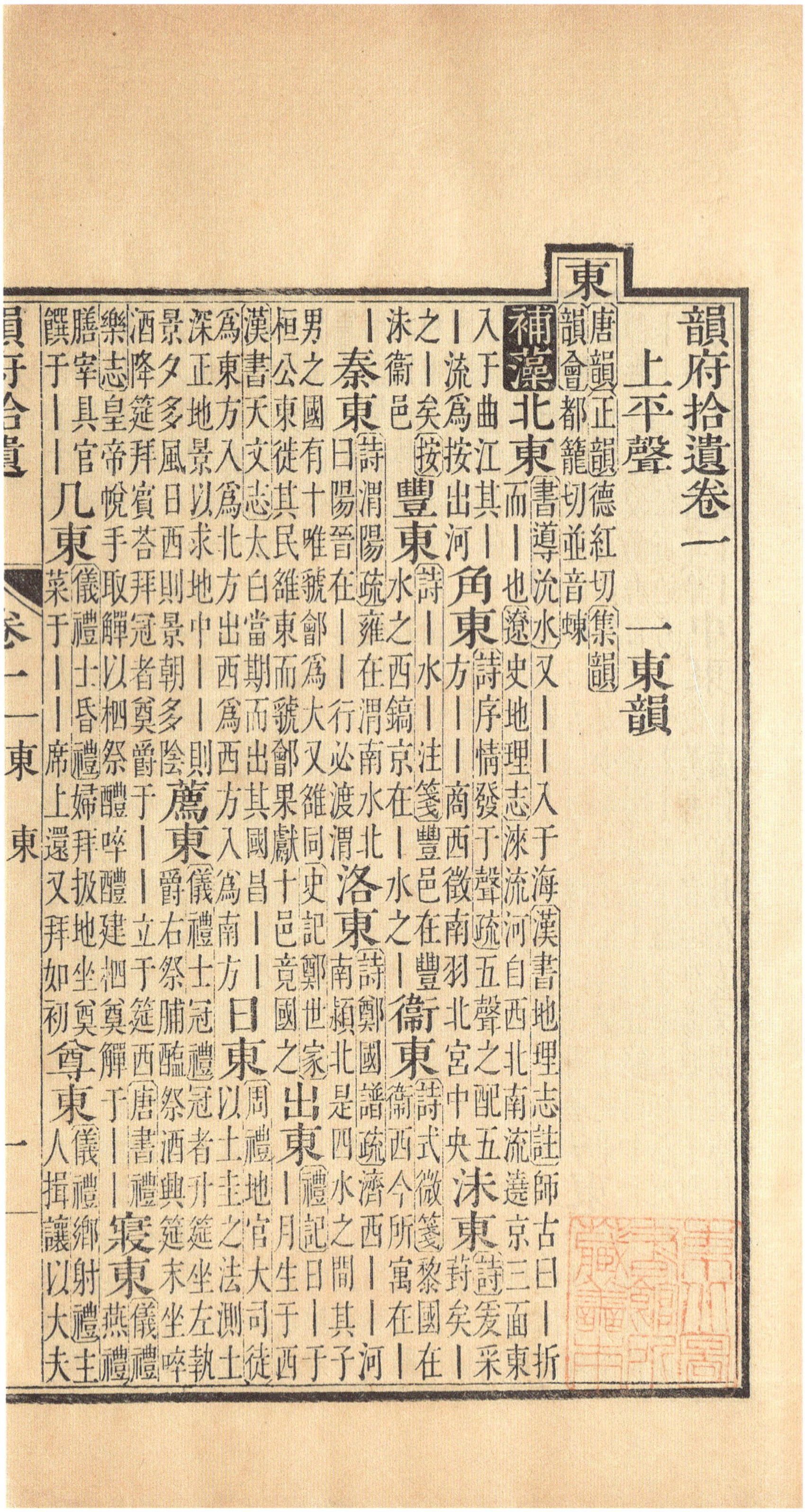
韻府拾遺卷一
上平聲　一東韻
東 唐韻正韻德紅切集韻韻會都籠切並音蝀
補藻
北東 書導沇水又丨丨入于海漢書地理志註師古曰丨折而丨丨也遼史地理志淶流河自西北南流遶京三面東入于曲江其丨丨流爲按出河
角東 詩序情發于聲疏五聲之配五方丨丨丨丨商西徵南羽北宮中央
沬東 詩爰采葑矣丨之丨矣按沬衛邑
豐東 詩丨水丨注箋豐邑在豐水之西鎬京在丨水之丨
衛東 詩式微箋黎國在丨衛西今所寓在丨丨
秦東 詩渭陽疏雍在渭南水北日陽晉在丨丨行必渡渭
洛東 詩鄭國譜疏濟西丨丨河南潁北是四水之間其子男之國有十唯號鄶爲大又雒同史記鄭世家桓公東徙其民雒東而號鄶果獻十邑竟國之
出東 禮記日丨于丨月生于西漢書天文志太白當期而出其國昌丨丨爲東方入爲北方出西爲西方入爲南方
日東 周禮地官大司徒以土圭之法測土深正地景以求地中丨丨則景夕多風日西則景朝多陰
鳶東 儀禮士冠禮冠者升筵坐左執爵右祭脯醢祭酒興筵末坐啐酒降筵拜賓荅拜冠者奠爵于丨丨立于筵西唐書禮樂志皇帝帨手取觶以栖祭醴啐醴建栖奠觶于丨丨
寢東 儀禮燕禮膳宰具官饌于丨丨
几東 儀禮士昏禮婦拜扱地坐奠菜于丨丨席上還又拜如初
尊東 儀禮鄉射禮主人揖讓以大夫

韻府拾遺　卷一　一東　東　一

20646　韻府拾遺一百六卷　（清）張玉書　汪灝等輯　清康熙五十九年（1720）内府刻本　遼寧省圖書館

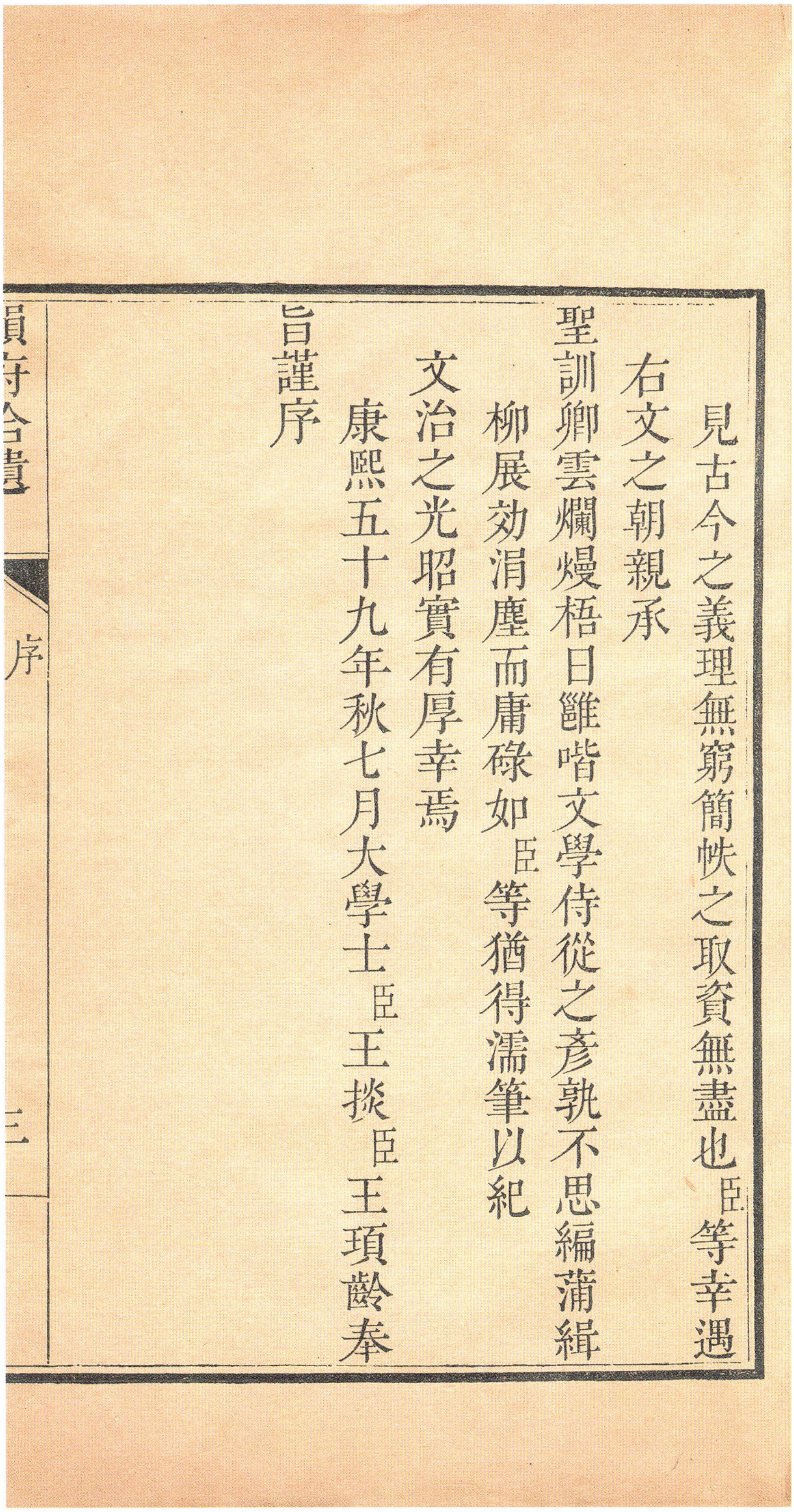

見古今之義理無窮簡帙之取資無盡也臣等幸遇
右文之朝親承
聖訓卿雲爛熳梧日雝喈文學侍從之彥孰不思編蒲緝
柳展効涓塵而膺祿如臣等猶得濡筆以紀
文治之光昭實有厚幸焉
康熙五十九年秋七月大學士臣王掞臣王頊齡奉
旨謹序

韻府拾遺　序　三

20647　韻府拾遺一百六卷　（清）張玉書　汪灝等輯　清康熙五十九年（1720）内府刻本　瀋陽師範大學圖書館

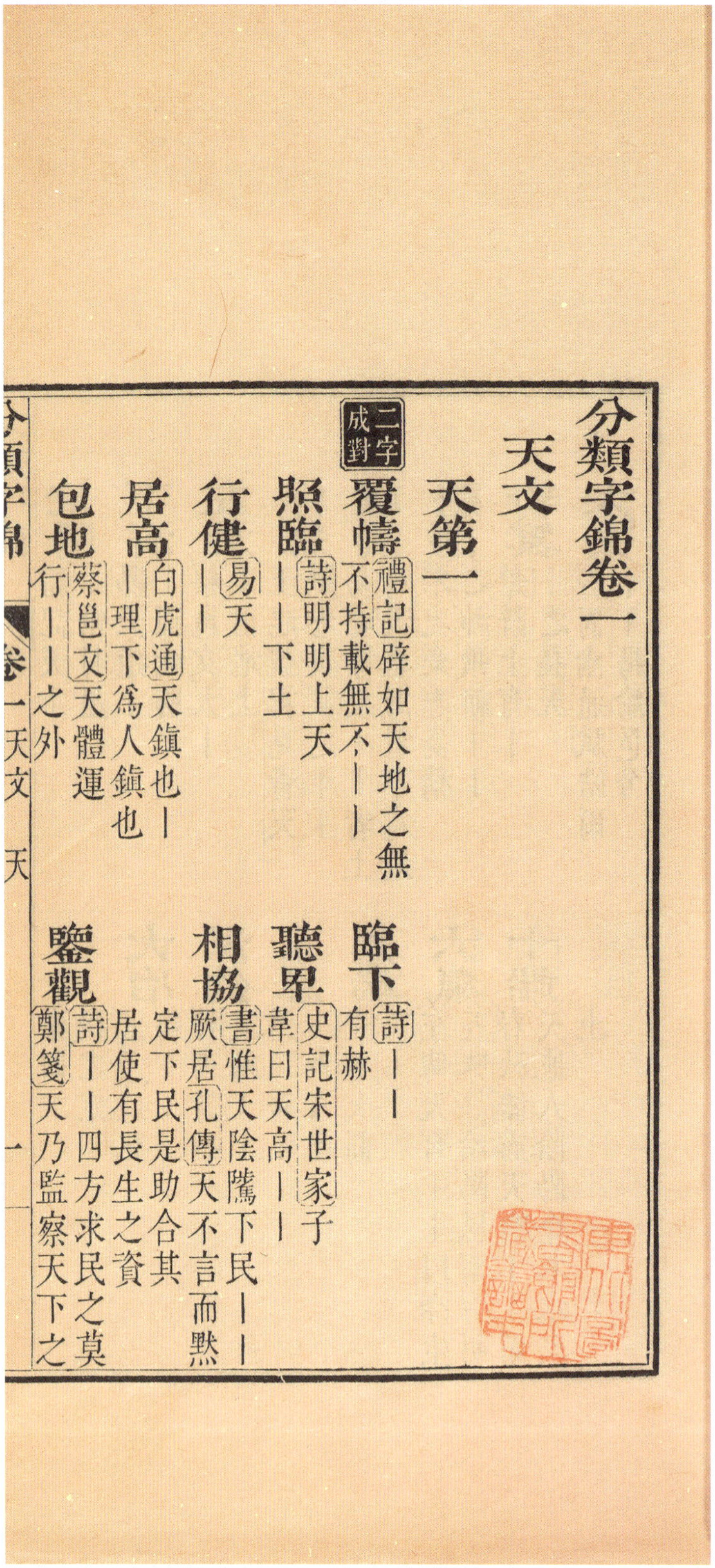
分類字錦卷一
天文
天第一
二字成對 覆幬 禮記辟如天地之無不持載無不｜｜
臨下 詩｜｜有赫
照臨 詩明明上天｜｜下土
聽卑 史記宋世家子韋曰天高｜｜
行健 易天｜｜
相協 書惟天陰騭下民｜｜厥居孔傳天不言而黙定下民是助合其居使有長生之資
居高 白虎通天鎮也｜｜理下爲人鎮也
包地 蔡邕文天體運行｜｜之外
鑒觀 詩｜｜四方求民之莫鄭箋天乃監察天下之
分類字錦 卷一 天文 天 一

20648 分類字錦六十四卷 （清）何焯等輯 清康熙六十一年（1722）內府刻本 遼寧省圖書館

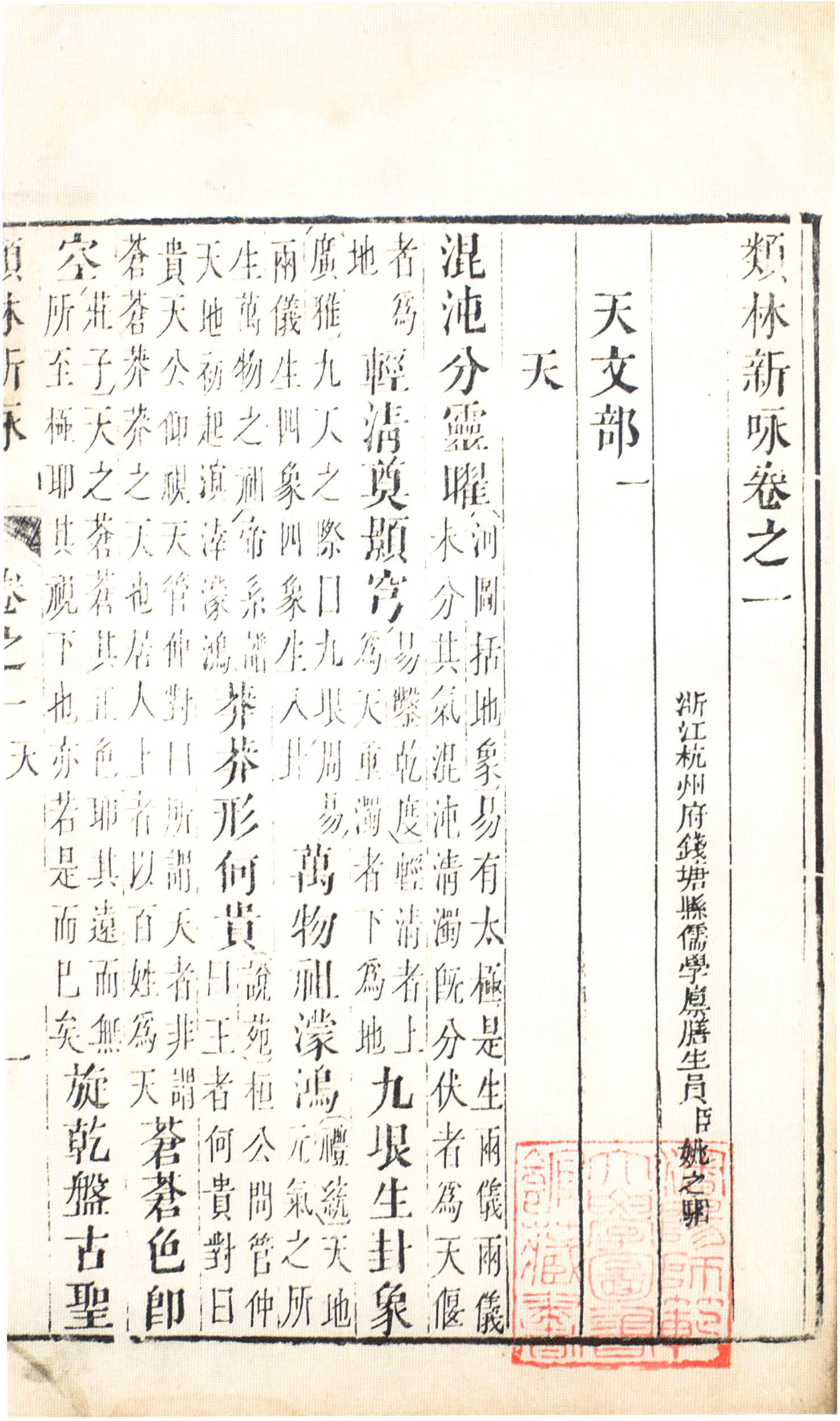
類林新咏卷之一
浙江杭州府錢塘縣儒學廪膳生員臣姚之駰
天文部一
天
混沌分靈曜河圖括地象易有太極是生兩儀兩儀未分其氣混沌清濁既分伏者爲天偃
者爲地輕清奠顥穹易鑿乾度輕清者上爲天重濁者下爲地九垠生卦象
廣雅九天之際曰九垠周易兩儀生四象四象生八卦萬物祖濛鴻禮統天地元氣之所
生萬物之祖帝系譜天地初起溟涬濛鴻莽莽形何貴說苑桓公問管仲曰王者何貴對曰
貴天公仰視天管仲對曰所謂天者非謂蒼蒼莽莽之天也君人者以百姓爲天蒼蒼色即
空莊子天之蒼蒼其正色耶其遠而無所至極耶其視下也亦若是而已矣旋乾盤古聖
類林新咏　卷之一　天　一

20649　類林新咏三十六卷　（清）姚之駰撰　清康熙四十七年（1708）文暎書屋刻本　瀋陽師範大學圖書館

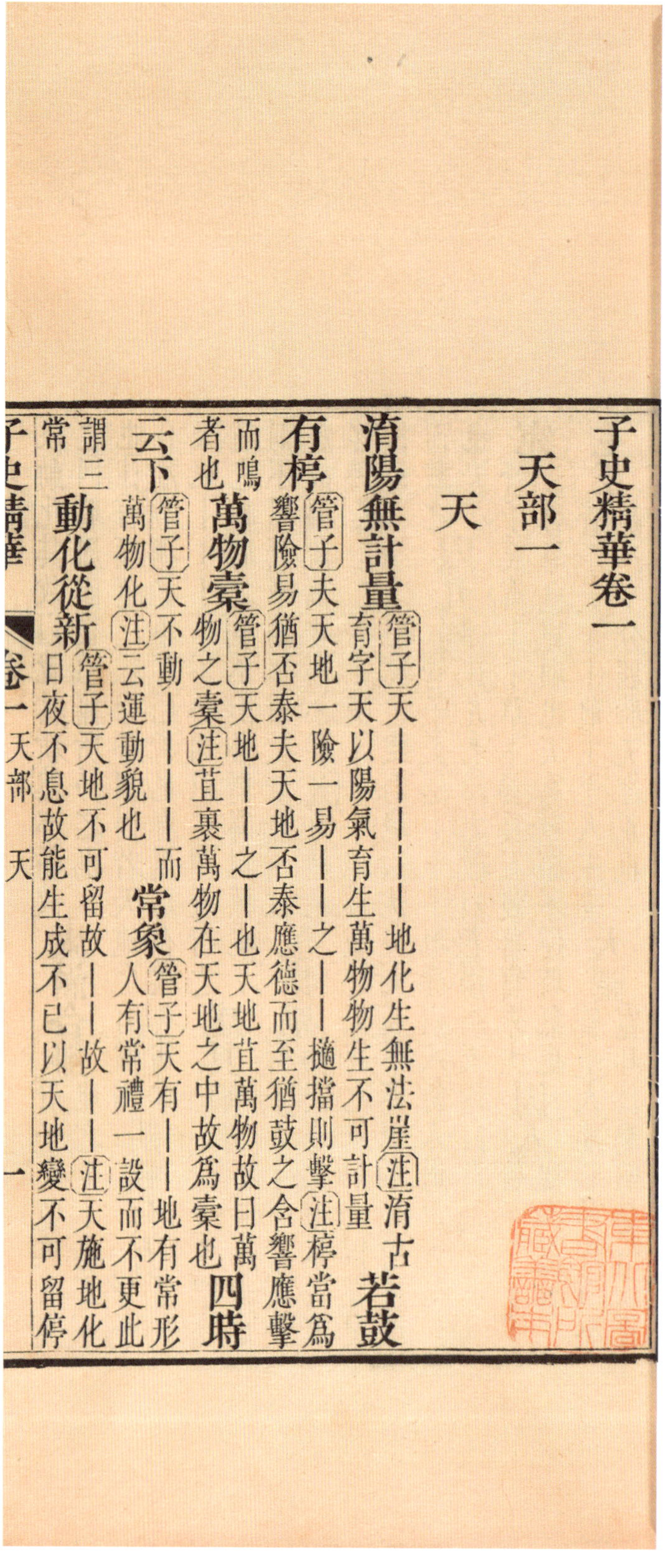
子史精華卷一
天部一
天
淯陽無計量【管子】天｜｜｜｜｜地化生無法崖【注】淯古育字天以陽氣育生萬物物生不可計量 **若鼓**
有梈【管子】夫天地一險一易｜｜之｜｜擿揣則擊【注】梈當爲響險易猶否泰夫天地否泰應德而至猶鼓之含響應擊而鳴
萬物槖【管子】天地｜｜之｜也天地苴萬物故曰萬物之槖【注】苴裹萬物在天地之中故爲槖也者也 **四時**
云下【管子】天不動｜｜｜｜而萬物化【注】云運動貌也 **常象**【管子】天有｜｜地有常形人有常禮一設而不更此謂三常
動化從新【管子】天地不可留故｜｜故｜｜【注】天施地化日夜不息故能生成不已以天地變不可留停
子史精華　卷一　天部　天　一

20650　子史精華一百六十卷　（清）允禄 吴襄等纂　清雍正五年（1727）內府刻本　遼寧省圖書館

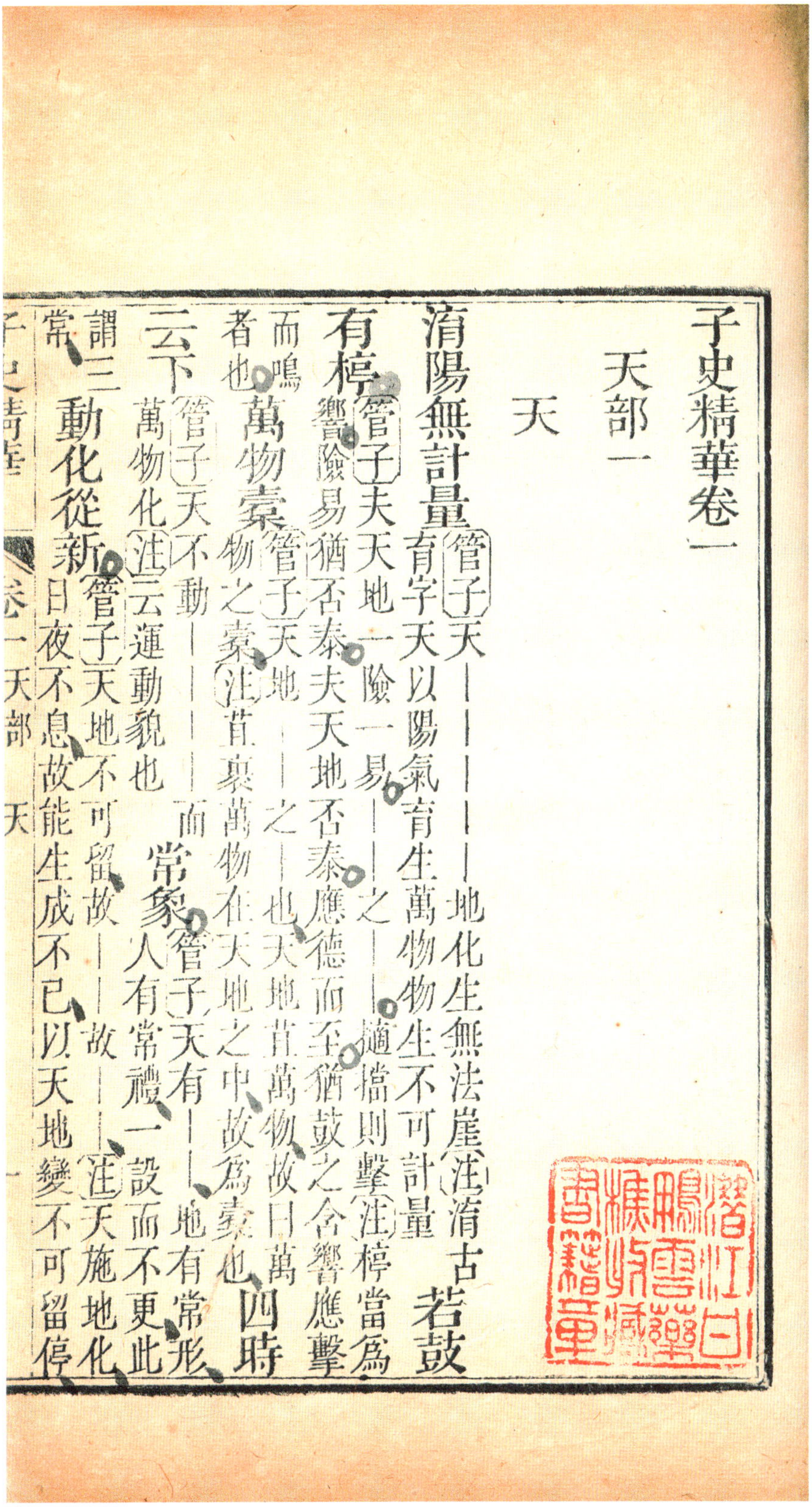
子史精華卷一
天部一
天
淯陽無計量管子天｜｜｜｜｜地化生無法崖注淯古育字天以陽氣育生萬物物生不可計量若鼓
有槔管子夫天地一險一易｜｜之｜｜擿擋則擊注槔當爲響險易猶否泰夫天地否泰應德而至猶鼓之合響應擊而鳴者也
萬物橐管子天地｜｜之｜也天地苴萬物故曰萬物之橐注苴裹萬物在天地之中故爲橐也四時
云下管子天不動｜｜｜｜｜而萬物化注云運動貌也常象管子天有｜｜｜地有常形人有常禮一設而不更此謂三常
動化從新管子天地不可留故｜｜｜故｜｜｜注天施地化日夜不息故能生成不已以天地變不可留停
子史精華　卷一　天部　天　一

20651　子史精華一百六十卷　（清）允祿　吴襄等纂　清雍正五年（1727）內府刻本　遼寧大學圖書館

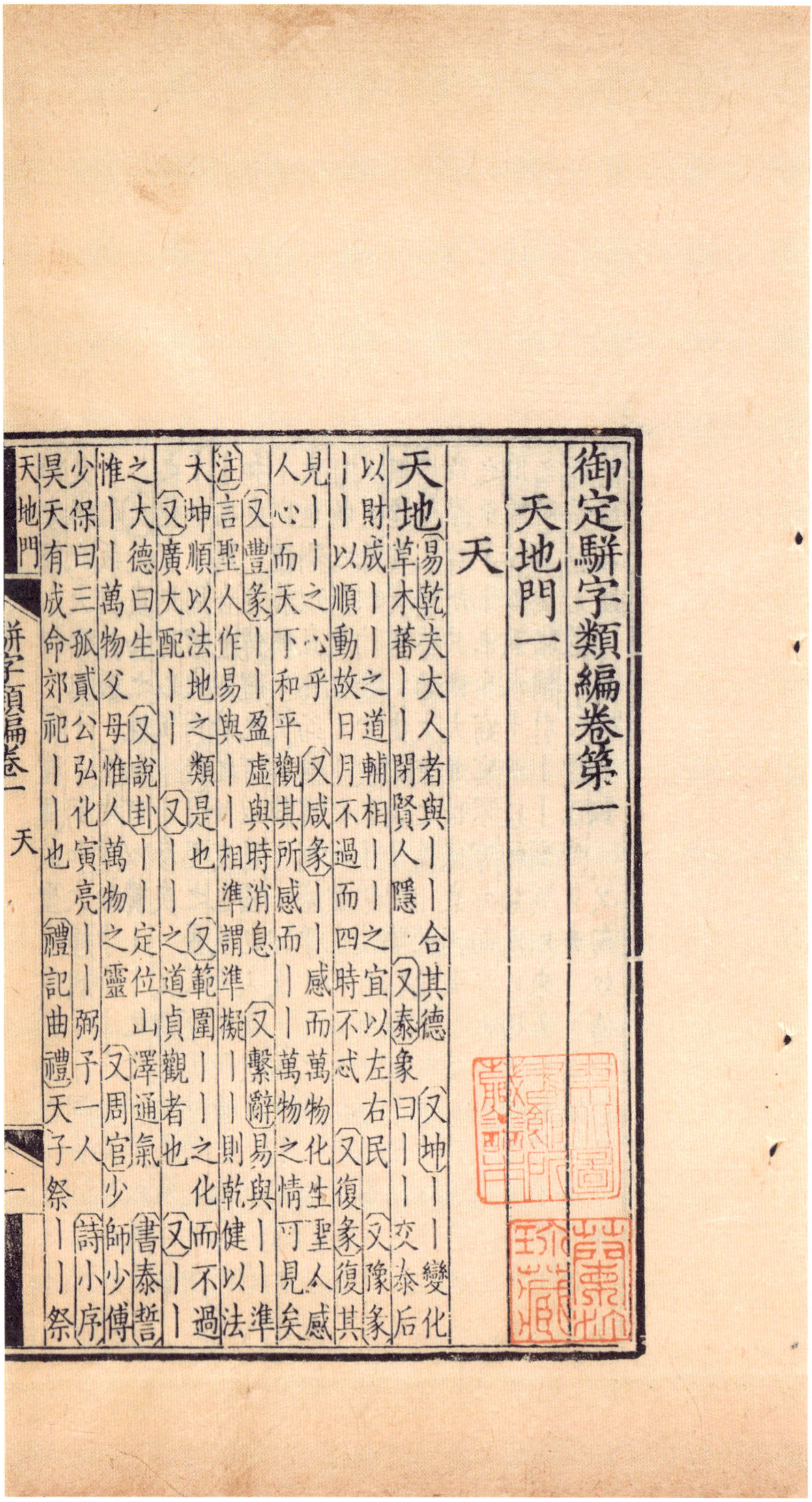
御定駢字類編卷第一

天地門一

天

天地易乾夫大人者與丨丨合其德又坤丨丨變化草木蕃丨丨閉賢人隱又泰象曰丨丨交泰后以財成丨丨之道輔相丨丨之宜以左右民又豫象丨丨以順動故日月不過而四時不忒又復象復其見丨丨之心乎又咸象丨丨感而萬物化生聖人感人心而天下和平觀其所感而丨丨萬物之情可見矣又豐象丨丨盈虛與時消息又繫辭易與丨丨準注言聖人作易與丨丨相準謂準擬丨丨則乾健以法天坤順以法地之類是也又範圍丨丨之化而不過又廣大配丨丨又丨丨之道貞觀者也又丨丨之大德曰生又說卦丨丨定位山澤通氣書泰誓惟丨丨萬物父母惟人萬物之靈又周官少師少傅少保曰三孤貳公弘化寅亮丨丨弼予一人詩小序昊天有成命郊祀丨丨也禮記曲禮天子祭丨丨祭

天地門　駢字類編卷一　天　一

20652　御定駢字類編二百四十卷（清）沈宗敬等輯　清雍正六年（1728）內府刻本　遼寧省圖書館

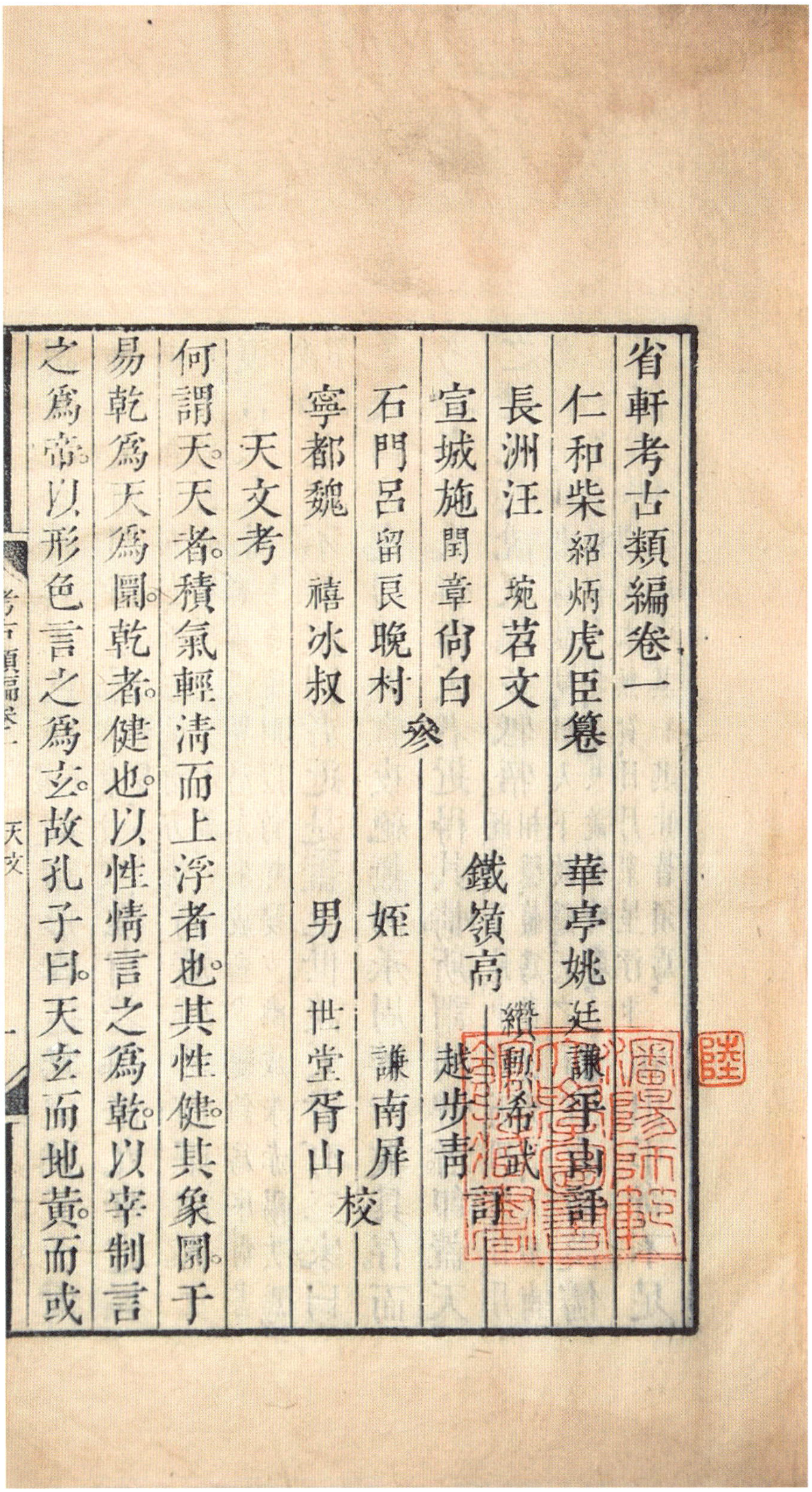

省軒考古類編卷一
仁和柴紹炳虎臣甊　　華亭姚廷謙平山評
長洲汪琬苕文　　鐵嶺高纘勳希武
宣城施閏章尚白　參　越步青訂
石門呂留良晚村　　姪謙南屏
寧都魏禧冰叔　　男世堂胥山　校
天文考
何謂天。天者。積氣輕清而上浮者也。其性健。其象圜。于易乾爲天。爲圜。乾者。健也。以性情言之爲乾。以宰制言之爲帝。以形色言之爲玄。故孔子曰。天玄而地黃。而或

考古類編卷一　天文

20653　省軒考古類編十二卷　（清）柴紹炳撰　（清）姚廷謙評　清雍正四年（1726）澹成堂刻本　瀋陽師範大學圖書館

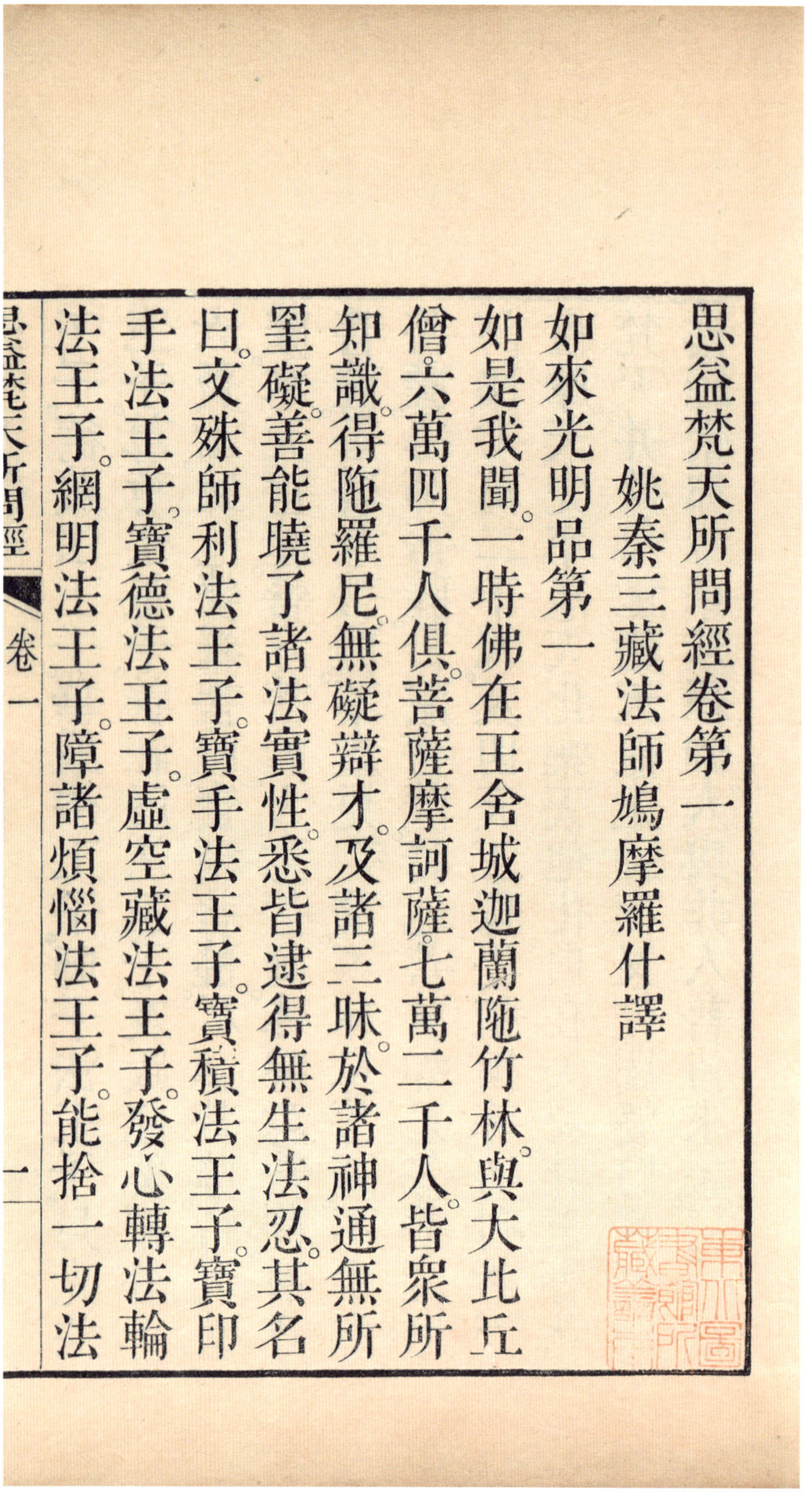
思益梵天所問經卷第一
姚秦三藏法師鳩摩羅什譯
如來光明品第一
如是我聞一時佛在王舍城迦蘭陁竹林與大比丘僧六萬四千人俱菩薩摩訶薩七萬二千人皆衆所知識得陁羅尼無礙辯才及諸三昧於諸神通無所罣礙善能曉了諸法實性悉皆逮得無生法忍其名曰文殊師利法王子寶手法王子寶積法王子寶印手法王子寶德法王子虛空藏法王子發心轉法輪法王子網明法王子障諸煩惱法王子能捨一切法
思益梵天所問經 卷一 一

20654 二十八經同函一百四十七卷 清雍正十三年（1735）內府刻本
遼寧省圖書館

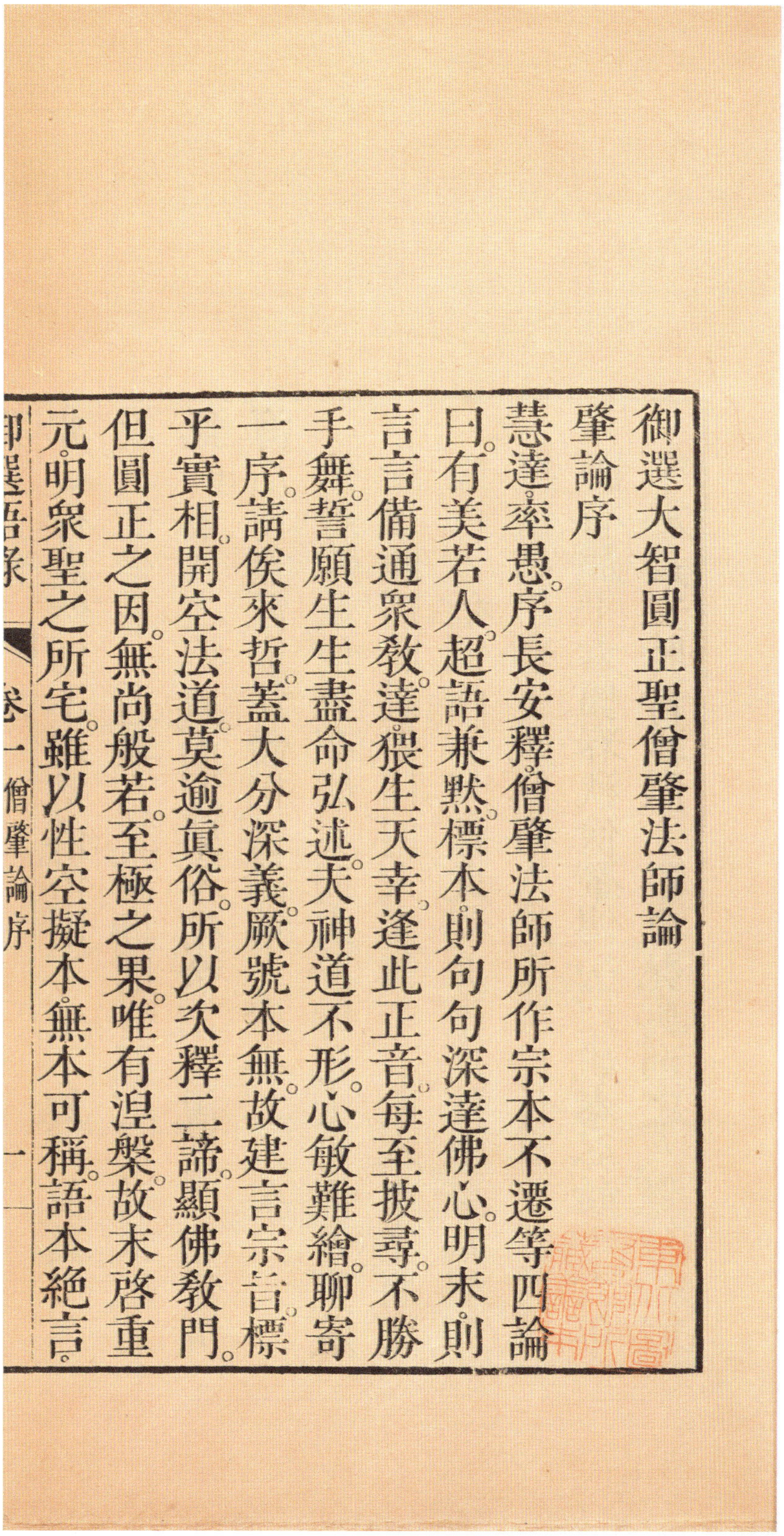
御選大智圓正聖僧肇法師論
肇論序
慧達率愚序長安釋僧肇法師所作宗本不遷等四論
曰有美若人超語兼默標本則句句深達佛心明末則
言言備通衆教達徑生天幸逢此正音每至披尋不勝
手舞誓願生生盡命弘述夫神道不形心敏難繪聊寄
一序請俟來哲蓋大分深義厥號本無故建言宗旨標
乎實相開空法道莫逾眞俗所以次釋二諦顯佛教門
但圓正之因無尚般若至極之果唯有涅槃故末啓重
元明衆聖之所宅雖以性空擬本無本可稱語本絕言
御選語錄 卷一 僧肇論序 一

20655 御選語錄十九卷 （清）世宗胤禛選 清雍正十一年（1733）內府刻本 遼寧省圖書館

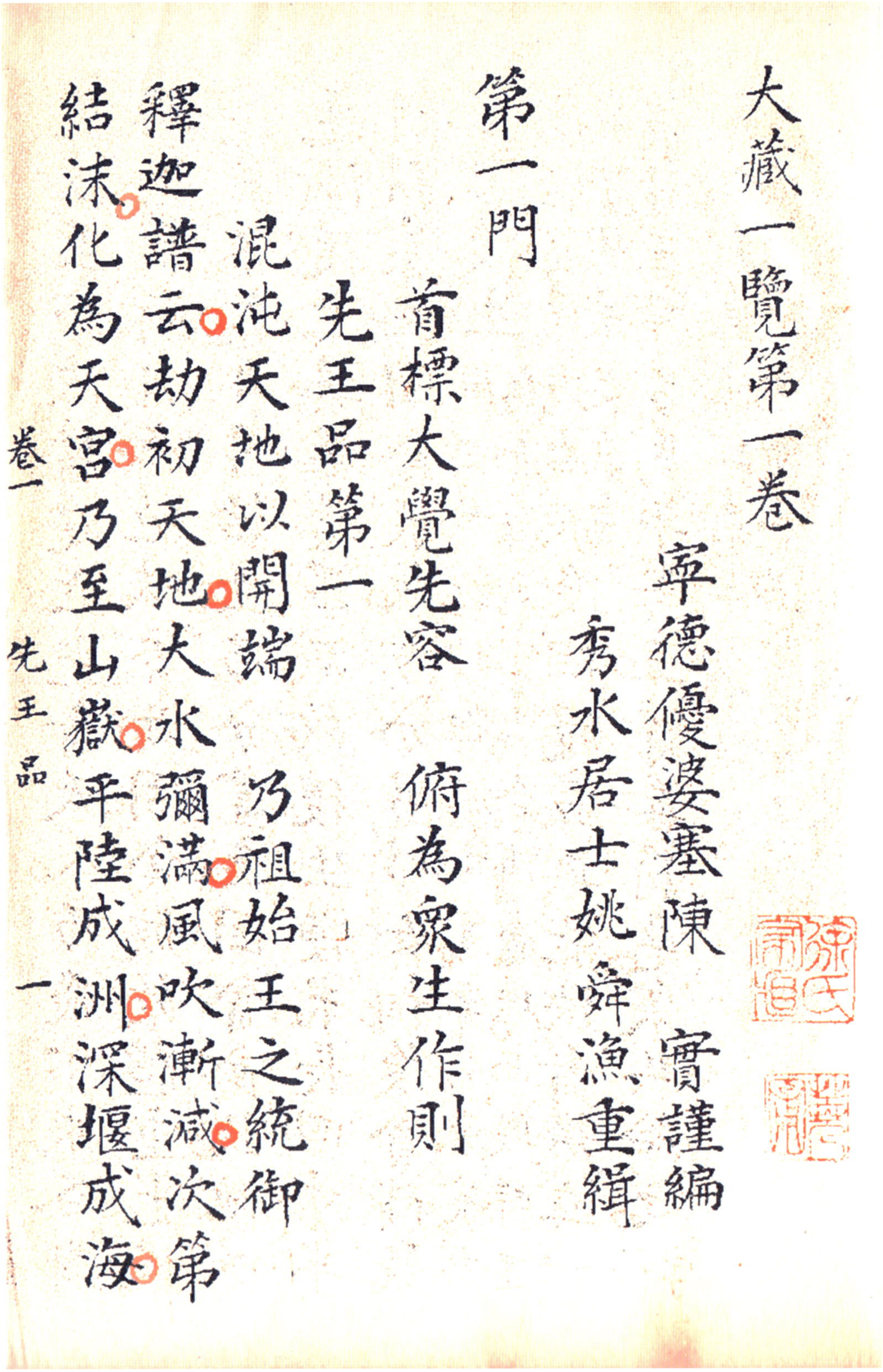
大藏一覽第一卷
寧德優婆塞陳實謹編
秀水居士姚舜漁重緝
第一門
首標大覺先容　俯為衆生作則
先王品第一
混沌天地以開端　乃祖始王之統御
釋迦譜云。劫初天地。大水彌滿。風吹漸減。次第
結沫。化為天宮。乃至山嶽。平陸成洲。深堰成海。
卷一　先王品　一

20656　大藏一覽十卷　（明）陳實撰　（明）姚舜漁重輯　清抄本　大連圖書館

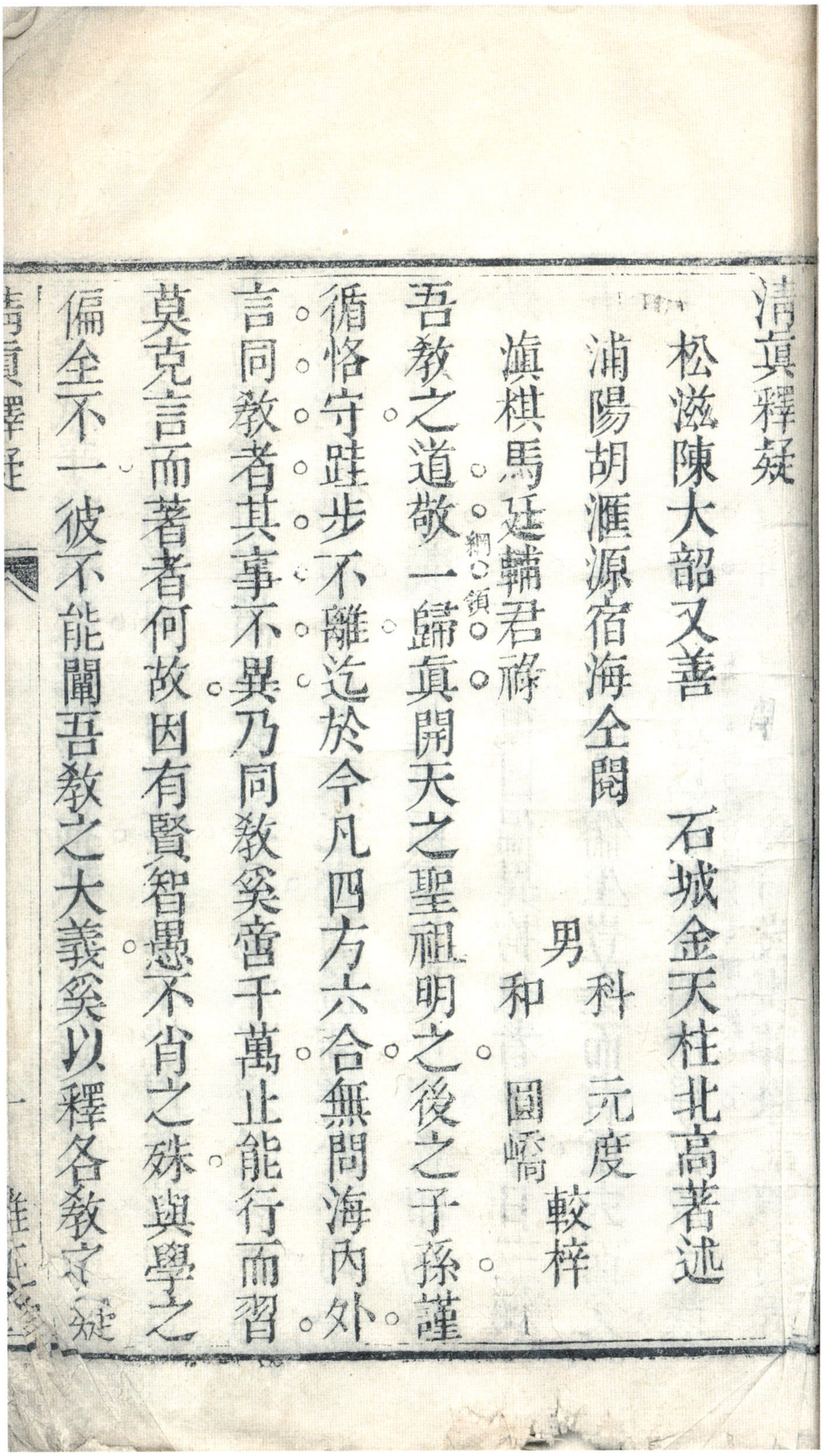
清眞釋疑
松滋陳大韶又善　石城金天柱北高著述
浦陽胡滙源宿海仝閱　男　科元度
滇棋馬廷轔君蘅　和圖嶠　較梓
吾教之道綱領敬一歸眞開天之聖祖明之後之子孫謹
循恪守跬步不離迄於今凡四方六合無問海內外
言同教者其事不異乃同教奚啻千萬止能行而習
莫克言而著者何故因有賢智愚不肖之殊與學之
偏全不一彼不能闡吾教之大義奚以釋各教之疑
清眞釋疑　一

20657　清眞釋疑不分卷　（清）金田柱撰　清乾隆三十三年（1768）
長樂齋刻本　大連圖書館

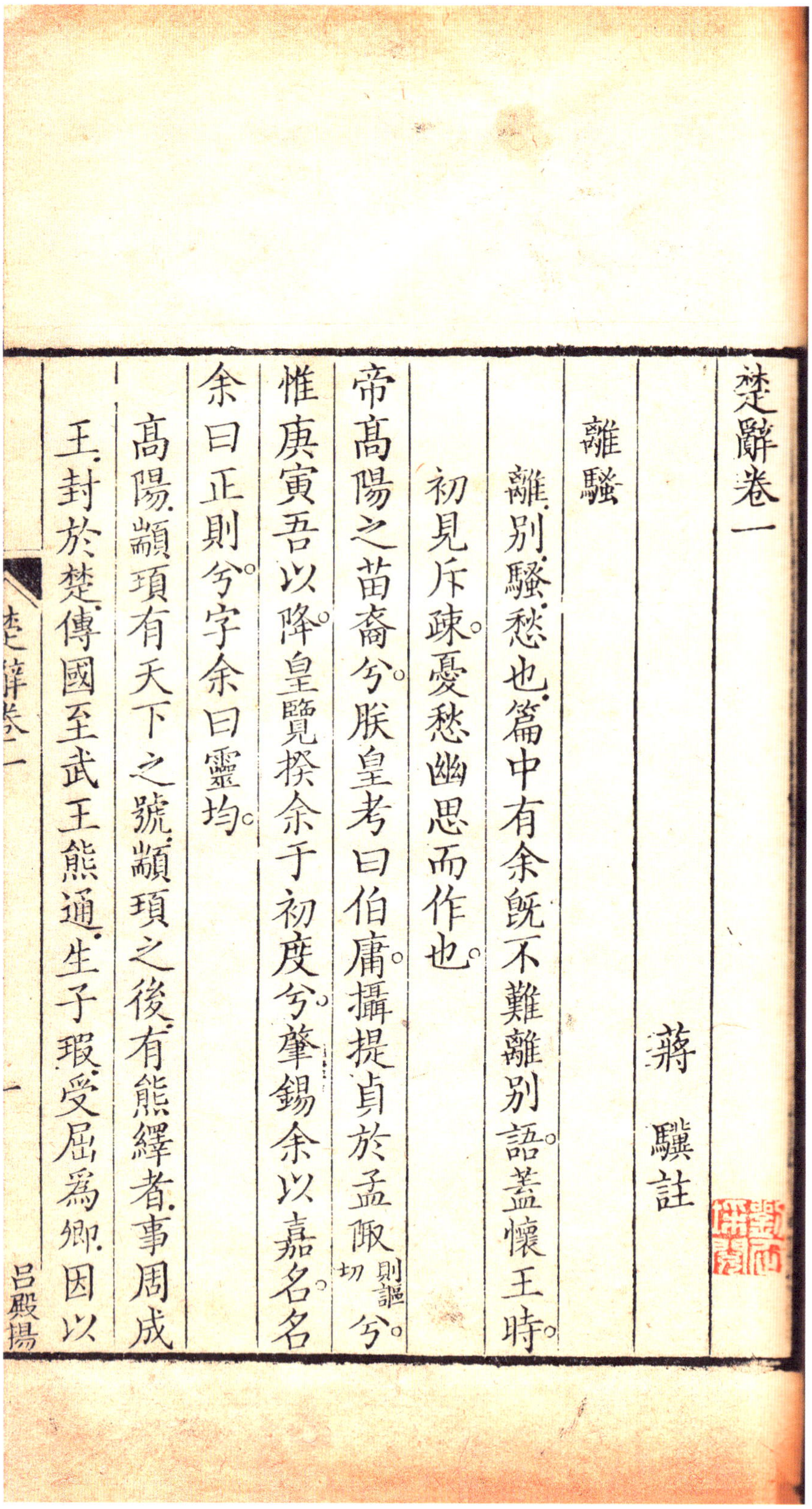
楚辭卷一
蔣　驥註
離騷
離別騷愁也篇中有余既不難離別語蓋懷王時
初見斥疎憂愁幽思而作也
帝高陽之苗裔兮朕皇考曰伯庸攝提貞於孟陬則謳切兮
惟庚寅吾以降皇覽揆余于初度兮肇錫余以嘉名名
余曰正則兮字余曰靈均
高陽顓頊有天下之號顓頊之後有熊繹者事周成
王封於楚傳國至武王熊通生子瑕受屈爲卿因以
楚辭卷一　一　呂殿揚

20658　山帶閣注楚辭六卷餘論二卷説韵一卷　（清）蔣驥撰　清雍正五年（1727）蔣氏山帶閣刻本　大連圖書館

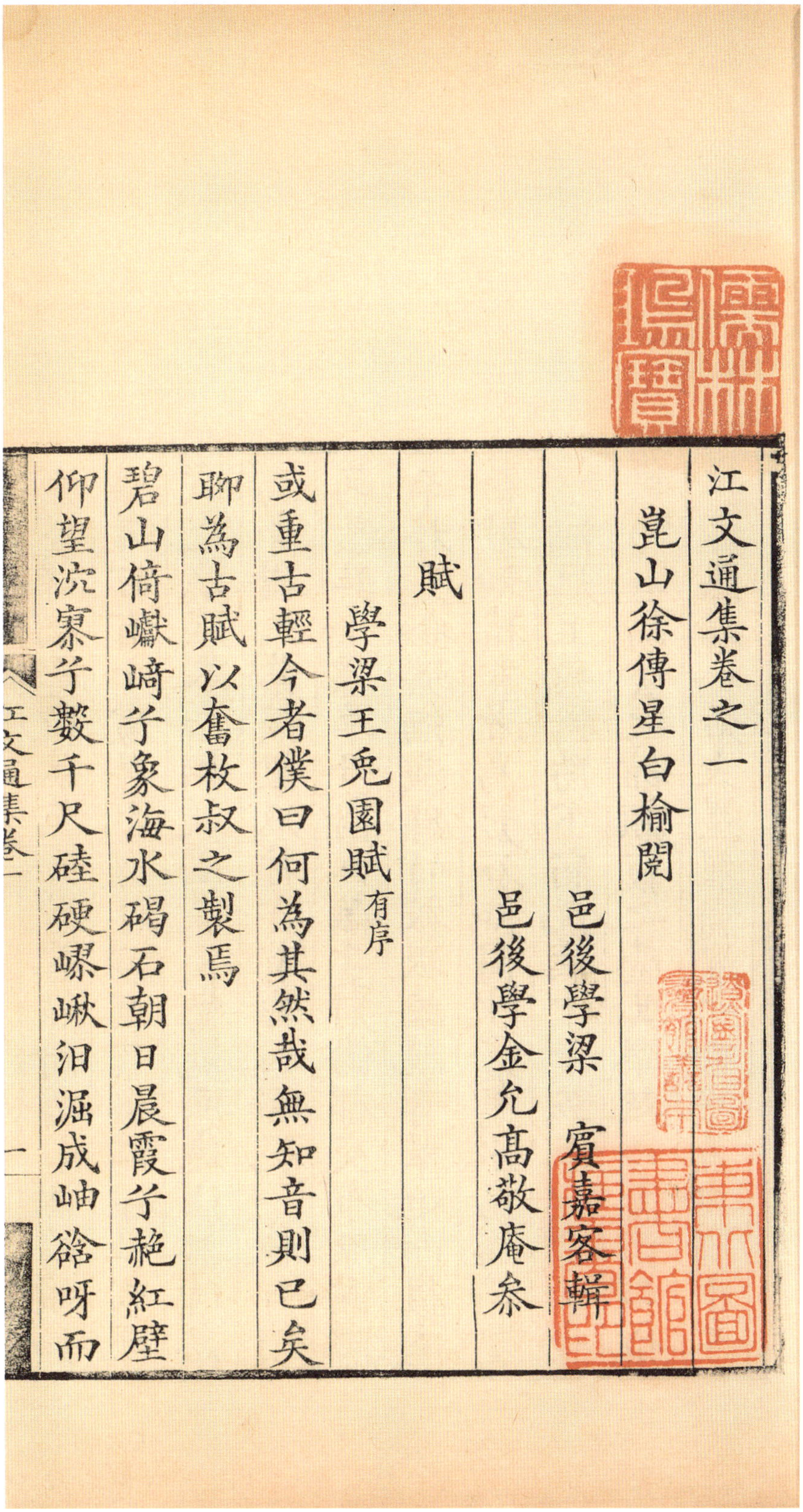
江文通集卷之一
崑山徐傅星白榆閱
邑後學梁　賓嘉客輯
邑後學金允高敬庵參
賦
學梁王兎園賦 有序
或重古輕今者僕曰何為其然哉無知音則已矣
聊為古賦以奮枚叔之製焉
碧山倚巘崎兮象海水碣石朝日晨霞兮赩紅壁
仰望沇寥兮數千尺硿硬嵺嶕汩淈成岫谽呀而

江文通集卷一　一

20659　江文通集四卷　（南朝梁）江淹撰　（清）梁賓輯　清乾隆二十四年（1759）安愚堂刻本　遼寧省圖書館

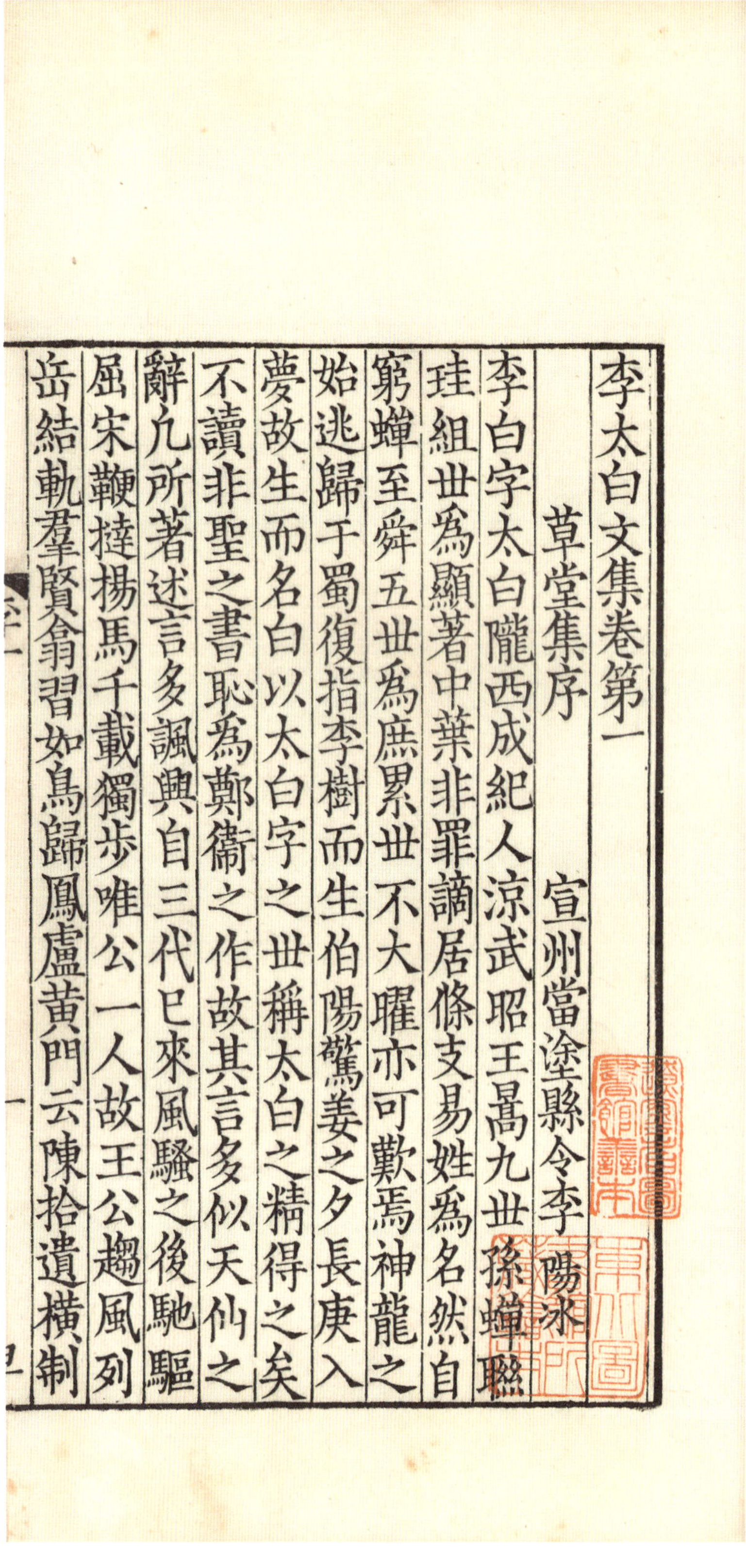
李太白文集卷第一
草堂集序　　宣州當塗縣令李陽冰
李白字太白隴西成紀人涼武昭王暠九世孫蟬聯
珪組世爲顯著中葉非罪謫居條支易姓爲名然自
窮蟬至舜五世爲庶累世不大曜亦可歎焉神龍之
始逃歸于蜀復指李樹而生伯陽驚姜之夕長庚入
夢故生而名白以太白字之世稱太白之精得之矣
不讀非聖之書恥爲鄭衛之作故其言多似天仙之
辭凡所著述言多諷興自三代已來風騷之後馳驅
屈宋鞭撻揚馬千載獨步唯公一人故王公趨風列
岳結軌羣賢翕習如鳥歸鳳盧黃門云陳拾遺橫制

20660　李太白文集三十卷　（唐）李白撰　清康熙五十六年（1717）繆曰芑雙泉草堂刻本　遼寧省圖書館

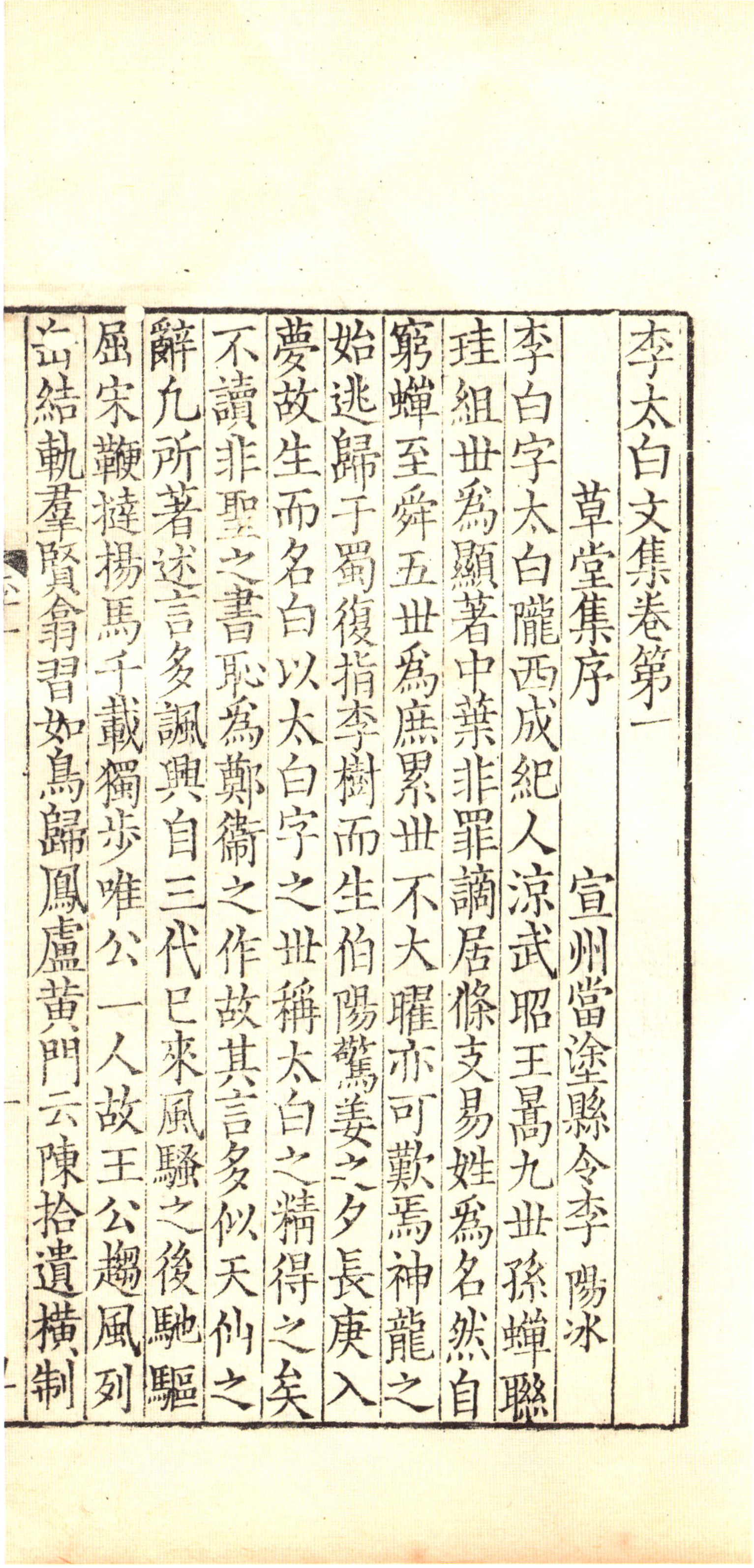

李太白文集卷第一

草堂集序　　宣州當塗縣令李陽冰

李白字太白隴西成紀人凉武昭王暠九世孫蟬聯
珪組世爲顯著中葉非罪謫居條支易姓爲名然自
窮蟬至舜五世爲庶累世不大曜亦可歎焉神龍之
始逃歸于蜀復指李樹而生伯陽驚姜之夕長庚入
夢故生而名白以太白字之世稱太白之精得之矣
不讀非聖之書恥爲鄭衛之作故其言多似天仙之
辭凡所著述言多諷興自三代已來風騷之後馳驅
屈宋鞭撻揚馬千載獨步唯公一人故王公趨風列
岫結軌羣賢翕習如鳥歸鳳盧黃門云陳拾遺横制

20661　李太白文集三十卷　（唐）李白撰　清康熙五十六年（1717）繆曰芑雙泉草堂刻本　大連圖書館

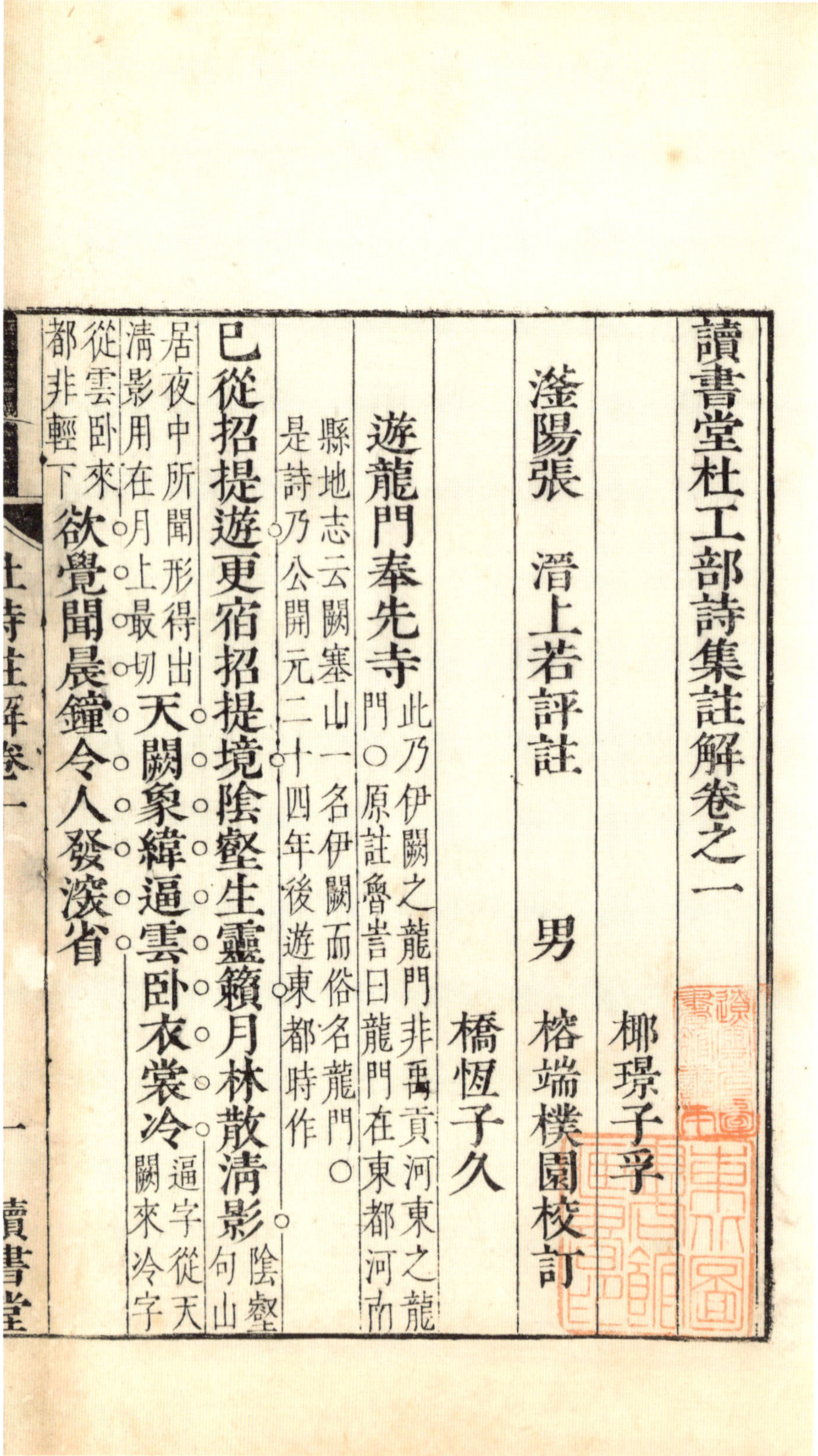
讀書堂杜工部詩集註解卷之一
椰璟子孚
瀋陽張　溍上若評註　男　榕端樸園校訂
橋恒子久
遊龍門奉先寺此乃伊闕之龍門非禹貢河東之龍門○原註魯旹曰龍門在東都河南縣地志云闕塞山一名伊闕俗名龍門○是詩乃公開元二十四年後遊東都時作
已從招提遊。更宿招提境。陰壑生靈籟。月林散清影。陰壑句山居夜中所聞形得出清影用在月上最切
天闕象緯逼。雲卧衣裳冷。逼字從天闕來冷字從雲卧來都非輕下
欲覺聞晨鐘。令人發深省。
杜詩註解卷一　一　讀書堂

20662　讀書堂杜工部詩集註解二十卷文集註解二卷　（唐）杜甫撰　（清）張溍注　**杜工部編年詩史譜目一卷**　清康熙三十七年（1698）張氏讀書堂刻本　遼寧省圖書館

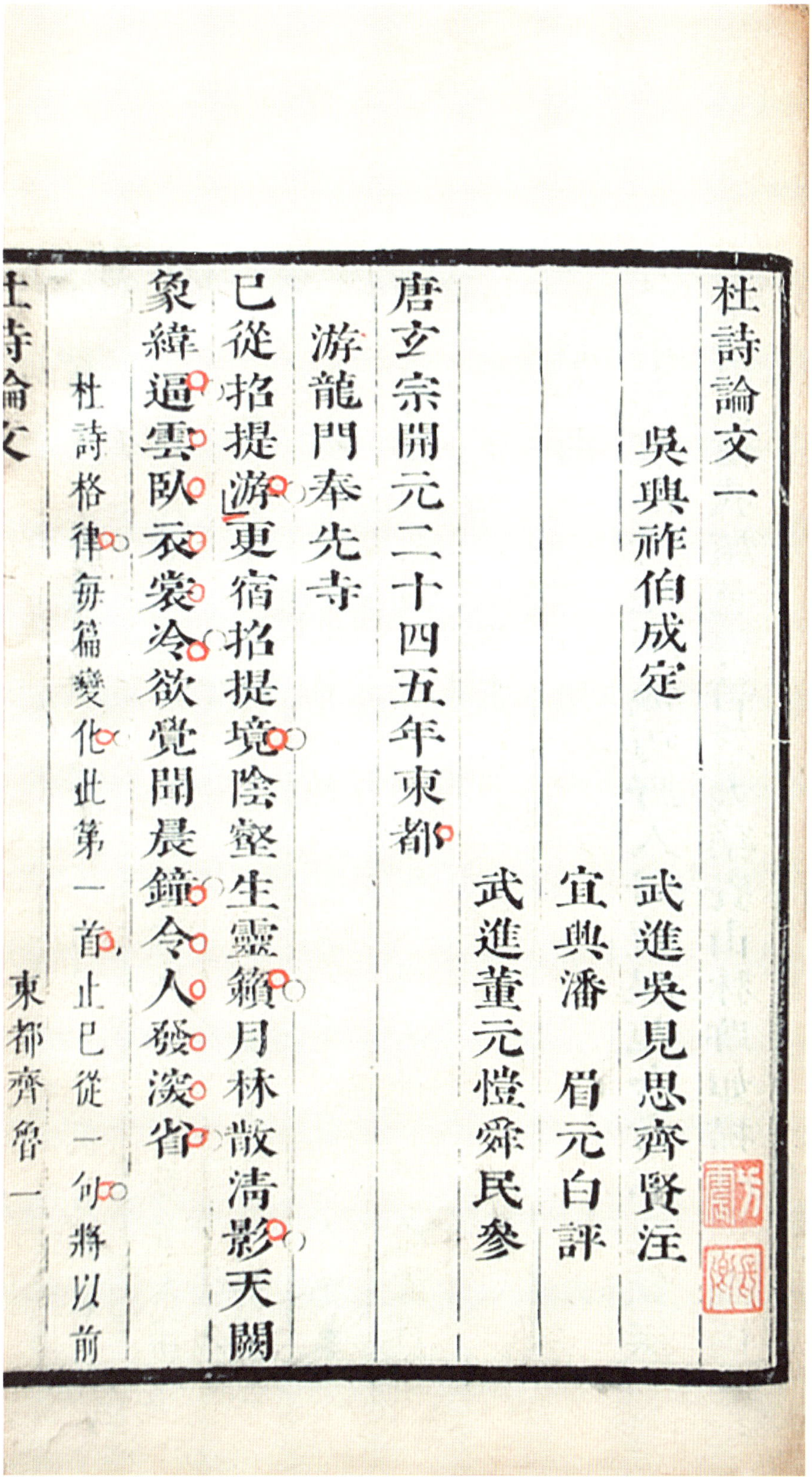
杜詩論文一
吳興祚伯成定　武進吳見思齊賢注
宜興潘　眉元白評
武進董元愷舜民參
唐玄宗開元二十四五年東都
游龍門奉先寺
已從招提游更宿招提境陰壑生靈籟月林散清影天闕
象緯逼雲臥衣裳冷欲覺聞晨鐘令人發深省
杜詩格律每篇變化此第一首止已從一句將以前
杜詩論文　東都齊魯一

20663　杜詩論文五十六卷　（清）吴見思撰　（清）潘眉評　清康熙十一年（1672）常州岱淵堂刻本　魯迅美術學院圖書館

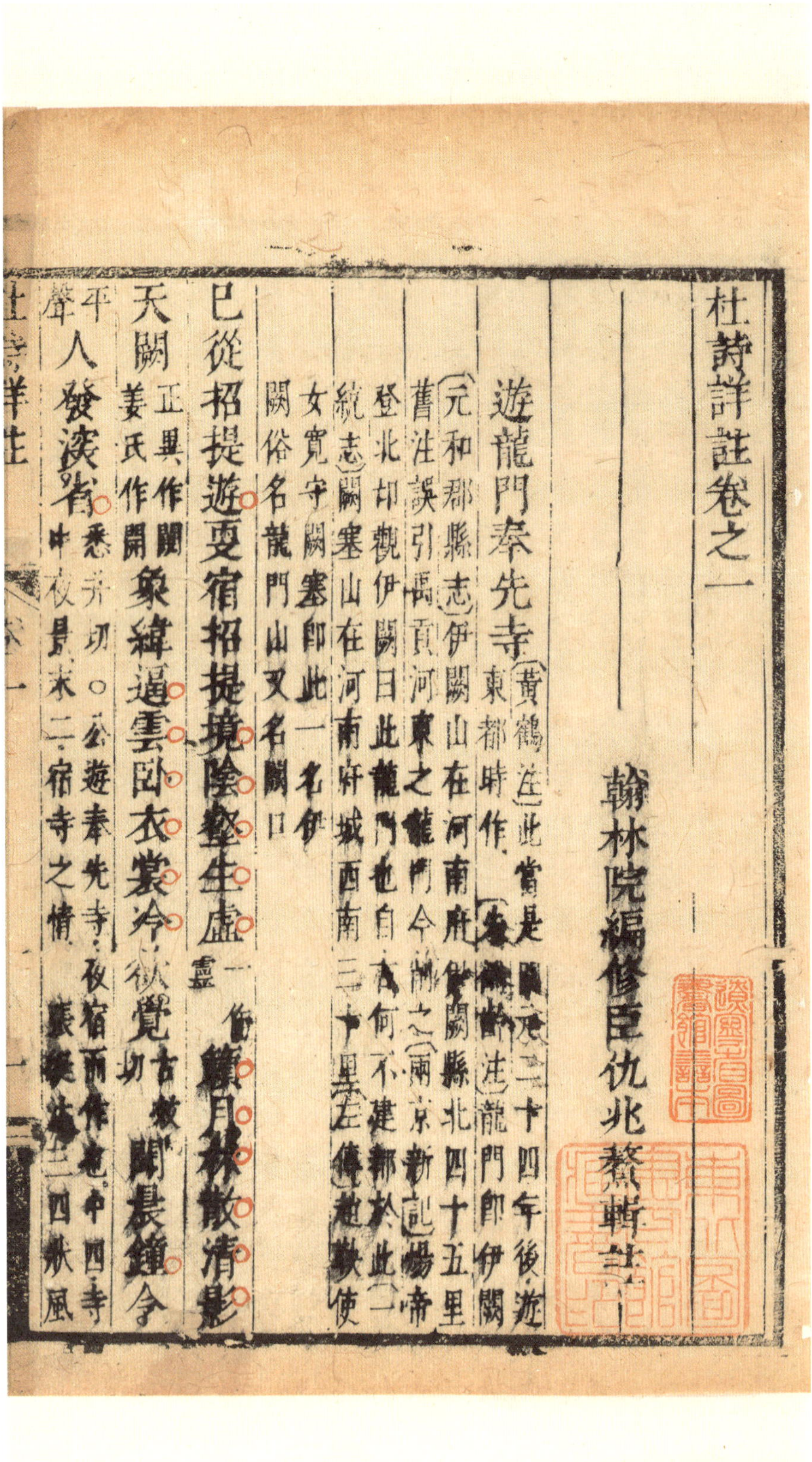

20664 **杜詩詳註二十五卷** （唐）杜甫撰 （清）仇兆鰲輯注 **首一卷 附編二卷** 清康熙刻本 遼寧省圖書館

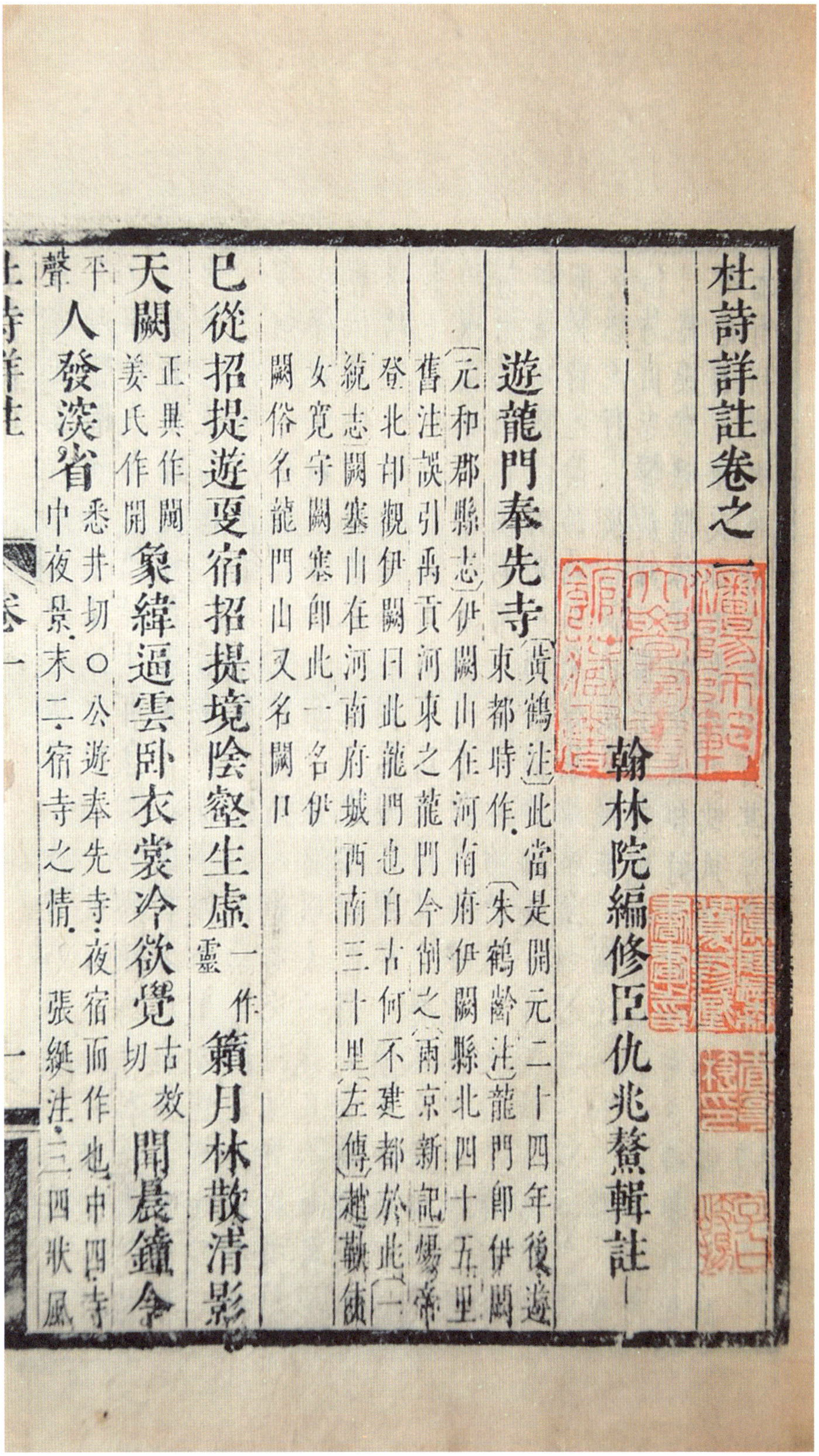
杜詩詳註卷之一
翰林院編修臣仇兆鰲輯註
遊龍門奉先寺〔黄鶴注〕此當是開元二十四年後遊東都時作。〔朱鶴齡注〕龍門卽伊闕〔元和郡縣志〕伊闕山在河南府伊闕縣北四十五里舊注誤引禹貢河東之龍門今削之〔兩京新記〕煬帝登北邙觀伊闕曰此龍門也自古何不建都於此〔一統志〕闕塞山在河南府城西南三十里〔左傳〕趙鞅納女寛守闕塞卽此一名伊闕俗名龍門山又名闕口
已從招提遊更宿招提境陰壑生虚一作靈籟月林散清影
天闕正異作闕姜氏作開象緯逼雲卧衣裳冷欲覺古效切聞晨鐘令平聲人發深省悉井切○公遊奉先寺夜宿而作也中四寺中夜景末二宿寺之情。張綖注三四狀風

20665　杜詩詳註二十五卷　（唐）杜甫撰　（清）仇兆鰲輯注　**首一卷附編二卷**　清康熙刻本　瀋陽師範大學圖書館

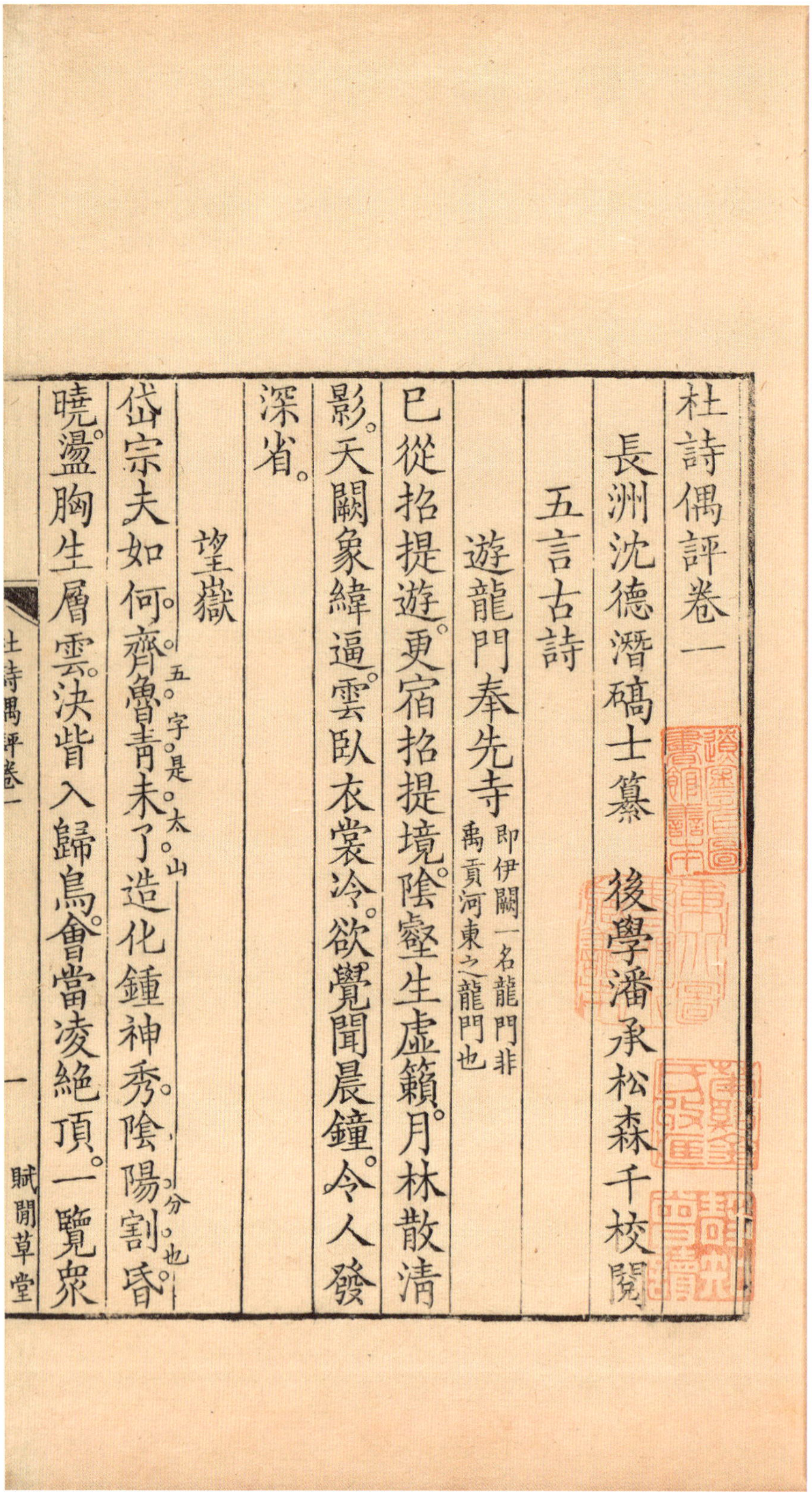

杜詩偶評卷一
長洲沈德潛碻士纂　後學潘承松森千校閲
五言古詩
遊龍門奉先寺　即伊闕一名龍門非禹貢河東之龍門也
已從招提遊。更宿招提境。陰壑生虛籟。月林散清影。天闕象緯逼。雲臥衣裳冷。欲覺聞晨鐘。令人發深省。
望嶽
岱宗夫如何。齊魯青未了。五字是太山　造化鍾神秀。陰陽割昏曉。分也　盪胸生層雲。決眥入歸鳥。會當凌絕頂。一覽衆
杜詩偶評卷一　一　賦閒草堂

20666　杜詩偶評四卷　（清）沈德潛撰　清乾隆十二年（1747）潘承松賦閑草堂刻本　遼寧省圖書館

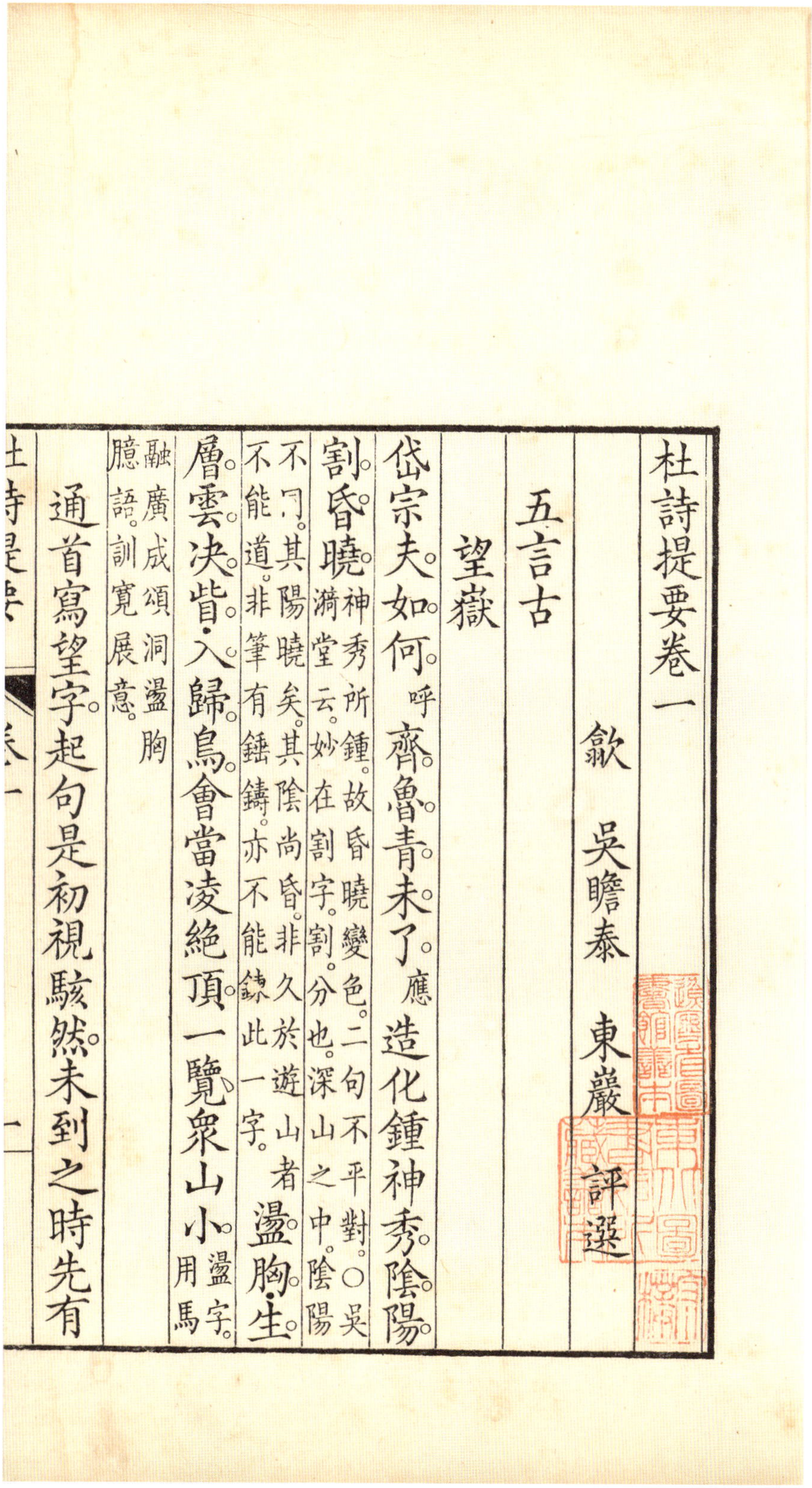
杜詩提要卷一

歙　吳瞻泰　東巖　評選

五言古

望嶽

岱宗夫如何。呼齊魯青未了。應造化鍾神秀。陰陽割昏曉。神秀所鍾。故昏曉變色。二句不平對。○吳澹堂云。妙在割字。割。分也。深山之中。陰陽不到。其陽曉矣。其陰尚昏。非久於遊山者不能道。非筆有鑪鑄。亦不能鍊此一字。盪胸生層雲。決眥入歸鳥。會當凌絕頂。一覽衆山小。盪字。用馬融廣成頌洞盪胸臆語。訓寬展意。

通首寫望字。起句是初視駭然。未到之時。先有

杜詩提要　卷一　一

20667　杜詩提要十四卷　（清）吳瞻泰撰　清乾隆山雨樓刻本　遼寧省圖書館

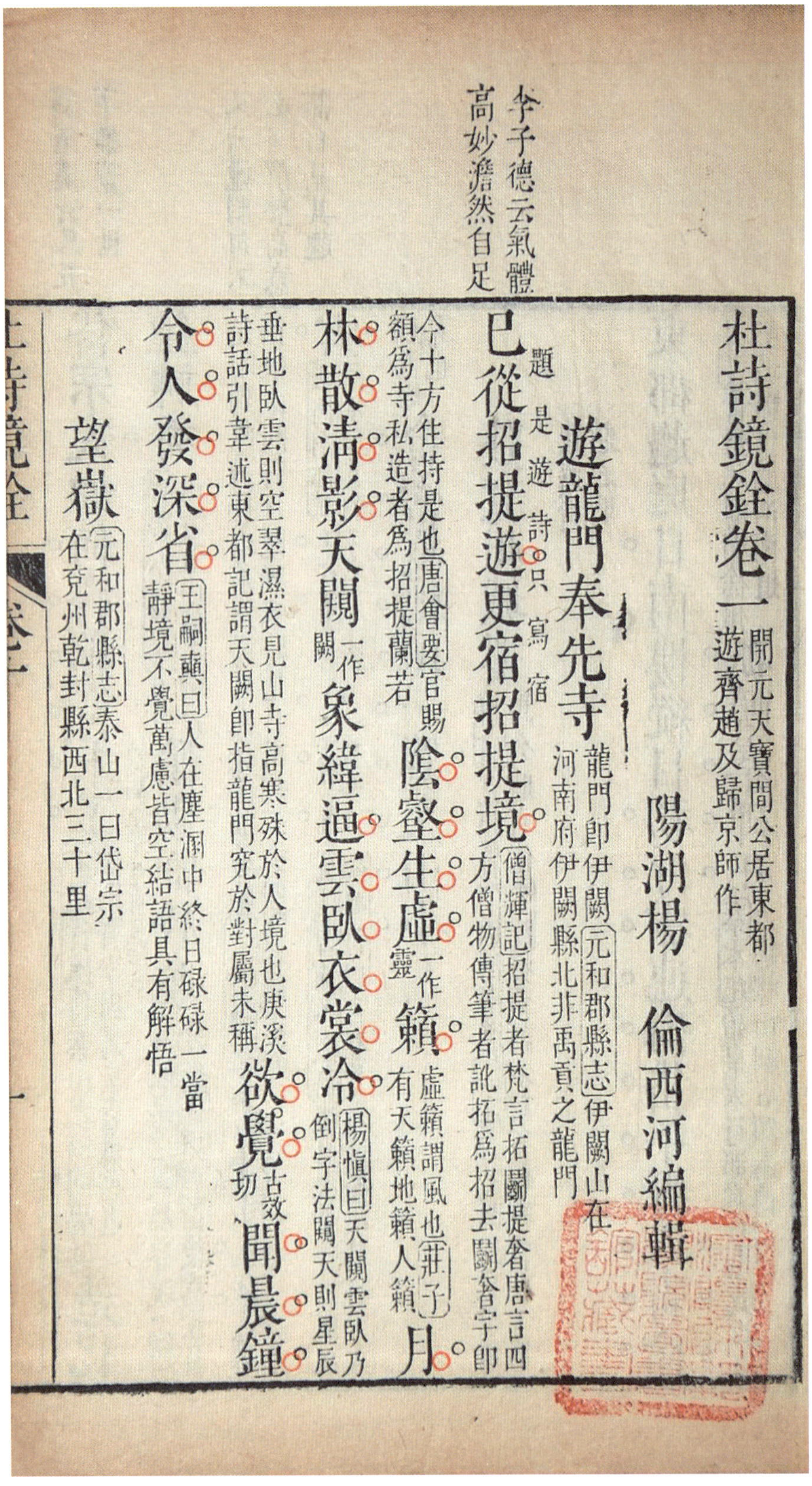
李子德云氣體高妙澹然自足

杜詩鏡銓卷一　開元天寶間公居東都遊齊趙及歸京師作

陽湖楊　倫西河編輯

遊龍門奉先寺　龍門即伊闕元和郡縣志伊闕山在河南府伊闕縣北非禹貢之龍門

題是遊詩只寫宿

已從招提遊更宿招提境　僧輝記招提者梵言拓鬬提奢唐言四方僧物傳筆者訛拓爲招去鬬奢字即今十方住持是也唐會要官賜額爲寺私造者爲招提蘭若

陰壑生虛一作靈籟　虛籟謂風也莊子有天籟地籟人籟　月林散清影　天闕一作闚象緯逼雲臥衣裳冷　楊慎曰天闕雲臥乃倒字法闕天則星辰垂地臥雲則空翠濕衣見山寺高寒殊於人境也庚溪詩話引韋述東都記謂天闕即指龍門究於對屬未稱　欲覺古效切聞晨鐘令人發深省　王嗣奭曰人在塵溷中終日碌碌一當靜境不覺萬慮皆空結語具有解悟

望嶽　元和郡縣志泰山一曰岱宗在兗州乾封縣西北三十里

20668　杜詩鏡銓二十卷　（清）楊倫撰　**年譜一卷附録一卷**　清乾隆九柏山房刻本　瀋陽師範大學圖書館

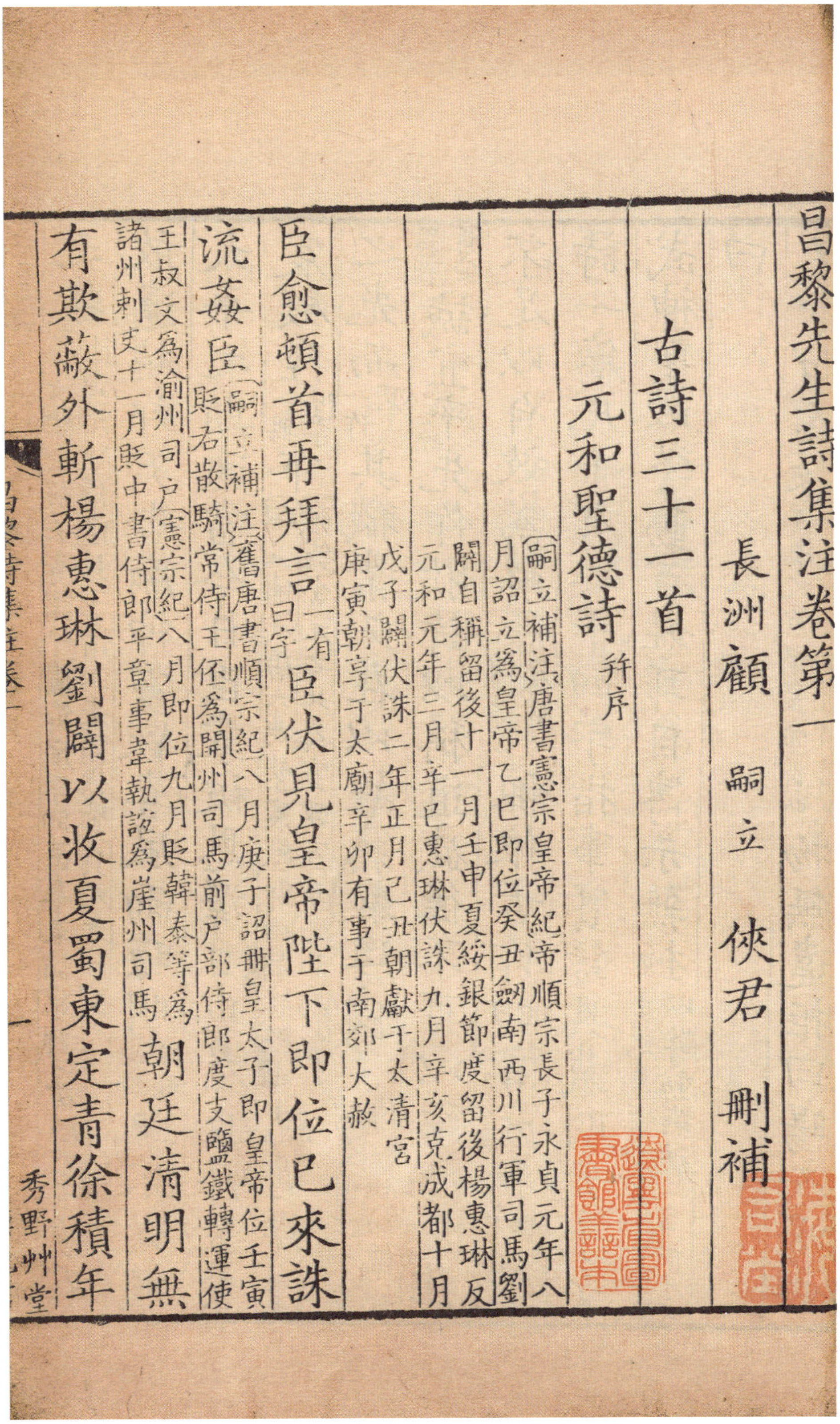

昌黎先生詩集注卷第一

長洲顧嗣立俠君刪補

古詩三十一首

元和聖德詩 幷序

〔嗣立補注〕唐書憲宗皇帝紀帝順宗長子永貞元年八月詔立爲皇帝乙巳即位癸丑劍南西川行軍司馬劉闢自稱留後十一月壬申夏綏銀節度留後楊惠琳反元和元年三月辛巳惠琳伏誅九月辛亥克成都十月戊子闢伏誅二年正月己丑朝獻于太清宮庚寅朝享于太廟辛卯有事于南郊大赦

臣愈頓首再拜言 一有曰字 臣伏見皇帝陛下即位已來誅流姦臣 〔嗣立補注〕舊唐書順宗紀八月庚子詔冊皇太子即皇帝位壬寅貶右散騎常侍王伾爲開州司馬前户部侍郎度支鹽鐵轉運使王叔文爲渝州司户〔憲宗紀〕八月即位九月貶韓泰等爲諸州刺史十一月貶中書侍郎平章事韋執誼爲崖州司馬 朝廷清明無有欺蔽外斬楊惠琳劉闢以收夏蜀東定青徐積年

昌黎詩集注卷一　一　秀野艸堂

20669　昌黎先生詩集注十一卷　（清）顧嗣立刪補　**年譜一卷**　清康熙三十八年（1699）顧氏秀野草堂刻本　此亭題識　遼寧省圖書館

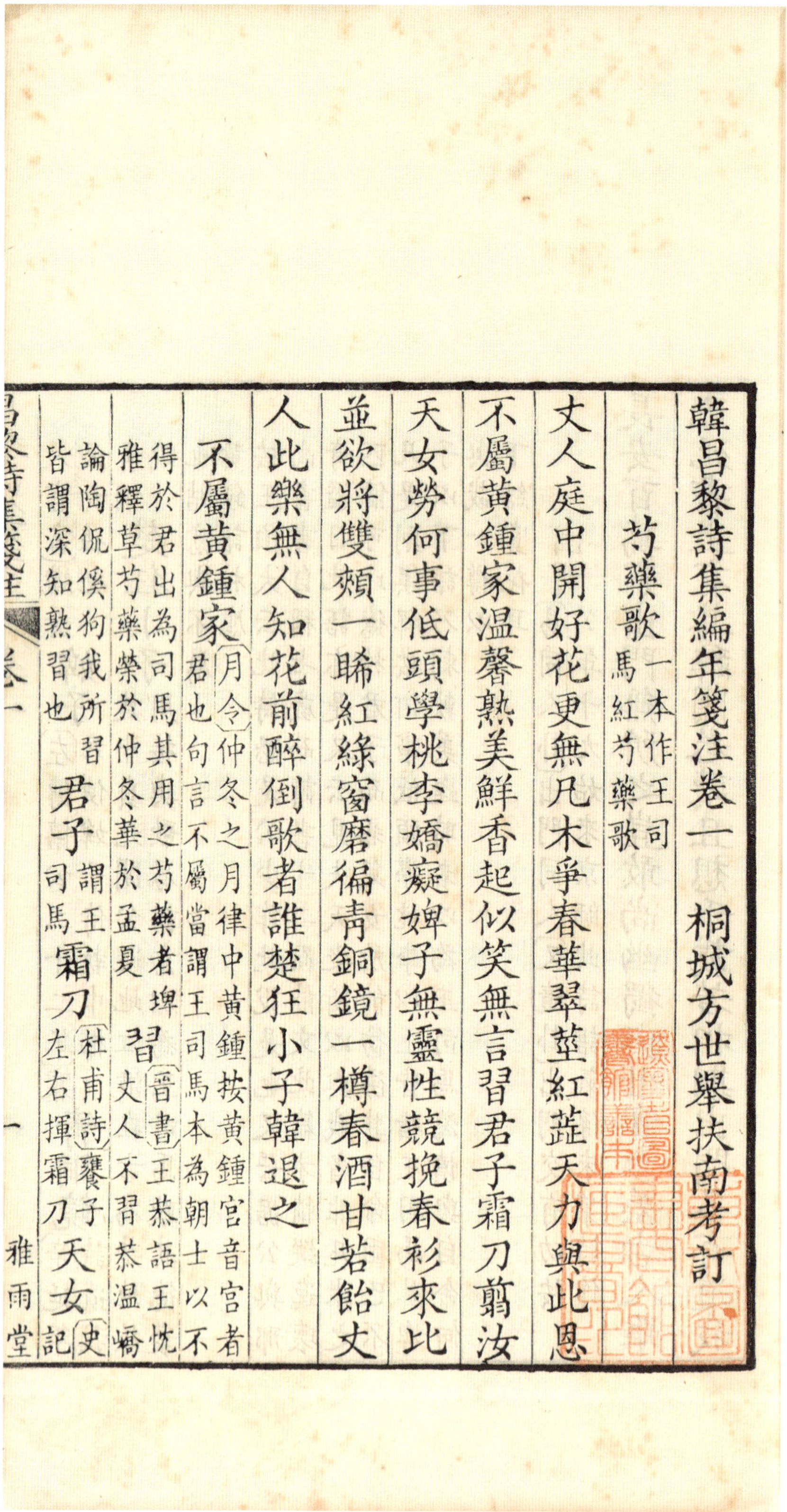

韓昌黎詩集編年箋注卷一　桐城方世舉扶南考訂

芍藥歌　一本作王司馬紅芍藥歌

丈人庭中開好花更無凡木爭春華翠莖紅蕊天力與此恩不屬黃鍾家溫馨熟美鮮香起似笑無言習君子霜刀翦汝天女勞何事低頭學桃李嬌癡婢子無靈性競挽春衫來比並欲將雙頰一睎紅綠窗磨偏青銅鏡一樽春酒甘若飴丈人此樂無人知花前醉倒歌者誰楚狂小子韓退之

不屬黃鍾家　月令仲冬之月律中黃鍾按黃鍾宮音宮者君也句言不屬當謂王司馬本為朝士以不得於君出為司馬其用之芍藥者埤雅釋草芍藥榮於仲冬華於孟夏　習　晉書王恭語王忱丈人不習恭溫嶠論陶侃傒狗我所習皆謂深知熟習也　君子　謂王司馬　霜刀　杜甫詩褰子左右揮霜刀　天女　史記

昌黎詩集箋注　卷一　一　雅雨堂

20670　韓昌黎詩集編年箋注十二卷　（清）方世舉撰　清乾隆二十三年（1758）盧見曾雅雨堂刻本　遼寧省圖書館

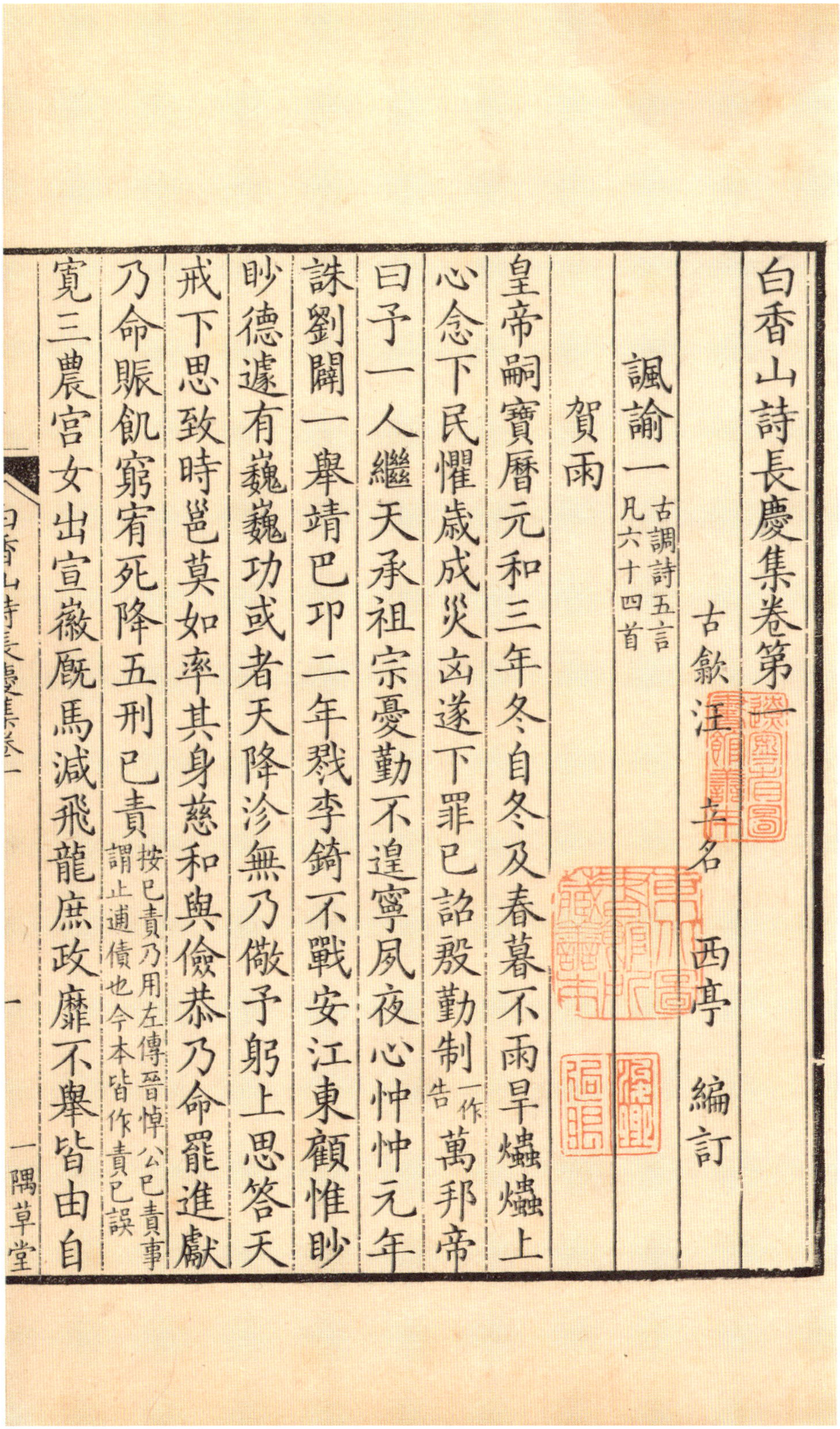
白香山詩長慶集卷第一
古歙汪立名西亭編訂
諷諭一 古調詩五言凡六十四首
賀雨
皇帝嗣寶曆元和三年冬自冬及春暮不雨旱爞爞上
心念下民懼歲成災凶遂下罪己詔殷勤制一作告萬邦帝
曰予一人繼天承祖宗憂勤不遑寧夙夜心忡忡元年
誅劉闢一舉靖巴邛二年戮李錡不戰安江東顧惟眇
眇德遽有巍巍功或者天降沴無乃儆予躬上思答天
戒下思致時邕莫如率其身慈和與儉恭乃命罷進獻
乃命賑飢窮宥死降五刑已責按已責乃用左傳晉悼公已責事謂止逋債也今本皆作責已誤
寬三農宮女出宣徽廄馬減飛龍庶政靡不舉皆由自
白香山詩長慶集卷一　一　一隅草堂

20671　白香山詩長慶集二十卷後集十七卷別集一卷補遺二卷

（唐）白居易撰　**年譜一卷**　（清）汪立名撰　**年譜舊本一卷**　（宋）陳振孫撰　清康熙四十一年至四十二年（1702–1703）汪立名一隅草堂刻本　遼寧省圖書館

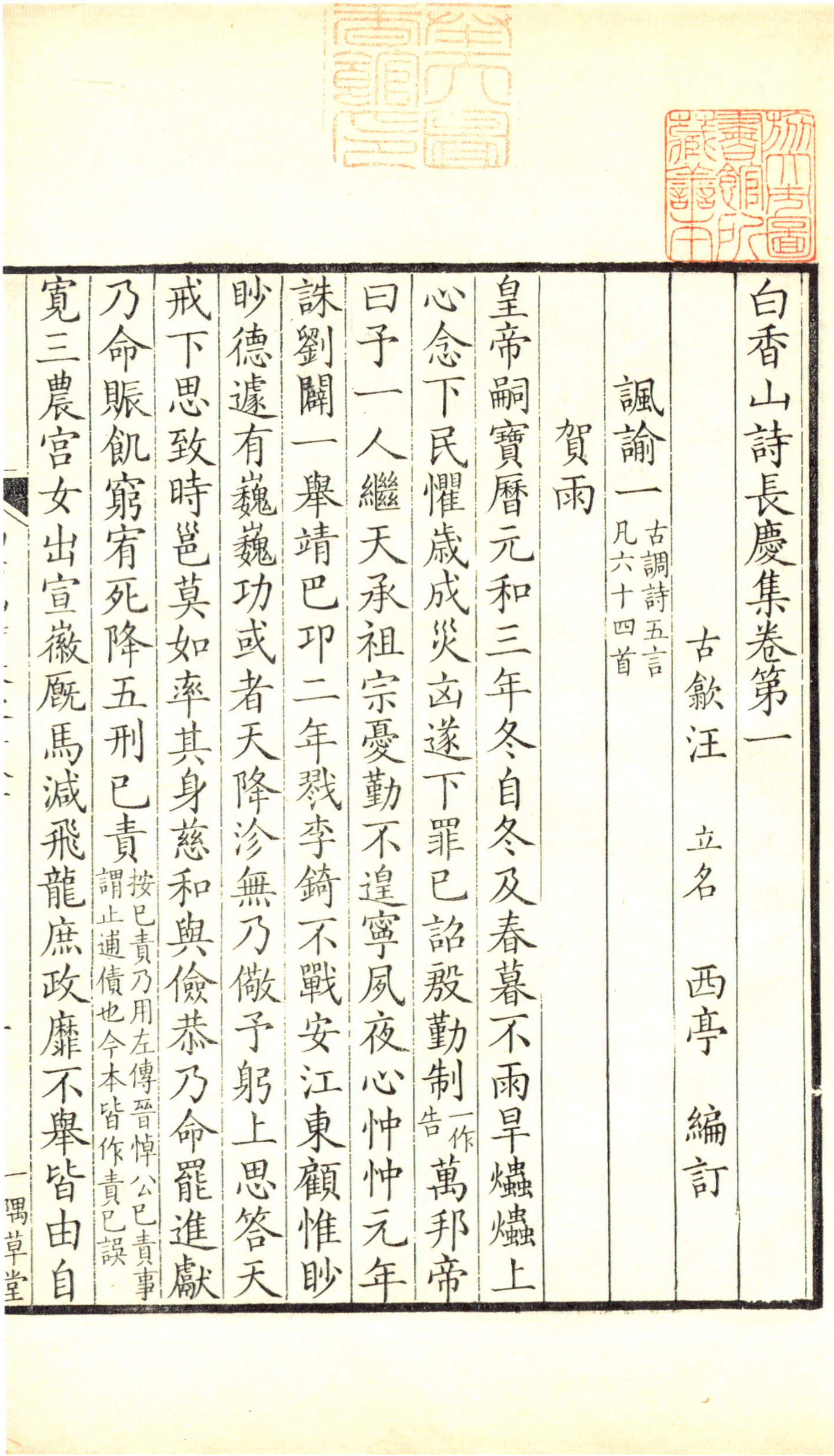
白香山詩長慶集卷第一
古歙汪 立名 西亭 編訂
諷諭一 古調詩五言 凡六十四首
賀雨
皇帝嗣寶曆元和三年冬自冬及春暮不雨旱爞爞上心念下民懼歳成災凶遂下罪已詔殷勤制一作告萬邦帝曰予一人繼天承祖宗憂勤不遑寧夙夜心忡忡元年誅劉闢一舉靖巴邛二年戮李錡不戰安江東顧惟眇眇德遽有巍巍功或者天降沴無乃儆予躬上思答天戒下思致時邕莫如率其身慈和與儉恭乃命罷進獻乃命賑飢窮宥死降五刑已責按已責乃用左傳晉悼公已責事謂止逋債也今本皆作責已誤寛三農宮女出宣徽廄馬減飛龍庶政靡不舉皆由自
一隅草堂

20672 白香山詩長慶集二十卷後集十七卷別集一卷補遺二卷

（唐）白居易撰 清康熙四十一年至四十二年（1702–1703）汪立名一隅草堂刻本 大連圖書館

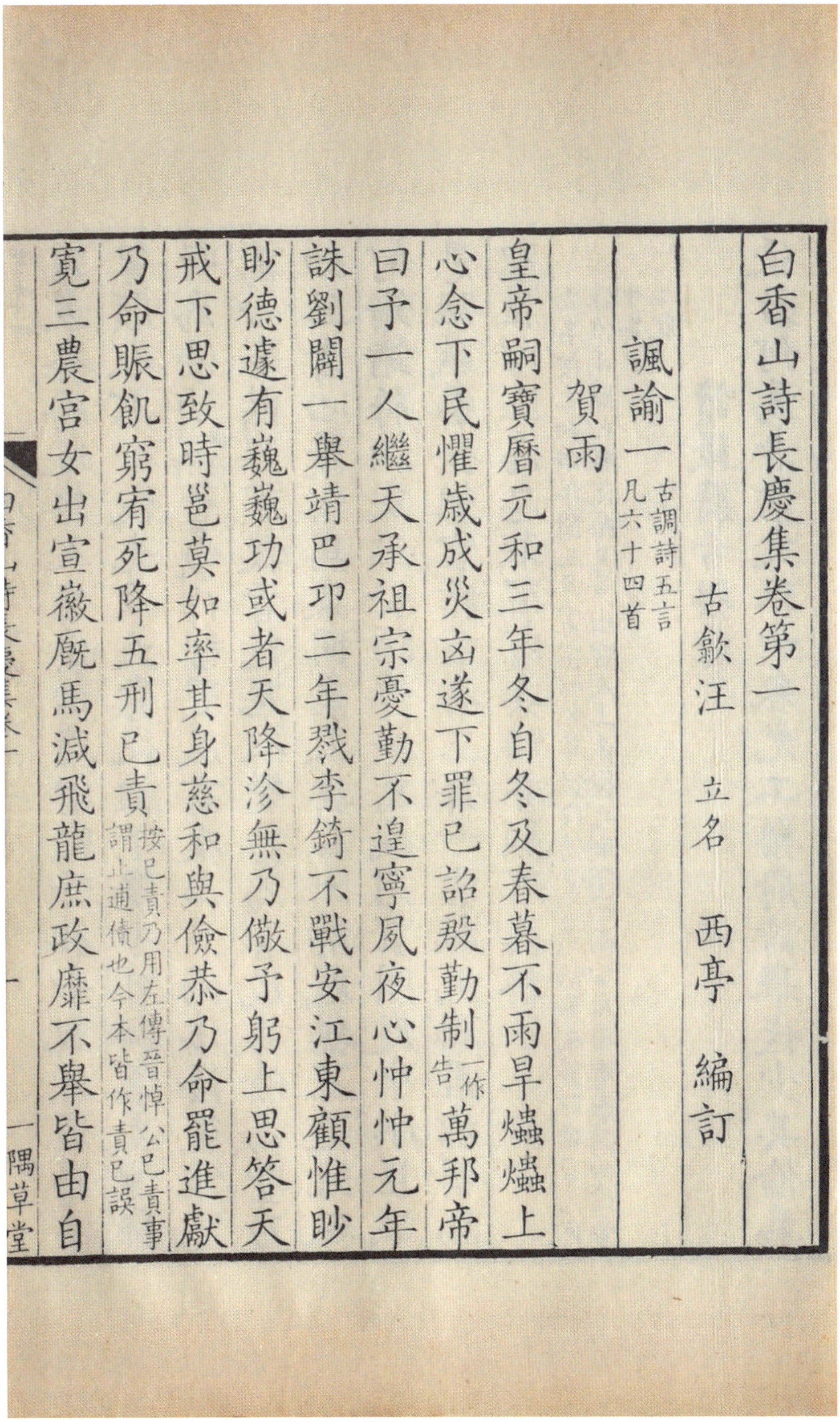
白香山詩長慶集卷第一
古歙汪　立名　西亭　編訂
諷諭一 古調詩五言 凡六十四首
賀雨
皇帝嗣寶曆元和三年冬自冬及春暮不雨旱爞爞上
心念下民懼歲成災凶遂下罪己詔殷勤制一作告萬邦帝
曰予一人繼天承祖宗憂勤不遑寧夙夜心忡忡元年
誅劉闢一舉靖巴邛二年戮李錡不戰安江東顧惟眇
眇德遽有巍巍功或者天降沴無乃儆予躬上思荅天
戒下思致時邕莫如率其身慈和與儉恭乃命罷進獻
乃命賑飢窮宥死降五刑已責 按已責乃用左傳晉悼公已責事謂止逋債也今本皆作責已誤
寬三農宮女出宣徽廄馬減飛龍庶政靡不舉皆由自
白香山詩長慶集卷一　一　一隅草堂

20673　白香山詩長慶集二十卷後集十七卷別集一卷補遺二卷

（唐）白居易撰　清康熙四十一年至四十二年（1702–1703）汪立名一隅草堂刻本　丹東市圖書館

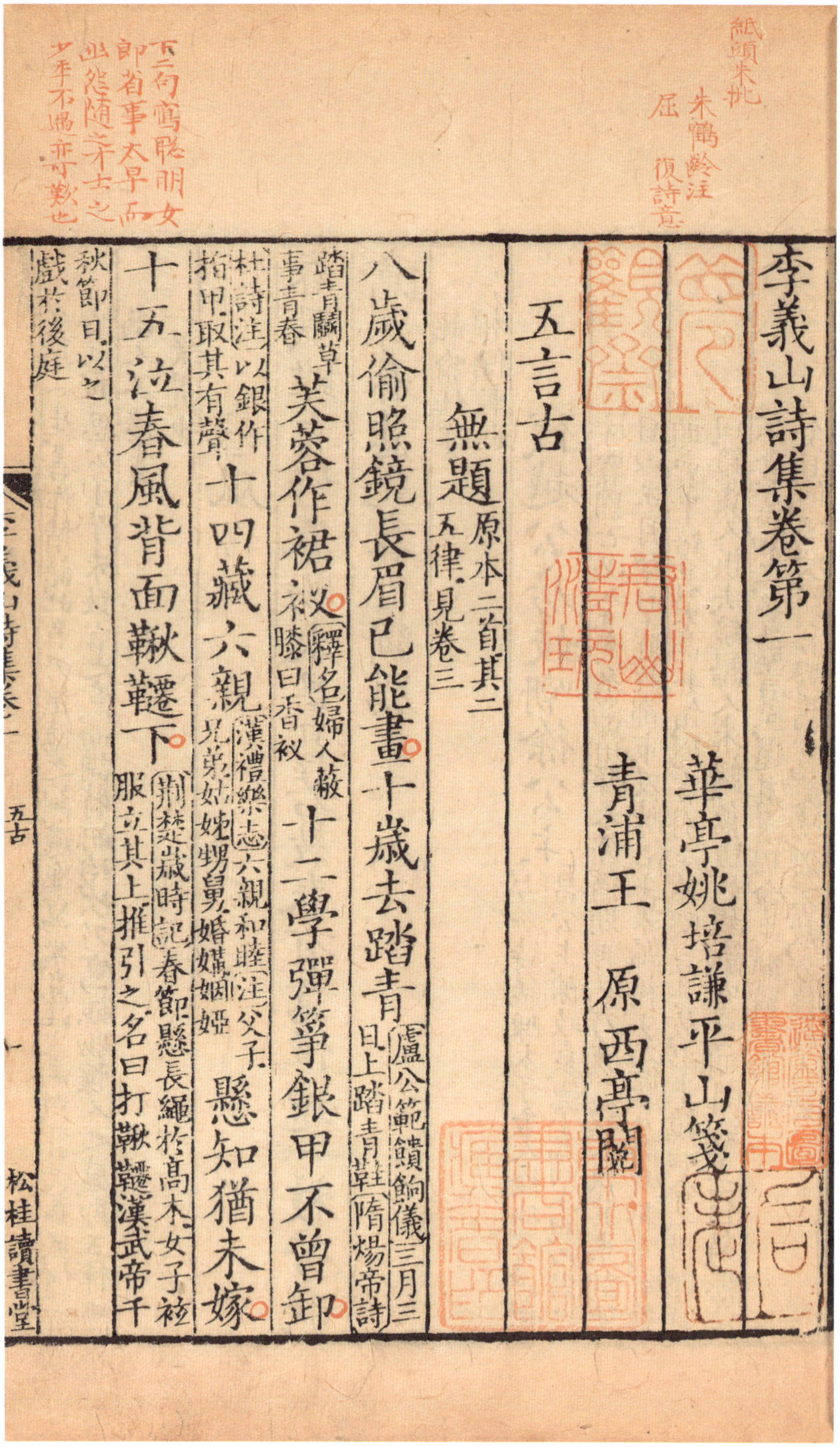

20674　李義山詩集十六卷　（唐）李商隱撰　（清）姚培謙箋注　清乾隆五年（1740）姚氏松桂讀書堂刻本　遼寧省圖書館

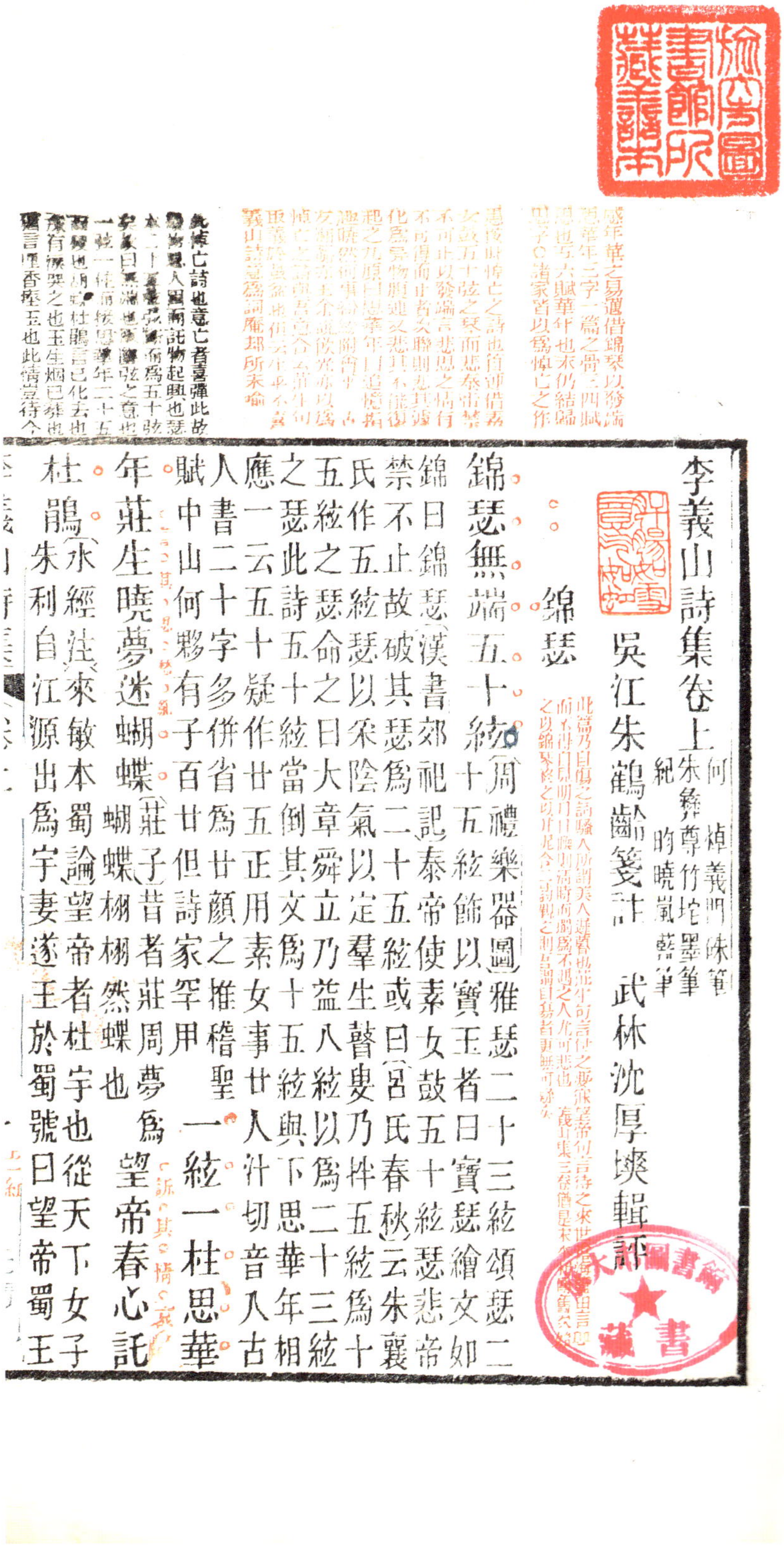
李義山詩集卷上　何焯義門硃筆　朱彝尊竹垞墨筆　紀昀曉嵐藍筆
吳江朱鶴齡箋註　武林沈厚塽輯評
錦瑟
錦瑟無端五十絃（周禮樂器圖）雅瑟二十三絃頌瑟二
十五絃飾以寶玉者曰寶瑟繪文如
錦曰錦瑟（漢書郊祀記）泰帝使素女鼓五十絃瑟悲帝
禁不止故破其瑟爲二十五絃或曰（呂氏春秋）云朱襄
氏作五絃瑟以來陰氣以定羣生瞽叟乃拌五絃爲十
五絃之瑟命之曰大章舜立乃益八絃以爲二十三絃
之瑟此詩五十絃當倒其文爲十五絃與下思華年相
應一云五十疑作廿五正用素女事廿入汁切音入古
人書二十字多併省爲廿顏之推稽聖
賦中山何夥有子百廿但詩家罕用　一絃一柱思華
年莊生曉夢迷蝴蝶（莊子）昔者莊周夢爲
蝴蝶栩栩然蝶也　望帝春心託
杜鵑（水經注）來敏本蜀論望帝者杜宇也從天下女子
朱利自江源出爲宇妻遂王於蜀號曰望帝蜀王

20675　李義山詩集十六卷　（唐）李商隱撰　（清）姚培謙箋注　清乾隆五年（1740）姚氏松桂讀書堂刻本　大連圖書館

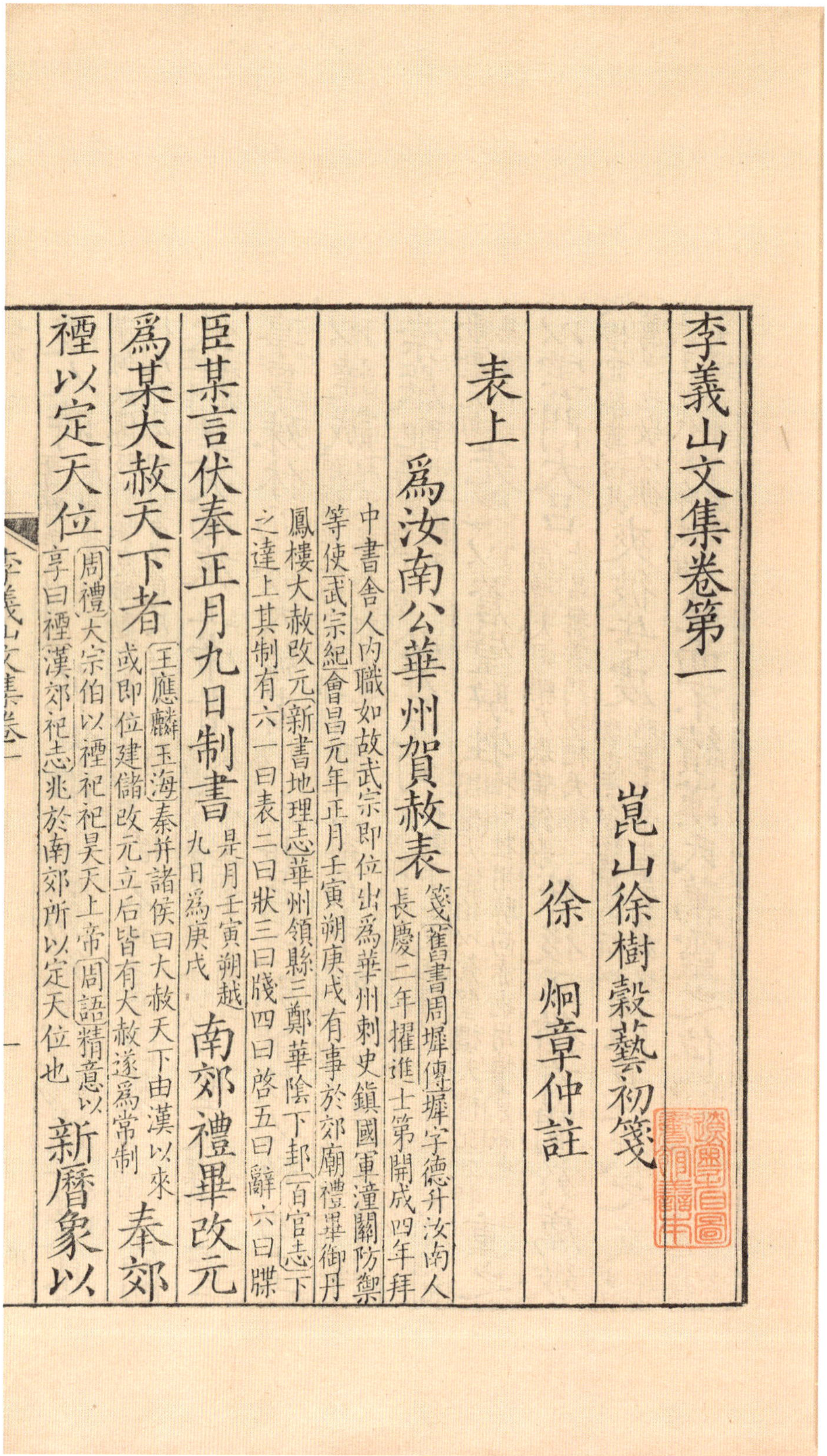

李義山文集卷第一
崑山徐樹穀藝初箋
徐　炯章仲註
表上
爲汝南公華州賀赦表 箋舊書周墀傳墀字德升汝南人長慶二年擢進士第開成四年拜中書舍人內職如故武宗即位出爲華州刺史鎮國軍潼關防禦等使武宗紀會昌元年正月壬寅朔庚戌有事於郊廟禮畢御丹鳳樓大赦改元新書地理志華州領縣三鄭華陰下邽百官志下之達上其制有六一曰表二曰狀三曰牋四曰啓五曰辭六曰牒
臣某言伏奉正月九日制書 是月壬寅朔越九日爲庚戌 南郊禮畢改元
爲某大赦天下者 王應麟玉海秦并諸侯曰大赦天下由漢以來或即位建儲改元立后皆有大赦遂爲常制 奉郊
禋以定天位 周禮大宗伯以禋祀祀昊天上帝周語精意以享曰禋漢郊祀志兆於南郊所以定天位也 新曆象以
李義山文集卷一　一

20676　李義山文集十卷　（唐）李商隱撰　（清）徐樹穀箋　（清）徐炯注　清康熙四十七年（1708）徐炯花溪草堂刻本　遼寧省圖書館

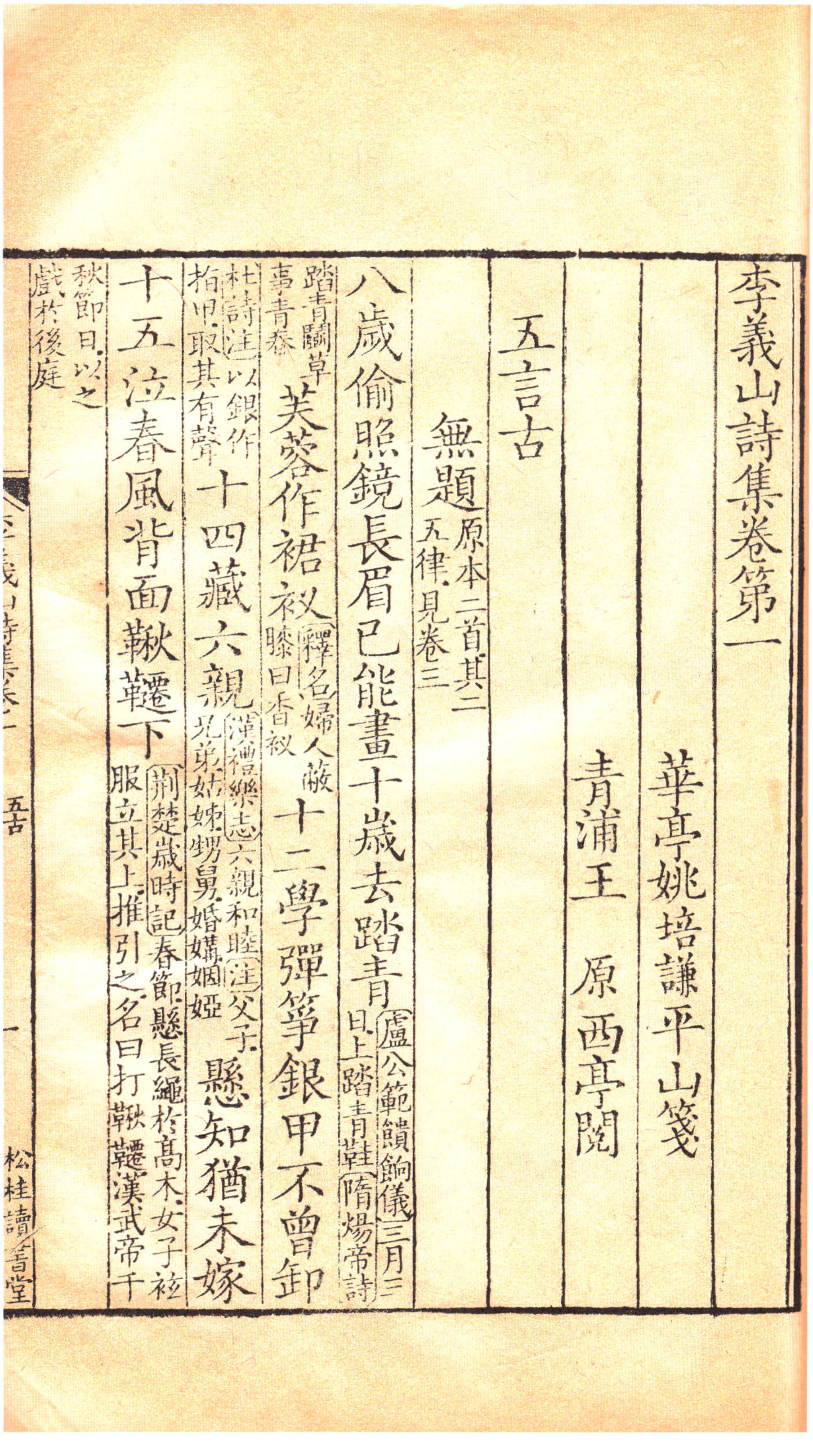
李義山詩集卷第一
華亭姚培謙平山箋
青浦王　原西亭閱
五言古
無題原本二首其二五律見卷三
八歲偷照鏡長眉已能畫十歲去踏青盧公範鐀餉儀三月三日上踏青鞋隋煬帝詩踏青鬭草事青春芙蓉作裙衩釋名婦人蔽膝曰香衩十二學彈箏銀甲不曾卸杜詩注以銀作指甲取其有聲十四藏六親漢禮樂志六親和睦注父子兄弟姑姊甥舅婚媾姻婭懸知猶未嫁十五泣春風背面鞦韆下荊楚歲時記春節懸長繩於高木女子袨服立其上推引之名曰打鞦韆漢武帝千秋節日以之戲於後庭
李義山詩集卷一　五古　一　松桂讀書堂

20677　李義山文集十卷　（唐）李商隱撰　（清）徐樹穀箋　（清）徐炯注　清康熙四十七年（1708）徐炯花溪草堂刻本　大連圖書館

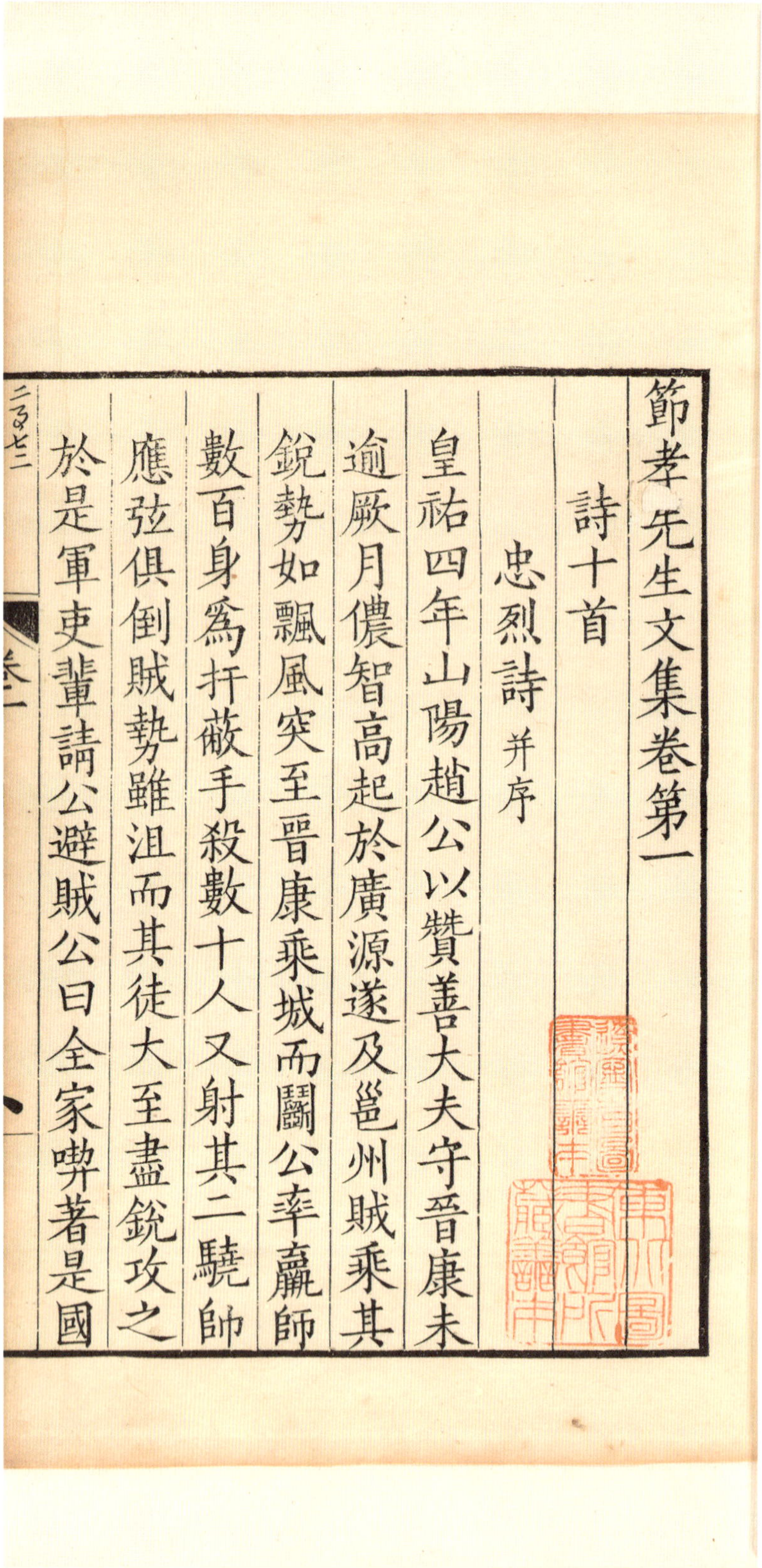

節孝先生文集卷第一
詩十首
忠烈詩 并序
皇祐四年山陽趙公以贊善大夫守晉康未逾厥月儂智高起於廣源遂及邕州賊乘其銳勢如飄風突至晉康乘城而鬬公率羸師數百身爲扞蔽手殺數十人又射其二驍帥應弦俱倒賊勢雖沮而其徒大至盡銳攻之於是軍吏輩請公避賊公曰全家弊著是國

二百七二 卷一

20678　節孝先生文集三十卷　（宋）徐積撰　**節孝先生語一卷節孝集事實一卷**　清康熙六十年（1721）王邦采刻本　遼寧省圖書館

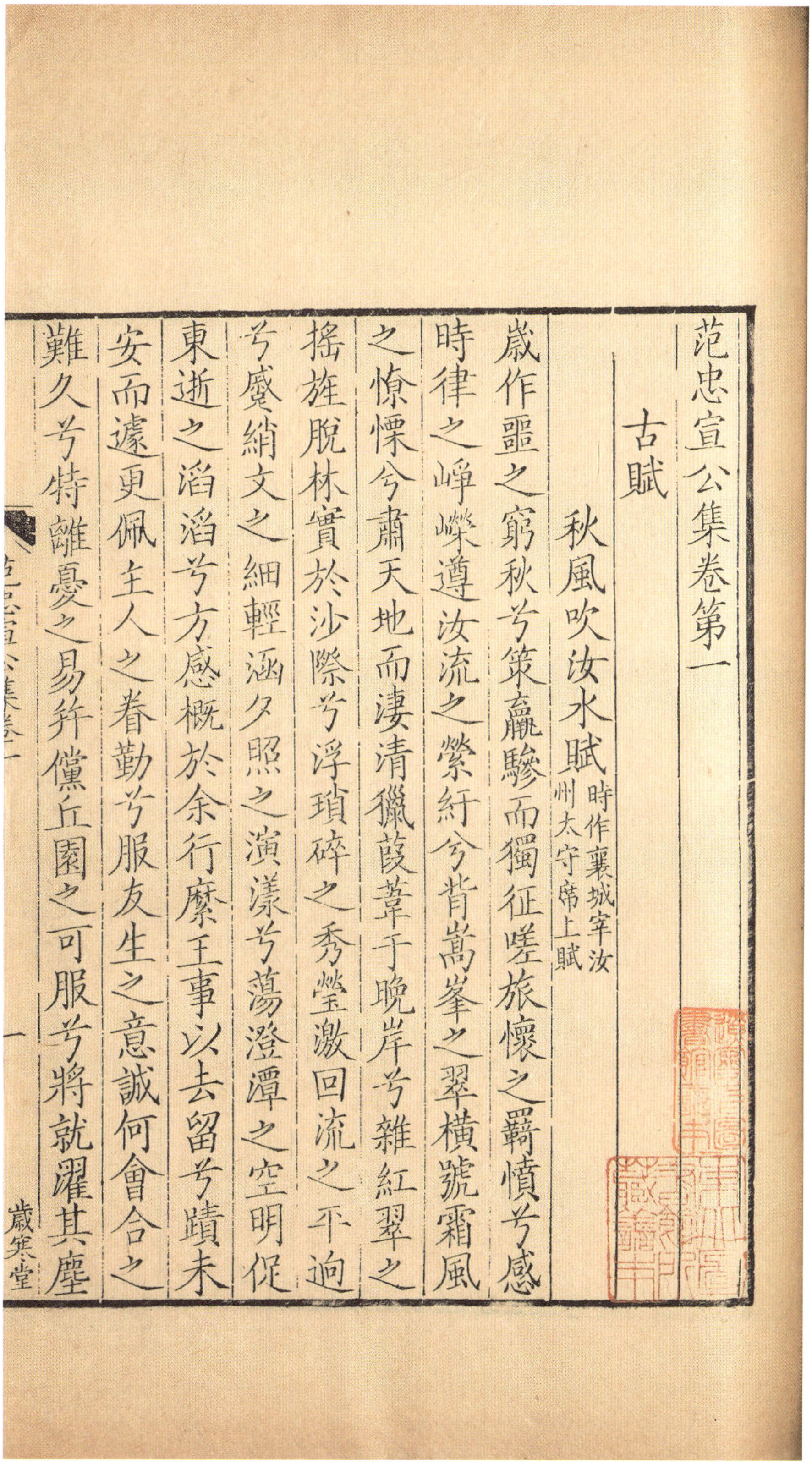

范忠宣公集卷第一

古賦

秋風吹汝水賦 時作襄城宰汝州太守席上賦

歲作噩之窮秋兮策羸驂而獨征嗟旅懷之羇憤兮感時律之崢嶸遵汝流之縈紆兮背嵩峯之翠横號霜風之憭慄兮肅天地而淒清獵葭葦于晚岸兮雜紅翠之搖旌脫林實於沙際兮浮瑣碎之秀瑩激回流之平迥兮蹙綃文之細輕涵夕照之演漾兮蕩澄潭之空明促東逝之滔滔兮方感概於余行縻王事以去留兮蹟未安而遽更佩主人之眷勤兮服友生之意誠何會合之難久兮特離憂之易并儻丘園之可服兮將就濯其塵

范忠宣公集卷一　一　歲寒堂

20679　范忠宣公集二十卷奏議二卷遺文一卷附錄一卷補編一卷

（宋）范純仁撰　清康熙四十六年（1707）范氏歲寒堂刻本　遼寧省圖書館

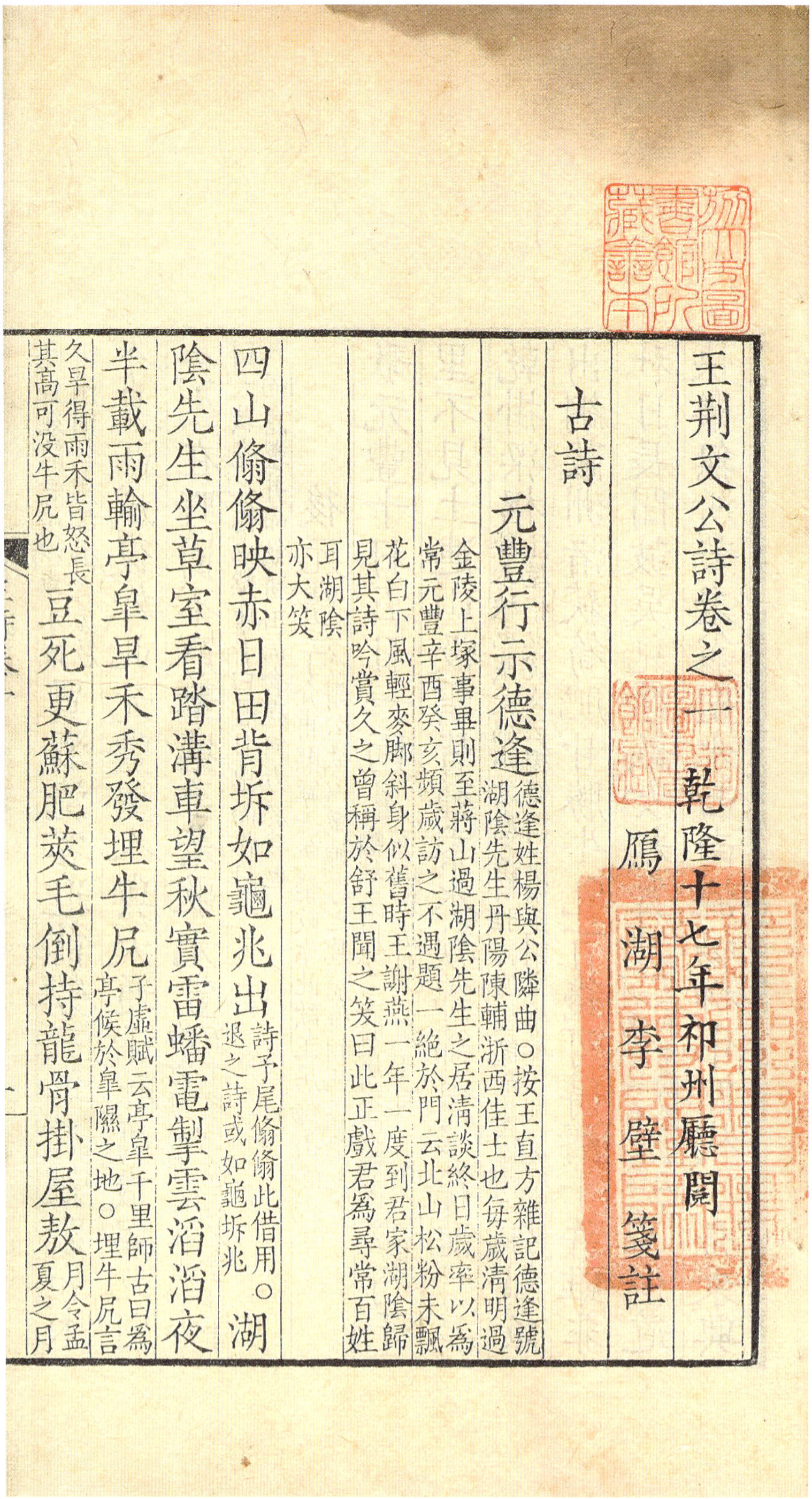
王荊文公詩卷之一　乾隆十七年和州廳閲
鴈湖李壁箋註
古詩
元豐行示德逢德逢姓楊與公隣曲○按王直方雜記德逢號湖陰先生丹陽陳輔浙西佳士也每歲清明過金陵上冢事畢則至蔣山過湖陰先生之居清談終日歲率以爲常元豐辛酉癸亥頻歲訪之不遇題一絶於門云北山松粉未飄花白下風輕麥脚斜身似舊時王謝燕一年一度到君家湖陰歸見其詩吟賞久之曾稱於舒王聞之笑曰此正戲君爲尋常百姓耳湖陰亦大笑
四山翛翛映赤日田背坼如龜兆出詩予尾翛翛此借用○退之詩或如龜坼兆湖陰先生坐草室看踏溝車望秋實雷蟠電掣雲滔滔夜半載雨輸亭皐旱禾秀發埋牛尻子虛賦云亭皐千里師古曰爲亭候於皐隰之地○埋牛尻言久旱得雨禾皆怒長其高可没牛尻也豆死更蘇肥莢毛倒持龍骨掛屋敖月令孟夏之月

20680　王荊文公詩五十卷　（宋）王安石撰　（宋）李壁箋注　清乾隆五年至六年（1740–1741）張宗松清綺齋刻本　大連圖書館

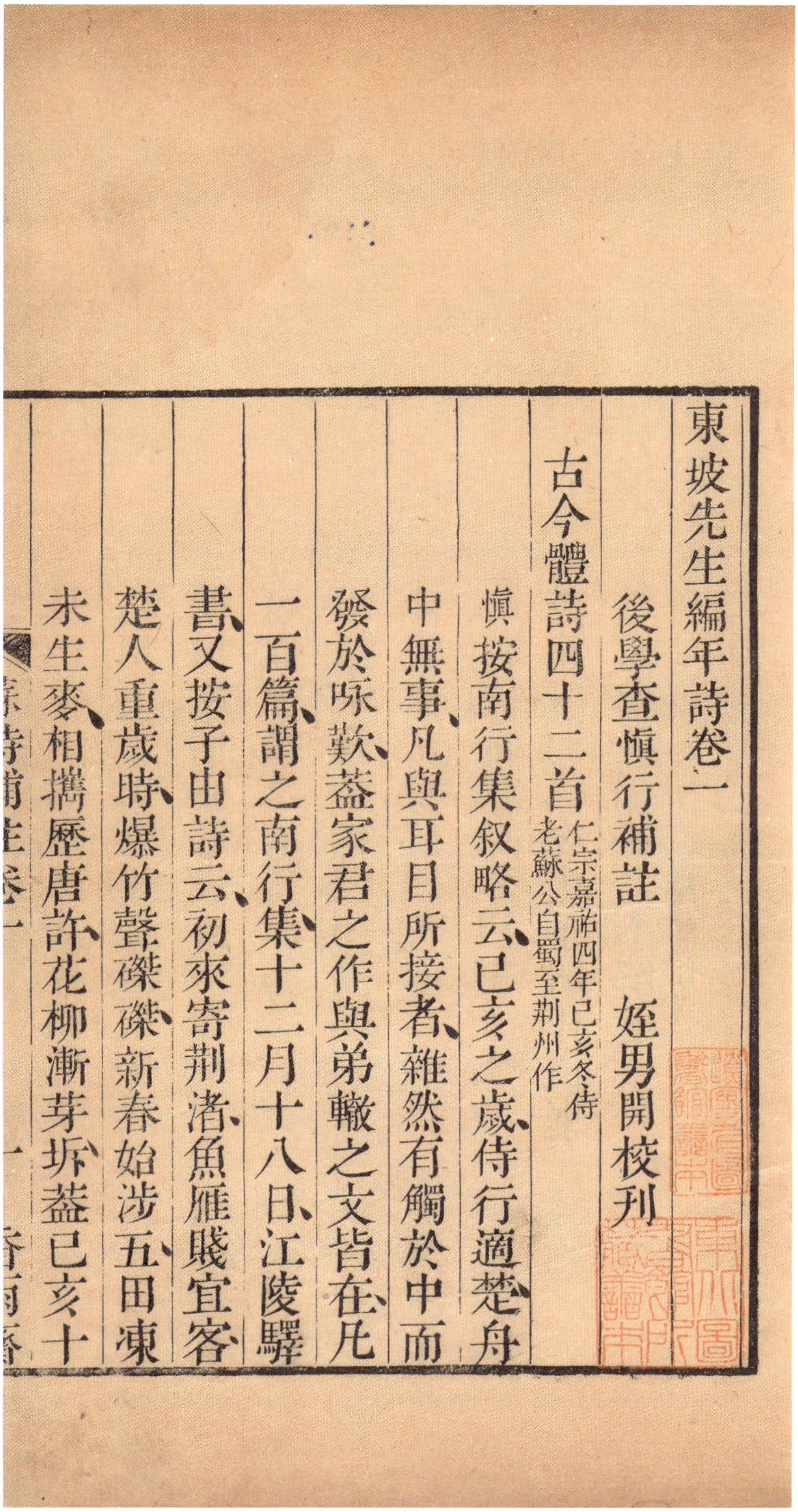
東坡先生編年詩卷一
後學查慎行補註　姪男開校刊
古今體詩四十二首 仁宗嘉祐四年己亥冬侍老蘇公自蜀至荊州作
慎按南行集叙略云己亥之歲侍行適楚舟中無事凡與耳目所接者雜然有觸於中而發於咏歎蓋家君之作與弟轍之文皆在凡一百篇謂之南行集十二月十八日江陵驛書又按子由詩云初來寄荊渚魚鴈賤宜客楚人重歲時爆竹聲磔磔新春始涉五田東未生麥相攜歷唐許花柳漸芽坼蓋己亥十
蘇詩補註卷一　一　香雨齋

20681　東坡先生編年詩五十卷　（宋）蘇軾撰　（清）查慎行補注　**年表一卷**　清乾隆二十六年（1761）查開香雨齋刻本　遼寧省圖書館

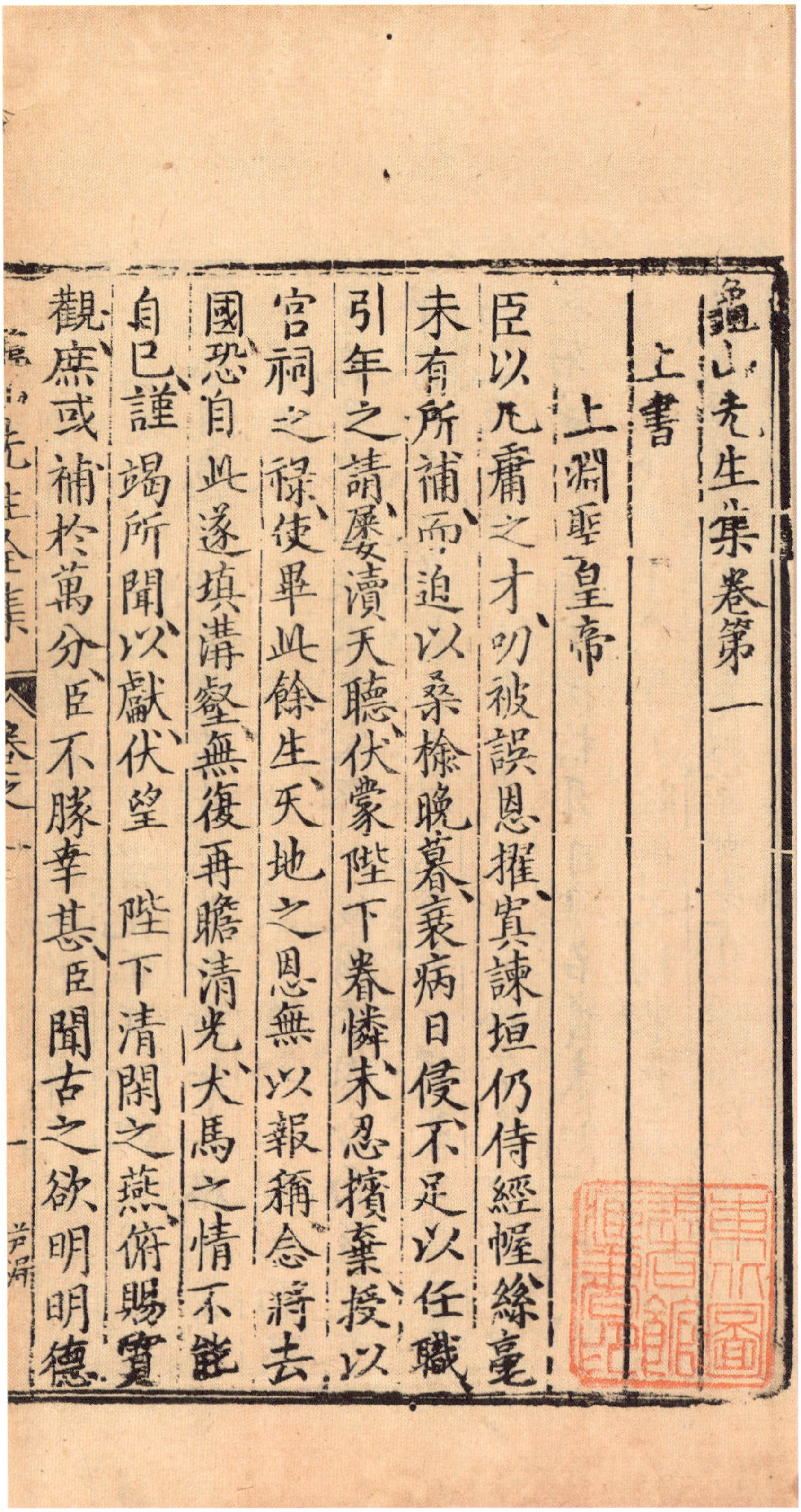
龜山先生集卷第一
上書
上淵聖皇帝
臣以凡庸之才叨被誤恩擢寘諫垣仍侍經幄絲毫未有所補而迫以桑榆晚暮衰病日侵不足以任職引年之請屢瀆天聽伏蒙陛下眷憐未忍擯棄授以宫祠之禄使畢此餘生天地之恩無以報稱念將去國恐自此遂塡溝壑無復再瞻清光犬馬之情不能自已謹竭所聞以獻伏望陛下清閑之燕俯賜覽觀庶或補於萬分臣不勝幸甚臣聞古之欲明明德

20682　龜山先生集四十二卷　（宋）楊時撰　清順治八年（1651）楊令聞雪香齋刻本　遼寧省圖書館

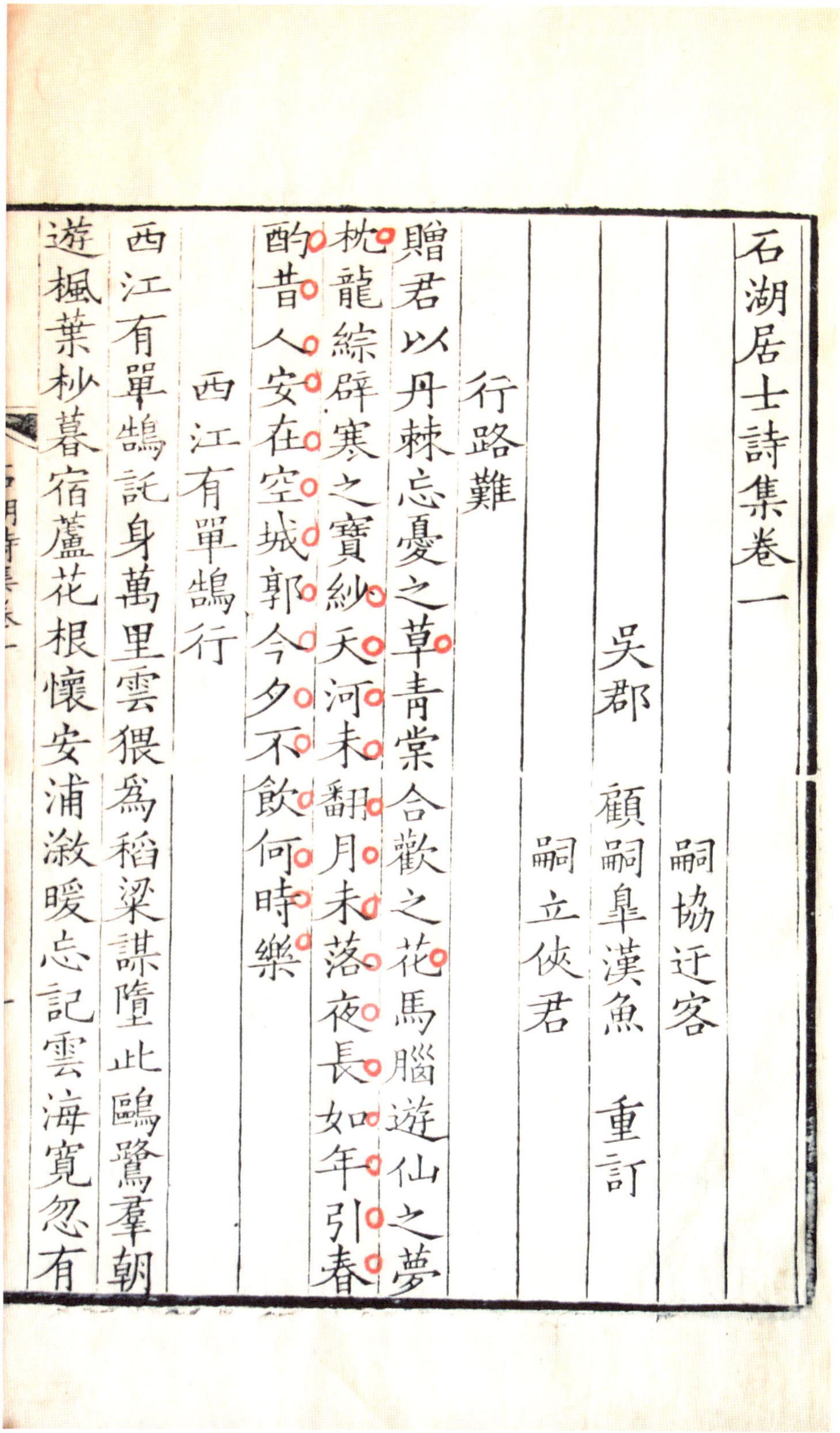

石湖居士詩集卷一

嗣協迂客

吴郡 顧嗣皐漢魚 重訂

嗣立俠君

行路難

贈君以丹棘忘憂之草青棠合歡之花馬腦遊仙之夢

枕龍綜辟寒之寶紗天河未翻月未落夜長如年引春

酌昔人安在空城郭今夕不飲何時樂

西江有單鵠行

西江有單鵠託身萬里雲猥爲稻粱謀墮此鷗鷺羣朝

遊楓葉杪暮宿蘆花根懷安浦溆暖忘記雲海寬忽有

20683　石湖居士詩集三十四卷　（宋）范成大撰　清康熙二十七年（1688）顧氏依園刻本　大連圖書館

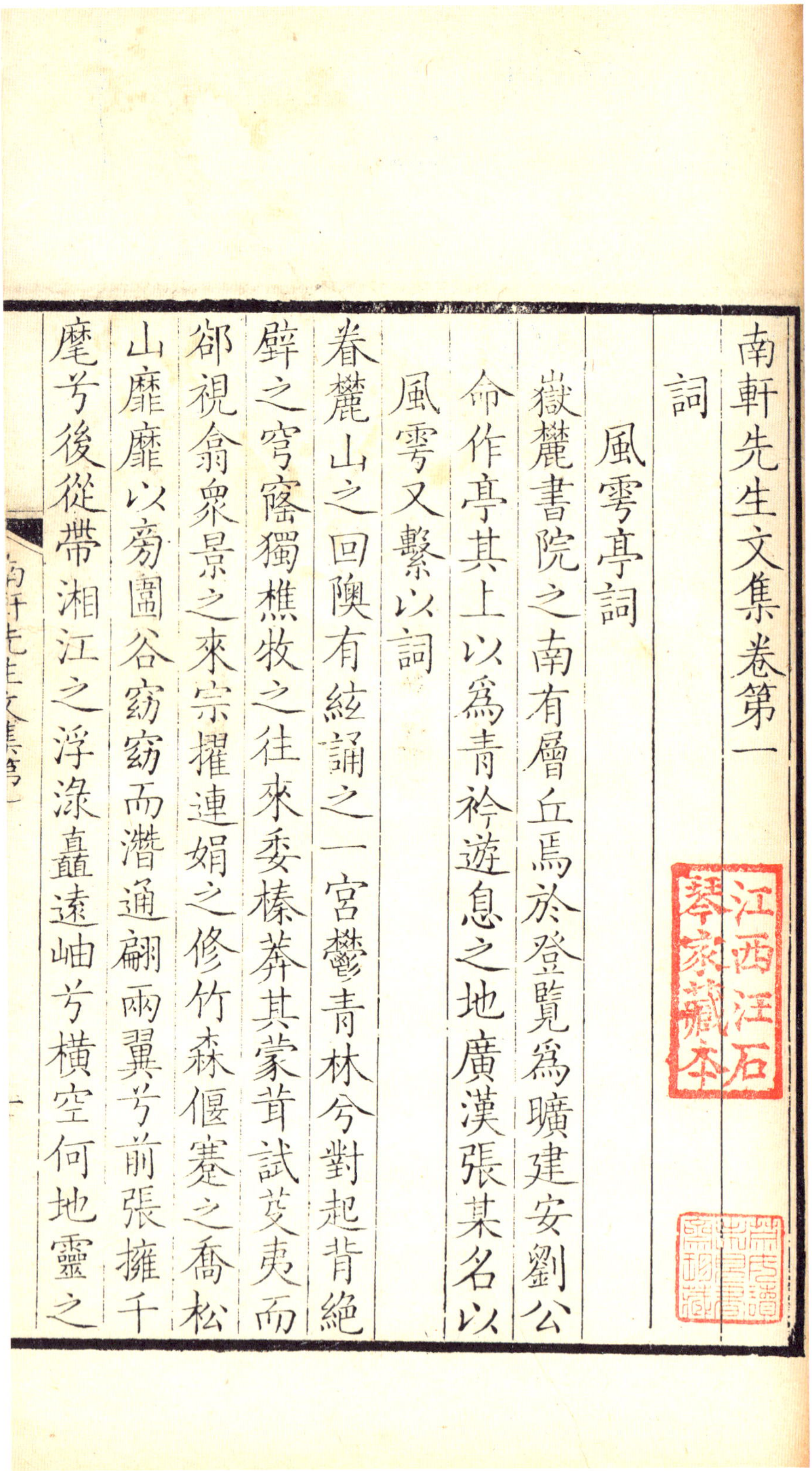
南軒先生文集卷第一
詞
風雩亭詞
嶽麓書院之南有層丘焉於登覽爲曠建安劉公
命作亭其上以爲青衿遊息之地廣漢張某名以
風雩又繫以詞
眷麓山之回隩有絃誦之一宮鬱青林兮對起背絕
辟之穹窿獨樵牧之往來委榛莽其蒙茸試芟夷而
郤視翕衆景之來宗擢連娟之修竹森偃蹇之喬松
山靡靡以旁圍谷窈窈而潛通翩兩翼兮前張擁千
麾兮後從帶湘江之浮淥矗遠岫兮橫空何地靈之

20684　南軒先生文集四十四卷　（清）張栻撰　清康熙四十五年（1706）錫山華氏刻本　大連圖書館

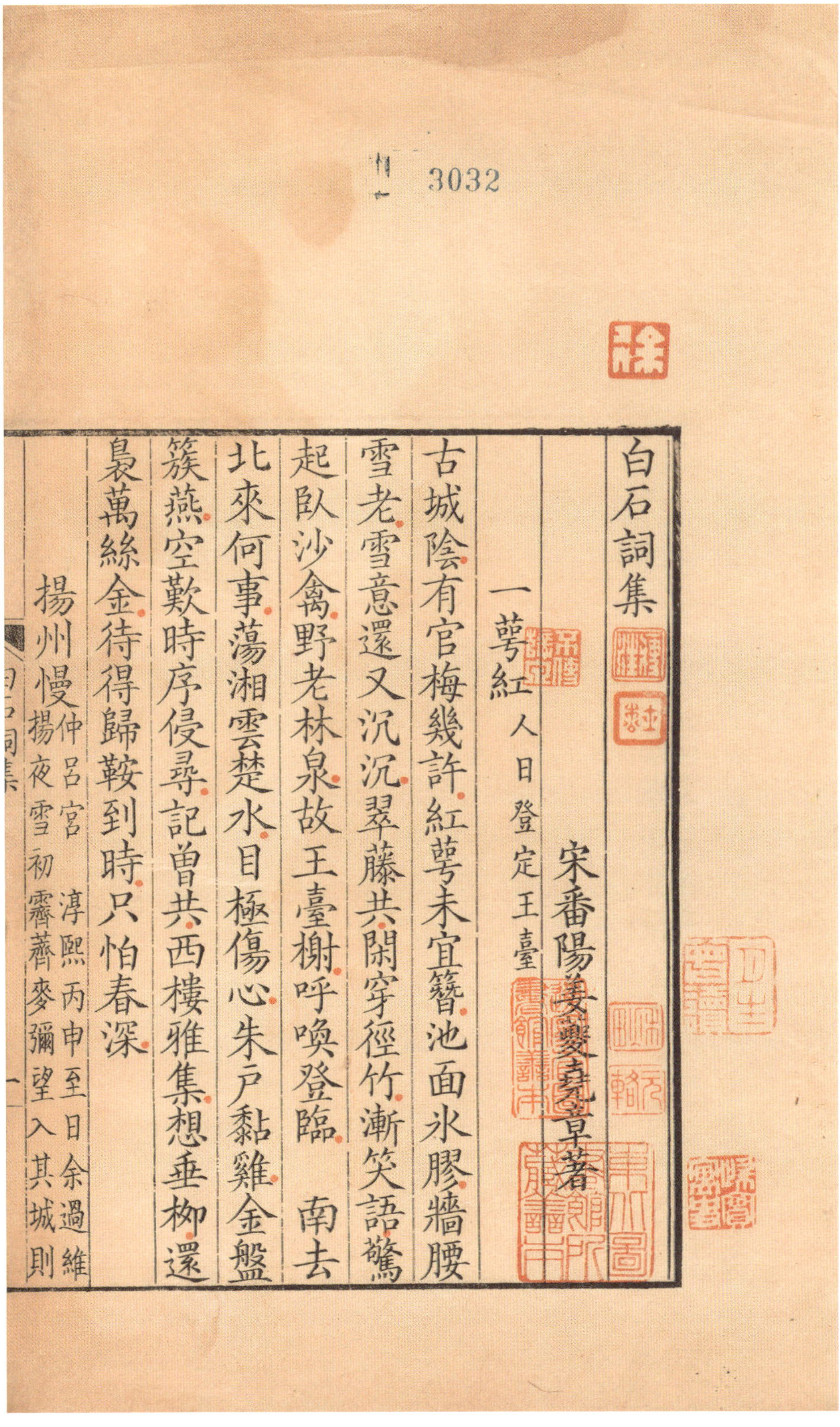
白石詞集
宋番陽姜夔堯章著
一萼紅 人日登定王臺
古城陰有官梅幾許紅萼未宜簪池面氷膠牆腰
雪老雲意還又沉沉翠藤共閑穿徑竹漸笑語驚
起臥沙禽野老林泉故王臺榭呼喚登臨 南去
北來何事蕩湘雲楚水目極傷心朱戶黏雞金盤
簇燕空歎時序侵尋記曾共西樓雅集想垂柳還
裊萬絲金待得歸鞍到時只怕春深
揚州慢仲呂宮 淳熙丙申至日余過維
揚夜雪初霽薺麥彌望入其城則

20685 白石詩集一卷詞集一卷 （宋）姜夔撰 清康熙五十七年（1718）曾時璨刻本 遼寧省圖書館

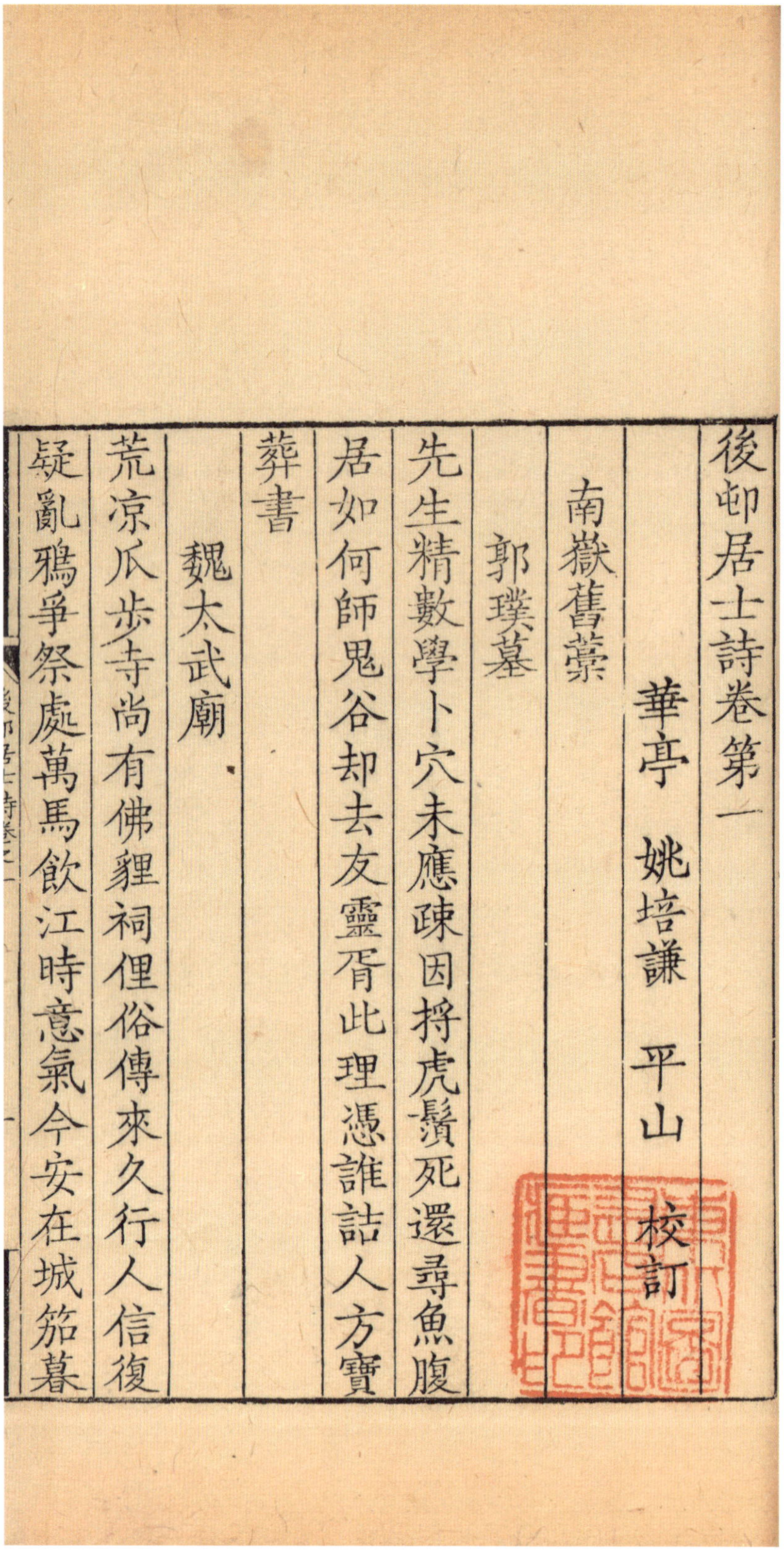

後邨居士詩卷第一

華亭　姚培謙　平山　校訂

南嶽舊藁

郭璞墓

先生精數學卜穴未應疎因捋虎鬚死還尋魚腹居如何師鬼谷却去友靈胥此理憑誰詰人方寶葬書

魏太武廟

荒凉瓜步寺尚有佛貍祠俚俗傳來久行人信復疑亂鴉爭祭處萬馬飲江時意氣今安在城笳暮

後邨居士詩卷之一

20686　後邨居士詩二十卷　（宋）劉克莊撰　清康熙五十九年（1720）姚培謙遂安堂刻本　遼寧省圖書館

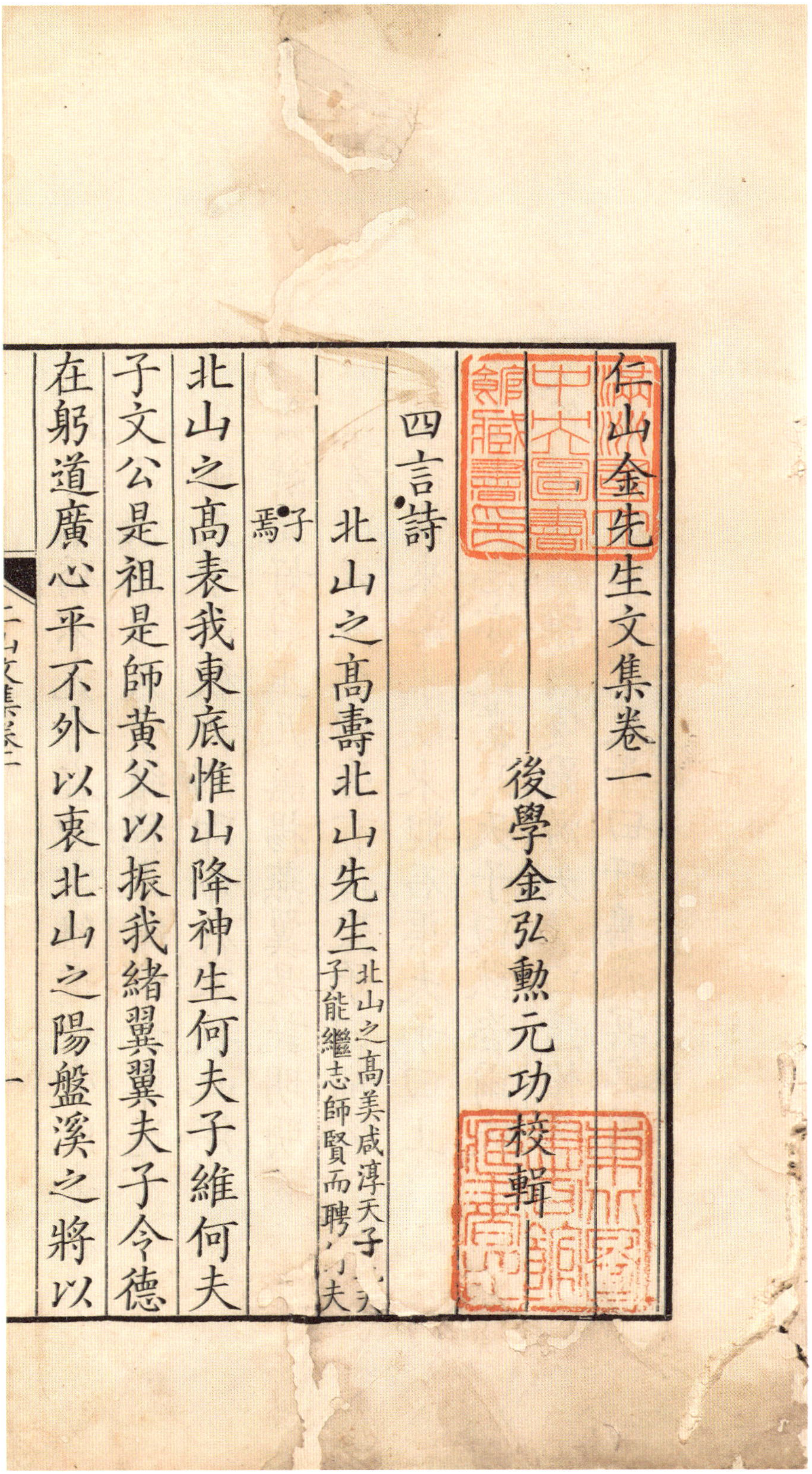
仁山金先生文集卷一
後學金弘勳元功校輯
四言詩
北山之高壽北山先生北山之高美咸淳天子[illegible]夫子能繼志師賢而聘[illegible]夫子焉
北山之高表我東底惟山降神生何夫子維何夫
子文公是祖是師黃父以振我緒翼翼夫子令德
在躬道廣心平不外以衷北山之陽盤溪之將以
仁山文集卷一 一

20687 仁山金先生文集四卷 （宋）金履祥撰 （清）金弘勳校輯 **附録一卷** 清雍正三年（1725）春輝堂刻本 遼寧省圖書館

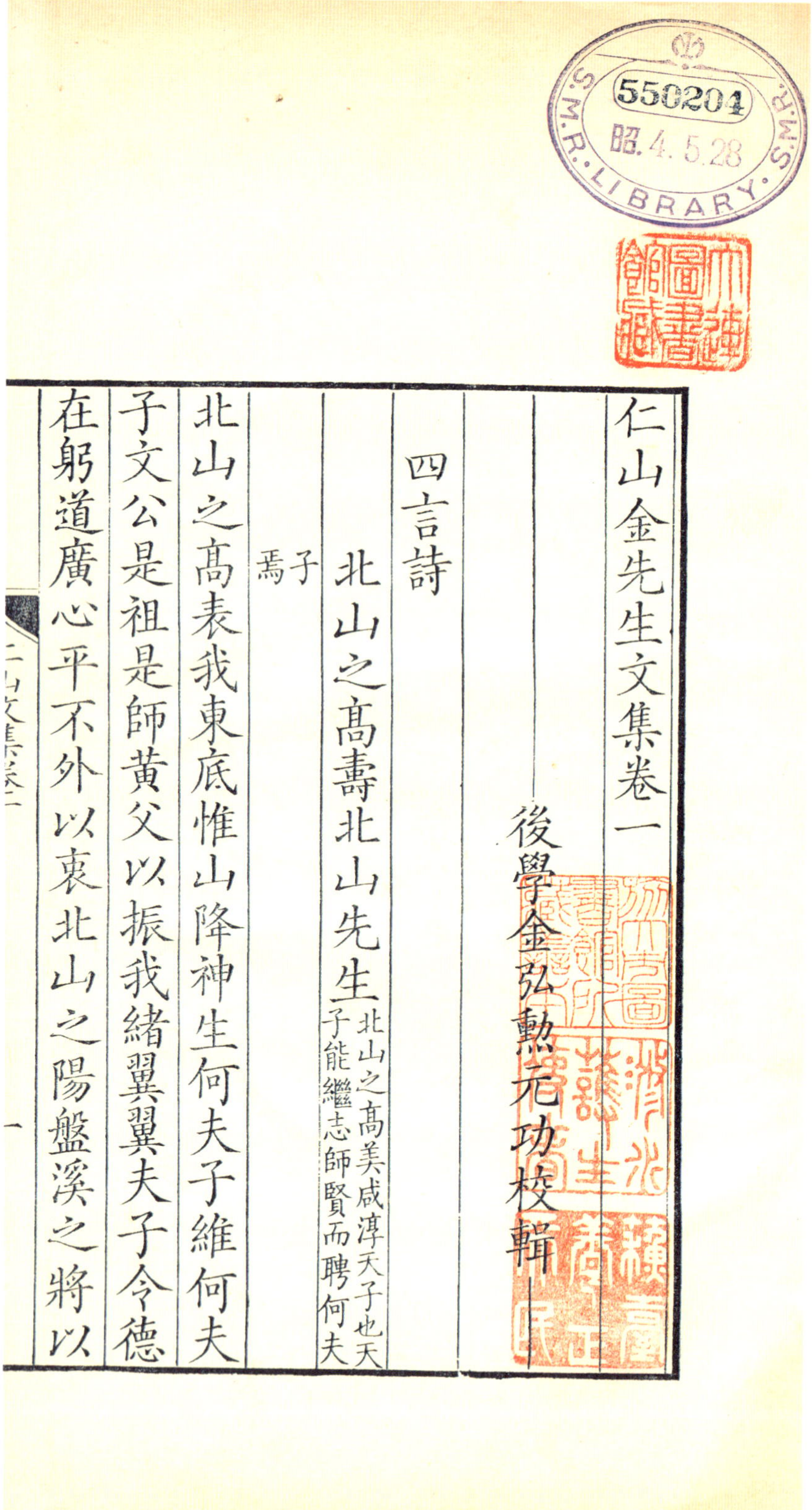
仁山金先生文集卷一
後學金弘勳元功校輯
四言詩
北山之高壽北山先生北山之高美咸淳天子也天子能繼志師賢而聘何夫子焉
北山之高表我東底惟山降神生何夫子維何夫
子文公是祖是師黃父以振我緒翼翼夫子令德
在躬道廣心平不外以衷北山之陽盤溪之將以
仁山文集卷一　一

20688　仁山金先生文集四卷　（宋）金履祥撰　（清）金弘勳校輯　**附録一卷**　清雍正三年（1725）春輝堂刻本　大連圖書館

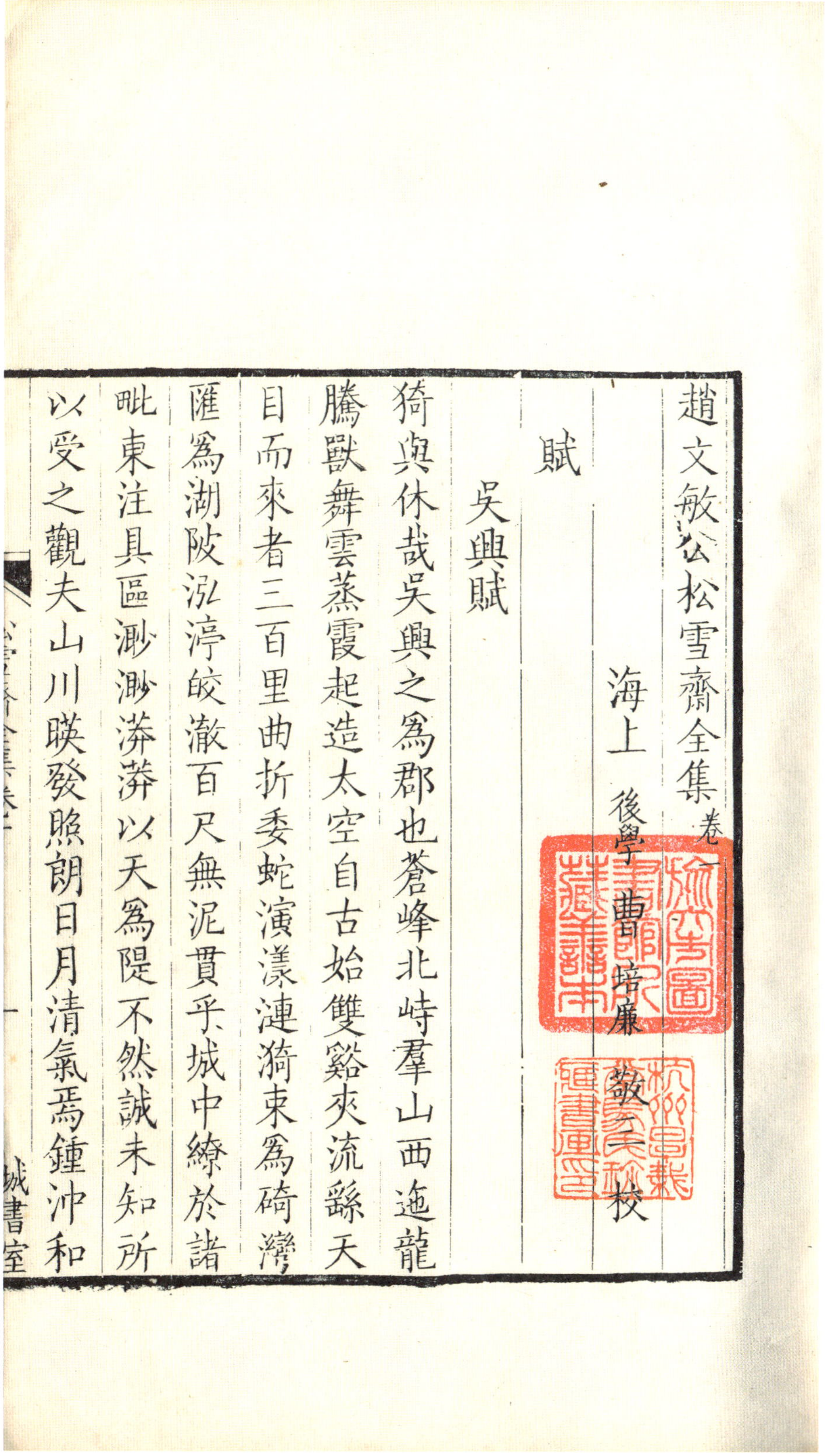
趙文敏公松雪齋全集卷一
海上　後學曹培廉敬一校
賦
吴興賦
猗歟休哉吴興之爲郡也蒼峰北峙羣山西迤龍騰獸舞雲蒸霞起造太空自古始雙谿夾流繇天目而來者三百里曲折委蛇演漾漣猗束爲碕灣匯爲湖陂泓渟皎澈百尺無泥貫乎城中繚於諸毗東注具區渺渺莽莽以天爲隄不然誠未知所以受之觀夫山川暎發照朗日月清氣焉鍾沖和
松雪齋全集卷一　一　城書室

20689　趙文敏公松雪齋全集十卷外集一卷續集一卷　（元）趙孟頫撰　清康熙五十二年（1713）曹培廉城書室刻本　大連圖書館

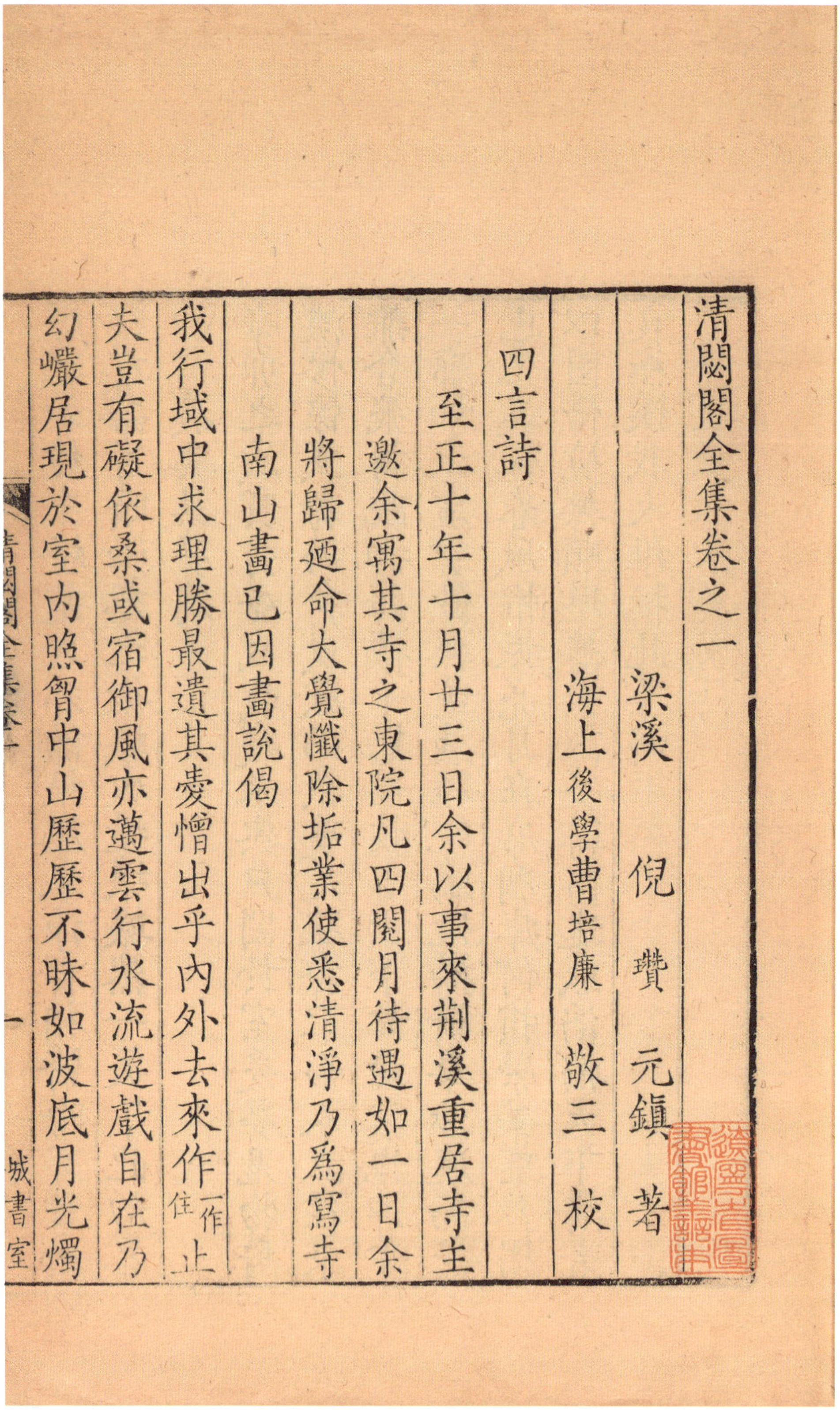
清閟閣全集卷之一
梁溪　倪　瓚　元鎮　著
海上後學曹培廉　敬三　校
四言詩
至正十年十月廿三日余以事來荊溪重居寺主
邀余寓其寺之東院凡四閱月待遇如一日余
將歸迺命大覺懺除垢業使悉清淨乃爲寫寺
南山畵已因畵說偈
我行域中求理勝最遺其憂憎出乎內外去來作住一作止
夫豈有礙依桑或宿御風亦邁雲行水流遊戲自在乃
幻巗居現於室內照脣中山歷歷不昧如波底月光燭
清閟閣全集卷一
一
城書室

20690　清閟閣全集十二卷　（元）倪瓚撰　清康熙五十二年（1713）曹培廉城書室刻本　遼寧省圖書館

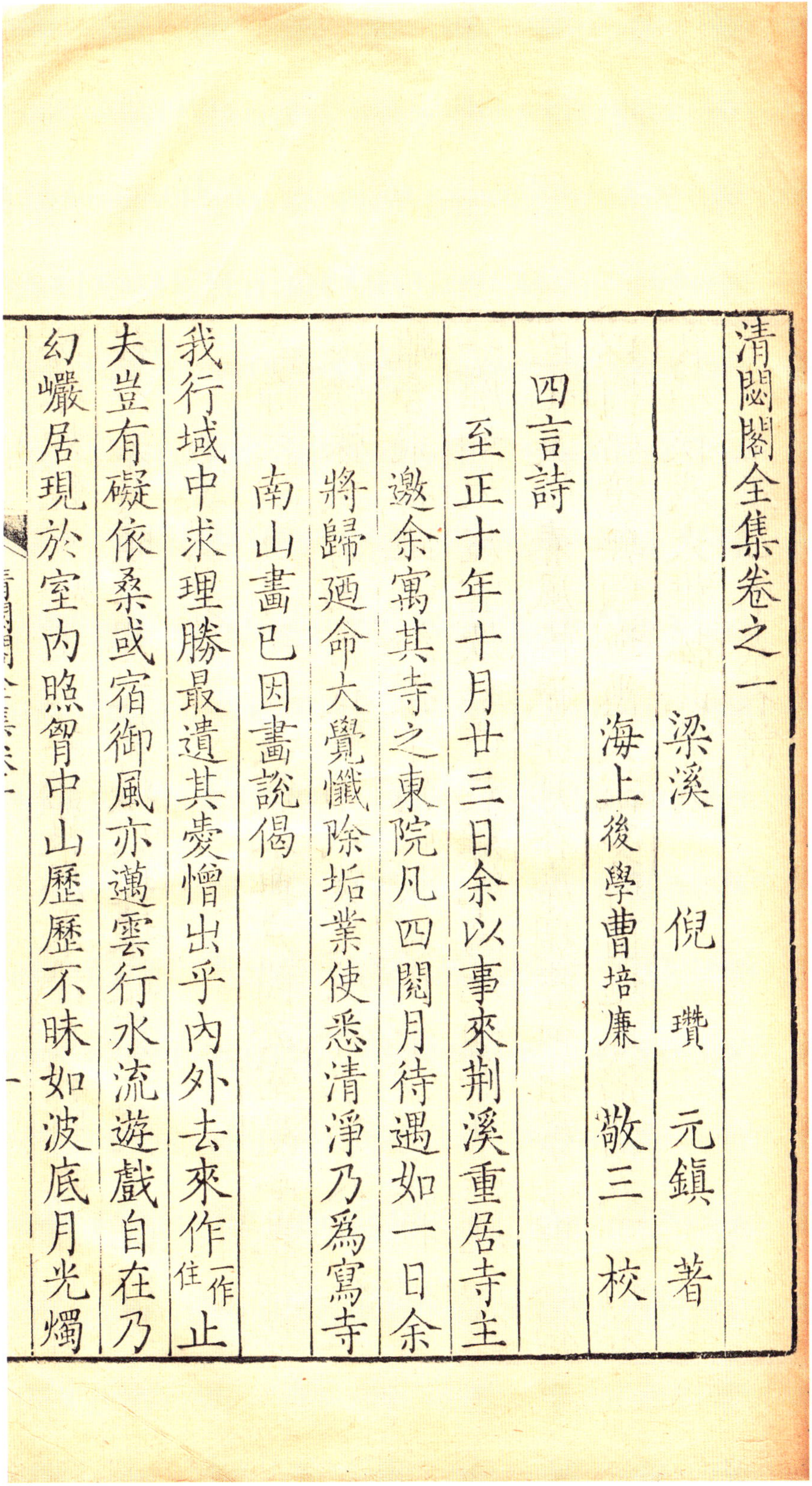
清閟閣全集卷之一
梁溪　倪瓚　元鎮　著
海上後學曹培廉　敬三　校
四言詩
至正十年十月廿三日余以事來荆溪重居寺主邀余寓其寺之東院凡四閱月待遇如一日余將歸迺命大覺㦨除垢業使悉清淨乃爲寫寺南山畫已因畫說偈
我行域中求理勝最遺其愛憎出乎內外去來作一作住止夫豈有礙依桑或宿御風亦邁雲行水流遊戲自在乃幻巖居現於室內照胷中山歷歷不昧如波底月光燭

20691　清閟閣全集十二卷　（元）倪瓚撰　清康熙五十二年（1713）曹培廉城書室刻本　大連圖書館

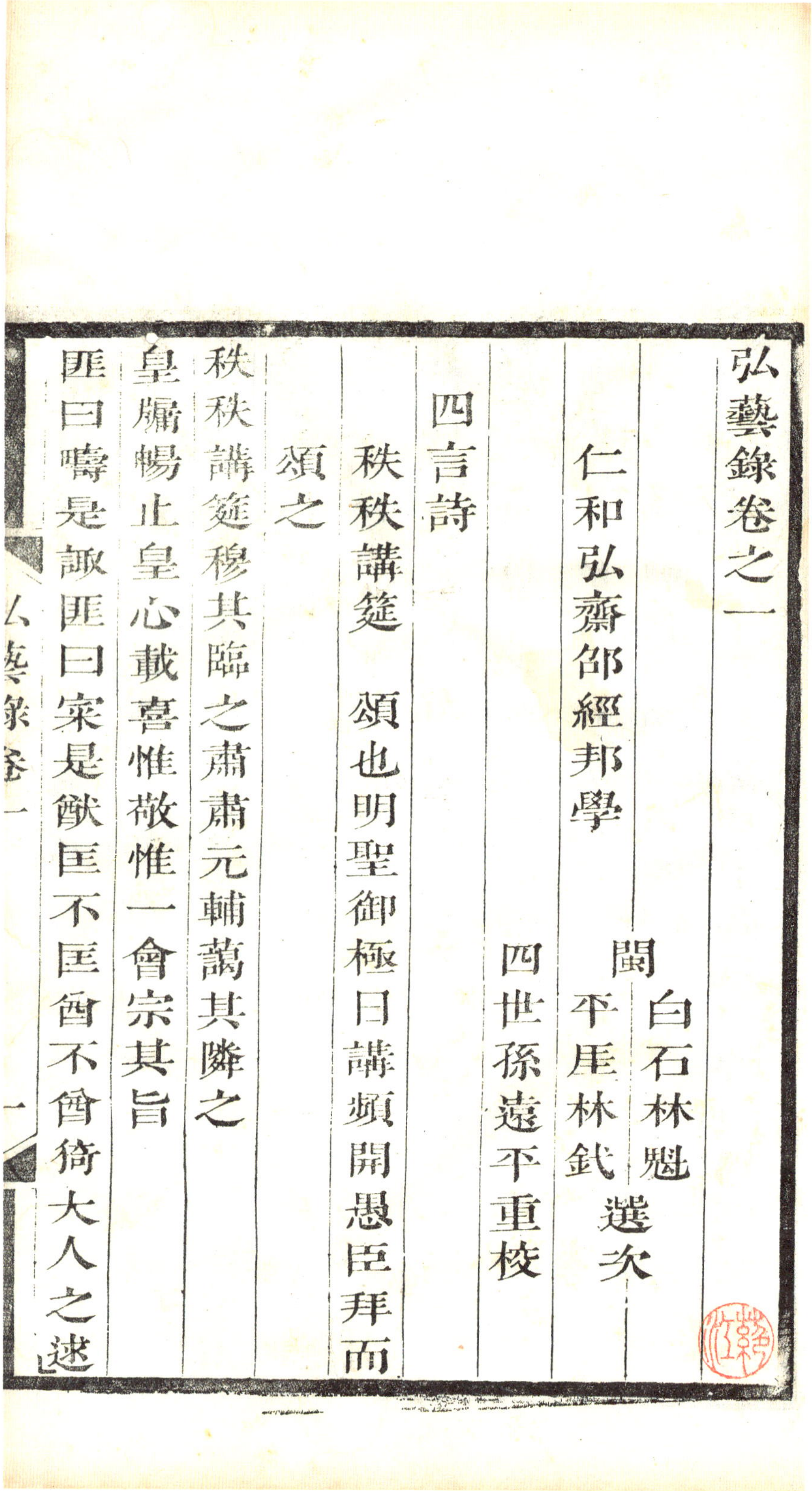
弘藝錄卷之一

仁和弘齋邵經邦學

閩　白石林魁
　　平厓林鉞　選次

四世孫遠平重校

四言詩

秩秩講筵　頌也明聖御極日講頻開愚臣拜而
頌之

秩秩講筵穆其臨之肅肅元輔藹其隣之
皇牖暢止皇心載喜惟敬惟一會宗其旨
匪曰疇是諏匪曰寀是猷匡不匡酋不酋倚大人之述

弘藝錄卷一　一

20692　弘藝錄三十二卷首一卷　（明）邵經邦撰　清康熙二十四年（1685）邵遠平刻本　大連圖書館

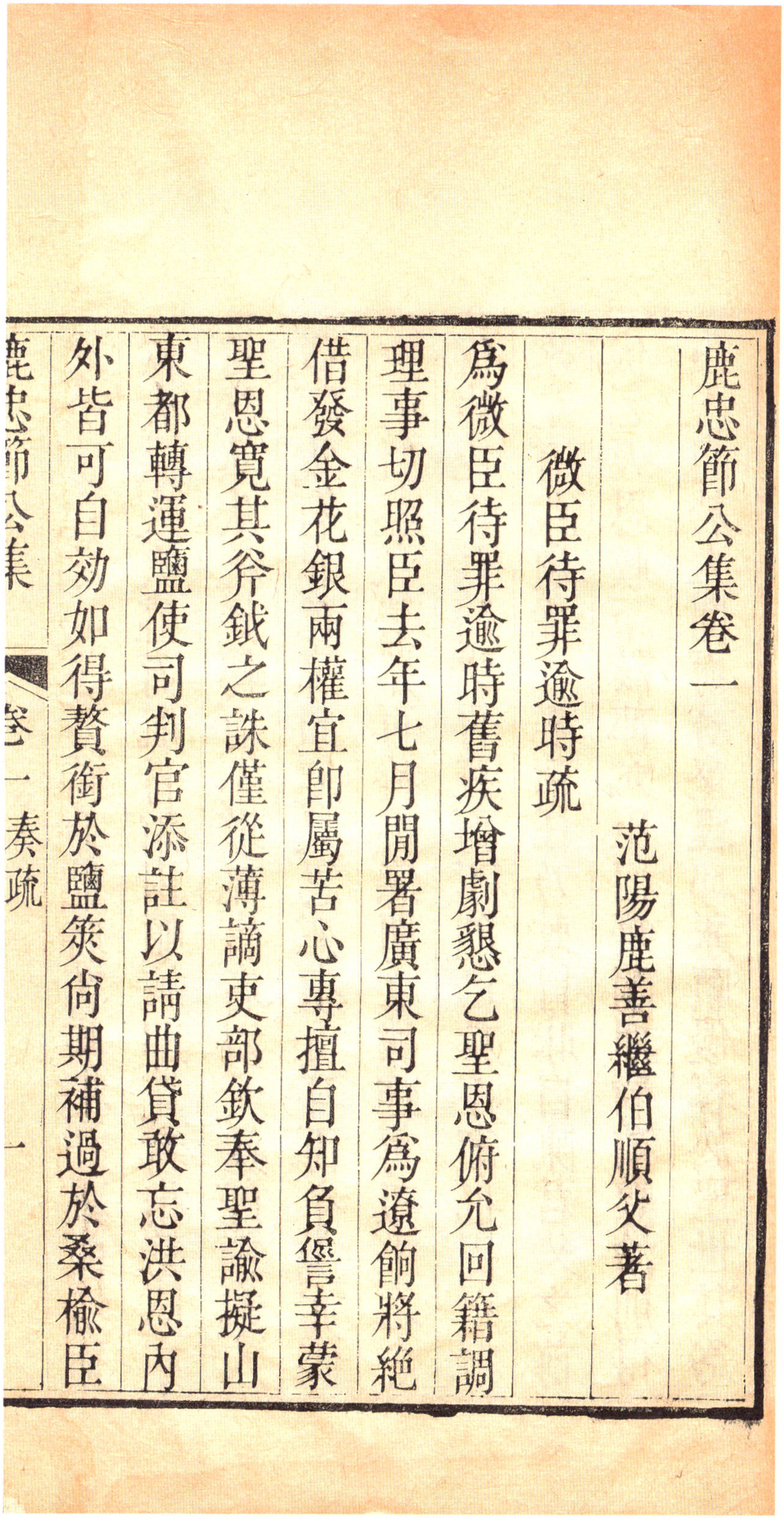
鹿忠節公集卷一
范陽鹿善繼伯順父著
微臣待罪逾時疏
為微臣待罪逾時舊疾增劇懇乞聖恩俯允回籍調
理事切照臣去年七月間署廣東司事為遼餉將絕
借發金花銀兩權宜卽屬苦心專擅自知負愆幸蒙
聖恩寬其斧鉞之誅僅從薄謫吏部欽奉聖諭擬山
東都轉運鹽使司判官添註以請曲貸敢忘洪恩內
外皆可自効如得贅銜於鹽筴尚期補過於桑榆臣
鹿忠節公集　卷一　奏疏　一

20693　鹿忠節公集二十一卷　（明）鹿善繼撰　清刻本　大連圖書館

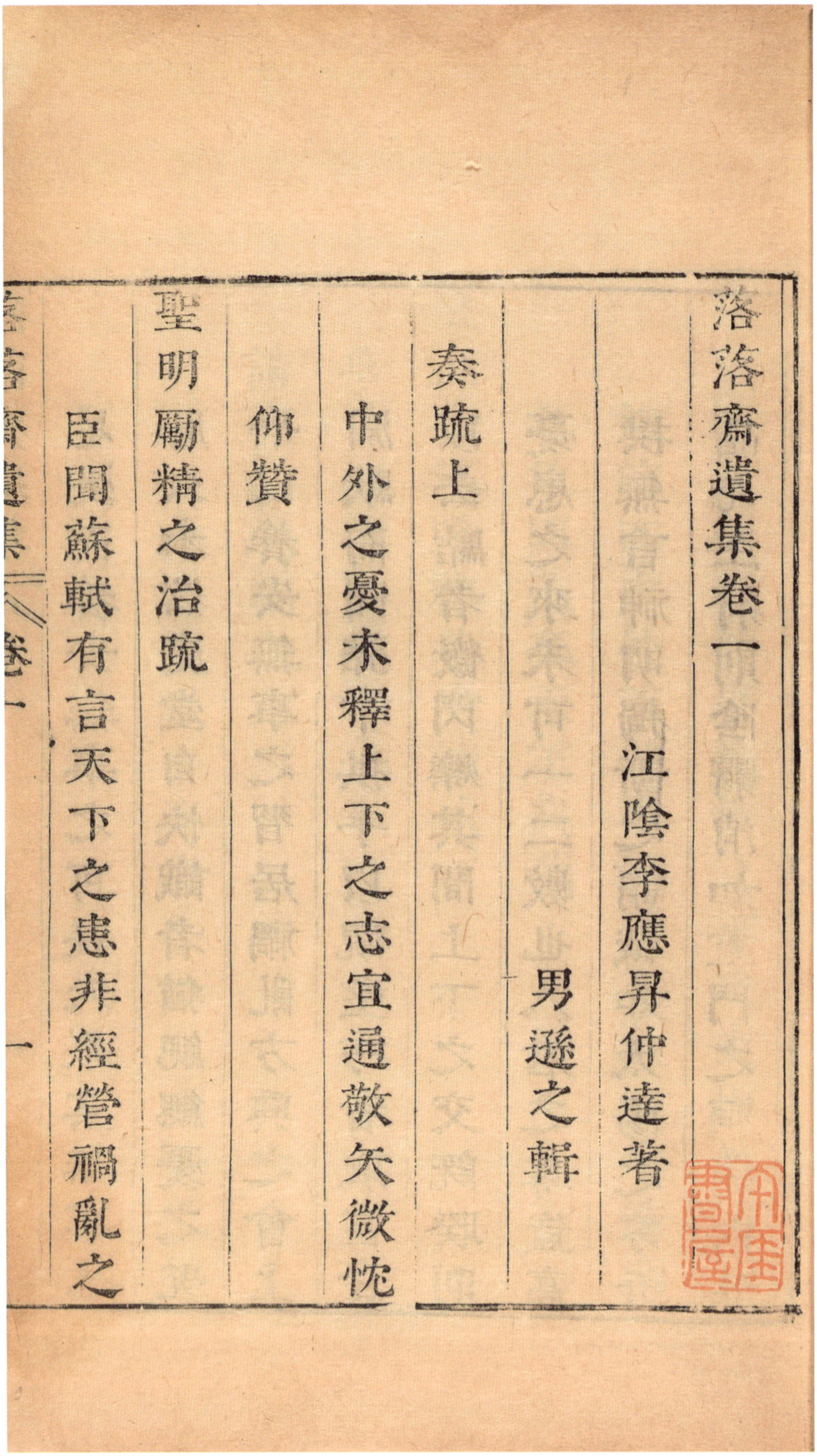

落落齋遺集卷一

江陰李應昇仲達著

男遜之輯

奏疏上

中外之憂未釋上下之志宜通敬矢微忱

仰贊

聖明勵精之治疏

臣聞蘇軾有言天下之患非經營禍亂之

落落齋遺集　卷一　一

20694　落落齋遺集十卷　（明）李應昇撰　清康熙刻本　遼寧省圖書館

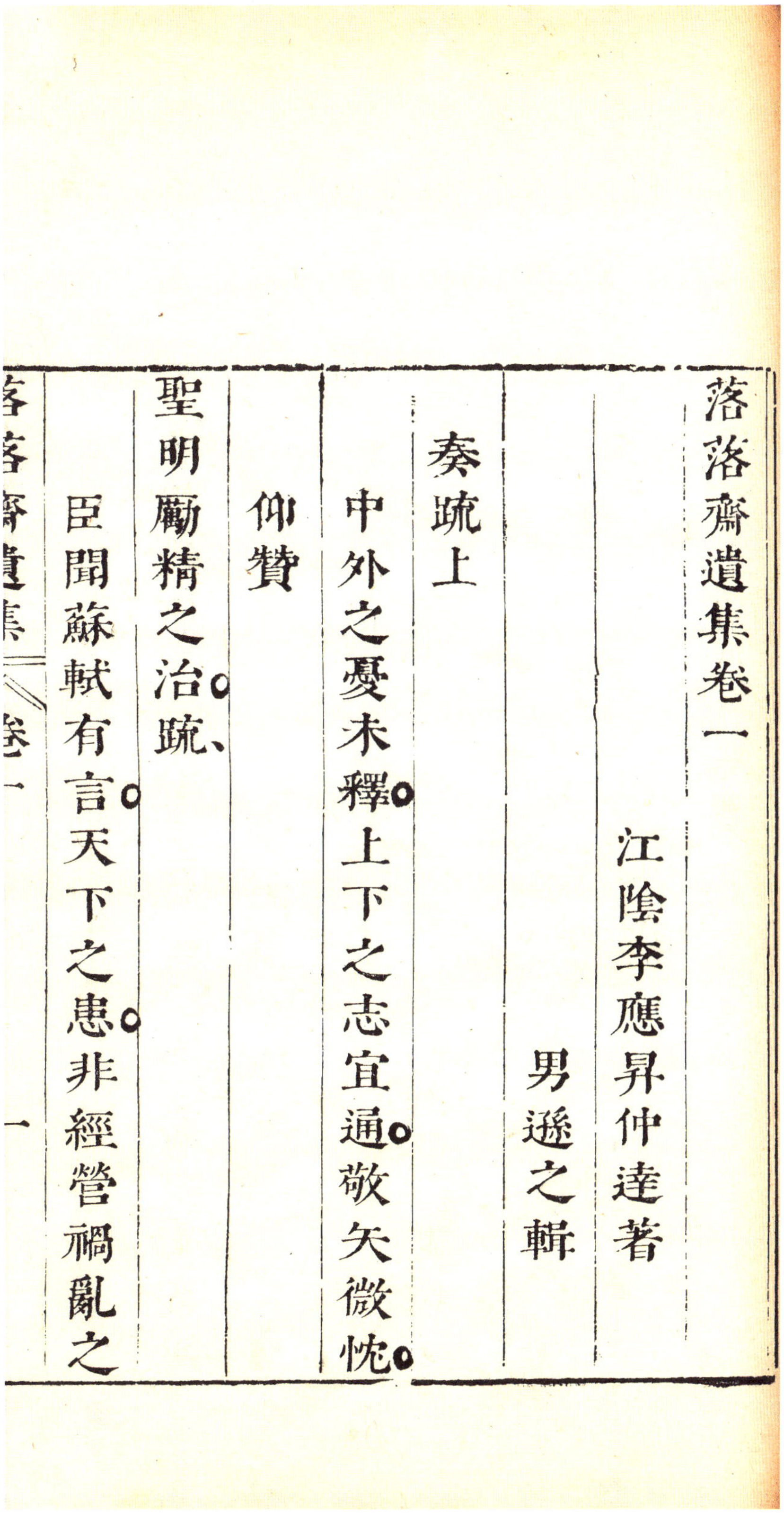
落落齋遺集卷一

江陰李應昇仲達著

男遜之輯

奏疏上

中外之憂未釋。上下之志宜通。敬矢微忱。

仰贊

聖明勵精之治。疏、

臣聞蘇軾有言。天下之患。非經營禍亂之

落落齋遺集　卷一　一

20695　落落齋遺集十卷　（明）李應昇撰　清康熙刻本　大連圖書館

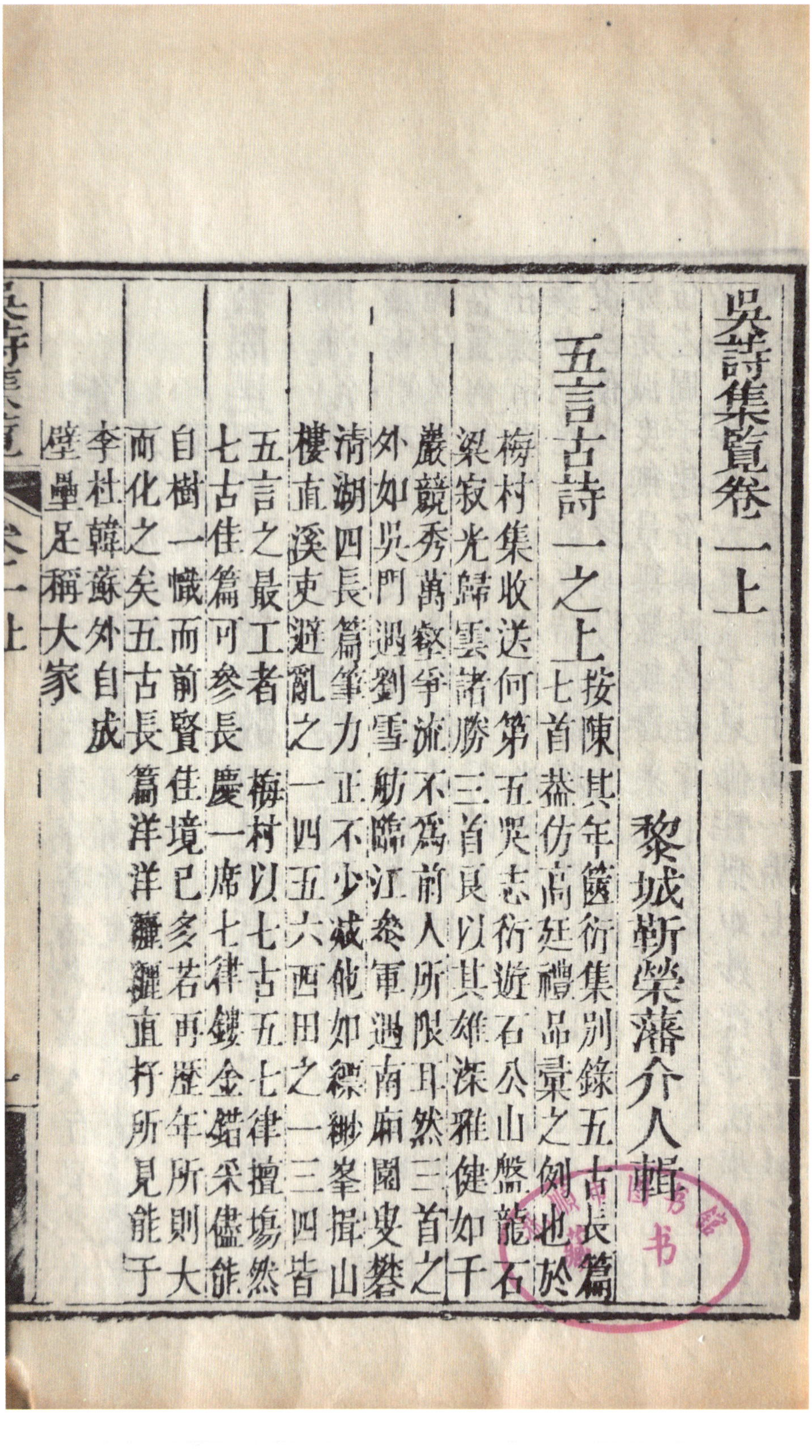

吳詩集覽卷一上

黎城靳榮藩介人輯

五言古詩一之上 按陳其年篋衍集別錄五古長篇七首蓋仿高廷禮品彙之例也於梅村集收送何第五兒志衍遊石公山盤龍石梁寂光歸雲諸勝三首以其雄深雅健如千巖競秀萬壑爭流不為前人所限耳然三首之外如吳門遇劉雪舫臨江參軍遇南廂園叟礬清湖四長篇筆力正不少減能如縹緲峯擢山樓直溪吏避亂之一四五六西田之一三四皆五言之最工者 梅村以七古五古七律擅場然七古佳篇可參長慶一席七律鏤金錯采儘能自樹一幟而前賢佳境已多若再歷年所則大而化之矣五古長篇洋洋灑灑直抒所見能于李杜韓蘇外自成壁壘足稱大家

吳詩集覽 卷一上 一

20696　吳詩集覽二十卷補注二十卷　（清）吴偉業撰　（清）靳榮藩注

吳詩談藪二卷拾遺一卷　（清）靳榮藩輯　清乾隆四十年（1775）凌雲亭刻本　撫順市圖書館

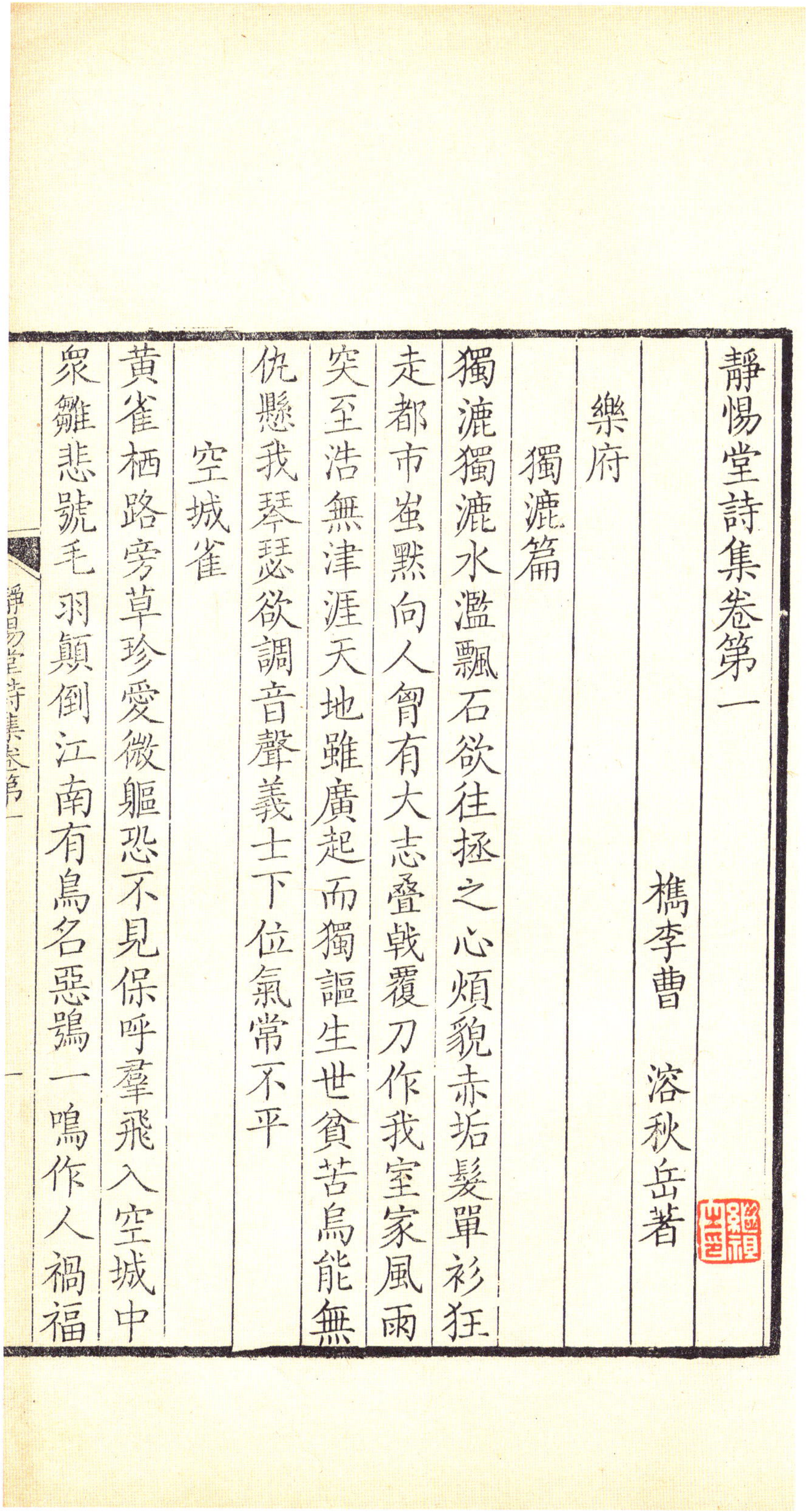
靜惕堂詩集卷第一
檇李曹　溶秋岳著
樂府
獨漉篇
獨漉獨漉水濫飄石欲往拯之心煩貌赤垢髮單衫狂走都市蚩黙向人曾有大志叠戟覆刀作我室家風雨突至浩無津涯天地雖廣起而獨謳生世貧苦烏能無仇懸我琴瑟欲調音聲義士下位氣常不平
空城雀
黃雀栖路旁草珍愛微軀恐不見保呼羣飛入空城中衆雛悲號毛羽顛倒江南有烏名惡鴟一鳴作人禍福
靜惕堂詩集卷第一

20697　靜惕堂詩集四十四卷　（清）曹溶撰　（清）朱丕戭輯　（清）李因篤　鄧孝威評　清雍正三年（1725）刻本　大連圖書館

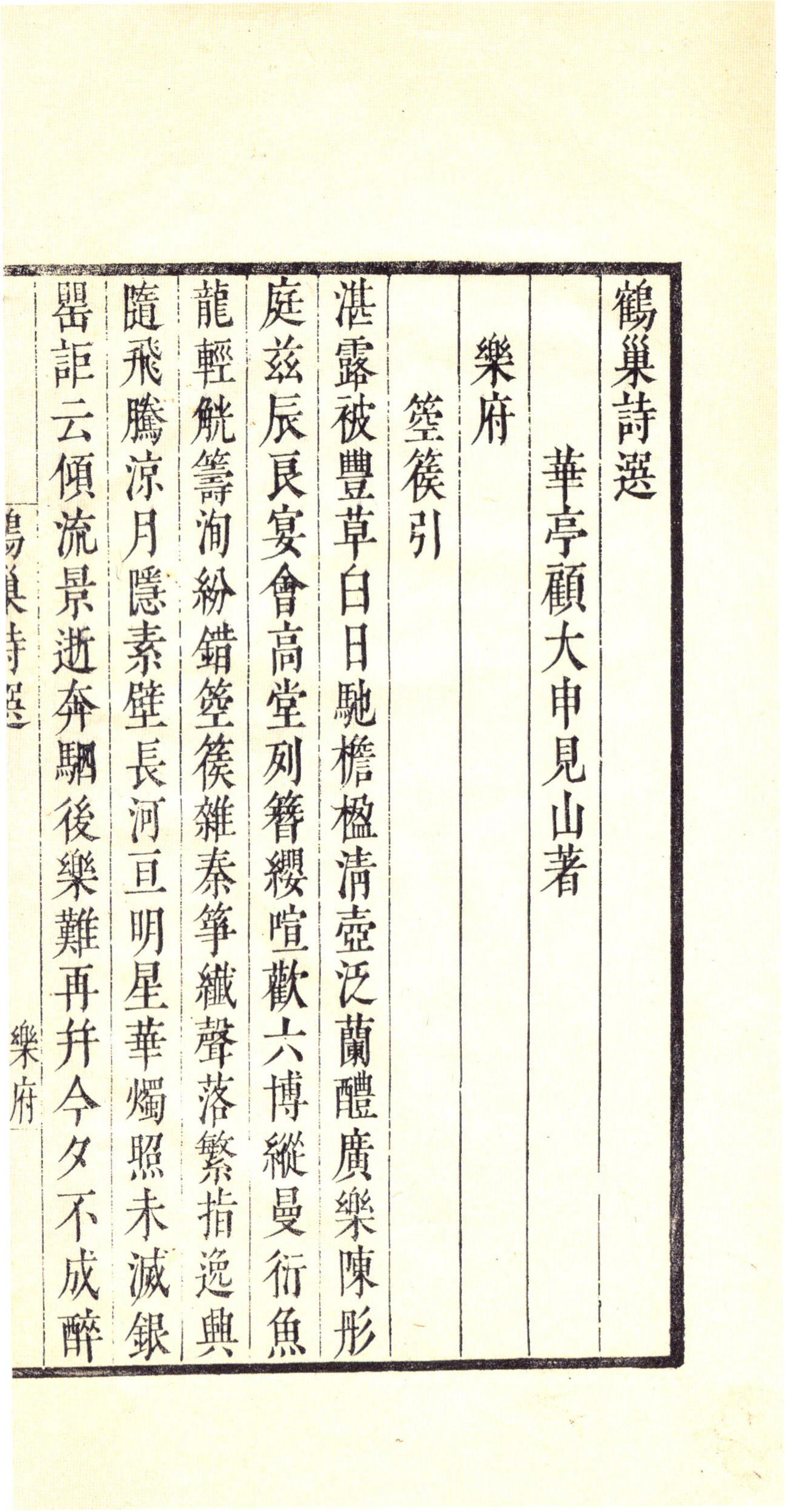
鶴巢詩選

華亭顧大申見山著

樂府

箜篌引

湛露被豐草白日馳檐楹清壺泛蘭醴廣樂陳彤
庭玆辰良宴會高堂列簪纓喧歡六博縱曼衍魚
龍輕觥籌洵紛錯箜篌雜秦箏纖聲落繁指逸典
隨飛騰涼月隱素壁長河亘明星華燭照未滅銀
罌詎云傾流景逝奔駟後樂難再幷今夕不成醉

鶴巢詩選　樂府

20698　鶴巢詩選六卷　（清）顧大申撰　清順治刻本　大連圖書館

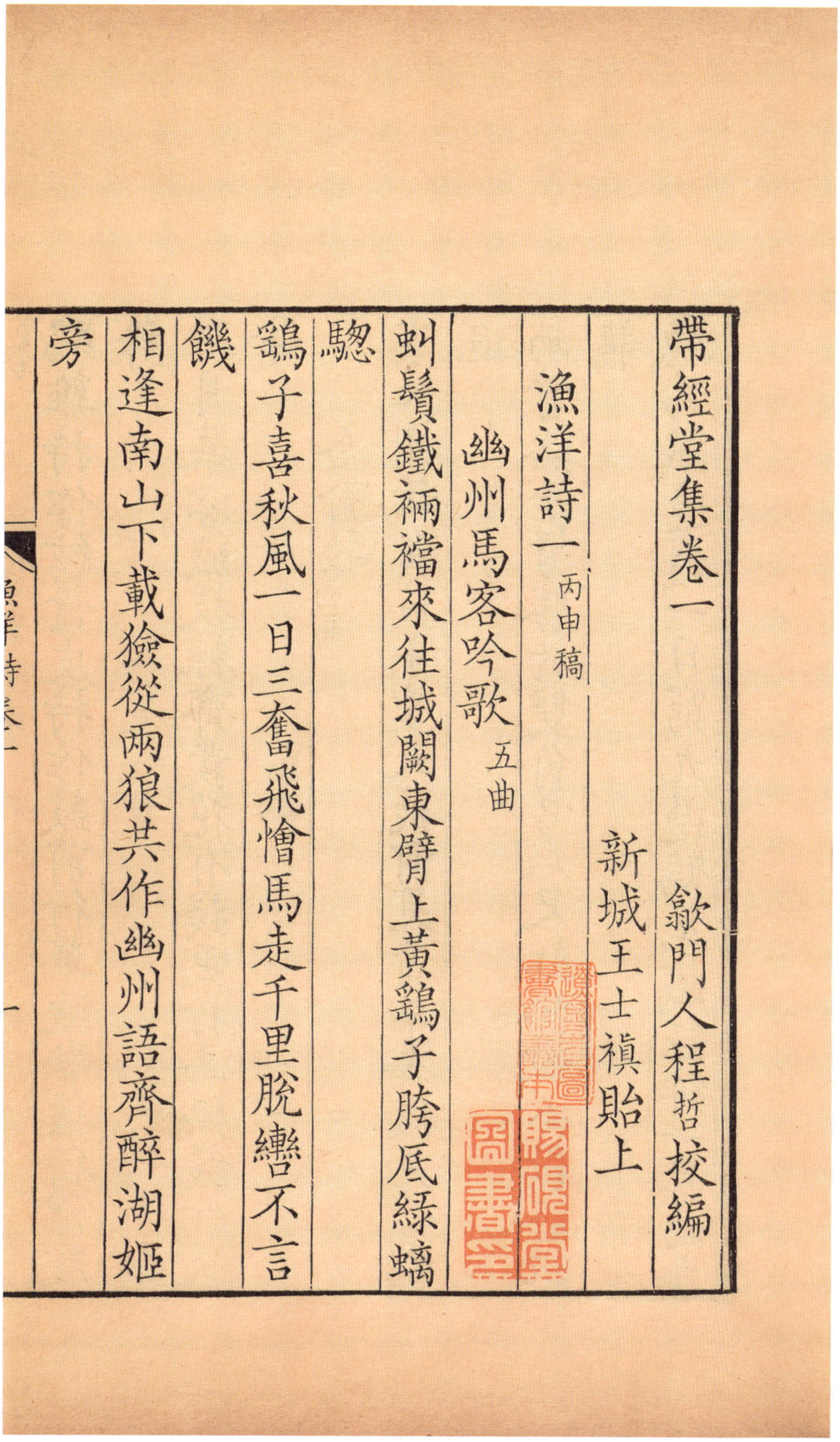
帶經堂集卷一　歙門人程哲校編
漁洋詩一丙申稿　新城王士禛貽上
幽州馬客吟歌五曲
虯鬚鐵裲襠來往城闕東臂上黃鷂子胯底綠螭驄
鷂子喜秋風一日三奮飛儈馬走千里脫轡不言饑
相逢南山下載獫從兩狼共作幽州語齊醉湖姬旁

20699　帶經堂集九十二卷　（清）王士禛撰　清乾隆十二年（1747）程氏七略書堂刻本　遼寧省圖書館

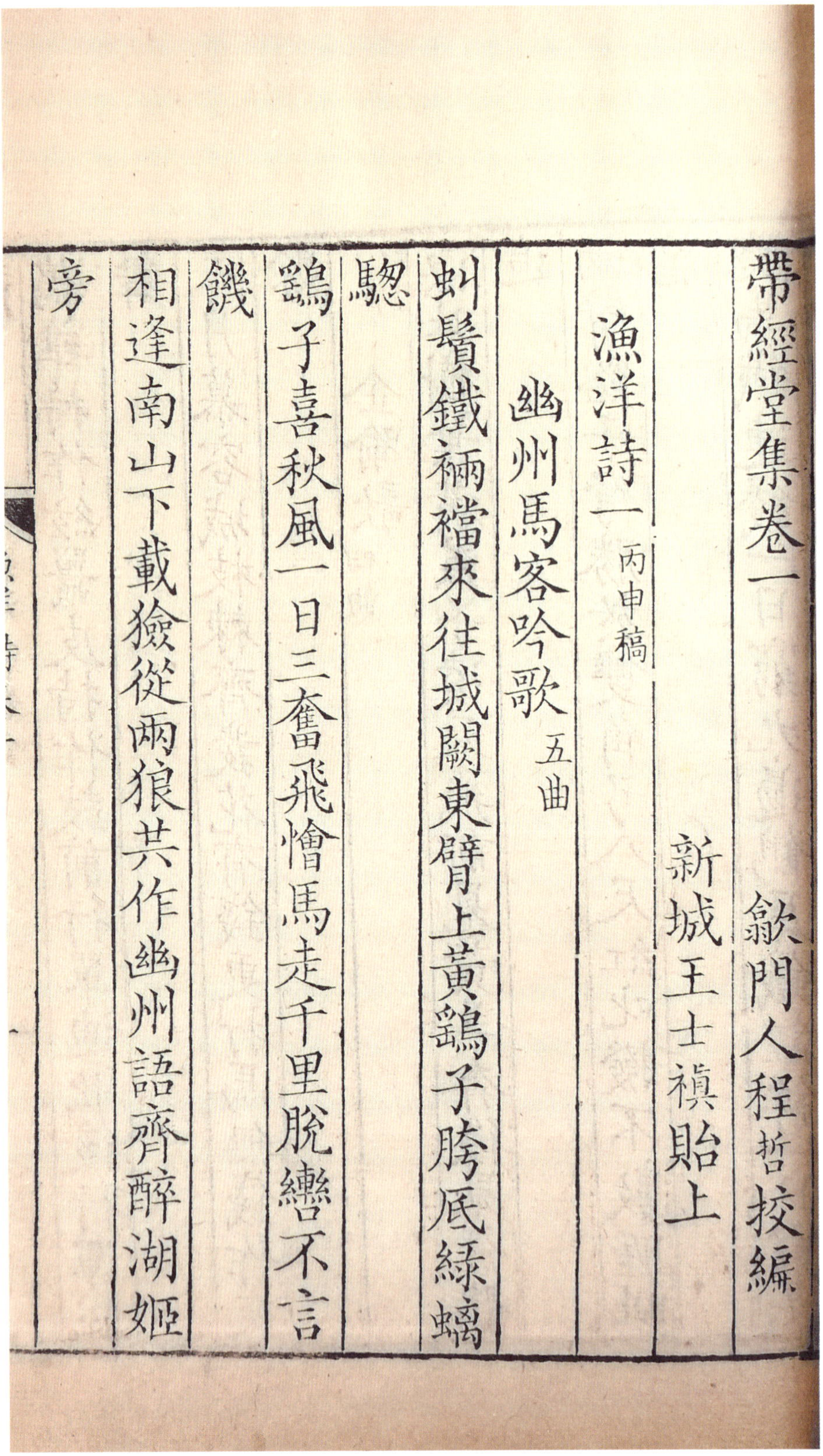
帶經堂集卷一　歙門人程哲校編

新城王士禛貽上

漁洋詩一 丙申稿

幽州馬客吟歌 五曲

虯鬚鐵裲襠來往城闕東臂上黃鷂子胯底綠螭驄

鷂子喜秋風一日三奮飛憎馬走千里脫轡不言饑

相逢南山下載獫從兩狼共作幽州語齊醉湖姬旁

20700　帶經堂集九十二卷　（清）王士禛撰　清乾隆十二年（1747）程氏七略書堂刻本　丹東市圖書館

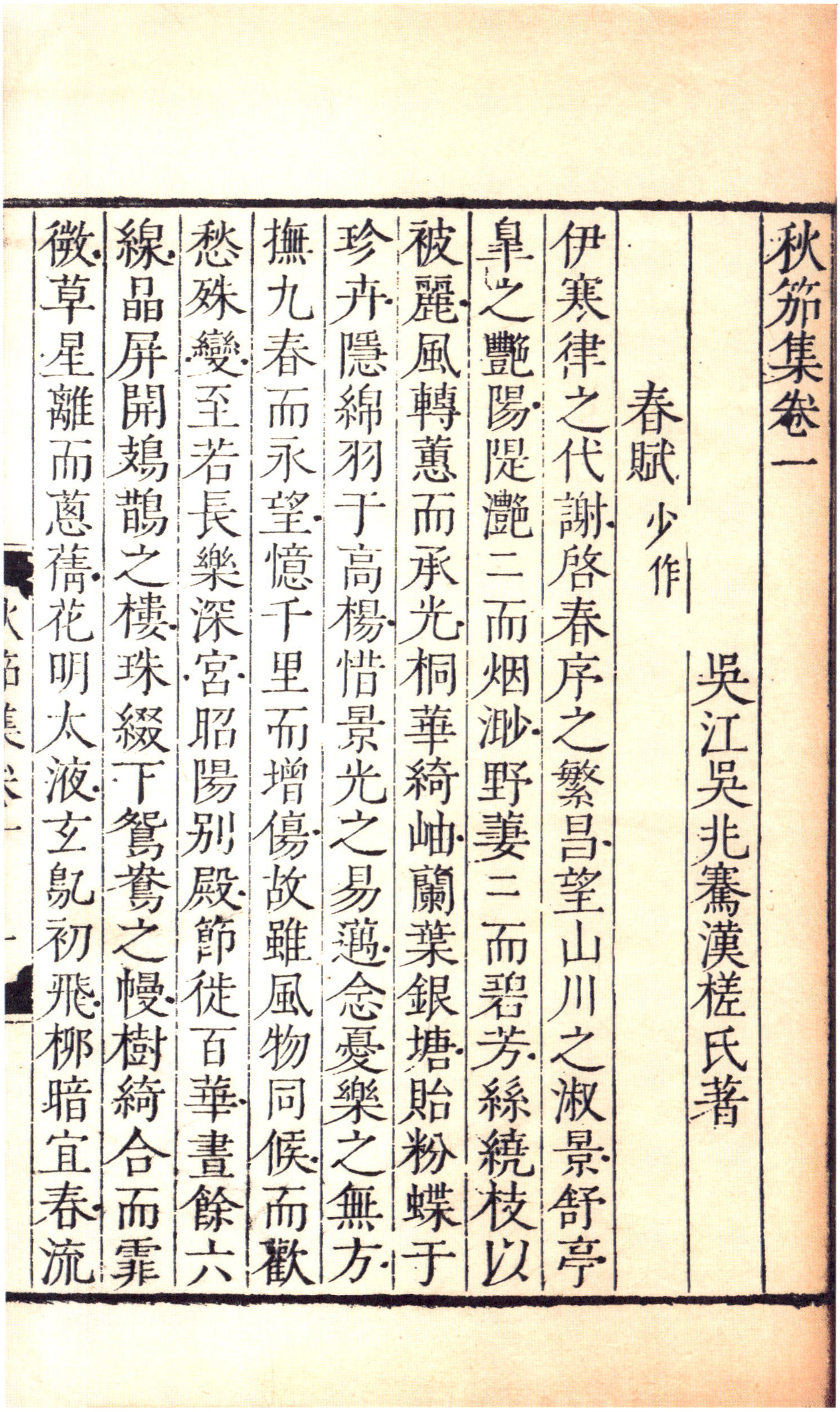
秋笳集卷一

春賦 少作　　吳江吳兆騫漢槎氏著

伊寒律之代謝啓春序之繁昌望山川之淑景舒亭皐之豔陽隄灩〻而烟渺野萋〻而碧芳絲繞枝以被麗風轉蕙而承光桐華綺岫蘭葉銀塘貽粉蝶于珍卉隱綿羽于高楊惜景光之易邁念憂樂之無方撫九春而永望憶千里而增傷故雖風物同候而歡愁殊變至若長樂深宮昭陽別殿節徙百華晝餘六綫品屏開鵁鶄之樓珠綴下鴛鴦之幔樹綺合而霏微草星離而蒽蒨花明太液玄鳦初飛栁暗宜春流

20701　秋笳集八卷　（清）吴兆騫撰　清康熙徐乾學刻雍正四年（1726）吴桭臣增刻本　錦州市圖書館

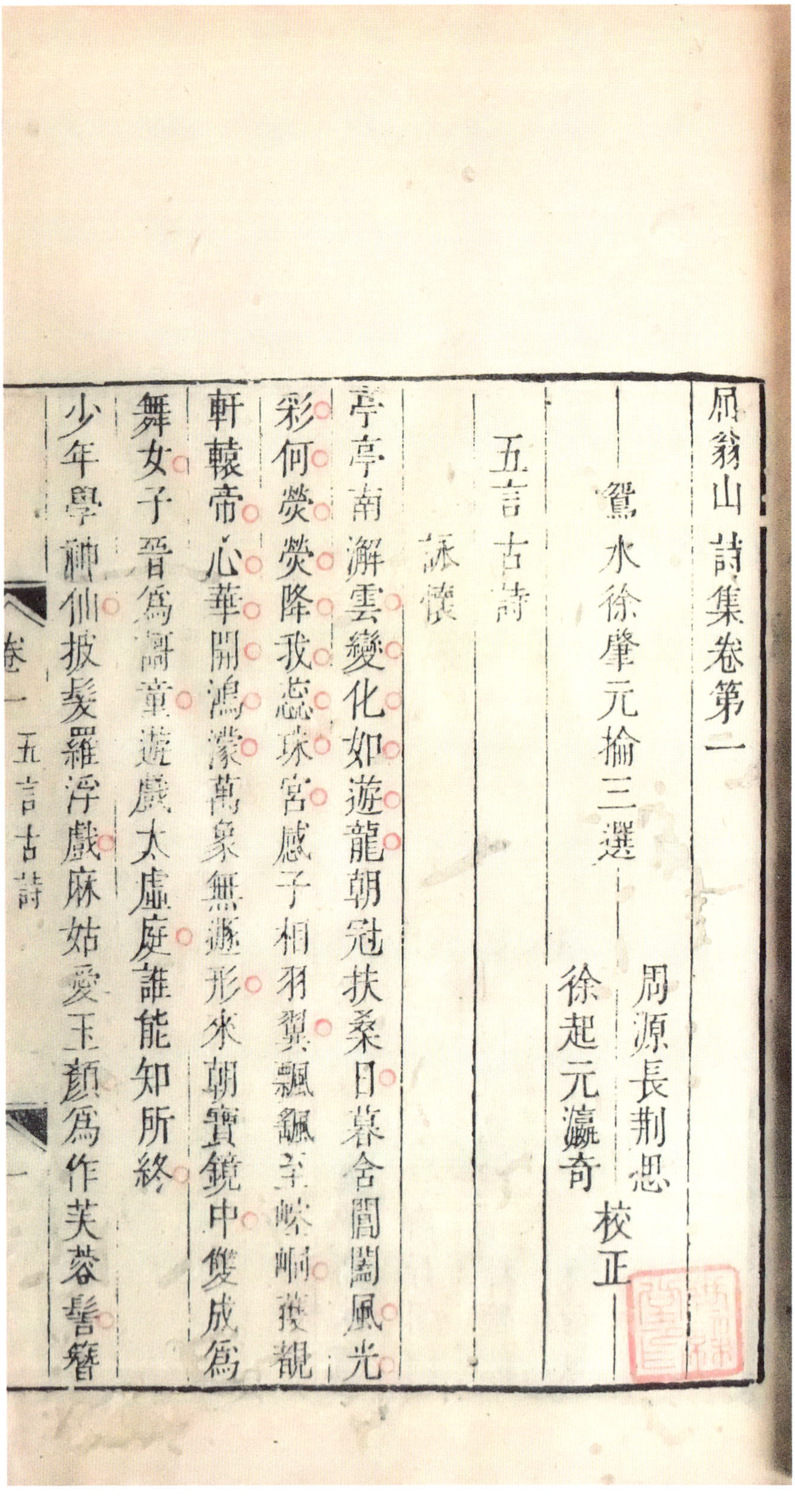

屈翁山詩集卷第一

鶩水徐肇元掄三選　周源長荆思
徐起元瀛奇　校正

五言古詩

詠懷

亭亭南澥雲變化如遊龍朝冠扶桑日暮含閶闔風光
彩何熒熒降我蕊珠宮感子相羽翼飄飄至崆峒獲覯
軒轅帝心華開鴻濛萬象無遯形來朝寶鏡中雙成爲
舞女子晉爲謌章遊戲太虛庭誰能知所終
少年學神仙披髮羅浮戲麻姑愛玉顏爲作芙蓉髻鬌

卷一　五言古詩　一

20702　屈翁山詩集八卷詞一卷　（清）屈大均撰　清康熙研露齋刻本

錦州市圖書館

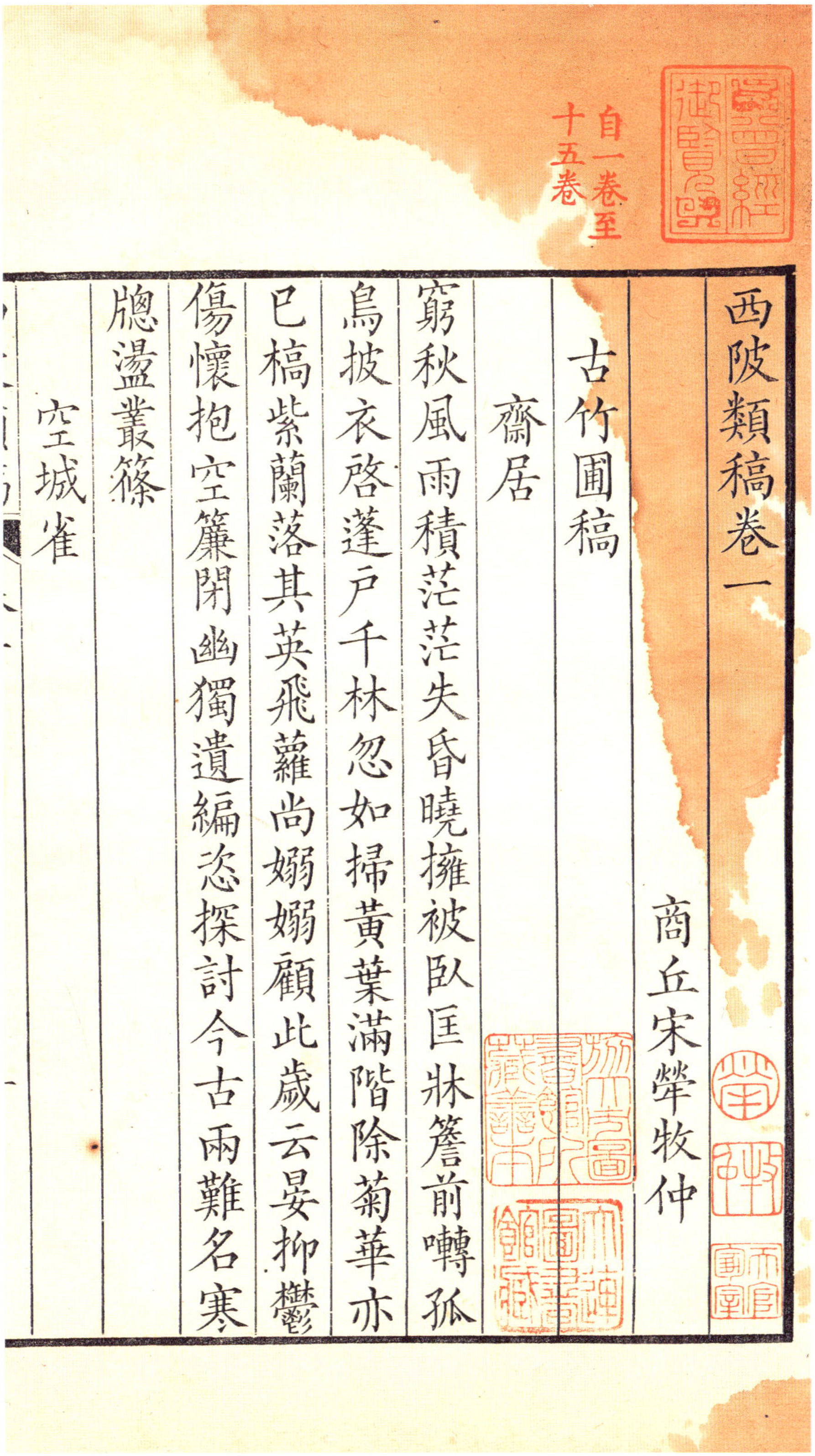
自一卷至十五卷

西陂類稿卷一
商丘宋犖牧仲
古竹圃稿
齋居
窮秋風雨積茫茫失昏曉擁被臥匡牀簷前囀孤
鳥披衣啓蓬戶千林忽如掃黃葉滿階除菊華亦
已槁紫蘭落其英飛蘿尚嫋嫋顧此歲云晏抑鬱
傷懷抱空簾閑幽獨遺編恣探討今古兩難名寒
颸盪叢篠
空城雀

20703　西陂類稿五十卷　（清）宋犖撰　清康熙毛扆、宋懷金、高岑刻本

大連圖書館

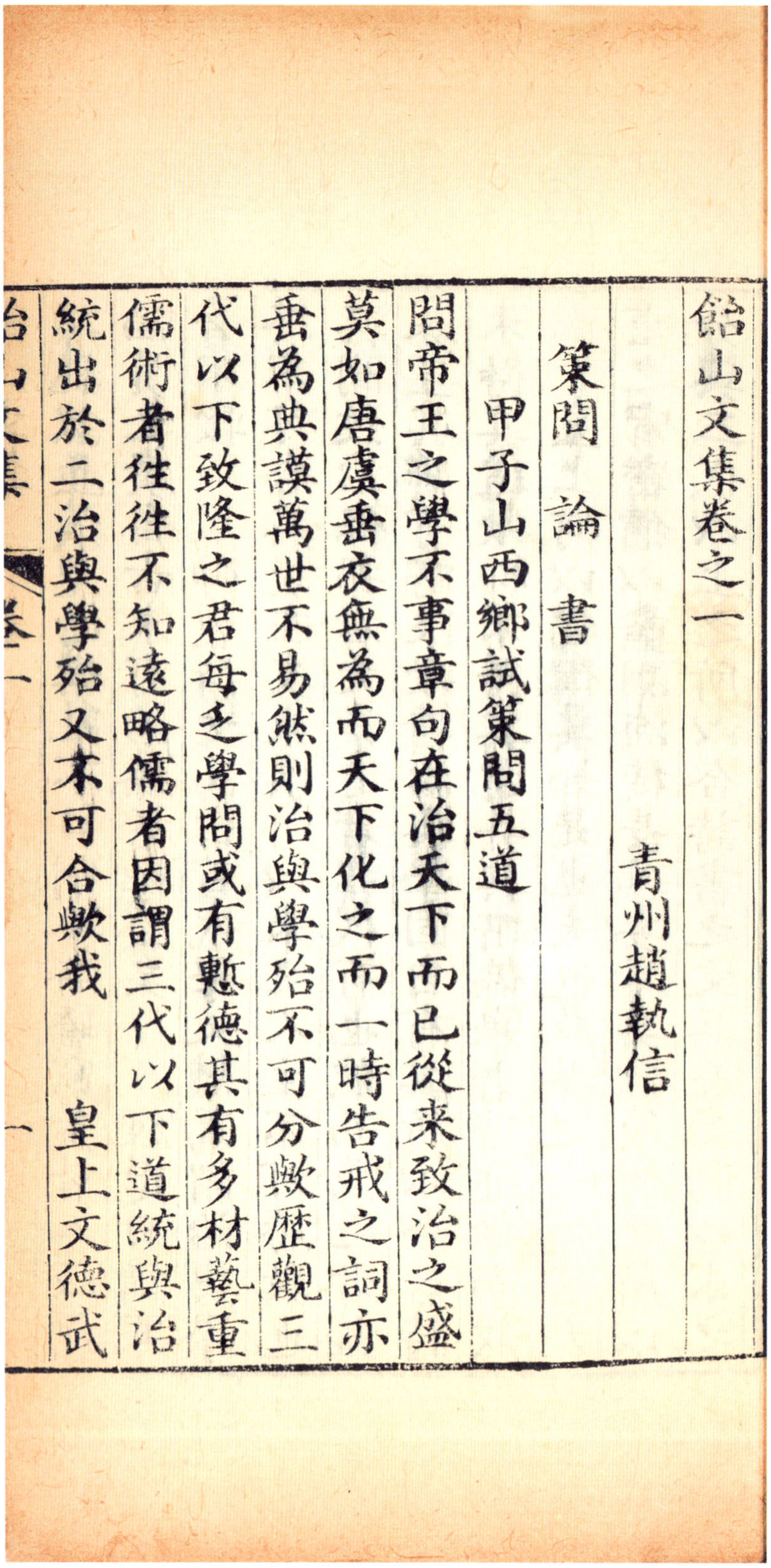

飴山文集卷之一

青州趙執信

策問　論　書

甲子山西鄉試策問五道

問帝王之學不事章句在治天下而已從来致治之盛莫如唐虞垂衣無為而天下化之而一時告戒之詞亦垂為典謨萬世不易然則治與學殆不可分歟歷觀三代以下致隆之君每乏學問或有懋德其有多材藝重儒術者往往不知遠略儒者因謂三代以下道統與治統出於二治與學殆又不可合歟我　皇上文德武

飴山文集　卷一　一

20704　飴山文集十二卷附録一卷　（清）趙執信撰　清乾隆三十九年（1774）因園刻本　大連圖書館

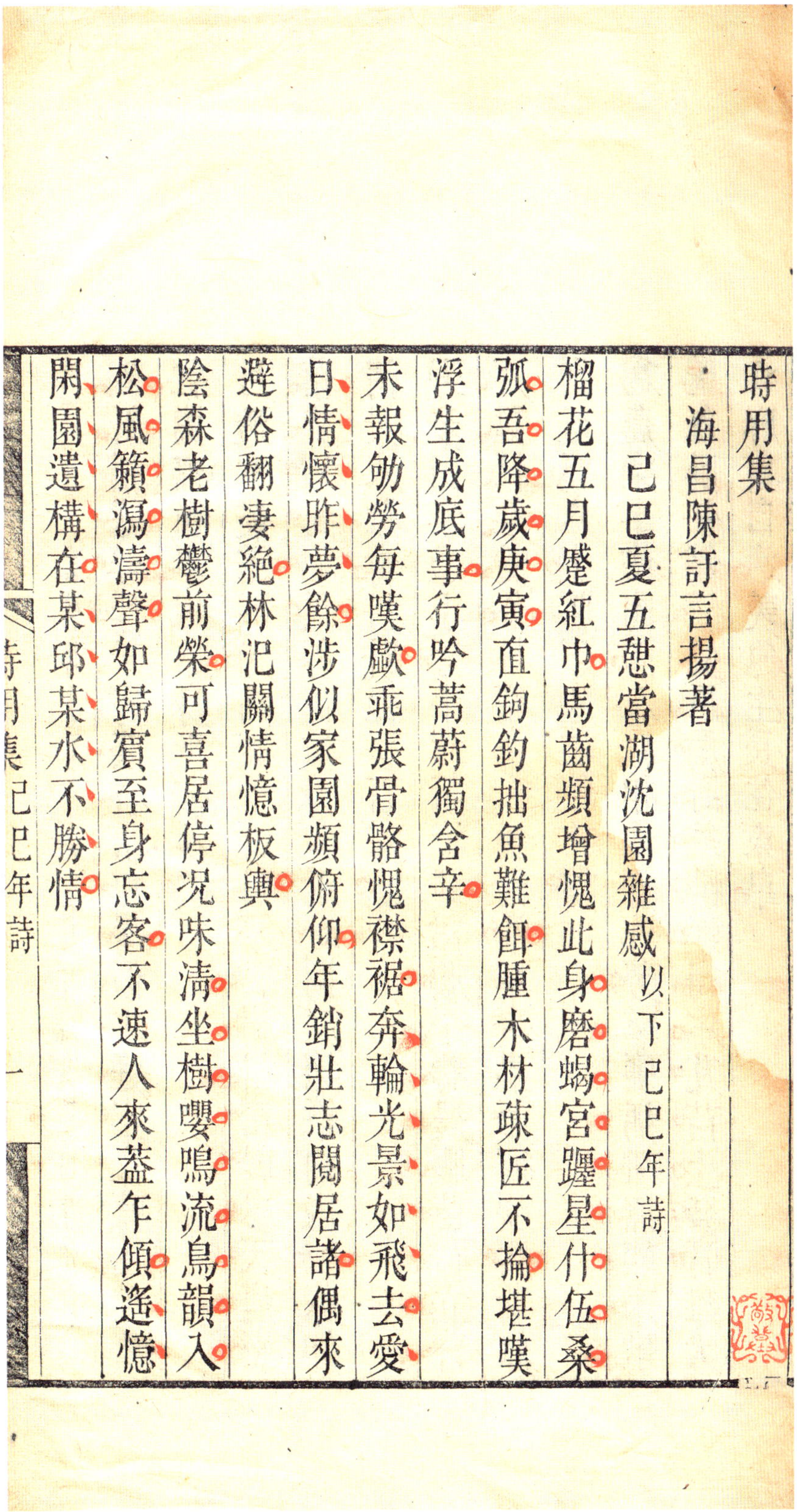
時用集
海昌陳訏言揚著
己巳夏五憩當湖沈園雜感 以下己巳年詩
榴花五月蹙紅巾馬齒頻增愧此身磨蝎宮躔星什伍桑
弧吾降歲庚寅直鉤釣拙魚難餌臃木材疎匠不掄堪嘆
浮生成底事行吟蒿蔚獨含辛
未報劬勞每嘆歔乖張骨骼愧襟裾奔輪光景如飛去愛
日情懷昨夢餘涉似家園頻俯仰年銷壯志閲居諸偶來
避俗翻凄絕林汜關情憶板輿
陰森老樹鬱前榮可喜居停況味清坐樹嚶鳴流鳥韻入
松風籟瀉濤聲如歸賓至身忘客不速人來盞乍傾遙憶
閑園遺構在某邱某水不勝情
時用集 己巳年詩 一

20705 時用集不分卷 （清）陳訏撰 清康熙刻本 大連圖書館

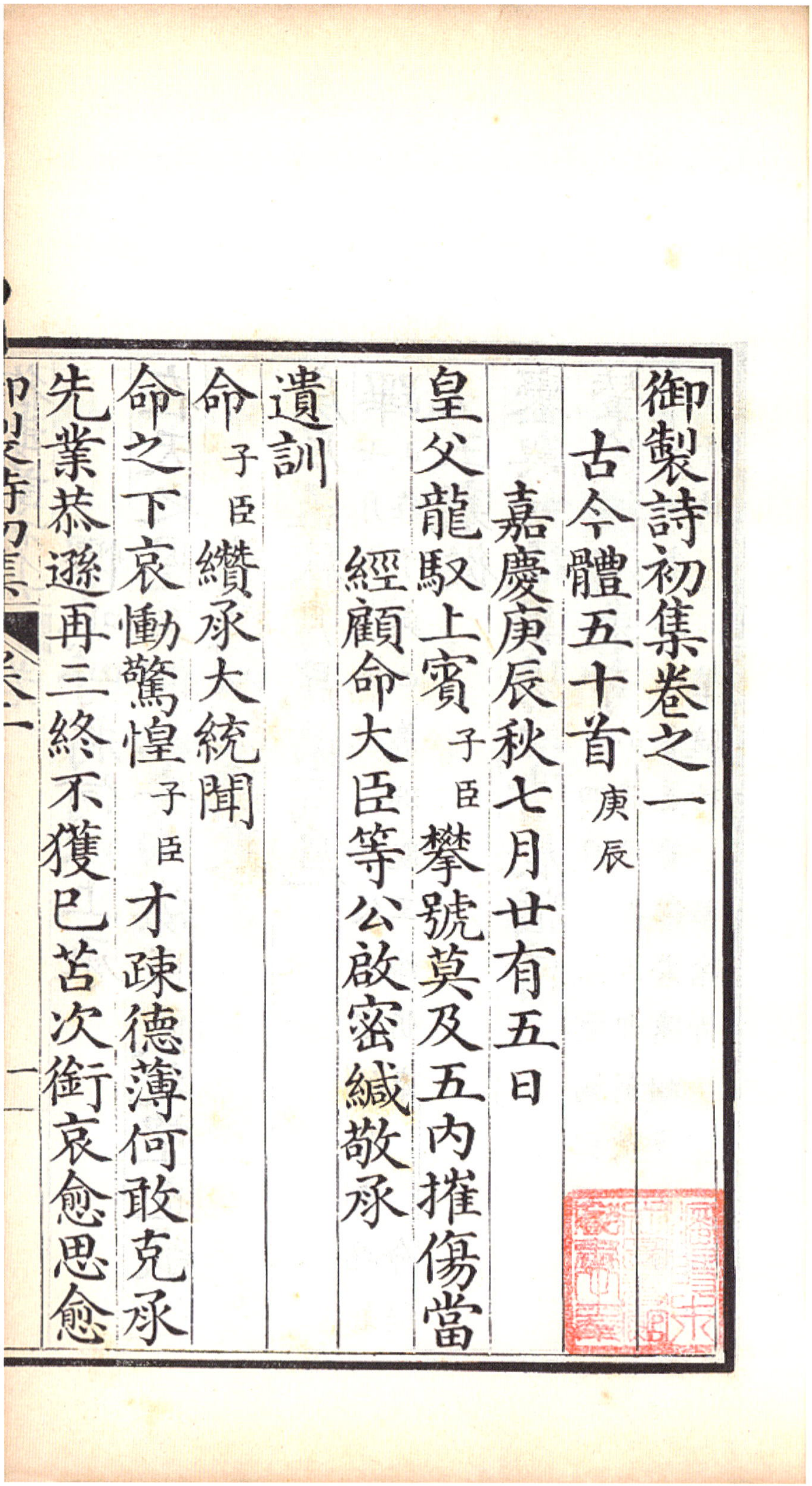

御製詩初集卷之一

古今體五十首 庚辰

嘉慶庚辰秋七月廿有五日

皇父龍馭上賓 子臣 攀號莫及五内摧傷當

經顧命大臣等公啟密緘敬承

遺訓

命 子臣 纘承大統聞

命之下哀慟驚惶 子臣 才疎德薄何敢克承

先業恭遜再三終不獲巳苫次銜哀愈思愈

20706　御製詩初集十卷二集十卷　（清）聖祖玄燁撰　（清）高士奇等編　清康熙四十二年（1703）宋犖揚州詩局刻本　瀋陽市圖書館

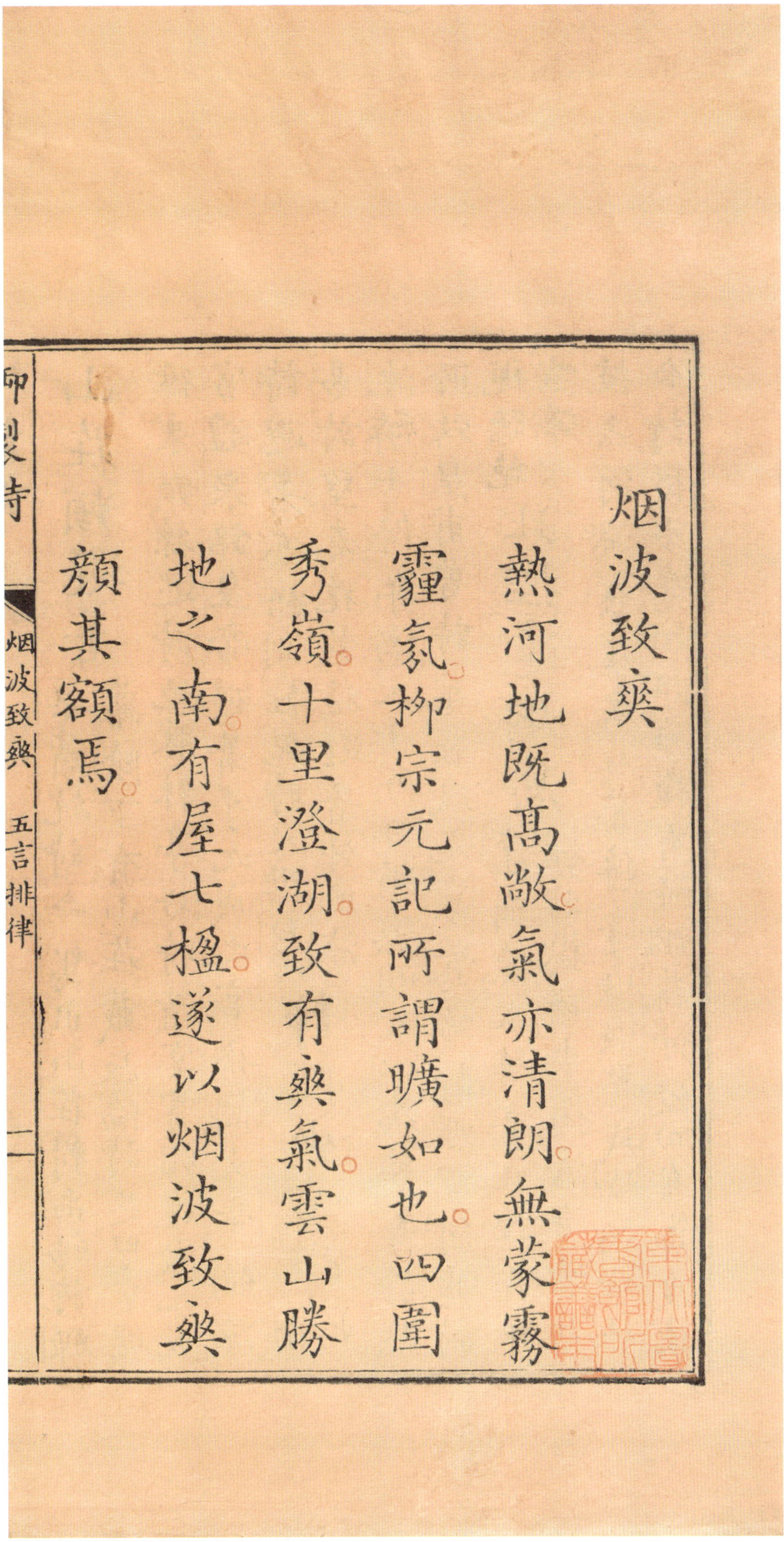
烟波致爽
熱河地既高敞氣亦清朗無蒙霧
霾氛柳宗元記所謂曠如也四圍
秀嶺十里澄湖致有爽氣雲山勝
地之南有屋七楹遂以烟波致爽
顏其額焉

20707 御製避暑山莊詩二卷 （清）聖祖玄燁撰 （清）揆叙等注 （清）沈崳繪圖 清康熙五十一年（1712）内府刻朱墨套印本 遼寧省圖書館

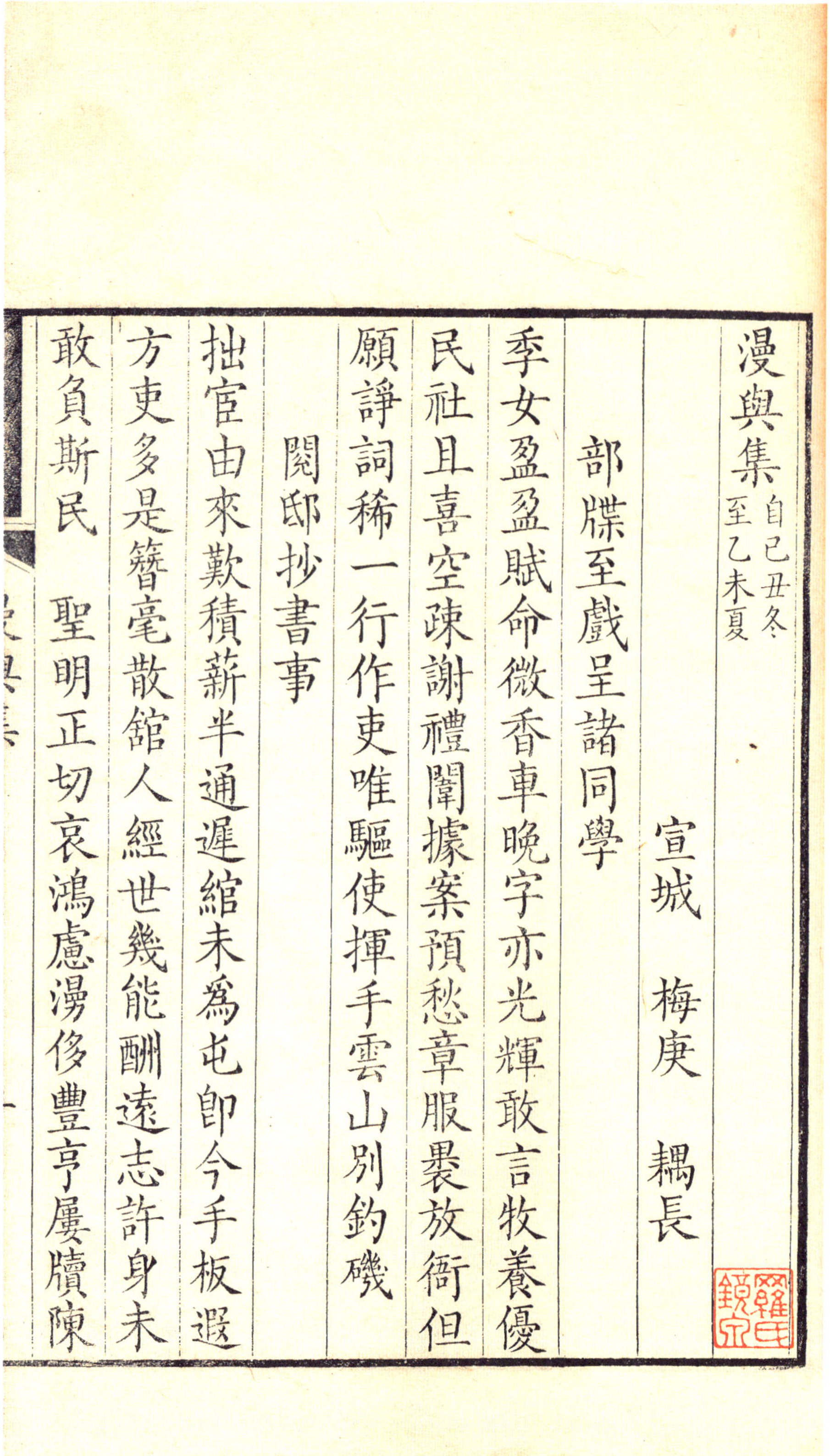

漫與集 自己丑冬至乙未夏

宣城 梅庚 耦長

部牒至戲呈諸同學

季女盈盈賦命微香車晚字亦光輝敢言牧養優
民社且喜空疎謝禮闈據案預愁章服褭放衙但
願諍詞稀一行作吏唯驅使揮手雲山別釣磯

閲邸抄書事

拙宦由來歎積薪半通遲綰未爲屯卽今手板遝
方吏多是簪毫散館人經世幾能酬遠志許身未
敢負斯民 聖明正切哀鴻慮湯侈豐亨屢牘陳

20708 **漫與集一卷** （清）梅庚撰 清康熙刻本 大連圖書館

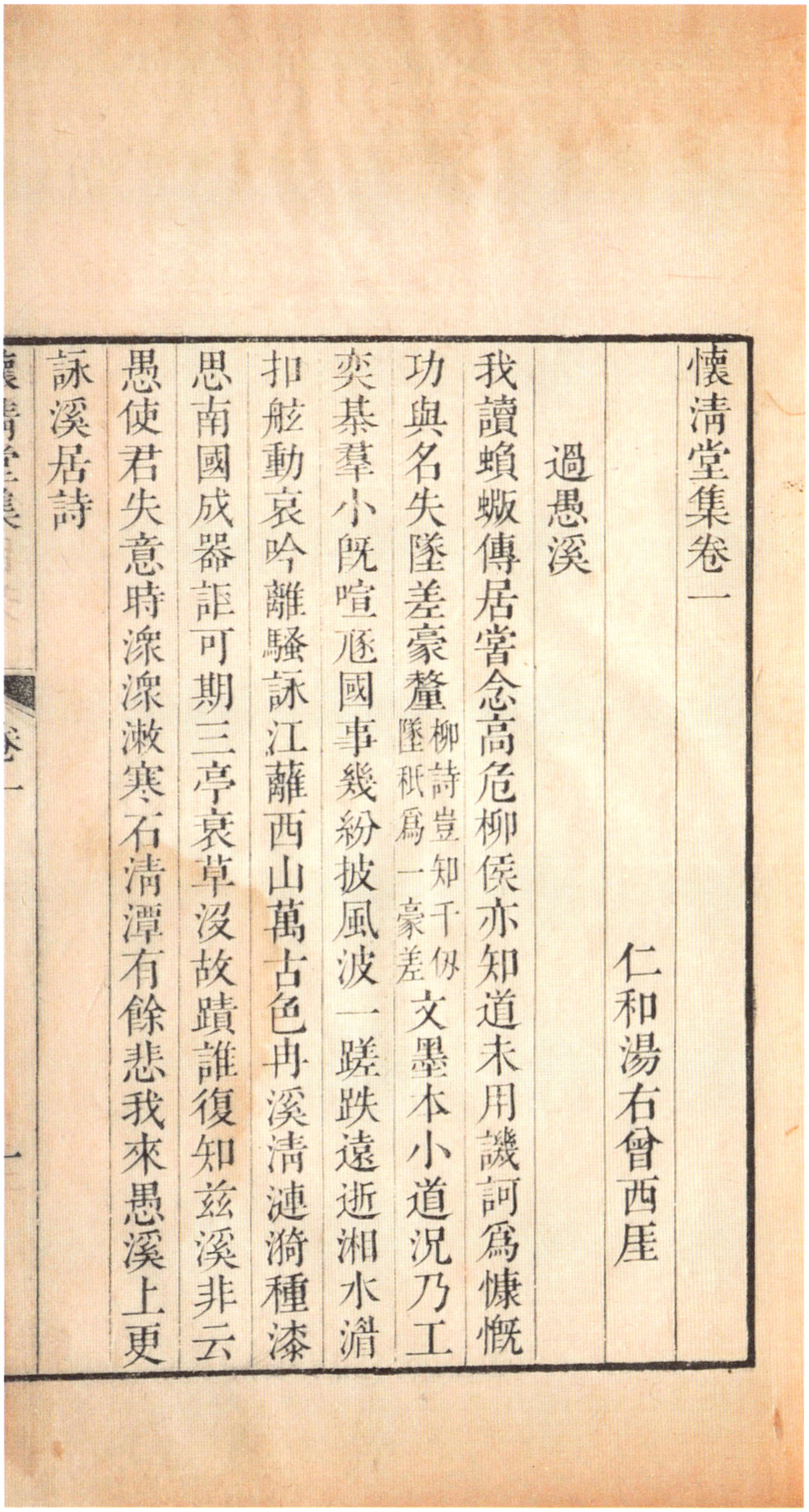

懷清堂集卷一

仁和湯右曾西厓

過愚溪

我讀蝜蝂傳居嘗念高危柳侯亦知道未用譏訶爲慷慨功與名失墜差豪釐柳詩豈知千仭墜秖爲一豪差文墨本小道況乃工奕棊羣小既喧豗國事幾紛披風波一蹉跌遠逝湘水湄扣舷動哀吟離騷詠江蘺西山萬古色冉溪清漣漪種漆思南國成器詎可期三亭哀草沒故蹟誰復知兹溪非云愚使君失意時潒潒漱寒石清潭有餘悲我來愚溪上更

詠溪居詩

20709　懷清堂集二十卷　（清）湯右曾撰　清乾隆七年（1742）黄鐘刻寶笏樓印本　丹東市圖書館

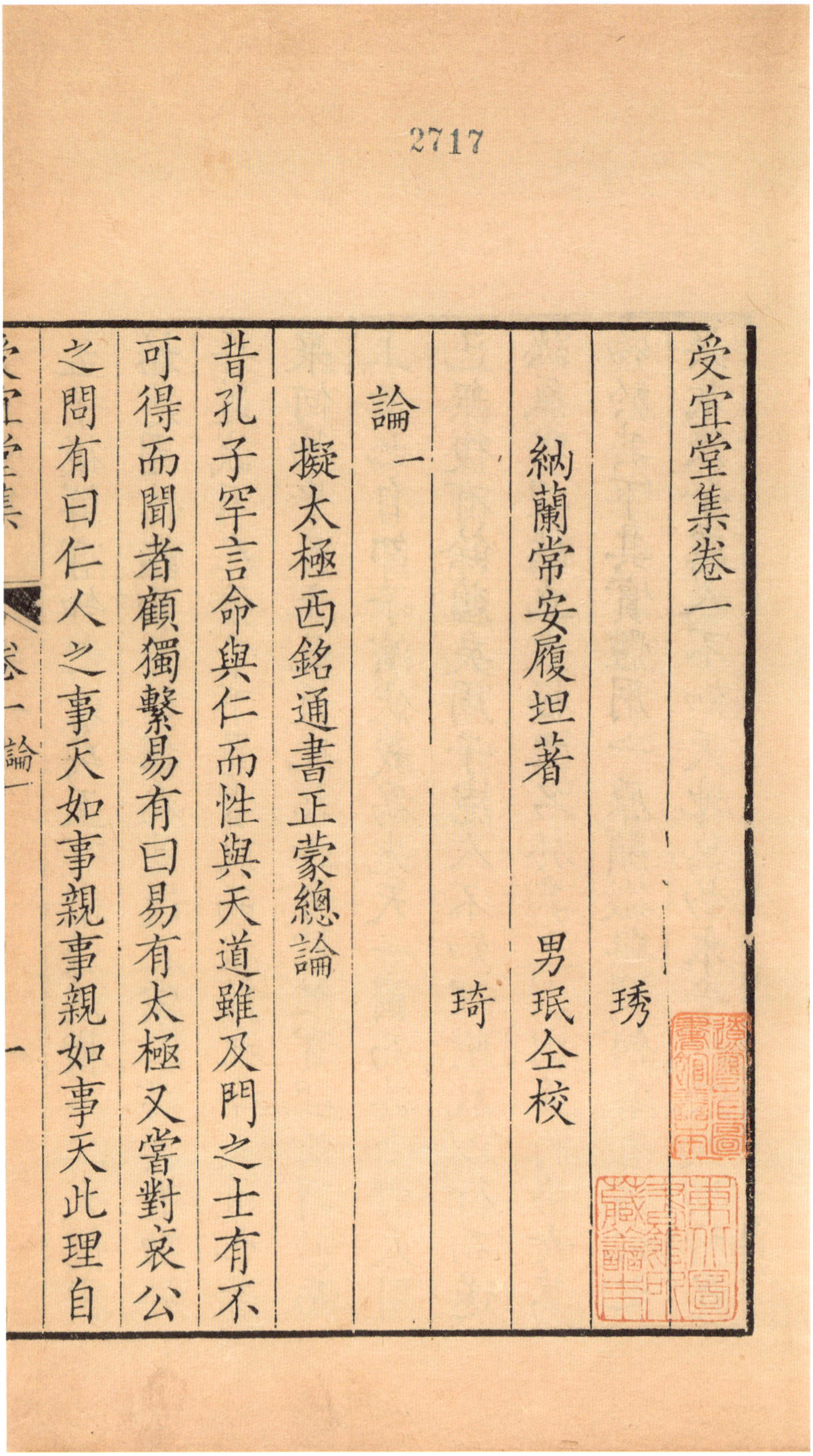
2717

受宜堂集卷一

納蘭常安履坦著　男珉仝校
　　　　　　　　　琇
　　　　　　　　　琦

論一

擬太極西銘通書正蒙總論

昔孔子罕言命與仁而性與天道雖及門之士有不可得而聞者顧獨繫易有曰易有太極又嘗對哀公之問有曰仁人之事天如事親事親如事天此理自

受宜堂集　卷一　論一　一

20710　受宜堂集四十卷目錄四卷　（清）納蘭常安撰　清雍正十三年（1735）納蘭常安刻本　遼寧省圖書館

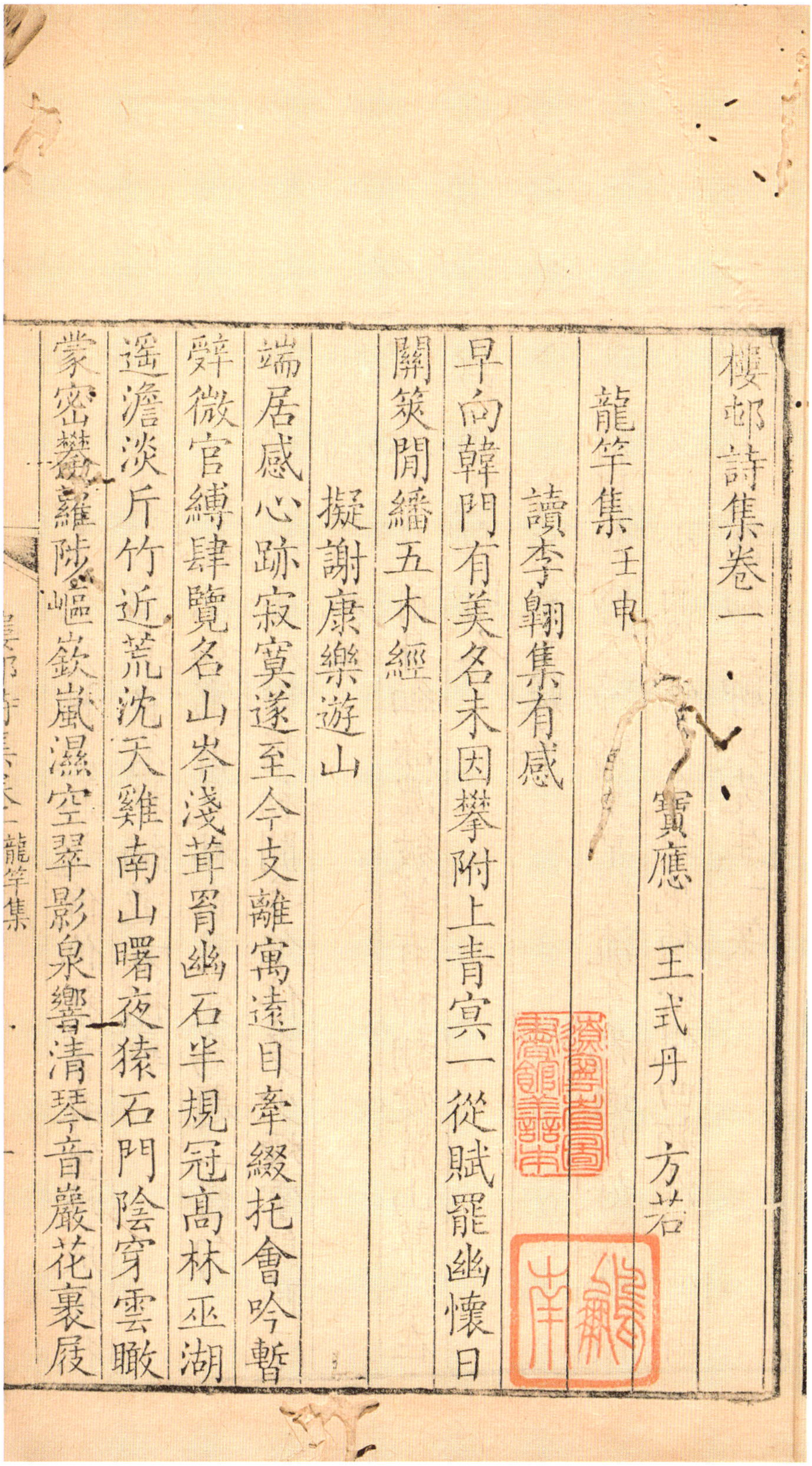
樓邨詩集卷一
寶應　王式丹　方若
龍竿集 壬申
讀李翶集有感
早向韓門有美名未因攀附上青冥一從賦罷幽懷日
闕筴閒繙五木經
擬謝康樂遊山
端居感心跡寂寞遂至今支離寓遠目牽綴托會吟暫
辥微官縛肆覽名山岑淺茸胥幽石半規冠高林巫湖
遙澹淡斤竹近荒沈天雞南山曙夜猿石門陰穿雲瞰
蒙密蘙蘿陟嶇嶔嵐濕空翠影泉響清琴音巖花裏屐
樓邨詩集卷一　龍竿集

20711　樓邨詩集二十五卷　（清）王式丹撰　清雍正四年（1726）王懋訥刻本　遼寧省圖書館

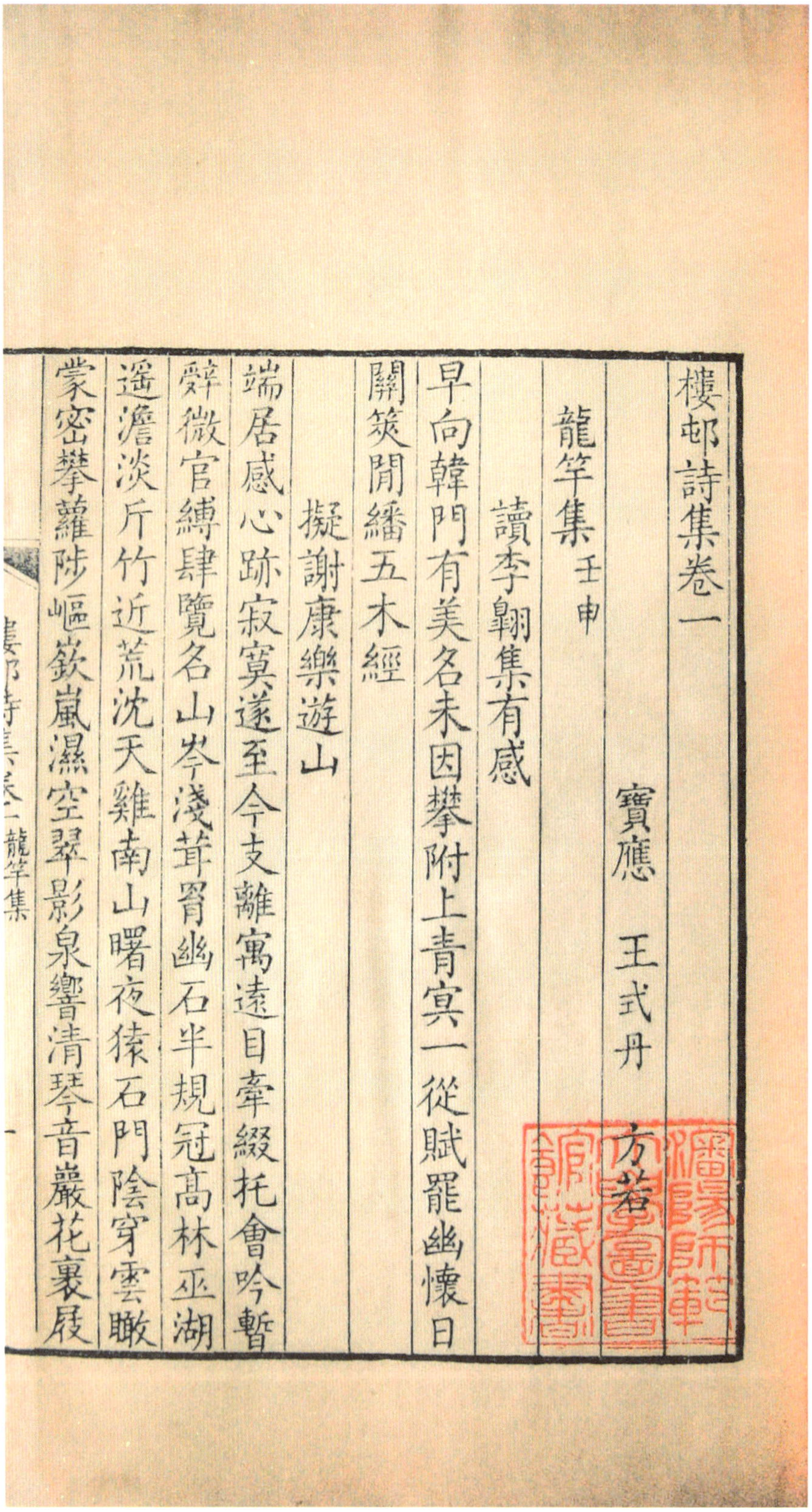
樓邨詩集卷一
寶應　王式丹　方若
龍竿集　壬申
讀李翺集有感
早向韓門有美名未因攀附上青冥一從賦罷幽懷日
闗筴閒繙五木經
擬謝康樂遊山
端居感心跡寂寞遂至今支離寓遠目牽綴托會吟暫
辭微官縛肆覽名山岑淺茸罥幽石半規冠高林亟湖
遥瀰淡斤竹近荒沈天雞南山曙夜猿石門陰穿雲瞰
蒙密攀蘿陟嶇嶔嵐濕空翠影泉響清琴音巖花裹屐
樓邨詩集卷一　龍竿集　一

20712　樓邨詩集二十五卷　（清）王式丹撰　清雍正四年（1726）王懋訥刻本　瀋陽師範大學圖書館

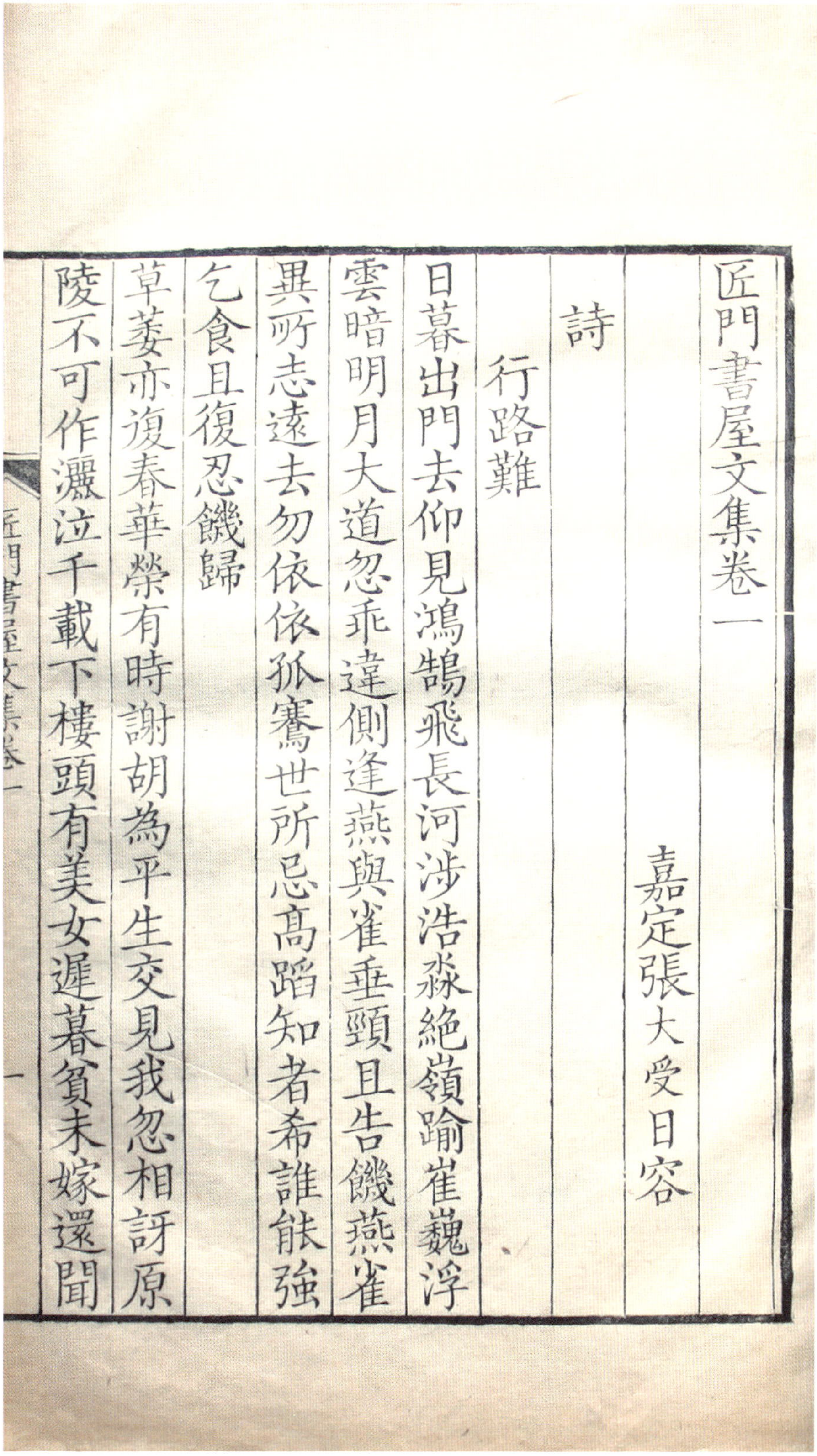
匠門書屋文集卷一

嘉定張大受日容

詩

行路難

日暮出門去仰見鴻鵠飛長河涉浩淼絶嶺踰崔巍浮雲暗明月大道忽乖違側逢燕與雀垂頸且告饑燕雀異所志遠去勿依依孤騫世所忌高蹈知者希誰能強乞食且復忍饑歸

草萎亦復春華榮有時謝胡為平生交見我忽相訝原陵不可作灑泣千載下樓頭有美女遲暮貧未嫁還聞

匠門書屋文集卷一　　一

20713　匠門書屋文集三十卷　（清）張大受撰　清雍正七年（1729）顧詒禄刻本　大連圖書館

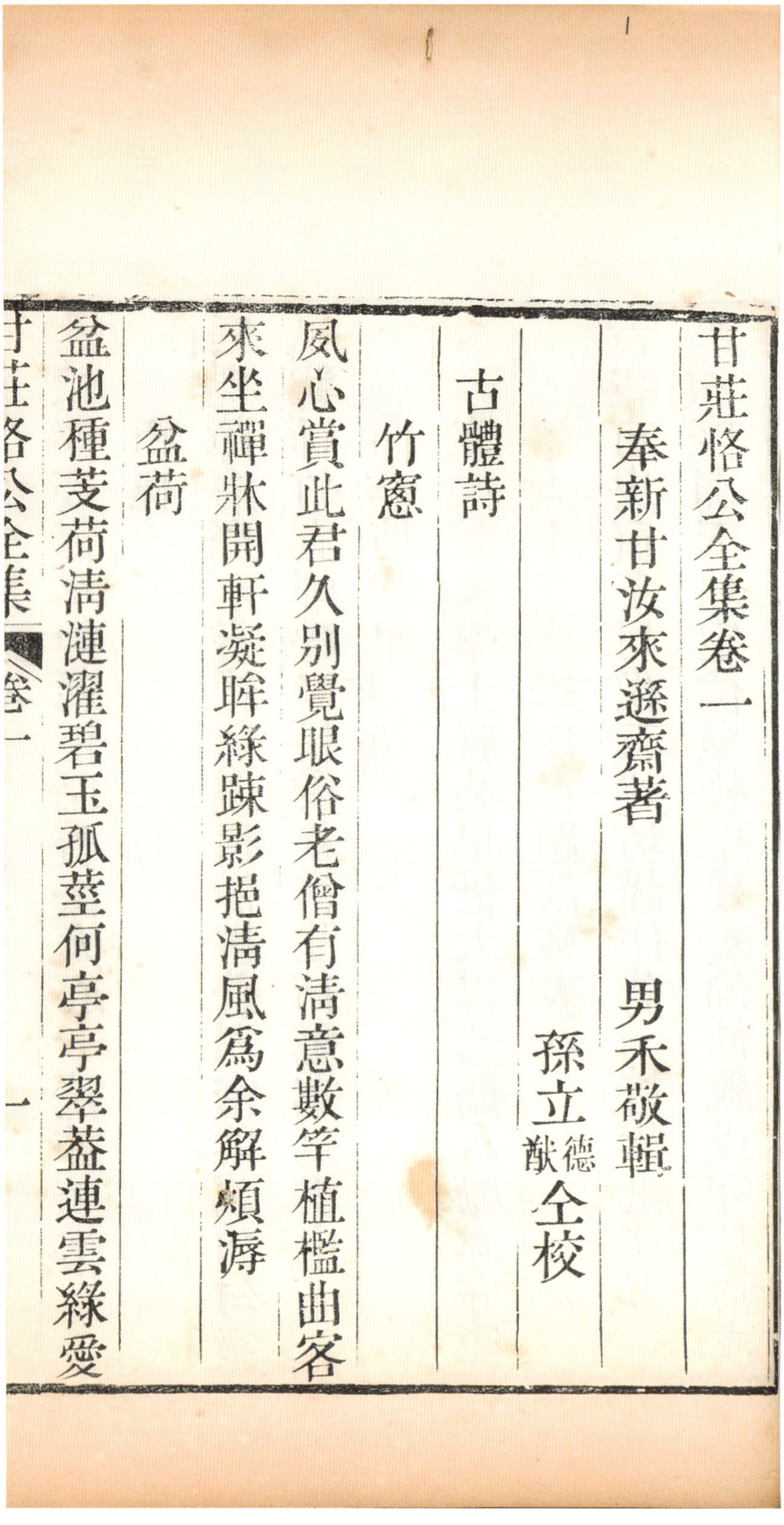
甘莊恪公全集卷一
奉新甘汝來遜齋著　男禾敬輯
孫立德猷仝校
古體詩
竹窻
夙心賞此君久別覺眼俗老僧有清意數竿植檻曲客
來坐禪牀開軒凝眸綠踈影挹清風爲余解煩溽
盆荷
盆池種芰荷清漣濯碧玉孤莖何亭亭翠葢連雲綠愛
甘莊恪公全集　卷一　一

20714　甘莊恪公全集十六卷　（清）甘汝來撰　清乾隆甘氏賜福堂刻本
瀋陽市圖書館

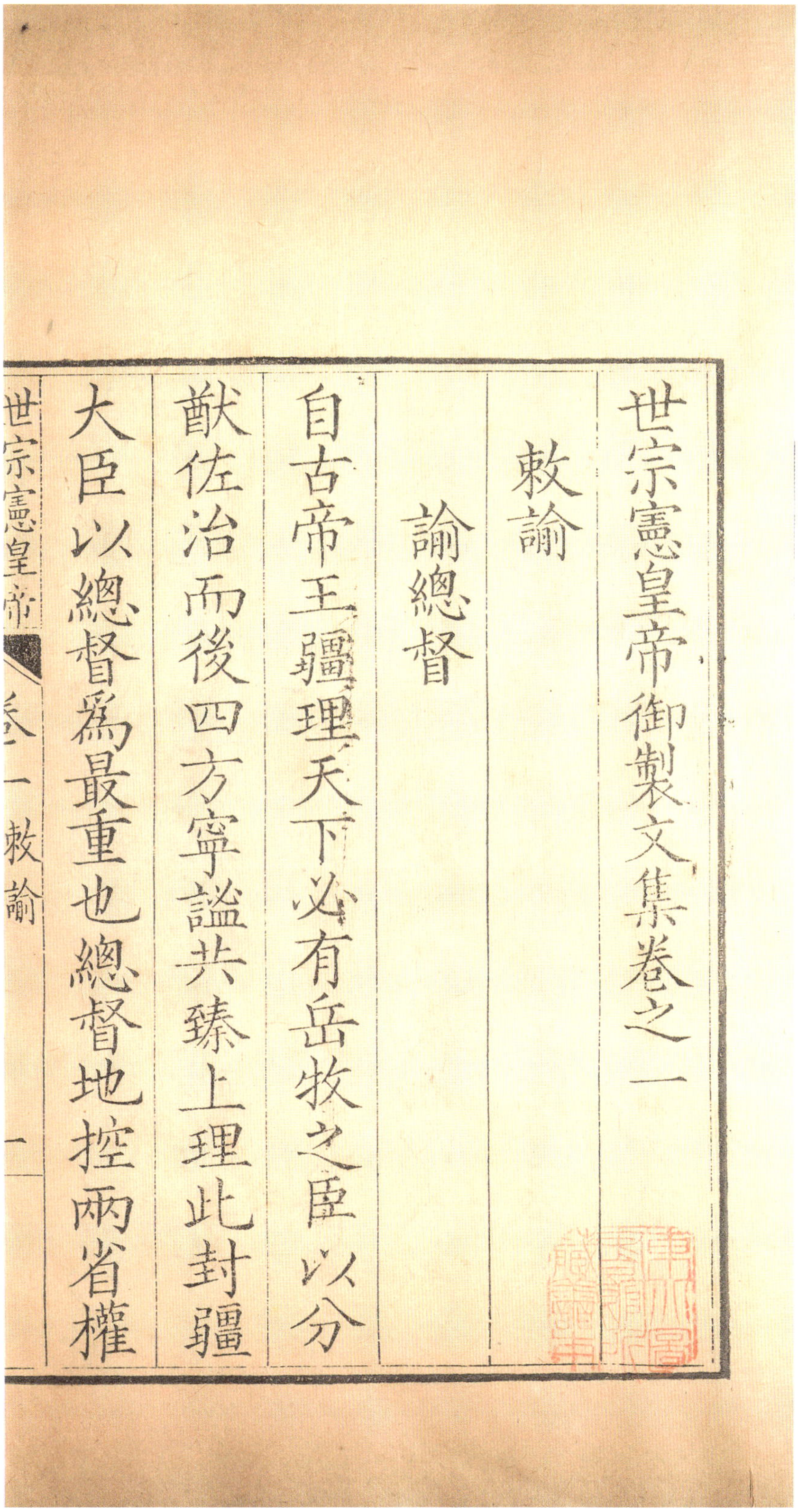
世宗憲皇帝御製文集卷之一
敕諭
諭總督
自古帝王疆理天下必有岳牧之臣以分
猷佐治而後四方寧謐共臻上理此封疆
大臣以總督爲最重也總督地控兩省權
世宗憲皇帝　卷一　敕諭　一

20715　御製文集三十卷總目四卷　（清）世宗胤禛撰　**交輝園遺稿一卷**　（清）允祥撰　清乾隆三年（1738）武英殿刻本　遼寧省圖書館

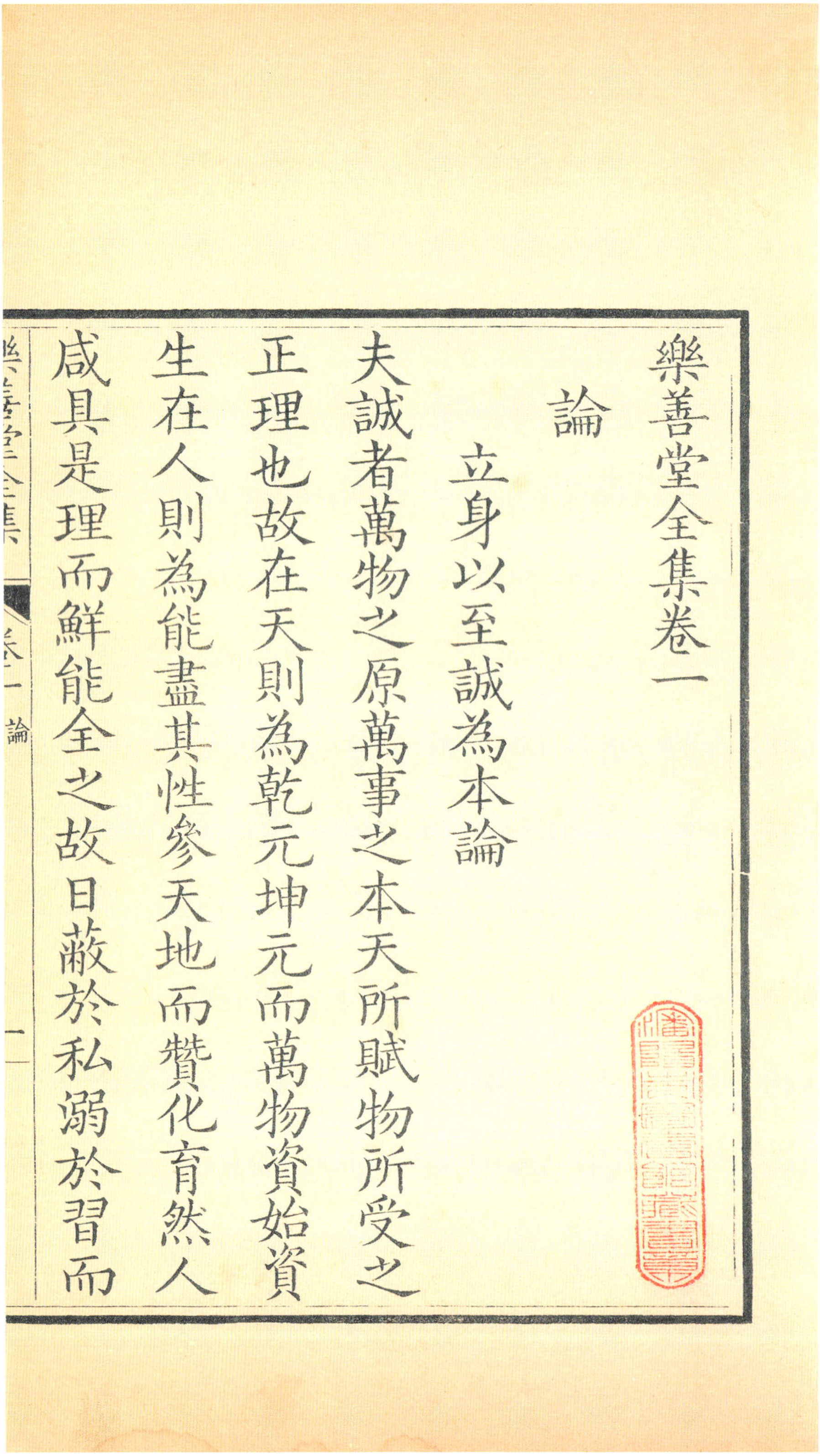
樂善堂全集卷一
論
立身以至誠為本論
夫誠者萬物之原萬事之本天所賦物所受之
正理也故在天則為乾元坤元而萬物資始資
生在人則為能盡其性參天地而贊化育然人
咸具是理而鮮能全之故日蔽於私溺於習而
樂善堂全集　卷一　論　一

20716　樂善堂全集四十卷目録四卷　（清）高宗弘曆撰　清乾隆二年（1737）武英殿刻本　瀋陽市圖書館

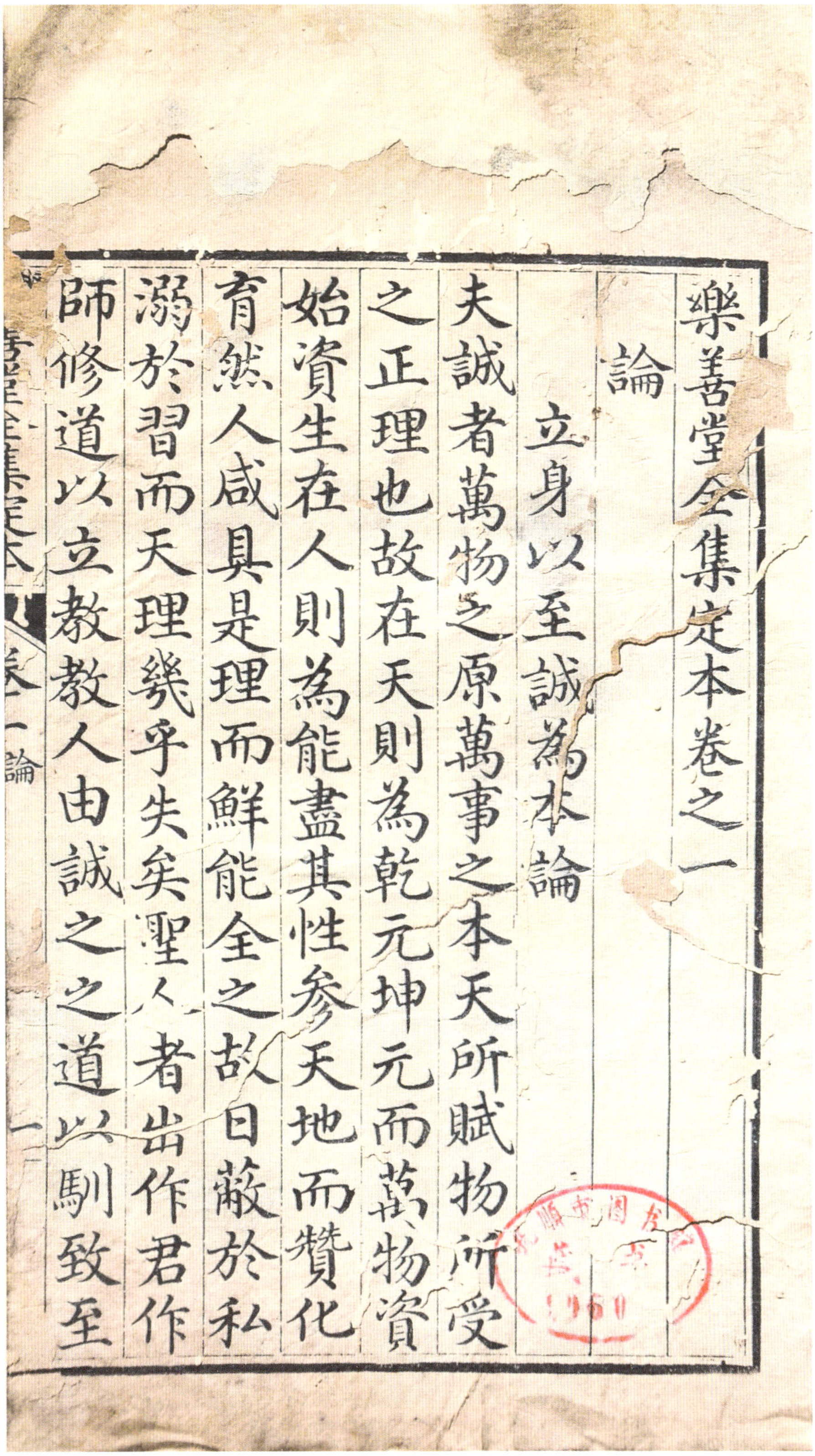
樂善堂全集定本卷之一
論
立身以至誠為本論
夫誠者萬物之原萬事之本天所賦物所受
之正理也故在天則為乾元坤元而萬物資
始資生在人則為能盡其性參天地而贊化
育然人咸具是理而鮮能全之故曰蔽於私
溺於習而天理幾乎失矣聖人者出作君作
師修道以立教教人由誠之之道以馴致至
樂善堂全集定本 卷一 論 一

20717 樂善堂全集定本三十卷 （清）高宗弘曆撰 （清）蔣溥等輯
清乾隆地方布政司仿刻武英殿本 撫順市圖書館

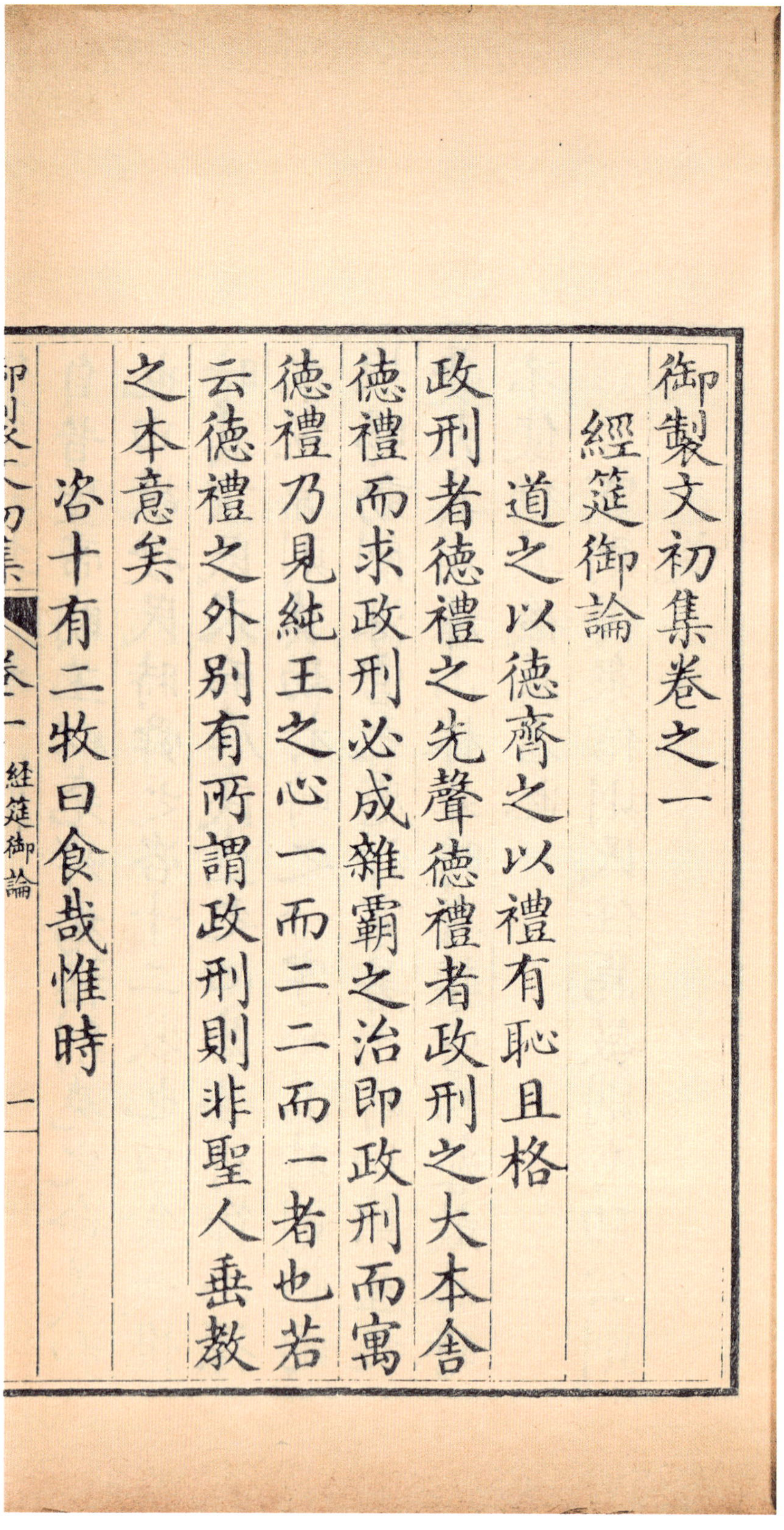
御製文初集卷之一
經筵御論
道之以德齊之以禮有恥且格
政刑者德禮之先聲德禮者政刑之大本舍
德禮而求政刑必成雜霸之治即政刑而寓
德禮乃見純王之心一而二二而一者也若
云德禮之外別有所謂政刑則非聖人垂教
之本意矣
咨十有二牧曰食哉惟時
御製文初集 卷之一 經筵御論 一

20718 御製文初集三十卷目錄二卷 （清）高宗弘曆撰 （清）于敏中等編 清乾隆二十八年（1763）武英殿刻本 遼寧省圖書館

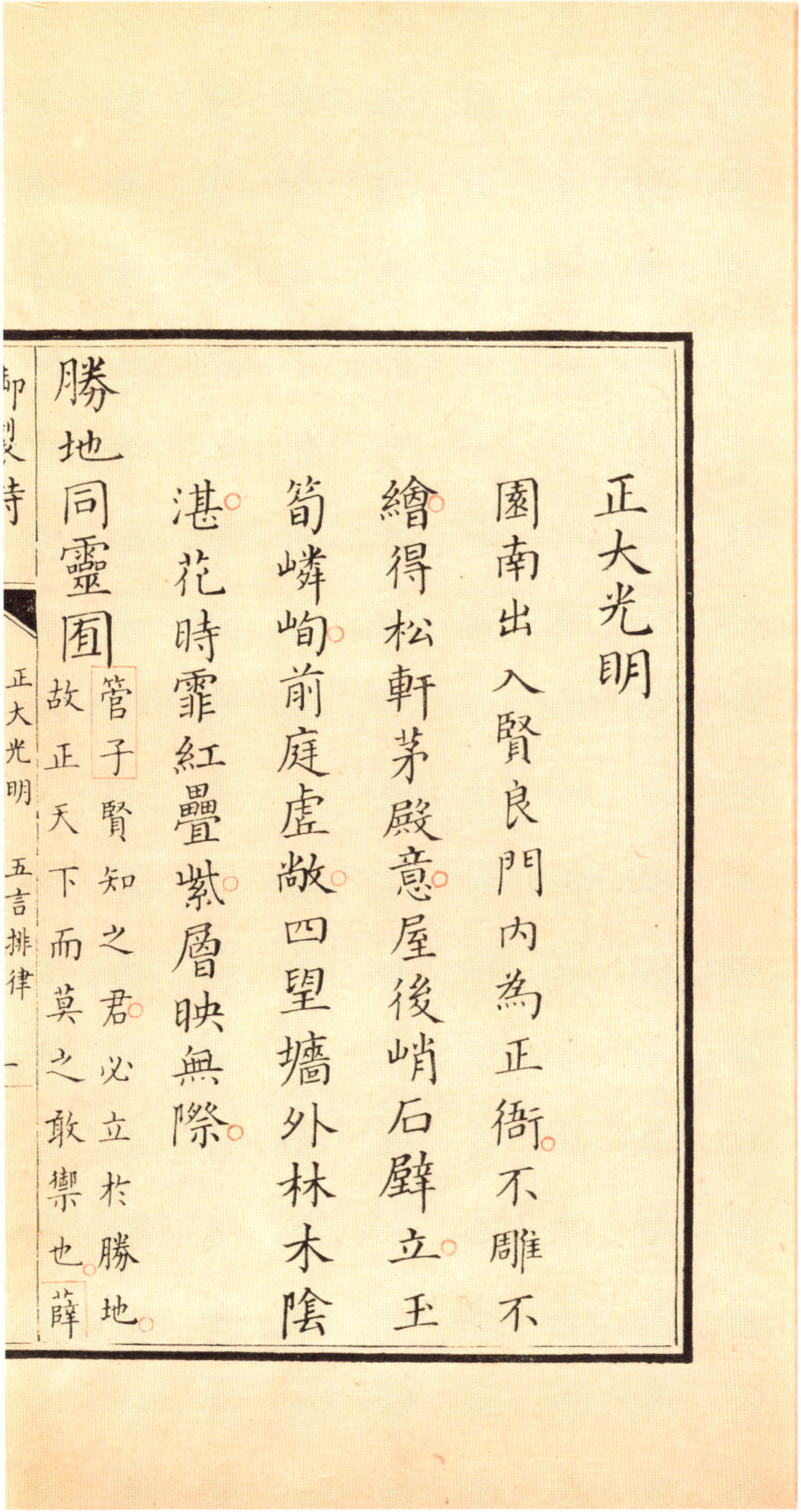
正大光明
園南出入賢良門内為正衙不雕不
繪得松軒茅殿意屋後峭石辟立玉
筍嶙峋前庭虚敞四望墻外林木陰
湛花時霏紅疊紫層映無際
勝地同靈囿
管子賢知之君必立於勝地
故正天下而莫之敢禦也薛
御製詩 正大光明 五言排律 一

20719 御製圓明園詩二卷 （清）高宗弘曆撰 （清）鄂爾泰 張廷玉等注 （清）孫祜 沈源繪圖 清乾隆十年（1745）武英殿刻朱墨套印本 遼寧省圖書館

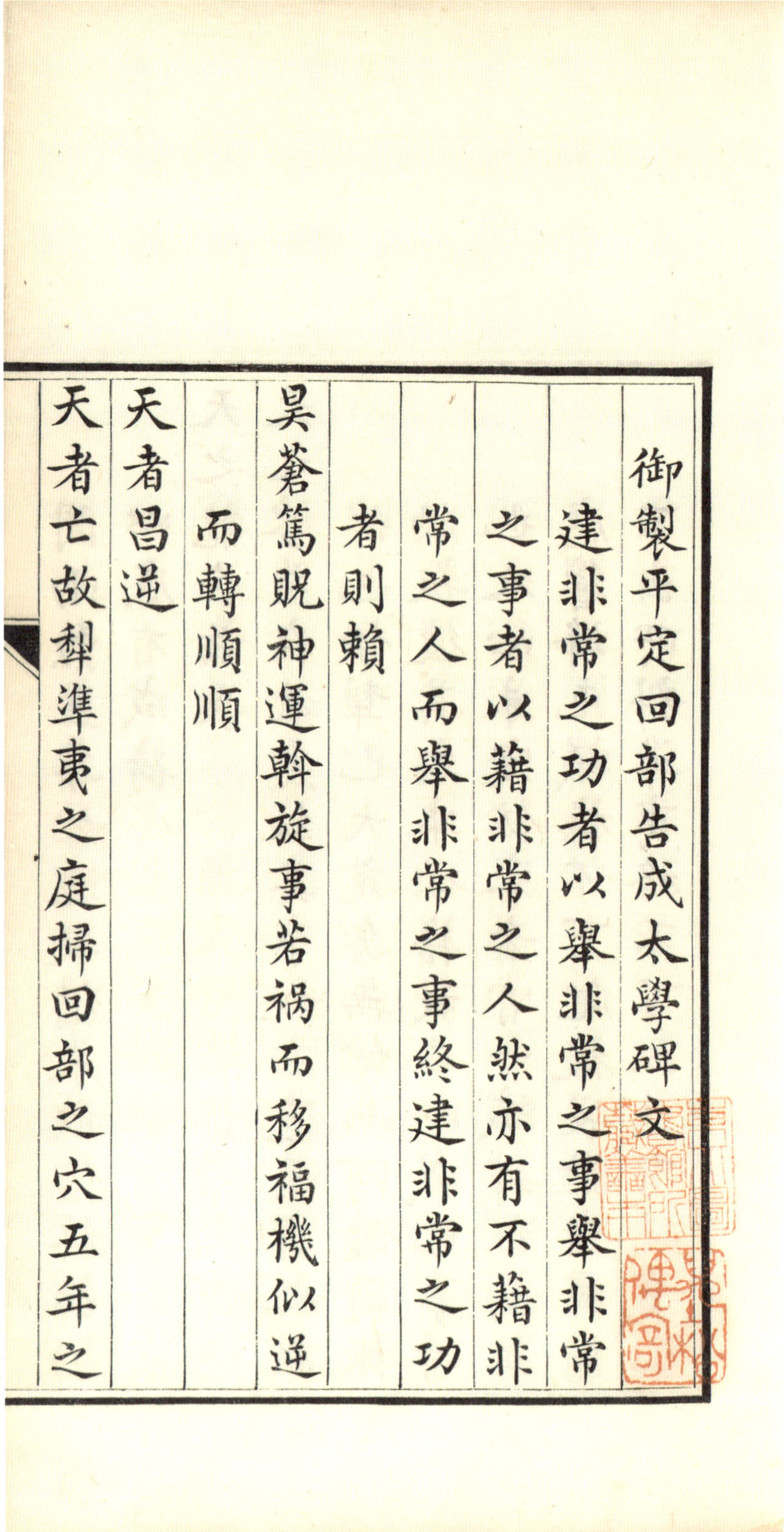
御製平定回部告成太學碑文
建非常之功者以舉非常之事舉非常
之事者以籍非常之人然亦有不籍非
常之人而舉非常之事終建非常之功
者則賴
昊蒼篤貺神運斡旋事若禍而移福機似逆
而轉順順
天者昌逆
天者亡故犁準夷之庭掃回部之穴五年之

20720　定武敷文一卷　（清）高宗弘曆撰　清乾隆武英殿刻本　遼寧省圖書館

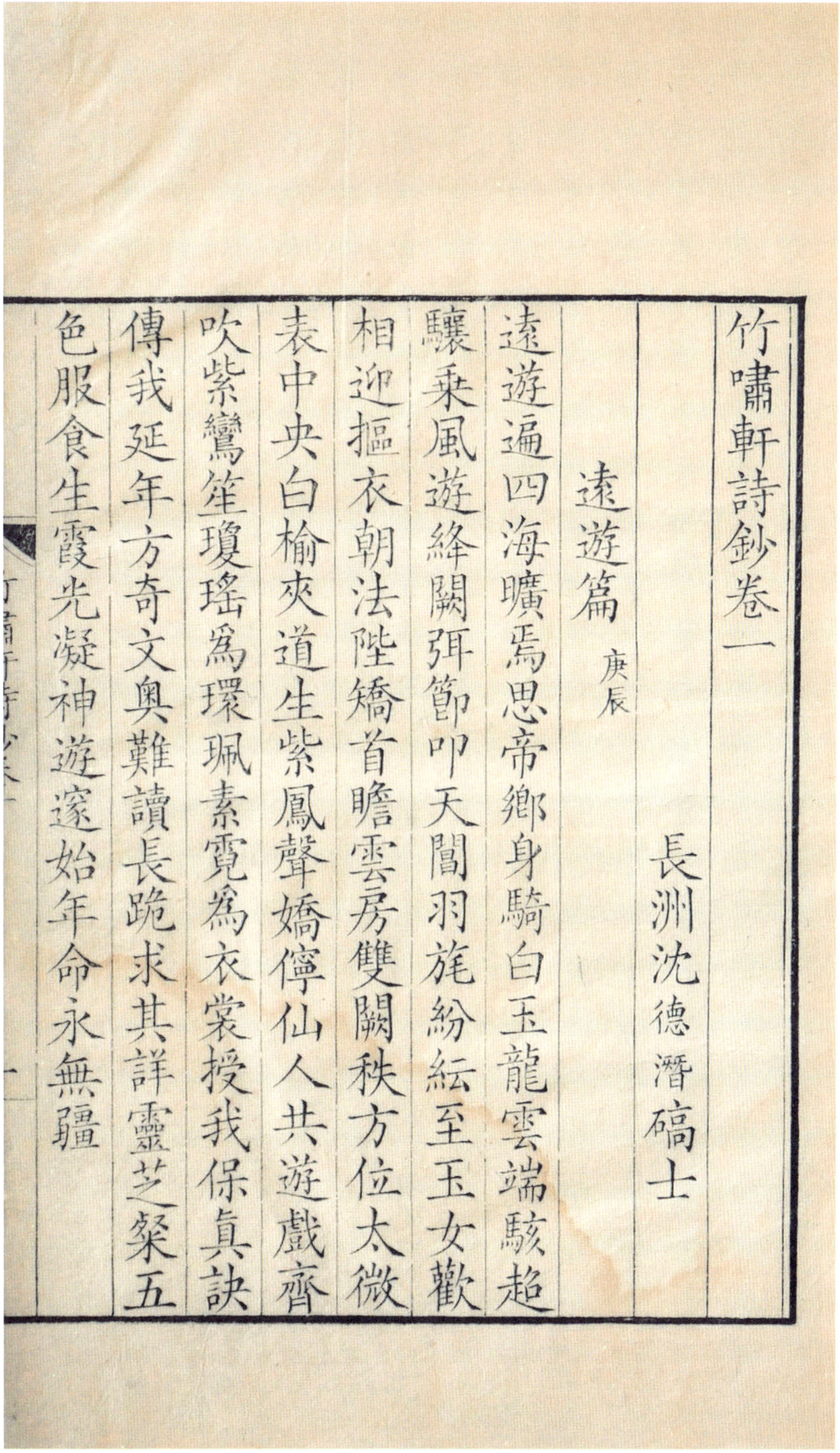

竹嘯軒詩鈔卷一

長洲沈德潛碻士

遠遊篇 庚辰

遠遊遍四海曠焉思帝鄉身騎白玉龍雲端駭超
驤乘風遊絳闕弭節叩天閶羽旄紛紜至玉女歡
相迎摳衣朝法陛矯首瞻雲房雙闕秩方位太微
表中央白榆夾道生紫鳳聲嬌儜仙人共遊戲齊
吹紫鸞笙瓊瑤爲環珮素霓爲衣裳授我保真訣
傳我延年方奇文奥難讀長跪求其詳靈芝之粲五
色服食生霞光凝神遊邃始年命永無疆

20721 竹嘯軒詩鈔十八卷 （清）沈德潛撰 清乾隆刻本 丹東市圖書館

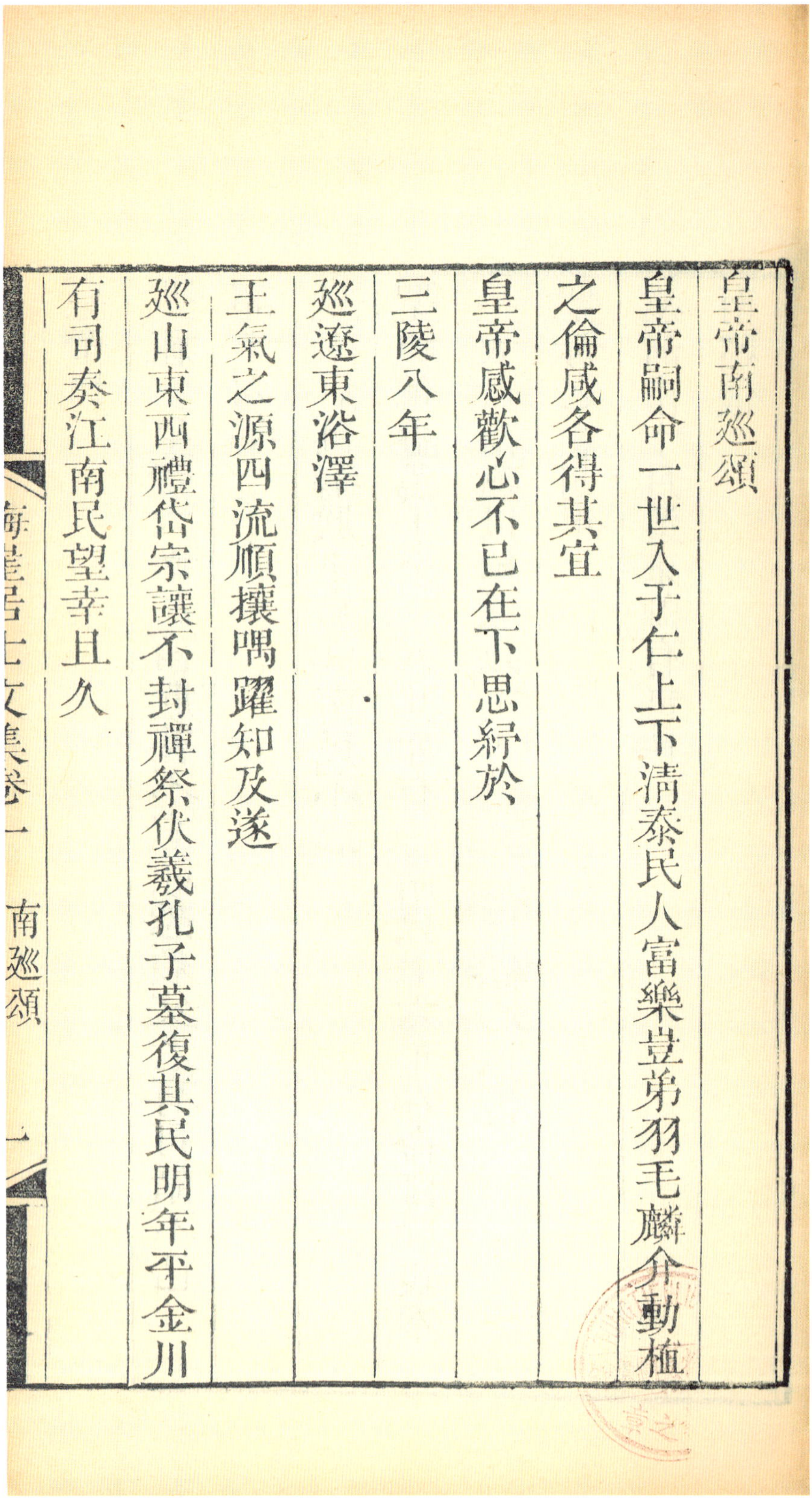
皇帝南巡頌
皇帝嗣命一世入于仁上下清泰民人富樂豈弟羽毛鱗介動植
之倫咸各得其宜
皇帝感歡心不已在下思紓於
三陵八年
巡遼東浴澤
王氣之源四流順擾喁躍知及遂
巡山東西禮岱宗讓不封禪祭伏羲孔子墓復其民明年平金川
有司奏江南民望幸且久

梅崖居士文集卷一 南巡頌 一

20722 梅崖居士文集三十卷外集八卷 （清）朱仕琇撰 清乾隆四十七年（1782）刻本 瀋陽市圖書館

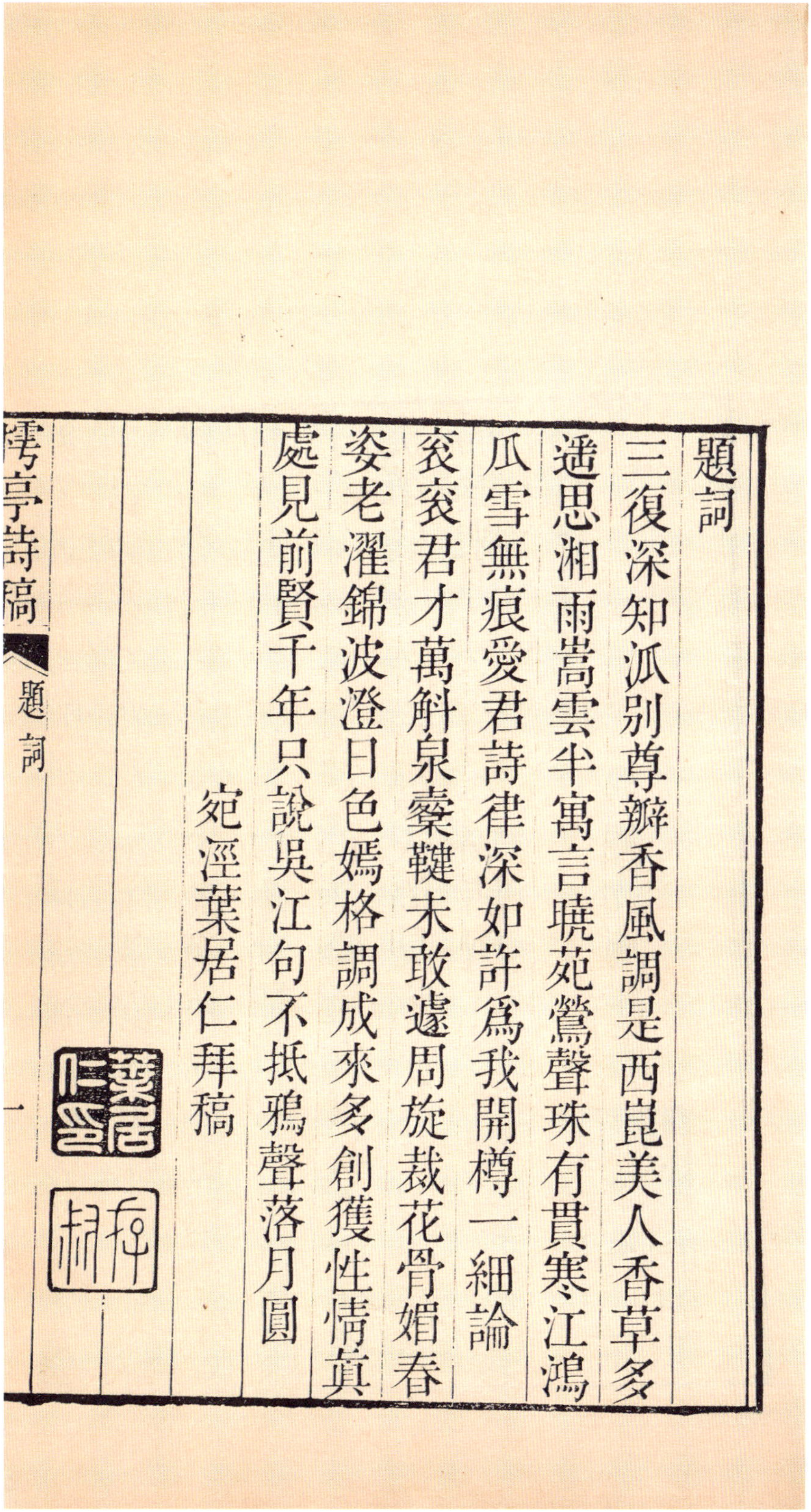

題詞

三復深知泒別尊瓣香風調是西崑美人香草多遙思湘雨嵩雲半寓言曉苑鶯聲珠有貫寒江鴻爪雪無痕愛君詩律深如許爲我開樽一細論

袞袞君才萬斛泉槖鞬未敢遽周旋裁花骨媚春姿老濯錦波澄日色嫣格調成來多創獲性情眞處見前賢千年只說吳江句不抵鴉聲落月圓

宛涇葉居仁拜稿

樗亭詩稿　題詞　一

20723　樗亭詩稿不分卷　（清）薩哈岱撰　清乾隆七年（1742）薩哈岱刻本　遼寧省圖書館

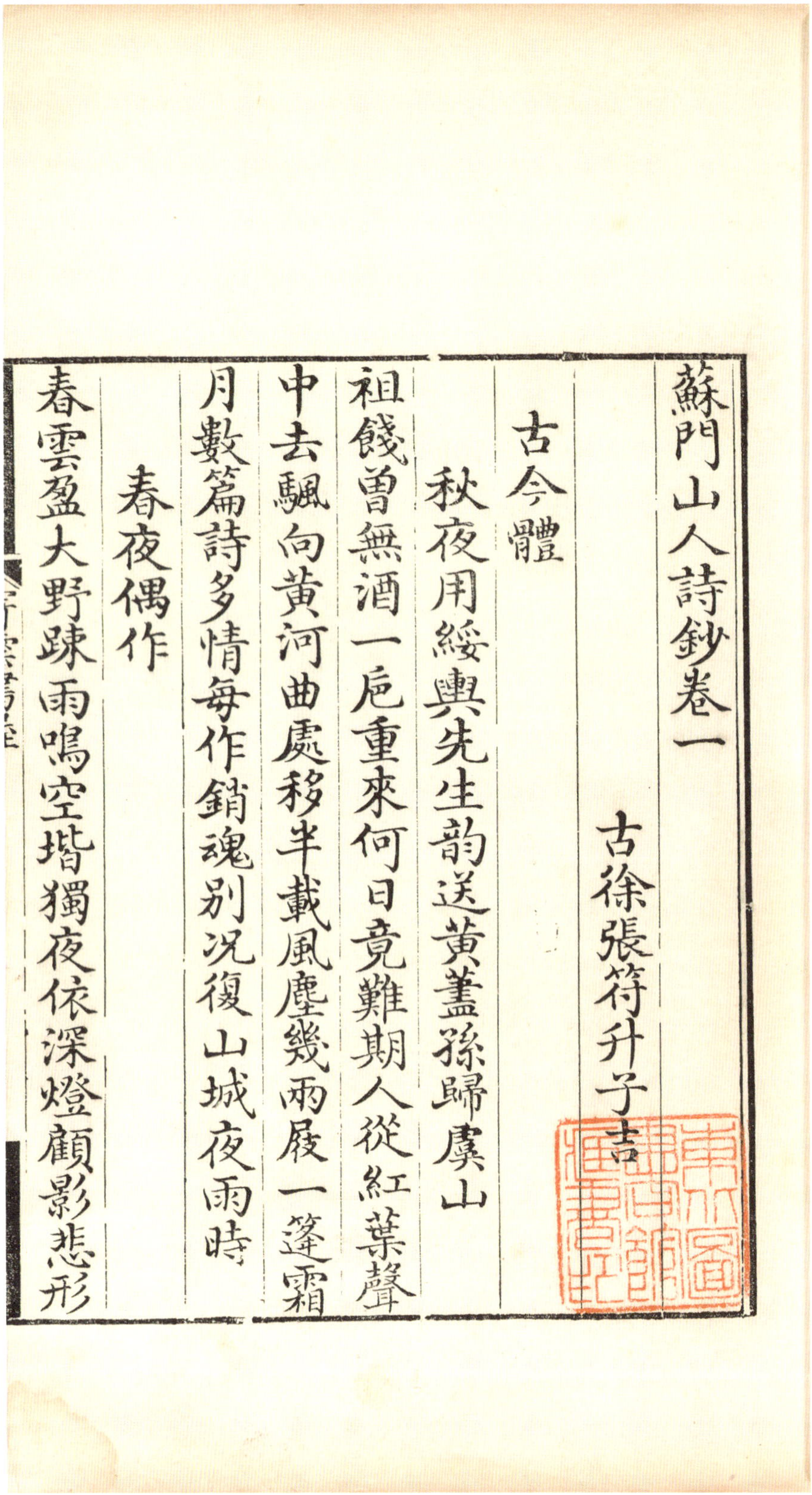

蘇門山人詩鈔卷一
古徐張符升子吉
古今體
秋夜用綏輿先生韻送黃蓋孫歸虞山
祖餞曾無酒一卮重來何日竟難期人從紅葉聲
中去颿向黃河曲處移半載風塵幾兩屐一篷霜
月數篇詩多情每作銷魂別況復山城夜雨時
春夜偶作
春雲盈大野踈雨鳴空堦獨夜依深燈顧影悲形

20724　蘇門山人詩鈔三卷　（清）張符升撰　清乾隆五十六年（1791）刻本　遼寧省圖書館

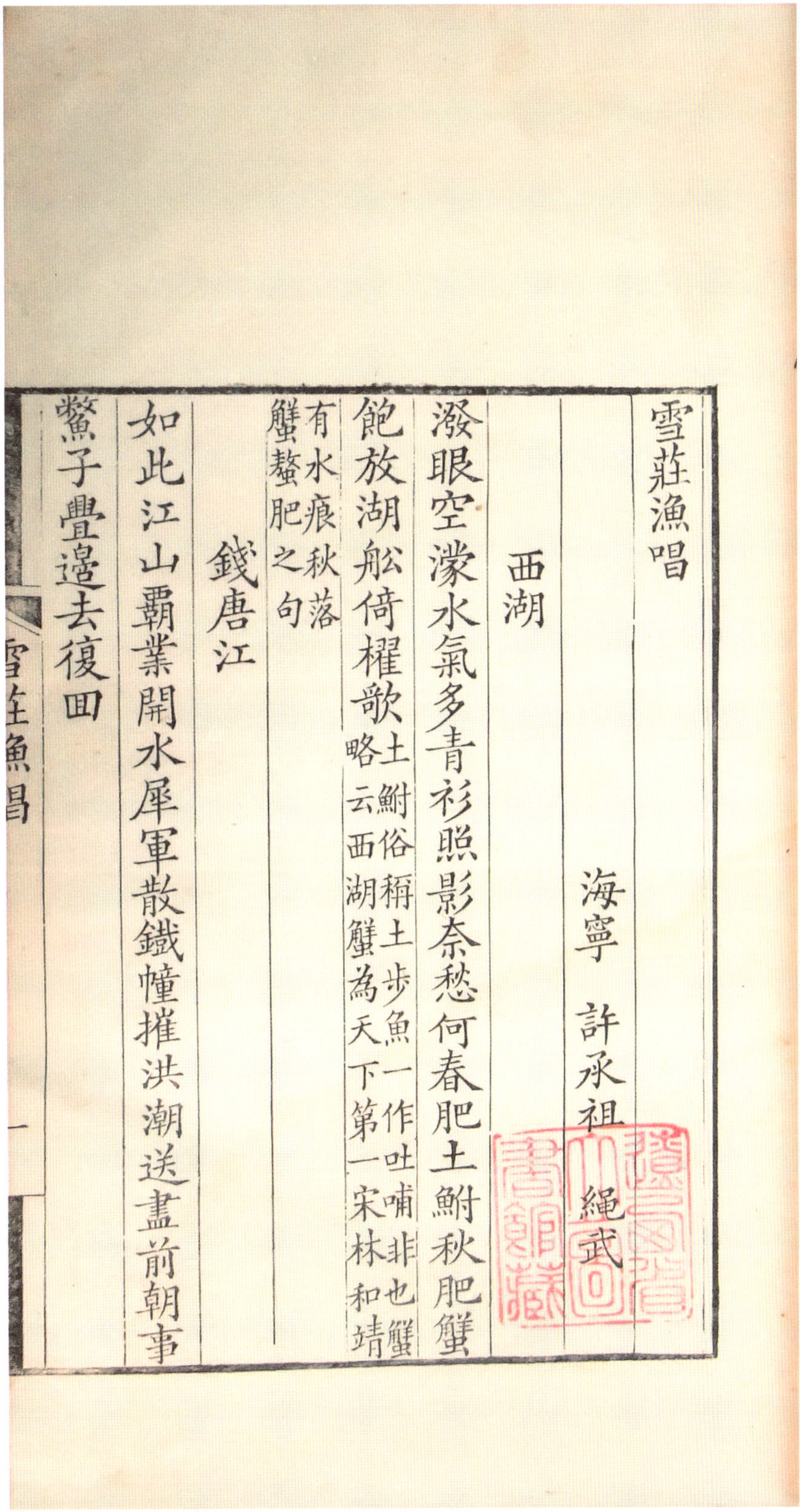
雪莊漁唱
海寧　許承祖　繩武
西湖
潑眼空濛水氣多青衫照影奈愁何春肥土鮒秋肥蟹
飽放湖舩倚櫂歌土鮒俗稱土步魚一作吐哺非也蟹略云西湖蟹為天下第一宋林和靖有水痕秋落蟹鼇肥之句
錢唐江
如此江山覇業開水犀軍散鐵幢摧洪潮送盡前朝事
鶩子疊邊去復回
雪莊漁唱　一

20725　雪莊漁唱一卷　（清）許承祖撰　清乾隆刻本　錦州市圖書館

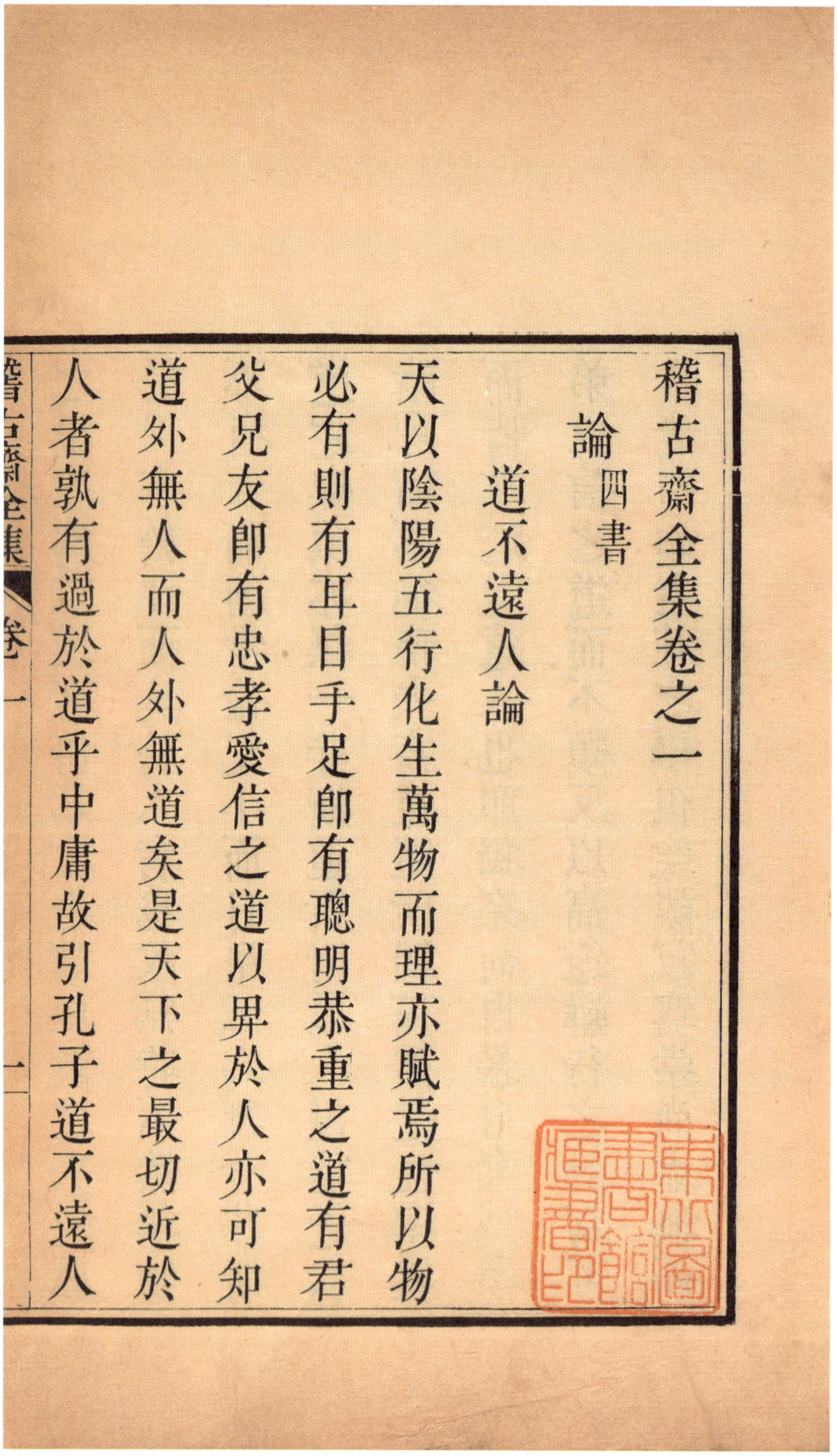
稽古齋全集卷之一
論 四書
道不遠人論
天以陰陽五行化生萬物而理亦賦焉所以物必有則有耳目手足即有聰明恭重之道有君父兄友即有忠孝愛信之道以畀於人亦可知道外無人而人外無道矣是天下之最切近於人者孰有過於道乎中庸故引孔子道不遠人
稽古齋全集 卷一 一

20726 稽古齋全集八卷 （清）弘晝撰 清乾隆十一年（1746）弘晝刻本

遼寧省圖書館

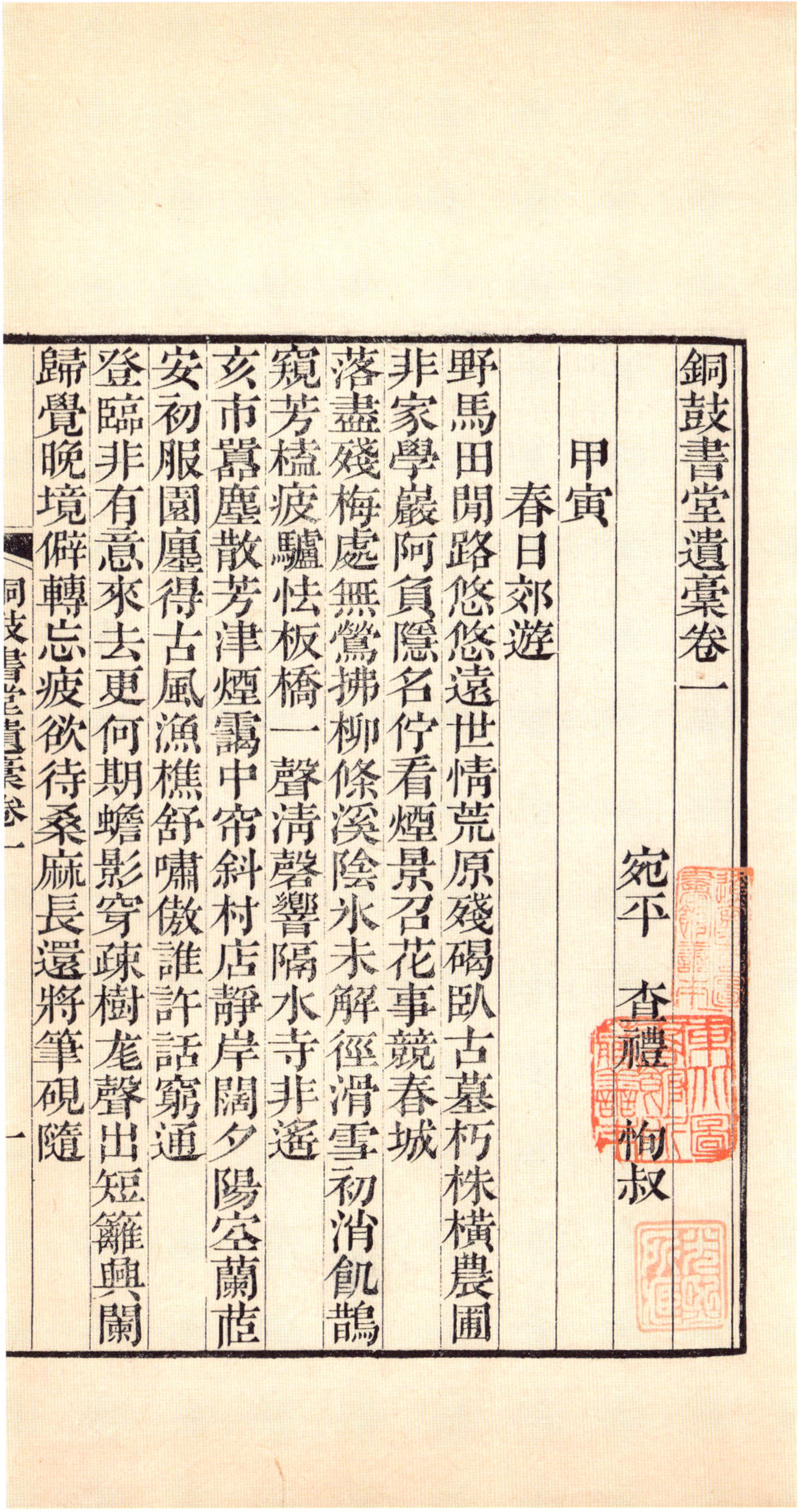

銅鼓書堂遺稾卷一

宛平 查禮 恂叔

甲寅

春日郊遊

野馬田開路悠悠遠世情荒原殘碣臥古墓朽株横農圃
非家學巖阿負隱名佇看煙景召花事競春城
落盡殘梅處無鶯拂柳條溪陰氷未解徑滑雪初消飢鵲
窺芳櫨疲驢怯板橋一聲清磬響隔水寺非遙
亥市囂塵散芳津煙靄中帘斜村店靜岸闊夕陽空蘭茝
安初服園廛得古風漁樵舒嘯傲誰許話窮通
登臨非有意來去更何期蟾影穿疎樹尨聲出短籬輿闌
歸覺晚境僻轉忘疲欲待桑麻長還將筆硯隨

銅鼓書堂遺稾卷一 一

20727 銅鼓書堂遺稾三十二卷 （清）查禮撰 清乾隆五十三年（1788）查淳刻本 遼寧省圖書館

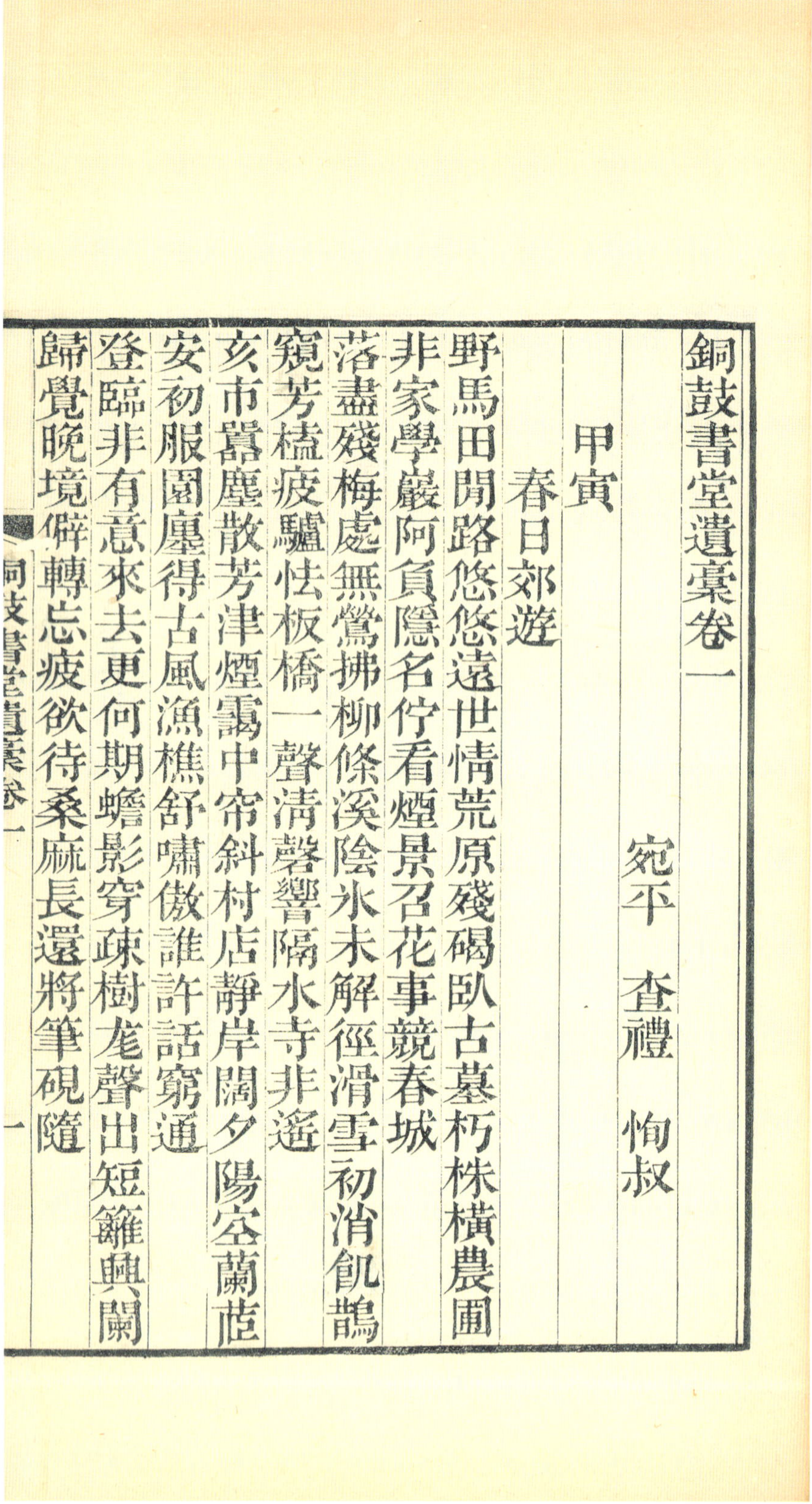

銅鼓書堂遺稾卷一

宛平　査禮　恂叔

甲寅

春日郊遊

野馬田閒路悠悠遠世情荒原殘碣臥古墓朽株橫農圃非家學巖阿負隱名佇看煙景召花事競春城

落盡殘梅處無鶯拂柳條溪陰氷未解徑滑雪初消飢鵲窺芳樹疲驢怯板橋一聲淸磬響隔水寺非遙

亥市囂塵散芳津煙靄中帘斜村店靜岸闊夕陽空蘭茝安初服園廛得古風漁樵舒嘯傲誰許話窮通

登臨非有意來去更何期蟾影穿疎樹尨聲出短籬興闌歸覺晚境僻轉忘疲欲待桑麻長還將筆硯隨

銅鼓書堂遺稾卷一　一

20728　銅鼓書堂遺稾三十二卷　（清）查禮撰　清乾隆五十三年（1788）查淳刻本　瀋陽市圖書館

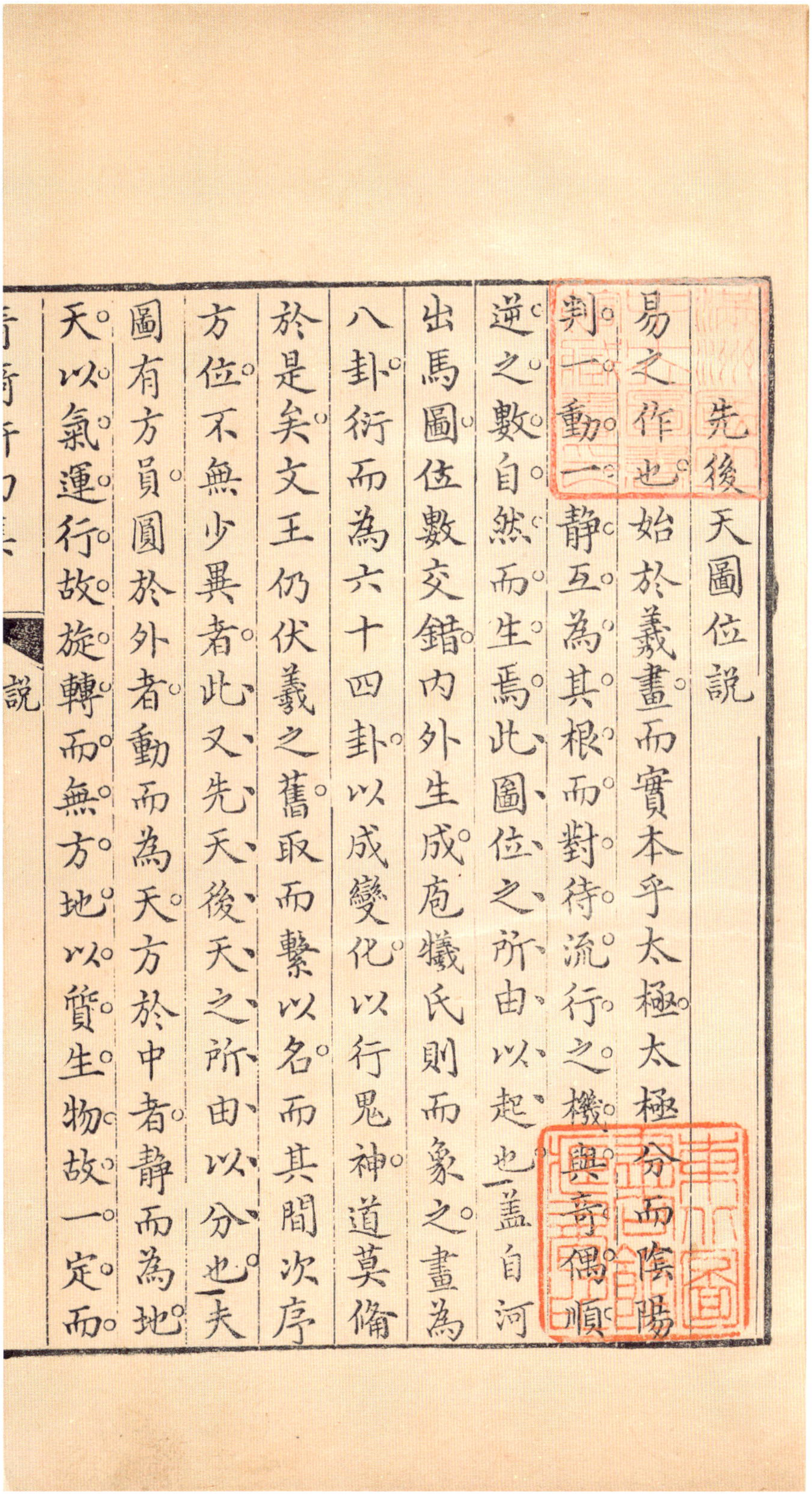

先後天圖位說

易之作也始於羲畫而實本乎太極太極分而陰陽判一動一靜互為其根而對待流行之機與奇偶順逆之數自然而生焉此圖位之所由以起也蓋自河出馬圖位數交錯內外生成庖犧氏則而象之畫為八卦衍而為六十四卦以成變化以行鬼神道莫備於是矣文王仍伏羲之舊取而繫以名而其間次序方位不無少異者此又先天後天之所由以分也夫圖有方員圓於外者動而為天方於中者靜而為地天以氣運行故旋轉而無方地以質生物故一定而

20729　清綺軒初集四卷　（清）夏秉衡撰　清乾隆十五年（1750）刻本

遼寧省圖書館

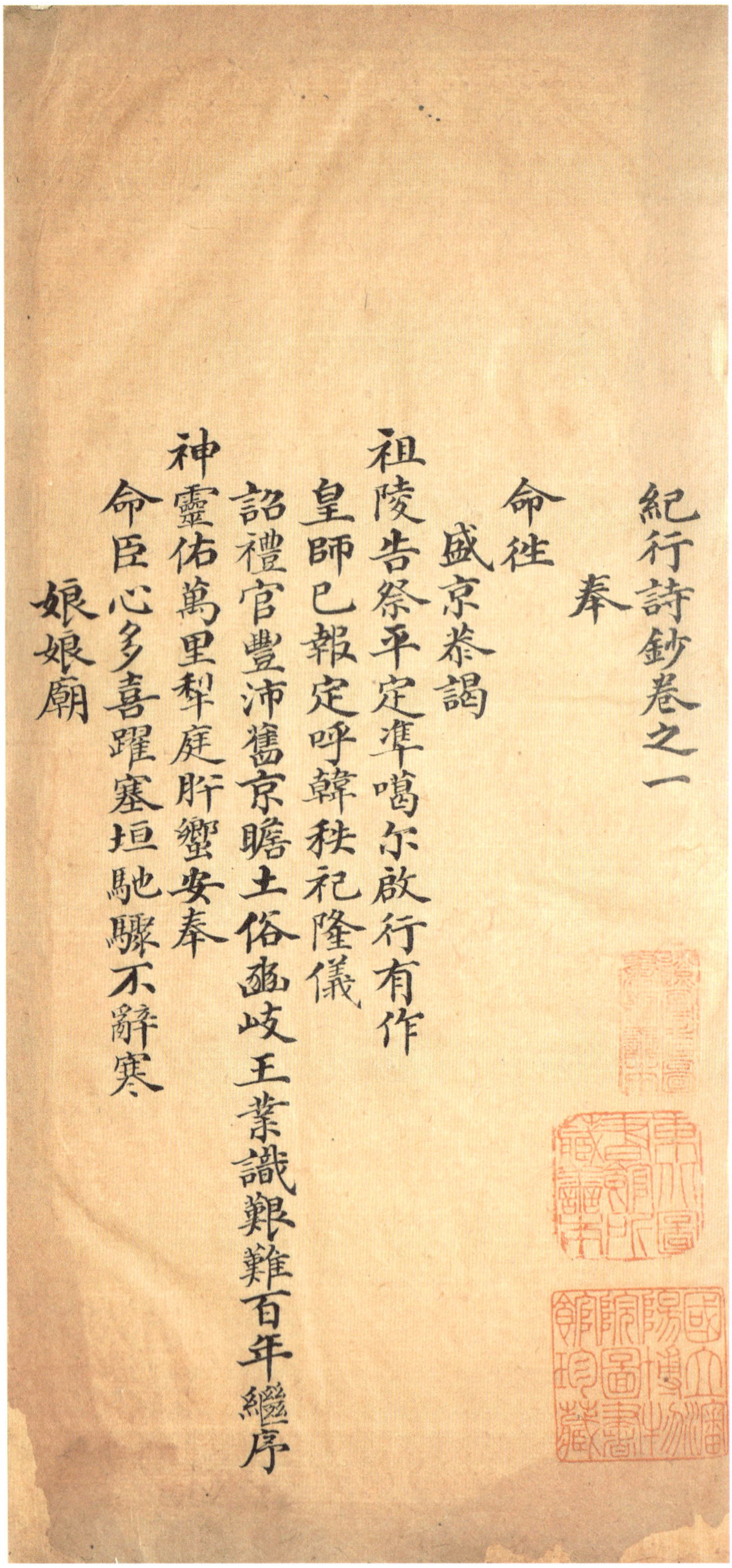

紀行詩鈔卷之一

奉

命往

盛京恭謁

祖陵告祭平定準噶尔啟行有作

皇師已報定呼韓秩祀隆儀

詔禮官豐沛舊京瞻土俗豳岐王業識艱難百年繼序

神靈佑萬里犁庭肝鑾安奉

命臣心多喜躍塞垣馳驟不辭寒

娘娘廟

20730　紀行詩鈔二卷　（清）永瑆撰　清乾隆抄本　遼寧省圖書館

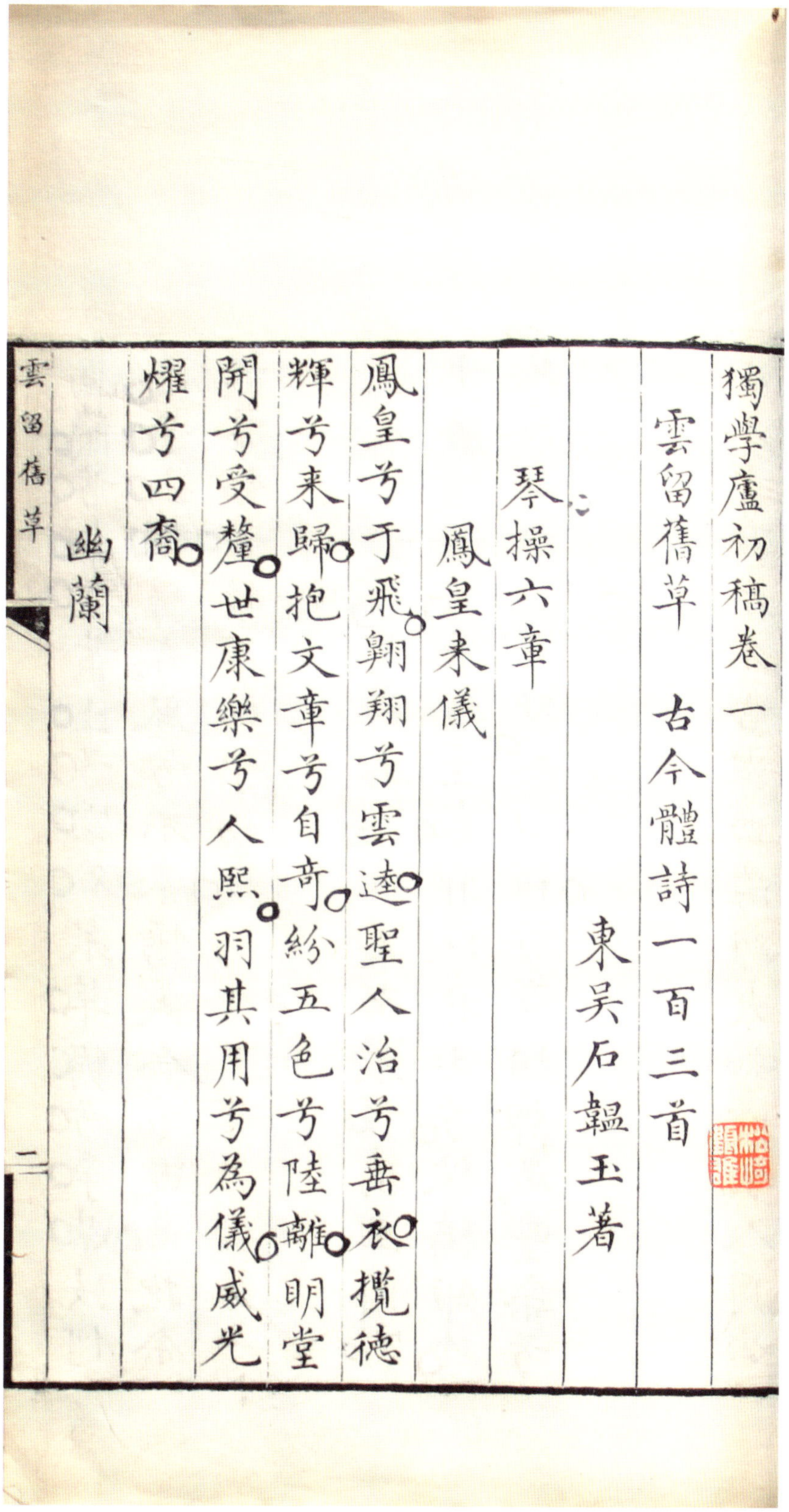
獨學廬初稿卷一
雲留舊草　古今體詩一百三首
東吴石韞玉著
琴操六章
鳳皇来儀
鳳皇兮于飛。翽翽兮雲逵。聖人治兮垂衣。攬德
輝兮来歸。抱文章兮自奇。紛五色兮陸離。明堂
開兮受釐。世康樂兮人熙。羽其用兮為儀。威光
燿兮四裔。
幽蘭
雲留舊草　二

20731　獨學廬初稿詩八卷文三卷讀左卮言一卷漢書刊訛一卷

（清）石韞玉撰　清乾隆六十年（1795）長沙官舍刻本　大連圖書館

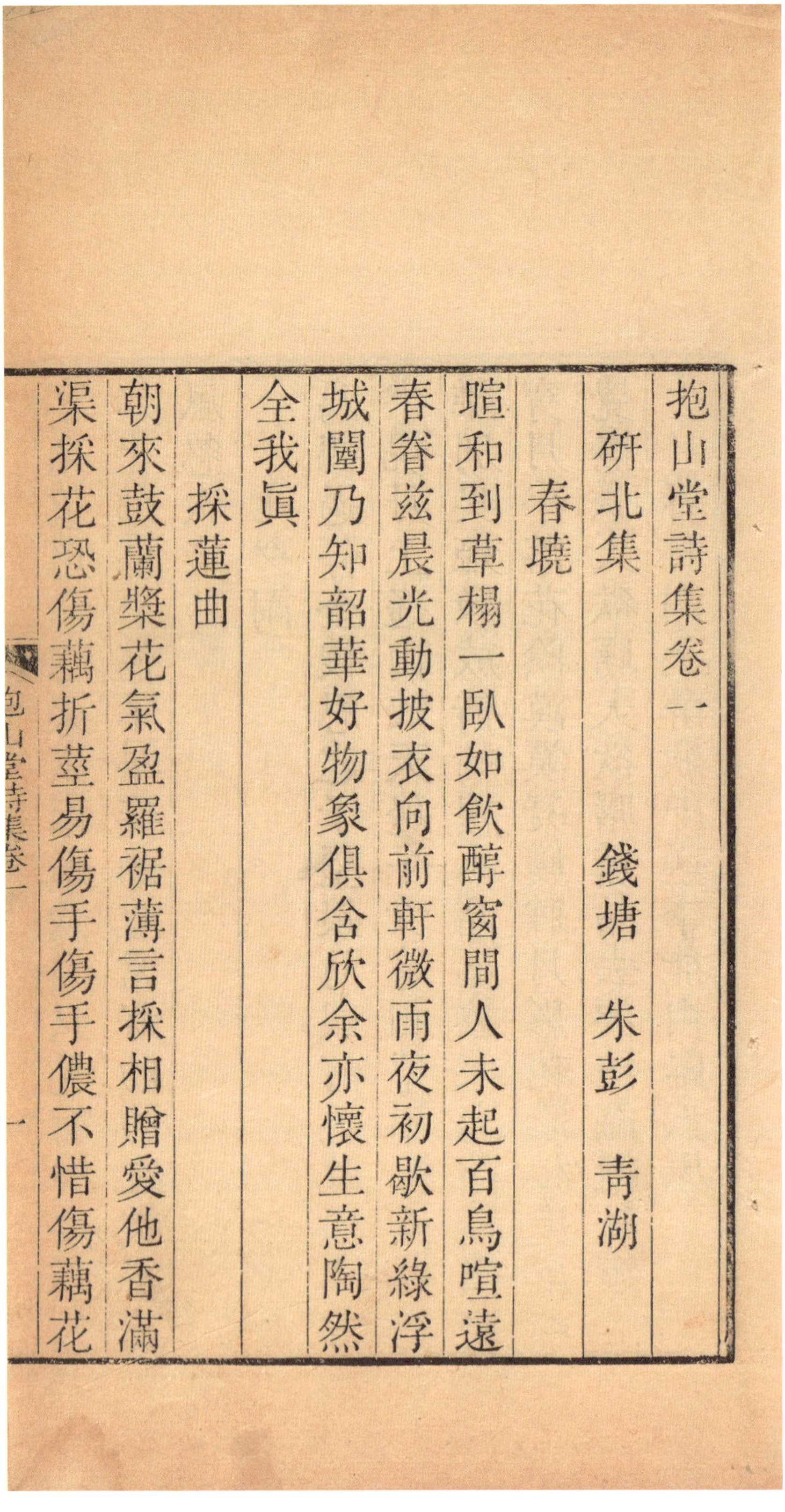
抱山堂詩集卷一
研北集　錢塘　朱彭　青湖
春曉
暄和到草榻一臥如飲醇窗間人未起百鳥喧遠
春眷茲晨光動披衣向前軒微雨夜初歇新綠浮
城闉乃知韶華好物象俱含欣余亦懷生意陶然
全我眞
採蓮曲
朝來鼓蘭槳花氣盈羅裾薄言採相贈愛他香滿
渠採花恐傷藕折莖易傷手傷手儂不惜傷藕花
抱山堂詩集卷一　一

20732　抱山堂詩集十卷　（清）朱彭撰　清乾隆五十五年（1790）仇一鷗刻本　遼寧省圖書館

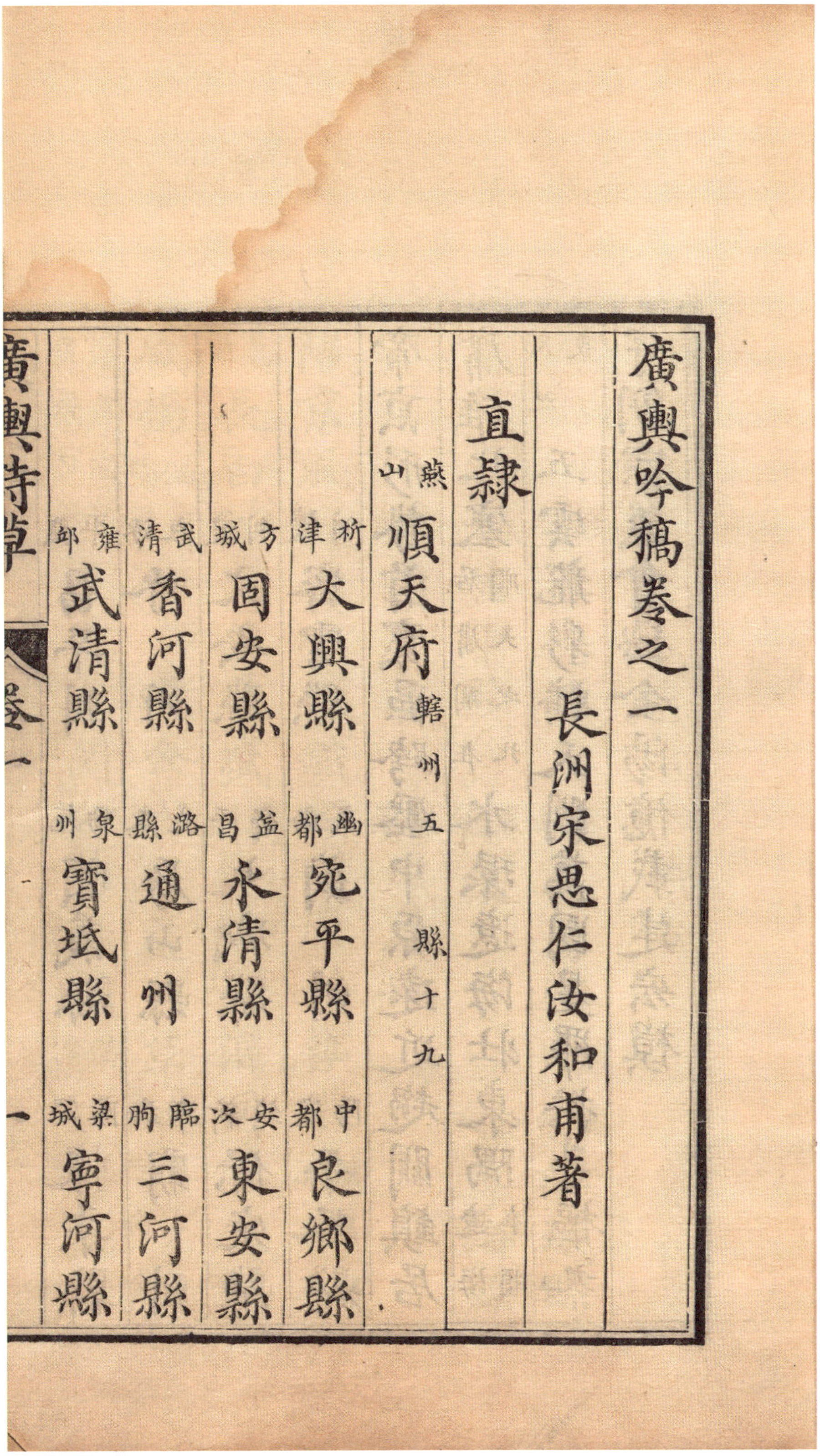
廣輿吟稿卷之一
長洲宋思仁汝和甫著
直隸
燕山 順天府 轄州五 縣十九
析津 大興縣 幽都 宛平縣 中都 良鄉縣
方城 固安縣 益昌 永清縣 安次 東安縣
武清 香河縣 潞縣 通州 臨朐 三河縣
雍邱 武清縣 泉州 寶坻縣 梁城 寧河縣
廣輿詩草 卷一 一

20733 廣輿吟稿六卷附編一卷 （清）宋思仁撰 清乾隆四十一年（1776）刻五十年（1785）、五十七年（1792）遞修本 遼寧省圖書館

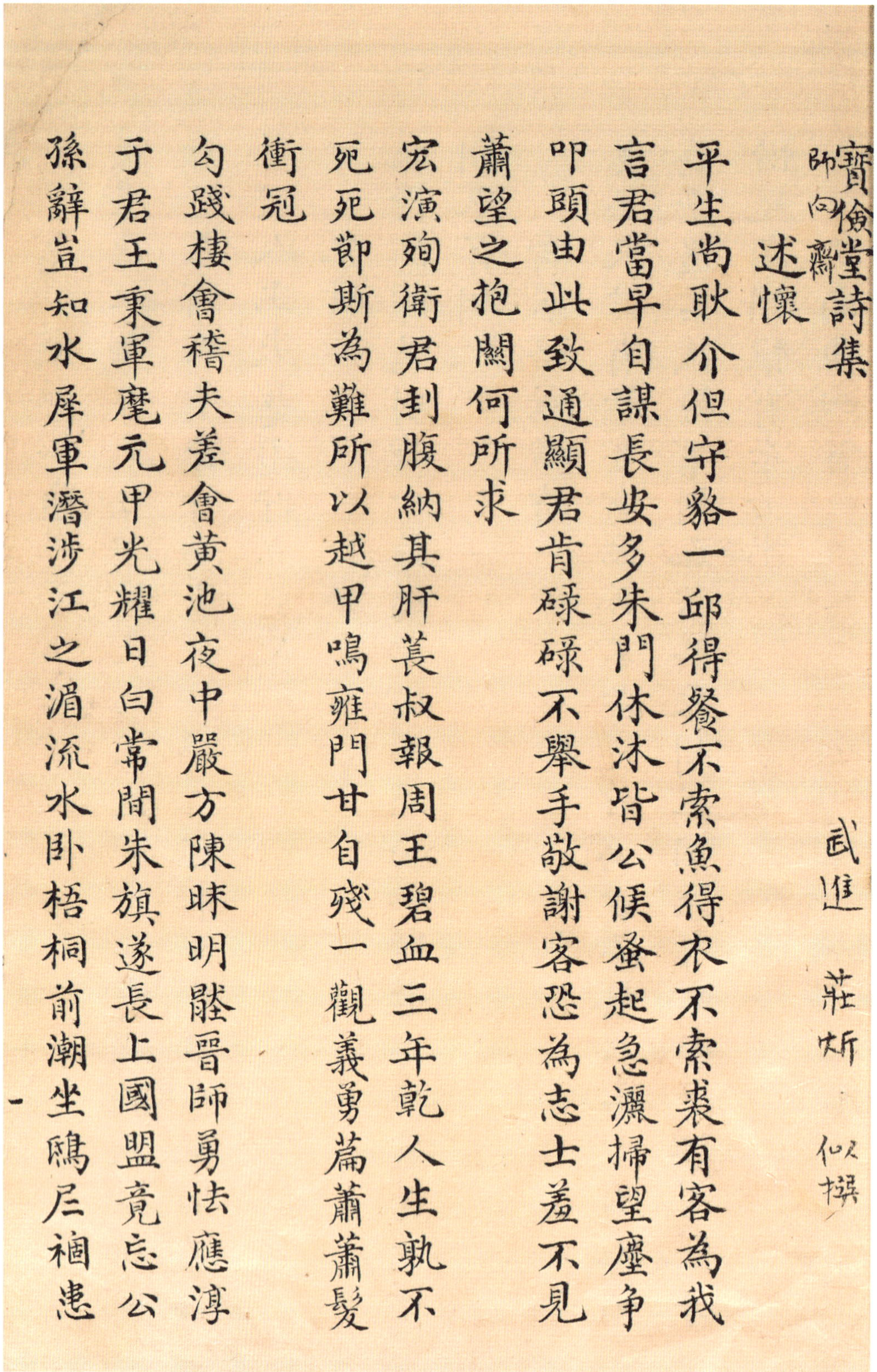

寶儉堂詩集　師向齋

武進　莊炘　似撰

述懷

平生尚耿介但守貉一邱得餐不索魚得衣不索裘有客為我言君當早自謀長安多朱門休沐皆公侯蚤起急灑掃望塵爭叩頭由此致通顯君肯碌碌不舉手敬謝客恐為志士羞不見蕭望之抱關何所求

宏演殉衛君封腹納其肝萇叔報周王碧血三年乾人生孰不死死節斯為難所以越甲鳴雍門甘自殘一觀義勇篇蕭蕭髮衝冠

勾踐棲會稽夫差會黄池夜中嚴方陳昧明[illegible]晉師勇怯應淳于君王秉軍麾元甲光耀日白常閒朱旗遂長上國盟竟忘公孫辭豈知水犀軍潛涉江之湄流水卧梧桐前潮坐鴟尸禍患

20734　師尚齋詩集八卷　（清）莊炘撰　清抄本　遼寧省圖書館

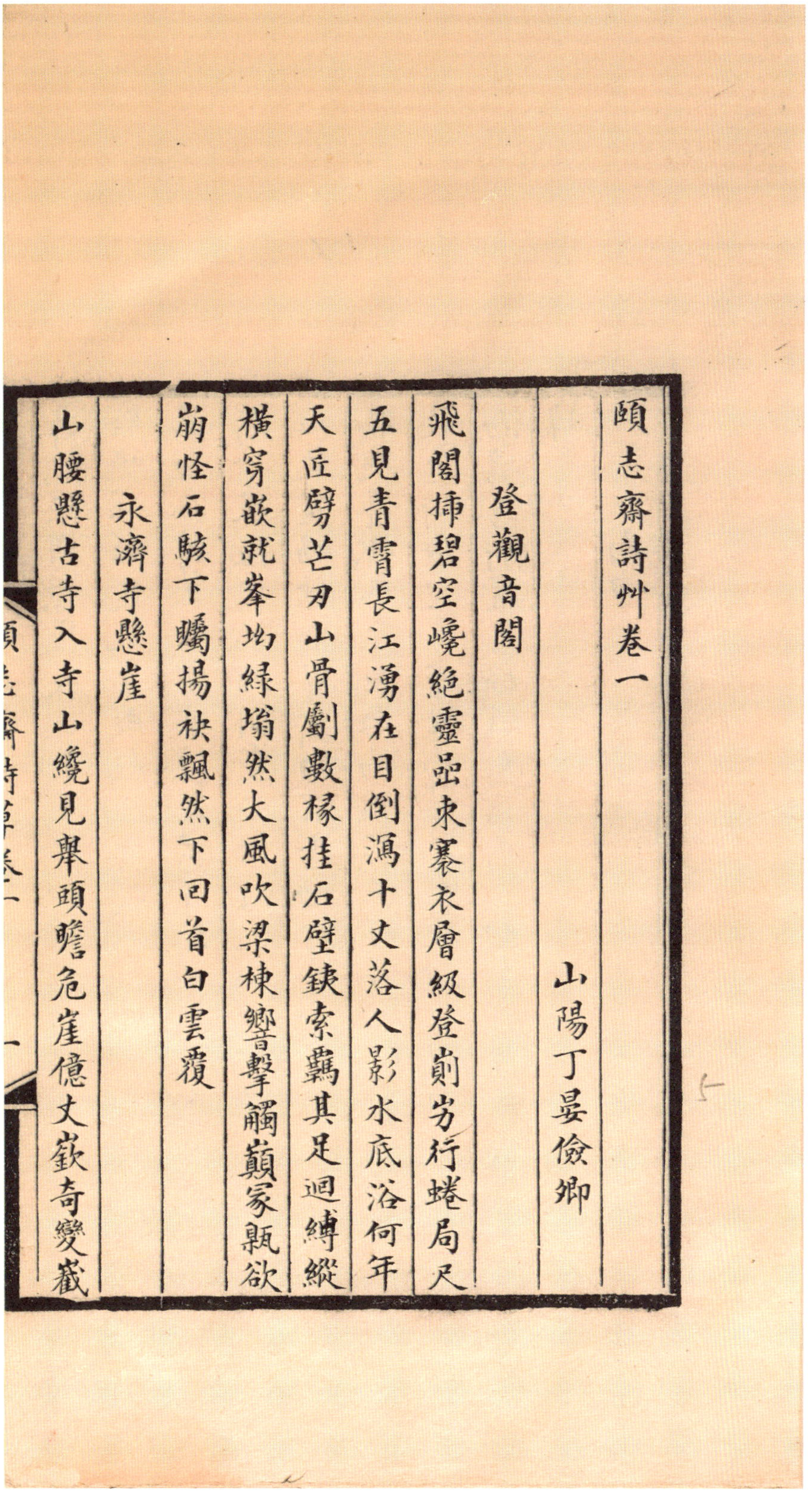
頤志齋詩艸卷一

山陽丁晏儉卿

登觀音閣

飛閣揷碧空巉絶靈嵒束褰衣層級登崱屴行蜷局尺五見青霄長江湧在目倒瀉十丈落人影水底浴何年天匠劈芒刃山骨劚數椽挂石壁鋏索羈其足迴縛縱橫穿嵌就峯坳緑堉然大風吹梁棟響擊觸巔冢甄欲崩怪石駭下矚揚袂飄然下回首白雲覆

永濟寺懸崖

山腰懸古寺入寺山纔見舉頭瞻危崖億丈欹奇變巇

頤志齋詩草卷一　一

20735　頤志齋詩文抄不分卷　（清）丁晏撰　清抄本　遼寧省圖書館

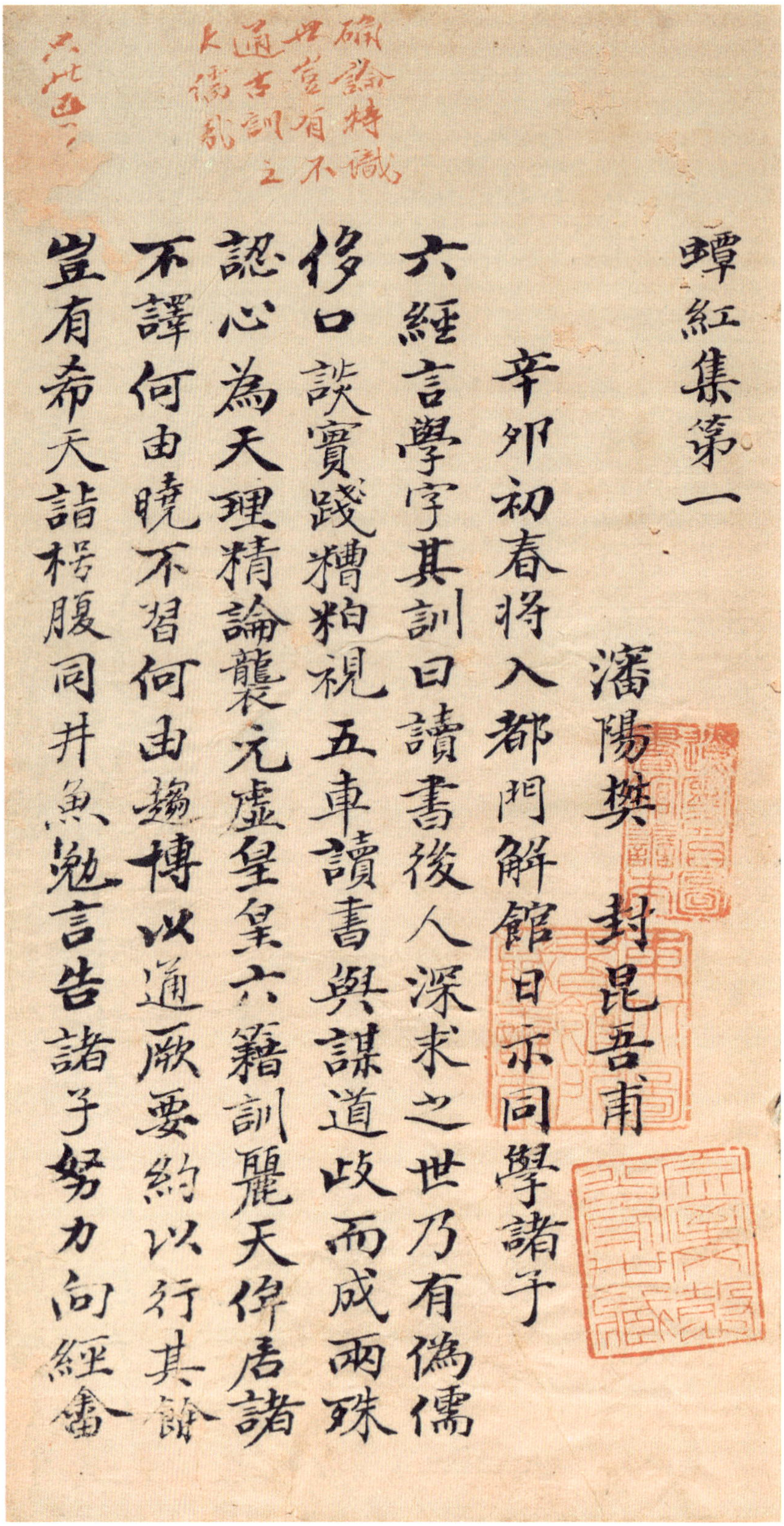

碩論特識世豈有不通古訓之大儒哉

蟫紅集第一

瀋陽樊　封昆吾甫

辛卯初春将入都門解館日示同學諸子

六經言學字其訓曰讀書後人深求之世乃有偽儒侈口談實踐糟粕視五車讀書與謀道歧而成兩殊認心為天理精論襲元虛皇皇六籍訓麗天偉居諸不譯何由曉不習何由趨博以通厥要約以行其餘豈有希天詣枵腹同井魚勉言告諸子努力向經畬

20736　蟫紅集二卷帆南集一卷　（清）樊封撰　清抄本　遼寧省圖書館

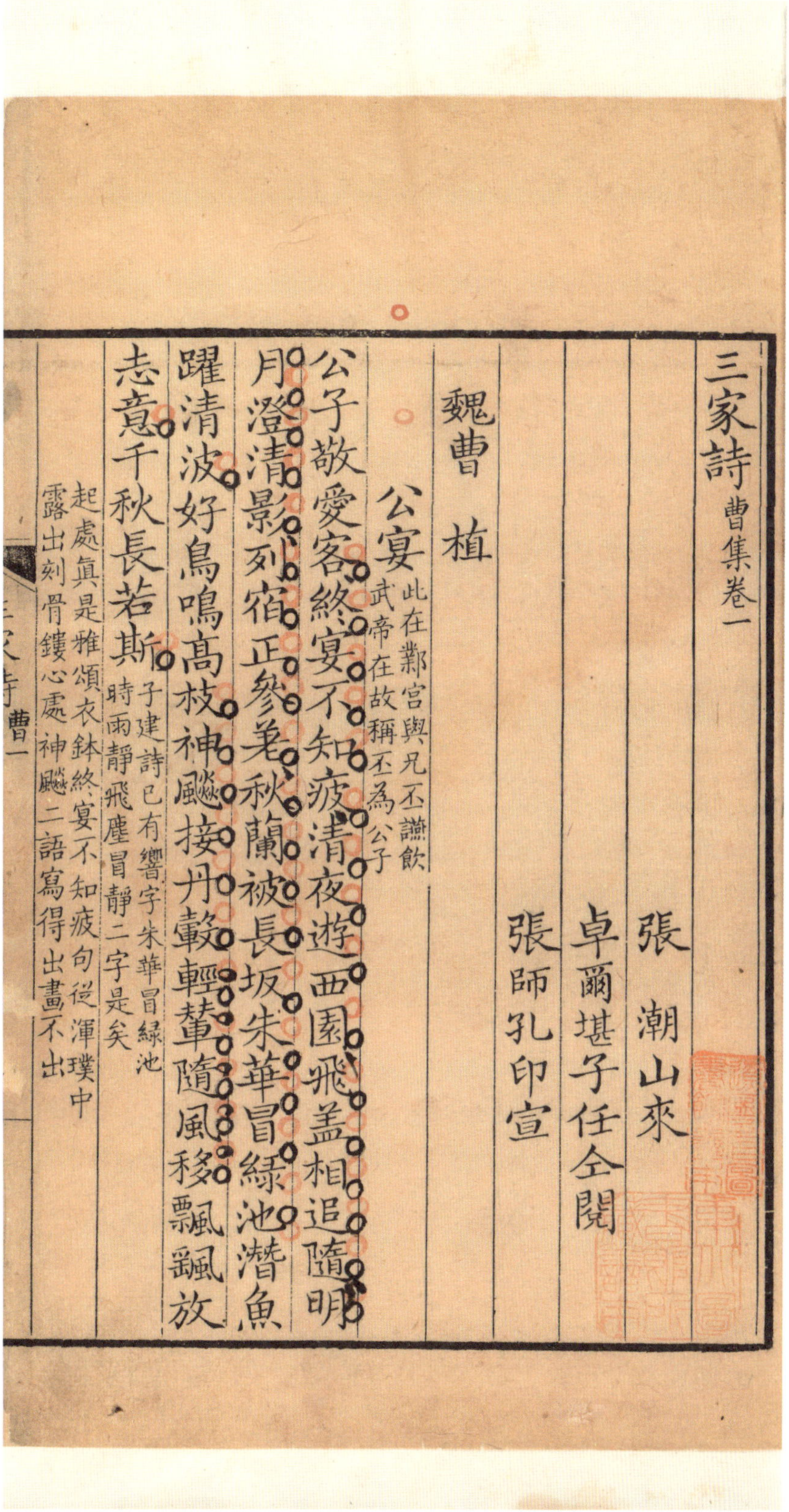

三家詩　曹集卷一

張　潮山來
卓爾堪子任全閱
張師孔印宣

魏　曹植

公宴　此在鄴宮與凡丕讌飲武帝在故稱丕爲公子

公子敬愛客終宴不知疲清夜遊西園飛蓋相追隨明月澄清影列宿正參差秋蘭被長坂朱華冒綠池潛魚躍清波好鳥鳴高枝神飇接丹轂輕輦隨風移飄颻放志意千秋長若斯　子建詩已有響字朱華冒綠池時雨靜飛塵冒靜二字是矣

起處眞是雅頌衣鉢終宴不知疲句從渾璞中露出刻骨鏤心處神飇二語寫得出畫不出

三家詩　曹一

20737　三家詩十一卷　（清）卓爾堪編　清康熙刻本　遼寧省圖書館

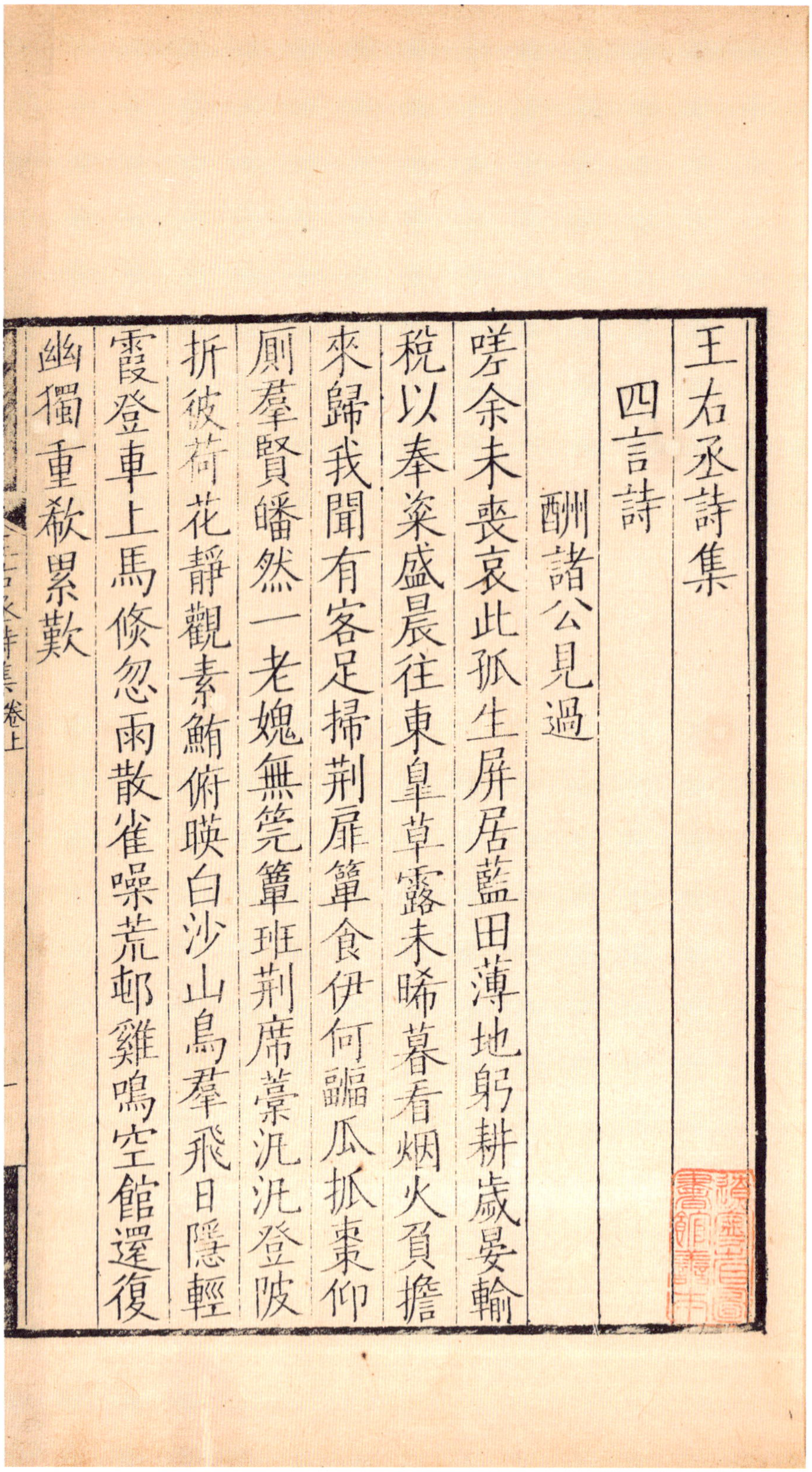
王右丞詩集

四言詩

酬諸公見過

嗟余未喪哀此孤生屏居藍田薄地躬耕歲晏輸
税以奉粢盛晨往東皐草露未晞暮看烟火負擔
來歸我聞有客足掃荆扉簞食伊何疈瓜抓棗仰
厠羣賢皤然一老媿無莞簟班荆席藁汎汎登陂
折彼荷花靜觀素鮪俯映白沙山鳥羣飛日隱輕
霞登車上馬倏忽雨散雀噪荒邨雞鳴空館還復
幽獨重欷累歎

王右丞詩集 卷上 一

20738　唐四家詩八卷　（清）汪立名編　清康熙三十四年（1695）汪立名刻本　遼寧省圖書館

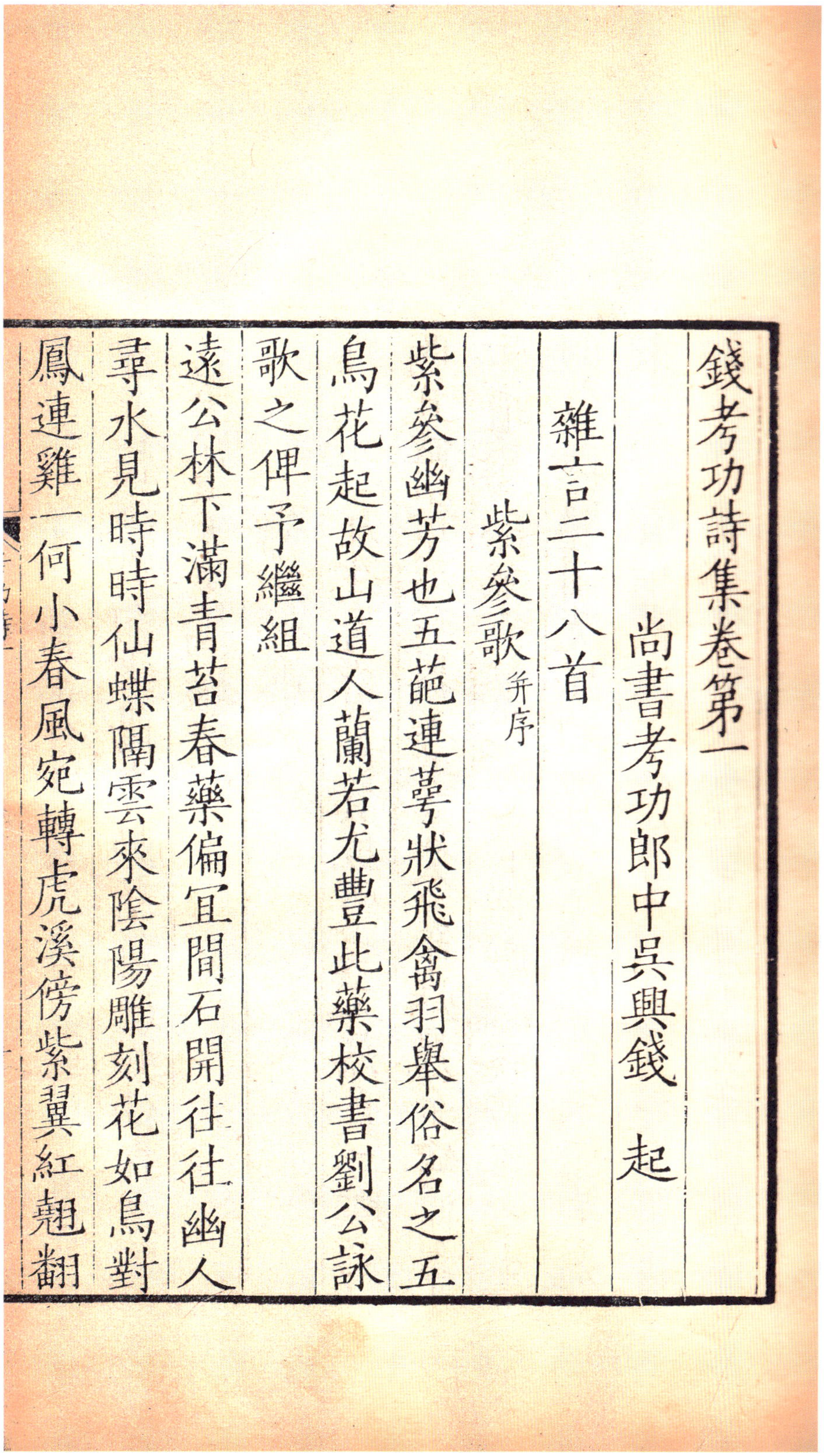
錢考功詩集卷第一
尚書考功郎中吳興錢　起
雜言二十八首
紫參歌幷序
紫參幽芳也五葩連蕚狀飛禽羽舉俗名之五
鳥花起故山道人蘭若尤豐此藥校書劉公詠
歌之俾予繼組
遠公林下滿青苔春藥偏宜間石開往往幽人
尋水見時時仙蝶隔雲來陰陽雕刻花如鳥對
鳳連雞一何小春風宛轉虎溪傍紫翼紅翹翻

20739　唐詩百名家全集三百二十六卷　（清）席啓寓輯　清康熙席氏琴川書屋自刻本　大連圖書館

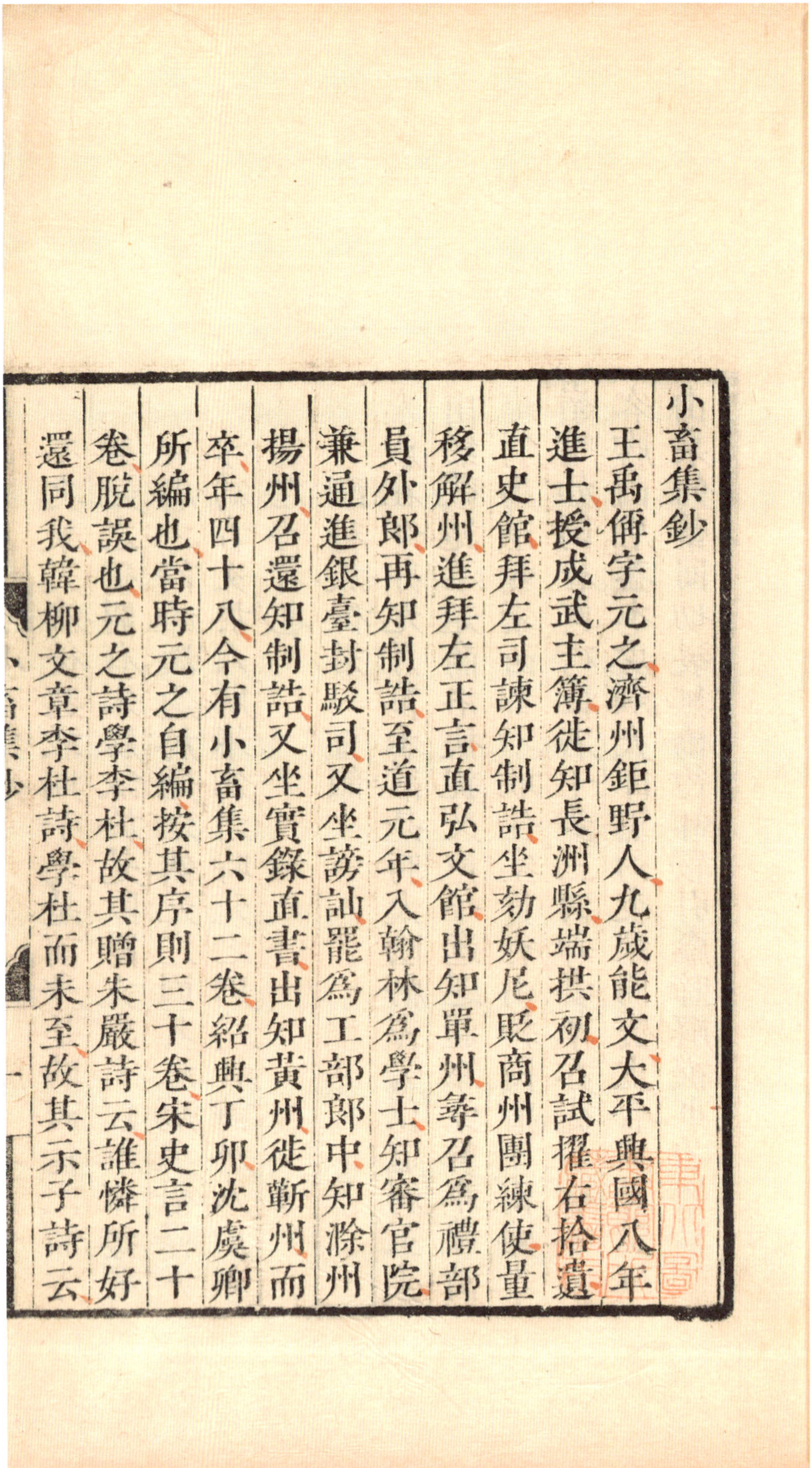
小畜集鈔
王禹偁字元之濟州鉅野人九歲能文太平興國八年
進士授成武主簿徙知長洲縣端拱初召試擢右拾遺
直史館拜左司諫知制誥坐劾妖尼貶商州團練使量
移解州進拜左正言直弘文館出知單州驛召爲禮部
員外郎再知制誥至道元年入翰林爲學士知審官院
兼通進銀臺封駁司又坐謗訕罷爲工部郎中知滁州
揚州召還知制誥又坐實錄直書出知黃州徙蘄州而
卒年四十八今有小畜集六十二卷紹興丁卯沈虞卿
所編也當時元之自編按其序則三十卷宋史言二十
卷脫誤也元之詩學李杜故其贈朱嚴詩云誰憐所好
還同我韓柳文章李杜詩學杜而未至故其示子詩云
小畜集鈔 一

20740　宋詩鈔初集九十五卷　（清）吕留良　吴之振　吴爾堯編　清康熙十年（1671）吴氏鑑古堂刻本　遼寧省圖書館

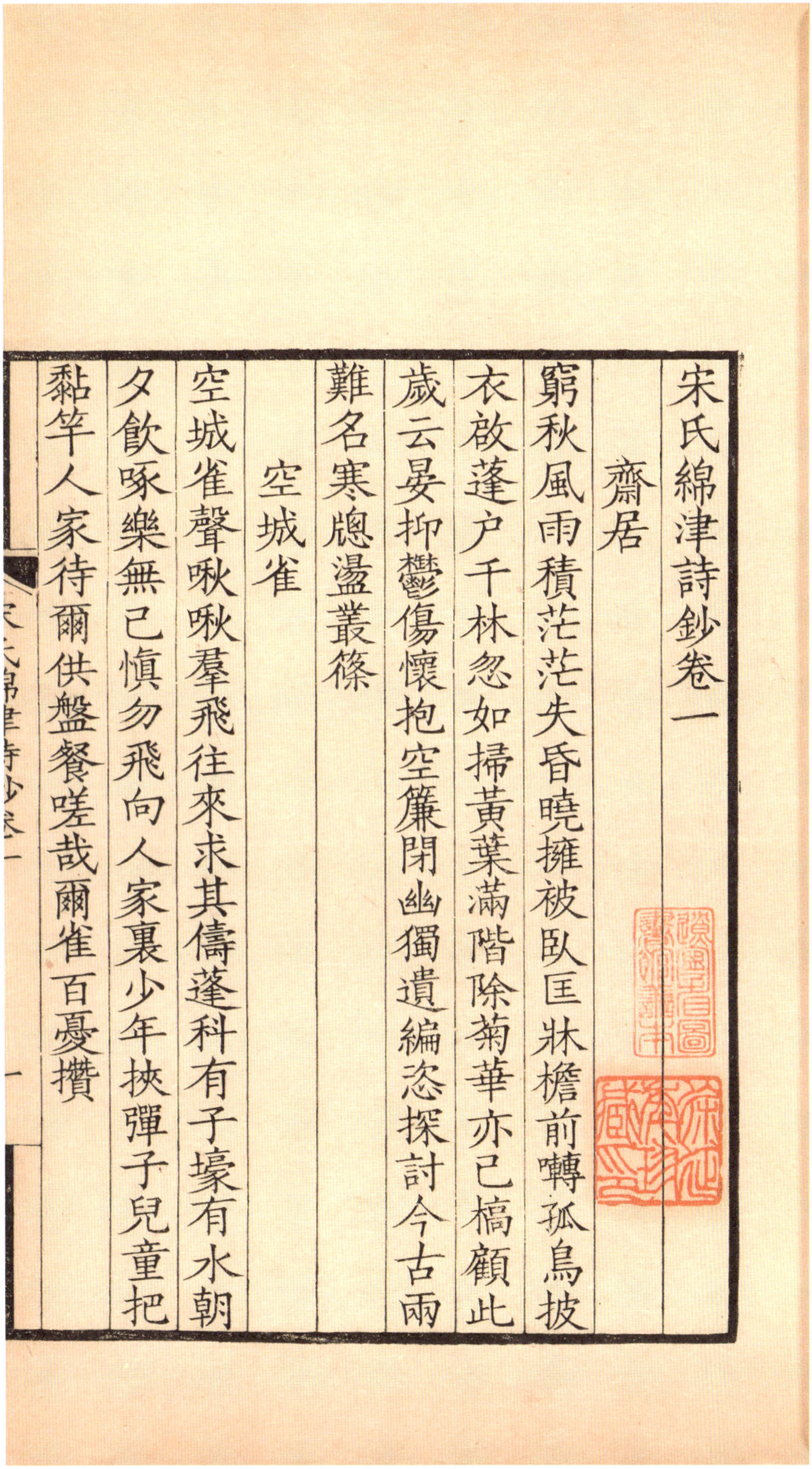
宋氏綿津詩鈔卷一

齋居

窮秋風雨積茫茫失昏曉擁被臥匡牀檐前囀孤鳥披衣啟蓬户千林忽如掃黃葉滿階除菊華亦已槁顧此歲云晏抑鬱傷懷抱空簾閉幽獨遺編恣探討今古兩難名寒牕盪叢篠

空城雀

空城雀聲啾啾羣飛往來求其儔蓬科有子壕有水朝夕飲啄樂無已愼勿飛向人家裏少年挾彈子兒童把黏竿人家待爾供盤餐嗟哉爾雀百憂攢

宋氏綿津詩鈔卷一　一

20741　二家詩鈔二十卷　（清）邵長蘅編　清康熙三十四年（1695）刻本

遼寧省圖書館

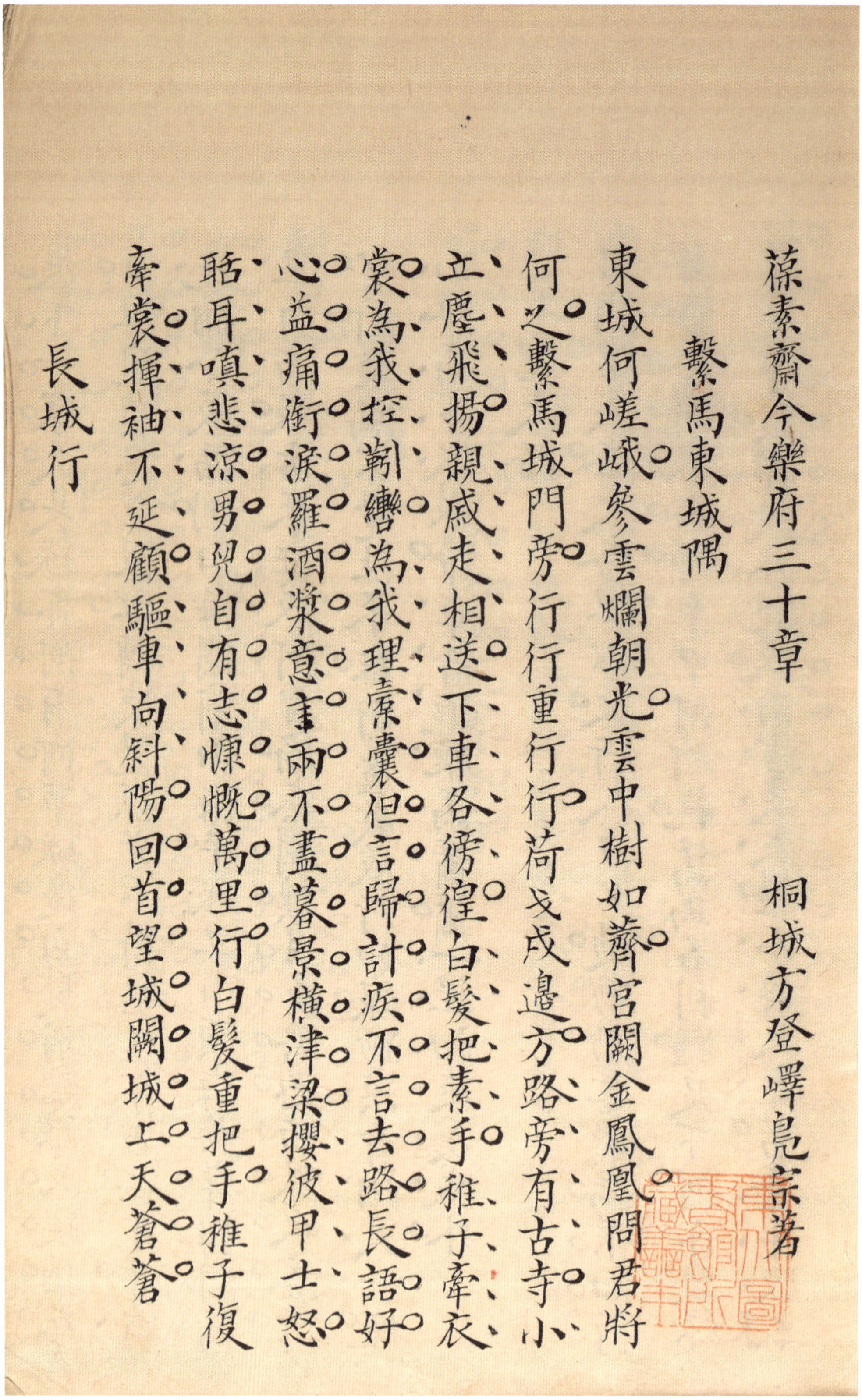

篠素齋今樂府三十章　桐城方登嶧鳧宗著
繫馬東城隅
東城何嵯峨參雲爛朝光雲中樹如齊宮闕金鳳凰問君將何之繫馬城門旁行行重行行荷戈戍邊方路旁有古寺小立歷飛揚親戚走相送下車各徬徨白髮把素手稚子牽衣裳為我控轡為我理橐囊但言歸計疾不言去路長語好心益痛銜淚羅酒漿意言兩不盡暮景橫津梁擐被甲士怒聒耳嗔悲涼男兒自有志慷慨萬里行白髮重把手稚子復牽裳揮袖不延顧驅車向斜陽回首望城闕城上天蒼蒼
長城行

20742　清詩抄七卷　清抄本　遼寧省圖書館

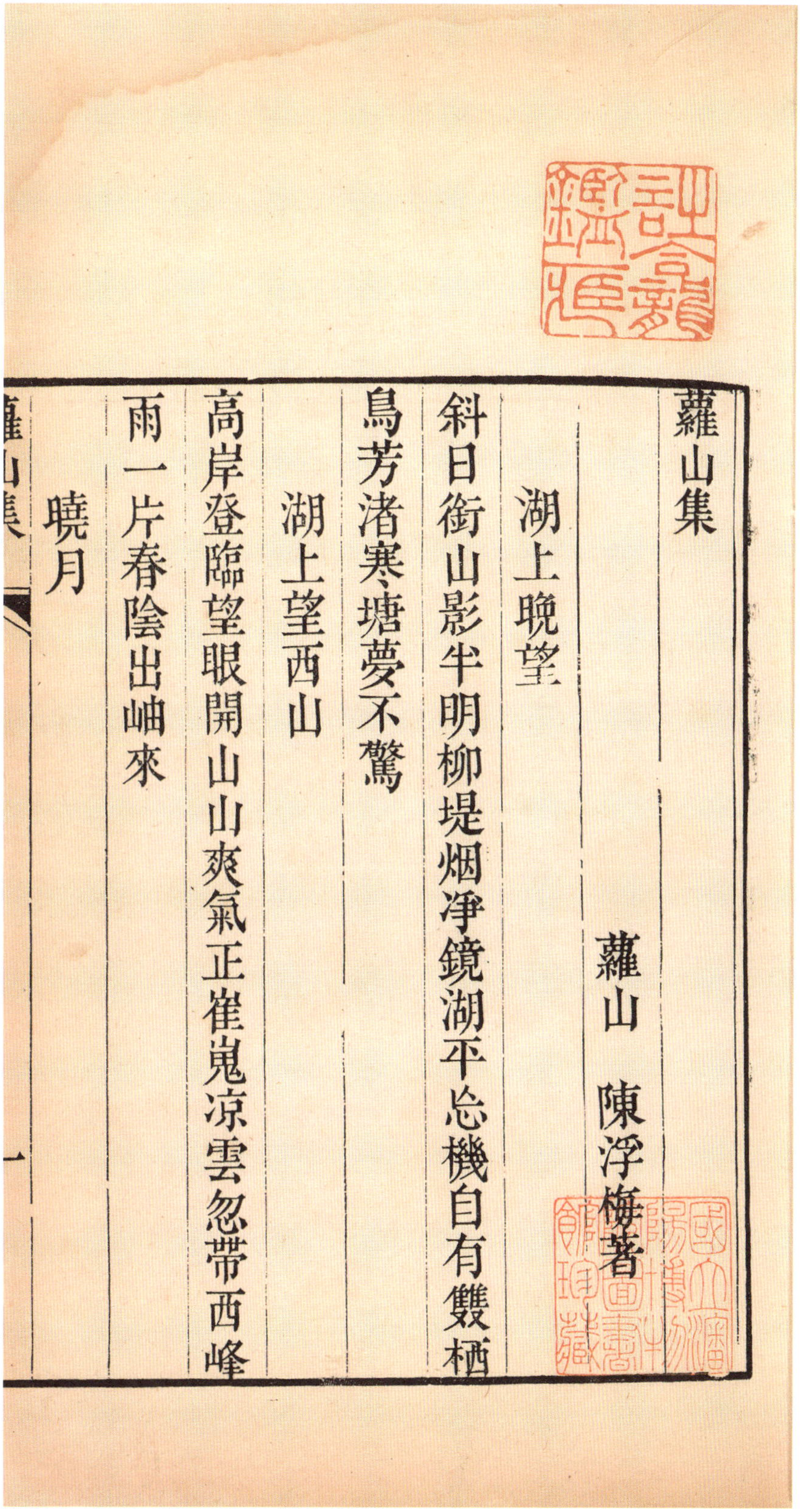
蘿山集

蘿山　陳浮梅著

湖上晚望

斜日銜山影半明柳堤烟淨鏡湖平忘機自有雙棲
鳥芳渚寒塘夢不驚

湖上望西山

高岸登臨望眼開山山爽氣正崔嵬涼雲忽帶西峰
雨一片春陰出岫來

曉月

蘿山集　一

20743　菉漪園懷舊集七卷　（清）永恩編　清乾隆四十二年（1777）刻本　遼寧省圖書館

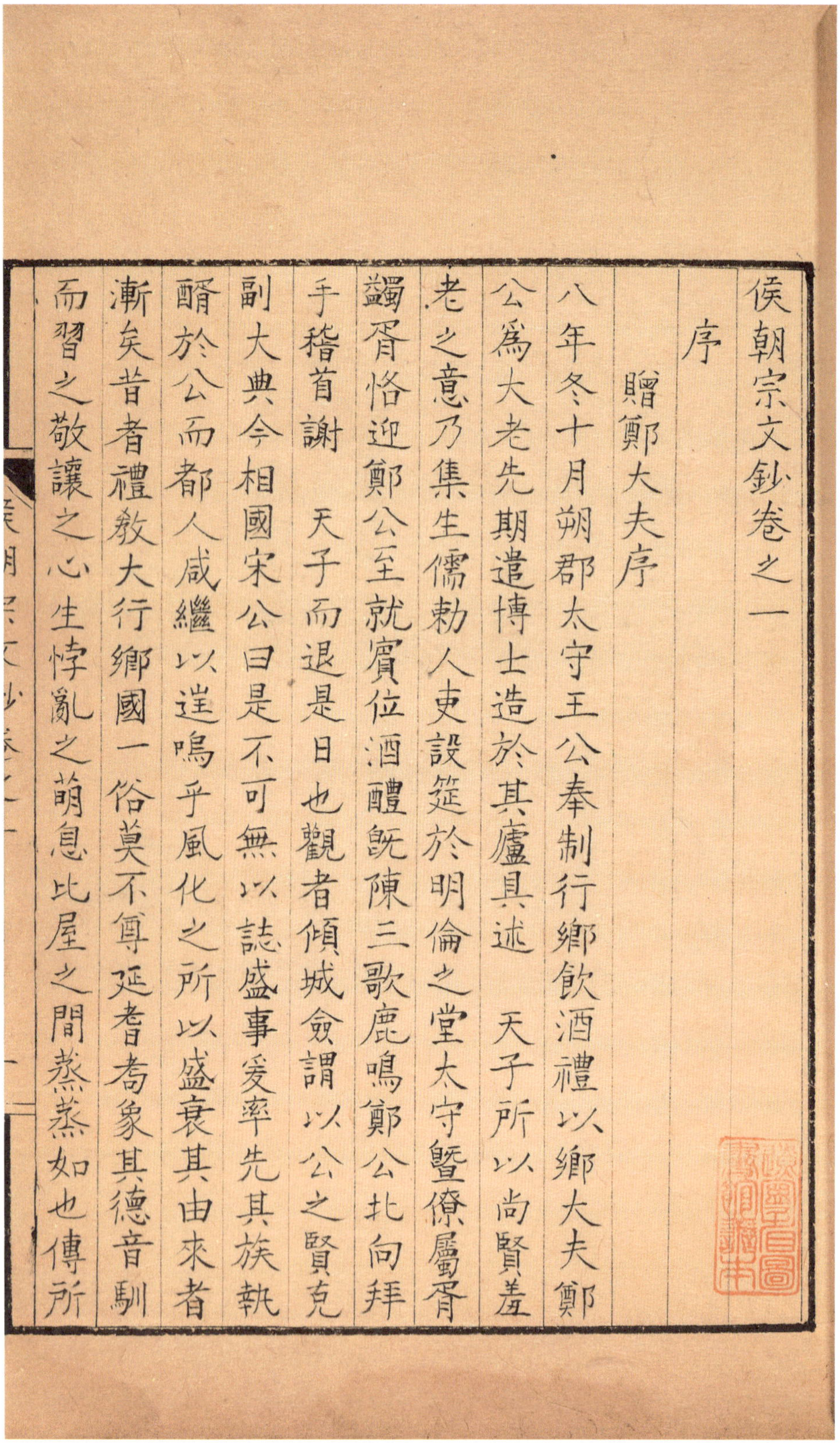

侯朝宗文鈔卷之一

序

贈鄭大夫序

八年冬十月朔郡太守王公奉制行鄉飲酒禮以鄉大夫鄭公爲大老先期遣博士造於其廬具述　天子所以尚賢羞老之意乃集生儒勅人吏設筵於明倫之堂太守暨僚屬胥蠲胥恪迎鄭公至就賓位酒醴旣陳三歌鹿鳴鄭公北向拜手稽首謝　天子而退是日也觀者傾城僉謂以公之賢克副大典今相國宋公曰是不可無以誌盛事爰率先其族執爵於公而都人咸繼以進嗚乎風化之所以盛衰其由來者漸矣昔者禮教大行鄉國一俗莫不尊延耆耇象其德音馴而習之敬讓之心生悖亂之萌息比屋之間蒸蒸如也傳所

20744　國朝三家文鈔三十二卷　（清）宋犖 徐汝霖編　清康熙三十三年（1694）刻本　遼寧省圖書館

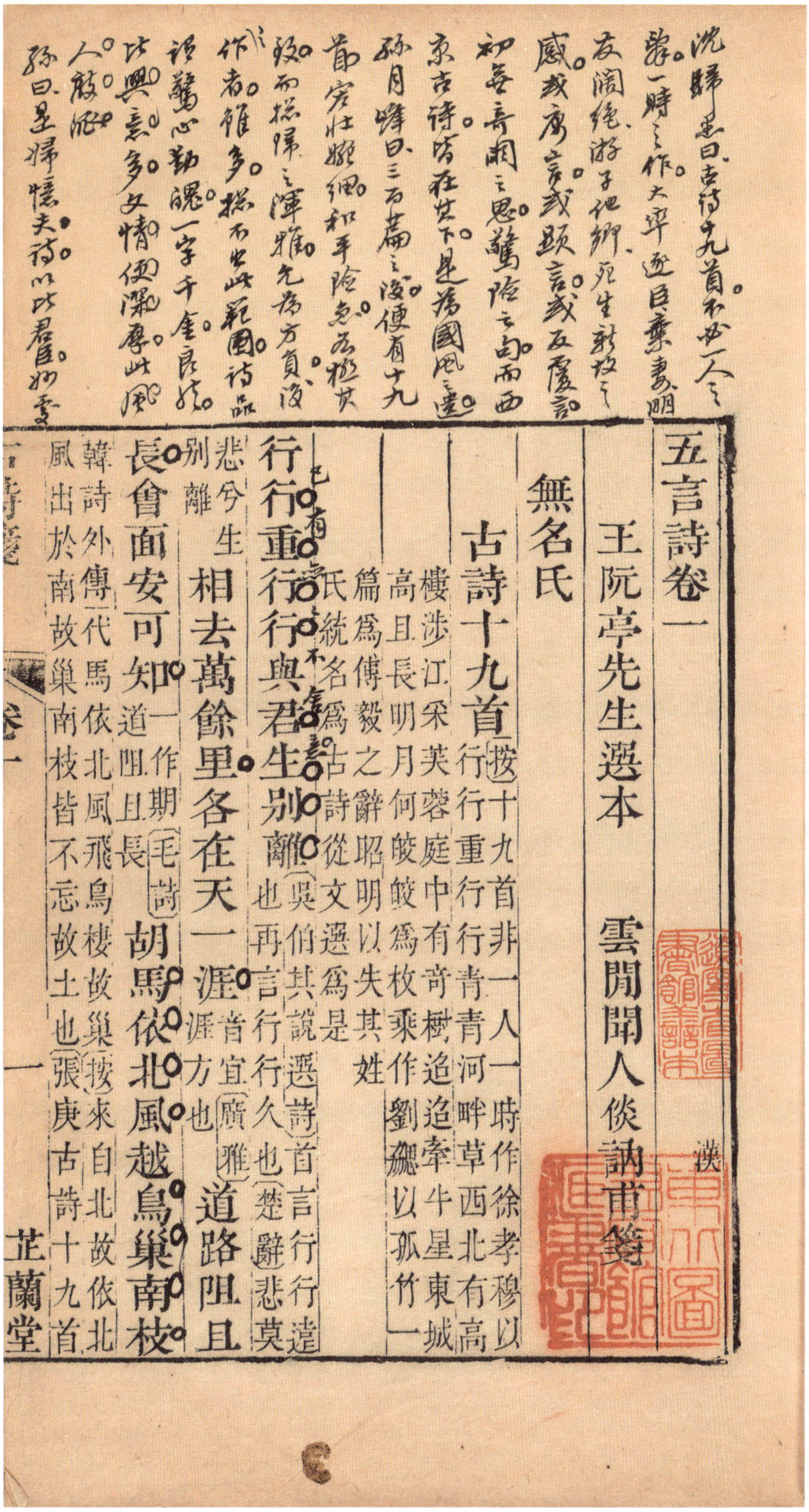
五言詩卷一
王阮亭先生選本　雲間聞人倓訥甫箋
漢
無名氏
古詩十九首[按]十九首非一人一時作徐孝穆以行行重行行青青河畔草西北有高樓涉江采芙蓉庭中有奇樹迢迢牽牛星東城高且長明月何皎皎爲枚乘作劉勰以孤竹一篇爲傅毅之辭昭明以失其姓氏統名爲古詩從文選爲是
行行重行行與君生別離[吳]伯其說[選詩]首言行行遠也再言行行久也[楚辭]悲莫悲兮生別離
相去萬餘里各在天一涯涯音宜[廣雅]涯方也
道路阻且長會面安可知一作期[毛詩]道阻且長
胡馬依北風越鳥巢南枝韓詩外傳代馬依北風飛鳥棲故巢[按]來自北故依北風出於南故巢南枝皆不忘故土也[張]庚古詩十九首
古詩箋　卷一　芷蘭堂

20745　古詩箋三十二卷　（清）王士禛輯　（清）聞人倓箋　清乾隆三十一年（1766）芷蘭堂刻本　遼寧省圖書館

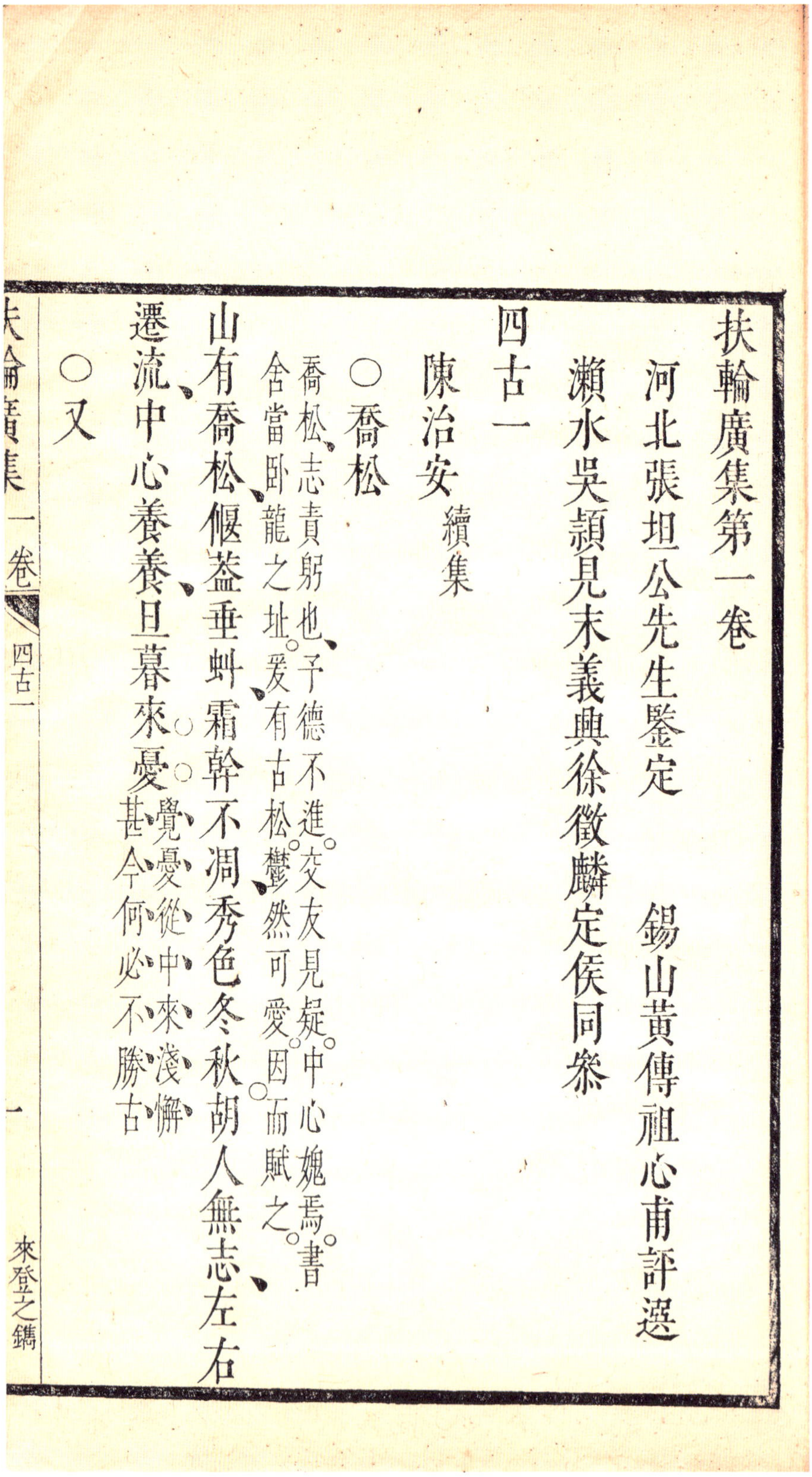
扶輪廣集第一卷

河北張坦公先生鑒定　錫山黄傳祖心甫評選

瀨水吳頡見末義與徐徵麟定侯同叅

四古一

陳治安　續集

○喬松

喬松志責躬也予德不進交友見疑中心媿焉書舍當卧龍之址爰有古松鬱然可愛因而賦之

山有喬松偃蓋垂蚪霜幹不凋秀色冬秋胡人無志左右遷流中心養養旦暮來憂覺憂從中來淺憐甚今何必不勝古

○又

扶輪廣集　一卷　四古一　一　來登之鐫

20746　扶輪廣集十四卷　（清）黄傳祖輯　清順治十二年（1655）黄氏儂麟草堂刻本　大連圖書館

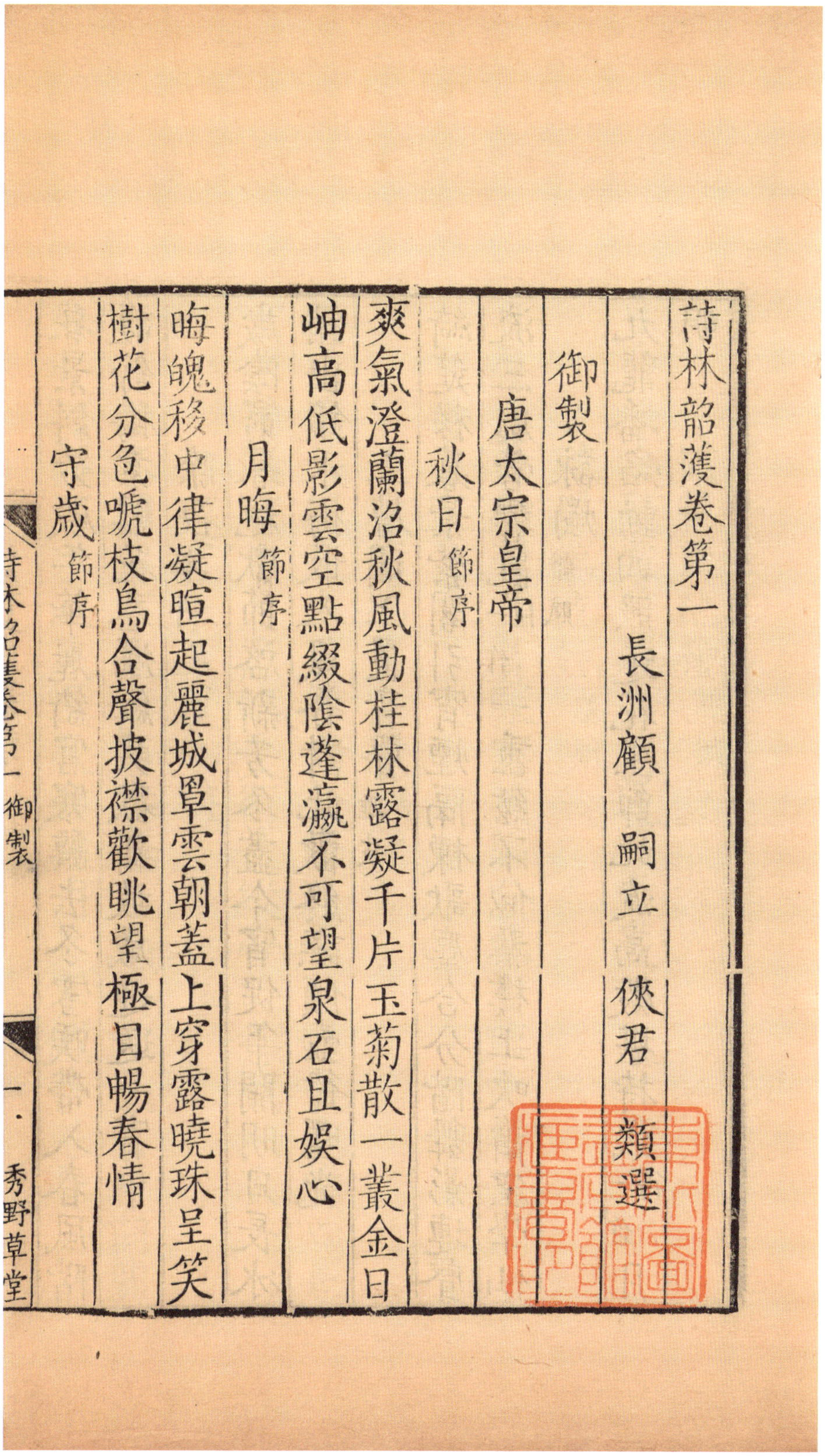

詩林韶濩卷第一
長洲顧嗣立俠君類選
御製
唐太宗皇帝
秋日 節序
爽氣澄蘭沼秋風動桂林露凝千片玉菊散一叢金日
岫高低影雲空點綴陰蓬瀛不可望泉石且娛心
月晦 節序
晦魄移中律凝暄起麗城罩雲朝蓋上穿露曉珠呈笑
樹花分色嗁枝鳥合聲披襟歡眺望極目暢春情
守歲 節序
詩林韶濩卷第一 御製 一 秀野草堂

20747　詩林韶濩二十卷　（清）顧嗣立輯　清康熙四十四年（1705）顧氏秀野草堂刻本　遼寧省圖書館

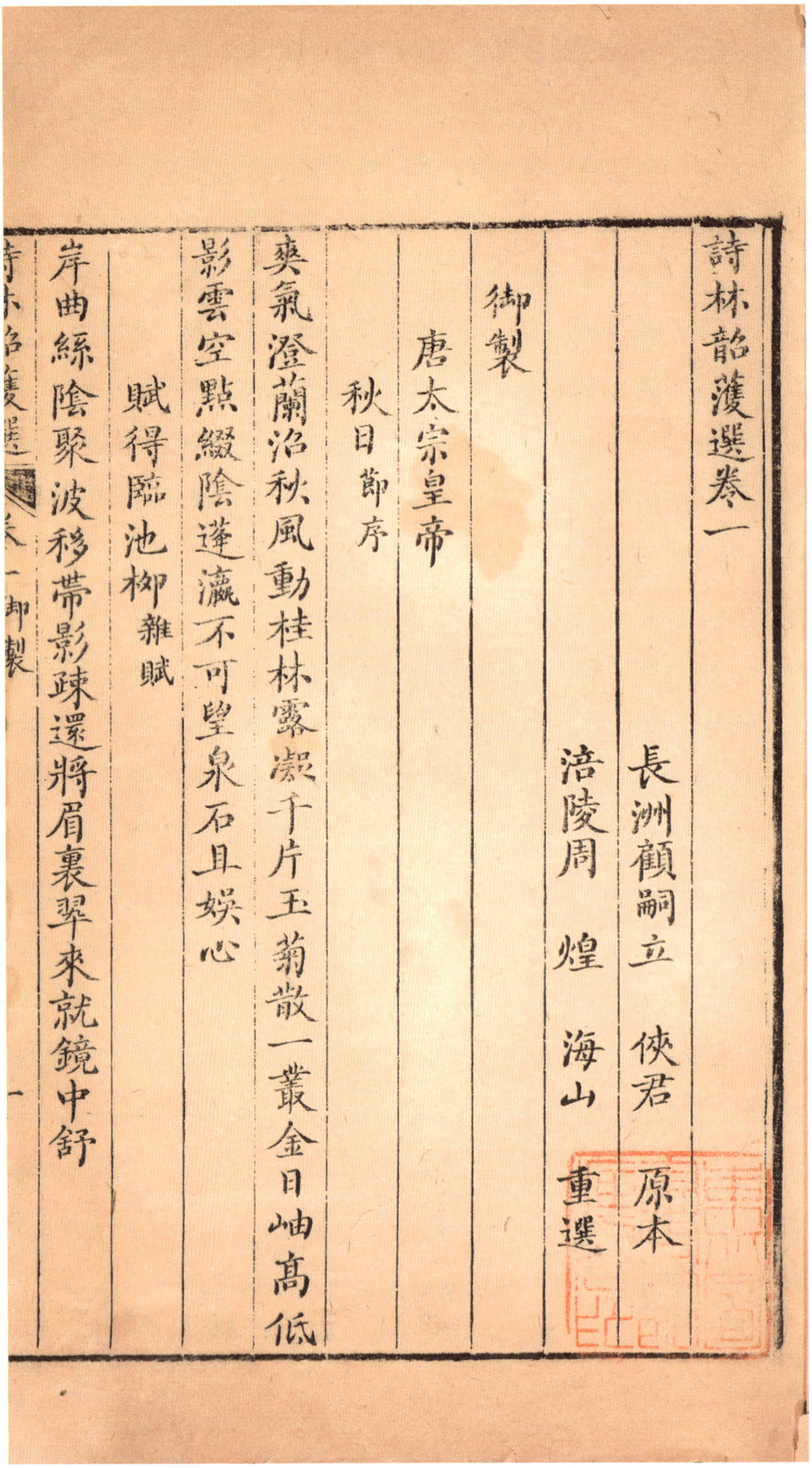

詩林韶濩選卷一

長洲顧嗣立　俠君　原本

涪陵周　煌　海山　重選

御製

唐太宗皇帝

秋日節序

爽氣澄蘭沼秋風動桂林露凝千片玉菊散一叢金日岫高低影雲空點綴陰蓬瀛不可望泉石且娛心

賦得臨池柳雜賦

岸曲絲陰聚波移帶影疎還將眉裏翠來就鏡中舒

詩林韶濩選　卷一　御製　一

20748　詩林韶濩選二十卷　（清）顧嗣立輯　（清）周煌重輯　清乾隆刻本　遼寧省圖書館

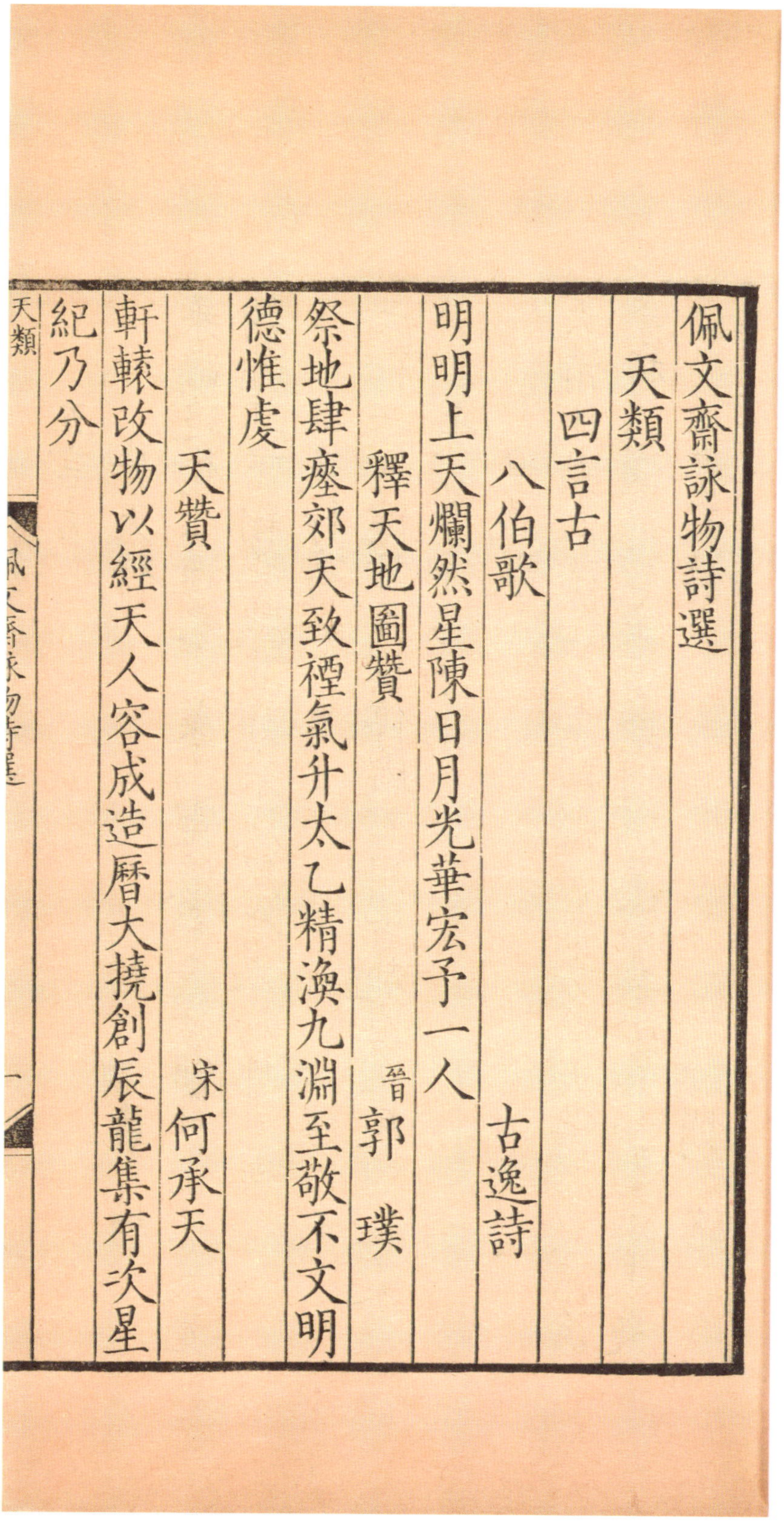

佩文齋詠物詩選

天類

四言古

八伯歌　古逸詩

明明上天爛然星陳日月光華宏予一人

釋天地圖贊　晉　郭璞

祭地肆瘞郊天致禋氣升太乙精淪九淵至敬不文明德惟虔

天贊　宋　何承天

軒轅改物以經天人容成造曆大撓創辰龍集有次星紀乃分

天類　佩文齋詠物詩選　一

20749　佩文齋詠物詩選四百八十六卷　（清）張玉書等編　（清）高輿校　清康熙四十六年（1707）揚州詩局刻本　遼寧省圖書館

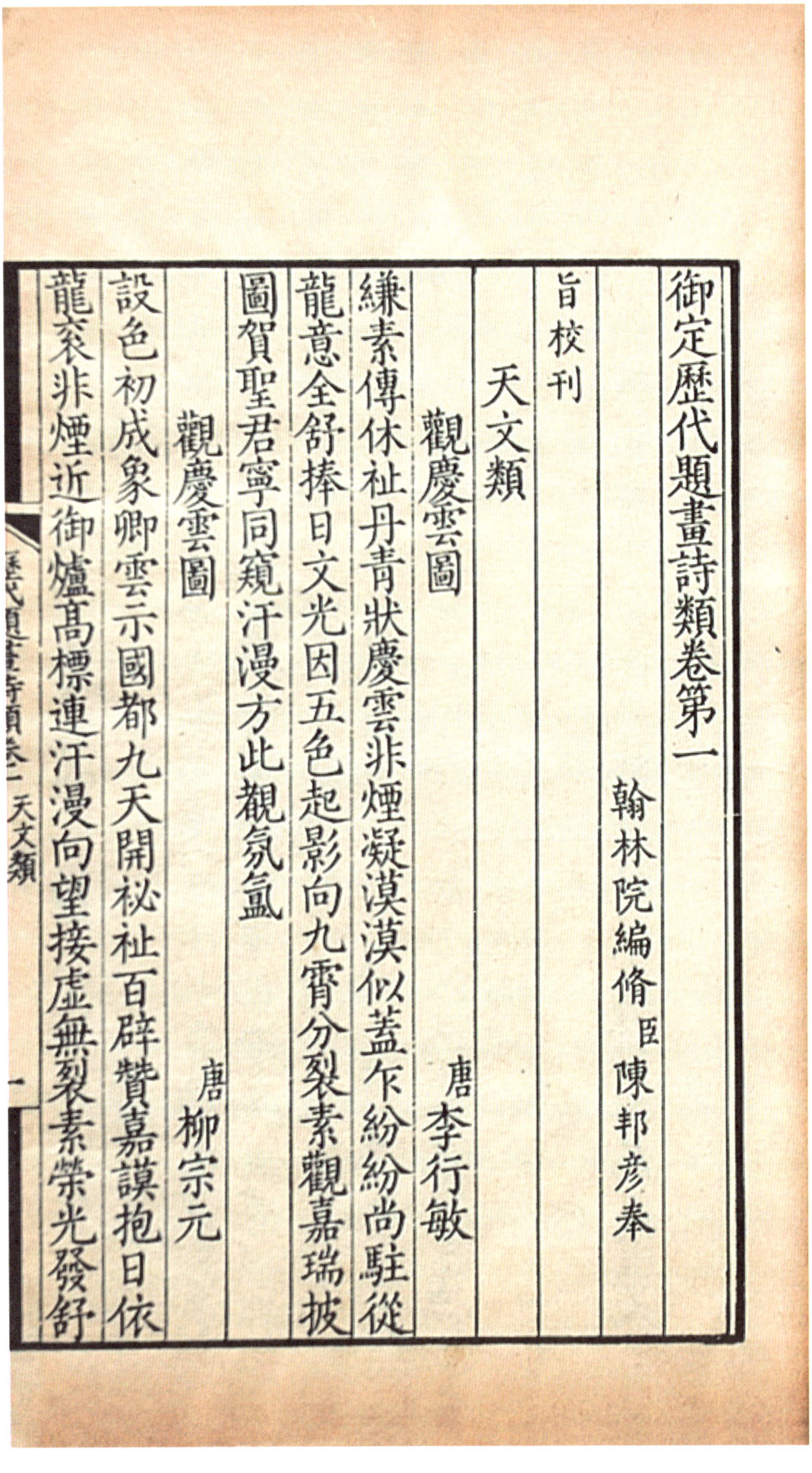
御定歷代題畫詩類卷第一
翰林院編修臣陳邦彥奉
旨校刊
天文類
觀慶雲圖　唐李行敏
縑素傳休祉丹青狀慶雲非煙凝漠漠似蓋乍紛紛尚駐從
龍意全舒捧日文光因五色起影向九霄分裂素觀嘉瑞披
圖賀聖君寧同窺汗漫方此覩氛氳
觀慶雲圖　唐柳宗元
設色初成象卿雲示國都九天開祕祉百辟贊嘉謨抱日依
龍衮非煙近御爐高標連汗漫向望接虛無裂素榮光發舒

歷代題畫詩類卷一　天文類　一

20750　御定歷代題畫詩類一百二十卷　（清）陳邦彥輯　清康熙四十六年（1707）揚州詩局刻本　魯迅美術學院圖書館

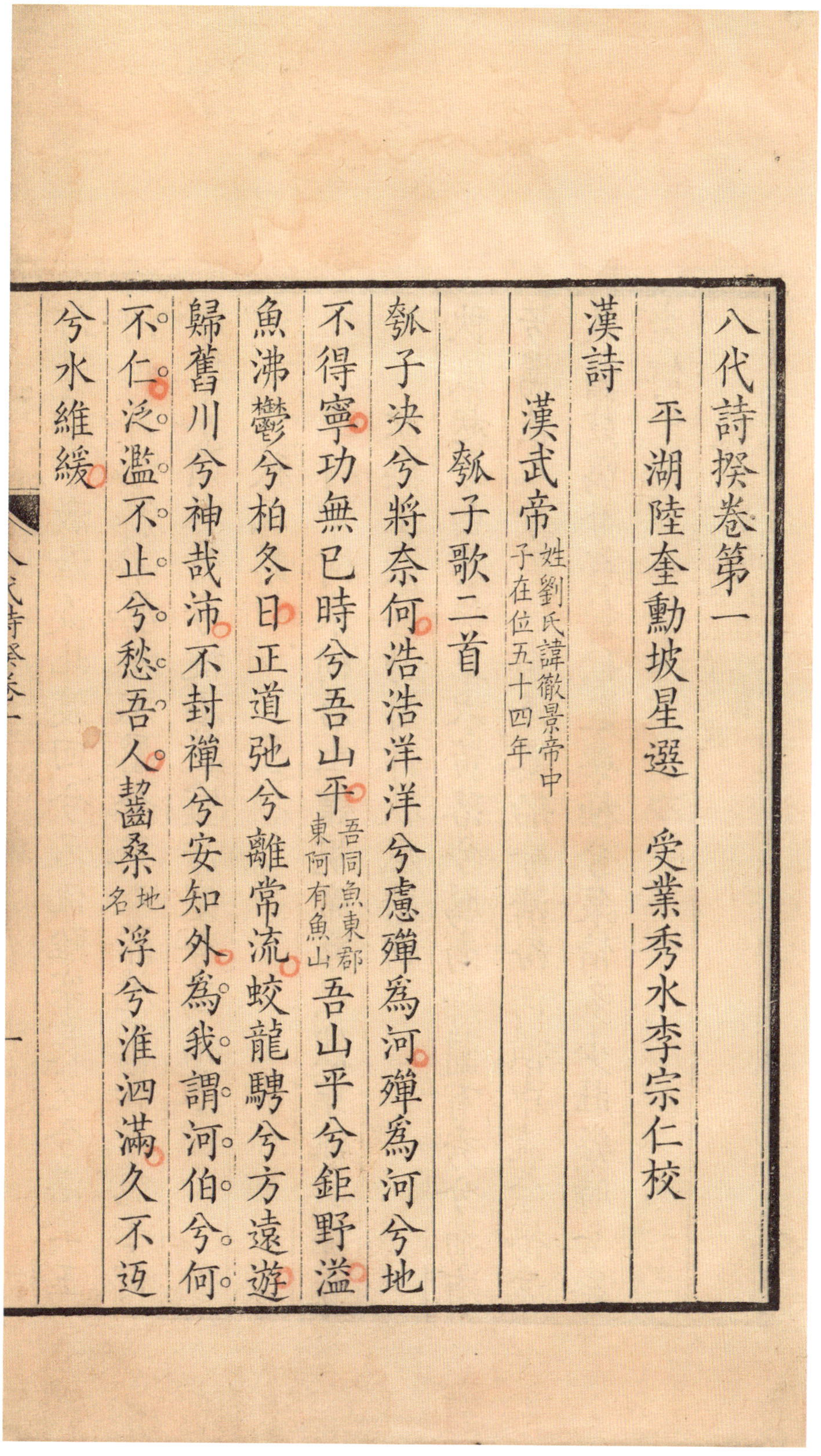

八代詩撰卷第一

平湖陸奎勳坡星選　受業秀水李宗仁校

漢詩

漢武帝姓劉氏諱徹景帝中子在位五十四年

瓠子歌二首

瓠子決兮將奈何浩浩洋洋兮慮殫爲河殫爲河兮地不得寧功無已時兮吾山平吾同魚東郡東阿有魚山吾山平兮鉅野溢魚沸鬱兮柏冬日正道弛兮離常流蛟龍騁兮方遠遊歸舊川兮神哉沛不封禪兮安知外爲我謂河伯兮何不仁泛濫不止兮愁吾人齧桑地名浮兮淮泗滿久不迈兮水維緩

20751　八代詩撰五卷補遺一卷　（清）陸奎勳輯　清康熙刻本　遼寧省圖書館

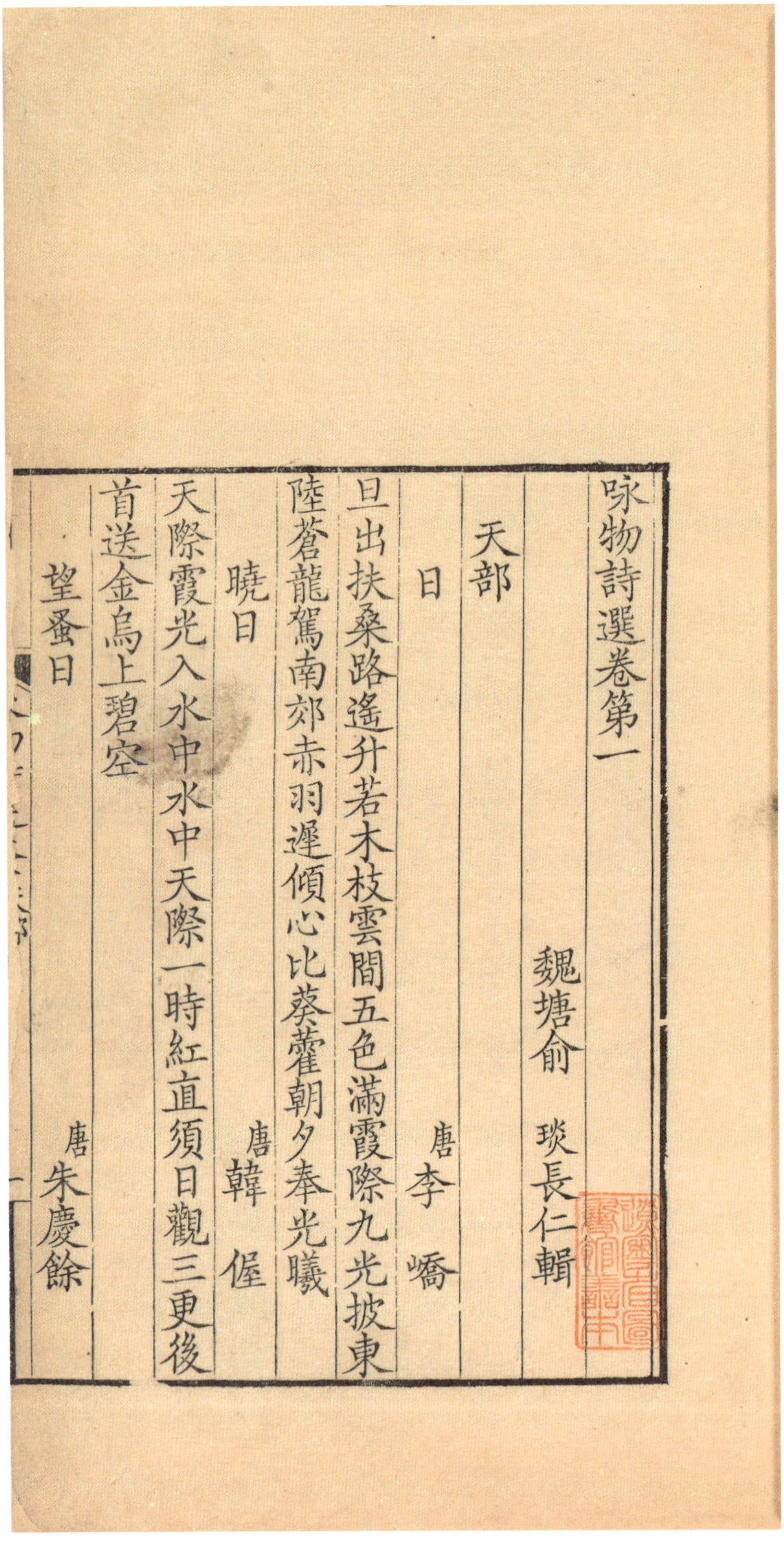

咏物詩選卷第一

魏塘俞　琰長仁輯

天部

日　唐李嶠

旦出扶桑路遥升若木枝雲間五色滿霞際九光披東陸蒼龍駕南郊赤羽遲傾心比葵藿朝夕奉光曦

曉日　唐韓偓

天際霞光入水中水中天際一時紅直須日觀三更後首送金烏上碧空

望蚤日　唐朱慶餘

20752　咏物詩選八卷　（清）俞琰輯　清雍正三年（1725）寧儉堂刻本

遼寧省圖書館

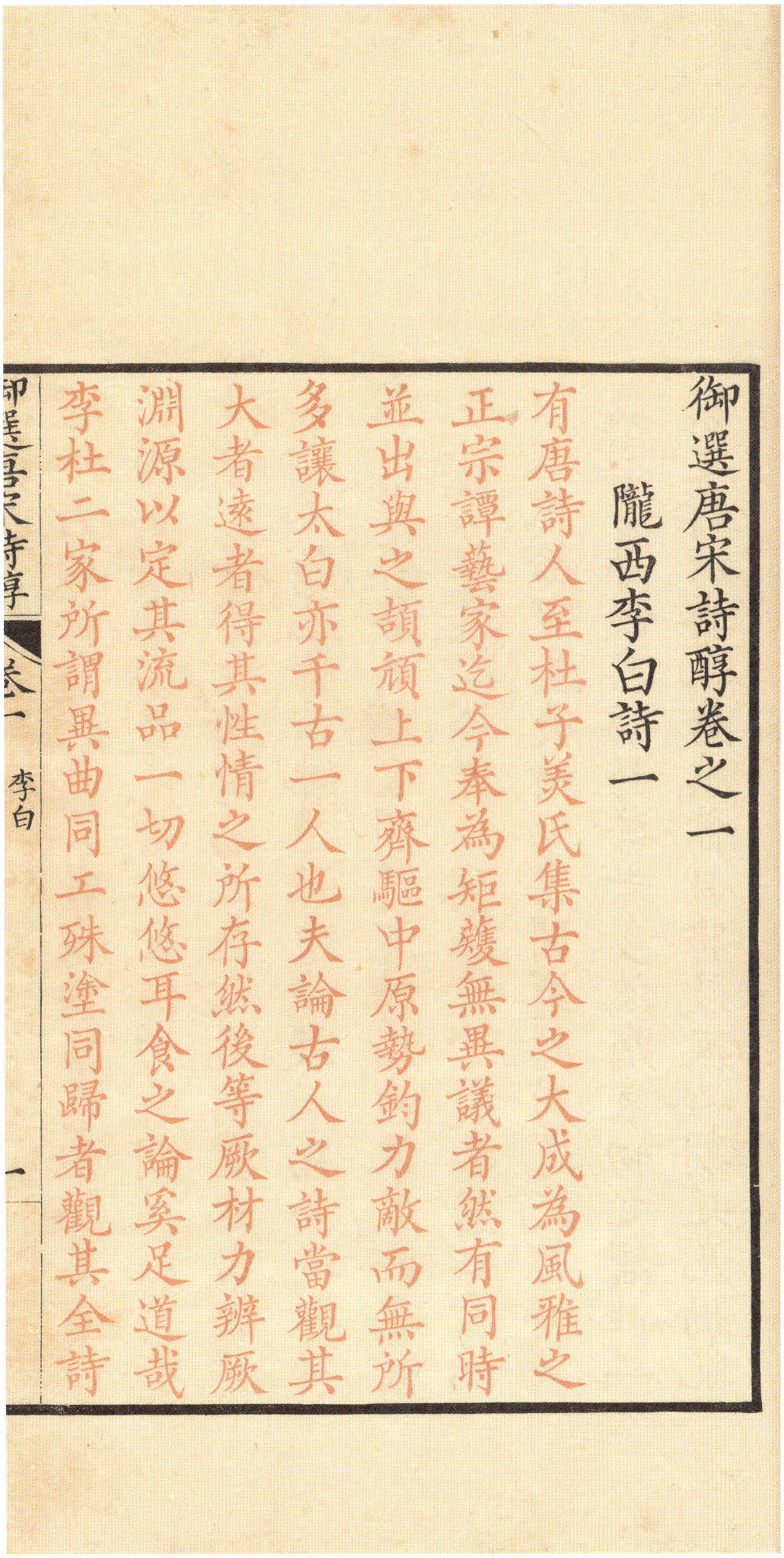
御選唐宋詩醇卷之一
隴西李白詩一
有唐詩人至杜子美氏集古今之大成為風雅之
正宗譚藝家迄今奉為矩矱無異議者然有同時
並出與之頡頏上下齊驅中原勢鈞力敵而無所
多讓太白亦千古一人也夫論古人之詩當觀其
大者遠者得其性情之所存然後等厥材力辨厥
淵源以定其流品一切悠悠耳食之論奚足道哉
李杜二家所謂異曲同工殊塗同歸者觀其全詩
御選唐宋詩醇　卷一　李白　一

20753　御選唐宋詩醇四十七卷目錄二卷　（清）弘晝　梁詩正等編　清乾隆十六年（1751）武英殿刻四色套印本　遼寧省圖書館

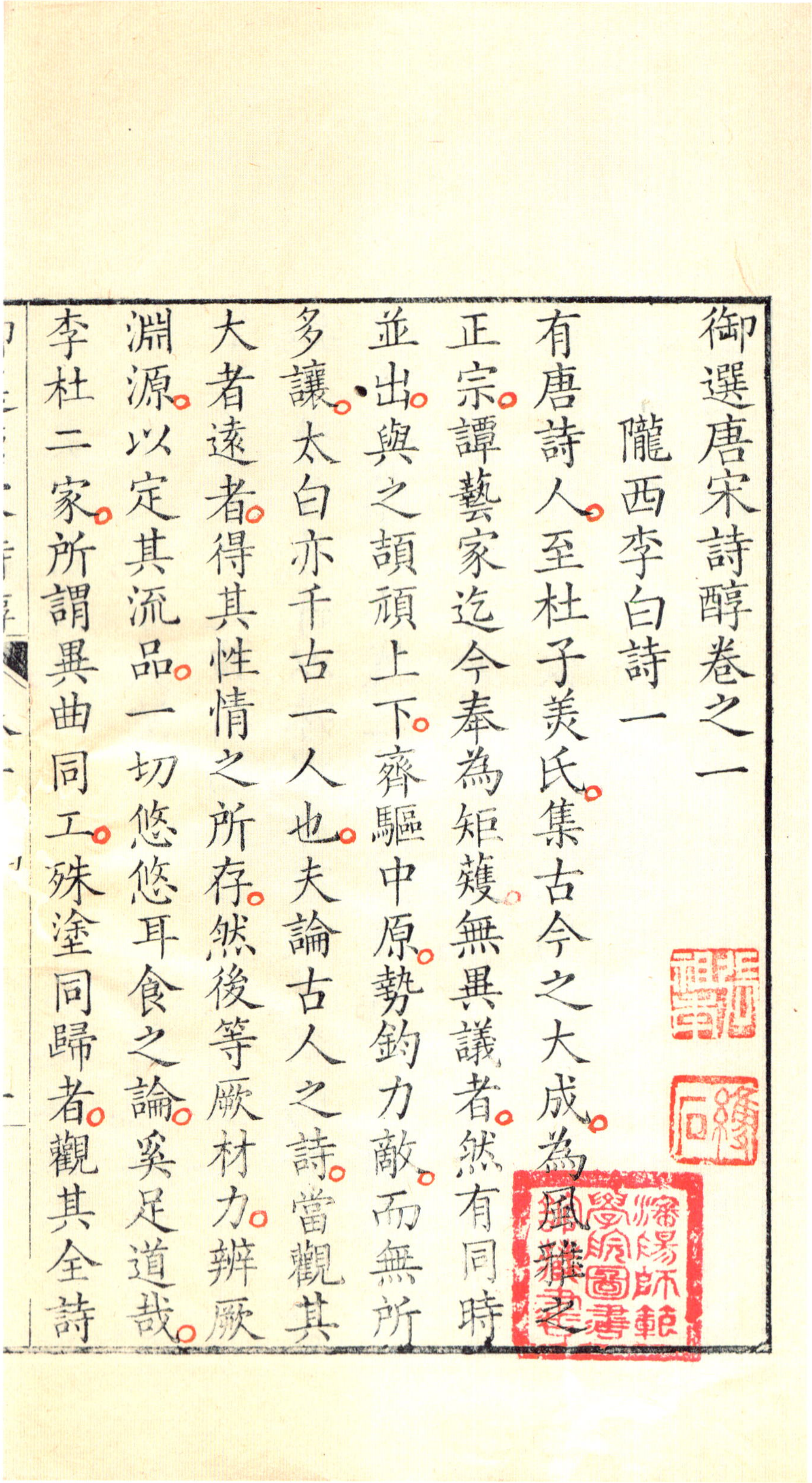
御選唐宋詩醇卷之一
隴西李白詩一
有唐詩人至杜子美氏集古今之大成為風雅之
正宗譚藝家迄今奉為矩矱無異議者然有同時
並出與之頡頏上下齊驅中原勢鈞力敵而無所
多讓太白亦千古一人也夫論古人之詩當觀其
大者遠者得其性情之所存然後等厥材力辨厥
淵源以定其流品一切悠悠耳食之論奚足道哉
李杜二家所謂異曲同工殊塗同歸者觀其全詩

20754　御選唐宋詩醇四十七卷目錄二卷　（清）弘晝　梁詩正等編　清乾隆二十五年（1760）江蘇陳弘謀刻本　遼寧大學圖書館

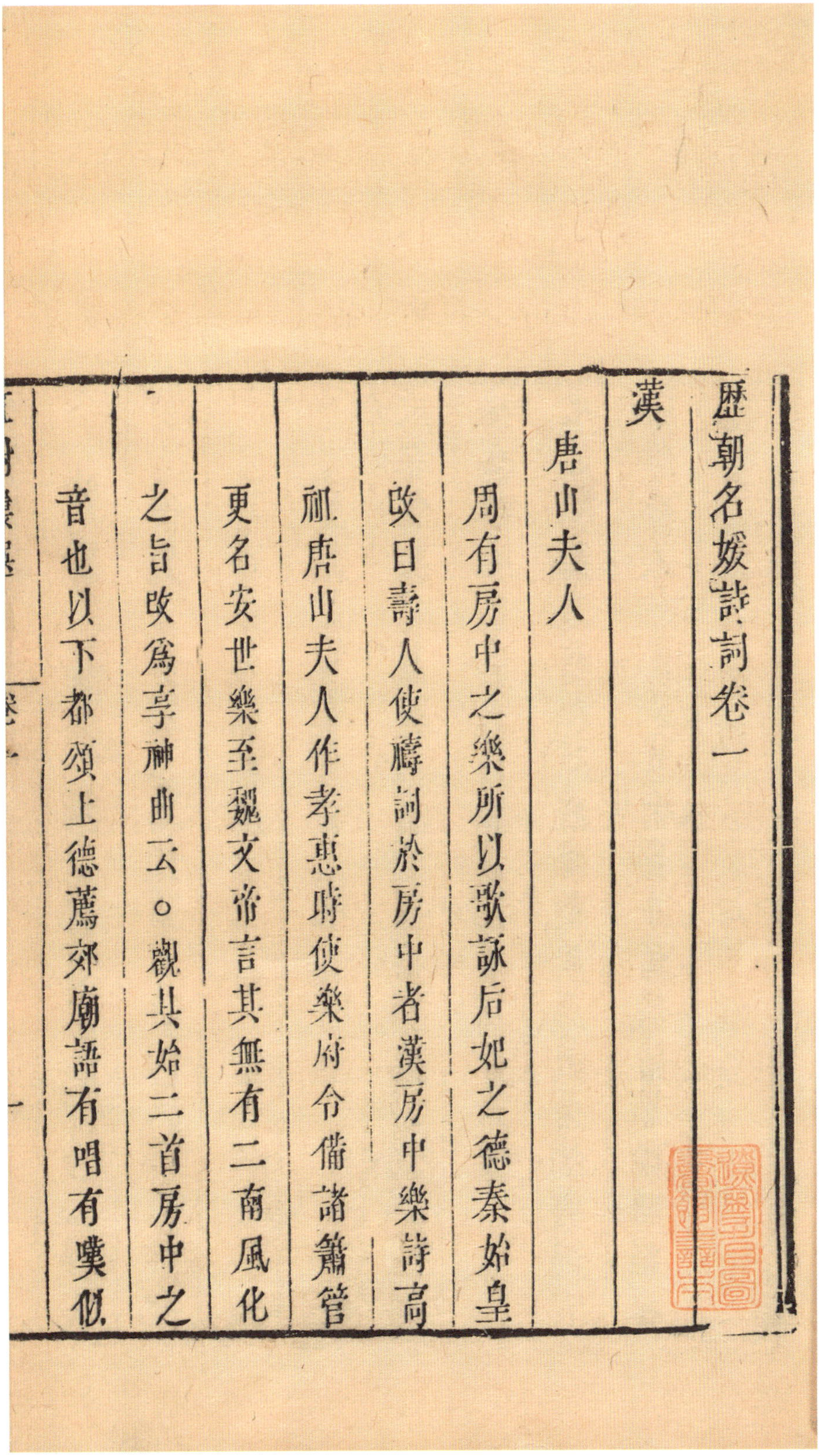

歷朝名媛詩詞卷一

漢

唐山夫人

周有房中之樂所以歌詠后妃之德秦始皇改曰壽人使禱詞於房中者漢房中樂詩高祖唐山夫人作孝惠時使樂府令備諸簫管更名安世樂至魏文帝言其無有二南風化之旨改爲享神曲云。觀其始二首房中之音也以下都頌上德薦郊廟語有唱有嘆似

20755　歷朝名媛詩詞十二卷　（清）陸昶評撰　清乾隆三十八年（1773）紅樹樓刻本　遼寧省圖書館

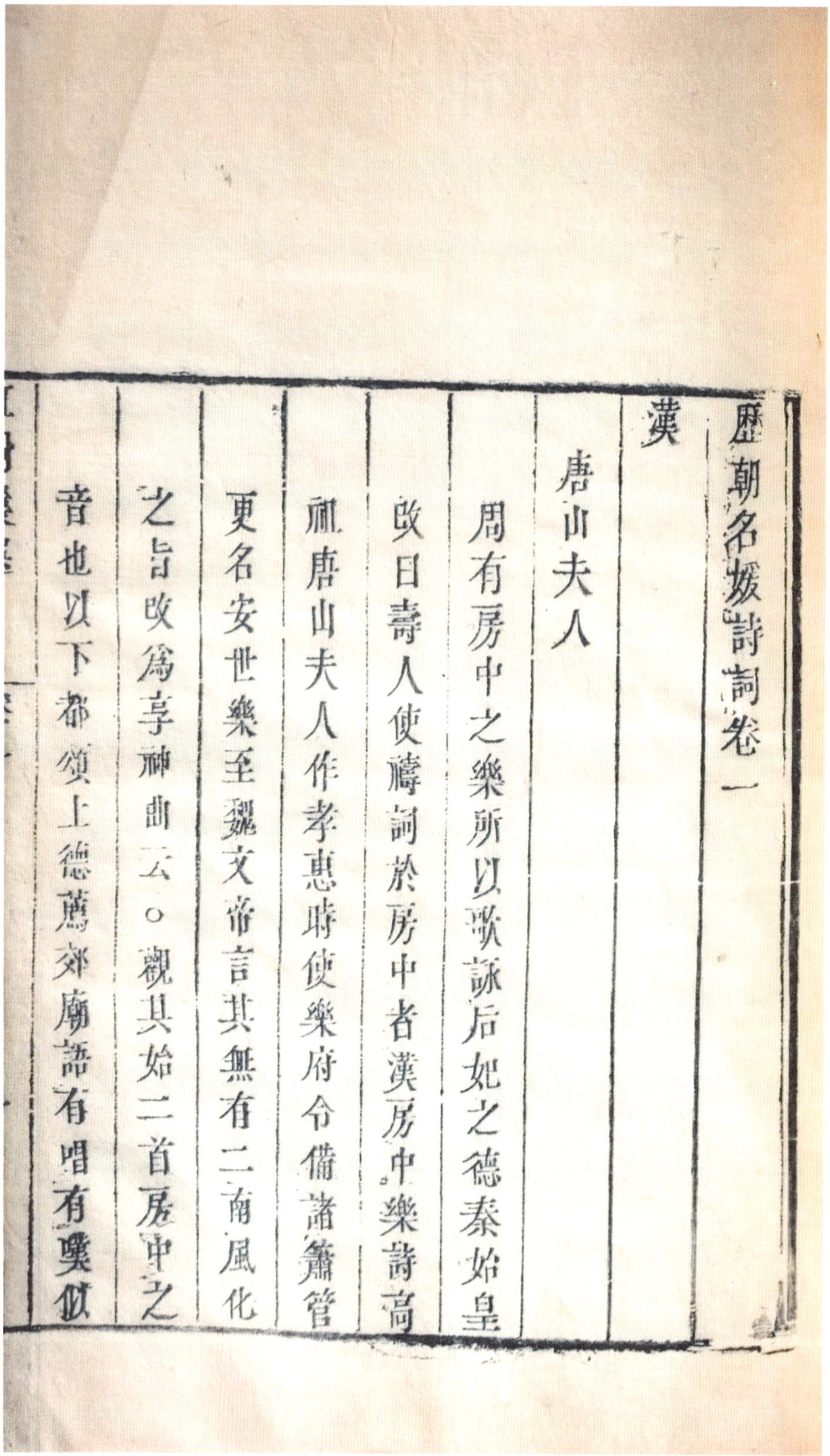
歷朝名媛詩詞卷一

漢

唐山夫人

周有房中之樂所以歌詠后妃之德秦始皇改曰壽人使禱祠於房中者漢房中樂詩高祖唐山夫人作孝惠時使樂府令備諸簫管更名安世樂至魏文帝言其無有二南風化之旨改爲享神曲云○觀其始二首房中之音也以下都頌上德薦郊廟語有唱有嘆似

20756　歷朝名媛詩詞十二卷　（清）陸昶評撰　清乾隆三十八年（1773）紅樹樓刻本　遼陽市圖書館

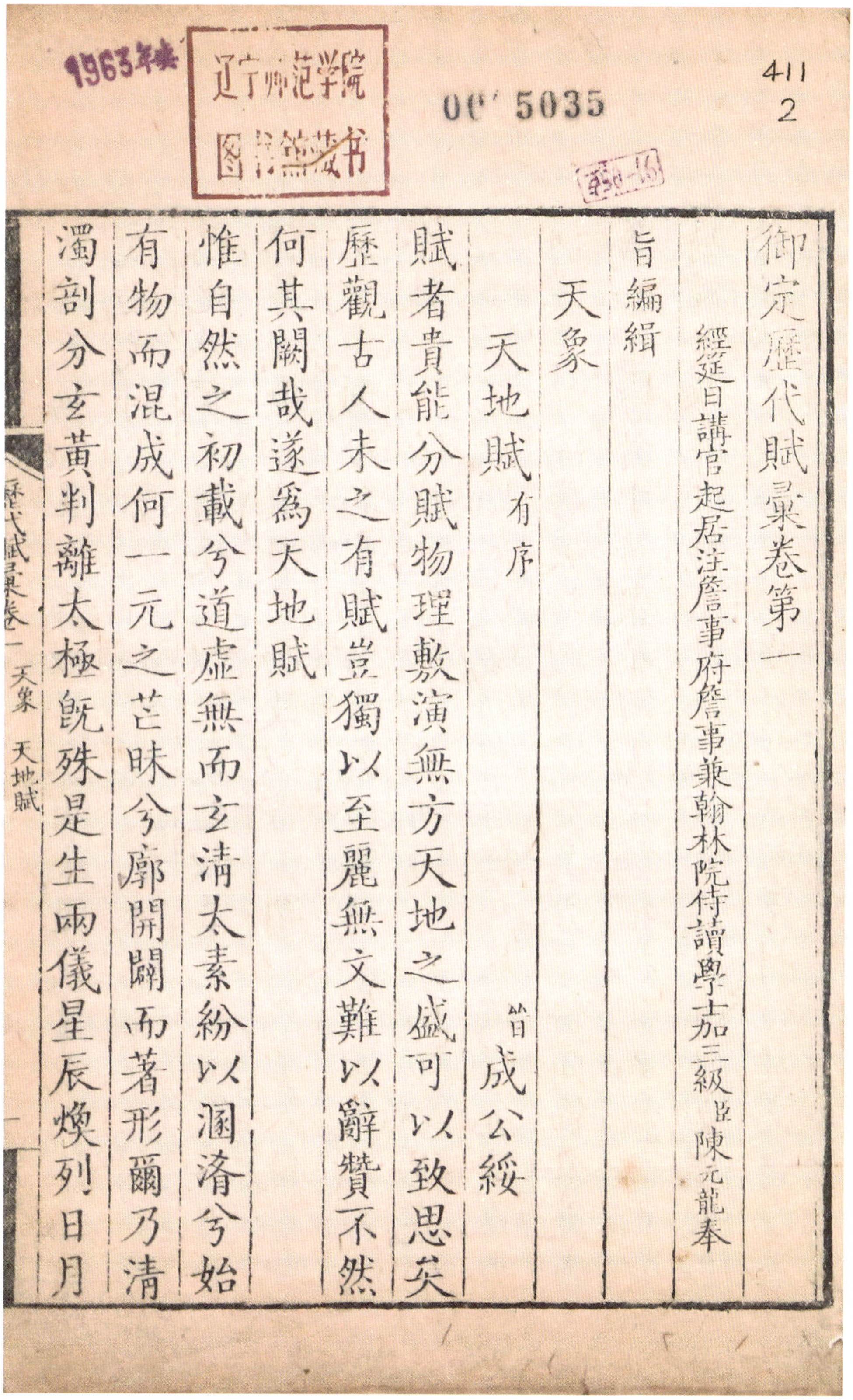

御定歷代賦彙卷第一

經筵日講官起居注詹事府詹事兼翰林院侍讀學士加三級臣陳元龍奉

旨編緝

天象

天地賦有序　　晉　成公綏

賦者貴能分賦物理敷演無方天地之盛可以致思矣歷觀古人未之有賦豈獨以至麗無文難以辭贊不然何其闕哉遂爲天地賦

惟自然之初載兮道虛無而玄清太素紛以溷淆兮始有物而混成何一元之芒昧兮廓開闢而著形爾乃清濁剖分玄黃判離太極既殊是生兩儀星辰煥列日月

歷代賦彙卷一　天象　天地賦　一

20757　御定歷代賦彙正集一百四十卷外集二十卷逸句二卷補遺二十二卷目録三卷　（清）陳元龍等輯　清康熙四十五年（1706）揚州詩局刻本　遼寧師範大學圖書館

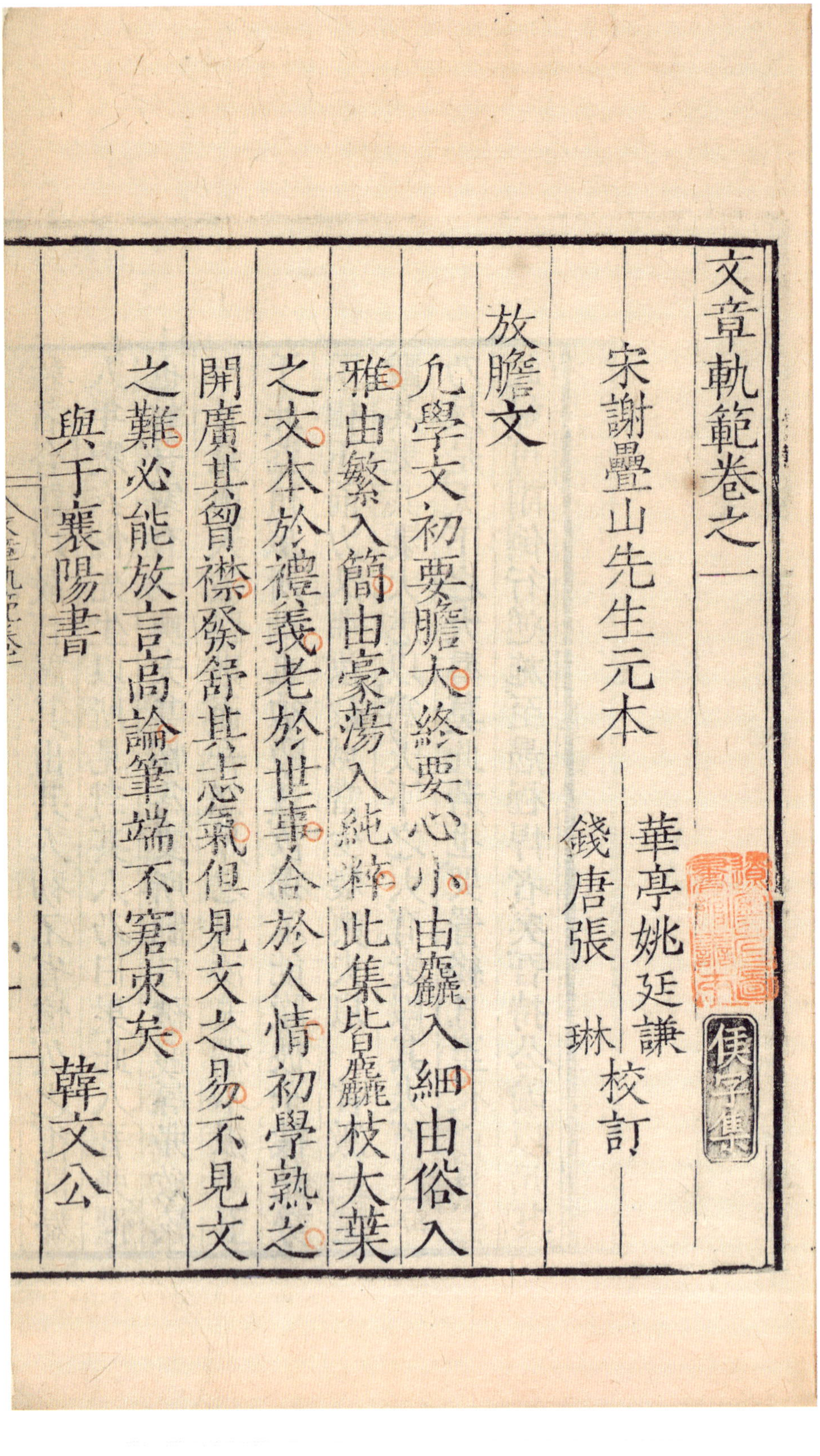

文章軌範卷之一

宋謝疊山先生元本

華亭姚廷謙
錢唐張　琳　校訂

放膽文

凡學文初要膽大終要心小由麤入細由俗入雅由繁入簡由豪蕩入純粹此集皆麤枝大葉之文本於禮義老於世事合於人情初學熟之開廣其胸襟發舒其志氣但見文之易不見文之難必能放言高論筆端不窘束矣

與于襄陽書　韓文公

20758　文章軌範七卷　（宋）謝枋得輯　清康熙五十七年（1718）澹成堂刻本　遼寧省圖書館

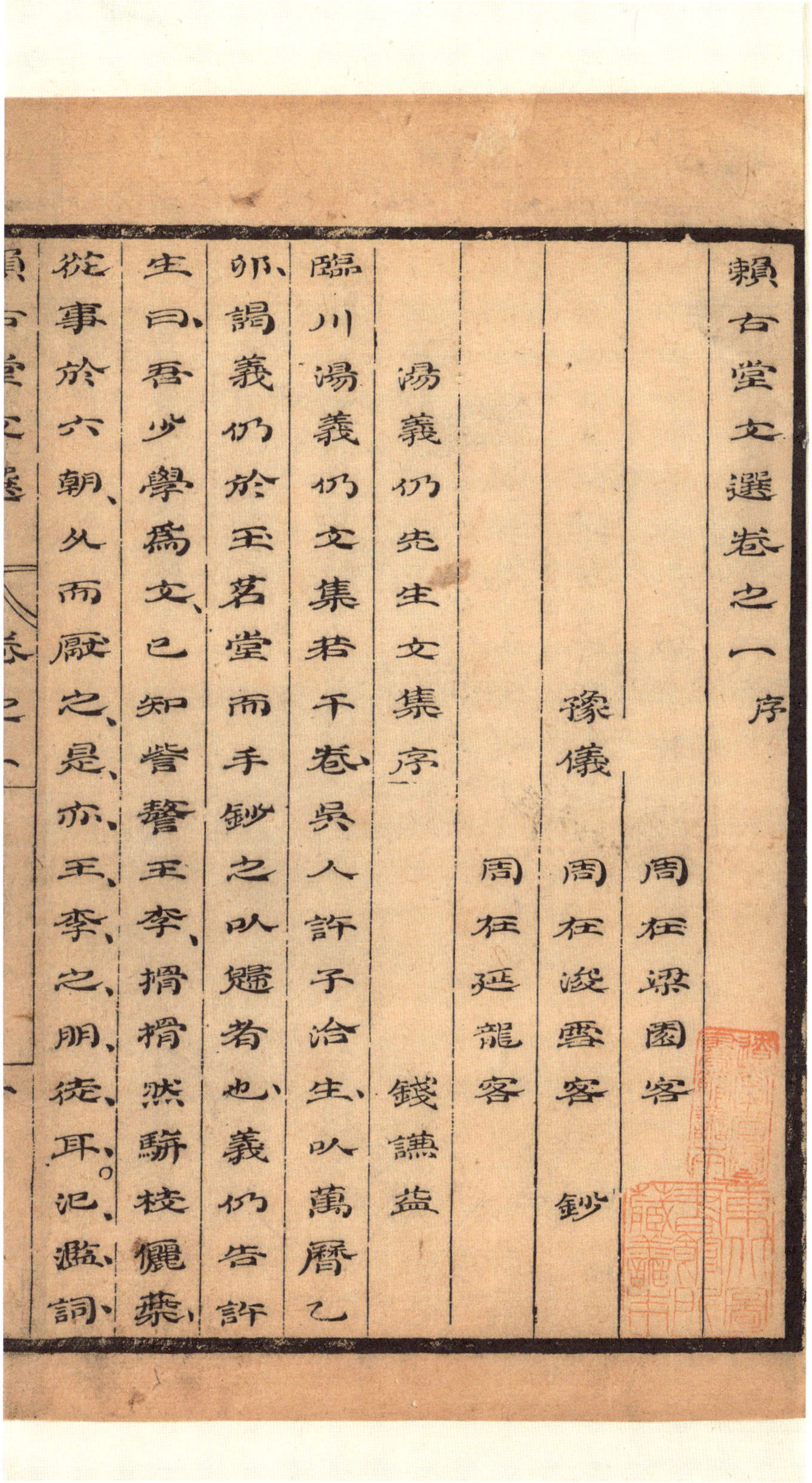

賴古堂文選卷之一 序
周在梁園客
豫儀 周在浚雪客 鈔
周在延龍客
湯義仍先生文集序 錢謙益
臨川湯義仍文集若干卷吳人許子洽生以萬曆乙
卯謁義仍於玉茗堂而手鈔之以歸者也義仍告許
生曰吾少學爲文已知訾謷王李揹揹然騈枝儷葉
從事於六朝久而厭之是亦王李之朋徒耳汜濫詞

20759 賴古堂文選二十卷 （清）周亮工輯 清康熙六年（1667）自刻本 遼寧省圖書館

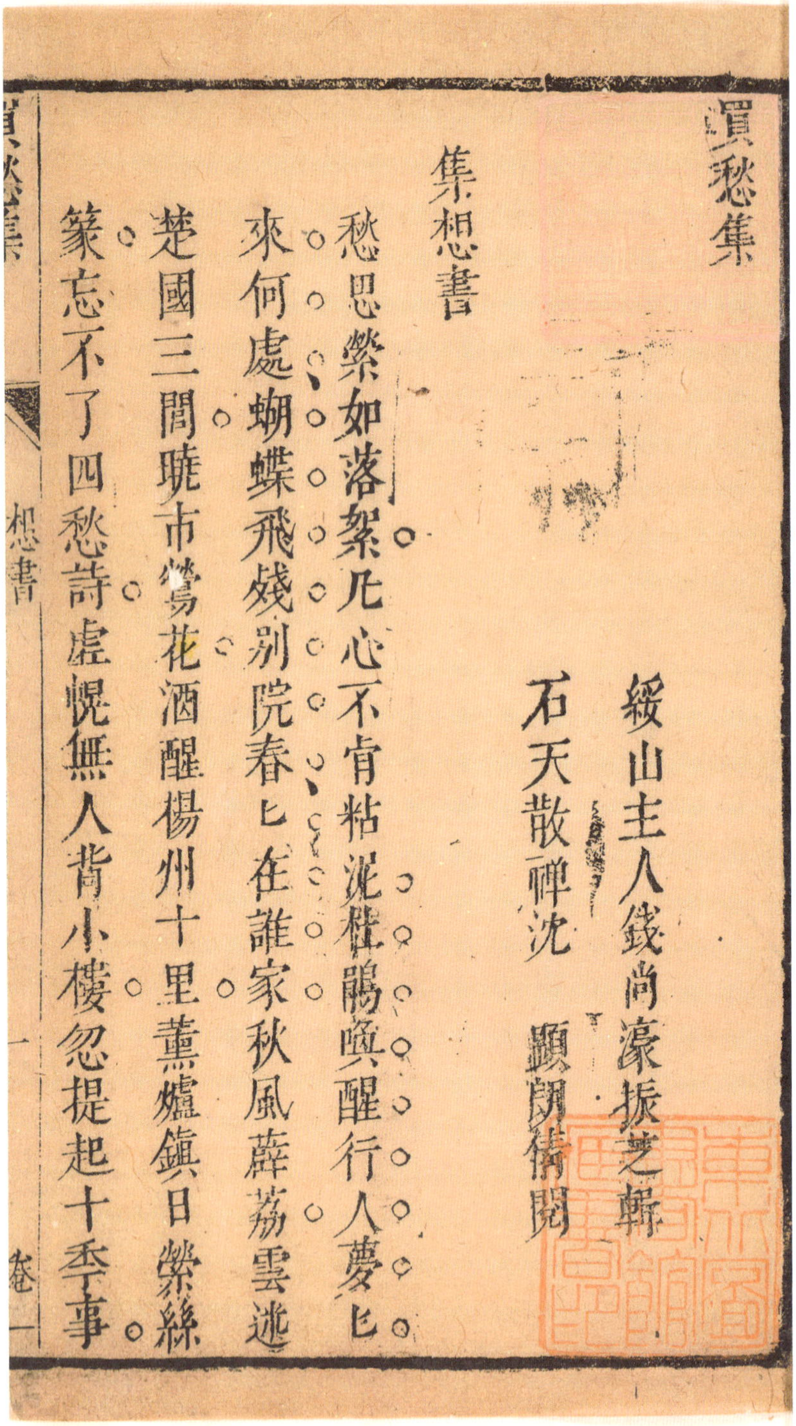

買愁集

綏山主人錢尚濠振之輯

石天散禪沈　顯朗倩閱

集愁書

愁思縈如落絮凡心不肯粘泥催鶗鴂醒行人夢々

來何處蝴蝶飛殘別院春々在誰家秋風薜荔雲迷

楚國三閭曉市鶯花酒醒揚州十里薰爐鎮日縈絲

篆忘不了四愁詩虛幌無人背小樓忽提起十季事

買愁集　想書　卷一　一

20760　買愁集四卷　（清）錢尚濠輯　清初刻本　遼寧省圖書館

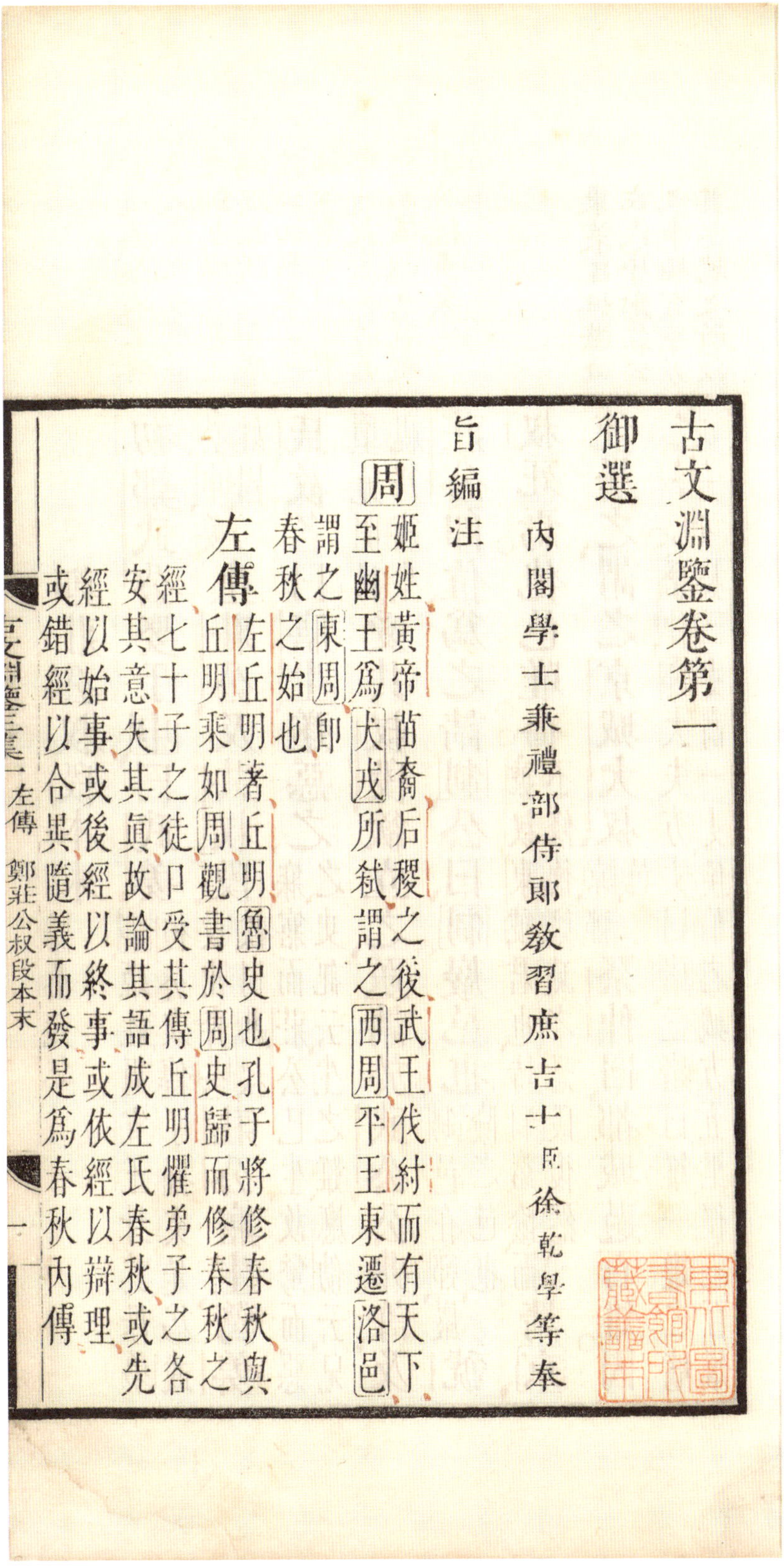
古文淵鑒卷第一
御選
內閣學士兼禮部侍郎教習庶吉士臣徐乾學等奉
旨編注
周 姬姓黄帝苗裔后稷之後武王伐紂而有天下
至幽王爲犬戎所弑謂之西周平王東遷洛邑
謂之東周卽
春秋之始也
左傳 左丘明著丘明魯史也孔子將修春秋與
丘明乘如周觀書於周史歸而修春秋之
經七十子之徒口受其傳丘明懼弟子之各
安其意失其眞故論其語成左氏春秋或先
經以始事或後經以終事或依經以辯理
或錯經以合異隨義而發是爲春秋內傳
古文淵鑒卷一 左傳 鄭莊公叔段本末
一

20761　古文淵鑒六十四卷　（清）徐乾學等輯并注　清康熙內府刻五色套印本　遼寧省圖書館

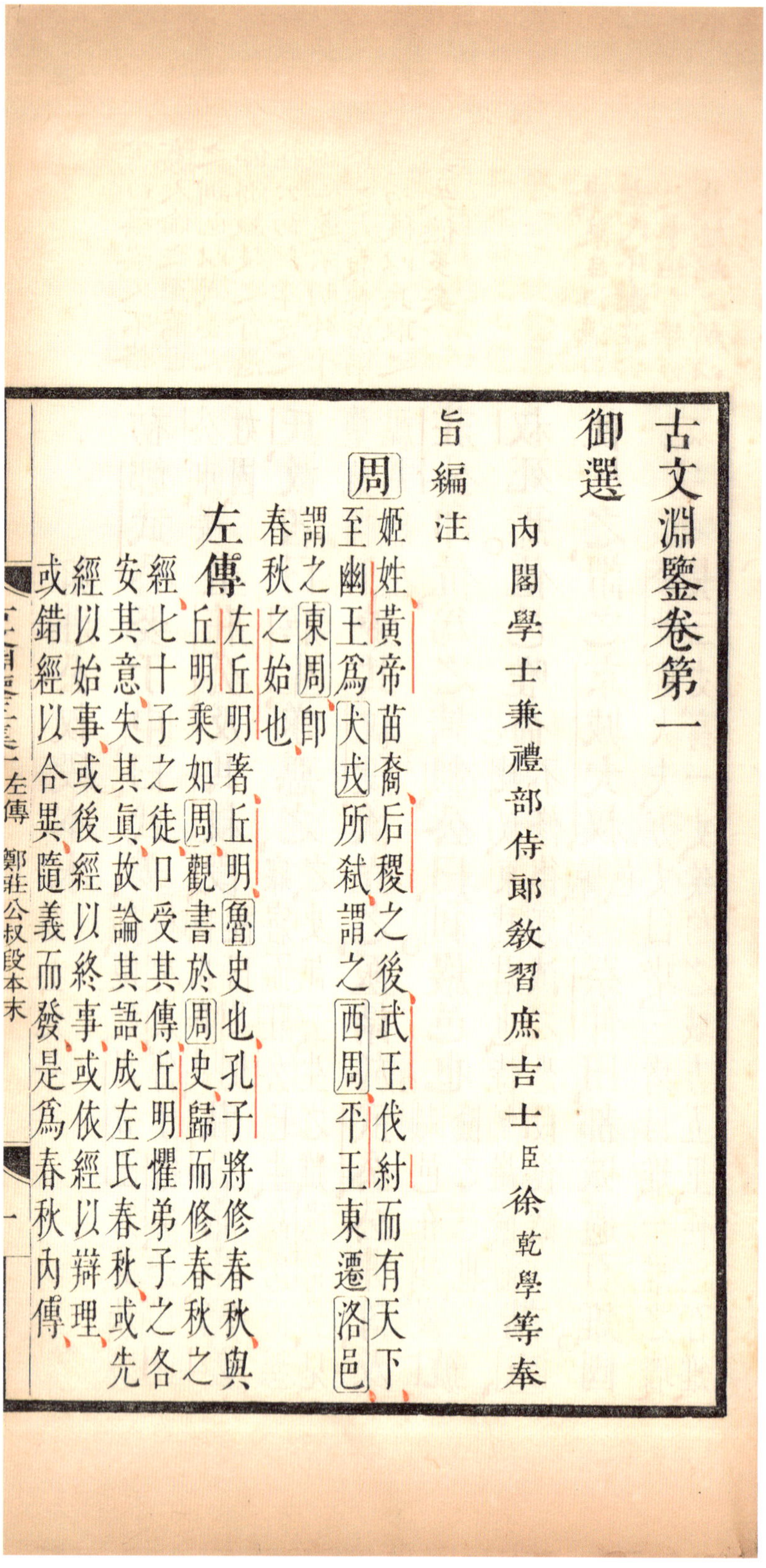

古文淵鑒卷第一

御選

內閣學士兼禮部侍郎教習庶吉士臣徐乾學等奉

旨編注

周 姬姓黃帝苗裔后稷之後武王伐紂而有天下至幽王爲犬戎所弒謂之西周平王東遷洛邑謂之東周即春秋之始也

左傳 左丘明著丘明魯史也孔子將修春秋與丘明乘如周觀書於周史歸而修春秋之經七十子之徒口受其傳丘明懼弟子之各安其意失其眞故論其語成左氏春秋或先經以始事或後經以終事或依經以辯理或錯經以合異隨義而發是爲春秋內傳

古文淵鑒卷一 左傳 鄭莊公叔段本末 一

20762 古文淵鑒六十四卷 （清）徐乾學等輯并注 清康熙內府刻五色套印本 大連圖書館

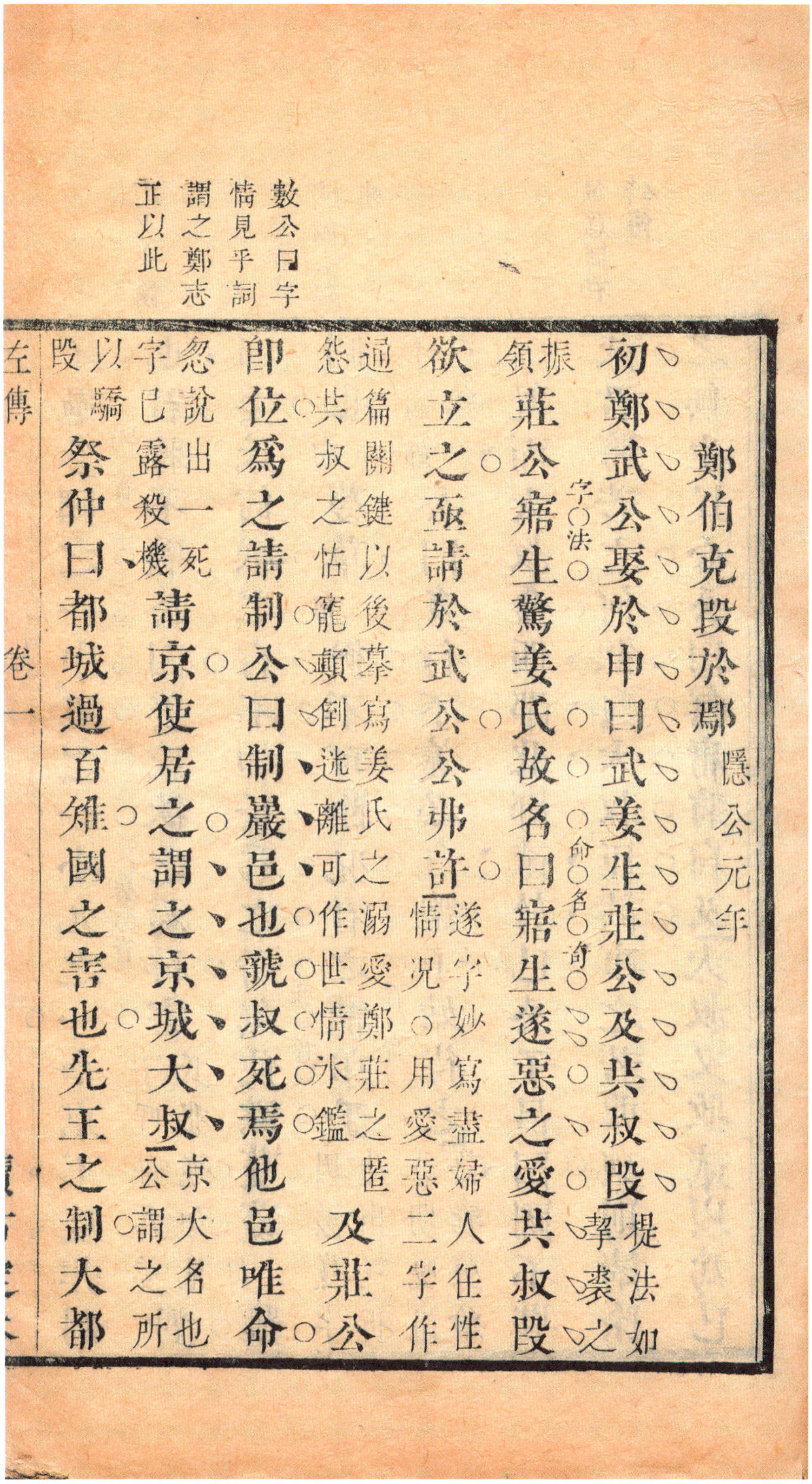
數公曰字
情見乎詞
謂之鄭志
正以此

鄭伯克段於鄢　隱公元年
初鄭武公娶於申曰武姜生莊公及共叔段　提法如孝裘之
振領　莊公寤生驚姜氏故名曰寤生遂惡之愛共叔段　字法　命名奇
欲立之亟請於武公公弗許　遂字妙寫盡婦人任性情況用愛惡二字作
通篇關鍵以後摹寫姜氏之溺愛鄭莊之匿　及莊公
慫共叔之怙寵顛倒逃離可作世情冰鑑
即位爲之請制公曰制巖邑也虢叔死焉他邑唯命
忽說出一死　請京使居之謂之京城大叔　京大名也
字已露殺機　公謂之所
以驕段　祭仲曰都城過百雉國之害也先王之制大都
左傳　卷一

20763　歷朝古文選十七卷　（清）董漢策輯　清康熙蓮溪草堂刻本　遼寧大學圖書館

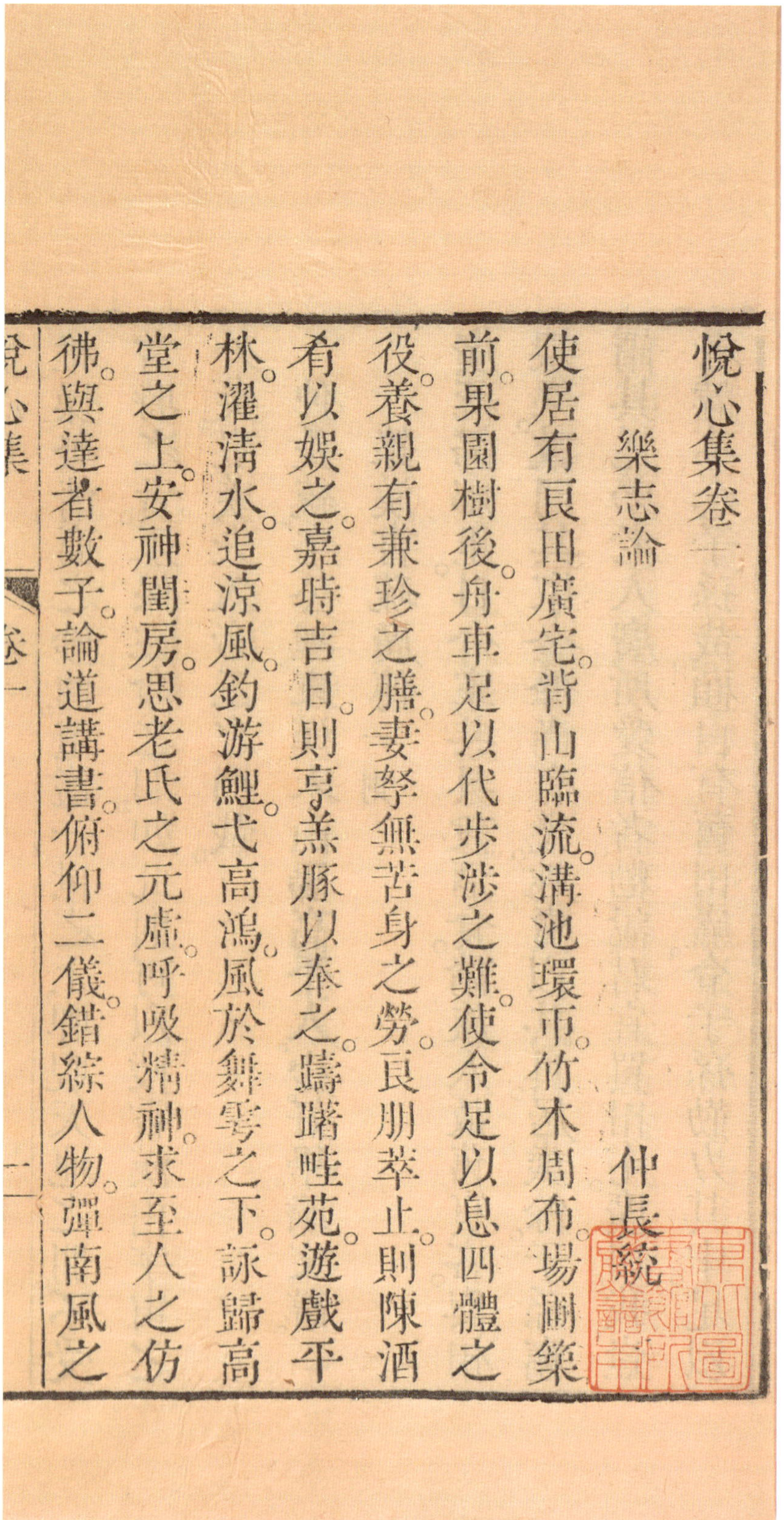
悅心集卷一

樂志論　仲長統

使居有良田廣宅背山臨流溝池環帀竹木周布場圃築前果園樹後舟車足以代步涉之難使令足以息四體之役養親有兼珍之膳妻孥無苦身之勞良朋萃止則陳酒肴以娛之嘉時吉日則亨羔豚以奉之躕躇畦苑遊戲平林濯清水追涼風釣游鯉弋高鴻風於舞雩之下詠歸高堂之上安神閨房思老氏之元虛呼吸精神求至人之仿彿與達者數子論道講書俯仰二儀錯綜人物彈南風之

悅心集　卷一　一

20764　悅心集四卷　（清）世宗胤禛輯　清雍正内府刻本　遼寧省圖書館

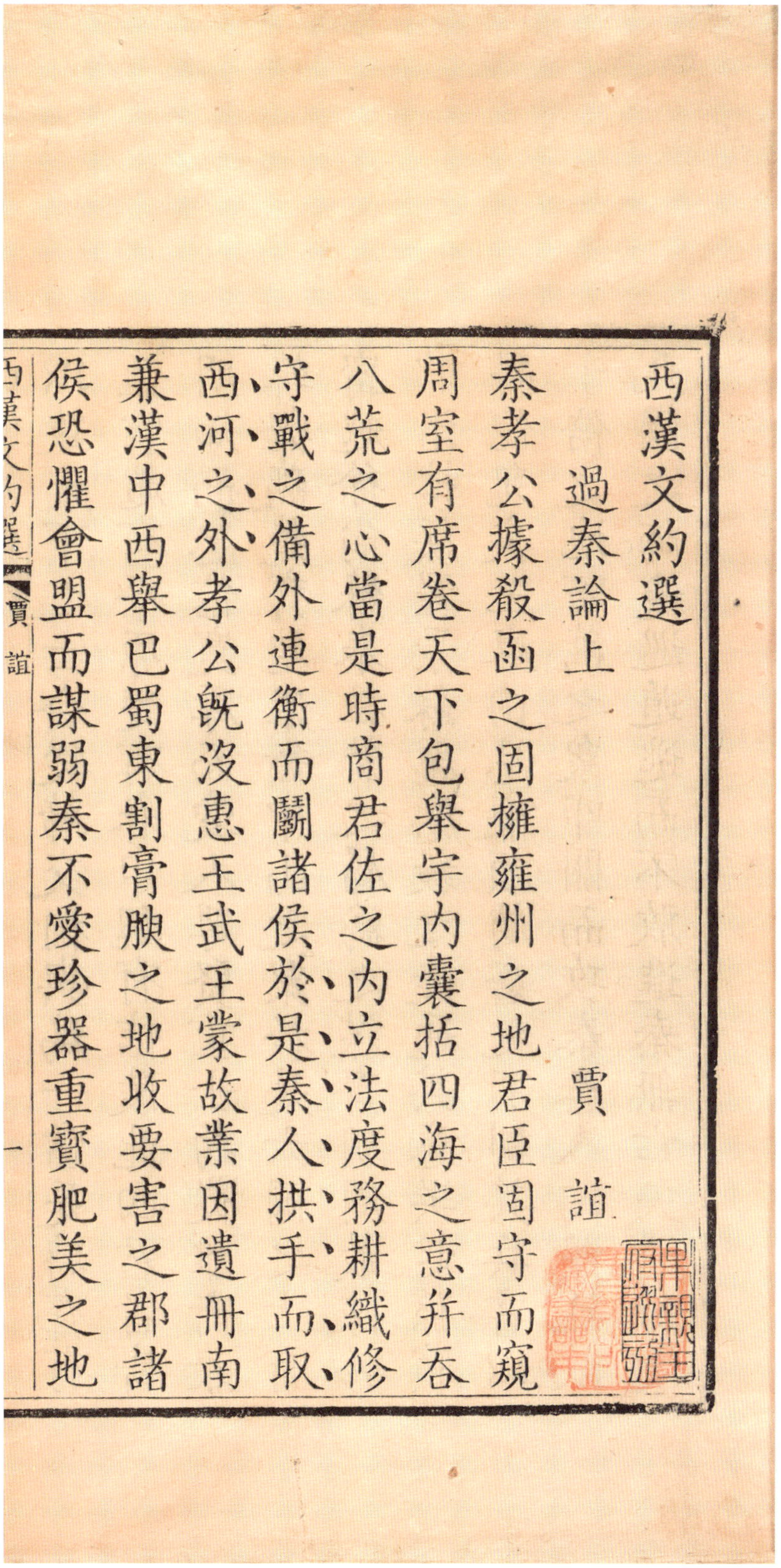

西漢文約選

過秦論上　賈誼

秦孝公據殽函之固擁雍州之地君臣固守而窺周室有席卷天下包舉宇内囊括四海之意并吞八荒之心當是時商君佐之内立法度務耕織修守戰之備外連衡而鬬諸侯於是秦人拱手而取西河之外孝公既沒惠王武王蒙故業因遺冊南兼漢中西舉巴蜀東割膏腴之地收要害之郡諸侯恐懼會盟而謀弱秦不愛珍器重寶肥美之地

西漢文約選　賈誼　一

20765　古文約選不分卷　（清）允禮輯　清雍正十一年（1733）果親王府刻本　遼寧省圖書館

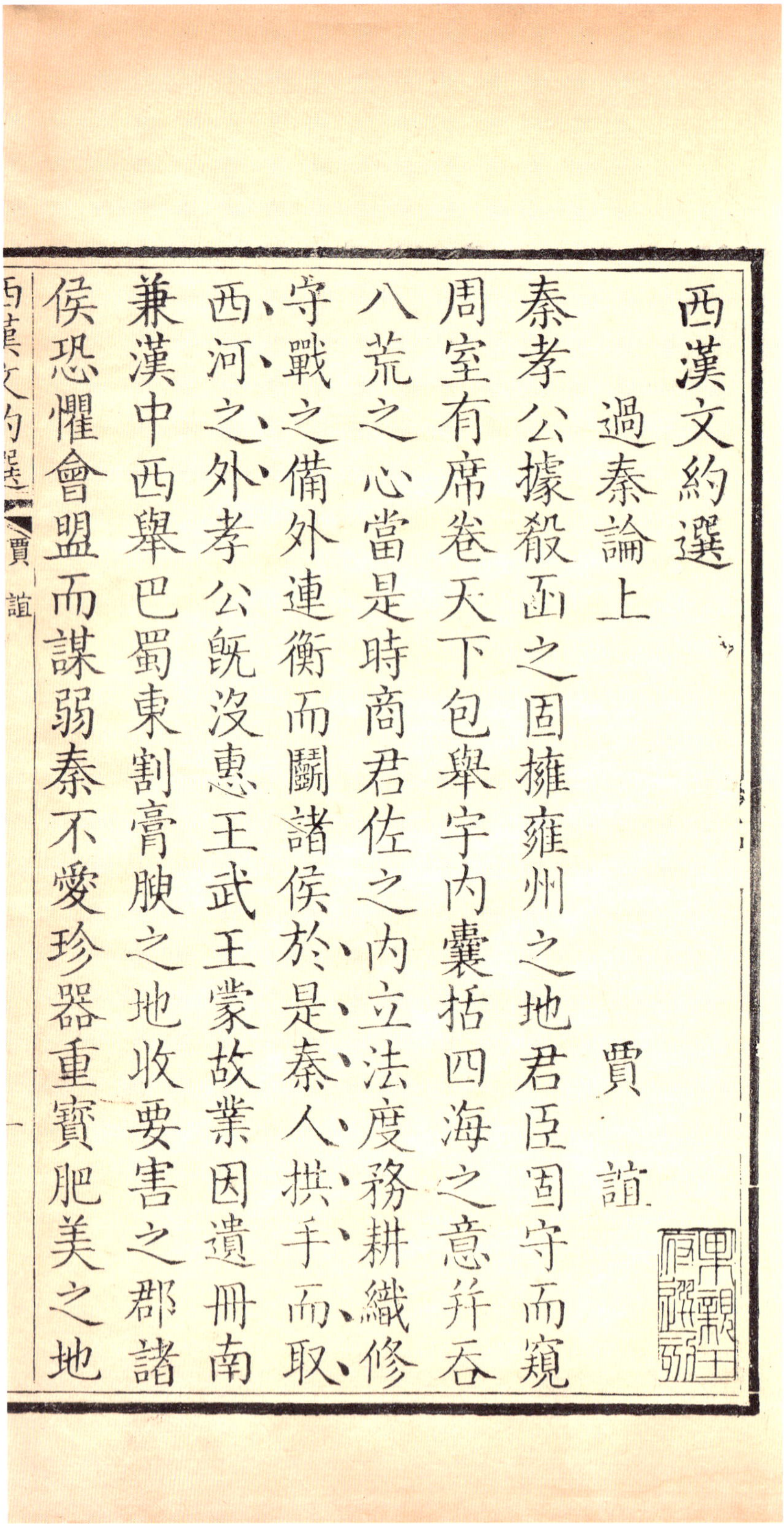

西漢文約選

過秦論上　賈　誼

秦孝公據殽函之固擁雍州之地君臣固守而窺周室有席卷天下包舉宇内囊括四海之意并吞八荒之心當是時商君佐之内立法度務耕織修守戰之備外連衡而鬬諸侯於是秦人拱手而取西河之外孝公既沒惠王武王蒙故業因遺册南兼漢中西舉巴蜀東割膏腴之地收要害之郡諸侯恐懼會盟而謀弱秦不愛珍器重寶肥美之地

西漢文約選　賈誼　一

20766　古文約選不分卷　（清）允禮輯　清雍正十一年（1733）果親王府刻本　大連圖書館

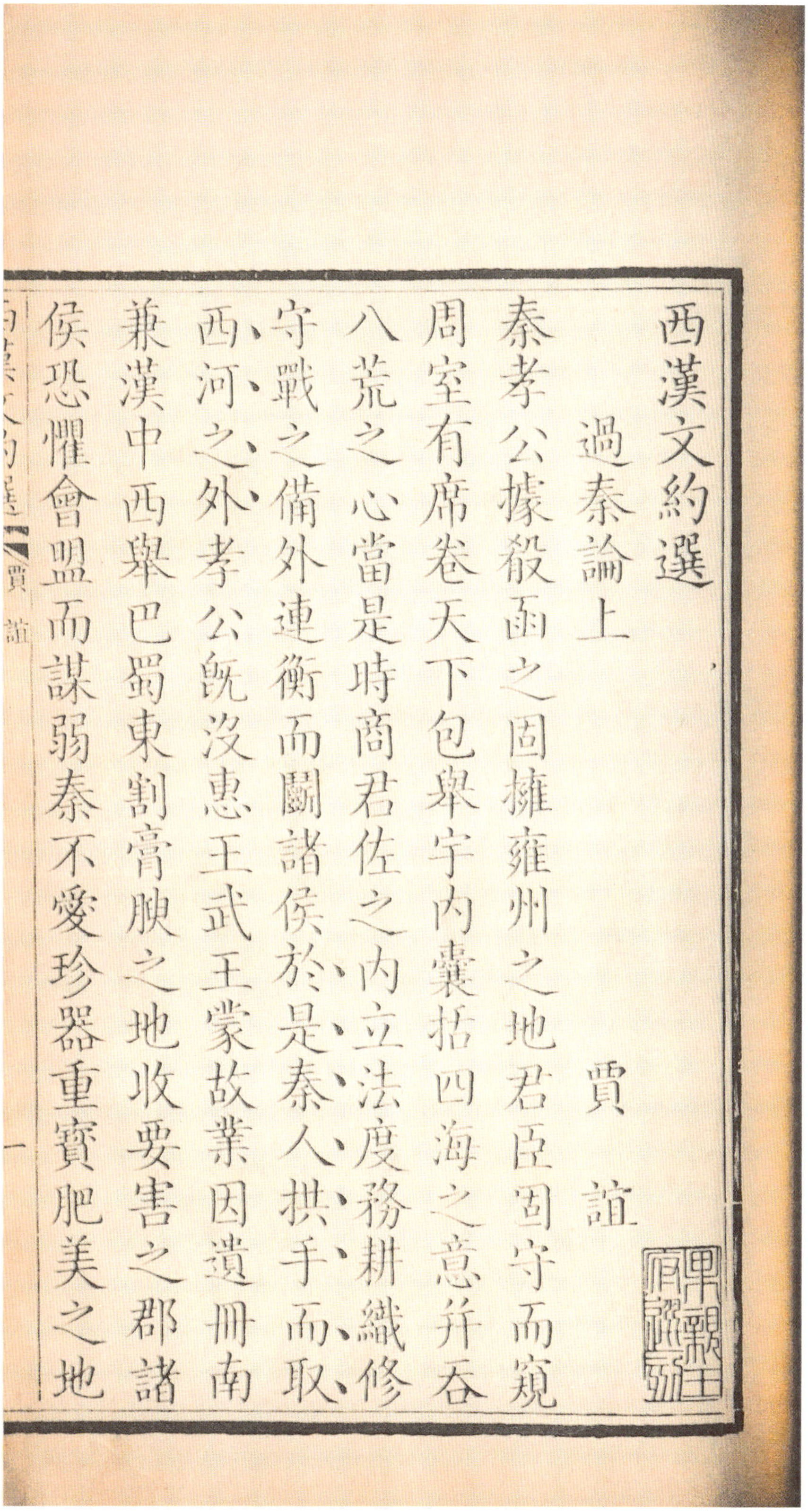
西漢文約選
過秦論上　賈誼
秦孝公據殽函之固擁雍州之地君臣固守而窺
周室有席卷天下包舉宇内囊括四海之意并吞
八荒之心當是時商君佐之内立法度務耕織修
守戰之備外連衡而鬬諸侯於是秦人拱手而取
西河之外孝公既沒惠王武王蒙故業因遺冊南
兼漢中西舉巴蜀東割膏腴之地收要害之郡諸
侯恐懼會盟而謀弱秦不愛珍器重寶肥美之地
西漢文約選　賈誼　一

20767　古文約選不分卷　（清）允禮輯　清雍正十一年（1733）果親王府刻本　丹東市圖書館

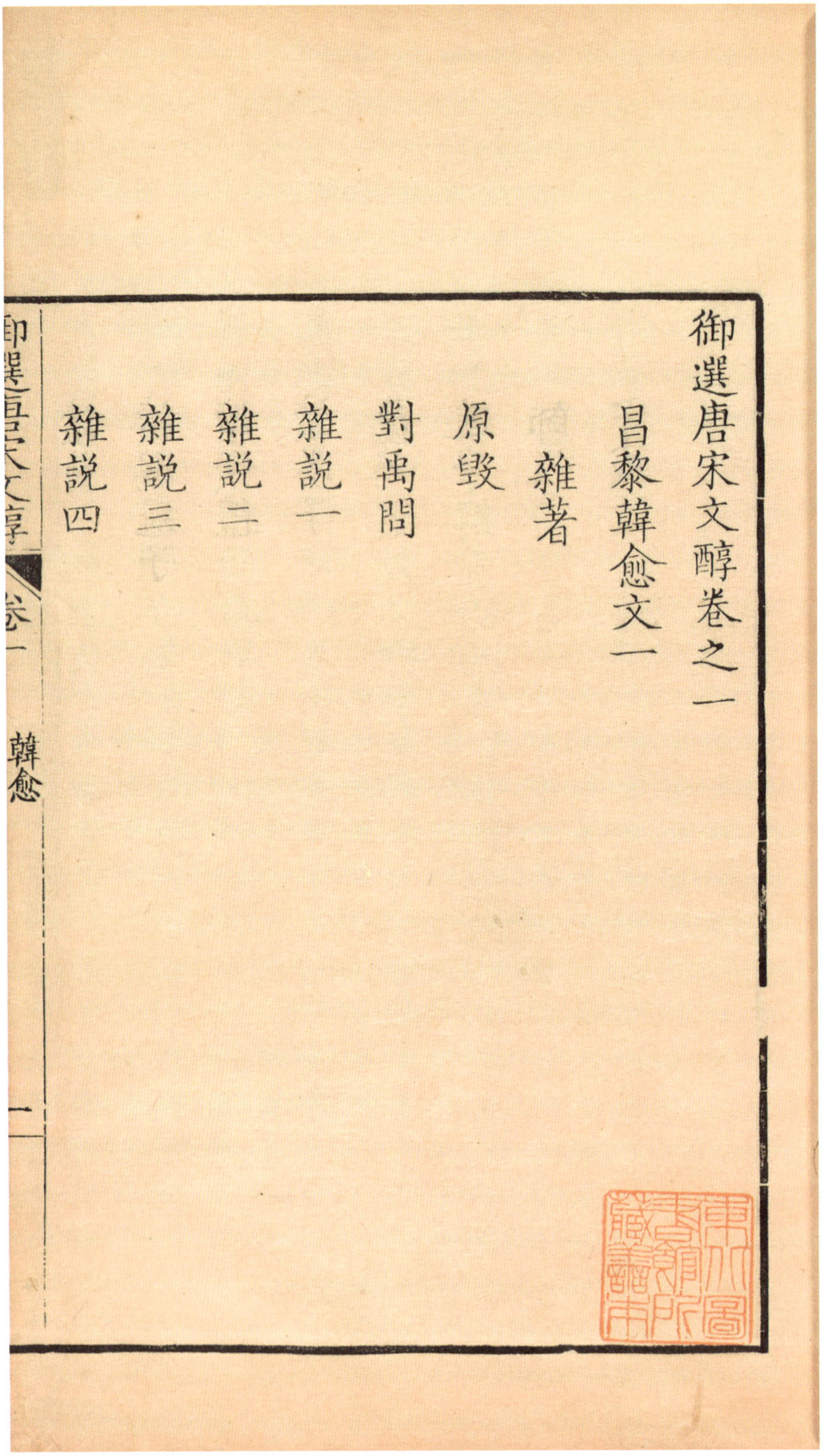

御選唐宋文醇卷之一

昌黎韓愈文一

雜著

原毀

對禹問

雜說一

雜說二

雜說三

雜說四

御選唐宋文醇　卷一　韓愈　一

20768　御選唐宋文醇五十八卷　（清）高宗弘曆選　（清）允禄等輯

清乾隆三年（1738）武英殿刻四色套印本　遼寧省圖書館

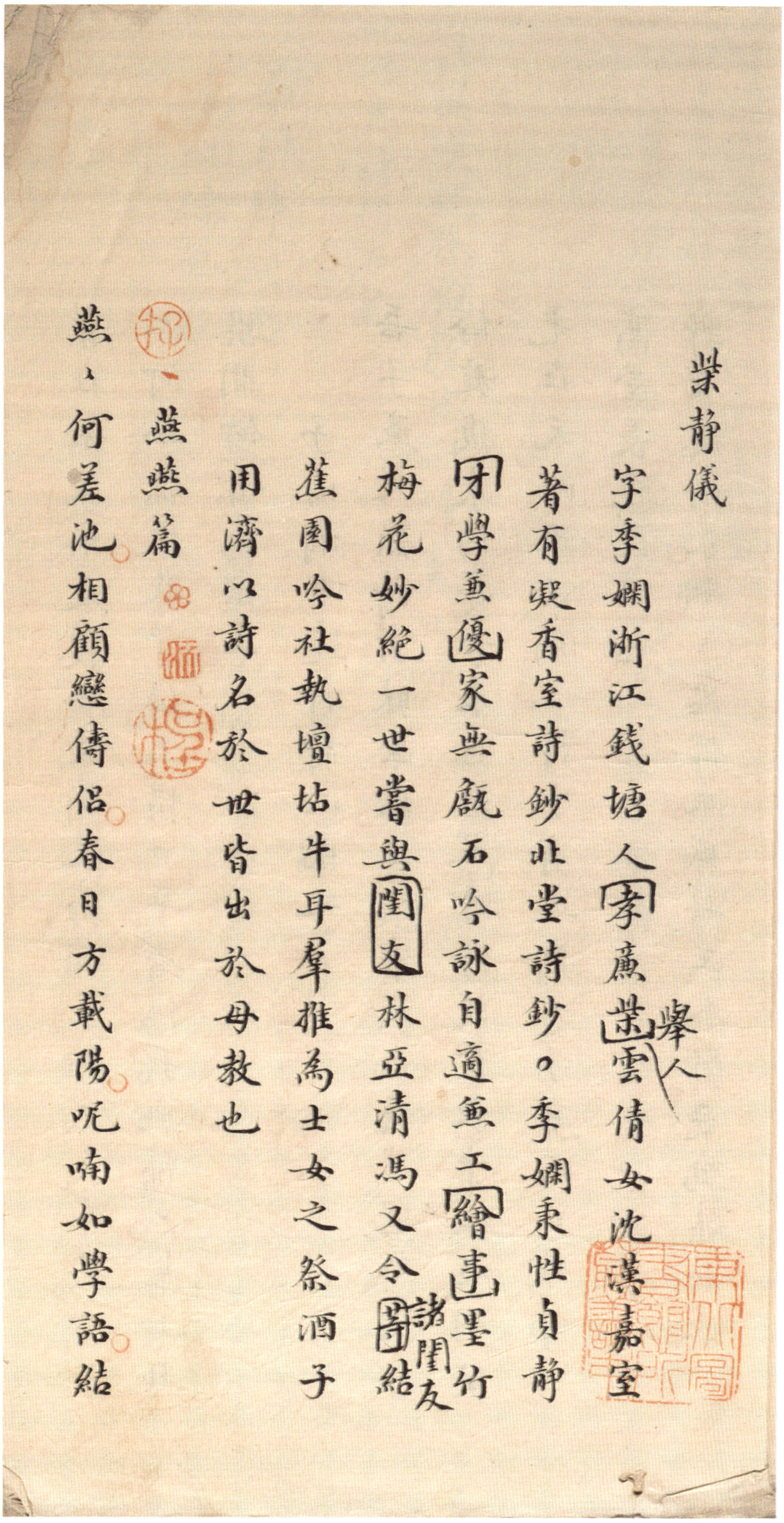
棠靜儀
字季嫻浙江錢塘人孝廉棠雲倩女沈漢嘉室
著有凝香室詩鈔北堂詩鈔。季嫻秉性貞靜
好學兼優家無甔石吟詠自適兼工繪事墨竹
梅花妙絕一世嘗與閨友林亞清馮又令閨結
蕉園吟社執壇坫牛耳羣推為士女之祭酒子
用濟以詩名於世皆出於母教也
燕燕篇
燕燕何差池相顧戀儔侶春日方載陽呢喃如學語結

20769　正始集八卷補遺一卷　（清）姚椿 程鼎輯　稿本　遼寧省圖書館

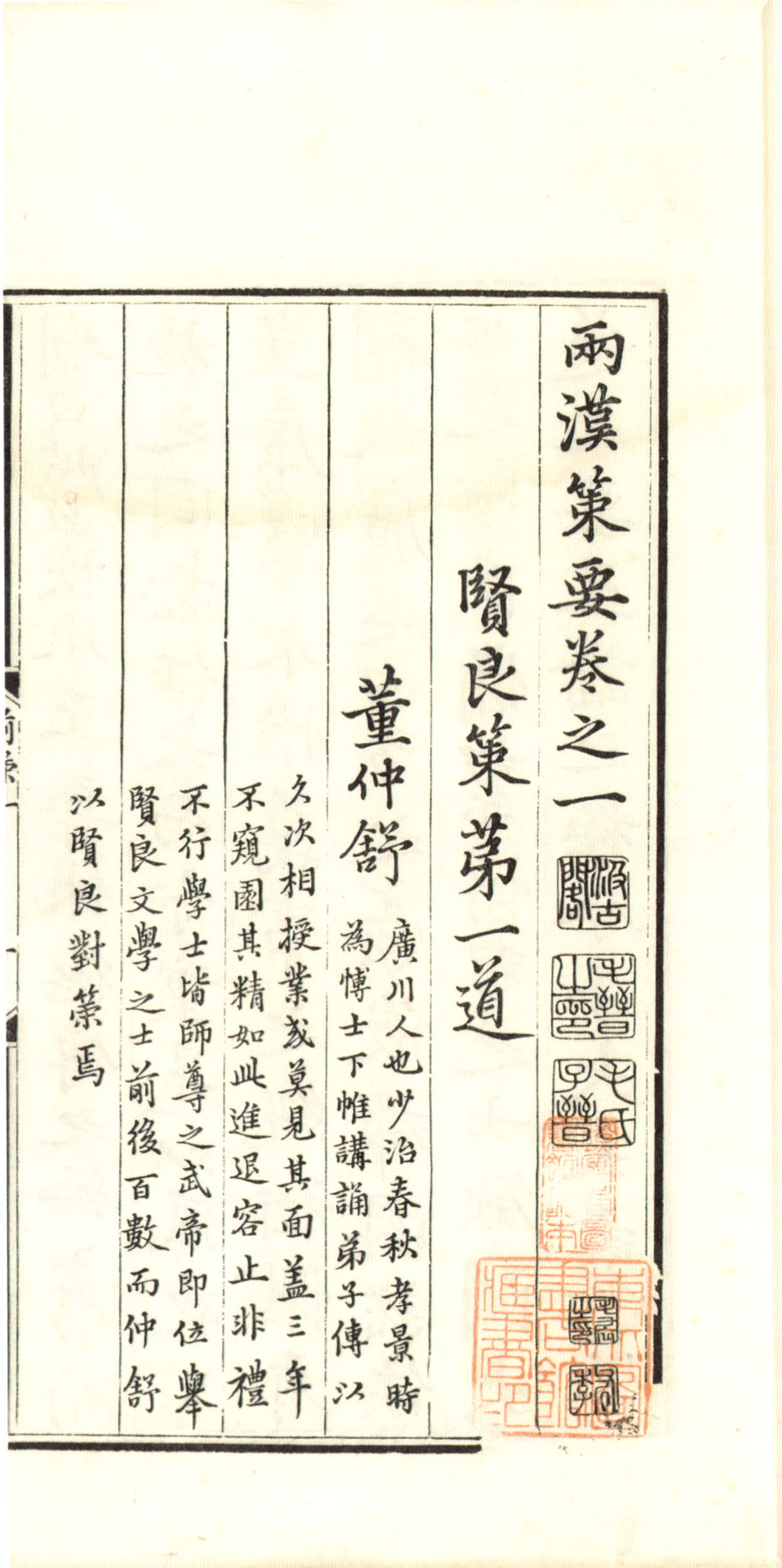
兩漢策要卷之一
賢良策第一道
董仲舒
廣川人也少治春秋孝景時為博士下帷講誦弟子傳以久次相授業或莫見其面蓋三年不窺園其精如此進退容止非禮不行學士皆師尊之武帝即位舉賢良文學之士前後百數而仲舒以賢良對策焉

20770　兩漢策要十二卷　（宋）陶叔獻輯　清乾隆五十六年（1791）張朝樂刻本（卷三未刻）　遼寧省圖書館

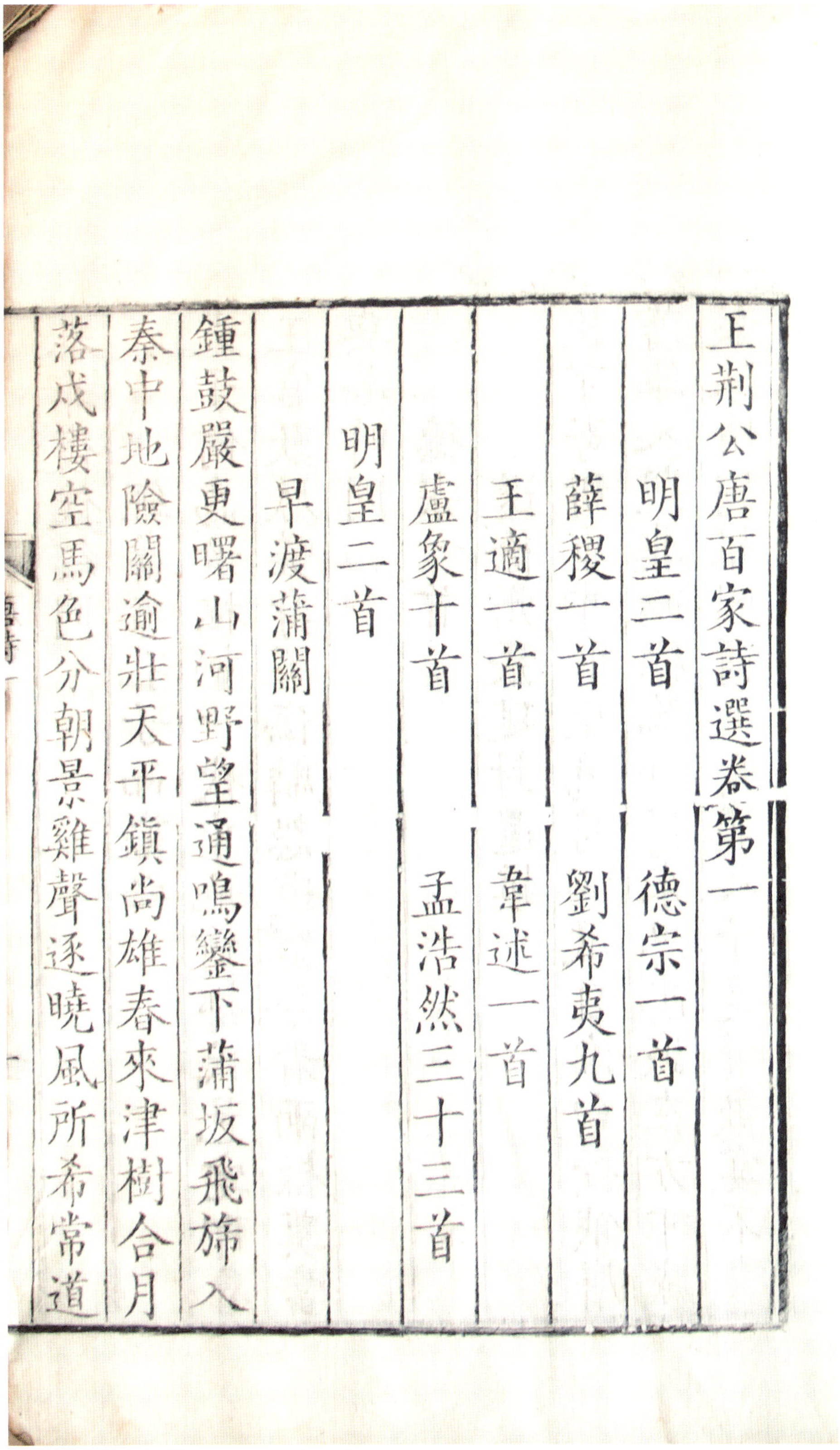
王荊公唐百家詩選卷第一
明皇二首　德宗一首
薛稷一首　劉希夷九首
王適一首　韋述一首
盧象十首　孟浩然三十三首
明皇二首
早渡蒲關
鍾鼓嚴更曙山河野望通鳴鑾下蒲坂飛旆入
秦中地險關逾壯天平鎮尚雄春來津樹合月
落戍樓空馬色分朝景雞聲逐曉風所希常道

20771　王荊公唐百家詩選二十卷　（宋）王安石輯　清康熙四十三年（1704）宋犖、丘迥刻本　大連圖書館

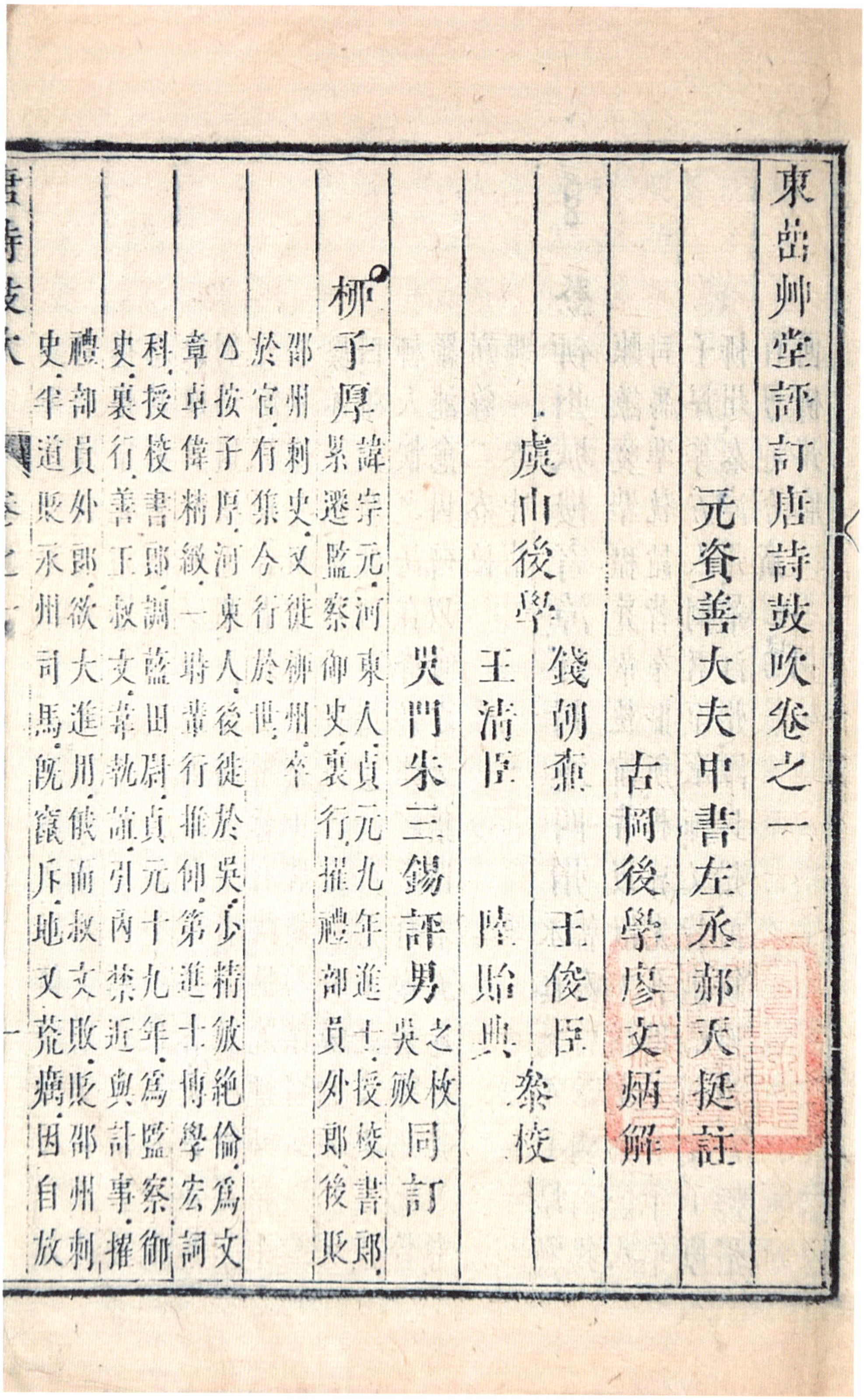
東嵒艸堂評訂唐詩鼓吹卷之一
元資善大夫中書左丞郝天挺註
古岡後學廖文炳解
虞山後學　錢朝鼒　王俊臣　參校
王清臣　陸貽典
吳門朱三錫評　男之枚吳斂同訂
柳子厚諱宗元河東人貞元九年進士授校書郎累遷監察御史裏行擢禮部員外郎後貶邵州刺史又徙柳州卒於官有集今行於世
△按子厚河東人後徙於吳少精敏絕倫爲文章卓偉精緻一時輩行推仰第進士博學宏詞科授校書郎調藍田尉貞元十九年爲監察御史裏行善王叔文韋執誼引內禁近與計事擢禮部員外郎欲大進用俄而叔文敗貶邵州刺史半道貶永州司馬既竄斥地又荒癘因自放
唐詩鼓吹　卷之一　一

20772　東嵒草堂評訂唐詩鼓吹十卷　（金）元好問輯　（元）郝天挺注
（明）廖文炳解　（清）朱三錫評　清康熙刻本　瀋陽師範大學圖書館

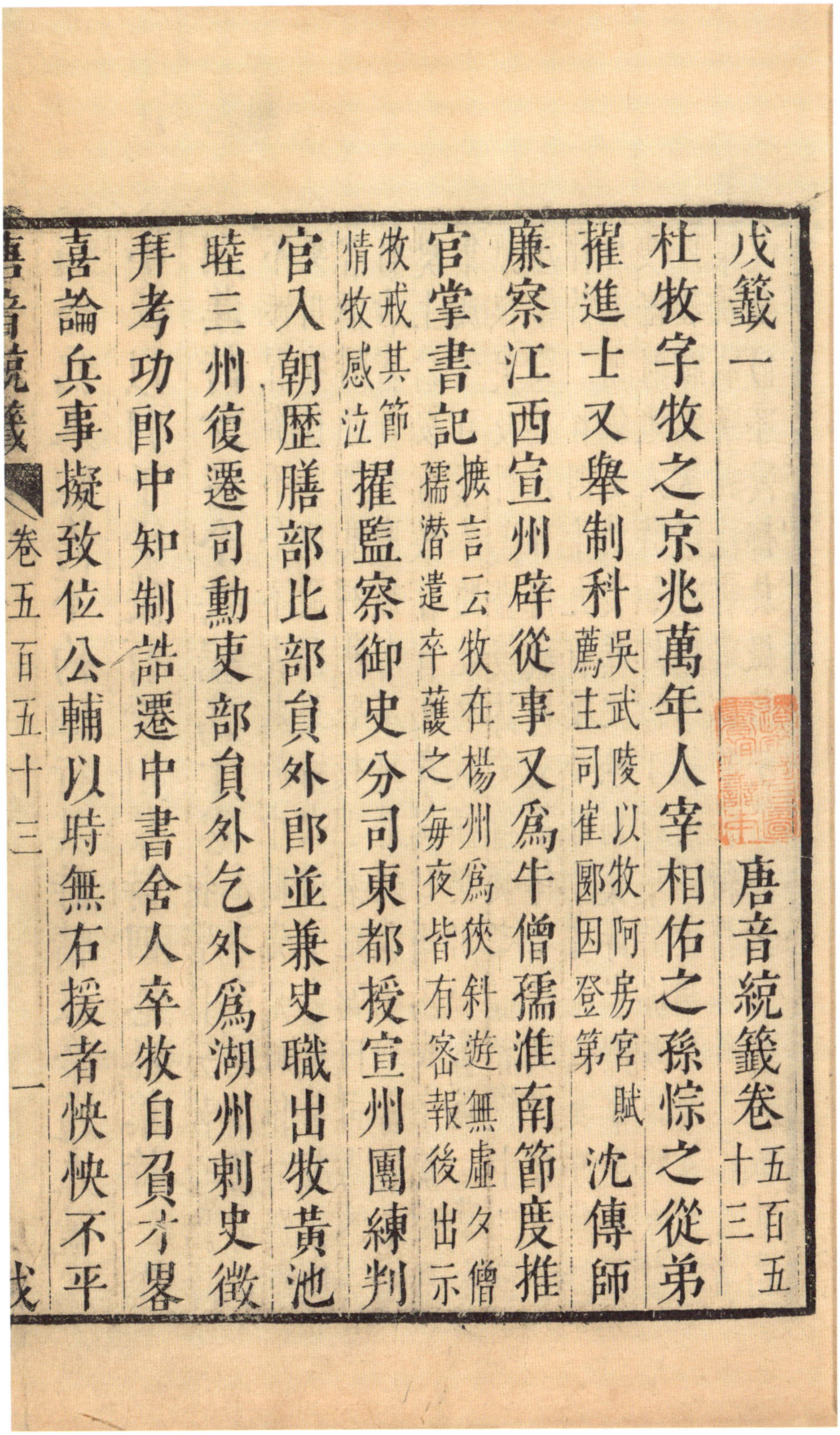

唐音統籤卷五百五十三
戊籤一
杜牧字牧之京兆萬年人宰相佑之孫悰之從弟
擢進士又舉制科吳武陵以牧阿房宮賦薦主司崔郾因登第沈傳師
廉察江西宣州辟從事又爲牛僧孺淮南節度推
官掌書記摭言云牧在楊州爲狹斜遊無虚夕僧孺潛遣卒護之每夜皆有密報後出示牧戒其節情牧感泣擢監察御史分司東都授宣州團練判
官入朝歷膳部比部員外郎並兼史職出牧黃池
睦三州復遷司勳吏部員外乞外爲湖州刺史徵
拜考功郎中知制誥遷中書舍人卒牧自負才畧
喜論兵事擬致位公輔以時無右援者怏怏不平
唐音統籤　卷五百五十三　一　戊

20773　唐音戊籤二百一卷餘閏六十四卷　（明）胡震亨輯　（清）何焯批校　清康熙二十五年（1686）胡氏南益堂刻本　遼寧省圖書館

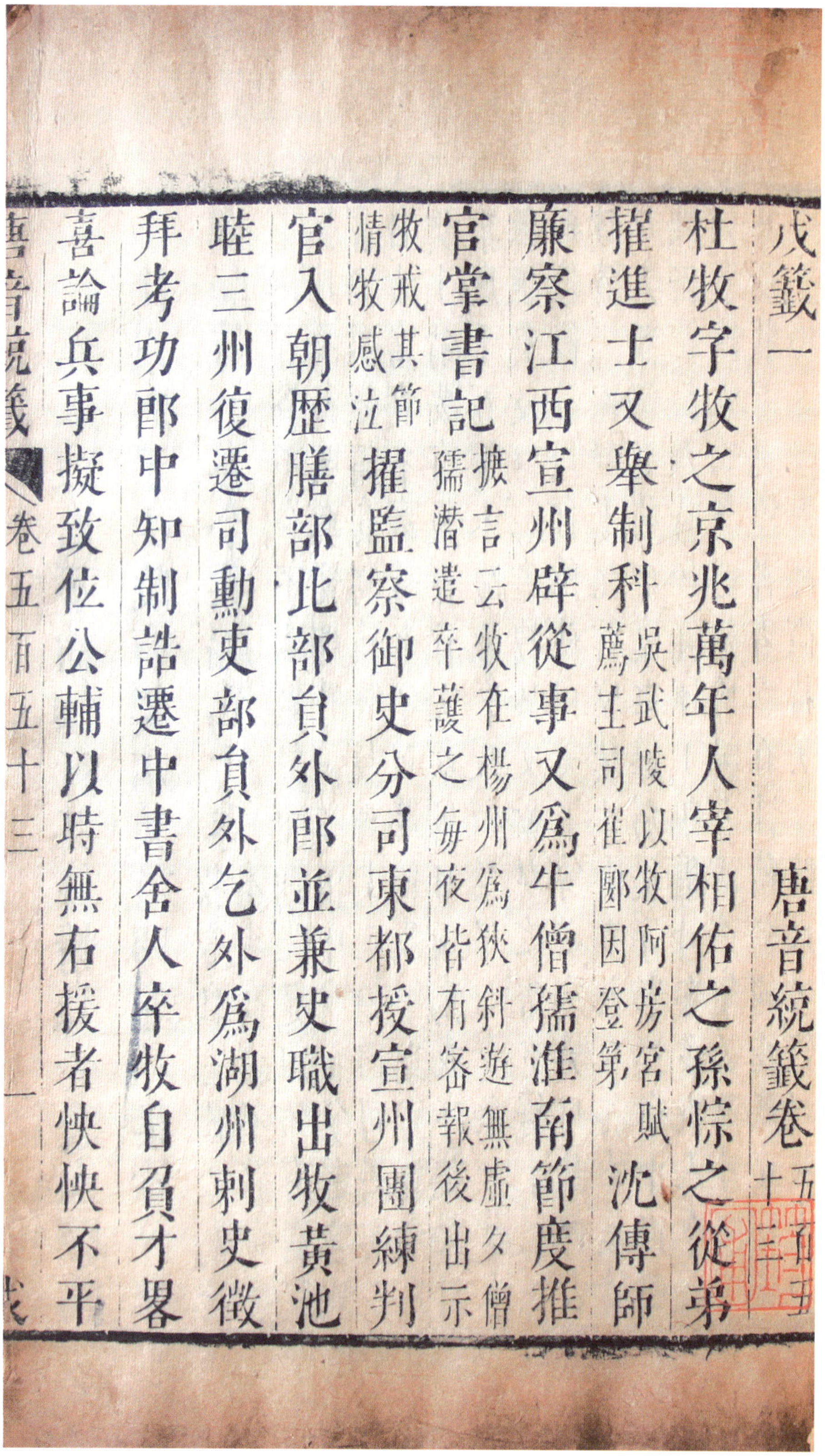
戊籤一　　唐音統籤卷五百五十三

杜牧字牧之京兆萬年人宰相佑之孫悰之從弟擢進士又舉制科吳武陵以牧阿房宮賦薦主司崔郾因登第沈傳師廉察江西宣州辟從事又爲牛僧孺淮南節度推官掌書記摭言云牧在楊州爲狹斜遊無虛夕僧孺潛遣卒護之每夜皆有密報後出示牧戒其節情牧感泣擢監察御史分司東都授宣州團練判官入朝歷膳部比部員外郎並兼史職出牧黃池睦三州復遷司勳吏部員外乞外爲湖州刺史徵拜考功郎中知制誥遷中書舍人卒牧自負才畧喜論兵事擬致位公輔以時無右援者怏怏不平

唐音統籤　卷五百五十三　一　戊

20774　唐音戊籤二百一卷餘閏六十四卷　（明）胡震亨輯　（清）何焯批校　清康熙二十五年（1686）胡氏南益堂刻本　大連圖書館

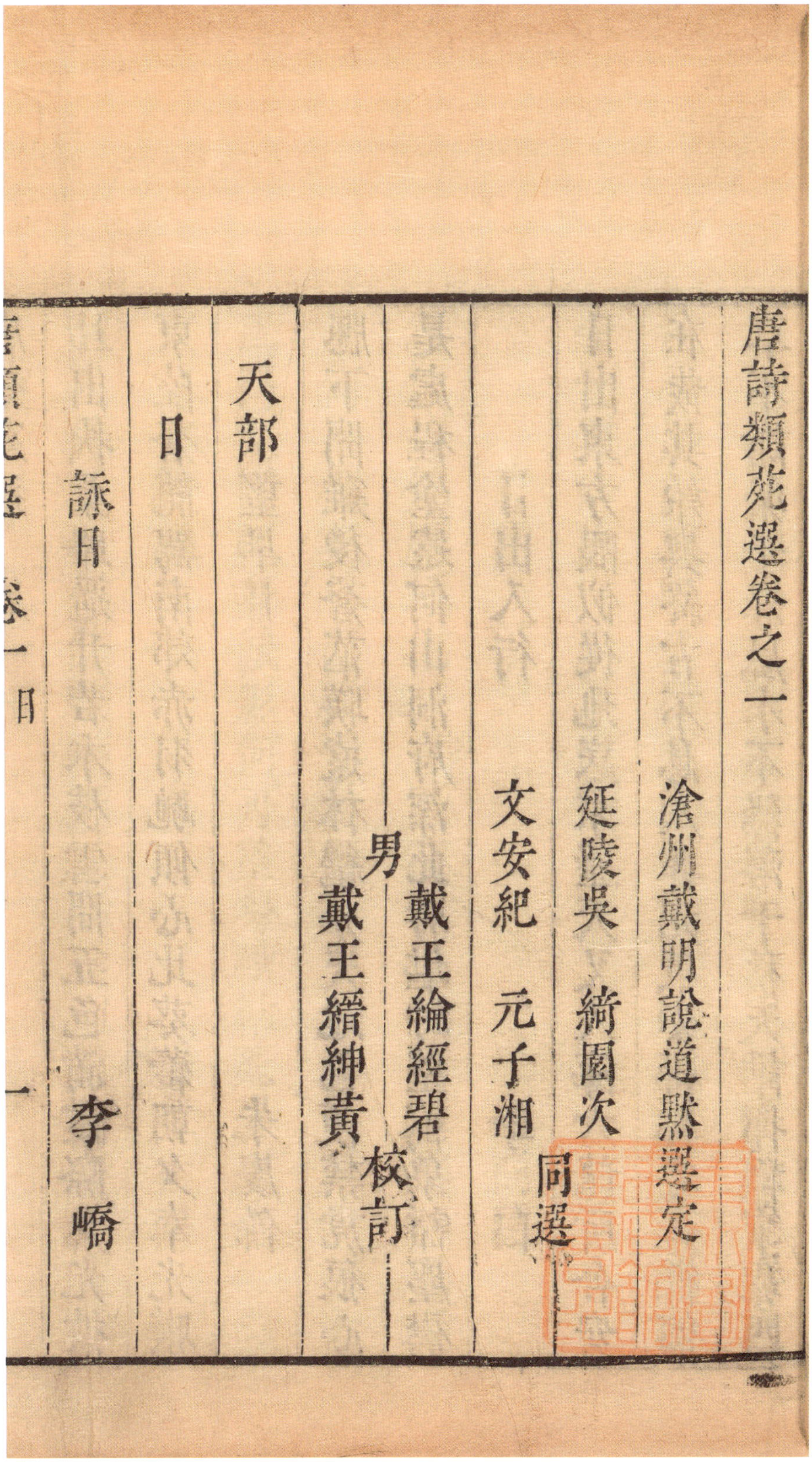

20775　唐詩類苑選三十四卷　（清）戴明説等輯　清順治十六年（1659）紀元刻本　遼寧省圖書館

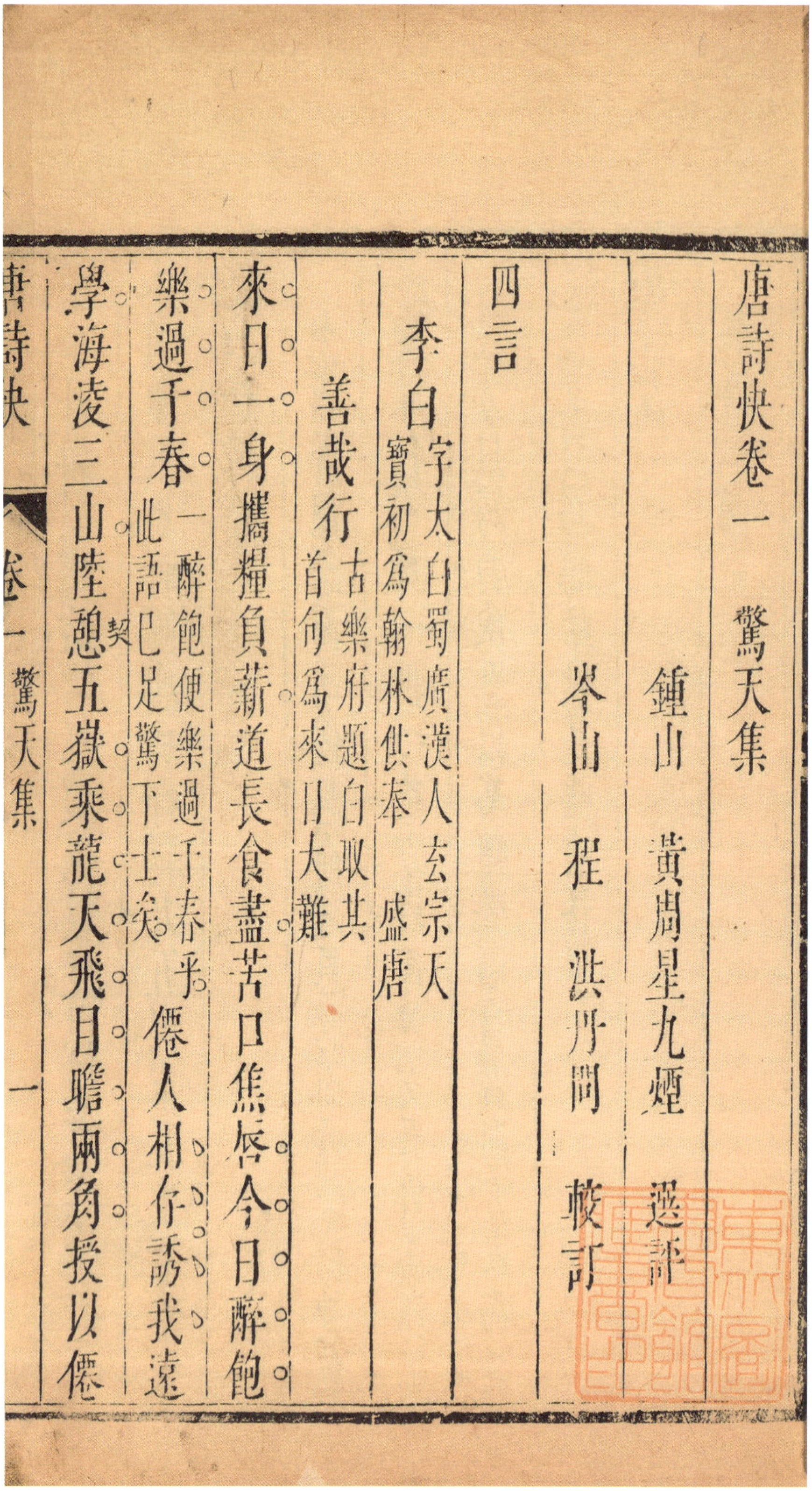

唐詩快卷一　驚天集

鍾山　黄周星九煙　選評

岑山　程　洪丹問　較訂

四言

李白字太白蜀廣漢人玄宗天寶初爲翰林供奉　盛唐

善哉行古樂府題自取其首句爲來日大難

來日一身攜糧負薪道長食盡苦口焦唇今日醉飽樂過千春一醉飽便樂過千春乎此語已足驚下士矣僊人相存誘我遠學海淩三山陸憩契五嶽乘龍天飛目瞻兩角授以僊

唐詩快　卷一　驚天集　一

20776　唐詩快十六卷選詩前後諸咏一卷　（清）黄周星輯　清康熙刻本　遼寧省圖書館

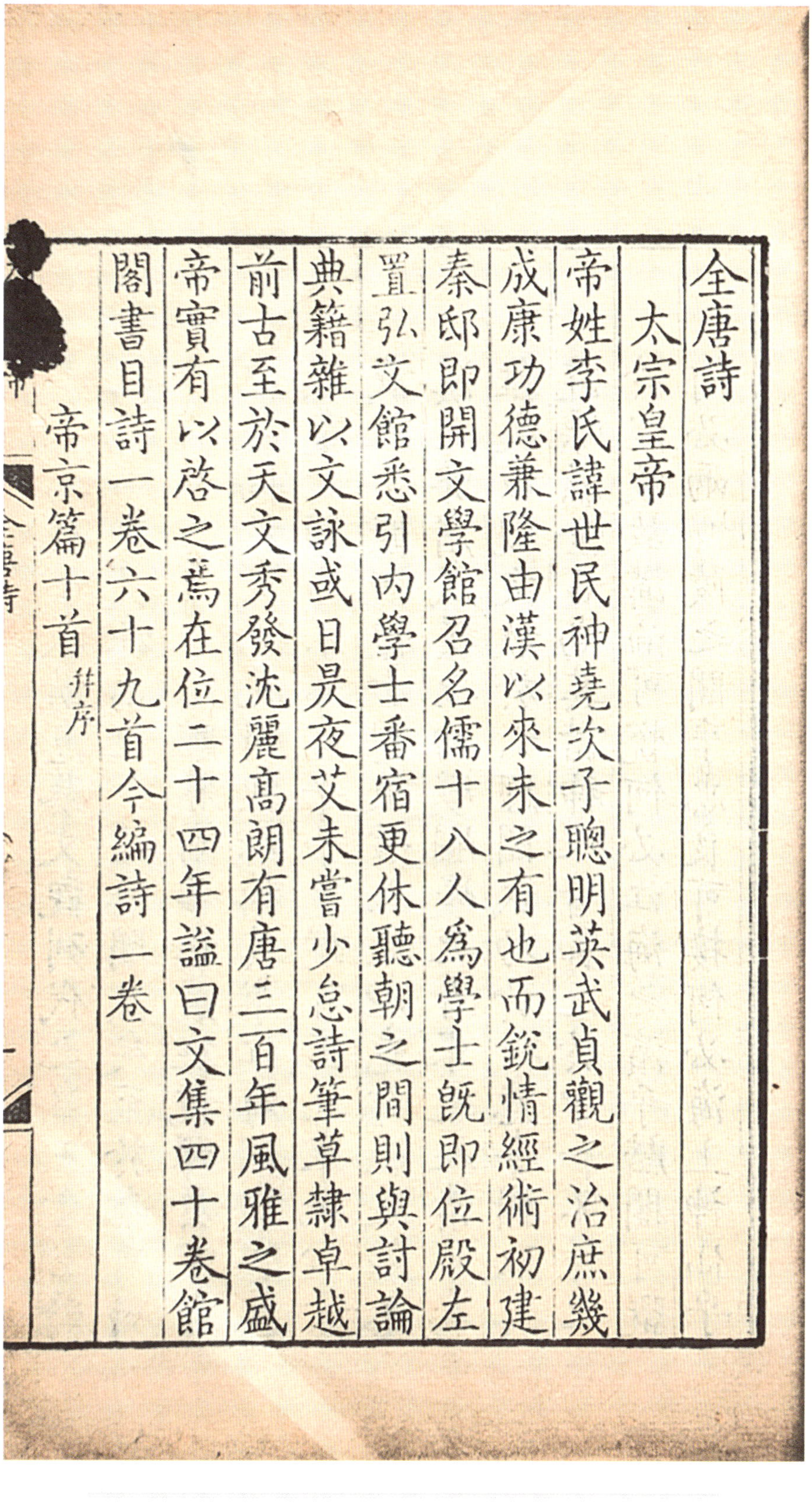

全唐詩

太宗皇帝

帝姓李氏諱世民神堯次子聰明英武貞觀之治庶幾成康功德兼隆由漢以來未之有也而銳情經術初建秦邸即開文學館召名儒十八人爲學士既即位殿左置弘文館悉引内學士番宿更休聽朝之間則與討論典籍雜以文詠或日昃夜艾未嘗少息詩筆草隸卓越前古至於天文秀發沈麗高朗有唐三百年風雅之盛帝實有以啓之焉在位二十四年謚曰文集四十卷館閣書目詩一卷六十九首今編詩一卷

帝京篇十首 并序

20777　全唐詩九百卷目錄十二卷　（清）曹寅等輯　清康熙四十四年至四十六年（1705–1707）揚州詩局刻本（有補抄）　魯迅美術學院圖書館

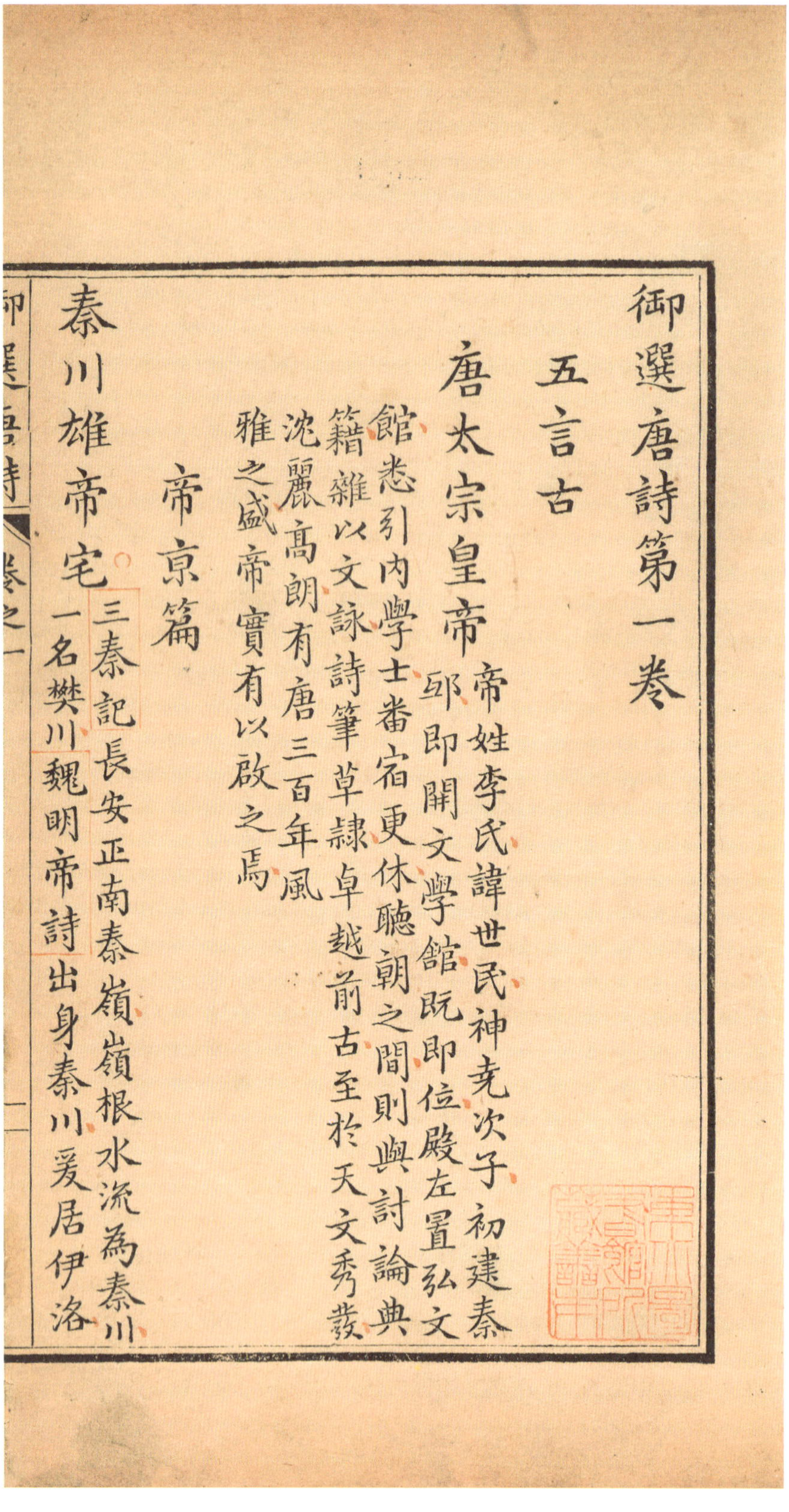

御選唐詩第一卷
五言古
唐太宗皇帝
帝姓李氏諱世民神堯次子初建秦邸即開文學館既即位殿左置弘文館悉引內學士番宿更休聽朝之間則與討論典籍雜以文詠詩筆草隸卓越前古至於天文秀發沈麗高朗有唐三百年風雅之盛帝實有以啟之焉
帝京篇
秦川雄帝宅三秦記長安正南秦嶺嶺根水流為秦川一名樊川魏明帝詩出身秦川爰居伊洛

御選唐詩 卷之一 一

20778　御選唐詩三十二卷目錄三卷　（清）聖祖玄燁選　（清）陳廷敬等輯注　清康熙五十二年（1713）內府刻朱墨套印本　遼寧省圖書館

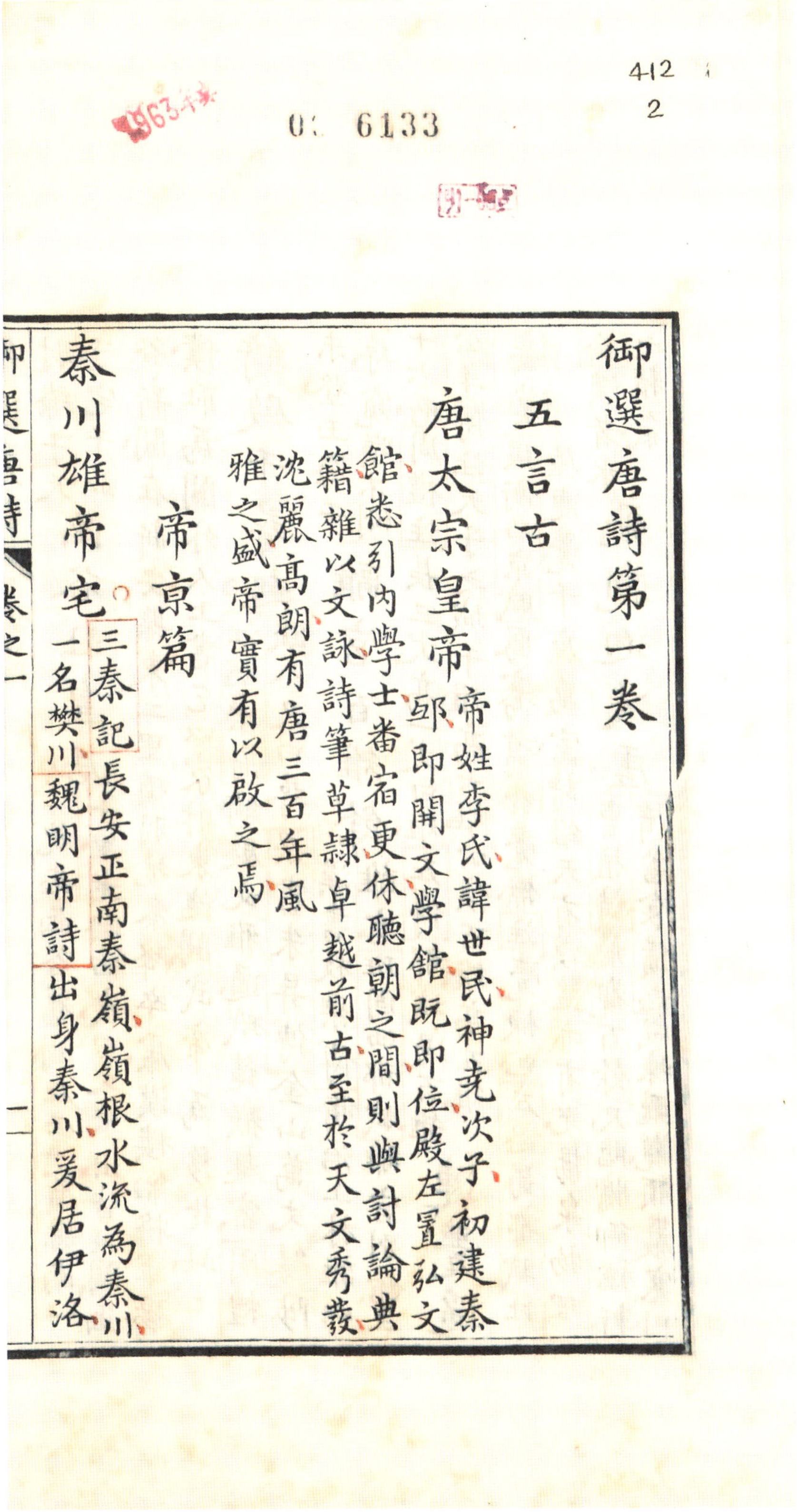
御選唐詩第一卷

五言古

唐太宗皇帝 帝姓李氏諱世民神堯次子初建秦邸即開文學館既即位殿左置弘文館悉引内學士番宿更休聽朝之間則與討論典籍雜以文詠詩筆草隸卓越前古至於天文秀發沈麗高朗有唐三百年風雅之盛帝實有以啟之焉

帝京篇

秦川雄帝宅 三秦記長安正南秦嶺嶺根水流爲秦川一名樊川魏明帝詩出身秦川爰居伊洛

御選唐詩 卷之一 二

20779　御選唐詩三十二卷目録三卷　（清）聖祖玄燁選　（清）陳廷敬等輯注　清康熙五十二年（1713）内府刻朱墨套印本　遼寧師範大學圖書館

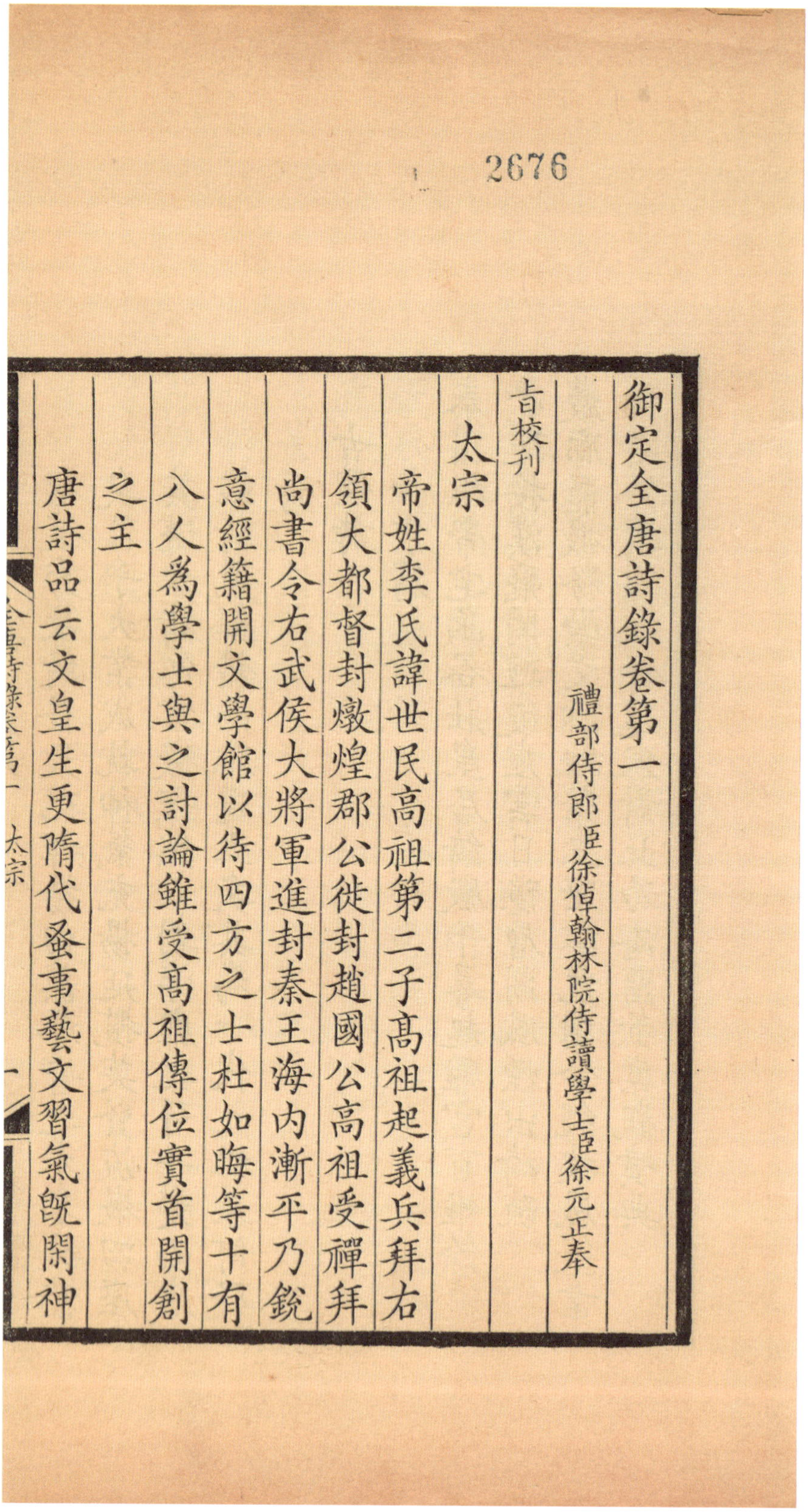
2676

御定全唐詩錄卷第一

禮部侍郎臣徐倬翰林院侍讀學士臣徐元正奉

旨校刊

太宗

帝姓李氏諱世民高祖第二子高祖起義兵拜右領大都督封燉煌郡公徙封趙國公高祖受禪拜尚書令右武侯大將軍進封秦王海內漸平乃銳意經籍開文學館以待四方之士杜如晦等十有八人爲學士與之討論雖受高祖傳位實首開創之主

唐詩品云文皇生更隋代蚤事藝文習氣旣開神

全唐詩錄卷第一　太宗　一

20780　御定全唐詩錄一百卷　（清）徐倬　徐元正編　清康熙四十五年（1706）揚州詩局刻本　遼寧省圖書館

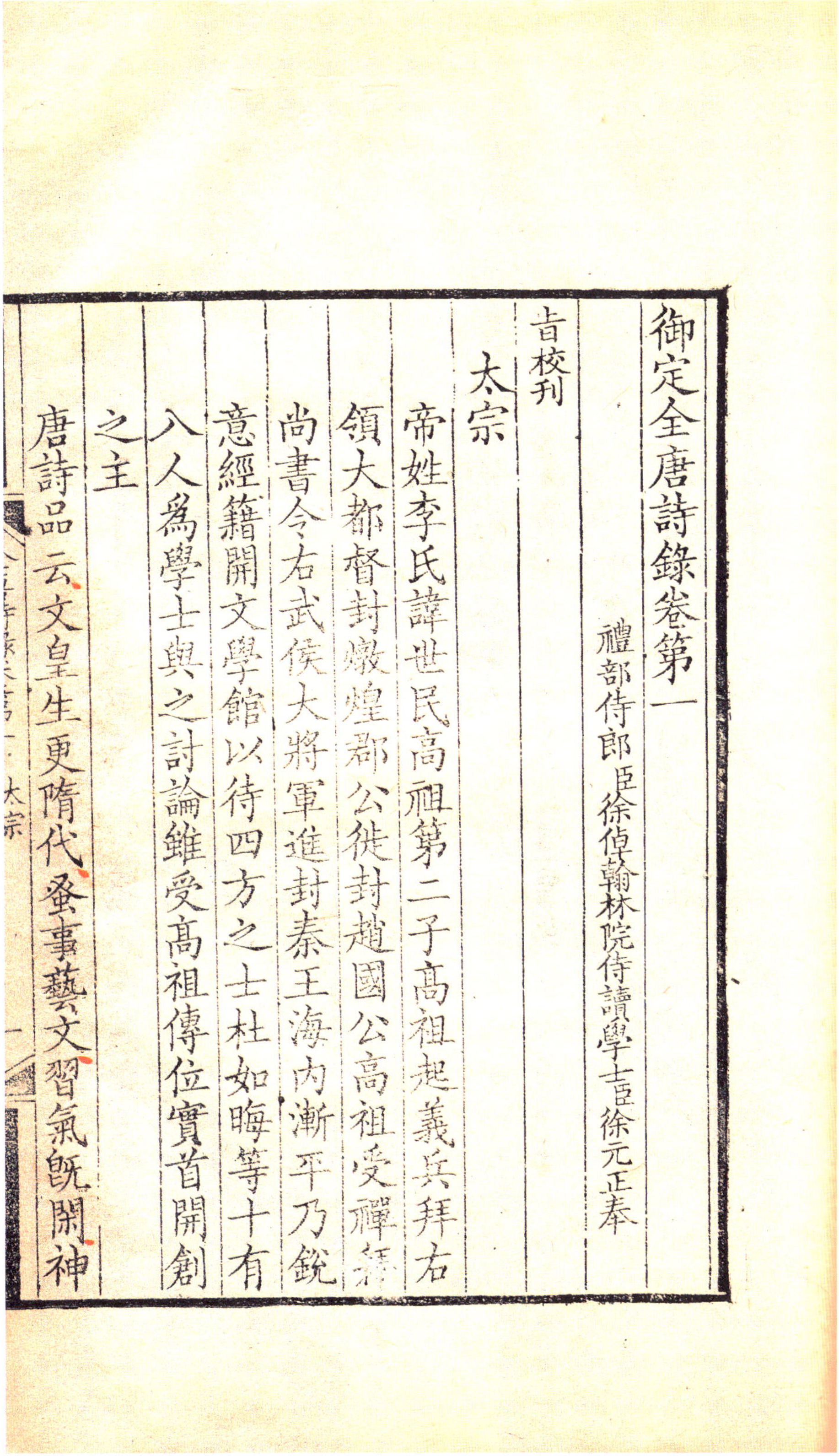
御定全唐詩録卷第一
禮部侍郎臣徐倬翰林院侍讀學士臣徐元正奉
旨校刊
太宗
帝姓李氏諱世民高祖第二子高祖起義兵拜右
領大都督封燉煌郡公徙封趙國公高祖受禪拜
尚書令右武候大將軍進封秦王海内漸平乃鋭
意經籍開文學館以待四方之士杜如晦等十有
八人爲學士與之討論雖受高祖傳位實首開創
之主
唐詩品云文皇生更隋代蚤事藝文習氣既開神

20781　御定全唐詩録一百卷　（清）徐倬　徐元正編　清康熙四十五年（1706）揚州詩局刻本　大連圖書館

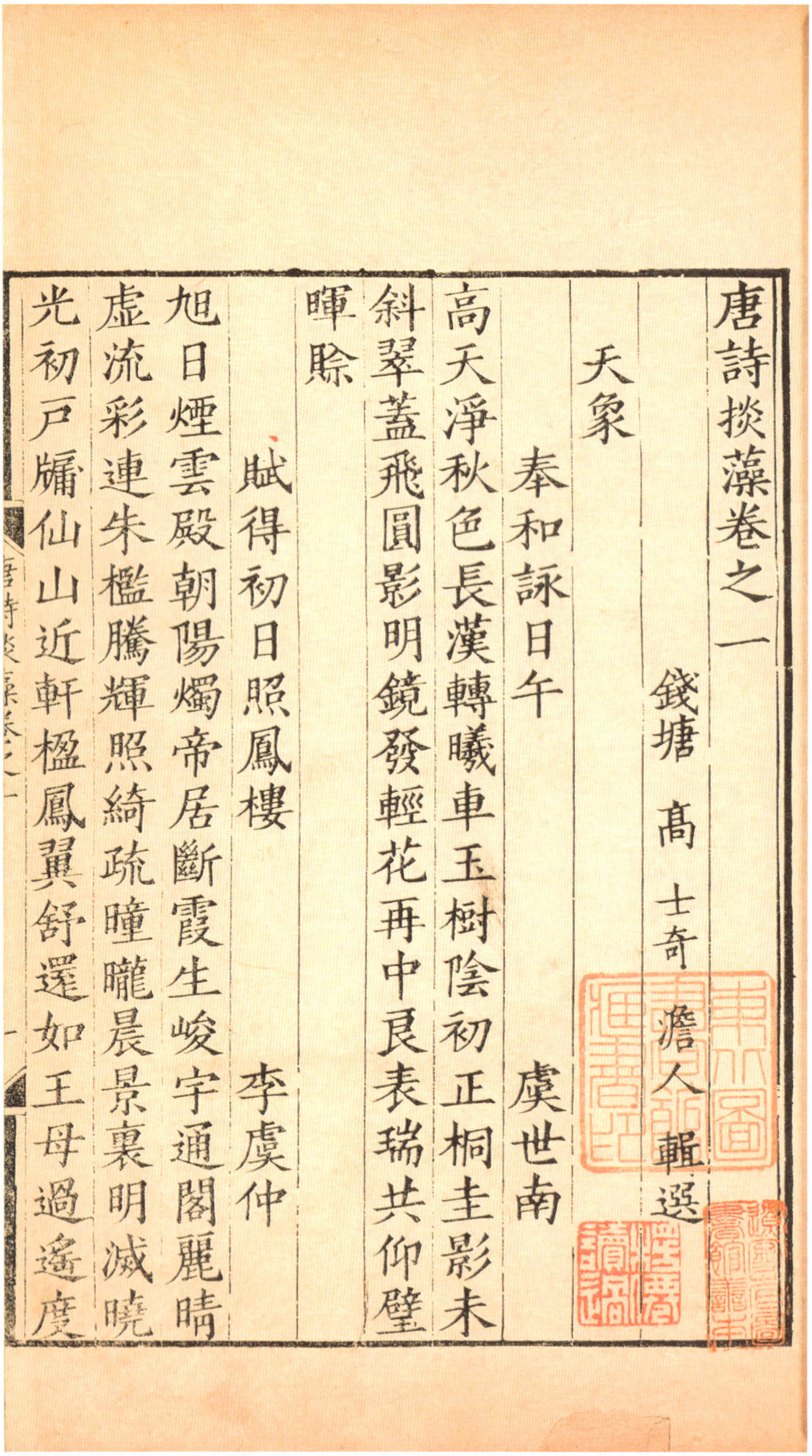
唐詩掞藻卷之一
錢塘　高士奇澹人輯選
天象
奉和詠日午　虞世南
高天淨秋色長漢轉曦車玉樹陰初正桐圭影未斜翠蓋飛圓影明鏡發輕花再中良表瑞共仰璧暉賒
賦得初日照鳳樓　李虞仲
旭日煙雲殿朝陽燭帝居斷霞生峻宇通閣麗晴虛流彩連朱檻騰輝照綺疏曈曨晨景裏明滅曉光初戶牖仙山近軒楹鳳翼舒還如王母過遙度

20782　唐詩掞藻八卷　（清）高士奇輯　清康熙三十二年（1693）錢塘高士奇刻本　遼寧省圖書館

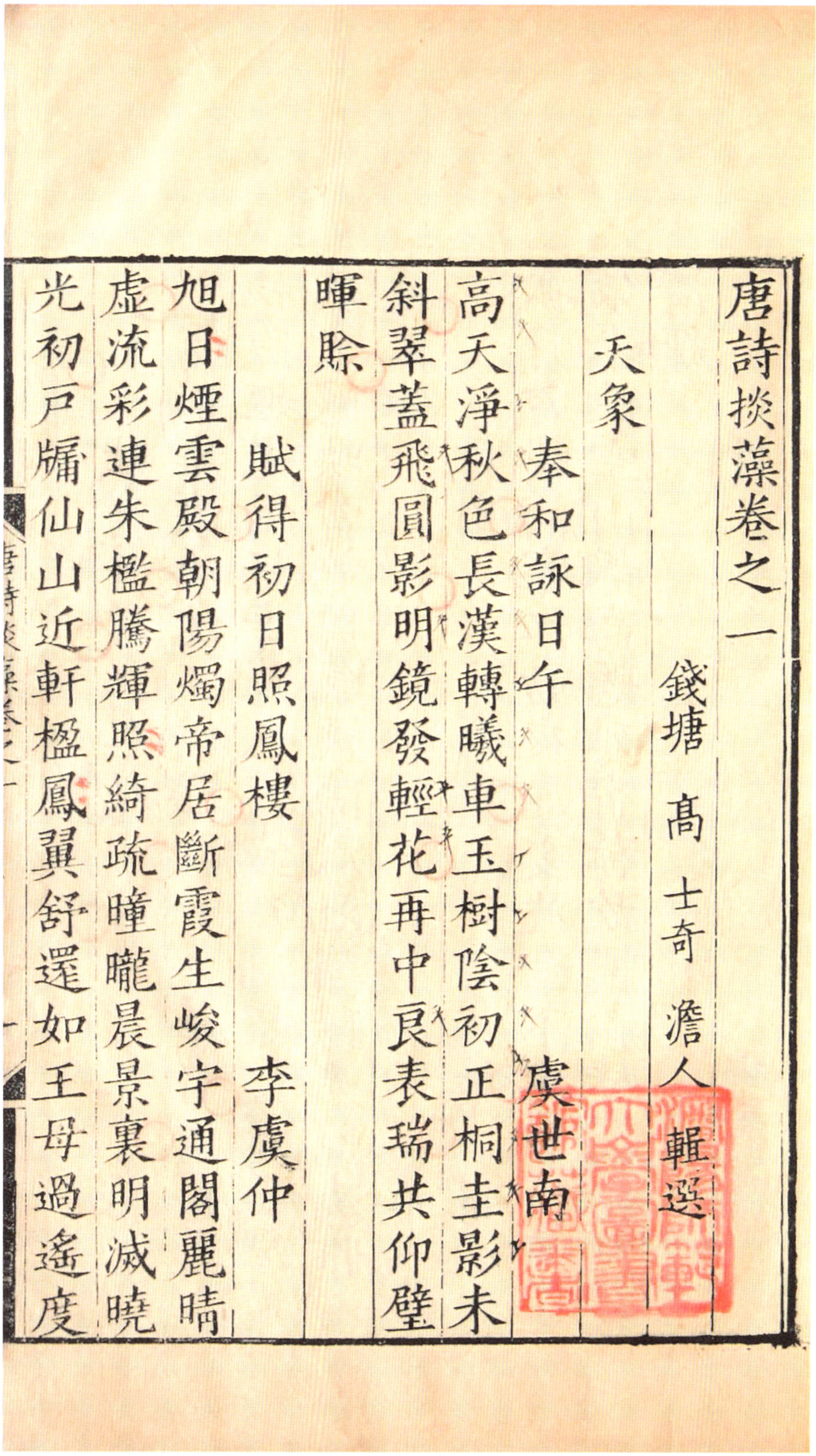
唐詩掞藻卷之一
錢塘 高士奇澹人 輯選
天象
奉和詠日午 虞世南
高天淨秋色長漢轉曦車玉樹陰初正桐圭影未斜翠蓋飛圓影明鏡發輕花再中良表瑞共仰壁暉賒
賦得初日照鳳樓 李虔仲
旭日煙雲殿朝陽燭帝居斷霞生峻宇通閣麗晴虛流彩連朱檻騰輝照綺疏曈曨晨景裏明滅曉光初戶牖仙山近軒楹鳳翼舒還如王母過遙度

20783　唐詩掞藻八卷　（清）高士奇輯　清康熙三十二年（1693）錢塘高士奇刻本　瀋陽師範大學圖書館

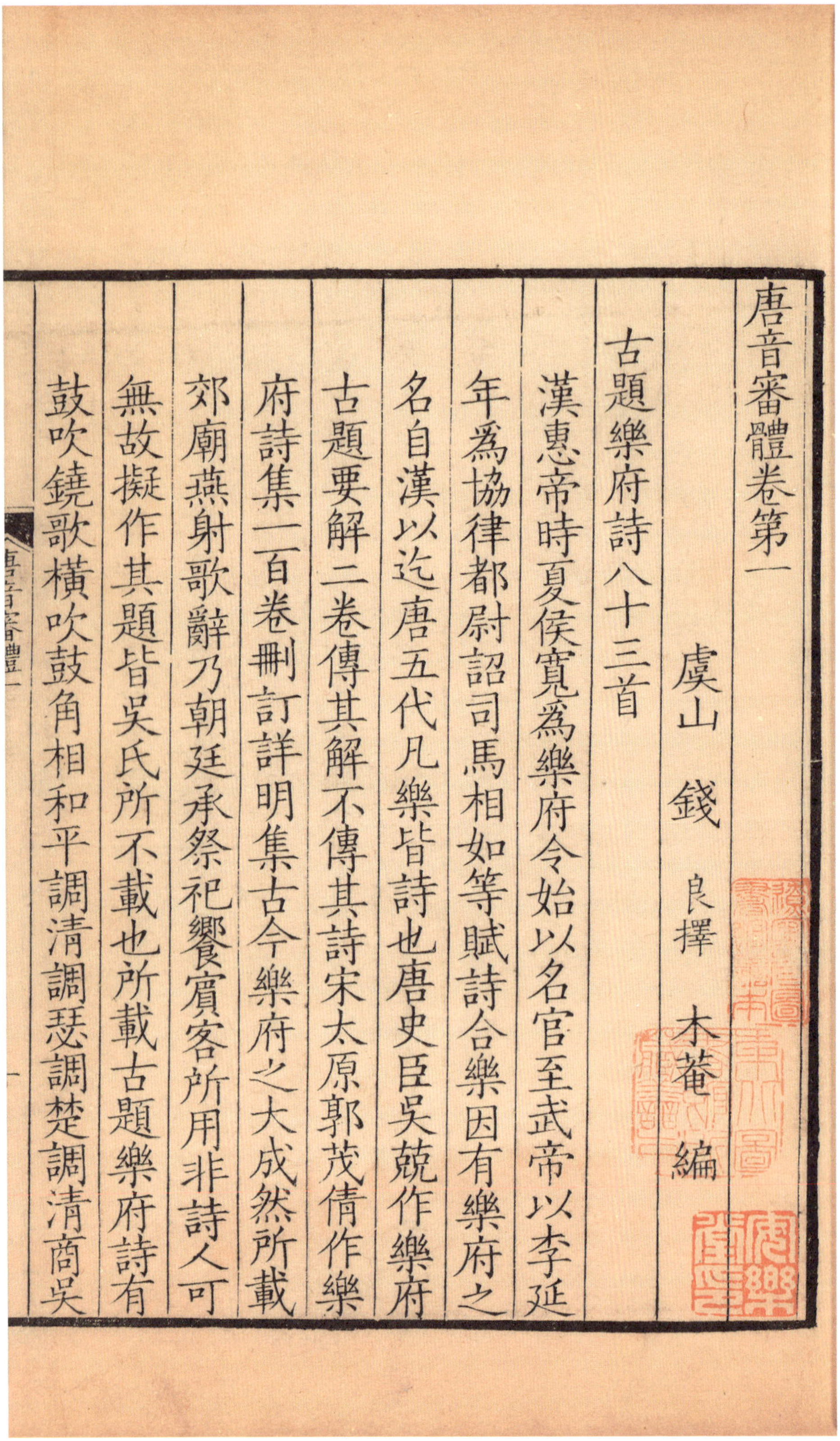

唐音審體卷第一
虞山 錢 良擇 木菴 編
古題樂府詩八十三首
漢惠帝時夏侯寬爲樂府令始以名官至武帝以李延
年爲協律都尉詔司馬相如等賦詩合樂因有樂府之
名自漢以迄唐五代凡樂皆詩也唐史臣吳兢作樂府
古題要解二卷傳其解不傳其詩宋太原郭茂倩作樂
府詩集一百卷刪訂詳明集古今樂府之大成然所載
郊廟燕射歌辭乃朝廷承祭祀饗賓客所用非詩人可
無故擬作其題皆吳氏所不載也所載古題樂府詩有
鼓吹鐃歌橫吹鼓角相和平調清調瑟調楚調清商吳
唐音審體一
一

20784 唐音審體二十卷 （清）錢良擇輯 清康熙四十三年（1704）昭質堂刻本 遼寧省圖書館

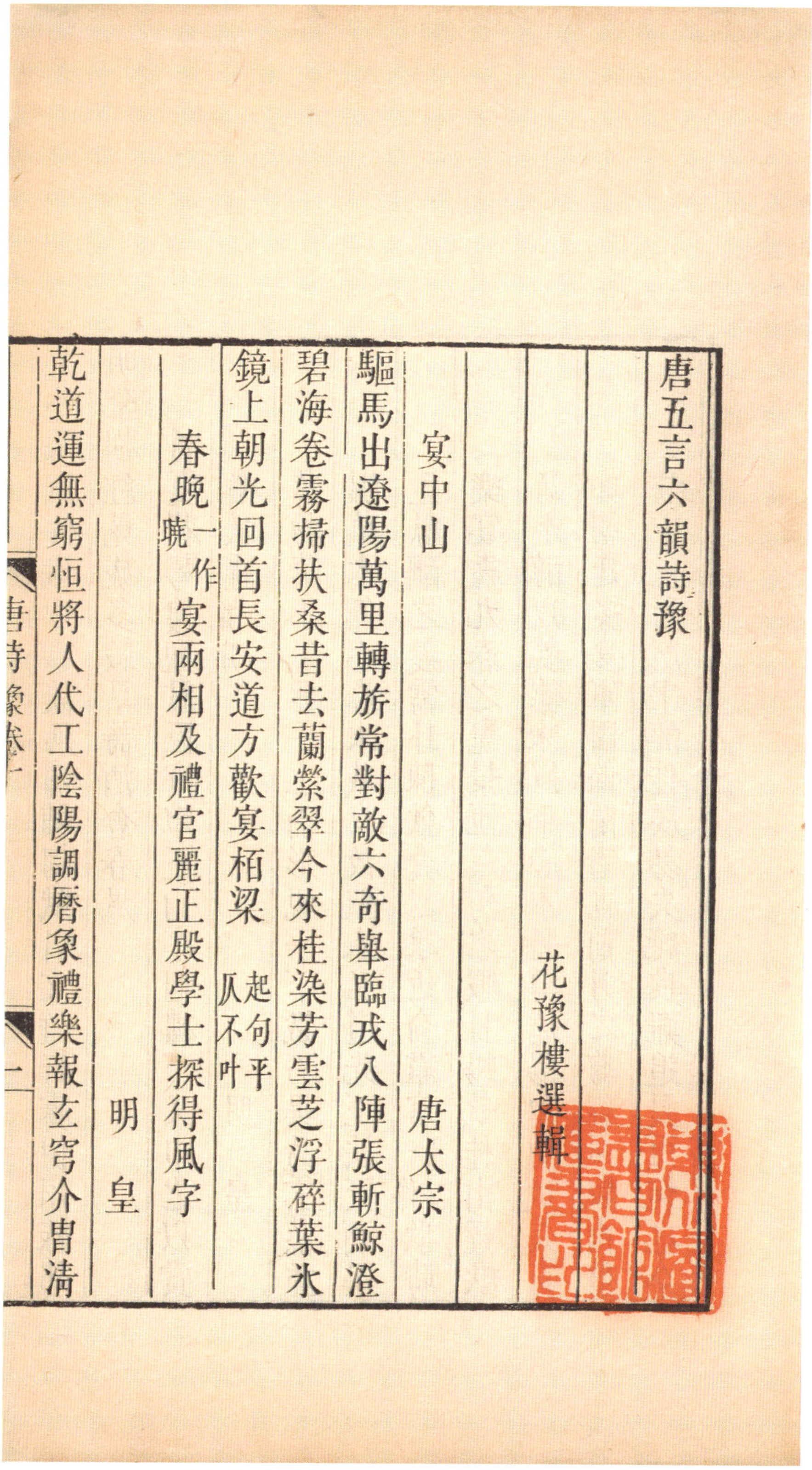

唐五言六韻詩豫

花豫樓選輯

宴中山　唐太宗

驅馬出遼陽萬里轉旂常對敵六奇舉臨戎八陣張斬鯨澄碧海卷霧掃扶桑昔去蘭縈翠今來桂染芳雲芝浮碎葉氷鏡上朝光回首長安道方歡宴栢梁　起句平仄不叶

春晚一作曉　宴兩相及禮官麗正殿學士探得風字　明皇

乾道運無窮恒將人代工陰陽調曆象禮樂報玄穹介冑清

唐詩豫　卷一　一

20785　唐五言六韻詩豫四卷　題（清）花豫樓主人輯　清康熙刻本　遼寧省圖書館

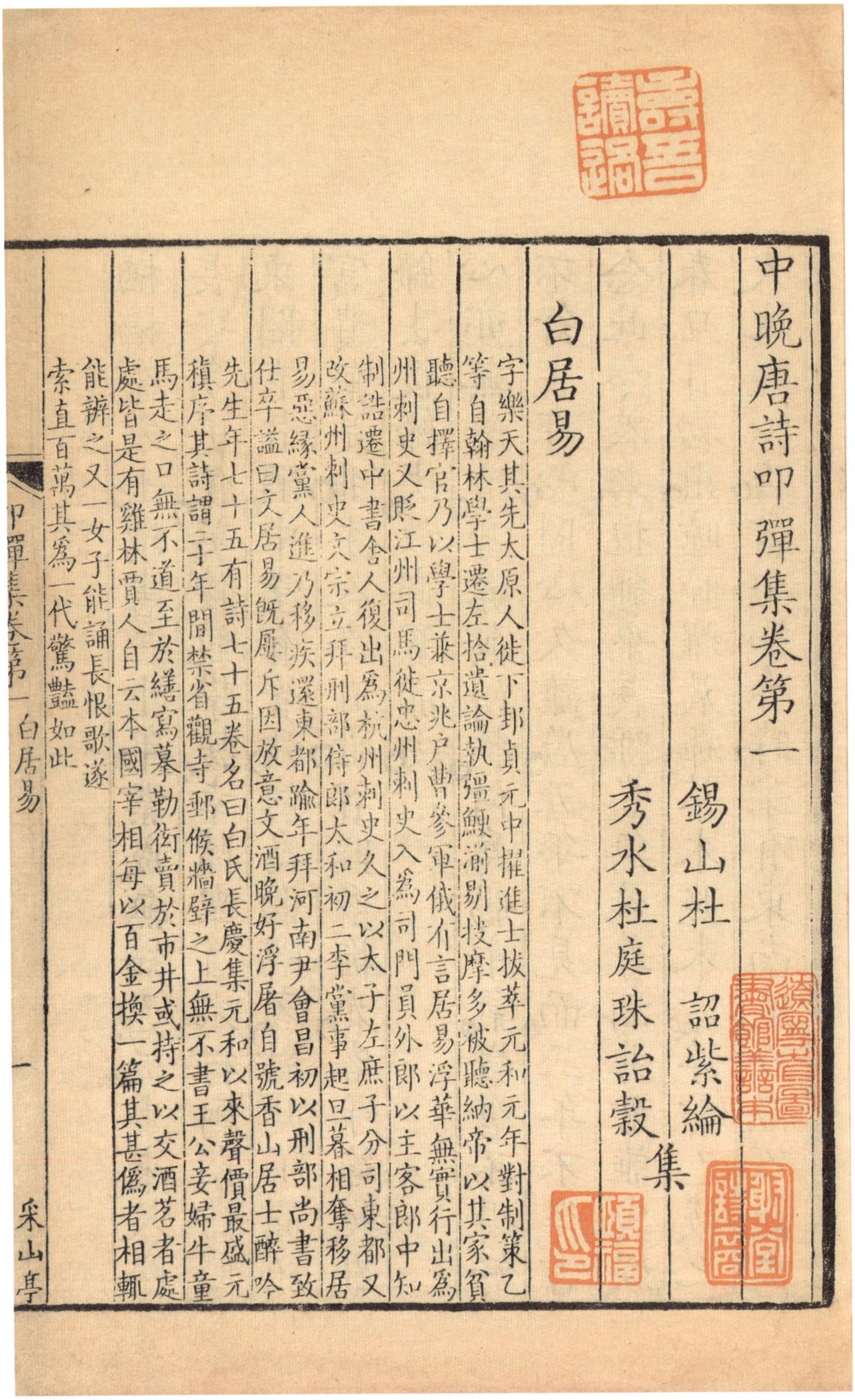

中晚唐詩叩彈集卷第一

錫山杜　詔紫綸
秀水杜庭珠詒穀　集

白居易

字樂天其先太原人徙下邽貞元中擢進士拔萃元和元年對制策乙等自翰林學士遷左拾遺論執彊鯁瀚刖枝摩多被聽納帝以其家貧聽自擇官乃以學士兼京兆户曹參軍俄有言居易浮華無實行出爲州刺史又貶江州司馬徙忠州刺史入爲司門員外郎以主客郎中知制誥遷中書舍人復出爲杭州刺史久之以太子左庶子分司東都又改蘇州刺史文宗立拜刑部侍郎太和初二李黨事起旦暮相奪移居易惡緣黨人進乃移疾還東都踰年拜河南尹會昌初以刑部尚書致仕卒謚曰文居易既履斥因放意文酒晚好浮屠自號香山居士醉吟先生年七十五有詩七十五卷名曰白氏長慶集元和以來聲價最盛元稹序其詩謂二十年間禁省觀寺郵候牆壁之上無不書王公妾婦牛童馬走之口無不道至於繕寫摹勒衒賣於市井或持之以交酒茗者處處皆是有雞林賈人自云本國宰相每以百金換一篇其甚僞者相輒能辨之又一女子能誦長恨歌遂索直百萬其爲一代驚豔如此

叩彈集卷第一　白居易　一　采山亭

20786　中晚唐詩叩彈集十二卷續集三卷　（清）杜詔　杜庭珠輯　清康熙四十三年（1704）采山亭刻本　遼寧省圖書館

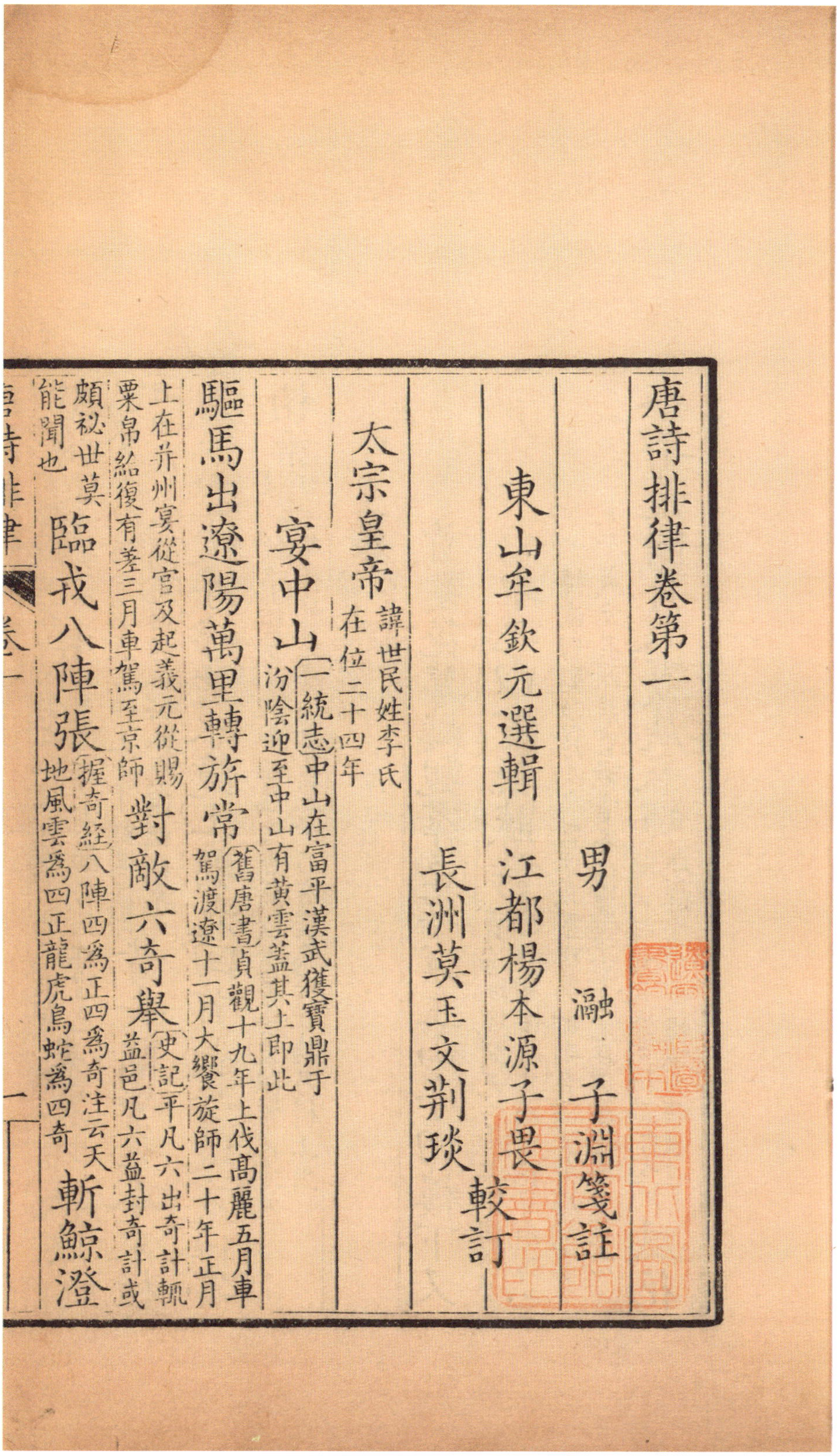
唐詩排律卷第一
東山牟欽元選輯　男　瀜　子淵箋註
江都楊本源子畏
長洲莫玉文荆琰　較訂
太宗皇帝諱世民姓李氏在位二十四年
宴中山一統志中山在富平漢武獲寶鼎于汾陰迎至中山有黄雲蓋其上即此
驅馬出遼陽萬里轉旂常舊唐書貞觀十九年上伐高麗五月車駕渡遼十一月大饗旋師二十年正月上在幷州宴從官及起義元從賜粟帛給復有差三月車駕至京師對敵六奇舉史記平凡六出奇計輒益邑凡六益封奇計或頗祕世莫能聞也臨戎八陣張握奇經八陣四為正四為奇注云天地風雲為四正龍虎鳥蛇為四奇斬鯨澄

20787　唐詩排律七卷　（清）牟欽元輯　（清）牟瀜箋注　清康熙五十四年（1715）紫蘭書屋刻乾隆二十三年（1758）印本　遼寧省圖書館

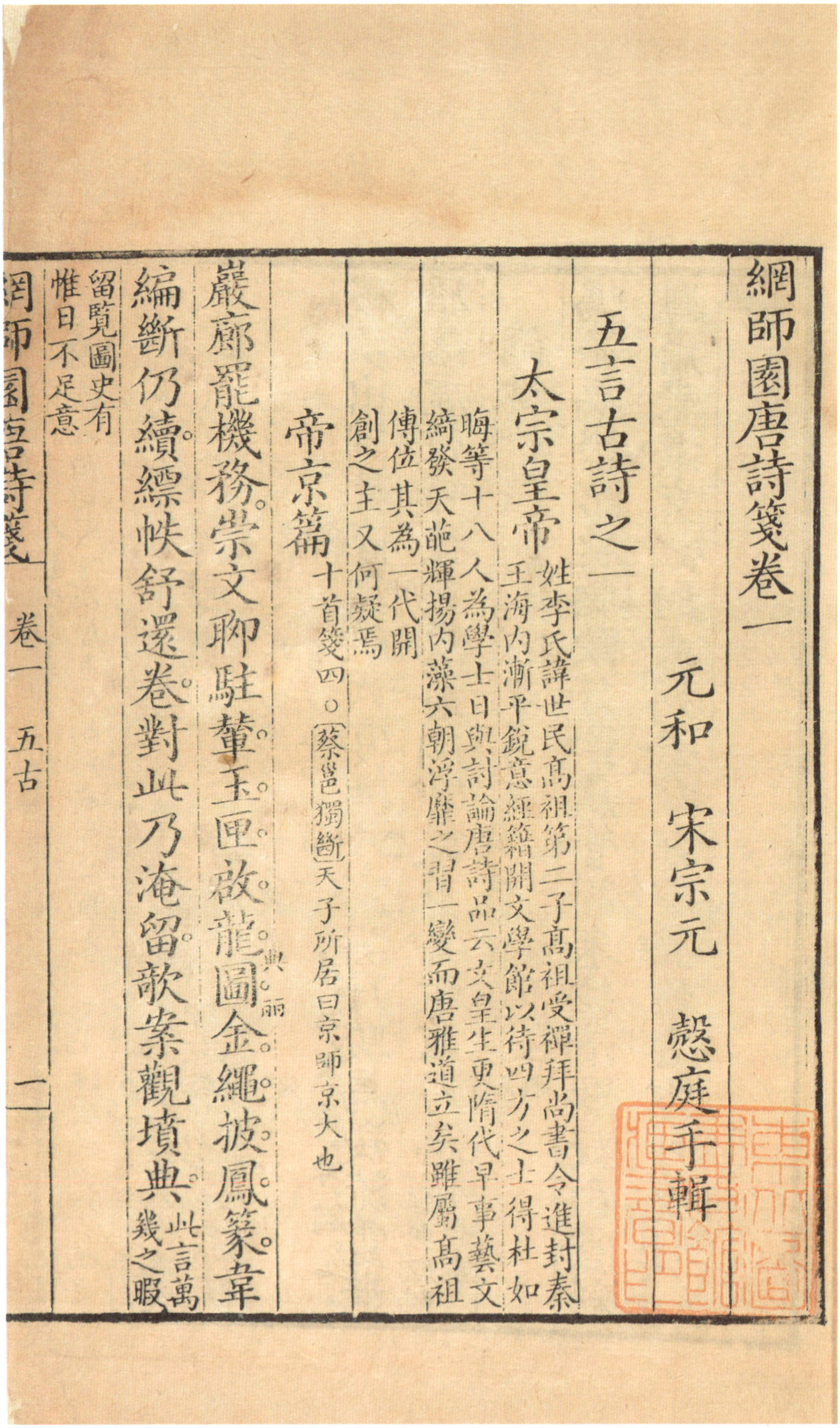
網師園唐詩箋卷一

元和　宋宗元　慤庭手輯

五言古詩之一

太宗皇帝 姓李氏諱世民高祖第二子高祖受禪拜尚書令進封秦王海內漸平銳意經籍開文學館以待四方之士得杜如晦等十八人為學士日與討論唐詩品云文皇生更隋代早事藝文綺發天葩輝揚內藻六朝浮靡之習一變而唐雅道立矣雖屬高祖傳位其為一代開創之主又何疑焉

帝京篇 十首箋四。蔡邕獨斷天子所居曰京師京大也

巖廊罷機務。崇文聊駐輦。玉匣啟龍圖。金繩披鳳篆。典麗韋編斷仍續。縹帙舒還卷。對此乃淹留。欹案觀墳典。此言萬幾之暇留覽圖史有惟日不足意

網師園唐詩箋　卷一　五古　一

20788　網師園唐詩箋十八卷　（清）宋宗元輯　清乾隆刻本　遼寧省圖書館

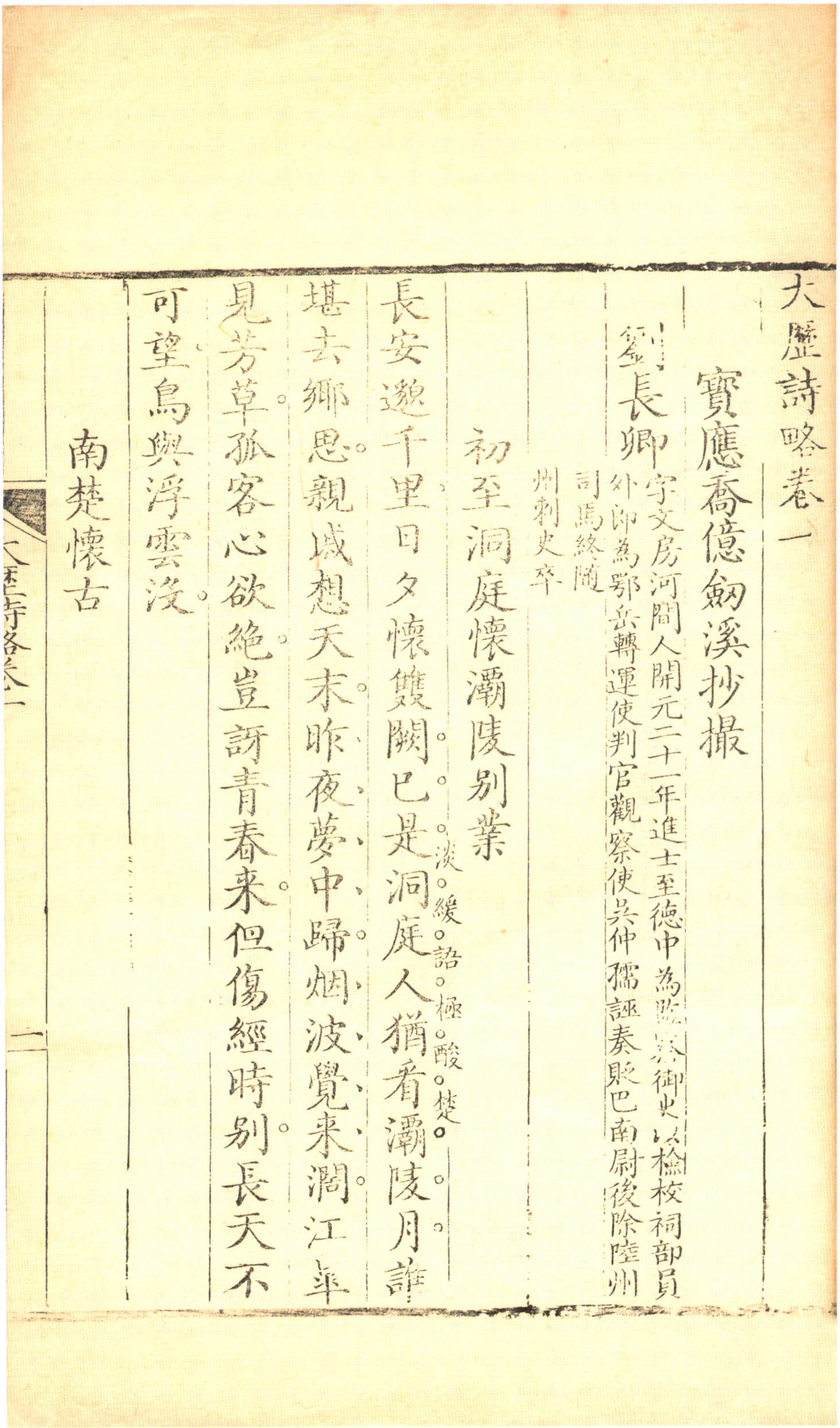
大歷詩略卷一

寳應喬億劒溪抄撮

劉長卿 字文房河間人開元二十一年進士至德中為監察御史以檢校祠部員外郎為鄂岳轉運使判官觀察使吳仲孺誣奏貶巴南尉後除睦州司馬終隨州刺史卒

初至洞庭懷灞陵別業

長安邈千里日夕懷雙闕已是洞庭人猶看灞陵月誰堪去鄉思親戚想天末昨夜夢中歸烟波覺來濶江皐見芳草孤客心欲絕豈訝青春來但傷經時別長天不可望鳥與浮雲沒

淡緩語極酸楚

南楚懷古

大歷詩略卷一　一

20789　大歷詩略六卷　（清）喬億輯　清乾隆居安樂玩之堂刻本　大連圖書館

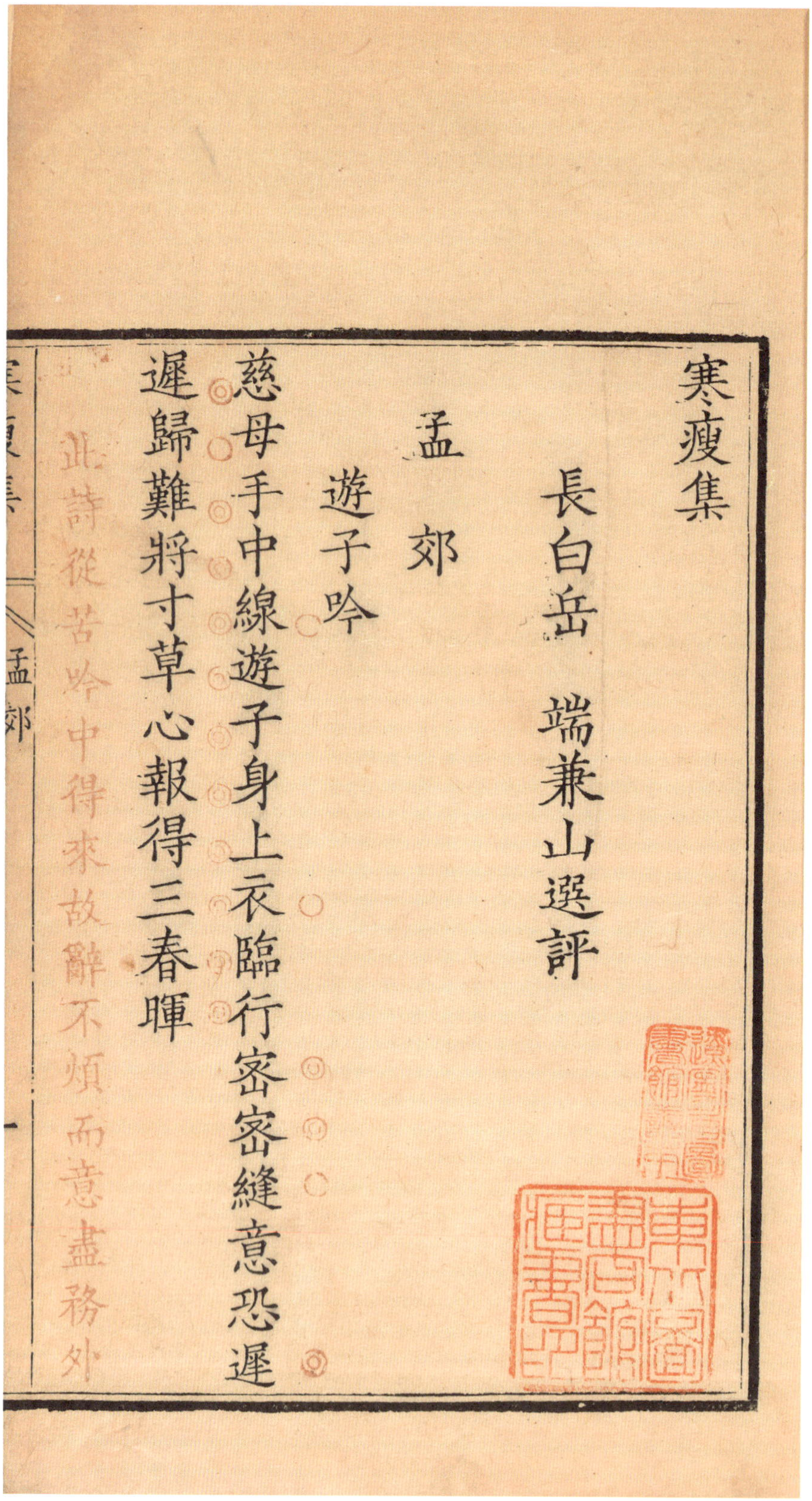

寒瘦集

長白岳　端兼山選評

孟　郊

遊子吟

慈母手中線遊子身上衣臨行密密縫意恐遲遲歸難將寸草心報得三春暉

此詩從苦吟中得來故辭不煩而意盡務外

寒瘦集　孟郊　一

20790　寒瘦集一卷　（唐）孟郊　賈島撰　（清）岳端輯評　清康熙三十八年（1699）紅蘭室刻朱墨套印本　遼寧省圖書館

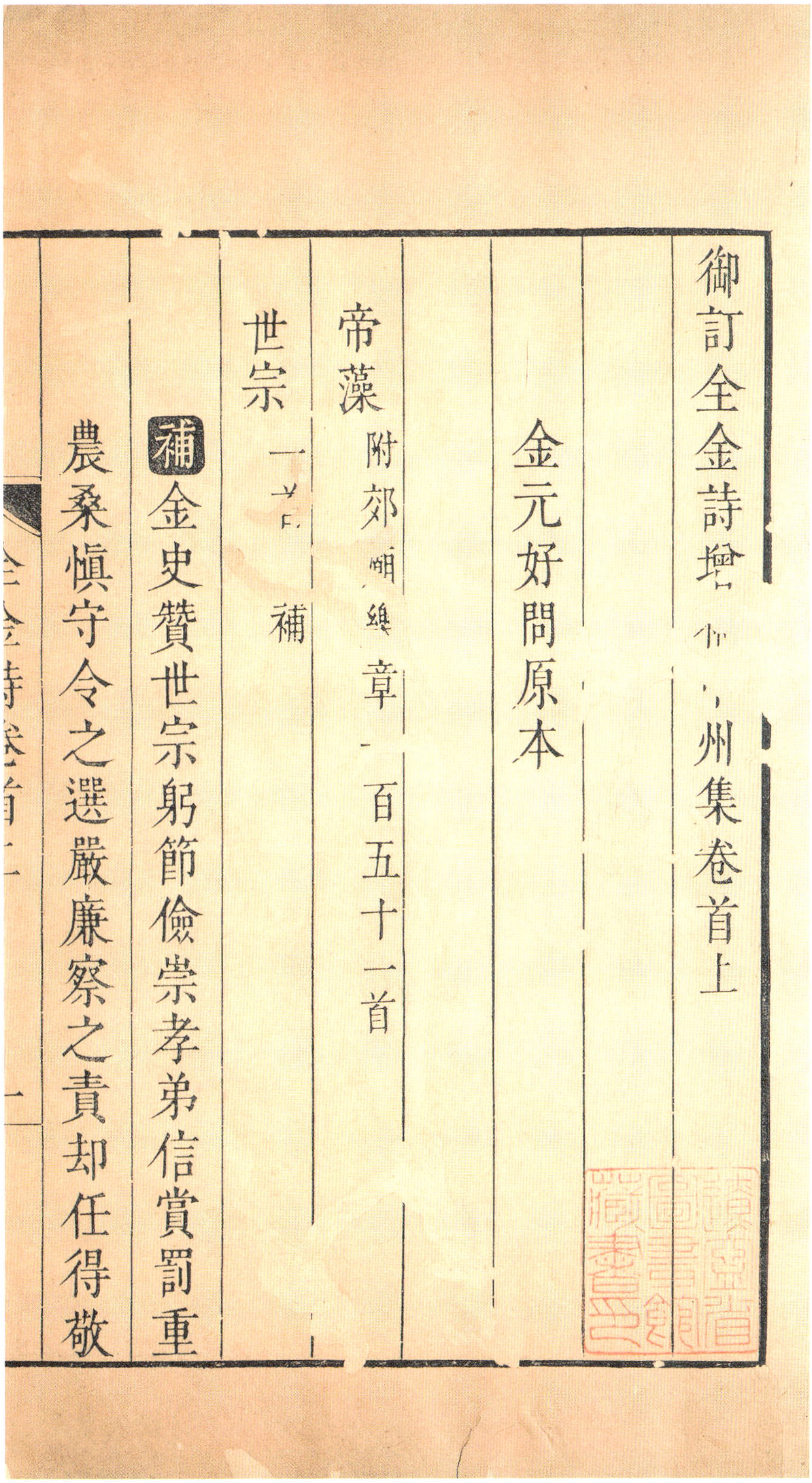
御訂全金詩增補中州集卷首上
金元好問原本
帝藻附郊廟樂章一百五十一首
世宗一首補
補金史贊世宗躬節儉崇孝弟信賞罰重
農桑愼守令之選嚴廉察之責却任得敬
全金詩卷首上　一

20791　御訂全金詩增補中州集七十二卷首二卷　（金）元好問編
（清）郭元釪補輯　清康熙五十年（1711）揚州詩局刻本　遼寧省圖書館

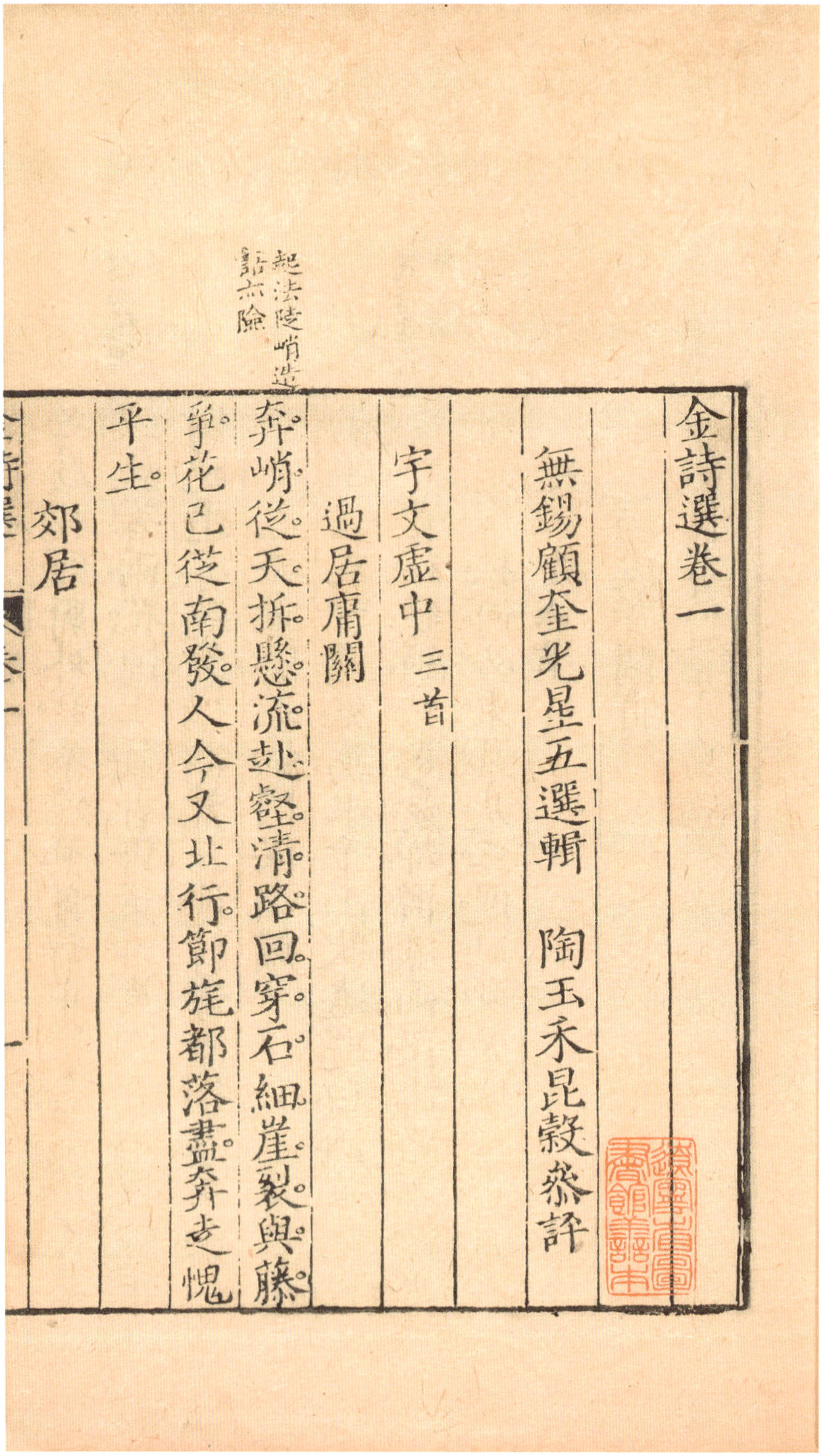
起法陡峭造語亦險
金詩選卷一
無錫顧奎光星五選輯　陶玉禾昆穀參評
宇文虛中　三首
過居庸關
奔峭從天拆懸流赴壑清路回穿石細崖裂與藤
爭花已從南發人今又北行節旄都落盡奔走愧
平生
郊居
金詩選　卷一

20792　金詩選四卷　（清）顧奎光輯　清乾隆十六年（1751）刻本　遼寧省圖書館

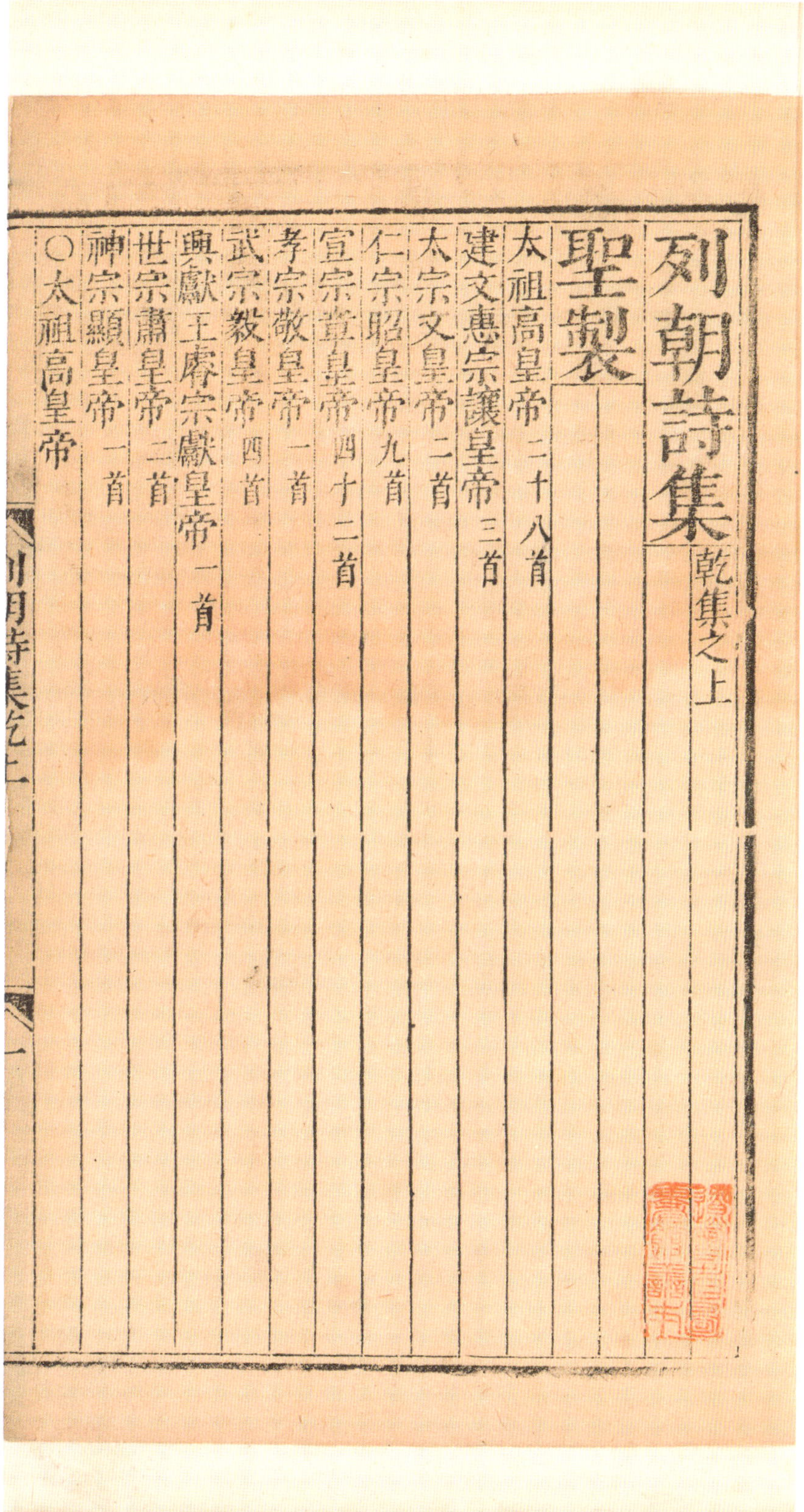
列朝詩集　乾集之上
聖製
太祖高皇帝二十八首
建文惠宗讓皇帝三首
太宗文皇帝二首
仁宗昭皇帝九首
宣宗章皇帝四十二首
孝宗敬皇帝一首
武宗毅皇帝四首
興獻王睿宗獻皇帝一首
世宗肅皇帝二首
神宗顯皇帝一首
○太祖高皇帝
列朝詩集乾上　一

20793　列朝詩集乾集二卷甲集前編十一卷甲集二十二卷乙集八卷丙集十六卷丁集十六卷閏集六卷（清）錢謙益輯　清順治九年（1652）毛氏汲古閣刻本　遼寧省圖書館

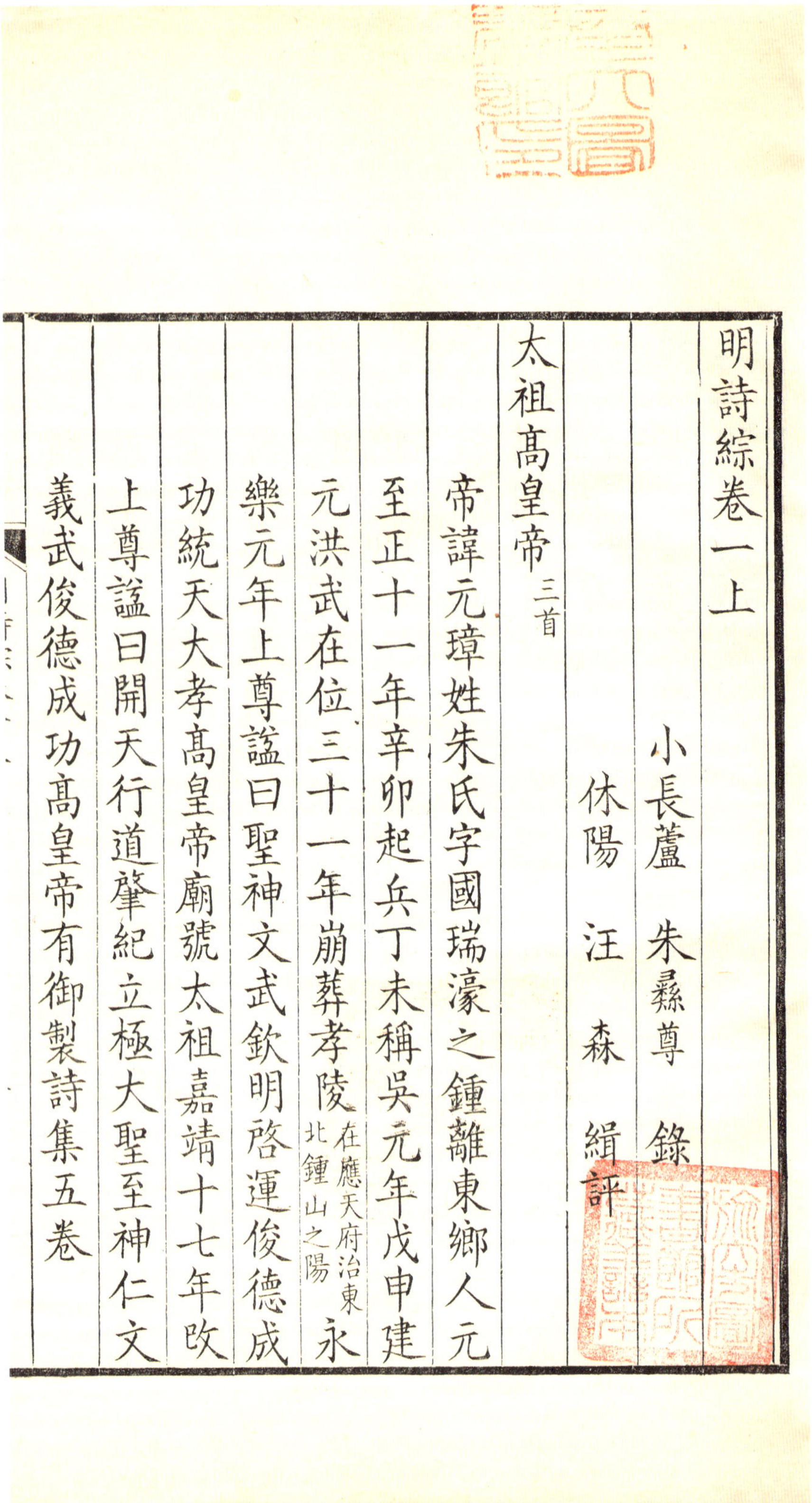
明詩綜卷一上
小長蘆　朱彝尊　錄
休陽　汪　森　緝評
太祖高皇帝 三首
帝諱元璋姓朱氏字國瑞濠之鍾離東鄉人元
至正十一年辛卯起兵丁未稱吳元年戊申建
元洪武在位三十一年崩葬孝陵在應天府治東北鍾山之陽永
樂元年上尊謚曰聖神文武欽明啓運俊德成
功統天大孝高皇帝廟號太祖嘉靖十七年改
上尊謚曰開天行道肇紀立極大聖至神仁文
義武俊德成功高皇帝有御製詩集五卷

20794　明詩綜一百卷　（清）朱彝尊輯　清康熙刻本　大連圖書館

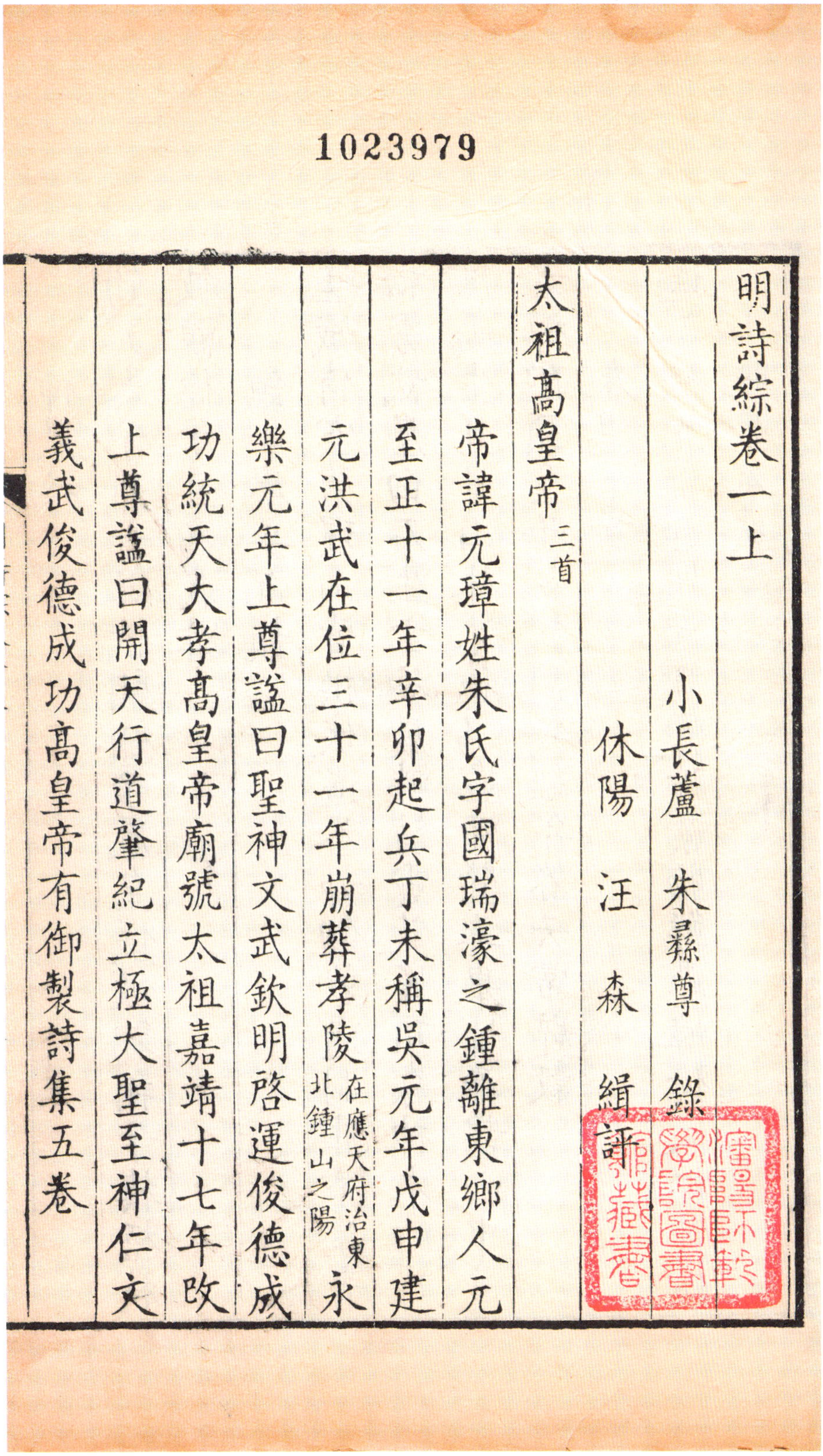
1023979

明詩綜卷一上

小長蘆　朱彝尊　錄

休陽　汪　森　緝評

太祖高皇帝 三首

帝諱元璋姓朱氏字國瑞濠之鍾離東鄉人元至正十一年辛卯起兵丁未稱吴元年戊申建元洪武在位三十一年崩葬孝陵 在應天府治東北鍾山之陽 永樂元年上尊謚曰聖神文武欽明啓運俊德成功統天大孝高皇帝廟號太祖嘉靖十七年改上尊謚曰開天行道肇紀立極大聖至神仁文義武俊德成功高皇帝有御製詩集五卷

20795　明詩綜一百卷　（清）朱彝尊輯　清康熙刻本　遼寧大學圖書館

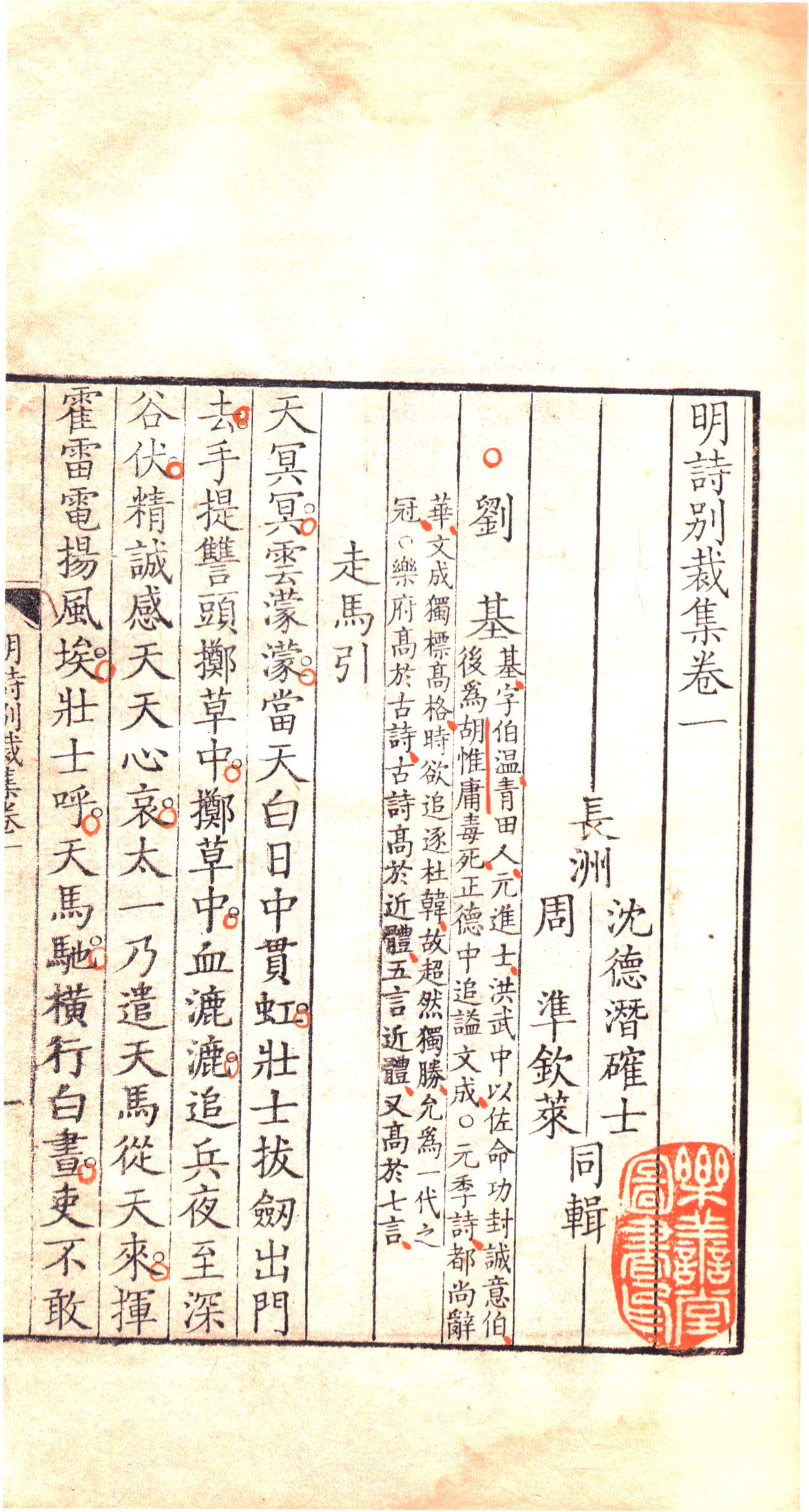
明詩別裁集卷一
長洲 沈德潛確士
周 準欽萊 同輯
劉基 基字伯温青田人元進士洪武中以佐命功封誠意伯後為胡惟庸毒死正德中追謚文成○元季詩都尚辭華文成獨標高格時欲追逐杜韓故超然獨勝允為一代之冠○樂府高於古詩古詩高於近體五言近體又高於七言
走馬引
天冥冥雲濛濛當天白日中貫虹壯士拔劍出門去手提讐頭擲草中擲草中血漉漉追兵夜至深谷伏精誠感天天心哀太一乃遣天馬從天來揮霍雷電揚風埃壯士呼天馬馳橫行白晝吏不敢
明詩別裁集卷一 一

20796 明詩別裁集十二卷 （清）沈德潛 周準輯 清乾隆四年（1739）刻本 大連圖書館

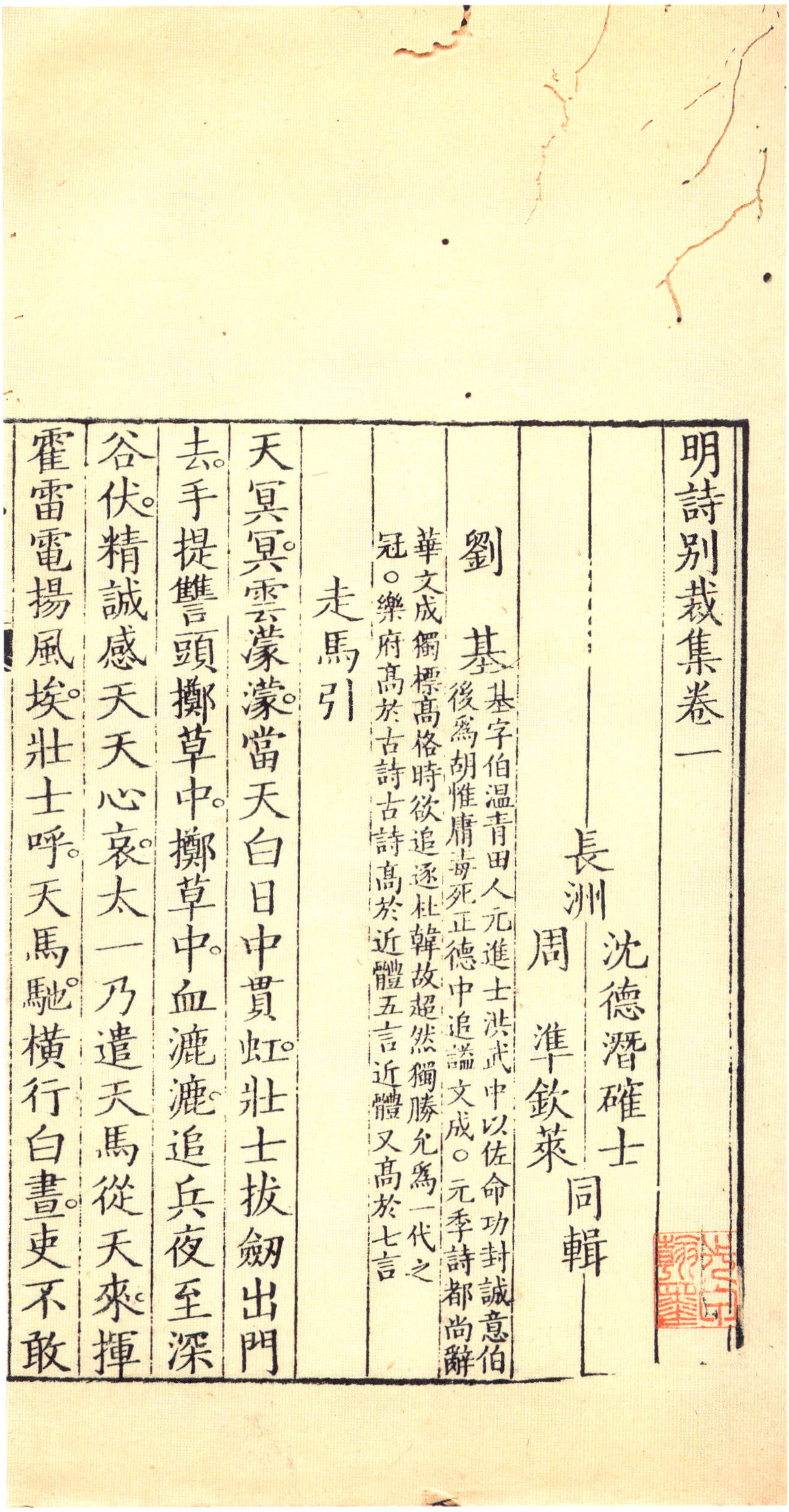

明詩別裁集卷一

長洲 沈德潛確士

周 準欽萊 同輯

劉 基 基字伯温青田人元進士洪武中以佐命功封誠意伯後爲胡惟庸毒死正德中追謚文成○元季詩都尚辭華文成獨標高格時欲追逐杜韓故超然獨勝允爲一代之冠○樂府高於古詩古詩高於近體五言近體又高於七言

走馬引

天冥冥雲蒙蒙當天白日中貫虹壯士拔劒出門去手提讐頭擲草中擲草中血漉漉追兵夜至深谷伏精誠感天天心哀太一乃遣天馬從天來揮霍雷電揚風埃壯士呼天馬馳橫行白晝吏不敢

20797 明詩別裁集十二卷 （清）沈德潛 周準輯 清乾隆四年（1739）刻本 遼寧大學圖書館

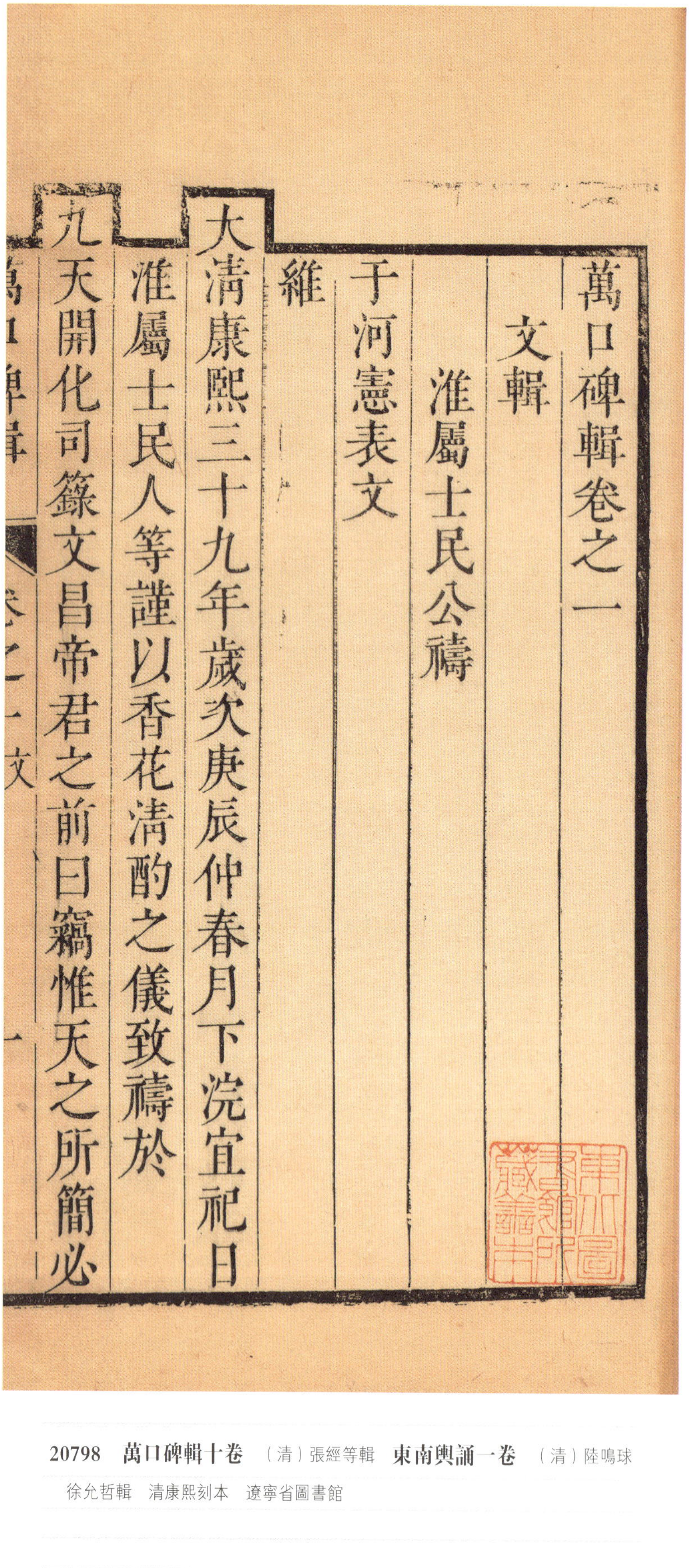
萬口碑輯卷之一
文輯
淮屬士民公禱
于河憲表文
維
大清康熙三十九年歲次庚辰仲春月下浣宜祀日
淮屬士民人等謹以香花清酌之儀致禱於
九天開化司籙文昌帝君之前曰竊惟天之所簡必
萬口碑輯　卷之一　文　一

20798　萬口碑輯十卷　（清）張經等輯　**東南輿誦一卷**　（清）陸鳴球徐允哲輯　清康熙刻本　遼寧省圖書館